# 国家哲学社会科学成果文库

NATIONAL ACHIEVEMENTS LIBRARY
OF PHILOSOPHY AND SOCIAL SCIENCES

# 英美军事战略同盟关系的形成与发展 (1919—1945)

徐蓝 耿志 著

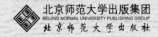

北京师范大学出版集团
BEIJING NORMAL UNIVERSITY PUBLISHING GROUP
北京师范大学出版社

# 目　　录

# 第三编  同盟的确立与发展

# CONTENTS

# 绪　论

  自 20 世纪以来，英国和美国在国际政治军事领域一直保持着密切的盟友关系。尽管作为不同的两个独立主权国家，英美两国之间必然会存在国家利益上的分歧，两国关系也因此出现过种种波折，但不可否认的是，英国和美国之间确实存在着一种不同于任何其他两个主权国家之间关系的"特殊性"。这种"特殊性"的最突出且最重要的表现，就是两国之间的军事战略同盟关系。

  英美军事战略同盟关系，最早表现为第一次世界大战期间美国作为"伙伴国"（Associated Power，亦称"参战国"）加入以英法为主的协约国一方，与以德国和奥匈帝国为主的同盟国一方作战。虽然从严格的意义上来讲，"伙伴国"与"盟国"（Allied Power）是有区别的，但它为第二次世界大战期间英美两国特殊同盟关系的形成奠定了基础。

  第一次世界大战后，特别是 20 世纪 30 年代，从罗斯福（Franklin Delano Roosevelt）到丘吉尔（Winston L. S. Churchill）的西方国家的政治家们都在不断地考虑一个重要问题：在德意日法西斯主义日益猖獗之时，如何有效地遏制和抵抗这些法西斯国家的愈演愈烈的侵略扩张行为？当日本制造九一八事变开始侵略中国东北，又制造七七事变发动了全面侵华战争，使反法西斯的战争首先在东方打响时，解决这个问题就更加迫切，并由此开始了美英两国谋求在反法西斯战争中进行军事合作的一系列重要行动，最终结成了牢固的政治军事同盟关系。这种同盟关系，无论在合作的广度还是深度方面，都达到了自近代民族国家形成以来两个主权国家之间最密切的合作程度，不仅成为英美"特殊关系"的顶峰，成为战后两国维系其关系"特殊性"的基础，而且在这一同盟关系的形成过程中，两国完成了在国际事务中的角色转换，自19世纪以来形成的英国主导国际事务的局面，终于为美国主导所取代。

本书将详细探讨第一次世界大战后至第二次世界大战结束期间，英美军事同盟关系的形成基础及确立过程，并以第二次世界大战为载体，特别从军事外交的角度，研究在这一同盟关系的形成过程中两国所完成的在国际事务中的角色转换，揭示20世纪前半期英美等大国之间的互动状态与20世纪国际格局演变之间的深层关系。

**一、本课题研究的意义**

我们对这一研究课题的选择，既着眼于它的学术价值，也考虑到它的现实意义。

首先，以1919—1945年英美军事同盟关系的形成与发展进行学术考察，有助于对英国和美国各自的军事战略发展以及两国军事战略同盟关系的互动，有一个更加完整的认识和理解。

两次世界大战之间的短暂和平是依赖凡尔赛—华盛顿体系(Versailles-Washington System)来维持的，但正如英国学者保罗·肯尼迪所言："1919年以后的国际体系的基础结构毕竟不同于半个世纪以前影响外交的那些基础结构，而且前者要比后者脆弱得多。"①这种脆弱性可以理解为，凡尔赛—华盛顿体系只是暂时缓和了战胜国与战败国之间、战胜国之间的争夺，没能解决深层次的国际矛盾，它为下一次战争埋下了祸根，是列强上一轮争夺的总结，也是列强下一轮争夺的开始。从很大程度上来说，第二次世界大战酝酿爆发的过程，实质上是德意日不断挑战凡尔赛—华盛顿体系而英、法、美力争维护该体系但并不成功的过程。

因此，1919—1945年英国和美国军事战略的变化调整及其军事战略同盟关系的形成发展，是一个从和平走向战争的一脉相承的过程，是对凡尔赛—华盛顿体系从建立到崩塌所作出的反应，也是雅尔塔体系建立的重要基础。这为以1919—1945年作为一个时间段去研究英美军事战略提供了逻辑上的合理依据，

---

① ［英］保罗·肯尼迪：《大国的兴衰》，陈景彪、王保存、王章辉译，国际文化出版公司2006年版，第271页。

不仅有利于丰富和加强对凡尔赛—华盛顿体系及第二次世界大战起源和战争进程的认识，加深对雅尔塔体系的理解，而且能够促进对20世纪国际关系格局演变的认识和理解。

其次，有助于从学术上理清并揭示英美特殊关系形成的历史轨迹。

20世纪前半期英美军事战略同盟关系的形成与发展，是英美"特殊关系"的重要基础和外在表现形式。英国和美国之间关系的"特殊性"，不仅仅表现在两国在种族、语言文化、社会制度和价值观念等方面千丝万缕的历史渊源，更主要体现在这两个国家为抵抗法西斯的侵略扩张而形成的军事战略同盟关系，这是两国"特殊关系"的最重要的基石。对其加以研究，不仅有着学术上的价值，而且有助于理解当前的英美关系。

为赢得对法西斯国家战争的胜利，甚至早在美国参战之前，英美两国就达成了"先欧后亚"或"德国第一"、"大西洋第一"的共同战略原则，并一直坚持到战争最终取得胜利。为了更好地实施这一战略原则，同时也为了更好地整合协调两国的战争努力，英美于1942年年初建立了联合参谋长委员会（Combined Chiefs of Staff）。在战争期间，联合参谋长委员会一直仅限于英美两国军方之间，并未将这种国际合作机制加以扩大。这种做法，引起了中国、加拿大等其他盟国成员的不满，但也说明了英美之间不同寻常的关系。

在英美两国战时合作的过程当中，其政府官员和军方人士建立起了密切的工作关系和个人友谊，尽管不能说所有的关系都是融洽的。其中，丘吉尔和罗斯福分别作为英美两国战时的政府首脑，仅他们战时的来往电函（包括电报、信件、备忘录和短笺）的数量就超过了1700份，这还不包括两人多次的首脑会晤、未有文字记录的偶尔的越洋电话、发给第三方（如罗斯福的私人助理哈里·霍普金斯）但明显要让对方过目的电函以及已经遗失、无法找寻到的此类文件。① 甚至有时丘吉尔和罗斯福一天之内就有多封电报往来。除此之外，像安东尼·艾登、哈罗德·麦克米伦、德怀特·艾森豪威尔、乔治·马

---

① Warren F. Kimball, ed., *Churchill and Roosevelt：The Complete Correspondence*, Vol. 1, Princeton, NJ：Princeton University Press, 1984, Editorial Procedures, pp. xvii-xxvi；Francis L. Loewenheim, *et al.*, eds., *Roosevelt and Churchill：Their Secret Wartime Correspondence*, New York：Da Capo Press, Inc., 1990, Preface, pp. xv-xvi.

歇尔等这样的英美战后政府的首脑或高官,他们在战争期间风雨同舟的作战经历对战后英美两国继续维持"特殊关系"发挥了一定的促进作用。

最后,对英美军事战略同盟关系的形成与发展进行研究,有助于深化对英国这一旧的世界霸主与美国这一新的世界霸主之间角色转换的认识。

自美国脱离英国的殖民统治赢得独立之后,英美两国基本处于竞争对立的状态之中。随着19世纪后半期美国逐渐成长为世界经济强国,大英帝国则日渐衰落。英国和美国最终在19世纪和20世纪之交,面对新的国际形势捐弃前嫌,建立起面向未来的友好关系。与此同时,两国在国际政治中的角色也逐渐发生着转变。

美英作为新旧世界霸权国家,它们的角色转换正是在1919—1945年间完成的。美英霸权角色互换的关键因素,是双方经济实力、政治影响力和军事实力的变化。在经济上,第一次世界大战后美国已经成为世界第一经济大国,它通过道威斯计划对英国及欧洲经济施加了复杂影响。与此同时,美国在政治上的影响力也不容忽视。在第一次世界大战中,美国通过伍德罗·威尔逊(Woodrow Wilson)总统的"世界和平纲领"即"十四点计划",说明了美国对战后国际政治的新看法,如战后的世界应该是一个"开放"的、民族自决的、集体安全的世界等等,表明了美国希望以自己制定的规则主导国际事务的立场。尽管由于多种现实因素,威尔逊的努力并未获得成功,但是,在华盛顿会议上写进《九国公约》的对华"门户开放"政策,却是对英国原本一直坚持的19世纪的那种占有殖民地、划分势力范围的旧的全球体系和国际秩序作出的一个新的突破,它符合美国经济在经济全球化趋势下向全世界发展的需要。美国的这种政治理念,以及英国对这种理念的接受(尽管是不太情愿的接受),成为在国际政治中美国与英国角色互换的另一个决定性因素。而这种互换的过程,则与第二次世界大战的发展轨迹同步。

在军事上,可以将1922年2月在华盛顿订立的《关于限制海军军备条约》看作是英美双方角色互换的开端。英国据此正式承认了美国与之平起平坐的海军地位,其深远的意义并不仅限于海军军备方面。尽管第一次世界大战后美国退回孤立主义,没有加入国际联盟,也拒绝承担欧洲的安全义务,但这并不妨碍美国在西半球加强传统的"门罗主义"(Monroe Doctrine),也不妨碍它在太平洋继续取代英国在该地区的影响力。面对 20 世纪 30 年代日本军国主义在远东的挑衅，在美国拒绝出面军事干预的情况下，英国往往力不从心、难有作为，最终是在以美国为主的军事力量的帮助下，才在太平洋战场取得了对日战争的胜利。在此过程中，美国也完全取代了英国在远东太平洋地区的地位。

在欧洲，英国是在美国的大力支持之下才幸免于纳粹德国的征服的。相对于英军而言，美军在北非和欧洲战场所起的主导作用，使英国和其他西欧国家对美国的依赖程度日益加深，令美国在战后支配西欧几乎成为一种必然。相比军事上的影响力，更为重要的是以经济实力为支撑的美国"民主国家兵工厂"的强大作用。战争期间，英国及其他英联邦国家成为美国租借物资最大的接受国。据统计，截至 1945 年 8 月 31 日，美国对盟国各种形式的租借援助按当时美元币值总计达 436.15 亿美元，其中英国获得 270.23 亿美元，其他主要英联邦国家(澳大利亚、新西兰、南非和印度)获得 30.5 亿美元，英国及其他主要英联邦国家所受援助占整个租借援助的比例达 68.9%。同期，英国及其他主要英联邦国家对美国的援助总计达 75.67 亿美元，其中英国的付出为 56.67 亿美元。① 随着第二次世界大战的结束、英帝国殖民体系的瓦解，美国最终从英国手中接过了主导国际政治的接力棒。

特别值得注意的是，尽管英美两国的角色互换是在共同抵抗法西斯侵略的第二次世界大战的过程中实现的，但是它们之间的角色互换是和平进行的，有关战后国际秩序的设计也是在美国的主导和英国的积极配合下完成的，两国关系并未掉入所谓的"修昔底德陷阱"(Thucydies Trap)之中。这与英美两国存在较为特殊的军事战略同盟关系而非战略对立关系密切相关，这一点，尤其值得我们认真思考。

**二、国内外的研究概况**

从 20 世纪 40 年代开始，国际学术界对第二次世界大战前及大战中的美英关系问题的研究热情便始终不衰，特别是已经开始关注两国军方的战略问

----

① R. G. D. Allen, "Mutual Aid between the U. S. and the British Empire, 1941-45", *Journal of the Royal Statistical Society*, Vol. 109, No. 3(1946), pp. 252, 258.

题以及在英美联盟中的作用。20 世纪 70 年代以来，一些研究者把重点放在军事外交方面，并出版了一批有代表性的研究成果。20 世纪 90 年代以后，有关这一问题的研究又有了新的进展，其重要表现之一，就是一批原始档案资料被整理并得以公开出版。这些珍贵的原始资料的面世，给研究者提供了更多更准确的信息，将这一课题的研究建立在更为坚实的基础之上。进入 21 世纪，随着国际交流更为频繁，资料获得更为便利，新的研究成果也不断涌现。

下面我们按照研究时段的不同，对以往国内外的主要研究成果予以概括介绍。

**（一）以 1919—1945 年为整体研究时段的成果**

第二次世界大战之后，英国和美国分别出版的关于第二次世界大战的官方史，迄今依然是涵盖英美军事战略问题最为权威的研究成果。

1949—1993 年陆续出版的英国第二次世界大战官方史，共 99 卷，包括军事系列、民事系列、外交系列、情报系列和医疗系列。另有 1948—2004 年陆续出版的增补性著作共 40 卷，其中，6 卷本的《大战略》（*Grand Strategy*）最为完整地论述了 1919—1945 年的英国军事战略问题。

美国的第二次世界大战官方史，包括 1948—1998 年陆续出版的 78 卷本《第二次世界大战中的美国陆军》（*United States Army in World War II*）系列、1948 年出版的 7 卷本《第二次世界大战中的美国陆军航空队》（*The Army Air Forces in World War II*，另有 32 卷的增补性著作）系列、1957—1962 年陆续出版的 15 卷本《第二次世界大战中的美国海军作战史》（*History of United States Naval Operations in World War II*，另有 64 卷的增补性著作）系列、1958—1971 年陆续出版的 5 卷本《第二次世界大战中的美国海军陆战队作战史》（*History of United States Marine Corps Operations in World War II*，另有 63 卷的增补性著作）系列。尽管这些官方史是以第二次世界大战为主题，但其中的《参谋长：战前的计划与准备》（*Chief of Staff：Prewar Plans and Preparations*）①、《全球后勤与战略（1940—1943）》（*Global Logistics and*

① Mark S. Watson，*Chief of Staff：Prewar Plans and Preparations*，Washington，D. C.：Historical Division of Department of the Army，1950.

Strategy， *1940-1943*)①、《指挥决策》(*Command Decisions*)②等对战前的内容作了不同程度的回顾和论述。

这两部官方史，都比较详细地描述了英美两国的军事战略由和平时期向战争时期的转变，以及战时两国军事同盟关系的发展。最具价值的是，英美这两部官方史系列运用了大量当时尚未公开的各种官方档案文件，具有较高的可靠性，即使时至今日，很大程度上也能够弥补难以获得相关政府档案的缺憾。

国内目前还没有以 1919—1945 年为整体时段加以研究的相关专著性成果。

**(二)以 1919 年至战争爆发前为时段的研究成果(英国为 1919—1939 年，美国为 1919—1941 年)**

1. 关于战前英国军事战略的研究

分军种的相关研究能够最好地体现这部分的研究成果，如斯蒂芬·罗斯基尔的《两次大战之间的海军政策》(Stephen Roskill， *Naval Policy between the Wars*， Vol. 1， 2.)③、马尔科姆·史密斯的《两次大战之间的英国空军战略》(Malcolm Smith， *British Air Strategy between the Wars*)④、布赖恩·邦德的《两次世界大战之间的英国军事政策》(Brian Bond， *British Military Policy between the Two World Wars*)⑤、杰弗里·梅加吉的《往昔那支陆军：1919—1939 年的英国军事政策及其对今日美国陆军的借鉴》(Geoffrey P. Megargee， *The Army before Last*：*British Military Policy*， *1919-1939*

---

① Richard M. Leighton and Robert W. Coakley， *Global Logistics and Strategy*， *1940-1943*， Washington， D. C.：Office of the Chief of Military History of Department of the Army， 1955.

② Kent R. Greenfield， ed.， *Command Decisions*， Washington， D. C：Center of Military History of the United States Army， 1987.

③ Stephen Roskill， *Naval Policy between the Wars*， Vol. 1 and 2.， London：Collins， 1976.

④ Malcolm Smith， *British Air Strategy between the Wars*， Oxford：Oxford University Press， 1984.

⑤ Brian Bond， *British Military Policy between the Two World Wars*， Oxford：Clarendon Press， 1980.

*and Its Relevance for the U. S. Army Today*）①。

　　这些研究成果论述了战前各军种的军备状况、军事战略和军事政策的发展变化及与其他军种之间的关系等等，都把战前重整军备不力的原因归于英国政府实行的"10 年规则"（Ten Year Rule）和财政部对军费的严格控制，字里行间透露出各军种之间的隔阂与矛盾。

　　国内方面，徐蓝的专著《英国与中日战争（1931—1941）》②，以战前英国在远东对日本绥靖而最终走向战争为主线，从政治、经济、外交、军事战略等层面，对这一时期的英日关系作了较为全面的剖析，并运用了大量当时尚未公开出版的官方档案和文件。相关论文方面，王彰辉的《英国在三十年代的重整军备》③、齐世荣的《三十年代英国的重整军备与绥靖外交》④、倪培华的《论二次大战前英国的军备政策》⑤、于江欣的《二次大战前英国国防政策对陆军建设的影响》和《三十年代香港在英国远东战略中的地位与作用》⑥、翟文奇的《第二次世界大战前英国军备建设概要》⑦，论述了战前英国的军备重整政策和战略问题。总体而言，关于两次大战之间的英国军事战略问题，国内关注的程度有待进一步加强。

　　2. 关于战前美国军事战略的研究

　　这部分的主要研究成果有：马克·沃特森的《参谋长：战前的计划与准备》（Mark S. Watson, *Chief of Staff：Prewar Plans and Preparations*）⑧、爱德华·

---

　　①　Geoffrey P. Megargee, *The Army before Last：British Military Policy*, *1919-1939 and Its Relevance for the U. S. Army Today*, Santa Monica：Rand, 2000.

　　②　徐蓝：《英国与中日战争（1931—1941）》，北京师范学院出版社 1991 年初版，首都师范大学出版社 2010 年再版。

　　③　《世界史研究动态》1979 年第 8 期。

　　④　《历史研究》1984 年第 2 期，后收入齐世荣主编：《绥靖政策研究》，首都师范大学出版社 1998 年版。

　　⑤　华东师范大学历史系第二次世界大战史研究室编：《第二次世界大战起源研究论集》，华东师范大学出版社 1986 年版。

　　⑥　军事科学院军事历史研究部世界军事历史研究室编：《三十年代主要国家的战略与军备》，军事科学出版社 1990 年版；《军事历史》1998 年第 4 期。

　　⑦　《青海师范大学学报》1996 年第 4 期。

　　⑧　Mark S. Watson, *Chief of Staff：Prewar Plans and Preparations*, Washington, D. C.：Historical Division of Department of the Army, 1950.

米勒的《橙色战争计划：美国打败日本的战略（1897—1945）》（Edward S. Miller，*War Plan Orange*：*The U.S. Strategy to Defeat Japan*，*1897-1945*）①、史蒂文·罗斯的《美国战争计划（1890—1939）》（Steven T. Ross，*American War Plans*，*1890-1939*）②、亨利·戈尔的《通往彩虹之路：陆军的全球战争计划（1934—1940）》（Henry G. Gole，*The Road to Rainbow*：*Army Planning for Global War*，*1934-1940*）③。这些成果在相关档案文件的基础上，对美国参战前的军事战略问题作了较为细致的考察，具有重要的学术参考价值。

国内方面，主要的专著成果是熊伟民的《战时美国的欧洲战略》④，该书前3章对美国参战前的主要战争计划进行了介绍。主要的论文成果有：王斯德、李巨廉的《论太平洋战争前美国远东战略及其演变》⑤、魏楚雄的《试论两次大战间美国的军事战略和军备政策》⑥、王天成的《战前美国的战略理论与国防建设》⑦、孙利辉的《浅谈两次世界大战之间的美国陆军建设》⑧、顾春兴、魏岳江的《珍珠港事件前美国陆军建设的主要问题》⑨、徐蓝的《从"橙色"计划到"彩虹"计划——太平洋战争前美国的战略演变》⑩。这些成果依据来源不同的史料，在不同程度上对美国参战前的军事战略或者军备状况进行了论述。

---

① Edward S. Miller，*War Plan Orange*：*The U.S. Strategy to Defeat Japan*，*1897-1945*，Annapolis，Maryland：Naval Institute Press，1991.

② Steven T. Ross，*American War Plans*，*1890-1939*，London：Frank Cass，2002.

③ Henry G. Gole，*The Road to Rainbow*：*Army Planning for Global War*，*1934-1940*，Annapolis，Maryland：Naval Institute Press，2003.

④ 熊伟民：《战时美国的欧洲战略》，湖南教育出版社1997年版。

⑤ 中美关系史丛书编辑委员会主编：《中美关系史论文集》（1），重庆出版社1985年版。

⑥ 华东师范大学历史系第二次世界大战史研究室编：《第二次世界大战起源研究论集》。

⑦ 军事科学院军事历史研究部世界军事历史研究室编：《三十年代主要国家的战略与军备》。

⑧ 军事科学院军事历史研究部世界军事历史研究室编：《三十年代主要国家的战略与军备》。

⑨ 《军事历史研究》1994年第4期。

⑩ 《历史研究》1996年第6期。

### 3. 关于战前英美军事战略互动的研究

此部分主要成果的观点分为两类：一类认为英美之间合作是主流，如马尔科姆·默弗特的《极可靠的关系：张伯伦时期英美对海军合作的寻求 (1937—1940)》(Malcolm H. Murfett, *Fool-Proof Relations: The Search for Anglo-American Naval Cooperation during the Chamberlain Years, 1937-1940: A Study in Competitive Co-operation*)①、格雷格·肯尼迪的《英美的战略关系与远东(1933—1939)：帝国的十字路口》(Greg Kennedy, *Anglo-American Strategic Relations and the Far East, 1933-1939: Imperial Crossroads*)②；另一类认为竞争大于合作，如詹姆斯·勒茨的《强权的交易：英美的海军合作(1937—1941)》(James R. Leutze, *Bargaining for Supremacy: Anglo-American Naval Collaboration, 1937-1941*)③、戴维·雷诺兹的《英美同盟的建立(1937—1941)》(David Reynolds, *The Creation of the Anglo-American Alliance, 1937-1941: A Study in Competitive Co-operation*)④。由于战前英美面临的战争威胁主要依靠本国海军力量予以应对，所以这一时期英美两国战略互动都是以双方海军合作为主，上述著作对此作了较深入的描述和分析。

国内方面，除上面提及的《英国与中日战争(1931—1941)》对 1938—1941 年英美战略互动作了论述外，徐蓝教授还对相关问题作了专题研究，扩展了已有的研究成果，陆续发表的论文有：《评 1941 年英美参谋会谈》⑤、《从 "ABD"协定看太平洋战争爆发前英美在远东的军事合作》⑥、《评 1938 年英格

---

①　Malcolm H. Murfett, *Fool-Proof Relations: The Search for Anglo-American Naval Cooperation during the Chamberlain Years, 1937-1940*, Singapore: Singapore University Press, 1984.

②　Greg Kennedy, *Anglo-American Strategic Relations and the Far East, 1933-1939: Imperial Crossroads*, London: Frank Cass Publishers, 2002.

③　James R. Leutze, *Bargaining for Supremacy: Anglo-American Naval Collaboration, 1937-1941*, Chapel Hill: The University of North Carolina Press, 1977.

④　David Reynolds, *The Creation of the Anglo-American Alliance, 1937-1941: A Study in Competitive Co-operation*, London: Europa Publications Limited, 1981.

⑤　《历史研究》1992 年第 6 期。

⑥　《世界历史》1994 年第 3 期。

索尔的伦敦之行》①、《评 1939 年汉普顿的华盛顿之行》②、《关于 1940 年英美"驱逐舰换基地"协定的历史考察》③。

**(三)以战争期间为时段的研究成果**

除官方军史著作外，在有关战时英美两国的政治、经济、外交等关系的著作中，在有关英美苏"大同盟"的著作中，都不同程度地涉及了战时英美两国的军事战略问题，数量十分庞大。

直接以战时军事战略为主题的主要成果有：理查德·斯蒂尔的《首次攻势1942：罗斯福、马歇尔和美国战略的制订》(Richard W. Steele, *The First Offensive 1942: Roosevelt, Marshall and the Making of American Strategy*)④、马克·斯托勒的《第二战场的政治：联盟战争中美国的军事计划与外交(1941—1943)》(Mark A. Stoler, *The Politics of the Second Front: American Military Planning and Diplomacy in Coalition Warfare, 1941-1943*)和《盟友与对手：参谋长联席会议、大同盟和二战中的美国战略》(*Allies and Adversaries: The Joint Chief of Staff, the Grand Alliance, and U. S. Strategy in World War Ⅱ*)⑤、克里斯托弗·索恩的《同一种族的联盟：美国、英国和对日战争(1941—1945)》(Christopher Thorne, *Allies of a Kind: The United States, Britain and the War against Japan, 1941-1945*)⑥、西奥多·威尔逊的《首次峰会：罗斯福与丘吉尔在普拉森夏湾(1941年)》(Theodore A. Wilson, *The First Summit: Roosevelt and Churchill at*

---

①　《历史研究》1994 年第 4 期。

②　《首都师范大学学报》1995 年第 4 期。

③　《历史研究》2000 年第 4 期。

④　Richard W. Steele, *The First Offensive 1942: Roosevelt, Marshall and the Making of American Strategy*, Bloomington: Indiana University Press, 1973.

⑤　Mark A. Stoler, *The Politics of the Second Front: American Military Planning and Diplomacy in Coalition Warfare, 1941-1943*, London: Greenwood Press, 1977; *Allies and Adversaries: The Joint Chiefs of Staff, the Grand Alliance, and U. S. Strategy in World War Ⅱ*, Chapel Hill: The University of North Carolina Press, 2000.

⑥　Christopher Thorne, *Allies of a Kind: The United States, Britain and the War against Japan, 1941-1945*, New York: Oxford University Press, 1978.

Placentia Bay，1941)①、史蒂夫·韦斯的《冲突中的盟友：英美战略会谈 (1938—1944)》(Steve Weiss，*Allies in Conflict：Anglo-American Strategic Negotiations，1938-1944*)②等。这些著作以个案研究的形式对战时英美战略 的个别时段或个别领域作了较细致的研究，揭示了战时英美战略关系既合作 又斗争的特点。

　　国内方面，有关专著主要有：上文提及的熊伟民的《战时美国的欧洲战 略》、陈效卫的《美国联盟战略研究》③、韩永利的《战时美国大战略与中国抗 日战场(1941—1945 年)》④、许嘉的《美国战略思维研究》⑤、台湾学者钮先钟 的《第二次世界大战的回顾与省思》⑥。

　　论文成果占了这一部分中最大的比重，主要有：王建辉的《论美国"大西 洋第一战略"的确立》⑦、吴春秋的《第二次世界大战期间美国的"先欧后亚"大 战略方针》⑧、白长江的《第二次世界大战中美国全球战略的指导原则》⑨、熊 伟民的《"先欧后亚"，还是两洋平行——试论美国"先欧后亚"战略原则》和《论 罗斯福与马歇尔在欧洲战略上的分歧》⑩、王建朗的《试析 1942—1944 年间美 国对华军事战略的演变》⑪、严兴平的《浅析太平洋战争美军战略的失误》⑫、 张晓林的《马汉军事理论对第二次世界大战中美国海上战略的影响》⑬、吴歆

---

　　①　Theodore A. Wilson，*The First Summit：Roosevelt and Churchill at Placentia Bay*，1941，Lawrence，Kansas：University Press of Kansas，1991.

　　②　Steve Weiss，*Allies in Conflict：Anglo-American Strategic Negotiations*，1938-44，London：Macmilian Press，1996.

　　③　陈效卫：《美国联盟战略研究》，国防大学出版社 2002 年版。

　　④　韩永利：《战时美国大战略与中国抗日战场(1941—1945 年)》，武汉大学出版社 2003 年版。

　　⑤　许嘉：《美国战略思维研究》，军事科学出版社 2003 年版。

　　⑥　钮先钟：《第二次世界大战的回顾与省思》，广西师范大学出版社 2003 年版。

　　⑦　《武汉大学学报》1985 年第 4 期。

　　⑧　第二次世界大战史学会编：《第二次世界大战史论文集》(2)，国防大学出版社 1986 年版；后收入吴春秋：《论大战略和世界战争史》，解放军出版社 2002 年版。

　　⑨　《军事史林》1989 年第 1 期。

　　⑩　《湖湘论坛》1993 年第 3 期；《武汉大学学报》1990 年第 5 期。

　　⑪　中美关系史丛书编辑委员会主编：《中美关系史论文集》(2)，重庆出版社 1988 年版。

　　⑫　《西安政治学院学报》1993 年第 1 期。

　　⑬　《军事历史研究》1988 年第 4 期。

文的《论太平洋战争中的美国海军战略》①、赵一平的《论丘吉尔的联盟战略思想》②、张继平、日木的《英美在开辟欧洲第二战场问题上的争论(1941 年末—1942 年)》③、陶文钊的《中国战场、缅甸战役与盟军战略的转变》④、曹胜强的《英美为何一再拖延开辟"第二战场"?》⑤、夏子和亦庄的《二次大战美英联军作战战略指导的争论探源》⑥、李积顺的《盟军最高统帅部对"霸王"行动的抉择和分歧》⑦，等等。

　　总的来说，随着近些年通过互联网、出国访学、购买缩微文献等方式获取英美两国官方档案文件越来越趋向便利化，国内学者能够在以往研究成果的基础上更多地利用一手史料继续进行相关的研究，从而扩大已有的研究范围，探讨以往不够深入的领域，发现新的问题，提出新的观点。

　　然而迄今为止，尽管我国学术界对第二次世界大战史的研究已经取得了很大进展，但是对于美英军事同盟这一关系到国际反法西斯联盟形成基础的重大课题，尚无人进行过系统的专门论述，对于两国军方在形成军事联盟中的特殊作用，更没有做过深入的微观探讨。特别是将两次世界大战之间(1919—1939)与第二次世界大战期间(1939—1945)⑧这两个相互连接的时间

①　张海麟主编：《第二次世界大战中的军事学术》，国防大学出版社 1989 年版。

②　《中国军事科学》2001 年第 1 期。

③　《世界历史》1985 年第 8 期。

④　《抗日战争研究》1991 年第 2 期。

⑤　《军事历史》1993 年第 6 期。

⑥　《军事历史研究》1995 年第 3 期。

⑦　《武汉大学学报》2005 年第 4 期。

⑧　我国学术界关于第二次世界大战史的研究，已经取得了很大进展，特别是关于"二战"的起始时间的考察，也提出了自己的看法。到目前为止，已经有 1931 年九一八事变说、1937 年七七事变说、1939 年德国入侵波兰说、苏德战争爆发说、太平洋战争爆发说，等等。特别是一些学者认为，第二次世界大战的爆发是一个渐进的过程：1931 年的九一八事变，是"二战"的序幕；1937 年的七七事变，是"二战"在亚洲的爆发；1939 年 9 月德国入侵波兰，是"二战"在欧洲的爆发；1941 年德国入侵苏联，是"二战"在欧洲的扩大；1941 年 12 月日本进攻美国海军基地珍珠港，"二战"发展到全球规模。本书作者支持这种看法。但是需要说明的是，由于欧美学术界一般以 1939 年 9 月纳粹德国入侵波兰至 1945 年 8 月日本投降为整个"二战"时期，本书利用的大量英美文献档案和研究成果也以此为时间段，因此，为了研究的需要，本书关于"二战"的时间段，也从 1939 年欧洲战争爆发至 1945 年战争结束。特此说明。

段结合起来，从英美两国的国家军事战略出发，对英美之间军事同盟的形成和发展进行深入具体考察的研究成果，尚付阙如。因此，本课题选取这样的主题研究，力图在进一步使用已经掌握的尚未正式出版的原始档案资料、正式出版的原始档案资料和西方学者的研究成果的基础上(参见"参考文献"部分)，对英美军事战略同盟关系的形成与发展，作出中国学者自己的论述。

**三、主要的官方档案文献**

按照形式划分，本书所利用的英美政府档案文献主要有：

**(一)缩微胶卷文献**

1. 丘吉尔首相文件 PREM 3 系列。PREM 3 系列主要涵盖了 1940—1945 年丘吉尔任首相和国防大臣期间与战争有关的军事和外交方面的文件，少数文件最早至 1937 年，最晚至 1946 年，包括书信、电报、备忘录、报告、会议记录等。1999 年，由英国亚当·马修出版公司(Adam Matthew Puclications)整理出版，共 191 卷。

2. 美国陆海军联合委员会档案(The Joint Board of the Army and Navy Records)，本书使用了其中的 JB325，Ser. 634 系列，馆藏于弗吉尼亚州莱克星顿的马歇尔研究图书档案馆。

3. 美国陆军部战争计划局档案(War Plans Divisions of U. S. War Department Records)，本书使用了其中的 WPD－4175 和 4402 两个系列，馆藏于弗吉尼亚州莱克星顿的马歇尔研究图书档案馆。

4. 美国海军作战部战略计划局档案(Strategic Plans Division of U. S. Navy Records)，本书使用了其中的 Box. 117 和 122 两个系列，馆藏于华盛顿哥伦比亚特区东南部前海军船坞的海军史中心。

**(二)网络在线文献**

1. 英国国家档案馆馆藏的战时内阁和内阁会议纪要和决议 CAB 23 系列(Minutes and Conclusions of the War Cabinet and Cabinet，1916-1939)和 CAB 65 系列(Minutes and Conclusions of the War Cabinet and Cabinet，1939-1945)。

2. 英国国家档案馆馆藏的战时内阁和内阁会议备忘录 CAB 24 系列(Memoranda of the War Cabinet and Cabinet，1915-1939)和 CAB 65 系列(Memoranda of the War Cabinet and Cabinet，1939-1945)。

3. 英国国家档案馆馆藏的参谋长委员会会议纪要和备忘录 CAB 53 系列 (Minutes and Memoranda of the Chiefs of Staff Sub-Committee of the Committee of Imperial Defence，1923-1939)。

4. 英国国家档案馆馆藏的内阁秘书兼帝国国防委员会秘书莫里斯·汉基爵士的公务文件 CAB 63 系列(Papers of Lord Hankey，1908-1944)。

5. 英国议会议事录 Hansard，来自 Hansard 1803-2005 在线数据库。

(三)纸本档案文献

1.《英国对外政策文件(1919—1939)》(DBFP：*Documents on British Foreign Policy，1919-1939*)。1944 年 3 月，英国外交大臣艾登在议会下院表示，政府决定公开出版外交部 1919—1939 年期间最重要的档案文件。最早分为从 1919 年起始和从 1930 年起始两大系列，并同时编辑出版。1948 年 5 月，外交部决定设立第 3 系列，时间跨度从 1938 年德奥合并至第二次世界大战爆发。3 个系列逐年出版，共 64 卷。本书利用的是其中第 2 系列的第 21 卷，第 3 系列的第 3 卷。

2.《英国外交事务文件：来自外交部机密印刷的报告和文件》(BDFA：*British Documents on Foreign Affairs：Reports and Papers from the Foreign Office Confidential Print*)。该系列文件由各国专家参与编纂，从 1983 年开始陆续出版，文件时间跨度为 1837—1956 年，按地区国别和专门事务共分为 13 个系列，迄今出版了近 600 卷。本书利用的是其中第 2 部分 F 系列的第 23 卷和第 30 卷，第 3 部分 C 系列的第 1 卷。

3.《国会联合委员会珍珠港事件调查听证会记录》(Pearl Harbor Attack：*Hearings before the Joint Committee on the Investigation of the Pearl Harbor Attack*，79th Congress，1st and 2nd Session，pursuant to S. Con. Res. 27)，由美国国会编纂出版，共 40 个部分，由美国政府印刷局 1946 年出版。本书利用了其中的第 3、第 4、第 9、第 14、第 15、第 19 和第 20 部分。

4.《美国对外关系文件》(FRUS：*Papers Relating to the Foreign Relations of the United States/Foreign Relations of the United States：Diplomatic Papers*)，由美国国务院的历史专家从 1861 年开始编纂出版，从 1952 年开始按照总统任期而非之前按照编年顺序的做法出版，目前共出版了

450多卷,最新出版的文件已涉及里根总统任期。本书利用了其中关于日本的部分:1934—1941年的2卷、1937年的第4卷、1940年的第3卷、1941年的第2卷和第4卷、1942年的第3卷、1943年的开罗会议和德黑兰会议卷。

5. 美国战争史学者斯蒂芬·罗斯编的5卷本《美国战争计划(1919—1941)》(*American War Plans*, *1919-1941*),由美国加兰出版公司(Garland Publishing Inc.)出版,主要收入了美国军方这一时期所制订的战争计划原稿的影印件。

### 四、基本的研究思路和框架

20世纪上半叶,世界先后爆发了两场大规模的战争,而这两场战争之间存在着直接的关联。由于第一次世界大战结束后的凡尔赛—华盛顿体系存在诸多的缺陷和内在的弊端,没能很好地解决第一次世界大战所遗留的各种问题和矛盾,短短20年后在法西斯国家的挑战下该体系最终走向瓦解,世界遭遇了更大规模的一场战争。

在这两场世界大战中,英国和美国都处于同一阵营共同作战,特别是在后一场战争当中,两国建立了正式的军事政治战略同盟,形成了有别于任何其他两国的"特殊关系"。然而,如果我们要对英美在"二战"中的战略同盟关系进行研究,首先就需要对两次世界大战之间英国和美国的军事战略问题进行考察,这是两国战时军事战略同盟关系形成的基础,即为本书的第一编。

在第一编"同盟的基础"当中,包括"战前英国的军事战略"和"太平洋战争爆发前美国的军事战略计划"2部分,即第一章和第二章。

对英国而言,第一次世界大战削弱了英国的实力,在战后政府财政状况窘迫的形势下,英国政府强调经济财政是"第四军种"。1919年8月15日,英国政府正式宣布施行10年无大规模战争的"10年规则",军事战略的制订即以此作为基本指导原则。1931—1932年日本发动进攻中国东北的九一八事变引发远东危机和1933年希特勒登上德国政治舞台,使英国政府开始感受到战争的威胁,于1933年11月废止了"10年规则",转而进入弥补国防缺乏时期,在1936年才真正开始重整军备。"10年规则"最直接的影响是造成国防力量处于准备不足的状态中,最深远的影响是加剧了英国社会的厌战心理和惰性,也导致军种间缺乏共同的战略协调以及重整军备的不力。

在"10年规则"下,英国主动放弃了传统的海军"两强标准"(Two-Power

Standard)。20 世纪 30 年代，英国在感受到战争威胁之后，认为德国是最潜在的对手，有识之士要求将海军"一强标准（One-Power Standard）"重新扩大成"两强标准"，以同时应对欧洲和远东的危局，强调避免出现本土、远东、地中海三线作战的局面。但是，政府一直以财政紧张为由久拖不决。第二次世界大战爆发后，该问题遂让位于战时的应急计划，最终没有得到解决。另一方面，在海军战略重点上，虽没有正式决议，但战前实际上完成了远东与地中海次序的转换。由于英国社会上下对遭受空袭的恐惧，使得皇家空军成为战前政府的宠儿。1923 年，皇家空军开始实行"一强标准"，其后空军战略矛头由指向法国变为指向德国，经历了 1934 年"A 计划"到 1938 年"M 计划"的发展，但空军"一强标准"的威慑战略（Strategy of Deterrence）没有起到遏止希特勒发动战争的作用。"10 年规则"规定英国不准备一支大规模的远征军，因此大陆义务遭到最多且最坚决的反对，英国陆军的发展最受冷落，但德国的战争威胁使英国政府最终不得不承担起大陆义务，尽管极其勉强。

对美国而言，美国参战前的军事战略主要表现在从"橙色"计划向"彩虹"计划的转变上。"橙色"计划是战前美国军方研究的重点，但设想美国与日本单独作战，脱离了当时的国际形势。在军国主义日本和纳粹德国这两个分别位于亚洲和欧洲的战争策源地已经形成，并且对世界和平的威胁越来越大时，美国战略重点从太平洋向大西洋转变，制订了"彩虹"系列计划，其中"彩虹"计划 5 最符合后来的战争实情，虽然当时并没有预见到这一点。1934—1940年美国陆军军事学院策划了"参与盟国作战"计划，演练设想了美国在各种联盟战争中作战的情形，虽然该计划不是正式的官方计划，但鉴于陆军军事学院与陆军部的密切关系，事实上对"彩虹"系列计划的制订起到了促进作用。此外，"胜利"计划作为美国国家层面上准备战争的计划，不仅是一项为实现军事战略提供物资保障和战争动员的计划，还是一份融合了政治、经济、外交、军事等方面的综合性战略计划，是实现罗斯福总统有关美国成为"民主国家兵工厂"构想的重要举措，不但为美国自身的战争努力，而且为整个反法西斯同盟最终赢得战争，提供了基础性的战略设计。

英国和美国的战略计划，为它们建立第二次世界大战中的军事战略同盟奠定了基础。

第二编为"走向同盟"，论述了在新的国际形势下英美走向军事战略同盟关系的过程。包括美国提出的和平计划的失败，以及英美两国走向军事同盟的具体过程。即第三章至第七章。

1937年至1938年初，面对德意日法西斯国家的侵略扩张政策，美国罗斯福政府曾提出召开国际和平会议以维持世界和平的倡议，并与德国和英国进行了断断续续的秘密接触和谈判。这是美国在《中立法》束缚下企图在国际事务中发挥主导作用的第一次尝试。但是由于该计划的非现实性以及德国和英国的拒绝合作，该计划受到挫折。几乎与此同时，随着国际形势的进一步恶化，美国和英国在军事战略方面进行了数次针对日本、德国和意大利的会谈。这些会谈一直持续到太平洋战争爆发前。在此期间，美国尚未参战，罗斯福总统在国内孤立主义势力的压力下，基于美国的国家利益，也出于世界反法西斯斗争的大局考虑，推动美国一步步朝着深化与英国的军事合作的方向前行。

1937年7月，日本全面侵华，远东事件成为英美双方共同关注的焦点。尽管在布鲁塞尔会议上，除日本之外的《九国公约》签字国未能就制裁日本、援助中国达成一致，但英美都认识到进行军事接触以防御日本的必要。1938年1月，美国海军战争计划局局长英格索尔(Royal E. Ingersoll)奉罗斯福总统之命前往伦敦，与英方进行秘密参谋会谈，其结果是双方签署了一份非正式的秘密备忘录。这份备忘录虽没有解决两国直接面临的问题，但标志着英美军事战略合作的开端。1939年，形势发生变化。6月，英国海军部战争计划局的汉普顿(T. C. Hampton)中校前往华盛顿，与美方继续就远东问题进行秘密参谋会谈，但未取得实质性进展。1939年9月第二次世界大战在欧洲打响后，随着低地国家和法国的沦陷，英国成为美国抵抗纳粹德国的第一道防线。1940年8月美国海军战争计划局局长戈姆利(Robert L. Ghormley)偕同陆军和陆军航空队代表前往伦敦，再次与英方进行秘密军事会谈，但罗斯福的用意更多的是让美方代表实地考察英国是否能够生存下来，所以在军事战略合作上依然没有实质的成果。

这几次会谈，除技术情报合作外，美国并未作出更多的正式承诺。这一方面是美国国内孤立主义的限制，另一方面是罗斯福仍打算尽量避免参战。因此，这些会谈最具积极意义的是英美双方增进了彼此之间的了解和互信，一定程度上减少了原有的猜忌。

值得注意的是，1940 年 9 月英美两国政府达成的《驱逐舰换基地协定》。这是第二次世界大战爆发后，美国尚处于战争之外的情况下，美国与英国之间达成的第一个重要的双边军事协定。两国以其独特的"战舰换基地"的方式，结成了联合防御并抵抗法西斯的阵线，具有重要的战略意义。这一行动不仅揭开了大英帝国从西半球撤退的序幕，而且还推动美国摆脱孤立主义、迈出走向全球政治的关键一步。因此也正是在这个意义上，"战舰换基地"才的确称得上是"一个划时代的和意义深远的行动"。

在罗斯福成功连任总统之后的 1941 年 1 月至 3 月，英美双方军事参谋人员在华盛顿举行了规模更大的美国、英国和加拿大之间的参谋长级"ABC"会谈。由于美国尚未进入战争，因此对此次会谈，美方作了低调处理，并进行了掩饰。双方最终达成了《ABC—1》协定和《ABC—2》协定，确立了"先欧后亚"的大战略。这一战略得以确立的根本原因，在于美国要在战后的一个决定美国国家命运和持久影响的重要地区——欧洲，确立自己的地位。可以说，这次会谈是美国作为一个二流军事强国的最后一次行动，也是它作为西方世界一流强国的第一个行动。尽管上述协定对双方并不具有约束力，而且双方在太平洋战略方面的分歧没有得到解决，但这是英美军事战略合作取得实质性进展的重要一步。

1941 年 4 月在新加坡举行的"美国—荷兰—英国会谈"，即"ADB"会谈，是在远东有利害关系的西方国家针对日本向东南亚的扩张而采取的行动。然而，美国认为该计划与"ABC—1"的义务不相符合，而且它关系到的问题只是英国政府关心的问题，从而拒绝了这个计划。

随后的 1941 年 8 月，丘吉尔和罗斯福在纽芬兰附近海域举行了大西洋会议，发表了著名的《大西洋宪章》，双方高级军事官员也举行了会谈，但双方在"先欧后亚"大战略的执行问题上以及中东问题、太平洋战略等问题上的分歧并没有消除。尽管如此，英美双方正积极朝着建立军事战略同盟的方向迈进。

第三编为"同盟的确立与发展"，包括标志着英美军事战略同盟关系正式确立的"阿卡迪亚"（Arcadia）会议，以及英美在北非、欧洲和远东太平洋 3 个战场军事战略的确定过程。出于研究的便利，本书采取将这 3 个战场的军事战略分开论述的做法，事实上，它们之间是相互影响和相互关联的。内容包括第八章至第十一章。

美国参战后的 1941 年 12 月至 1942 年 1 月，英美两国军方代表在华盛顿举行了首次正式公开的政治军事会谈，"先欧后亚"大战略得到了重申，标志着英美军事战略同盟关系的正式形成。但是，双方在如何执行这一大战略方面依然有着不同看法，尤其是在远东战略上的分歧更为严重。丘吉尔在会议上提出了北非作战构想，后因为形势和条件的变化最终搁置。此次会议决定建立英美联合参谋长委员会，成为英美战时军事同盟关系的重要纽带和象征。

1942 年以马歇尔为代表的美国军方提出跨英吉利海峡登陆作战的"围歼"（Round up）计划和应急的"痛击"（Sledgehammer）计划，但遭到了英方的反对。6 月丘吉尔二访美国，罗斯福出于自身利益的考虑，同意了丘吉尔主张的北非作战行动——"体育家"（Gymnast）计划。尽管马歇尔为"围歼"行动作了进一步努力，但罗斯福最终坚定地命令实施北非作战计划。然而，英美双方随后又在具体行动方案上发生争执，最终依然是靠罗斯福和丘吉尔的个人协调，北非行动才得以顺利实施。

北非战役胜利之后，两国的战略合作进一步经历了英国战略观点占上风到美国战略观点占上风的转变。英美双方在 1943 年的卡萨布兰卡、"三叉戟"（Trident）、"四分仪"（Quadrant）、开罗—德黑兰等会议上就欧洲战略进行了长时间的艰苦争论。英方主张从北非跨地中海占领意大利和挺进巴尔干，美方依然坚持早日实现跨英吉利海峡的作战行动，最终这个问题在德黑兰会议上因斯大林支持后一行动方案而得到解决。值得注意的是，1943 年 5 月召开的"三叉戟"会议，是英美战略发展过程中的一个分水岭，这次会议一改之前英方观点占据主动的态势，美方战略观点开始逐渐引导大西洋和太平洋的战局发展方向。

由于"先欧后亚"的战略指导原则，太平洋战场一直从属于欧洲战场。但是，1943 年之前太平洋战场的美军人数实际要多于欧洲战场的美军人数，马歇尔和海军作战部长欧内斯特·金也时常以太平洋战场作为迫使英国承诺开辟欧洲第二战场的筹码。中途岛之战扭转了太平洋战场的不利局面，美军开始从中太平洋和西南太平洋向日军发起反攻。随着"越岛"战术实施得比较顺利，美国获得了越来越靠近日本本土的战略基地，中国战场的战略地位因此开始下降，最终在开罗会议第二阶段表现出来，罗斯福同意了丘吉尔提出的取消"海盗"(Buccaneer)作战计划的建议。1944 年 5 月，联合参谋长委员会向史迪威下达命令，收复缅甸不再是其主要作战任务，这样中国战场地位进一步下降，但中国抗战对反法西斯战争胜利的重要贡献是不容抹杀的。

在 1944 年 9 月的第二次魁北克会议上，丘吉尔提出英国希望参与美军在太平洋的主要作战行动，意在收复大英帝国的殖民属地，这遭到了美国军方的漠视。但在罗斯福的斡旋下，双方达成了一个协议，有条件地同意英国海军参与美军的主要行动。此时，美国的战略观点已占据了完全的主导地位，英国的一些战略提议开始蒙上了乞求的色彩。此次会议是战时英美有关军事战略的最后一次重要会议。随着轴心国败局已定，英美之间更多地是关心战后安排等政治问题。同时，美国也逐渐把战略对话的对象更多地转向了苏联。

结语部分对整个研究内容进行了观点提炼和理论总结。

首先，结语指出，"威慑"是两次大战之间英国军事战略的特点，具体表现为"经济威慑"和"军事威慑"2 个方面，它们同绥靖外交相互结合，力图避免战争。但英国政府时刻强调经济财政稳定，束缚了军备重整的手脚，威慑战略未取得成功，反而导致更加的绥靖，更加的绥靖则加速了战争的到来。而缺乏国家政策层面的政治指导是美国参战前军事战略计划的特点，具体表现为这一时期军方"颜色"系列作战计划始终缺乏总统的指导或国务院的政策参与，造成了军事战略计划与国际政治形势变化脱节的情况。

随着日本法西斯率先在远东挑起战争，英美两国军方开始了军事领域的接触，并且随着战争的爆发，双方从最初只限于海军技术方面的有限合作发展到全方位的战略合作。战时英美军事战略合作具有 2 个特点：一是始终贯穿英国的"间接战略"(Indirect Strategy)与美国的"直接战略"(Direct Startegy)之争；二是经历了英国战略观点占据上风到美国战略观点后来居上的转变。

其次，结语从整体的角度审视了英美军事同盟关系的形成与发展，认为它同时也是英国这个守成的世界霸权国家与美国这个新兴的世界霸权国家之间的国际角色交替转换的过程。它们在军事战略同盟中的话语权，或者说自己的战略意图能否上升为双方共同的政策决定，随着第二次世界大战的进行而发生着悄然的变化。在很大程度上，这种变化正是双方国际地位和国际角色转换的外在表现形式。

最后，英美之间世界霸权角色的转换，呈现了和平而非战争的特点，不同于近代民族国家形成以来新旧霸主往往通过武力较量来实现角色转换的特点，避免了"修昔底德陷阱"。这说明在国际关系体系演变中新旧霸主的和平更迭在理论和现实中都是可能的。英美两国在 20 世纪形成的同盟关系，不但对各自的对外战略，而且对整个国际关系体系的发展变化，都具有重要的影响。

**五、基本研究方法**

本书在研究的方法论方面，主要包括以下几点：

首先，力求档案文献来源的多元化，不仅使用已有的传统史料文献，亦着重搜集并整理近年来陆续解密开放的档案文献，为研究奠定较为扎实的史料基础，并防止视野上的局限和结论上的偏颇。

其次，梳理重要典型案例进行微观、中观和宏观的研究，在对这些案例进行深入专题研究的基础上，论述英美军事同盟关系的形成与发展，以及这种关系对 20 世纪国际关系格局的影响。

再次，进行一定程度的历史学与国际政治学的跨学科交叉研究，努力以新的研究成果作为举证的知识点和典型案例，适当借鉴国际关系理论所提供的有关概念和阐释模式，并坚持历史论述与逻辑分析相统一。

最后，本书的研究和写作严格遵守学术引证和著述规范，在学术创新研究的基础上，探讨学术研究的资政方式，为当今中国在大国关系演变、国际格局和国际秩序的变革中积极有效地提供公共产品，从而为构建有利于中国和世界可持续发展的国际格局、国际体系和国际秩序提供有意义的参考与借鉴。

# 第一编

## 同盟的基础

# 第　一　章

# 战前英国的军事战略

　　自英王威廉三世之后，英国一直遵循"大陆均衡"的欧陆战略，即在权衡欧洲大陆的情势后，站在力量较弱或受威胁较大的一方，维持欧陆的势力均衡（Balance of Power）。具体策略首先是依靠一支足以控制英吉利海峡的强大海军，抵御大陆强国的入侵；其次是阻止敌对国家控制低地国家（比利时、荷兰和卢森堡）及其沿海港口。为此，英国愿意加入任何反对欧洲霸权国家的行列。历史上英国与法国、德国（普鲁士）、奥地利、俄国这几个大陆强国分分合合，目的就是要维护欧洲大陆的势力均衡。

　　英国在欧洲采取势力均衡政策，是其地缘政治战略的现实需要。地理位置对其外交政策和军事战略有着深远的影响。如果整个欧洲大陆被一个国家控制，作为大陆边缘的岛国，英国的生存与安全必然受到威胁。因此，这种政策传统决定了英国政府在和平时期不愿意针对某个特定国家制订战争计划，而是在确切的危险临近时再有针对性地出台相应的作战方案，用以指导将要发生的战争。1924 年英帝国总参谋长卡万伯爵（Earl of Cavan）的一番话表达了这一政策传统。他说："在当前的世界形势下……没必要浪费我们的时间和精力去精心编纂针对假想敌的战争计划，以此来证明我们的存在。"①另外，正如英国历史学家 A·J·P·泰勒所总结的，英国人"决不在多少还不确定的

---

　　①　Brian Bond，*British Military Policy between the Two World Wars*，p. 75.

未来承诺任何事情,而是等待事件发生时再决定采取什么方针"①。

在取得第一次世界大战胜利的同时,英国付出了国力衰落的代价,主要表现在经济和海军优势地位遭到削弱。整个帝国因战争死亡近 100 万人,150 万人受重伤,商船损失了 40%。英国战争费用为 90 亿英镑,欠债 13.4 亿英镑,是战前债务的 14 倍多。战争导致工业生产混乱,出口锐减;在复员的压力下,两次大战之间的失业人数一直居高不下,从没有低于 100 万,国家一度面临俄国式革命的危险;伦敦的世界金融中心地位逐渐被纽约所取代。② 第一次世界大战后,英国社会出现了普遍厌恶战争的和平主义浪潮,"到 20 世纪 30 年代,英国很大部分精英(不仅仅是知识分子,还有政界和统治阶层)已转而确信大战没有胜利者,所有参战国都失败了"③。曾担任财政大臣和首相职务的内维尔·张伯伦(Neville Chamberlain)声称:"战争,什么也赢得不了,什么也医治不了,什么也结束不了……战争中没有赢家,都是输者。"④ 更有甚者,"反战的反作用力量使 20 年代一切军备计划都成了可笑的事,而且在 30 年代末期仍然阻碍全面重整军备"⑤。

然而,《凡尔赛条约》以及国际联盟义务使英国没能像美国那样超然。尽管英国政府在 1922 年之后不愿介入法德两国之间的纷争并再次充当起斡旋者,但"一直未能说服本国或外国的舆论,当然更未能说服自己,使之相信德国并非值得担心","在两次世界大战之间的时期,英国几任首相从未逃脱一般人的看法,即他们肩负着在世界各地保护侵略行动的受害者的主要责

① [英]A·J·P·泰勒:《争夺欧洲霸权的斗争(1848—1918)》,沈苏儒译,商务印书馆 1987 年版,第 73 页。

② A. J. P. Taylor, *English History*, *1914-1945*, Oxford: Oxford University Press, 1992, pp. 120-162.

③ [美]威廉森·默里:《帝国的倾覆:1919 至 1945 年的英国战略》,见[美]威廉森·默里、[英]麦格雷戈·诺克斯、[美]阿尔文·伯恩斯坦编:《缔造战略:统治者、国家与战争》,时殷弘等译,世界知识出版社 2004 年版,第 419 页。

④ Keith Feiling, *The Life of Neville Chamberlain*, London: Macmillan, 1946, p. 320.

⑤ [英]W·N·梅德利科特:《英国现代史(1914—1964)》,张毓文、刘礼生、宁静译,商务印书馆 1990 年版,第 115 页。

任"。① 这种国际警察的心态同"二战"后的美国非常相似，只是"一战"后的英国没有"二战"后的美国那样强大的国力支撑，而且英帝国的各自治领，除新西兰外，在战后对分担帝国的防务责任毫无热情。② 英国学者乔治·佩登指出："两次大战间自治领在人力和船只方面的贡献很少……自治领的存在不是一笔财富，反而是一种尴尬的处境。至于殖民地，没有很好开发资源为己所用，还需要军队驻防。"③因此，虽然战后英帝国的版图面积达到顶点，但"全球的势力并不意味着全球的实力"④。

20 世纪 30 年代中期，随着欧亚战争策源地的威胁不断扩大，英国政府在财力困难的情况下被迫进行军备重整。1936 年首次对军费作了实质性的增加，但全面扩充军备实际直到 1938 年才开始实施。各军种为了争夺有限的资源而激烈竞争，加深了彼此间的隔阂和矛盾。在战争爆发时，大部分军备重整计划没有完成，各军种间缺乏整体的战略协调。由于美国和苏联一度置身于国际政治事务之外，意大利和日本倾向于德国，所以，潜在的盟国只剩下法国和英帝国的自治领国家。但是，法国要求英国承担中欧的义务，遭到英国和原本就对帝国防务缺乏热情的自治领的反对，这使得英国始终与法国保持着距离，直至 1939 年春英法两国才最终建立正式的军事同盟。

从整体上来看，在两次世界大战之间的 20 年中，英国政府始终面临这样一种困境，即政策与手段之间，或者说义务与实力之间，存在无法回避的落差与矛盾。这就导致了两次大战间的英国外交和军事战略在面对挑战时，无论是在欧洲还是远东，都显得力不从心。

① ［英］W·N·梅德利科特：《英国现代史(1914—1964)》，第 117、118 页。

② A. J. P. Taylor, *English History*, *1914-1945*, p.191; David Reynolds, *The Creation of the Anglo-American Alliance*, *1937-1941*: *A Study in Competitive Co-operation*, p.8.

③ George C. Peden, "The Burden of Imperial Defence and the Continental Commitment Reconsidered", *The Historical Journal*, Vol.27, No.2(Jun, 1984), p.415.

④ Anthony Clayton, *The British Empire as a Superpower*, *1919-1939*, London: Macmillan, 1986, p.513.

# 第一节 "10 年规则"的实施与废止

第一次世界大战后，欧洲大陆强国的威胁业已消失，大规模的战争似乎在近期不可能再次发生，于是英国政府把大部分精力放在国内事务方面，主要进行社会改革和偿付战债，解决经济的恢复和民生发展问题。因此，经济作为国防力量的"第四军种"(The Fourth Arm)，始终起着关键性的作用和决定性的影响。战后的历任首相、财政大臣、外交大臣及各军种大臣构成了制定英国军事战略政策的核心，他们依据国内外的形势发展，不定期地调整和修改战略政策的内容，以确保大英帝国在世界上的优势地位。但是，英国战略决策者"没有做任何有系统的努力，去汲取战争中最大的战略教训，即英国的安全已不可避免地与西欧的安全交织在一起"，"尽管第一次世界大战还是刚发生的事情，但官方没有努力去总结战争的经验"。①

## 一、"10 年规则"的出台

战后，英国在莱茵兰和伊斯坦布尔还留有军队，并一度军事干涉苏俄的革命，但国内军事复员的措施迅速开始实行，政府希望以此获得经济恢复所需要的人力资源，同时开始商讨未来的国防政策，尤其是海军的政策，希望在和平时期削减军事预算。1919 年 7 月 5 日，海军部提出 1919—1920 年度的海军净预算为 170 901 500 英镑，相比 1914—1915 年度增长了 119 351 500 英镑。② 财政大臣奥斯汀·张伯伦(Austen Chamberlain)认为这个数字在战后的新形势下对议会和公众而言是"令人极度震惊的"，他提请首相劳合·乔治(Lloyd George)注意英国正面临的财政困境，指出摆脱困境只有消减政府的开支，最主要的办法就是消减军费支出，未来几年海军力量应维持在国家安全所需的最低限度即可，并建议将下一年度的军费总数从 1919—1920 年度的

---

① Brian Bond, *British Military Policy between the Two World Wars*, pp. 34, 36.
② CAB 24/83, G. T. 7645, Navy Estimates 1919-1920: Further Admiralty Memorandum for the War Cabinet, 5th July, 1919.

5.027亿英镑消减到3.5亿英镑。[①]　7月28日，内阁秘书兼帝国国防委员会秘书莫里斯·汉基爵士(Sir Maurice Hankey)在给劳合·乔治的备忘录中表达了类似的观点，指出要复苏经济只能将武装部队的人数减至国家安全所需的最低限度，并反对武装干涉苏俄以及与美国展开海军军备竞赛。[②]

劳合·乔治在8月5日的内阁会议上赞同了张伯伦和汉基的看法，认为战争削弱了英国的经济地位，造成了严峻的国内政治形势，在目前的情况下政府不能在国内社会经济事务上冒险，只能在国防上作出牺牲。他指出，在此情况下，政府要做的不是决定海军或陆军的政策，而是为未来5年或10年制订总体的国防规划。但是，海军大臣沃尔特·朗(Walter Long)抱怨称，在明确海军未来任务之前，削减海军军费是欠妥的。陆军大臣兼空军大臣丘吉尔则建议各军种部起草备忘录，便于内阁综合考虑未来5年或10年各军种的责任。这次内阁会议还决定成立由首相、财政大臣等10人组成的"财政委员会"(Finance Committee)，专门负责商定未来政府的财政支出问题。[③]

8月13日内阁收到海军大臣的备忘录，认为美国海军是目前英国唯一值得关注的竞争者，而暂时可以不必过于担心日本海军；制订5年的规划比10年更可取，理由是美国和日本的海军计划涵盖5年时间，而依据国联盟约进行的国际裁军，其结果是值得怀疑的。备忘录最后强调，尽管政府打算缩减开支，但不应削弱海军的发展。[④]　但是，内阁并未采纳这份备忘录的意见。8月15日英国内阁正式通过了以下一系列的原则，用以指导今后各军种的发展战略：

---

①　CAB 24/83，G. T. 7646，Memorandum by the Chancellor of the Exchequer，8th July，1919；CAB 24/5，G. 257，Memorandum by the Treasury on the Financial Position and Future Prospects of This Country，26th July，1919.

②　Stephen Roskill，*Hankey：Man of Secrets*，Vol. 2：*1919-1931*，London：Collins，1972，pp. 111-112. 该书作者认为这份备忘录可能是"10年规则"的起源。另外，1936年2月时任陆军大臣达夫·库珀(Duff Cooper)指责温斯顿·丘吉尔是"10年无战争"规则的创造者，见[英]W·N·梅德利科特：《英国现代史(1914—1964)》，第34页脚注。

③　CAB 23/15，W. C. 606A，Minutes of a Meeting Held at 10 Downing Street，5th August，1919.

④　CAB 24/86，G. T. 7975，Post-War Naval Policy：Admiralty Memorandum for the Cabinet，12th August，1919.

(1)为编造修订预算,应当假定,在未来的 10 年内,英帝国不会进行任何大规模的战争,因此无须为此目的组建远征军。

(2)未经内阁批准,战前适用于海军规模的准则不应作出改变。

(3)不应着手进行建造新的海军舰只,海军部应不遗余力停止对于商业目的而言毫无价值的舰只建造工作。作出这项决定是着眼于经济节省和增加商业船只建造数量两方面的考虑。

(4)陆军和空军主要的职能是,为印度、埃及、新的委任统治地和所有英国统治下的属地(自治的除外)提供卫戍部队,以及为本土的非军事部门的力量提供支持。

(5)关于爱尔兰,目前的形势可能有必要驻扎一支超出正常标准的卫戍部队,但是,在 12 个月内,也完全可能出现的情况是,一支正常标准的卫戍部队足以满足需要。

(6)为了节省人力,将最大可能地使用机械装置,这被认为是削减预算的一种途径。

(7)在制订预算方面,应着眼于以下数字为最高数额:

皇家海军······················6 000 万英镑;

陆军和皇家空军···········7 500 万英镑。①

其中,"(1)为编造修订预算,应当假定,在未来的 10 年内,英帝国不会进行任何大规模的战争,因此无须为此目的组建远征军",即所谓的"10 年规则"②。"10 年规则"尽管最初只是针对各军种制订军费预算而出台,但此后一段时期内却成为英国国防战略和各军种发展的指导性原则,直到 1932 年因国际局势的变化才被取消。在"10 年规则"的影响之下,英国的国防力量发展受到了限制。然而,由于"一战"期间英国本土曾遭受德国空军的轰炸,基于对

---

① CAB 23/15,W. C. 616A,Minutes of a Meeting of the War Cabinet Held at 10 Downing Street,15th August,1919.

② "10 年规则"这种说法,只是在 1932 年该规则取消后才使用,此前在英国政府的正式文件中较常见的说法是"10 年时期"(Ten Year Period)、"10 年原则"、"10 年设想"(Ten Year Assumption)。

这种伤痛的记忆和未雨绸缪，英国空军在 20 世纪二三十年代受到"10 年规则"的束缚要小一些，相比其他军种获得了更多的重视。

事实上，"10 年规则"并不是把 10 年当作固定的时限，一开始它就是含糊的。比如张伯伦和财政委员会使用"5 至 10 年"这种说法，海军大臣沃尔特·朗使用"持续的和平"，而不是"10 年和平"的措辞。① 英国学者布赖恩·邦德甚至指出，"10 年规则"似乎起初只是适用于第二年的财政预算。② 约翰·费里斯则认为，各军种部拒绝屈服于财政部的压力，在 1923—1924 年间，"10 年规则"对军事战略政策只有轻微的影响，直到 1925 年财政部才开始利用"10 年规则"控制各军种，"10 年规则"才真正得以施行；"10 年规则"最初并不是总揽全局，只是诸规则中的一个，但它本身及其影响比学者通常认为的要复杂得多。③ 另外，英国史学家安东尼·克莱顿认为，"10 年规则"的施行没有公开宣布，只是在政府圈子内广为知晓，因为"担心它可能对别的国家是一个诱惑"④。

**二、"10 年规则"面临质疑**

1924 年 11 月 26 日，时任财政大臣温斯顿·丘吉尔提出，希望削减 1925—1926 年度的政府财政预算。他敦促海军部对新加坡基地的建设计划和建造巡洋舰的计划三思而后行，以适应国家的财政状况和社会政治氛围，并建议帝国国防委员会（Committee of Imperial Defence）⑤调查英帝国面临的防

---

① John R. Ferris, *The Evolution of British Strategic Policy*, *1919-26*, London: Macmillan, 1989, p. 26.

② Brian Bond, *British Military Policy between the Two World Wars*, p. 25.

③ John R. Ferris, *The Evolution of British Strategic Policy*, *1919-26*, pp. 26-29.

④ Anthony Clayton, *The British Empire as a Superpower*, *1919-1939*, p. 18. 作者认为，英国政府担心一些国家知道该政策后，趁英国国防虚弱之机危害其利益。

⑤ 建立于 1902 年，为顾问机构，取代通常只在危机期间召开的内阁国防委员会，最初的使命是确定布尔战争之后的海陆军战略角色，但这一使命并未完成；1904 年设立了帝国国防委员会的秘书机构，使得该委员会成为一个内阁常设机构，委员会秘书从 1916 年起同时兼任内阁秘书。在第二任秘书莫里斯·汉基任职期间（1912—1938），帝国国防委员会的地位和重要性不断得到提升。从 1912 年起，该委员会开始担负起为制订整个英帝国的防御计划提供建议的职能。在该委员会中，首相为主席，成员通常为内阁大臣、三军参谋长和其他关键的政府官员，各自治领国家的总理在和平时期也是其成员。第二次世界大战爆发后不久，帝国国防委员会被解散。

御形势，以及是否应继续实施"10 年规则"。①

　　在接下来的调查和讨论过程中，丘吉尔和外交大臣奥斯汀·张伯伦都认为，英日关系的现状有别于"一战"前的英德关系，英日两国发生战争的可能性微乎其微。丘吉尔甚至还指责海军的远东计划是对日本的一种"挑衅"，并夸口"在我们或我们下一代的有生之年，我认为你见不到日本会通过武力入侵并使澳大利亚变为其殖民地的举动"。他建议对国防形势每 3 年作一次全面评估，如果形势许可，"10 年规则"将继续实行，并要求奥斯汀·张伯伦向内阁声明，排除未来 10 年至 20 年与日本发生战争的可能性。第一海务大臣(即海军参谋长)戴维·贝蒂(David Beatty)质疑丘吉尔的观点，但迫于和平主义的整体氛围，主张至少应每年对帝国国防政策形势作一次全面的评估。② 内阁最终采纳了丘吉尔的大部分观点，但也接受了贝蒂一年对国防政策形势作一次评估的主张，以评估结果作为延续"10 年规则"的依据。

　　另一方面，各军种部对"10 年规则"限制其军费规模实际心存不满，尤其是海军部，政府内的少数人士对"10 年规则"的质疑也在不断增长。1928 年 3 月，财政大臣丘吉尔又一次指责海军部的军费预算方案，并于 6 月 15 日向内阁建议："从任何规定日期起的 10 年内将不会有大规模的战争，现在应作为一种长期的假定确定下来；除非或直到在外交部、某一作战军种的倡议下决定作出改变，否则这应成为一种规则。"③在帝国国防委员会对丘吉尔的上述提议进行讨论的过程中，前首相、时任枢密院大臣阿瑟·贝尔福(Authur. J. Balfour)指出，英国军事力量无论如何太小了，只有保持最优良的状态，才能履行国防的职责。殖民地事务大臣利奥波德·埃默里(Leopold S. Amery)认为，像军舰换代、船坞改造等这样的工程无疑受到了"10 年规则"的限制，除非坚持工程搞下去，否则一旦需要时不但将发现这些工程还处于未完成状态，

---

　　① CAB 23/49，C. C. 64（24）2，Conclusions of a Meeting of the Cabinet，26th November，1924.

　　② N. H. Gibbs，*Grand Strategy*，Vol. 1：*Rearmament Policy*，London：Her Majesty's Stationery Office，1976，pp. 50-51；Stephen Roskill，*Hankey：Man of Secrets*，Vol. 2，pp. 403-404.

　　③ CAB 24/195，C. P. 169（28），The Basis of Navy Estimates：Memorandum by the Chancellor of the Exchequer，15th June，1928.

而且会导致维持和平更加困难。海军参谋长查尔斯·马登（Charles Madden）则强调，消减军费将削弱海军的作战效率。①

然而，迫于政府面临的财政压力以及大多数内阁大臣支持丘吉尔的立场，帝国国防委员会最终采纳了丘吉尔的意见，建议内阁继续施行"10 年规则"，赞成"从任何规定日期起的 10 年内将不会有大规模的战争"的观点，但鉴于质疑"10 年规则"的声音，也作了如下变通：应每年对"10 年规则"的假定作出评估，如果形势不利于"10 年规则"的继续，政府各部在任何时候都有责任提出质疑。② 帝国国防委员会的建议得到了内阁的批准。

在一定程度上，这标志着"10 年规则"开始出现松动的迹象。其背后的主要原因，是像贝尔福这样的人士意识到，"10 年规则"下的财政控制，造成了英帝国国防越来越大的漏洞和缺陷。尽管参谋长委员会（Chiefs of Staff Sub-Committee）在 1928 年的年度帝国国防政策形势评估报告中指出了国防存在的重大缺陷，但是没有能够挑战主流的观点。③

此时，英国政府的大多数决策者并未觉察到日后英国在欧亚面临战略困境的征兆，认为战败的德国已不足为虑，日本的野心只限于中国东北，即使在可见的将来也不可能对英国构成重大的威胁，而美国和法国同英国发生战争的可能性近乎为零，苏联则至多是煽动英国国内的工人运动。更为重要的是，英国政府相信在国际联盟和类似《凡尔赛条约》、《关于限制海军军备条约》和《洛迦诺公约》这样的国际条约的框架内，足以解决所面临的国际难题。

**三、国际新形势与"10 年规则"名义上的废止**

然而，1929 年 10 月爆发的世界经济危机使国际政治经济形势逐渐恶化，1930 年《伦敦海军条约》和日内瓦国际裁军会议的前期谈判也不尽如人意。在此背景下，参谋长委员会在该年度的帝国国防政策形势报告中向帝国国防委员会和内阁发出了警告。报告指出，虽然缔结了《伦敦海军条约》和《非战公约》，但是一些国家正在增加而不是减少它们的军事预算，相比 1914 年英国

---

① N. H. Gibbs, *Grand Strategy*, Vol. 1, pp. 57-58.

② CAB 63/44, The 236th Meeting of the Committee of Imperial Defence, July 5, 1928.

③ CAB 53/14/10, C. O. S. 141, Imperial Defence Policy: Annual Review for 1928 by the Chiefs of Staff Sub-Committee, 12th May, 1928.

承诺援助法国和比利时的情形，目前英国要履行《洛迦诺公约》的保证义务实际面临更加困难的处境。①

首相拉姆齐·麦克唐纳(Ramsay MacDonald)承认国际形势某些方面令他感到不安，但他认为没有必要更改"10年规则"，同时又认为应更加灵活地对待这一原则，实际重申了1928年7月内阁的决定。② 内阁秘书汉基对德国的重新武装深感忧虑，希望首相重新审视该规则，他把延续"10年规则"看成是"陶醉在虚幻缥缈的幸福之中"。③

1931年3月，在"三党裁军委员会"(Three Party Committee on Disarmament)④召开会议时，包括前外交大臣奥斯汀·张伯伦在内的一些委员会成员，开始对延续"10年规则"表示出担忧。汉基爵士也对欧洲的局势发展深感忧虑，向内阁发出可能再次爆发战争的警告，敦促首相应重新审查"10年规则"。⑤ 于是，外交部受托对国际形势和是否延续"10年规则"进行特别评估。

外交部提交给帝国国防委员会的评估报告认为，"10年没有大规模战争"取决于以下5种假设：

　　(1)在未来10年里，不会出现两个国家卷入一场和平手段不能解决的重大利益的争执当中。

　　(2)发生争执的两个国家中的一个非常反对战争，以致宁愿放弃自身利益而不诉诸战争。

　　(3)两个国家中的一个相当弱小，以致在战争中没有取胜的希望。

---

① CAB 53/21/5，C. O. S. 236，Imperial Defence Policy：Annual Review for 1930 by the Chiefs of Staff Sub-Committee，25th June，1930.

② CAB 63/44，The Basis of Service Estimates：Memo by Maurice Hankey，9th January，1931.

③ CAB 63/43，Note of a Conversation with Sir Robert Vansittart on November 21，1930.

④ 1931年年初成立的帝国国防委员会下属的专门委员会，旨在为第二年的日内瓦裁军会议向政府提供政策建议，成员包括首相麦克唐纳、外交大臣阿瑟·安德森、前首相劳合·乔治、前外交大臣奥斯汀·张伯伦等工党、保守党和自由党3个政党的主要政治人物。

⑤ CAB 63/44，The Basis of Service Estimates：Memo by Maurice Hankey，9th January，1931.

(4)已有的一些组织机构愿意并能够阻止战争的发生。

(5)不存在引发战争心理的温床。

尽管报告指出这5种假设都站不住脚，但没有直接作出取消"10年规则"的结论，只是认为，在未来前景光明的同时，伴随着阴霾。①

7月15日内阁最终作出决定，出于指导各军种军费预算的考虑，当年继续施行"10年规则"，但是，1932年是否延续这一原则，要在对第二年的帝国国防形势进行全面评估的基础上再作出决定。②

不久，日本在华制造了九一八事变和一·二八事变，远东局势骤然紧张，英国在华利益受到日本军国主义的直接威胁，"致使英国把注意力转向其远东的弱点之上，引起对'10年规则'的抨击"③。汉基要求参谋长委员会比往年更早些提交他们的年度评估报告。他认为："当前的内阁与全英国一样，对帝国的防御形势没有充分的了解。"④

1932年3月22日，参谋长委员会向帝国国防委员会提交了1932年的帝国国防政策形势年度评估报告。报告指出，英国在远东的防御存在严重的缺陷，各军种和军事设施都处于难以应付战争的状态，根本无法抵挡日本的进攻，而且战争可能随时都会发生；造成如此局面的原因，不仅是政府把主要资金用于社会事务方面，更重要的是认为未来10年不会有大规模的战争，以及民众盲目乐观的和平主义。鉴于形势，报告提出3点建议：

(1)指导国防各军种预算的从任何既定日期起10年内不会有大规模战争的假定应当取消。

(2)应开始着手确定纯防御性的义务，包括基地的防御。首要任务是满足远东的需要，我们就此提交了1份单独的报告。

---

① CAB 24/225, C. P. 317(31), An Aspect of International Relations in 1931 by Sir John Simon, 12nd October, 1931; N. H. Gibbs, *Grand Strategy*, Vol. 1, pp. 70-71.

② CAB 23/67, C. C. 38(31)13, 15th July, 1931.

③ J. P. D. Dunbabin, "British Rearmament in the 1930s: A Chronology and Review", *The Historical Journal*, Vol. 18, No. 3(Sep., 1975), p. 588.

④ Stephen Roskill, *Hankey: Man of Secrets*, Vol. 2, p. 536.

（3）不应等待裁军会议结果明了之后再作出决定，近期远东发生的事件是不祥的，我们不能忽视厄运临头的预兆。①

帝国国防委员会对该报告的分析和建议未提出反对意见。3月23日内阁会议决定："对帝国国防委员会接受参谋长委员会的建议，赞成取消近些年来国防各部门的预算以其为基础的假定，不表示异议。"但是，内阁附加了两个限制性条件：这不等于有理由在增加国防支出的同时不考虑当前十分严重的经济财政状况；报告中提及的整个问题与正在日内瓦召开的国际裁军会议密切相关，需要做进一步的研究。②

从这一结论可以看出，英国政府对取消"10年规则"表现得十分勉强，"不表示异议"并非是表示赞同。这跟英国政府正面临前所未有的世界经济危机所造成的财政困境和失业问题直接相关，也反映出政府仍对正在日内瓦召开的国际裁军会议的结果抱有期待。当时的世界经济危机导致英国政府担心：大规模的重整军备会使财政状况进一步恶化，同时却得不到大多数社会公众的支持，而且会对国际裁军会议产生负面影响；如果国际裁军谈判能够取得令人满意的结果，一定程度上能够缓解紧张的国际政治形势和化解战争危机，这样就无需大规模重整军备，从而可以顺理成章地继续施行"10年规则"。

因此，在随后一年半的时间内，"10年规则"实际并没有真正废止，更没有立即出台取而代之的新战略指导原则，以至于一名军方高层人士抱怨称："看上去政府更关心战败之后能有足够的钱向取得胜利的敌人支付赔款，而不是使国防步入良性轨道"。③

### 四、"10年规则"的正式废止

1933年1月30日希特勒在德国上台，2月25日日本宣布退出国联，欧

---

① CAB 53/22/10，C. O. S. 295，Imperial Defence Policy：Annual Review for 1932 by the Chiefs of Staff Sub-Committee，23rd February，1932；CAB 24/229，C. P. 104（32），Imperial Defence Policy：Note by Sir M. Hankey，17th March，1932.

② CAB 23/70，C. C. 19(32)2，23rd March，1932.

③ Michael Howard，*The Continental Commitment*：*The Dilemma of British Defence Policy in the Era of the Two World Wars*，Reprinted，New York：The Ashfield Press，1989，p. 99.

亚两个战争策源地正在形成。但是，英国政府仍然打算在国际裁军会议上发挥主导作用，幻想会议能取得预想的结果。1月16日莫里斯·汉基就提醒首相麦克唐纳："指导国防各军种预算的假定问题……即10年内不会有大规模的战争，正处于不能令人满意的状态"。① 在给财政大臣内维尔·张伯伦的信中，汉基指出："国际形势是如此严峻，以至我觉得对任何一个人来说都会认为，我们各军种亟须的重整不能再长时间地延误下去了。"②

海军部也在3月提交年度军舰建造计划给内阁时，要求政府正式取消"10年规则"，从下一年度开始进行国防准备。在内阁会议上，陆军大臣和空军大臣也表达了类似的观点。然而，财政大臣内维尔·张伯伦认为，国家的财政和经济安全是第一位的，这种政策原则仍然是适用的。内阁在权衡后最终决定："为因目前国家困难的财政形势所造成的国防各军种的缺陷承担责任"；同意帝国国防委员会早前的观点，"应开始着手确定纯防御性的义务，包括基地的防卫，首先考虑远东的需要"。③

10月14日，希特勒宣布德国退出日内瓦国际裁军会议和国联，虽然英国在会下继续努力，力图挽救会议，但裁军大会似乎难逃失败的命运。参谋长委员会刚好在德国退出裁军大会之前，出台了该年度的帝国国防政策评估报告。

报告指出，一年半来，国际局势进一步恶化。中日危机尽管暂时缓和，但远东仍然是潜在的危险地区；在欧洲，德国开始重整军备，再次成为一个危险之源；帝国防御的优先次序是远东、欧洲和印度。各军种目前存在严重的缺陷，难以履行赋予它们的责任和义务；"长期延续'10年规则'导致的日积月累的缺陷是十分严重的，如果我们要为上述提及的严重紧急情况做好准备，那么今后若干年里持续增加我们的特定预算将是必要的"，"如果裁军会议失败，我们整个帝国防御力量的状况将不得不加以重新评估"。报告强调，"取代'10年规则'的指导性原则尚未确定"，希望帝国国防委员会尽早给予各

---

① CAB 63/46, Letter to P. M.：Assumption Govering Service Estimates, 16th January, 1933.

② CAB 63/46, Letter to Chancellor of the Exchequer：Reposition of Armaments Industry, 3rd February, 1933.

③ CAB 23/75, C. C. 9(33)3, 15th February, 1933.

军种指导性意见。①

　　11月9日，帝国国防委员会讨论了参谋长委员会的上述报告。帝国国防委员会总体认为，应尽力与日本改善关系，避免在远东和欧洲同时树敌，并决定向内阁提出以下几点意见：

　　　　(1)当前国防各部门的支出应以参谋长委员会的报告及其所提出的以下优先考虑次序作为指导：我们远东属地的防御和利益、欧洲的义务和印度的防卫；

　　　　(2)当前没必要将国防支出专门用于针对来自美国、法国或意大利的进攻上；

　　　　(3)政府相关各部必须对上述结论保持密切关注，无论如何应由帝国国防委员会每年加以评估。

　　　　在以上决定的基础上，参谋长委员会应协同财政部、外交部的代表以及帝国国防委员会秘书，起草一份应对我们最严重缺陷的计划，提交给内阁。②

　　11月15日，内阁会议通过了参谋长委员会的报告和帝国国防委员会的建议，并决定在帝国国防委员会之下成立"国防需要委员会"(Defence Requirements Sub-Committee，DRC)，从技术层面就"弥补国防缺陷计划"提出建议。同时决定成立一个大臣委员会(Ministerial Committee)，负责从政治层面评判"弥补国防缺陷计划"。但是，首相麦克唐纳强调："在那些建议提交他们之前，内阁完全不予以承诺。"③

　　尽管如此，这标志着"10年规则"的正式废止。然而，此后英国经历了3

---

① CAB 53/23/5，C. O. S. 310，Imperial Defence Policy：Annual Review for 1933 by the Chiefs of Staff Sub-Committee，12th October，1933；CAB 24/244，C. P. 264(33)，Imperial Defence Policy：Note by Sir M. Hankey，10th November，1933.

② CAB 24/244，C. P. 264(33)，Extract from the Draft Minutes of the 261st Meeting，Held on November 9，1933.

③ CAB23/77，C. C. 62(33)5，15th November，1933. "国防需要委员会"成立于1933年11月15日，由汉基任主席，其他成员包括财政部、外交部的常务次官和三军参谋长。

年的"弥补国防缺陷时期",真正进入重整军备阶段的标志,是1936年3月内阁和议会通过第3份弥补国防缺陷报告。

**五、"10年规则"的影响**

为什么英国政府在重整军备上的行动如此迟缓?这与"10年规则"的影响密不可分。时任财政大臣内维尔·张伯伦在给妹妹的信中提及:"斯坦利·鲍德温忘记或是不愿意提到花费很长的时间去调查国防缺陷并且起草一个新的计划,相应这些都必须再审查和修订(大部分是通过我)。不用核实我就能记起,这几乎花了1934年一整年时间,而且直到1935年我们才明白我们要做些什么。"[①]英国学者威廉·詹宁斯指出:"因为英国不愿意重整军备,也不认为有必要重整军备"。[②]

"10年规则"是1919—1933年英国军事战略的指导性原则,是"一战"后英国政府面临财政的窘境作出的抉择。对于"10年规则",从一开始国防部门内部就有不同的声音存在。此后的几年里,不断有人在年度的国防政策形势评估时针对这一规则而提出警告,只不过这些声音是极少数而已,没能影响赞成延续"10年规则"的主流。尽管"10年之内不会发生重大战争"的指导思想不是绝对不可变更的教条,但由于第一次世界大战后英国经济一直处在低迷状态,1929年又适逢世界性的经济危机,政府和公众都把视野主要放在国内,重点应对国内的失业等社会问题。

此外,20世纪二三十年代的华盛顿会议、洛迦诺会议、伦敦海军会议和国际裁军大会都体现出英国政府和公众对和平充满了乐观主义。英国学者斯蒂芬·罗斯基尔指出:"来自财政部持续且强大的压力,与'洛迦诺精神'和主张裁军的院外集团的宣传结合在了一起。"[③]另一位英国学者迈克尔·霍华德同样指出:"公众舆论怀着恐惧看待另一场战争的前景,并且发现他们很容易

① Robert Self,ed.,*The Neville Chamberlain Diary Letters*,Vol. 4:*The Downing Street Years*,*1934-1940*,Aldershot:Ashgate Publishing Limited,2005,Chamberlain to Hilda,14 Nov,1936,p. 219. 斯坦利·鲍德温(Stanley Baldwin)曾于1923年5月—1924年1月、1924年11月—1929年、1935—1937年3次出任英国首相。

② William Ivor Jennings,"British Organization for Rearmament",*Political Science Quarterly*,Vol. 53,No. 4(Dec.,1938),p. 482.

③ Stephen Roskill,*Hankey:Man of Secrets*,Vol. 2,p. 416.

相信重整军备更可能会加速而不是避免战争。工党和自由党继续对'集体安全'抱有信心，他们认为这使得重整军备是不必要的。保守党尽管支持重整军备，但主张一种'不卷入大陆纷争'的政策，这使得制定适当的国防政策以及发展维持该政策的军备几乎同样是十分困难的。"①而在 20 世纪 30 年代担任过陆军大臣、外交大臣等不同内阁职务，后在第二次世界大战期间担任驻美大使的哈利法克斯勋爵(Lord Halifax)，在其回忆录中提道：

> 在 1914 年的那场战争伴随着德国被完全解除武装而结束之后，为给各军种部制定政策和预算提供指导，内阁确立了 10 年无大规模战争的约定前提。在战后最初的几年当中，这并非是不合理的，而且在这些年里，经济与安全也不是不协调的。但是，在鲍德温第一届内阁期间，当时丘吉尔任财政大臣，采取了一种更宽泛且更危险的扩展该规则含义的做法，借此 10 年不再被看作是一个固定的时期，而是无时间限制地不断向前延伸。这一规则，或者更确切地说，对这一规则的解读，与战后英国民众一直沉浸其中的心态是相一致的，认为再也不会有战争，因此他们可以放心大胆地削减他们的军备。②

因此，"10 年规则"被一年年地延续下去，直到 1931—1932 年的远东危机和 1933 年希特勒上台执政，英国政府才开始再次感受到战争的威胁，决定停止施行。

"10 年规则"直接的后果，是造成了英国国防力量处于准备不足的状态，"用于武装部队的开支在 1933 年只占公共开支很小一部分(10.5%)，而社会服务却占了 46.6%"③，政府"视供应储备、技术人员、熟练的工匠和生产潜力为无足轻重"④。在这种状态下，即使是履行《国联盟约》和《洛迦诺公约》中的义务都难以得到保证，更谈不上如果再发生一次世界大战，英国国防力量要保

---

① Michael Howard, *The Continental Commitment*, p. 99.

② Lord Halifax, *Fullness of Days*, New York: Dodd, Mead & Company, 1957, p. 182.

③ ［英］保罗·肯尼迪：《大国的兴衰》，第 309 页。

④ Keith Feiling, *The Life of Neville Chamberlain*, p. 262.

障本土和整个帝国的安全。因为设想"10 年之内没有重大战争",各军种的规模和装备水平发展滞后,与国防密切相关的军事工业也因之发展缓慢,"自 1918 年战争结束后,各军种的装备一直靠原有的库存,新的订货数量被减至最低"①。

其次,最深远的影响是,由于长期施行这一规则,英国政府各部门思维不可避免地出现固定和僵化,甚至在 20 世纪 30 年代国际局势越来越紧张的情况下,英国的重整军备也缺乏应有的力度。齐世荣先生指出:"英国政府在重整军备的过程中,突出强调经济力量的重要作用,把它比作'第四个军种',并以此作为压缩国防经费的理由","英国重整军备不力,还由于受到消极防御战略的影响"。② 英国政府官员和公众一样,对外交和国防充满了自负的乐观主义。英国历史学者梅德利科特指出,他们"绝大多数人是孤立主义者,既相信战争能够避免,又相信应当避免";一些甚嚣尘上的和平团体主张,"'为争取和平而冒险',进一步削减已经缩减的武装力量,使那些解除了武装的国家失去重建武装力量的任何借口"。③ 1936 年 7 月,时任首相鲍德温在阐释英国的军备重整问题时谈道:"对一个自由国度来说,在 1934 年开始不受约束地武装起来是极端困难的。"④

这些思想在 20 世纪二三十年代的英国社会深深扎下了根,导致"即使'10 年规则'废止后,在第二次世界大战爆发时,无准备和不确定的后遗症仍没有消除"⑤。例如内维尔·张伯伦在 1939 年 10 月 8 日的日记中写道:"上星期的 3 天内,我收到了 2 450 封来信,其中 1 860 封是以这种或那种形式要求停止战争……一些人呼吁,'您以前阻止过战争,那么在我们都被推到悬崖上之前,您现在一定能找到解决的办法'。"而张伯伦则私下表示:"我是多么讨厌和憎恨这场战争,我从没有打算成为一名战时的首相。"⑥

---

① N. H. Gibbs, *Grand Strategy*, Vol. 1, pp. 79-80.

② 齐世荣:《30 年代英国的重整军备与绥靖外交》,见齐世荣主编:《绥靖政策研究》,第 5、14 页。该文最初载于《历史研究》1984 年第 2 期,第 190—206 页。

③ [英]W·N·梅德利科特:《英国现代史(1914—1964)》,第 344、345 页。

④ Philip Williamson and Edward Baldwin, eds., *Baldwin Papers: A Conservative Statesman, 1908-1947*, Cambridge: Cambridge University Press, 2004, p. 375.

⑤ N. H. Gibbs, *Grand Strategy*, Vol. 1, p. 3.

⑥ Robert Self, ed., *The Neville Chamberlain Diary Letters*, Vol. 4, Chamberlain to Ida, 8 Oct, 1939, pp. 454-455, and Chamberlain to Hilda, 15 Oct, 1939, p. 458.

再一个后果就是导致英国各军种之间缺乏共同的战略，这在世界战争进入现代化阶段需要陆海空三军相互配合的年代是相当不利的。就如美国学者威廉森·默里所说："三军任何共同的战略路线化为泡影：皇家空军计划对欧陆敌手(德国或法国)进行'战略'轰炸，皇家海军盯着太平洋，陆军则在印度边境宰杀猪猡。"①

因此可以说，"10年规则"是第一次世界大战后英国经济长期处于窘境的产物，也是英国社会上下对当时国际形势持乐观主义的一种外在表现。反过来，"10年规则"实际又大大促进了这种乐观主义。"10年规则"的负面影响并没有随着它的废止而消失，实际对两次世界大战间英国的军事和外交战略甚至经济战略，都有着最直接且最深远的影响。

## 第二节　海军战略——从"一强标准"到重拾"两强标准"

作为一个岛国，海军是英国国防战略的基石。两百多年来，英国一直坚持海军"两强标准"，即英国海军的实力至少相当于世界海军实力第二名和第三名国家的总和。历史上很长一段时期，"两强标准"针对的是法国和西班牙，19世纪后半叶，所指对象则变成了法国和俄国。

在19世纪与20世纪之交，"两强标准"渐渐呈现出难以满足英帝国防御需要的迹象。英国海军主要作战区域是在本土周边大西洋海域、地中海地区和世界主要海上贸易航线，而此时俄国组建了远东舰队，其盟国法国在远东也留有一支实力不容小觑的海军舰队，这就使得英国海军显得有些捉襟见肘，难以在东西方同时应对危局。当时英国面临着一个紧迫的抉择：要么大规模建设海军，要么物色一个盟国分担重任。在此背景下，英国政府选择了后者，

---

① ［美］威廉森·默里：《帝国的倾覆：1919至1945年的英国战略》，见［美］威廉森·默里、［英］麦格雷戈·诺克斯、［美］阿尔文·伯恩斯坦编：《缔造战略：统治者、国家与战争》，第432页。"猪猡"是对反抗英国殖民统治的当地居民的蔑称。

与日本于 1902 年缔结"英日同盟"。①

在第一次世界大战中，日本海军接过了英国海军在远东的大部分责任，并且在 1917 年同意参与地中海和印度洋的护航行动。作为回报，英国则支持日本在战后和平会议上继承德国在远东的利益。② 借此，英国把大部分舰队部署在欧洲，集中力量对付德国。

**一、放弃"两强标准"与应对海军军备竞赛**

"一战"后，英国仍然拥有世界上规模最强大的海军，但胜利是以沉重的代价换得的。在《凡尔赛条约》还未签订之时，英国内阁就已经开始考虑裁军问题，尤其是裁减海军军备。当时海军部提出的 170 901 500 英镑的 1920—1921 年度军费净预算，遭到财政部的否定。财政部认为相比上一财政年度的 1.492 亿英镑，在和平时期，这个数字是不现实的。③ 在"10 年规则"不惜压缩国防开支以确保经济复苏的浪潮下，1920—1921 年度各军种的军费总数最终被限制在 3.5 亿英镑。④ 在当时的一些人看来，"10 年规则"的施行意味着英国一定会放弃传统的海上霸权，甚至可能会允许自身实力落后于美国海军。⑤

1919 年 8 月，前外交大臣格雷勋爵(Lord Grey)被提名出任驻美大使，他

---

① "英日同盟"缔结于 1902 年 1 月 30 日，目的是联合抑制俄国在远东的扩张。1905 年和 1911 年同盟条约 2 次续订。它使英国海军能够更多地部署在大西洋、地中海和本国附近海域，以应对欧洲的局势，让日本协助维持英国在远东的利益。第一次世界大战后，在英国海军采取"一强标准"和裁减军备的情况下，这个同盟的价值更为明显。但美国一再向英国施压，甚至利用爱尔兰独立问题对英国进行恫吓。英国不愿意同时得罪美日两国，遂将问题提交华盛顿会议解决。"英日同盟"条约及 2 次修订的内容参见 John V. A. MacMurray, ed., *Treaties and Agreements with and Concerning China*, *1894-1919*, Vol. 1：*Manchu Period*, *1894-1911*, New York：Oxford University Press, 1921, pp. 324-325, 516-518, 900-901.

② S. Woodburn Kirby, *The War against Japan*, Vol. 1：*The Loss of Singapore*, London：Her Majesty's Stationery Office, 1957, pp. 1-2.

③ CAB, 24/83, G. T. 7646, Memorandum by the Chancellor of the Exchequer, 8th July, 1919.

④ CAB 24/5, G. 257, Memorandum by the Treasury on the Financial Position and Future Prospects of This Country, 26th July, 1919.

⑤ N. H. Gibbs, *Grand Strategy*, Vol. 1, p. 6.

声明坚决反对英美两国海军相互为敌，指出英国无力阻止美国建立一支与英国海军力量相当甚至实力超过英国的海军，主张英国海军以欧洲国家为标准。格雷并不乐意出使美国，原本打算通过以上言论让政府取消对他的任命，但首相劳合·乔治在海军部不知情的情况下，接受了格雷的政策观点，只是作了一项保留——"美国海军政策也要作出同样的反应"。[1] 1920 年 2 月 13 日，海军大臣沃尔特·朗向内阁提交了一份海军部的备忘录。备忘录主张维持英国的海上优势地位，如果美国不放弃或不修改 1915 年的海军计划[2]，英国应继续建造军舰以保持平衡，同时加强"英日同盟"。但备忘录指出，以"英日同盟"来反对美国是难以想象的，应该努力在海军实力平等的基础上与美国结成同盟，强调"有必要明确规定，针对其他最强海军国家的一强标准，是同我们广泛的海上需求相符的最低标准"。[3]

格雷和沃尔特·朗观点得到了内阁的认同，意味着英国政府已决定放弃传统的海军"两强标准"。

3 月 17 日，沃尔特·朗在议会下院指出，在战后德国海军被打垮的情况下，十分值得庆幸的是，唯一接近皇家海军实力的是美国海军。一方面，英国政府已向美国政府表达了不愿意彼此展开海军军备竞赛的意愿；另一方面，如今要维持英国海军传统的"两强标准"，实际难以做到。尽管如此，"以往各届政府的海军政策，无论它们代表哪一政党，至少包含了这一共同的原则，即我们的海军不应低于任何其他国家海军的实力，当前的政府牢牢坚持这一原则"。[4]议会通过了政府的这一政策调整，标志着英国就此放弃了传统的海军"两强标准"。

在英国决策者看来，由于唯一能同英国海军抗衡的美国被排除在假想敌名单之外，在"一强标准"之下，英国海军的实力至少不低于美国海军；战时，

---

① N. H. Gibbs, *Grand Strategy*, Vol. 1, p. 7.

② 该计划总共要建造 156 艘军舰，耗资 5 亿美元，包括 10 艘战列舰、6 艘战斗巡洋舰、10 艘侦察巡洋舰、50 艘驱逐舰和 67 艘潜艇。计划原定 5 年完成，国会通过时改为 3 年。1916 年，这一计划进行了扩充。见［美］内森·米勒：《美国海军史》，卢如春译，海洋出版社 1985 年版，第 211—212 页。

③ CAB 24/98, C. P. 645(20), Memorandum for the Cabinet: Navy Estimates and Naval Policy, 13rd February, 1920.

④ Hansard, HC. Deb, 17th March 1920, Vol. 126, cc. 2296-2309.

在远东对付日本的同时，完全能够在欧洲对付另一海军强国（最初对象是法国，但英法之间爆发战争的可能性微乎其微）。因此，一定意义上英国海军实际仍保持着"两强标准"。

"一战"后，英国海军在欧洲没有强大的对手，但从"一战"中渔利的美国和日本却在不断扩充海军力量，这让英国政府十分担忧，担心海军军备竞赛让自己力不从心，最终可能连"一强标准"也难以支撑。尽管英国愿意实行海军"一强标准"，但在同时约束美国海军和日本海军之前，英国依然要阻止这两个国家，尤其是阻止美国取得海上霸权地位。[1] 而且此时的美国和日本并没有因为英国施行海军"一强标准"而停止本国的海军扩大计划。

早在 1916 年 8 月 29 日，美国国会就通过了《海军法案》，支持总统威尔逊建造世界最强大海军的计划。然而由于对付德国潜艇的需要，美国当时集中力量建造驱逐舰和其他战舰，该计划遭到搁置。1918 年 12 月战争刚结束不久，威尔逊便提出继续执行 1916 年的计划，而且要求双倍规模予以扩大。按威尔逊的计划，到 1925 年美国海军至少拥有 39 艘一流的战列舰和 12 艘战斗巡洋舰。但是，战后美国退回到孤立主义，国会拒绝通过总统的计划，仅仅同意恢复 1916 年的海军建设计划。即使这样，美国的海军军费支出仍从 1917 年的 8.5 亿美元增至 1921 年的 24.5 亿美元，几乎占整个国家预算的 1/3。[2]

美国的海军建设计划足以使英国政府感到震惊、忧虑和愤懑。在巴黎和会上，英国试图迫使美国放弃新的海军建设计划，并以不支持美方建立国联的提议相要挟，而美国则要求英国放弃它的海上霸权，"必须使美国拥有和英国同样数量的海军"[3]。威尔逊总统会前甚至宣称："如果他们（英国人）不限制海军军备，我们将建造世界上最强大的海军……这将导致另一场更加可怕和血腥的战争，英格兰将被从地图上抹掉。"[4]结果在巴黎和会上爆发了一场

---

①　John R. Ferris, *The Evolution of British Strategic Policy*, *1919-26*, pp. 93-97.

②　［美］内森·米勒:《美国海军史》，第 223—224 页。

③　［苏］库尼娜:《1917—1920 年间美国争夺世界霸权计划的失败》，汪淑钧、夏书章译，世界知识出版社 1957 年版，第 263 页。

④　Phillips P. O'Brien, *British and American Naval Power*: *Politics and Policy*, *1900-1936*, Westport, Connecticut: Praeger Publishers, 1998, p. 137.

"巴黎海战",一度影响到整个会议的议程,最后双方同意在《凡尔赛条约》签订以后,再讨论两国海军问题。这个问题直到华盛顿会议才得以解决。

另一方面,在英国政府宣布放弃海军"两强标准"后,不仅美国似乎没有丝毫松动的迹象,日本国会也于1920年通过了海军建设的"八八舰队计划"。1921年,日本国家财政支出的32%被用在了海军建设上。①

美国和日本的海军扩建计划使英国不甘落后,不得不进行一场海军军备竞赛。首相劳合·乔治甚至宣称:"英国将花掉最后一个金币以使其海军优于美国或任何其他国家。"②1921年3月,英国政府把"10年规则"暂时抛在一边,提出在建造4艘战列舰后,还计划建造史上最强大的4.8万吨的战斗巡洋舰4艘,作为对美国和日本扩建海军的回应。③

英国政府虽有雄心壮志,但冷静下来盘算支出,感到力不从心。英国政府派人向华盛顿试探,建议召开裁军会议,并允诺与美国共同维持海军均势。此外英国担心战后的凡尔赛体系没有就远东太平洋的格局进行划定,美国和日本在远东太平洋地区的竞争愈演愈烈,而英国和日本存在同盟关系,一旦美日发生冲突,英国必然被牵扯进去。虽然1911年《英日同盟条约》续订时,作了如果美日发生交战英国不牵涉其中的修订,④ 但即使如此,英国也难免被美国所猜忌和敌视。1921年又面临着"英日同盟"续约的问题,英国政府虽然对"英日同盟"难以割舍,但迫于美国的压力和出于改善同美国关系的考虑,

---

① [日]外山三郎:《日本海军史》,龚建国、方希和译,解放军出版社1988年版,第83页。"八八舰队"系指第一线舰队,以舰龄不满8年的战列舰8艘共2万吨,装甲巡洋舰8艘共1.8万吨为最低限度的主力,并以巡洋舰以下各种舰艇作为辅助部队。该计划的根据是1907年4月制定的帝国国防方针中关于所需兵力的规定,但因经费和政府丑闻,该计划一开始就搁浅,直到1920年再次通过。事实上建设"八八舰队"是日本当时财力所不能及的。华盛顿会议后,日本海军发展被控制在《五国海军协定》的规定以内,一直持续到1936年1月日本单方面退出伦敦海军会议,使其海军发展不受任何限制。

② [美]阿瑟·林克、威廉·卡顿:《一九○○年以来的美国史》上册,刘绪贻、李存训、李世洞译,中国社会科学出版社1983年版,第394页。

③ Anthony Clayton, *The British Empire as a Superpower*, *1919-1939*, p. 21.

④ Frederick R. Dickinson, "Japan Debates the Anglo-Japanese Alliance: The Second Revision of 1911", in Phillips P. O'Brien, ed., *The Anglo-Japanese Alliance*, *1902-1922*, London and New York: Routledge Curzon, 2004, p. 110.

同意与美国磋商此事。

　　这时，美国也出现了参议员威廉·博拉（William E. Borah）发起的裁军运动，要求总统授权召集一次限制海军军备的会议，结束军备竞赛。1921 年 5 月和 6 月参众两院先后通过了博拉提出的议案，要求政府同英国和日本进行裁军谈判。在日本，海军军费预算约占国家财政支出的近 1/3，"这样下去必然导致财政危机，有识之士也强烈要求裁军。日本政府决定利用这次会议的机会，实现裁军和维持日英同盟这一历来的基本方法，因此便答应出席这次会议"①。因此，"对于英国和日本来说，他们之间于 1902 年签订的军事同盟条约正好到期，美国的提议正合他们的意，除了裁军之外，他们还希望把讨论扩大到整个远东的事务"②。

　　1921 年 11 月 12 日华盛顿会议召开，次日美、英、法、日签署《美英法日关于太平洋区域岛屿属地和领地的条约》（简称《四国条约》），规定条约生效后，"1911 年 7 月 13 日英国和日本在伦敦缔结的协定应予终止"③。1922 年 2 月 6 日，英、美、日、法、意签订《关于限制海军军备条约》，即《五国海军协定》，确定了主力舰 5∶5∶3∶1.67∶1.67 的吨位比例。④ 这样，英国通过条约的方式确定了与美国海军力量相对应的"一强标准"，同时仍然保持对另一海军强国日本的有限优势。

　　对英国来说，华盛顿会议并不是一次失败，在一定程度上还是一场胜利。尽管从长远看"一强标准"难以满足承担英帝国广泛义务的需要，但"总的说来，受到英国报刊的好评"⑤。"英日同盟"虽然不再存在，但《四国条约》"既保持了英日之间的友好关系，又增添了同美国协作的新气象。所以，劳合·乔治声称这是英国外交的大成功"⑥。

---

　　① ［日］外山三郎：《日本海军史》，第 83 页。
　　② 余志森主编：《美国通史》第 4 卷，人民出版社 2002 年版，第 510 页。
　　③ 世界知识出版社编：《国际条约集（1917—1923）》，世界知识出版社 1961 年版，第 738 页。
　　④ 世界知识出版社编：《国际条约集（1917—1923）》，第 743 页。条约规定英国的海军总吨位包括了自治领的部分。
　　⑤ ［英］W·N·梅德利科特：《英国现代史（1914—1964）》，第 178 页。
　　⑥ 方连庆主编：《现代国际关系史（1917—1945）》，北京大学出版社 1990 年版，第 80 页。

其次，如上文所述，英国在华盛顿会议之前事实上就已经放弃了"两强标准"。因此，所确定的主力舰吨位的比例并不是英国在会议上的一种无奈的退让，而是"10年规则"和海军新战略的现实体现。英国政府意识到了战后的相对衰落已是不可避免。英国"一强标准"的实质是：即使不能超强，至少也应该是最强，尽管存在两个最强。但是，与"美国发生战争的可能性已经被排除"①。因此，事实上英国海军相对于日本海军和法国海军来说，仍是"两强标准"。英国学者爱德华·卡尔指出："1922年的《华盛顿海军条约》或多或少地是英国有意识的要求，希望在管理世界事务中与美国享有同等的伙伴地位"。②

另外，英美虽在《五国海军条约》中作出不在太平洋西部新建或扩建海军基地的重要让步，但新加坡没有包括在其中。而且英国依据条约削减的是一些过时老旧的军舰，反之，美国和日本则主要是较现代化的舰只。

所以，英国一方面避免了今后被动地卷入代价高昂、财力难以支撑的军备竞赛，另一方面通过条约限制了其他国家的海军发展，至少使美国的海军力量暂时不能超过它的水平，同时保持对另外三国的海军优势。

**二、弥补海军缺陷**

然而，上述形势在1930年伦敦海军会议后发生了变化。这次会议上英、美、日三国签署了《限制和裁减海军军备的国际条约》，作为对1922年《五国海军条约》的补充，三国驱逐舰的吨位比是10∶10∶7，潜水艇的吨位比是10∶10∶10。③ 美国在非主力舰方面取得与英国相等的地位，英国巡洋舰50艘，比美国多1艘，低于英国海军部会前70艘的要求。日本在非主力舰方面突破了与英美主力舰5∶5∶3的框架，并在潜水艇方面争得与英美对等的地位。但是，法国要求与会国以条约的形式给予它安全保障，意大利则要求获得与法国同等的海军地位，这两个要求都没有得到满足，因此法国和意大利拒绝签字，不受条约的约束。

---

① N. H. Gibbs, *Grand Strategy*, Vol. 1, pp. 13, 23.

② [英]爱德华·卡尔：《20年危机(1919—1939)：国际关系研究导论》，秦亚青译，世界知识出版社2005年版，第211页。

③ 世界知识出版社编：《国际条约集1924—1933》，世界知识出版社1961年版，第473页。

5月13日，首相麦克唐纳在英国皇家国际事务协会发表演说，盛赞此次海军会议消除了军备竞赛，又给政府节省了大笔开支，但在随后的讨论中遭到海军上将泰勒（E. A. Taylor）的批评。泰勒指责伦敦条约的签订是"对国家的背信弃义……在与美国平等的基础上而不是在我们实际需要的基础上参加这次会议，是一个极大的错误"①。泰勒的观点在一定程度上是有道理的，因为英国海军的地位进一步遭到削弱，而战时以海军为基础的经济封锁以及对欧洲和自治领承诺的义务，都要求英国应该拥有比美国更多的巡洋舰和驱逐舰，特别是当意大利和德国成为英国的敌人的时候，这种弱点更加突出。此外，意大利和德国不受该条约的约束，可以按自己的意愿建造新型的现代化战舰，而英国则受条约所限，战舰现代化更新显得滞后。

"10年规则"废止后，在1933—1936年间，新成立的国防需要委员会共向内阁提交了3份"弥补国防缺陷计划"报告，阐述这一时期英帝国的国防战略和各军种的发展计划，以弥补"10年规则"时期由于经济困难和裁减军备导致的国防缺陷。3个报告基本都得到了英国内阁的批准并付诸实施。

1934年2月28日，国防需要委员会完成了它的第1份报告。报告指出国际形势正在恶化，尤其在欧洲，德法两国未能就裁军问题达成一致，德国正目无他国地加速重新武装；在远东，日苏关系恶化，但这使得日本期望同英国改善关系，而以往英日关系的紧张是由于英国屈从于美国所造成的结果。因此，在远东形势缓和的情况下，应当一定程度上恢复往日"英日同盟"时期两国的关系状态，但也不能以英美友谊为代价，并忽视远东的潜在危险，应加强远东的防御，完成新加坡军事基地的建设；而目前德国的重整军备尚未完成，几年之内不会对英国构成严重的威胁，英国有时间针对德国做好防御上的准备，尽管时间并不充裕。

该报告虽然仍将同日本发生战争的风险列在首位，但指出英日友好是远东政策的长远目标，为了挽回近些年在远东失去的地位，权宜的做法是"展现强硬的姿态"，明确德国"是我们'长远'防御政策必须针对的最终的潜在敌人"。另一方面，报告将美国、法国和意大利排除在假想敌之外，但认为不能

① J. Ramsay MacDonald, "The London Naval Conference, 1930", *Journal of the Royal Institute of International Affairs*, Vol. 9, No. 4(Jul., 1930), pp. 441-442.

因此忽视相关的防御措施。此外，该报告强调："我们目前的缺陷应在可行的最短期限内加以弥补，因此，原则上我们提出一个为期 5 年的计划，尽管事实上我们认为就某些方面而言，在如此短的时限内要弥补多年累积的缺陷是不可能的，但某种情况下这是必不可少的。"

　　未来 5 年的计划占据了该报告的大部分篇幅，指出了英帝国在远东和欧洲亟待弥补的防御缺陷，同时详细列出了各军种所急需解决的"最严重的缺陷"，认为弥补这些缺陷大约总共需要 82 380 980 英镑，5 年内需要 71 323 580 英镑，海军支出在 2 000 万英镑左右。报告最后指出："考虑到我们世界范围的利益，并与其他强国进行对比，5 年计划远非过高。"关于海军，报告建议应对大部分主力舰只进行现代化升级，对海军基地进行现代化改造，建立必要的物资储备，争取使新加坡基地至 1938 年时达到作战所需的条件。报告未将海军新的造舰计划列入弥补缺陷的范围之内，认为这将取决于 1935 年海军会议的结果，然后再作出安排，但指出海军部为造新舰所提出的预算是未来 5 年内年均 1 340 万英镑。[①]

　　事实上，自 1922 年华盛顿会议后，英国在非主力舰方面的优势逐年下降，1930 年《伦敦海军条约》使得英国在非主力舰领域的发展进一步受到限制，同时法国和意大利因拒绝签署该条约而不受限制。鉴于这种形势，海军部指出，如果在远东对付日本的同时，还需在本土附近海域对付欧洲最强的海军国家(最初意指法国)，皇家海军目前是难以胜任的。海军部打算提出新的"两强标准"，但由于国防需要委员会主要是评估以往国防的缺陷，而不是应对现时或未来的需要，加上以德国为最主要的假想敌，而德国海军此时相对较弱，战时情况下还能指望法国海军的协助，所以这一新观点没有出现在这份报告中。[②]

　　3 月 7 日，第 1 份弥补国防缺陷报告提交内阁。在海军看来，"这是一个

---

　　① CAB 24/247, C. P. 64 (34), Report of the Defence Requirements Sub-Committee, 28th February, 1934.

　　② N. H. Gibbs, *Grand Strategy*, Vol. 1, p. 97, 120-121. 新"两强标准"是指英国海军在远东对付日本海军的同时，能够在本国大西洋海域对付欧洲最强的海军国家。尽管当时欧洲海军最强的法国已被排除在英国敌人的名单之外，但从军事战略角度仍以此作为衡量标准，当德国对英国的威胁日益明显时，英国海军在欧洲的矛头自然指向德国海军。

新时代的开始……不幸的是，在大臣圈子里对国防需要委员会建议的反应既缓慢又无力"①。之后一个多月里，内阁正在极力挽救日内瓦裁军会议，对报告只进行了几次简单讨论，并没有给予应有的重视。4 月 20 日，陆海空三军大臣敦促首相尽早对报告进行审议，提醒报告只是弥补国防缺陷，不应与裁军会议的结果联系在一起，以便各军种能够明确下一步行动的方向。首相麦克唐纳表示接受，但指出："如果达成与裁军相关的协议，进而对国防支出的决定作出重新调整始终是可能的。"②

5 月 2 日，鉴于弥补国防缺陷的问题与裁军会议及对他国的安全保证义务等问题相关，内阁决定将报告交由裁军事务大臣委员会（Ministerial Committee on Disarmament）从政治层面进行审议，尽管汉基认为由一个裁军委员会讨论重整军备之事实属滑稽。③ 英国学者马科尔姆·史密斯认为："内阁将国防评估看成是日内瓦政策的继续，而不是一个新的开始。"④

裁军事务大臣委员会在随后的两个月里对报告进行了审议，最终于 7 月 31 日将审议修改后的弥补国防缺陷报告提交内阁通过。大臣委员会的报告总体延续了国防需要委员会的看法，同时在细节方面作了许多调整。由于不久将召开新的国际海军会议，相比空军和陆军，报告没有对海军的弥补缺陷方

① Stephen Roskill, *Naval Policy between the Wars*, Vol. 2, pp. 170-171.

② CAB 24/249, C. P. 113(34), Memorandum by the Secretaries of State for War and Air, and the First Lord of the Admiralty, 20th April, 1934; CAB 23/79, C. C. 17(34)3, 25th April, 1934.

③ CAB 23/79, C. C. 19 (34) 2, 2nd May, 1934; Stephen Roskill, *Naval Policy between the Wars*, Vol. 2, p. 171. 裁军事务大臣委员会成员为：首相拉姆齐·麦克唐纳、枢密院大臣斯坦利·鲍德温、财政大臣内维尔·张伯伦、外交大臣约翰·西蒙（John Simon）、印度事务大臣塞缪尔·霍尔（Samuel Hoare）、自治领事务大臣 J·H·托马斯（J. H. Thomas）、殖民地事务大臣菲利普·坎尼夫-利斯特（Philip Cunliffe-Lister）、海军大臣博尔顿·艾尔斯-蒙塞尔（Bolton Eyres-Monsell）、陆军大臣黑尔什姆勋爵（Lord Hailsham）、空军大臣伦敦德里勋爵（Lord Londonderry）、教育大臣哈利法克斯勋爵（Lord Halifax）、贸易大臣沃尔特·朗西曼（Walter Runciman）、农业与渔业大臣沃尔特·埃利奥特（Walter E. Elliot）、工程事务第一专员奥姆斯比-戈尔（W. Ormsby-Gore）、掌玺大臣安东尼·艾登（Anthony Eden），汉基为秘书。日内瓦裁军会议失败后，1935 年该委员会更名为国防需要大臣委员会（Ministerial Committee on Defence Requirements）。

④ Malcolm Smith, *British Air Strategy between the Wars*, p. 131.

案和新的造舰计划作出最终的决定。①

然而，在第 1 份弥补国防缺陷报告提交后没多久，3 月 26 日德国公布了新的年度国防预算，比上年度增加了近 1/3，达到了 9.566 亿马克，比 1933 年增加了 5 亿马克，其中海军军费为 2.36 亿马克。② 这引起了英国政府的高度关注和担忧。为打消英国的戒心，11 月 28 日希特勒对英国政府在下院发表的关于德国重整军备的声明作出回应，表示他一直愿意就德国海军实力在相比英国海军实力 35％的基础上与英方达成一致，并再次强调在权利平等的情况下，任何时候都准备与英方商谈军备问题。同一天，德国海军司令埃利希·雷德尔(Erich Raeder)接见英国驻德海军武官时，重申了德国愿意参加在伦敦举行的国际海军会议，前提是必须废除《凡尔赛条约》对德国海军的限制，如果会议不能取得成果，德国愿意单独与英国展开会谈。③

1935 年 1 月 7 日法国和意大利签订《罗马协定》，英国担心希特勒叫嚣德国受到包围而作出过激反应，作为 3 月外交大臣约翰·西蒙和国联事务大臣安东尼·艾登访问柏林的部分成果，6 月 18 日英德两国在伦敦签署《德国政府和联合王国政府关于限制海军军备的换文》，即《英德海军协定》，并于即日正式生效。换文规定：德国海军的总吨位永不超过英国海军总吨位的 35％，德国潜水艇总吨位不超过英国总额的 45％。④

英国本意是打算通过该协定将德国的海军发展以条约的形式加以约束，避免自身财力难以支撑的海军军备竞赛，并且为 1935 年 12 月召开的国际海军会议铺垫道路。就如内维尔·张伯伦在家信中提道："与德国人订立协定，我感到很满意，这无疑是正确的，它让我们可以约束他们的海军，并且事实上看起来如此之好，以致使人不免产生怀疑。我对法国人感到不安并不惊讶，

---

① CAB 24/250，C. P. 205（34），Defence Requirements Report by Ministerial Committee，31st July，1934；CAB 23/79，C. C. 31(34)1，31st July，1934.

② Paul R. Sweet，ed.，*Documents on German Foreign Policy*，*1918-1945*（以下简为 *DGFP*），Series C，Vol. 2，Washington：United States Government Printing Office，1959，pp. 707-708.

③ *DGFP*，Series C，Vol. 3，pp. 681-682，685-686.

④ *DGFP*，Series C，Vol. 4，London：Her Majesty's Stationery Office，1962，pp. 319-326.

但没有时间可以失去，我相信艾登能够向他们表明，协定不但有益于我们，而且对他们也有益处。"①但《英德海军协定》意味着德国可以把自己海军总吨位在当时水平基础上增加 4 倍多，而且"从长远的战略观点上看，《英德海军协定》对英国也是不利的……英国海军比较分散，活动在世界各地 13 个海域，而德国的海军比较集中，主要活动在北海一线。这样，对德国来说，可以在局部地区形成某种相对的海军优势"②。

另外，协定招致了法国的不满，进一步加深了英法之间的隔阂。从长远看，该协定还对远东的形势产生了不利于英国的影响。因为当德国海军力量按协定不断增长时，英国需要更多的海军力量部署在本土大西洋海域应对德国，这将大大限制远东有事时英国能够派往远东的舰队的规模，以后发生的事情证实了这一点。英国学者斯蒂芬·罗斯基尔指出，即使在英国海军内部，"协定签订后的一年里，仍可感受到对协定明智性和持久性的怀疑"③。

1935 年 5 月 27 日，国防需要大臣委员会要求国防需要委员会结合最近的国际形势和英国的财政状况，对当前的弥补国防缺陷方案提出调整意见，以便大臣委员会参考。6 月 7 日，国防需要委员会提交了意见报告。7 月 8 日，国防政策与需要大臣委员会(Ministerial Committee on Defence Policy and Requirements)④希望国防需要委员会在意见报告的基础上，重新审查各军种的国防需要问题，并针对未来的发展提供建议。7 月 24 日，新的国防需要委员会报告出炉，即第 2 份弥补国防缺陷报告，但实际只是一份临时性的报告。

该报告认为："有越来越多的证据显示，日本与德国正在建立友好关系。事实上，在不久的将来，这种情况会变得更加公开"；"欧洲的国际形势没有提供任何乐观的理由……德国给外界的印象是打算几乎不惜一切代价重新武

---

① Robert Self，ed.，*The Neville Chamberlain Diary Letters*，Vol. 4，Chamberlain to Hilda，22 June，1935，p. 141.

② 方连庆主编：《现代国际关系史(1917—1945)》，第 261 页。

③ Stephen Roskill，*Naval Policy between the Wars*，Vol. 2，p. 309.

④ 1935 年 6 月政府重组之后，该委员会取代了原国防需要大臣委员会，枢密院大臣拉姆齐·麦克唐纳任主席。成员有：财政大臣内维尔·张伯伦、陆军大臣哈利法克斯、空军大臣坎尼夫-利斯特、外交大臣霍尔、海军大臣艾尔斯-蒙塞尔、贸易大臣朗西曼、国联事务大臣艾登、三军参谋长，汉基为秘书。

装，这已经得到了证实"；"意大利与埃塞俄比亚的冲突削弱了那些能够遏制德国野心的国家的团结……随着德国实力的增长，对其而言将出现一种趋势，即会吸引一些仆从国加入其阵营，而疏远其他大国"。

该报告从军事技术的角度判断 1942 年是德国发动战争的最早时间，但认为德国作为一个独裁国家，能够做到对英国来说难以做到的事情，因此不能低估其能力，"作为一个潜在的侵略者，德国能够自己选择发动战争的时机……如果作为遏制德国力量的各国，尤其是英国，依然保持他们目前的无准备状态，那么德国可能轻易决定利用某些机会或借口作出某种政治冒险行为，也许是针对像默麦尔这样的一些小目标，也许是针对东欧或中欧的某个更具雄心的目标"。

报告同意外交部次官罗伯特·范西塔特(Sir Robert Vansittart)的看法，认为依照判断德国不可能在 1942 年之前发动战争，但"德国可能因错误的打算或政治判断失误而这样做"；"1939 年 1 月 1 日有理由被认为是出于我们自身安全考虑而作出准备的最迟日期，而且不能保证德国届时在政治上会保持无动于衷，接受晚于 1939 年的任何日期都将冒很大的风险。"

另外，该报告强调：

> 无论我们的目标是针对上述提及的 1939 年，还是 1942 年，我们认为，在对国防各军种增加年度预算支出作出限制的情况下，要实现有效威慑或防御的准备状态是不可能的。而且基于此种情况，我们难以提交可接受或可实现的计划。我们获悉德国正借助大规模借款的方式为其准备工作提供资金，其他国家不同程度上也在如此。如果我国要为自身的安全做好充分的准备，要遏止侵略行径，那么我们认为别无选择，只能是政府开阔视野，并采取某种制度安排为此目的提供资金。①

结果，7 月 29 日大臣委员会授权国防需要委员会，在现实允许的情况下制订出计划，使各军种在 1938—1939 财政年度结束时能够达到最充分的准备

---

① CAB 24/259，C. P. 26(36)，Annex：Programmes of the Defence Services-Interim Report，24th July，1935.

状态。在计划中，国防需要委员会被要求对以下问题作出回答：(a)将采取怎样的特别措施来提高工厂的生产，以便在上述期限内提供所需的物资？这些措施的费用如何？(b)如果没有针对工厂生产采取上述特别的措施，届时我们的准备将是怎样的状态？如果有特别措施，要花多长时间才能达到(a)中所提到的准备状态？报告最后指出，关于各军种计划的最终决定，将由内阁在对当前的国际金融和政治形势进行最广泛评估后作出。①

1935 年 11 月 21 日，国防需要委员会提交了第 3 份弥补国防缺陷报告，主要是在新国际形势的背景下，回答第 2 份报告中国防政策与需要大臣委员会要求其回答的问题。在这份报告的基础上，国防政策与需要大臣委员会于1936 年 2 月 6 日完成了自己的报告，17 日经内阁讨论获得通过。3 月 3 日，报告的主要内容以国防政策声明的形式在议会发表。

国防需要委员会的第 3 份报告指出：

> 我们临时报告中的第 4—14 段描述了国际形势对于国防需要产生的影响。那时发生的国际形势恶化仍在继续。可以这样归纳我们的处境：德国依然在全速地进行重新武装，并对斯特莱沙阵线的瓦解充满喜悦。基于这两个原因，德国正吸引更多的国家加入其阵营……意大利已经变得充满敌意，而且无论最终如何解决，必然会疲弱地从当前的危机中走出来。由于赖伐尔的懦弱，法国自身被外交事务领域左右之间的巨大分歧所困扰。因此在日内瓦它被证明是一个不可靠的合作者……美国在内心比以往更加地充满孤立主义。日本则意在主宰远东，就如德国意在主宰欧洲那样……我们处在一个比以往任何时候更加充满危险的世界中，除了自己我们指望不上任何人，我们只有强大起来。
>
> ……我们认为，我们所采取的对外政策应避免我们在远东同日本、在西方同德国以及同这两者之间主要交通线上的任何大国同时发生可能的敌对情势，无论它是公开的还是隐晦的，这是我们国家和帝国安全的基本要求。就日本而言，在之前的报告中，我们特别强调了最终采取一

---

① CAB 24/257，C. P. 187(35)，Defence Requirements: The Present Position, Note by the Secretary to the Cabinet, 7th October, 1935.

种同这个国家友好和睦政策的重要性。最近的事态凸显了此种政策的可取性，即使实施起来存在困难。

在长久的基础上同德国建立友好关系，从战略角度看同样是可取的，但相比同日本的情况目前呈现出甚至更大的困难……我们强烈主张，在意大利能够再次成为一个难对付的因素之前，我们应对我们长远的政策作出调整，以便我们决不会陷入这样一种境地，即在同时与日本和意大利交战的情况下，或者更不用说如果我们同时与德国和日本交战的情况下，我们难以获得法国的确切军事援助……

因此，无论我们未来的政策如何，我们从近来各种事件所汲取的教训是亟须使我们自身足够强大，从而能够不遗余力地维护世界的和平以及我们自己的安全，希望不打破均势而通过一致意见使共同削减军备成为可能的那一时刻最终能够到来。但是，这一时刻尚未到来。

关于海军，报告认为在德国遭受《凡尔赛条约》束缚的前提下，"一强标准"是足够的，但这种情况正在被改变：

至1942年，估计德国将拥有5艘新主力舰，外加3艘袖珍战列舰，日本可能完成建造2艘新主力舰。甚至到1939年3月31日，德国将拥有3艘袖珍战列舰和2艘新的2.6万吨排水量的战列巡洋舰；如果远东发生严重的紧急事件，在西方出现遭受威胁的情势下，我们将没有安全的余地，即使假设拥有超强的战斗效率。

我们不能过于强调在间隔如此之远的两个战场同高效的敌人在海上交战所存在的种种困难。目前与意大利之间的麻烦，使得来自世界各地的英国海军力量，包括来自远东，有必要集中于地中海地区，这产生了某种使事态缓和的迹象。然而，无视两条战线同时或几乎同时出现威胁的可能情况，将是自杀式的愚蠢表现；如果我们不能拥有产生一种威慑所需的足够军事力量，这种双重的紧急情况更可能会发生。

为此，报告建议将以下新的海军"两强标准"作为长远的发展目标：

（1）使我们能够在远东部署一支完全足以采取防御行动的舰队，并对该地区我们的利益所遭受到的任何威胁形成一种强大的威慑。

（2）同时，在任何情况下，在本土海域维持一支能够满足与德国交战所需的力量。

未来 3 年重整海军军备的具体方案为：在 1937—1939 年更新换代 7 艘主力舰，从而与德国和日本的新主力舰数量保持平衡；在 1936—1942 年建造 4 艘航空母舰；在 1936—1939 年，每年建造 5 艘巡洋舰；在每年更新一支小型驱逐舰舰队的基础上，在 1936—1937 年建造 7 艘驱逐领舰（Destroyer Leader），同时隔年组建一支小型驱逐舰队，直到 1942 年；潜艇及小型护航舰或辅助舰只维持以往的建造速度，即每年建造 3 艘潜艇、5 或 6 艘小型护航舰。但是，报告强调，如果要实施新的"两强标准"，以上造舰方案是不够的，而且由于条约限制和人员物资短缺，该方案在未来的 3 年或更长的几年里其实难以完成。[①]

实际上，国防需要委员会没有针对新"两强标准"提出具体的实施方案，对政府接受如此的战略转变没有抱太大的奢望。由于报告中所提的未来 3 年的方案介乎于"一强标准"与新"两强标准"之间，因此也被称为"DRC 标准"。

国防政策与需要大臣委员会总体赞成报告对国际局势的分析以及不将与意大利长期敌对的情形列入需要紧急应对的事务范围，同意"一个强大英国的领导力，目前对于国联盟约体系的成功显然是必不可少的；如果国联盟约体系失败，只有英国被认为是一个强大且准备充分的国家，才能指望获得其他国家的合作与援助"。但是，关于海军新"两强标准"，大臣委员会认为采取新标准所涉及的问题尚未详细考虑，"我们认为在实际的效果能够被更确切地评

---

① CAB 24/259，C. P. 26(36)，Programmes of the Defence Services：Third Report of Defence Requirements Sub-Committee，21st November，1935."斯特莱沙阵线"是指，1935 年 4 月英、法、意三国在意大利北部的斯特莱沙召开会议，讨论三国相互保障欧洲和平的问题，会后三国发表一份联合公报，对德国违反《凡尔赛条约》的行为进行了轻描淡写的批评，这被当时的媒体渲染为保障欧洲和平的"斯特莱沙阵线"。皮埃尔·赖伐尔（Pierre Laval），法国政治家，曾为社会党人，1914—1919 年和 1924—1926 年，两度任职于国民议会。20 世纪 30 年代，担任过多个内阁职位，并于 1931—1932 年和 1935—1936 年两度担任法国总理。

估之前,对赞成这一标准应加以保留"。除巡洋舰建造方案被暂行通过且有待以后进一步评估外,大臣委员会通过了第 3 份报告所提的"DRC 标准"。① 2 月 25 日内阁批准了大臣委员会的报告,同时决定政府在议会即将发表的国防政策声明中对新"两强标准"不予以提及。②

尽管海军新"两强标准"没有得到批准,一定程度上也反映出英国政府担心该问题会对正在伦敦召开的海军会议产生负面影响,但国防需要委员会第 3 份报告所提出的"DRC 标准"还是原则上获得了内阁的通过。这说明,随着欧亚战争策源地的形成,英国政府意识到大规模战争的可能性似乎越来越难以避免,海军"一强标准"已无法满足大英帝国的国防需要。另外,国防需要委员会的第 3 份报告多少透露了海军部对于三线作战即在远东同日本、在西欧同德国以及在地中海同意大利同时作战的担忧。

因此,第 3 份弥补国防缺陷报告标志着英国海军"一强标准"的结束。另外,第 3 份弥补国防缺陷报告的内容实际上已不再仅仅是基于弥补以往国防缺陷的考虑,更是英国面向未来的重整军备计划,并且欧洲开始取代远东成为英国的国防战略重点,而在远东采取防御姿态,一定程度上体现出第二次世界大战期间"先欧后亚"的战略思想雏形。国防需要委员会的第 3 份报告成为两次大战期间英国军事战略发展的里程碑。

### 三、重整海军军备与新"两强标准"

1936 年 12 月 31 日是华盛顿《五国海军条约》和 1930 年《伦敦海军条约》的有效期限,相关各国于 1935 年 12 月 9 日在伦敦召开了国际海军会议,商谈上述 2 个条约到期后海军军备的控制问题。③ 由于海军平等的要求没有得到满足,日本中途退出了大会,意大利则因为国联对它入侵埃塞俄比亚实行制裁,没有在条约上签字。1936 年 3 月 25 日达成的《限制海军军备条约》对从主力舰到潜水艇的各类舰只的最大吨位和炮口的最大口径都作了详细规定,但

---

① CAB 24/259, C.P. 26(36), Report of Sub-Committee on Defence Policy and Requirements, 6th February, 1936.

② CAB 23/83, C.C. 10(36)1, 25th February, 1936; CAB 24/260, C.P. 62(36), Statement Relating to Defence, 3rd March, 1936.

③ 与会国家有英国、美国、日本、法国、意大利、英帝国各自治领和印度。

与以往不同的是没能在数量上加以限制，实际上该条约的作用只是把建造海军的情况相互通知而已。① 英国历史学家斯蒂芬·罗斯基尔指出："整个过程就是十足地浪费时间和精力，因为在实现限制海军军备的会议初衷方面，最终签署的条约实际上没有取得任何有意义的成功。"②而英国官方军史学家诺曼·吉布斯认为："1936 年的《伦敦海军条约》是一次企图扭转已经发生转变的形势的尝试。"③

英国政府勉强接受海军"DRC 标准"这一事实说明，此时的英国政府处于彷徨犹豫的两难境地，即面对德意日法西斯国家加紧扩军备战，不能再延续以往轻视国防建设或认为国防力量已经足够的政策，但长期以来，尤其是"10 年规则"的束缚，过分注重经济力量作为国防的"第四军种"，导致了决策者不敢轻易迈出重整军备的坚定步伐，仍然幻想通过条约的形式限制各大国军备，从而达到遏制大规模战争发生的目的，这也是英国 20 世纪 30 年代重整军备不力的原因之一。时任财政大臣张伯伦在家信中曾表达出这种观点：

> 我不相信德国即将进攻英国，通过精心的外交手段，我认为我们能够避免战争，虽然可能不是无限期的，如果我们现在就按丘吉尔提议的那样牺牲我们的商业而生产武器，那我们将肯定使我们花了几代人去恢复的贸易受到伤害，我们将摧毁目前建立起来的令人欣喜的信心并且严重削弱财政收入。④

英国内阁原则上认可了扩大"一强标准"的建议，但就如国防需要委员会

---

① 世界知识出版社编：《国际条约集（1934—1944）》，世界知识出版社 1961 年版，第 59—74 页。1937 年 7 月 17 日，英国分别与苏联、德国缔结同该条约内容完全相同的协定。1938 年 6 月 30 日，意大利加入该条约。

② Stephen Roskill, *Naval Policy between the Wars*, Vol. 2, p. 320.

③ N. H. Gibbs, *Grand Strategy*, Vol. 1, p. 332.

④ Robert Self, ed., *The Neville Chamberlain Diary Letters*, Vol. 4, Chamberlain to Hilda, 14 Nov, 1936, pp. 219-220.

自己指出的那样，"那个标准在提出的时候就已经过时了"①。原因是《英德海军协定》使德国加速建设它的海军力量，而日本退出第二次伦敦海军会议，意大利则拒绝签字，后两个国家不再受条约的束缚，必然扩大其海军建设规模。于是，尽管没有批准新"两强标准"，但内阁指示海军部研究新"两强标准"所需的具体实施方案。

1936 年 5 月 25 日，海军部向国防政策与需要大臣委员会提交了一份报告，但是委员会决定，"在不妨碍现有缺陷得到弥补之后可能采取的海军力量标准的情况下，最好研究加快海军建造方案的现实性及其对另外两军种所带来的影响，要求海军大臣就此提出建议，包括满足所产生的人员需求的建议"②。这说明英国政府实际并不热心于采取海军新"两强标准"。

6 月，时任海军大臣塞缪尔·霍尔就此建议，1937—1939 年每年建造的主要舰只数量作以下调整：航空母舰由 1 艘增加为 2 艘，巡洋舰由 5 艘增加为 7 艘，驱逐舰由 9 艘增加为 18 艘，潜艇由 3 艘增加为 7 艘。另外，原定1937 财政年度建成的 3 艘主力舰，提前大约半年至 1937 年 7 月底时完成。霍尔还建议，加快完成 1936 年的造舰计划进度，航空母舰由原本的 1 艘改为 2艘，5 300 吨级巡洋舰由 2 艘改为 7 艘，驱逐舰由 9 艘改为 18 艘，潜艇由 4 艘改为 8 艘。③ 霍尔提出的海军建造计划调整仍然是扩大当时正在实行的"一强标准"，离新"两强标准"还有差距。

即使如此，财政大臣张伯伦仍主张："所提议的接下来数年（即 1937 年及此后几年）进一步增加（造舰）规模之事最好推迟，直到针对这些年的单个方案得到审查"。④ 内阁最终批准了霍尔的加快造舰进度的建议，认为"它们有利于及早实现所提议的新标准舰队，如果该标准得以采用的话，实际上它们只

---

① N. H. Gibbs, *Grand Strategy*, Vol. 1, p. 336. "DRC 标准"的规模为：15 艘主力舰，10 艘航空母舰，70 艘巡洋舰，16 支驱逐舰队，55 艘潜艇，120 艘轻型护卫舰和扫雷舰。但是，该标准是基于这样的假定：德国和日本不会突破常规建造军舰，意大利保持中立，法国在地中海地区能为英国提供支持。

② CAB 24/273, C. P. 316(37), A New Standard of Naval Strength: Memorandum by the First Lord of the Admiralty, 29th April, 1937.

③ N. H. Gibbs, *Grand Strategy*, Vol. 1, pp. 337-338.

④ CAB 24/274, C. P. 30(38), Memorandum by the Chancellor of the Exchequer, 4th February, 1938.

是加快了国防需要委员会第 3 份报告中所提到的方案进度，它们并未妨碍在 'DRC 舰队'和所建议的'新标准舰队'之间作出决定"①。

内阁迟迟不对批准新"两强标准"明确表态，其中的缘由主要还是财力问题，因为重整军备不单涉及海军，还关系到其他军种以及国内的生产、人力资源等方面。此外，英国政府担心草率加快重整军备会刺激法西斯国家，增加实行绥靖政策的难度。

1937 年 4 月 29 日，海军大臣霍尔就海军新"两强标准"的问题向内阁提交了一份全面细致的分析报告。霍尔指出：

> 我们帝国防御体系总的基石是向任何可能遭受威胁的特定区域派遣主力舰队的能力。最近的迹象清晰地表明，在目前欧洲的政治局势和德国海军崛起的情况下，如果远东遭遇威胁而我们能够事实上向该地区派遣一支力量足够的舰队是值得怀疑的……重建对于我们帝国防御体系基石的信心是至关重要的，只有海内外相关当局明白增强英国海军的力量是其履行使命所必需的，才能做到这一点，而这样的行动是以英王陛下政府决定采用新标准为前提的……只要我们海军最终力量原则上处于未定状态，就很难制订战争计划或是考虑总体的战略部署。这样的不确定状态妨碍了海军部确保海军去执行我们对外政策的能力。

为此，所建议的新"两强标准"的海军力量规模为：

主力舰……………………20(15)；

航空母舰…………………15(10)；

巡洋舰……………………100(70)；

驱逐舰……………………22 支舰队(16)；

潜水艇……………………82(55)。

---

① CAB 24/274，C. P. 30(38)，Memorandum by the Chancellor of the Exchequer, 4th February, 1938.

费用预算为每年 1.04 亿英镑。①

霍尔报告的目的是促使内阁尽快通过新"两强标准"，但内阁认为事情牵涉到整个国防支出问题，而此时，财政大臣张伯伦及其继任者约翰·西蒙(5月 28 日接替担任首相的张伯伦)正对军备重整所需费用的当前和未来的状况作全面的评估。

6 月 25 日，西蒙提交报告指出：未来 5 年政府财政预计能为三军种提供 11 亿英镑，同时期通过国防贷款可筹措 4 亿英镑，但如果贸易不景气，所能提供的资金将大幅减少；三军种的预算不断在增加，"这些数字表明，所要满足的费用持续在增长，当前没有得出定论的迹象。如果我们不坚决要求将不断加重的国防义务的整体负担同我们全部可用的资源联系起来，那么我们就是在冒最严重的风险。事实上，根据现行的做法，这种联系的手段正在迅速失效"。西蒙建议国防各部在同国防协调大臣(Minister for Co-ordination of Defence)讨论之后，再对完成各自军备重整计划所需的时间和费用作出估算。该建议得到了内阁的同意。②

8 月 18 日海军部提交报告，指出如果没有遭受重大干扰，海军的"DRC标准"预计能够于 1940 财政年度实现，1938—1940 年的总费用为 3.485 亿英镑，而新"两强标准"预计能够于 1944 财政年度实现，1938—1944 年的总费用

---

①　CAB 24/273，C. P. 316(37)，A New Standard of Naval Strength：Memorandum by the First Lord of the Admiralty，29 April，1937. 括号中的数字代表的是"DRC 标准"。

②　CAB 24/270，C. P. 165(37)，Defence Expenditure：Memorandum by the Chancellor of the Exchequer，25th June，1937；CAB 23/88，C. C. 27(37)2，30th June，1937. "国防协调大臣"，系 1936 年 3 月新设立的大臣职位，隶属于首相而不是内阁，没有相应的部级行政机构，最初只拥有 3 名办事人员，以协调与国防各部之间的关系，相比军事战略问题，事实上更多的是解决各军种军费支出上的竞争问题。在首相缺席时，负责主持帝国国防委员会和参谋长委员会，基本站在财政大臣和首相的立场一方。最初影响很有限。1937 年 5 月张伯伦任首相后，作用开始越来越重要。1940 年 4 月 3 日，该职位被取消。最初的人选是塞缪尔·霍尔和温斯顿·丘吉尔，但张伯伦力荐首席检察官英斯基普。张伯伦在给妹妹的信中提道："我不认为托马斯·英斯基普是最理想人选，但此人坚强而有判断力，并且与各军种大臣和三军参谋长没有冲突。"见 Robert Self，ed.，*The Neville Chamberlain Diary Letters*，Vol. 4，Chamberlain to Ida，14 Mar，1936，p. 180. 而时任外交大臣艾登在其回忆录中表达了对英斯基普谨小慎微的不满。见[英]安东尼·艾登：《艾登回忆录——面对独裁者》下卷，武雄、毓文、曼罗等译，陈尧光校，商务印书馆 1977 年版，第 860—861 页。

为 8.29 亿英镑。① 内阁要求国防协调大臣托马斯·英斯基普(Thomas Inskip)在海军部报告的基础上进一步作出评估。

12 月 15 日英斯基普提交报告，认为：

> 我们真正的资源不仅仅包括资金，它不过是一种象征性的英镑纸钞，而且包括我们的人力资源，生产能力，维持我们信用的实力，以及我们贸易总体的平衡……不仅从和平时期我们力量的角度看，而且同样出于战争的目的，维持信贷融资和我们贸易的总体平衡是至关重要的……可以更准确地将维持我们经济的稳定视作我们国防力量的一个必不可少的要素：一个能够被恰如其分地看作是与三军种并列的国防领域的第四军种，缺少它，单纯的军事努力将不起任何作用。

> 我们帝国防御政策的基石是维护联合王国的安全。我们主要的力量在于人力资源、生产能力和这个国家所具备的持久力。除非这些能够被不受损害地大体得以维持，不但在和平时期，而且尤其是在战争的初期，否则当它们遭遇连续攻击时，无论在其他和次要的领域发生何种情况，我们在大战中最终失败将是必定无疑的。我们第一位的且最主要的努力必须是针对这两个主要目标，即保护这个国家免受攻击，保护我们必不可少的粮食和原料进口所依赖的贸易路线。我们第三个目标是，维持力量防卫英国的海外属地免受来自海上和空中的攻击……我们第四个目标，只有在其他目标实现之后才能着手考虑，是在我们已参战的情况下协同防御任何盟国的领土。

> ……应竭力使 1937—1941 年这 5 年里的国防总支出限制在 15 亿英镑的范围内。但是，如果眼前的国际形势被判定为十分严重以至支出需要超出这个数字，超出的部分只能通过大幅增加税收来加以解决。

> 关于海军的新"两强标准"，基本设想是准备同时与德国和日本交战。它没有考虑意大利成为敌对国家的可能性，反之也没有考虑任何可能来自法国或其他盟国的援助。海军部已经阐述了在分别同德国和日本达成

---

① CAB 24/272, C.P. 256 (37), Defence Expenditure in Future Years: Forecasts Submitted by the Defence Departments and the Home Office, 18th August, 1937.

政治协议的情况下对海军力量作某种削减的可行情形。各种分析假定德国海军被限制在我们海军力量的 35％，但指望这种假定会无限期地保持不变看起来是不明智的。

任何超出 DRC 舰队标准加强我们海军力量的决定，必须在 1939 年方案完成之前作出……然而，对海军部而言，在不妨碍以后采取新标准的情况下，暂且在 DRC 标准的基础上阔步向前是可能的……因此，我建议目前海军部不应要求使他们致力于超出 DRC 标准舰队的支出。我正请求海军部考虑，提出他们希望对舰队进行现代化改造的修改建议，即使这可能涉及到某种程度上超出 DRC 标准。①

内阁通过了英斯基普的报告，尤其是关于未来 5 年内国防总支出的限额和暂时不采纳新"两强标准"的建议。②

于是，海军部在上述报告的基础上着手提出关于未来 5 年新的预算数字。1938 年 2 月 3 日，海军部提出未来 5 年实现"DRC 标准"所需费用的总数由 5.345 亿英镑增加为 6.251 亿英镑；新"两强标准"则由 5.995 亿英镑增加为 6.671 亿英镑。③ 随后，时任海军大臣达夫·库珀递交了新的 1938 年的造舰计划，包括 3 艘主力舰、2 艘航空母舰、7 艘巡洋舰和 16 艘驱逐舰等。然而，库珀同时指出："我们同可能与之交战的大多数主要海军大国的关系在持续恶化，我们被迫考虑向远东派遣舰队不再是遥远的事情。甚至制订出该计划的时候，德国发生的种种事情看上去已经使前景越来越充满变数"。④

但海军部的新预算和 1938 年的新造舰计划遭到了财政大臣西蒙的反对，英斯基普则持保留态度，但后者建议提高未来 5 年国防预算的上限至 16.5 亿

---

① CAB 24/273，C. P. 316(37)，Interim Report by the Minister for Co-ordination of Defence，15th December，1937.

② CAB 23/90a，C. C. 48(37)9，22nd December，1937.

③ CAB 24/274，C. P. 24(38)，Appendix 2：Navy：Explanatory Memorandum，3rd Feburary，1938.

④ CAB 24/274，C. P. 29(38)，Memorandum by the First Lord of the Admiralty，11th Feburary，1938.

英镑，其中三军种部的预算总数为 15.7 亿英镑。[1] 内阁同意了英斯基普提出的未来 5 年国防预算的新上限，关于库珀所提的 1938 年的新造舰计划，则推迟至下一次内阁会议作出决定。[2]

由于新的国防预算上限和财政部的压力，海军大臣库珀主动削减了 1938 年的造舰计划，主力舰由 3 艘减至 1 艘，航空母舰由 2 艘减至 1 艘，巡洋舰由 7 艘减至 6 艘，而驱逐舰由原来的 16 艘削减为零。同时库珀指出，未来的一年半时间是"最令人担忧的时期"，因为 3 艘主力舰需要大修，同时没有新的舰只建造完成，而国际形势却在恶化。他强调削减造舰规模只是推迟完成，而不是放弃该计划。[3]

然而，3 月 11 日国防协调大臣英斯基普在与财政大臣西蒙磋商之后，向各军种部大臣通报了他所认为的 1938—1941 年各军种大致的年度预算安排，其中涉及 1939—1941 年海军的年度预算安排是：1939 年 1.35 亿英镑，1940 年 1.2 亿英镑和 1941 年 1 亿英镑。库珀对此颇感愤怒，抱怨如果海军军费被限制至如此地步，那么"这就不是一个节约或者多个地方作出牺牲的问题了，而是一个从根本上修改我们迄今所周密考虑的海军军备重整规模的问题"。他指出，按照"DRC 标准"和新"两强标准"，1939—1941 年的海军军费应在英斯基普所认为的基础上分别再多出 3 000 万英镑和 8 000 万英镑；如果海军要应对来自空中的进攻，则还需增加 3 100 万英镑。[4]

于是，内阁推迟作出决定，同时指示库珀就如何在未来 5 年三军种预算限额的范围内满足他所提的上述要求进行研究。4 月 28 日，库珀向首相张伯伦提出，应不晚于 9 月制订第二年国防计划时确定海军力量的标准问题，并且认为由于时局的进一步恶化，应将 1939—1941 年依照两种海军力量标准的

---

[1]　CAB 24/274，C. P. 30 (38)，New Construction Programme，1938；Memorandum by the Chancellor of the Exchequer，14th February，1938；C. P. 24 (38)，Further Report by the Minister for Co-ordination of Defence，8th Feburary，1938.

[2]　CAB 23/92，C. C. 5 (38) 9 and 10，16th Feburary，1938.

[3]　CAB 24/275，C. P. 42 (38)，New Construction Programme，1938；Memorandum by the First Lord of the Admiralty，18th Feburary，1938.

[4]　CAB 24/276，C. P. 92 (38)，Memorandum by the First Lord of the Admiralty，8th April，1938；N. H. Gibbs，*Grand Strategy*，Vol. 1，p. 351.

预算额在英斯基普建议的基础上分别增加至 4 000 万英镑和 8 800 万英镑。①

接下来的两三个月中，两种对立的观点在内阁，尤其在张伯伦、英斯基普、西蒙和库珀之间展开了激烈的交锋。张伯伦、英斯基普和西蒙一派的观点认为，应当先对国防资源进行最有利的分配，扩大"一强标准"并不意味着偏离该标准，最好是在不损害财政的情况下进行国防建设，不惜代价建造一支规模难以维持的海军力量是错误的。虽然英斯基普认同应尽早确定海军力量的标准，但仍然坚持实行"DRC 标准"，并索性明确指出"考虑到对我们现有资源可能的需求程度，尤其是空军的需求可能不断增长，目前这是至关重要的，因此所提议的海军力量新标准是不可能实现的"。库珀则认为，应该首先决定帝国的安全需要，然后讨论解决的方式和费用支出，如果后者不可能，则可以改变政策或削减预算，对国防各部采取定额配给的制度则是完全错误的；自 1936 年以来，政府对海军新标准问题一直不作出最终的决定是一种"现挣现吃"的短视行为，如果国家处于危险之中，维持所有的社会事业将无从谈起。②

在 7 月 20 日的内阁会议上，海军大臣库珀重申了他之前的观点，并强调："如果我们失去对海洋的控制，帝国将像纸牌搭成的房子那样倒塌……除了主力舰之外，我们在数量上相对日本处于劣势。相对德国，我们只有小幅优势。意大利则完全排除在计算之外。"作为一种让步，库珀建议内阁：先采纳新海军力量标准，但不确定完成的时限，而是根据当年的财政状况和国际形势逐年作出评估，同时可以放缓完成新标准的进度。库珀的观点得到了内政大臣塞缪尔·霍尔的支持，后者认为"新标准的舰队不是不可能实现的……如果不能实现，对各自治领来说将是一种可怕的打击……他想指出，建造新标准的舰队是不可避免的"。教育大臣和自治领事务大臣也表达了类似的观点。

对此，财政大臣西蒙针锋相对地指出，海军没有考虑政府的财政状况，

---

① CAB 23/93，C. C. 19 (38) 7，13th April，1938；CAB 24/278，C. P. 170 (38)，Naval Expenditure：Memorandum by the Minister for Co-ordination of Defence，12th July，1938.

② CAB 24/278，C. P. 170(38)，Naval Expenditure：Memorandum by the Minister for Co-ordination of Defence，12th July，1938.

即使能拿出资金建造一支更大规模的舰队，如何维持也是一个难题，"如果再有一二百万人失业……这可能会引发一场革命"。国防协调大臣英斯基普重申了自己的观点，指出："他不是要完全反对新标准，而是要将其作为一个并非眼下的目标予以考虑。"首相张伯伦也认为："没必要放弃新标准计划或者说绝不采纳它，但这并不等于说，现在就必须采纳它。"最终内阁决定："在目前的形势下，我们不能就所称的新标准舰队问题作出承诺。"①

作为对海军部的一种安抚，几天后内阁同意，1939 年 4 月至 1942 年 3 月的 3 年里，海军军费的支出由英斯基普建议的 3.55 亿英镑增加至 4.1 亿英镑，虽然高于库珀基于"DRC 标准"所要求的增加额，但离新"两强标准"所要求的增加数字还有差距。同时，对于库珀建议的对 7 月 20 日内阁所作决定在措辞上所作的如下修改，即"在目前的形势下，虽然不反对海军部关于海军力量的建议，但内阁必须作出决定，出于财政的原因，在 5 年期重整军备所剩下的几年里，建造或订购足以实现新标准的海军吨位是不可行的"，内阁予以了否决。②

1939 年 4 月 28 日德国宣布废止《英德海军协定》，日本则在远东对英国构成了更大的威胁。在这种不利的新形势下，时任海军大臣斯坦诺普勋爵（Lord Stanhope）于 6 月试图建议政府弥补主力舰方面的不足，但未提及新"两强标准"问题。7 月 26 日，内阁在首相张伯伦的提议下决定成立一个大臣委员会，以便在各种资源有限的情况下专门讨论决定各军种所提出的增加军备事宜。③然而，不久之后第二次世界大战爆发，海军新"两强标准"问题被完全淹没在应对战争的即时需要之中。

### 四、三线作战问题和战略重点次序的变化

第一次世界大战后，日本成为了英国海军的假想敌。1919 年年初，英国海军确定了它的太平洋战略：如果对日本采取进攻姿态，远东舰队至少要强过日本海军 50%，并需要大量的巡洋舰和驱逐舰为运输护航。如果采取防御姿态（最可能的情况），新加坡由于离日本较远，将成为主要基地；在这种情

---

① CAB 23/94，C. C. 33(38)8，20th July，1938.

② CAB 23/94，C. C. 35(38)8，27th July，1938.

③ CAB 23/100，C. C. 39(39)12，26th July，1939.

况下，香港要么沦陷，要么遭受长期围困。主力舰队从本土到达新加坡估计为 38 天，到达香港则再需 10 天。与此同时，在上海的舰队将撤至公海，力图袭扰日本的海上运输，潜艇和某些舰只留在香港伺机对附近的日军发动攻势，远东舰队大部在本土主力舰队到达之前将留守新加坡。①

尽管新加坡基地要满足战时需要仍需大量的建设投入，香港事实上毫无防御，但在德国再度崛起之前，海军部认为"一强标准"是能够应付远东局势的。因为欧洲另一海军大国法国，在 1934 年国防需要委员会的第 1 份报告中明确不把它当作敌国，还可能是未来的盟国。②

然而，1931—1932 年的远东危机和 1933 年希特勒的上台使英国海军部意识到，如果要同时应对远东和欧洲危局，"一强标准"的海军力量是完全不够的。第一次世界大战期间，英国依靠"英日同盟"维护其在远东的利益，但现在日本不再是盟友，在远东有重要利益的另一海军强国美国则无法预料。内维尔·张伯伦在 1934 年指出："到这个时候我们应该明白，美国不会向我们作出使用武力抵抗日本的任何行动承诺，除非夏威夷或火奴鲁鲁遭到攻击。它会给我们许多善意的保证，特别是如果我们承诺不惜一战，但要求它作出贡献的时候，它必然会以国会作为挡箭牌。"③

英国唯一可指望的主要盟国是法国，但"它也遭受经济危机的震动，无意参与西欧以外的行动"④；另外，英国三军参谋长存在不愿意同法国合作的倾向，"他们认为，同法国制订关于联合行动以对付德国的密切合作的军事计划，不论看来多么合乎道理，其重要性也比不上这种联合行动将会使我们陷入本想避免的那种局面的严重危险，即德国难以消释的疑忌和敌视态度"⑤。

因此，解决的途径要么是扩大海军规模，要么是通过外交手段化解潜在

---

① N. H. Gibbs, *Grand Strategy*, Vol. 1, p. 375. 后来本土舰队到达新加坡的时间改为 70 天，在战争爆发前增加为 90 天。

② CAB 24/247, C. P. 64(34), Report of the Defence Requirements Sub-Committee, 28th February, 1934.

③ Robert Self, ed., *The Neville Chamberlain Diary Letters*, Vol. 4: Chamberlain to Hilda, 28 July, 1934, pp. 82-83.

④ ［英］W·N·梅德利科特：《英国现代史(1914—1964)》，第 341 页。

⑤ ［英］安东尼·艾登：《艾登回忆录——面对独裁者》下卷，第 898 页。

的敌人，使其即使不是朋友，也至少保持中立。现实中，英国政府采取 2 种手段并用的方针，即在军事上重整军备和在外交上实行绥靖政策，但最终的结果是两手皆运用乏力，未实现预期的目标。海军没有实现新"两强标准"，而奉行绥靖政策则导致自食其果。

海军提出新的"两强标准"，目的是为了同时应对欧洲和远东的危局。在 1934 年国防需要委员会的第 1 份报告中，确定帝国战略重点的次序是：远东、欧洲和印度。那时日本是近期的敌人，德国是最终潜在的敌人，意大利、法国和美国被排除在敌对国家之外。① 但随着德国不断突破《凡尔赛条约》的限制，在几年内可能再一次成为可畏的军事大国，而意大利入侵了埃塞俄比亚。参谋长委员会一直反复强调不能树敌过多，应尽可能地减少潜在敌人的数量。

在国防需要委员会的第 3 份报告中就指出："我们所采取的对外政策应避免我们在远东同日本、在西方同德国以及同这两者之间主要交通线上的任何大国同时发生可能的敌对情势，无论它是公开的还是隐晦的，这是我们国家和帝国安全的基本要求。"这个所谓的"这两者之间主要交通线上的任何大国"实际即指意大利。同时，该报告强调："在长久的基础上同德国建立友好关系，从战略角度看同样是可取的，但相比同日本的情况目前呈现出甚至更大的困难。"②

然而，墨索里尼和希特勒沆瀣一气、狼狈为奸，共同干涉西班牙内战，1936 年 10 月德意签订《柏林—罗马轴心协定》，英国决策者不得不对意大利的角色进行重新评估。

1937 年 2 月 11 日，帝国国防委员会关于地中海防御的专门报告在内阁获得通过，结论是"意大利不能看作是一个可靠的朋友，但在目前的情况下也不必将其看作是一个可能的敌人"③。这一评估结果与以往政策并无实质上的差别，反映了此时英国国防战略上面临的一个困境，即三线作战的可能。在欧

--------

① CAB 24/247，C. P. 64（34），Report of the Defence Requirements Sub-Committee, 28th February，1934.

② CAB 24/259，C. P. 26（36），Programmes of the Defence Services：Third Report of Defence Requirements Sub-Committee，21st November，1935.

③ CAB 24/268，C. P. 65（37），Mediterranean and Red Sea Ports：Defences，11th February，1937；CAB 23/87，C. C. 9(37)4，24th February，1937.

洲、远东和地中海同时作战，对当时的英国海军来说无论如何是难以承受的，因为当时的"DRC 标准"海军根本无力应对两线作战，而新"两强标准"在战争爆发前又没有被采纳，如果还需在地中海对付意大利，即使有法国海军的协助也是难以应对三线作战的。

因此，英国政府决定由外交来解决国防上的困境，对意大利和日本进行绥靖拉拢，尤其是针对意大利，这在战争爆发前英国对这两国的外交政策中充分得到体现。在 1937 年 11 月意大利加入《反共产国际协定》之后，英国政府更加极力避免与 3 个轴心国同时作战的情况出现。1938 年 4 月 16 日《英意协定》签署，英国承认意大利对埃塞俄比亚的主权。① 再一次表明，英国在意大利干涉西班牙和侵略埃塞俄比亚后，依然力求同意大利妥协。

另一方面，自 1939 年 4 月 7 日意大利入侵阿尔巴尼亚后，英国对希腊和罗马尼亚两国提供安全保证，以遏制墨索里尼称霸地中海的野心。5 月 22 日意大利与德国缔结"钢铁同盟"，英国军方不得不针对意大利制定相应的防御计划。此时英国与法国正展开军事参谋会谈，以应对欧洲战争一触即发的紧张局势。英法两国同意在对德国发起攻势之前，先对实力较弱的意大利展开进攻，由于巴尔干和地中海的安全无论对英国还是对法国，都比远东更为直接，这也促使英国在战略上更加重视地中海的局势。

但在外交上，英国没有立刻改变绥靖意大利的政策，企图一面作与之交战的准备，一面鼓励意大利保持中立，以免激惹墨索里尼。张伯伦在 6 月 10 日提道："我仍然相信，我们最好的计划是同罗马保持联系，我确定在那里战争被视为令人恐怖的，但巴黎是一个障碍。"② 即使在第二次世界大战爆发初期，英国仍决定与意大利进行贸易谈判，"英国政府有充分的理由期望墨索里尼保持'恶意的中立'或非交战状态"③。如果争取意大利中立的努力失败，英国则打算"在派遣一支舰队到远东之前，先打败意大利舰队，提高英国在希

---

① 世界知识出版社编：《国际条约集(1934—1944)》，第 175—185 页。

② Robert Self, ed., *The Neville Chamberlain Diary Letters*, Vol. 4, Chamberlain to Ida, 10 June, 1939, p. 420.

③ Llewellyn Woodward, *British Foreign Policy in the Second World War*, Vol. 1, London: Her Majesty's Stationery Office, 1970, p. 21.

腊、土耳其和阿拉伯世界的声誉（这至少部分与欧洲的势力均衡有着联系）"①。这一政策一直维续到 1940 年 6 月意大利入侵法国。

在远东，英国对日本也采取"双重政策"，即外交上力图与之保持良好的关系，军事上又保留一定的军事力量威慑日本的侵略野心。这在国防委员会弥补国防缺陷的报告中得到了体现。由于美国的存在，英国政府的远东政策需要顾及美国的反应，致使英国不敢在绥靖日本的道路上走得太远。张伯伦提道："如果美国置身其外，毫无疑问我们能够轻易地与日本人达成一致，美国人是一个难题，我不知我们如何去解决这个问题。"②

1936 年 1 月伦敦海军会议期间，日本要求获得与英美同等的海军地位，遭到拒绝后中途退出了大会；11 月德日签订《反共产国际协定》；1937 年 7 月日本侵华战争全面爆发。这些都严重威胁到了英国在远东的利益。首相张伯伦和英国军方都主张在欧洲局势日益严峻的情况下，避免在远东与日本发生冲突。外交大臣艾登认为："我们是可以在远东海面作出不容忽视的贡献的，但是如果美国不提供至少同等的力量，那么我们的贡献就不能起到必要的效果"，他主张与美国海军联合"展示压倒性的海军力量"。但由于英美两方面的原因，该项行动没有成功。③

1938 年 1 月，参谋长委员会再次强调化解潜在敌人的重要性，指出即使在法国和其他可能的盟国的援助下，英国也不可能同时与德意日三国开战。艾登则认为对法西斯国家妥协将导致它们得寸进尺，不主张对法西斯国家妥协，当前的政策应是维持现状的"不英勇的拖延政策"，等待敌对国家阵营出现分裂，力争最终在不发生战争的情况下解决争端。首相张伯伦同意英国不可能同时与 3 个法西斯国家交战，指出法国和美国的援助都靠不住，前者力

---

①　George C. Peden, "The Burden of Imperial Defence and the Continental Commitment Reconsidered", *The Historical Journal*, Vol. 27, No. 2(Jun., 1984), p. 407.

②　Robert Self, ed., *The Neville Chamberlain Diary Letters*, Vol. 4, Chamberlain to Ida, 27 Oct, 1934, pp. 94-95.

③　CAB 23/89, C. C. 31(37)3, 21st July, 1937；CAB 23/90a, C. C. 43(37)5, 24th November, 1937；CAB 23/90a, C. C. 47(37)4, 15th December, 1937；[英]安东尼·艾登：《艾登回忆录——面对独裁者》下卷，第 939—973 页。

量太弱，后者来得太迟。他同意暂时采纳艾登的主张。①

此后随着欧洲局势日趋紧张，英国政府更加不愿意激惹日本，极力主张避免卷入中日战争，甚至决定中止对中国的贷款。② 1939 年 6 月发生了日军包围天津英国租界的"天津事件"，英国政府决定息事宁人。③ 另一方面，内阁要求帝国国防委员会就改变原有的派遣主力舰队前往新加坡的作战计划提出意见。6 月 26 日，帝国国防委员会对远东局势作了战前的最后一次全面评估，结论依然是"英国不应与日本进行一场战争，应通过谈判解决问题"④。

在英国政府努力避免三线作战的可能性发生的同时，军方加紧制订相应的战争计划，以应对这种最糟糕的情况出现。由于英国无力在整个帝国处处设防，所以在 1935 年 11 月第 3 份弥补国防缺陷报告之前，战略重点的排序依次是：远东、欧洲和印度，尽管同时强调德国是"最潜在的敌人"⑤。

由于德国不断突破《凡尔赛条约》的束缚，意大利则越来越靠近德国，1937 年 2 月参谋长委员会正式确认了第 3 份弥补国防缺陷报告中已显示出的观点，将帝国战略重点的优先次序确定为：全球范围内帝国交通线的安全、在本土抵御德国的入侵、在远东抵御日本的侵略、地中海和中东的安全、在印度抵御苏联的侵略；强调本土的安全是整个战略防御的基石，包括保护与本土生存密切相关的海上运输线的安全。参谋长委员会认为，鉴于德国海军

---

①　N. H. Gibbs, *Grand Strategy*, Vol. 1, pp. 400-401.

②　CAB 23/94, C. C. 31(38)6, 6th July, 1938; C. C. 32(38)8, 13th July, 1938.

③　1939 年 4 月，中国爱国志士在天津英租界内刺杀了一名汉奸，导致日军于 6 月围困英租界，并以此为借口向英国威胁，要其交出行刺者。为此，英日两国代表在日本东京举行谈判。7 月 24 日，英日缔结《有田—克莱琪协定》，承认在华日军"为保障其自身之安全与维持其侵占区内公安之目的，应有特殊之要求"，日本有权阻止或消灭反日分子，并保证"凡有妨害日军达到上述目的之行动，英国政府均无意加以赞助"。随后，英方将在租界内被捕的 4 名中国抗日志士引渡给日军。9 月初，天津 500 多名英国驻军撤离。有关此事件的较详细的论述，参见徐蓝：《英国与中日战争(1931—1941)》，第 12 章。

④　N. H. Gibbs, *Grand Strategy*, Vol. 1, p. 402.

⑤　CAB 24/247, C. P. 64(34), Report of the Defence Requirements Sub-Committee, 28th February, 1934; CAB 24/259, C. P. 26 (36), Annex: Programmes of the Defence Services-Interim Report, 24th July, 1935; CAB 24/259, C. P. 26(36), Programmes of the Defence Services: Third Report of Defence Requirements Sub-Committee, 21st November, 1935.

与英国海军的实力差距，防御德国对英国本土的进攻，首要应放在应对来自
空中的攻击。对于海上运输线的威胁，则主要来自德国的潜艇和水面舰只，
尤其是潜艇让英国海军更为担忧。这就需要海军对海上运输进行护航，但就
当时整个帝国的防御任务来看，用于护航的力量是不够的。① 因此，防卫本
土免受德国的进攻是英国海军战略的重中之重。

远东和地中海则是英国海军战略的另外 2 个重点，它们的优先次序临近
战前发生了变化。在 1937 年 6 月参谋长委员会的战略报告中，远东战略防御
同以往一样，是以新加坡基地为中心展开。在本土海域留下一支足以对付德
国的舰队后，在战争爆发时派遣一支与日本海军实力相当的英国舰队前往新
加坡，以遏制日本的南进步伐，舰队从本土到新加坡被认为需要 70 天。报告
还指出，在地中海地区，如果与意大利交战，则需要一支主力舰队维护地中
海航线的安全，而同时与德国和日本交战的情况下，海军没有力量承担这项
任务，此外还需要加强中东地区已有的陆军和空军力量，这都需要花几年的
时间来完成。参谋长委员会坚持认为，三线作战对英国来说是不可能的，极
力主张避免英国与意大利交恶，强调"不能考虑这种情况，即英国在地中海利
益的安全被允许妨碍向远东派遣一支舰队"②。帝国国防委员会通过了参谋长
委员会的报告，远东的战略重要地位此时位居地中海之前。因此，海军部并
没有制订应对意大利的详细作战计划，只提出了处于交战形势下的大致设想。

但战略不是一成不变的。随着在欧洲德国和意大利战争威胁的加剧，参
谋长委员会在 1939 年 2 月指出，在日本参战的情况下，舰队派往远东将造成
地中海落入意大利的掌控之中，并强调"派往远东舰队的数量要取决于海军的
资源和欧洲战场的形势"③。在讨论评估结果时，首相张伯伦以此为依据提
出，战时可能难以派遣足够数量的舰队前往远东。新任国防协调大臣查特菲
尔德勋爵(Lord Chatfield)仍主张派遣一支主力舰队到远东，指出在法国海军
的协助下英国能够对付德国和意大利。但海军大臣斯坦诺普勋爵赞成首相的

---

① N. H. Gibbs, *Grand Strategy*, Vol. 1, pp. 409-414.

② CAB 53/32/4, C. O. S. 596, Appreciation of the Situation in the Far East 1937: Report by the Chiefs of Staff Sub-Committee, 14th June, 1937.

③ S. Woodburn Kirby, *The War against Japan*, Vol. 1, p. 19.

观点，主张派一支小型舰队到远东，在美国海军主力驻扎夏威夷的情况下仍可起到威慑日本的效果，他对法国海军的协助表示怀疑。①

这表明英国政府打算改变以往的战略计划，将地中海的战略地位置于远东之上，以应对更直接的威胁。2 月 12 日张伯伦在家信中提道："毫无疑问，我们正接近决定未来欧洲政治走向的关键节点。在此时期内，应该非常小心且机智地跟墨索里尼打交道，而且我相信让他和我们保持一致是可能的，只要不使他感到受辱，这是我最极力避免的。"②

3 月至 5 月，战略评估委员会(Strategical Appreciation Sub-Committee)③对战时派往远东的海军力量问题展开讨论。海军代理参谋长安德鲁·坎宁安(Andrew Cunningham)指出，三线作战对于海军来说，无论如何是无法做到的，海军的行动取决于以下几点因素：

(1)届时主力舰的数量；

(2)本土水域和地中海的战略形势；

(3)日本参战时它所采取的战略；

(4)苏联和美国对日本参战的反应。

在日本参战的情况下，派遣舰队到远东是肯定的，但这是否值得放弃地中海的利益必须作出决断。坎宁安还特别指出，派遣远东舰队将减轻英国海军对德国和意大利海军的压力，如果推迟将舰队派往远东，能使英国海军在此之前消灭德意海军中的一个；远东舰队如果只起遏制作用，不发动进攻，结果只能是被日本牵着鼻子走；放弃地中海将对希腊、土耳其和阿拉伯国家产生不利于英国的政治影响。

战略评估委员会成员大都倾向坎宁安的主张，认为英法舰队在地中海对意大利采取攻势，既能尽快扫除意大利海军，又不会在地中海周边国家引起

---

① N. H. Gibbs, *Grand Strategy*, Vol. 1, pp. 421-423.

② Robert Self, ed., *The Neville Chamberlain Diary Letters*, Vol. 4, Chamberlain to Ida, 12 Feb, 1934, p. 380.

③ 该委员会隶属帝国国防委员会，主席为国防协调大臣查特菲尔德勋爵，成员有掌玺大臣约翰·安德森(John Anderson)、陆军大臣霍尔-贝利沙(Hore-Belisha)、海军大臣斯坦诺普勋爵、空军大臣金斯利·伍德(Kingsley Wood)、兰开斯特郡大臣莫里森(W. S. Morrison)和三军参谋长，布里奇斯爵士(Sir E. Bridges)任秘书。

不利的政治影响。如果日本参战较晚，到时还有可能在控制地中海局势后，派一支主力舰队到远东。①

5月2日，帝国国防委员会对坎宁安的建议进行了讨论。海军大臣斯坦诺普勋爵认为，虽然英国政府对东方的自治领有派遣舰队到远东的承诺，但英国不久前对希腊、罗马尼亚和土耳其提供了安全保证，在中东还有盟国埃及和伊拉克，因此如果不顾地中海的安全，将会在这些国家中产生不利于英国的政治影响。② 帝国国防委员会最终得出的结论是："当前存在许多无法评估的不确定因素，不可能确切地说出日本介入（战争）后多久才能向远东派遣一支舰队，也不可能精确地计算出我们能派出舰队的规模。"③

6月16日，针对"天津事件"的影响，国防协调大臣查特菲尔德勋爵要求参谋长委员会进行评估。参谋长委员会提交了2份备忘录。其一指出：当前的国际形势更多地涉及到海军的职责，英国对希腊、罗马尼亚和土耳其承担义务后，就更难放弃对东地中海的控制。英国目前的11艘主力舰，至少6艘留在本土对付德国，在法国控制西地中海情况下，3艘用以控制东地中海，这样只有2艘派往远东（估算则需要8艘）。没有美国的合作，2艘主力舰在远东难有作为，如果美国仅仅在西海岸或夏威夷部署一支舰队，将对日本南进造成威慑，加上英国远东舰队的协助，这将是最理想的战略形势。其二指出：到9月可以有7艘主力舰派往远东，但这样地中海则完全没有主力舰，在作出这样的决定之前，英国根据正在进行的英法参谋会谈的规定，应首先征求法国的意见。④

与此同时，面对澳大利亚总理关于英国是否能派舰队保护该国安全的质问，首相张伯伦的回答是：在与德意日三国同时交战的情况下，"向新加坡派

---

① N. H. Gibbs, *Grand Strategy*, Vol. 1, pp. 423-425.

② N. H. Gibbs, *Grand Strategy*, Vol. 1, pp. 425-426.

③ S. Woodburn Kirby, *The War against Japan*, Vol. 1, p. 19.

④ CAB 53/50/7, C. O. S. 928, Report by the Chiefs of Staff Sub-Committee: The Situation in the Far East, 18th June, 1939; C. O. S. 931, Report by the Chiefs of Staff Sub-Committee: The Situation in the Far East, 24th June, 1939. 英法参谋会谈中，法国主张在远东采取防御态势，依靠苏联尤其是美国遏制日本直到意大利被打败，英国则强调地中海和远东并重。最后达成一致的是：远东的战略是防御性质的，英法压倒一切的是在西方，不轻易作出削弱英国东地中海舰队的决定。

遣舰队依然是英王陛下政府绝对的打算"。但是舰队的规模取决于："a. 日本参战的时间；b. 我们的敌人和我们自己之前遭受损失的程度。我们打算实现的 3 个目标是：阻止针对澳大利亚、新西兰或印度的任何主要攻势；确保我们海上交通线的畅通；阻止新加坡的沦陷。"①

　　6 月 22 日至 27 日，英法在新加坡举行军事会谈，商讨两国在远东的共同行动。结论是：鉴于和平时期不可能在新加坡驻守一支强大的舰队，一旦与日本发生战争，英国远东舰队将留守新加坡等待援助，因此和平时期在新加坡驻扎力量较强的空军是唯一可行的办法。② 7 月 6 日，帝国国防委员会采纳了参谋长委员会的另一项建议，即将本土舰队抵达新加坡的时间延长到 90天。③ 但是，关于地中海战略地位是否优于远东的问题，在战争爆发前英国政府决策层始终没有给出一个正式的定论。

　　此时英国政府上下普遍认为："只要存在美国也被牵涉进来的可能性，与日本发生战争是不可能的，日本不会如此不明智，冒险与英美同时开战。"④值得一提的是，温斯顿·丘吉尔一直持这种观点，甚至在珍珠港事件前 4 天，他依然认为，日本发动战争的可能性是很遥远的。⑤

　　尽管没有一个定论，但从英国军事战略整体的发展来看，地中海的战略地位事实上在战争前夕已经居于远东之上，而且这种情形一直维持到战争结束。

## 第三节　空军战略——"一强标准"的威慑战略

　　英国皇家空军是 1918 年 4 月 1 日由陆军的皇家飞行兵团和海军的航空勤务队整合而成，南非的扬·史末资将军(Jan Smuts)撰写的"史末资报告"，在

---

　　①　S. Woodburn Kirby, *The War against Japan*, Vol. 1, p. 20.
　　②　CAB 53/52/2, C. O. S. 941, Franco-British Conference at Singapore June, 1939：Note by Scretary Covering Report, 11th July, 1939.
　　③　N. H. Gibbs, *Grand Strategy*, Vol. 1, p. 431.
　　④　S. Woodburn Kirby, *The War against Japan*, Vol. 1, p. 22.
　　⑤　Christopher Thorne, *Allies of a Kind：The United States, Britain and the War against Japan, 1941-1945*, pp. 3-4.

空军成为一个独立的军种方面起到了关键性的推动作用。① 当时皇家空军的使命是阻止来自德国的空中入侵，并对德国进行报复性打击。作为一个新的军种，空军在第一次世界大战中只是崭露头角。"虽然在战争中扮演一个边缘的角色，但空军的潜力俘获了公众、政客和军事思想家的想象力"②，"而德国齐柏林飞艇和哥达轰炸机对英国的攻击表明，只靠皇家海军不再能够保证国家免遭进攻"③。

然而，战后海军部和陆军部分别争夺原属于它们麾下的空军力量，而温斯顿·丘吉尔曾身兼陆军大臣和空军大臣，一度意味着空军作为一个独立军种不确定的命运。当时的英国几乎没有多少人对于空军的战术和战略价值有着深刻的前瞻性认识，就算被誉为英国"皇家空军之父"的休·特伦查德（Hugh Trenchard）也曾同大多数人一样，主张空军应从属陆军作战，尽管后来他的思想发生了转变。④

第一次世界大战结束之时，英国已成为世界领先的空军强国。但是战争结束之后，空军立刻遭到裁减。1919 年 3 月，空军由 2.2 万架飞机和 24 万人缩减到约 200 架飞机和不到 3 万人。⑤ "10 年规则"实施之后，1919 年空军的军费被消减到了 1 500 万英镑，空军参谋部只能把海外服役的飞行中队的数量

---

① 扬·克里斯蒂安·史末资是出身南非的政治家、军事家，1917 年 3 月被英国首相劳合·乔治邀请加入战时内阁，后负责英国本土防空事务，8 月 17 日提交"史末资报告"，主张成立一支独立的空军。1918 年 1 月 2 日空军部成立，首任空军大臣（Air Minister）是罗瑟米尔勋爵（Lord Rothermere），1919 年 1 月 10 日空军大臣（Secretary of State for Air）成为内阁大臣级职位，陆军大臣温斯顿·丘吉尔兼任该职。1964 年 4 月 1 日，空军部被合并进国防部，空军大臣职位随之取消。

② Phillip S. Meilinger, "Trenchard and 'Morale Bombing': The Evolution of Royal Air Force Doctrine before World War II", *The Journal of Military History*, Vol. 60, No. 2. (Apr., 1996), p. 246.

③ Ian M. Philpott, *The Royal Air Force: An Encyclopedia of the Inter-War Years*, Vol. 2: *Re-armament 1930 to 1939*, South Yorkshire: Pen & Sword Books Ltd., 2008, p. 1.

④ Andrew Boyle, *Trenchard: Man of Vision*, London: Collins, 1962, p. 232.

⑤ Phillip S. Meilinger, "Trenchard and 'Morale Bombing': The Evolution of Royal Air Force Doctrine before World War II", *The Journal of Military History*, Vol. 60, No. 2. (Apr., 1996), p. 251.

减到最小，把剩余的资源用在飞行人员的训练上。这样，空军当时在海外的中队只有 18 个，除去配合海军和陆军的 6—7 个中队，本土只有不超过 4 个中队，而且其中 3 个要到 1921 年才能建立。[①] 而另一种说法指出，空军由战时的 184 个中队被削减至 1921 年 3 月时的 28 个整建制中队，其中 21 个部署在海外，3 个部署在爱尔兰；所剩 4 个中队中有 3 个配合海军使用，只有 1 个部署在本土用于训练新招募的飞行员。[②] 英国军事史学者巴兹尔·科利尔认为："至 1921 年，空军的全部力量勉强足够满足为陆军和海军提供直接支持的需要，以致空军领导人希望完成自身任务所需的力量所剩无几。"[③]

当时空军的主要职责和陆军一样，是在帝国内部充当警察的角色，一些政府人士主张在政府财政拮据的情况下空军不应作为一个独立的军种。面对海军和陆军吞并的企图，为了维持一支独立的空军，空军参谋长特伦查德做了大量工作。他在不同场合向首相、内阁大臣和自己的同僚阐述空军在未来战争中的重要作用，尤其强调空军在本土防御和战略轰炸方面所具备的价值，并得到了时任陆军兼空军大臣丘吉尔的支持。

为打动内阁，他指出和平时期维持一支空军以及让空军去完成一些原本由其他军种完成的任务，花费会更少；在充当帝国警察时，可以做到"控制但不占领"，这一点在 1920 年镇压英属索马里"疯狂毛拉"(穆罕默德·阿卜杜勒·哈桑)的起义中得到了体现，因此博得了国家支出委员会(Committee on National Expenditure)主席埃里克·格迪斯(Eric Geddes)的支持。

格迪斯在其报告中支持空军成为一个独立的军种，指出：

　　　　我们被告知，一旦将中东地区陆军的职责转给空军，那么可以实现相当可观的费用节省，我们对此印象尤为深刻。通过在该地区使用飞机，已查明将中东地区的预算从 1921—1922 年度的 2 700 万英镑缩减至

---

①　N. H. Gibbs, *Grand Strategy*, Vol. 1, p. 46.

②　Ian M. Philpott, *The Royal Air Force: An Encyclopedia of the Inter-War Years*, Vol. 2, p. ix.

③　Basil Collier, *The Defense of the United Kingdom*, London: Her Majesty's Stationery Office, 1957, p. 5.

1922—1923 年度的 1 300 万英镑是可能做到的。①

但在"10 年规则"之下，空军未能侥幸躲开"格迪斯之斧"（Geddes' Axe），特伦查德被迫将 1922 年的空军预算削减了 500 万英镑。② 值得庆幸的是，1922 年 3 月内阁最终明确了空军作为一个独立军种而继续存在，并且在前首相、政府顾问阿瑟·贝尔福的建议下，同意将未来英国本土空中防御的责任由陆军部转交给空军部，但地对空防御仍由陆军负责。③

**一、"一强标准"的确立**

贝尔福是当时少数对空军有着深刻认识的人士之一。他认为只有空军才能抵御来自空中的攻击，即使防空炮火再多、再准确也难以阻止敌人的空中进攻。1922 年 5 月，贝尔福根据情报比较了英国和法国的空军实力，并向帝国国防委员会指出，法国拥有独立的飞行中队 47 个，而英国只有 3 个，法国在空军方面具有压倒性的优势。尽管法国的空军力量旨在防止德国违反《凡尔赛条约》，英法两国交战的可能性也微乎其微，但这种差距将削弱英国的外交地位。④

在贝尔福的警告下，帝国国防委员会成立"应对大陆空中威胁小组委员会"（Sub-Committee on Continental Air Menace），调查英国本土在空中打击下的防御问题，并提出解决的方案。经过调查研究后，小组委员会建议增加本土空军中队的数量和地面防御能力，并得到了政府的批准。⑤

美国空军退役上校、军史学者菲利普·迈林格指出："尽管英国领导者不

---

①　CAB 24/131，C. P. 3570（21），Interim Report of Committee on National Expenditure，14th December，1921.

②　C. L. Mowat, *Britain between the Wars*, *1918-1940*, London：Methuen, 1955, p.130."格迪斯之斧"，源于国家支出委员会主席、首任运输大臣格迪斯（1921 年 11 月辞去运输大臣职务）的一句话："政府的厉行节约只是用大头针刮擦问题，反之，我们要用斧头来解决问题。"皇家空军在 1919 年镇压索马里起义时，只用了 7 架飞机就取得了成功，一共花了 7.7 万英镑，原本预算为 600 万英镑，预计陆军需要 3 到 4 个师。

③　CAB 23/29，C. C. 18(22)1，15th March，1922.

④　CAB 24/158，C. P. 88(23)，Appendix 1：Lord Balfour on the Air Menace，May 1922.

⑤　CAB 23/29，C. C. 18(22)2，15th March，1922.

相信会与法国发生战争，但是他们注意到了自己空军的力量下滑得如此之快，而且他们意识到这个军事上的弱点会引发其他负面后果。"①这个负面后果主要是英国担心法国据此战略上的优势，在外交上"敲诈英国"②。此外，这一时期英国的民用航空也属于空军部管辖，军事航空的发展与民用航空一样能够带来航空工业的发展，从振兴经济和改善政府财政状况的角度，也对政府的决策提供了动力。

1922 年 8 月，英国政府批准生产 500 架飞机用于本土防御，认为这是国家安全的最低数字，为此每年拨付 200 万英镑，组建 23 个中队，其中轰炸机中队 14 个，战斗机中队 9 个，而且决定如果将来国家安全需要，再作进一步的增加。③ 但即便如此，英国空军的打击力量（轰炸机）也只接近法国空军的一半，"它明显的弱点在于，达不到它看上去所要应对情形的要求……也许一个甚至更有力的理由是，来自法国攻击的危险仅仅是种假设，法国空中打击力量的规模不是这个国家需求的真正标准"④。

此时战略轰炸的军事理论较为盛行，认为最好的防御就是将战火带到敌方的领土上，通过对敌方的工业目标和军事目标进行轰炸，甚至针对平民，可以大大削弱敌方的战斗力，更为重要的是对敌士气予以沉重打击，造成民众的心理恐慌，直至迫使其投降，而空袭是难以预防的，只能采取报复性轰炸作为反击手段。轰炸机战时能够打击敌人，和平时期也是最好的威慑力量，因此越来越受到英国政府的特别重视。然而，值得注意的是："这种战略只适用于纯粹空战的情形，也就是说，适用于两个陆地边界并不相交的国家之间的战争，而且无法实施海上入侵。"⑤

---

① Phillip S. Meilinger, "Trenchard and 'Morale Bombing': The Evolution of Royal Air Force Doctrine before World War II", *The Joural of Military History*, Vol. 60, No. 2. (Apr., 1996), p. 254.

② John R. Ferris, *The Evolution of British Strategic Policy*, 1919-26, p. 108.

③ CAB 23/30, C. C. 43(22)18, 3rd August, 1922; CAB 24/158, C. P. 88(23), Air Policy and a One-Power Air Standard: Memorandum by the Secretary of State for Air, February 1923.

④ Basil Collier, *The Defense of the United Kingdom*, pp. 13-14.

⑤ Colin Sinnott, *The RAF and Aircraft Design*, 1923-1939: *Air Staff Operational Requirements*, London: Frank Cass, 2001, p. 10.

1923 年 1 月，法国联合比利时出兵德国鲁尔。英法关系一度趋于紧张，虽然不至发展到两国交战的程度，但与法国空军的差距问题再次得到英国政府的重视。2 月，空军大臣塞缪尔·霍尔提议，空军应效仿海军那样确立"一强标准"的战略原则。[1] 于是，首相博纳·劳（Bonar Law）任命一个由枢密院大臣索尔兹伯里勋爵（Lord Salisbury）领导的委员会，着手对本土和整个帝国的防御问题展开广泛的调查，其中一项任务就是确定本土和帝国防御所需空军力量的标准。

6 月 12 日，索尔兹伯里勋爵的调查报告指明：

> 这份文件的关注点只针对法国，因为它是当前最强大的空军国。法国现拥有一线飞机总数大约为 1 200 架，其中 232 架部署在海外，946 架部署在法国本土，后者当中大约 600 架被编组成一支独立的空军。在英法交战时，这 600 架飞机，在紧急的情况下，能够得到来自分配给陆军的飞行中队的支援。空军部判断，总共会有 866 架飞机用来攻击英伦岛屿，除非法国同时在其他战线作战或受到来自该战线的威胁。

> 在满足海军的需要之后，我们为此有 52 架一线飞机用于本土防御（其中 24 架目前在英伦岛屿），加上分配给陆军的 24 架飞机。另外有 15 个空军中队正在组建之中，最终会有额外 172 架飞机。但是目前的安排在 1925 年之前难以完成……法国政府正考虑加强其空军力量，将使他们的一线飞机达 2 180 架……这是 1922 年 5 月时的形势。目前形势略微恶化。根据空军部最新的判断，除非遭遇足够空军力量的反制，否则法国能够在首轮 24 小时之内向英格兰投下 168 吨炸弹，第二轮 24 小时则为 126 吨，在接下来不确定时期内的每 24 小时能够投下 84 吨炸弹。也就是说，现在一天能够向伦敦投下的炸弹重量，几乎是整个第一次世界大战期间投在英格兰炸弹重量的总和。

> 法国海外所属的 232 架飞机中，有 180 架部署在北非。战时，这些飞机必定对直布罗陀和英国船只进出地中海构成直接的威胁……如此形

---

[1] CAB 24/158，C. P. 88（23），Air Policy and a One-Power Air Standard: Memorandum by the Secretary of State for Air，February 1923.

势的军事后果是显而易见的。如果听之任之，外交方面的劣势必定是十分严重的。

因此，报告建议：

除了满足海军、陆军、印度及海外各种义务所需的空中力量之外，英国空中力量必须包括一支力量足够的防御本土的空军，以使我们免受最强大的空军在这个国家的攻击距离之内对我们发起的空中打击。

空军参谋部受命将对组建这样一支本土防御的力量提出详细的建议……空军部计划的第一阶段，在不久的将来为扩大空中力量我们将竭尽所能，应确定一线飞机为 600 架——也就是说，飞机数量同最强大的空军在这个国家的攻击距离之内的独立打击力量相当。[1]

随后空军部提出计划，拟组建 52 个飞行中队（其中常备中队 39 个），飞机数量为 594 架（常备 450 架）[2]。该计划得到了内阁的批准。6 月 26 日在议会上院予以公布："这一本土防御力量包括 52 个飞行中队，将尽可能毫无延迟地组建起来……与国联盟约下我们的义务相一致，英王陛下政府愿意同他国政府按照类似于华盛顿条约有关海军问题的安排，就限制空军军备力量问题展开合作"。[3]

该计划被称为"五十二中队计划"（Fifty-Two Squadron Scheme），包括本土轰炸机中队 35 个，战斗机中队 17 个，除去拟派往新加坡的 1 个中队外，实际本土为 51 个中队，一线飞机 559 架；海外中队则为 23 个，飞机 253 架；海军航空兵飞机为 159 架；计划中的飞机总数为 971 架，于 1928—1929 年完

---

[1]　CAB 24/160, C. P. 270(23), National and Imperial Defence Sub-Committee of the Committee of Imperial Defence: Interim Report, 12th June, 1923. 法国空军飞机数量的准确数字是 596 架。

[2]　CAB 24/160, C. P. 294(23), The Expansion of the Royal Air Force for Home Defence: Memorandum by the Secretary of State for War, 15th June, 1923.

[3]　CAB 23/46, C. C. 32(23)1, 20th June, 1923; Hansard, HL Deb, 26th June, 1923, Series 5, Vol. 54, c. 571.

成（未公开宣布完成日期）。

"五十二中队计划"的目的是要实现英国空军与法国空军实力相当的态势，但英国学者马尔科姆·史密斯认为，英国政府在鲁尔危机中的反应表明，实际上英国真正担心的是充满复仇心理的德国未来的空中威胁。① 姑且不论史密斯的观点是否成立，事实是，在1923年英国空军像海军一样开始实行"一强标准"。皇家空军也因这个发展计划而巩固了作为一个独立军种的地位，其主要角色首先是由帝国警察变成防御英国本土免遭空袭的力量，其次是配合海陆军，最后是执行海外任务。

然而，在"10年规则"之下，完成"五十二中队计划"并非易事，所面临的最大困难是，"在和平时期，现实中难以吸引空军所需的高度娴熟的技术人员"②。在1923年6月确定"五十二中队计划"后不久，政府就决定将完成日期从1928年推迟至1930年，理由是"在5年内完成该计划，对空军部而言，所面临的任务过重"③。

到了1925年秋，计划中的52个中队已完成组建了25个。此时，《洛迦诺公约》的签订缓和了因德国复兴导致的欧洲紧张气氛，英法关系也得以改善。英国政府恢复了金本位制度，并且正在紧锣密鼓地准备日内瓦裁军大会的召开。鉴于这种国内外形势和政府长期的财政拮据，塞缪尔·霍尔建议英法两国是否能像1922年华盛顿会议限制海军军备那样，就空军裁军问题进行谈判。④ 为此，内阁成立了以印度事务大臣伯肯黑德勋爵（Lord Birkenhead）为首的委员会，研究霍尔的提议。

在11月末给内阁的报告中，伯肯黑德勋爵指出当前英国本土空军与法国空军一比三的差距是令人不安和无法令人满意的，1923年的计划仍然必须是空中防御的基础，但是鉴于国际形势，在决定空军按"五十二中队计划"建设

---

① Malcolm Smith, *British Air Strategy between the Wars*, p. 32.

② CAB 24/164, C. P. 82(24), Imperial Conference, 1923 — Air Defence: Statement by the Secretary of State for Air, 19th October, 1923.

③ CAB 24/207, C. P. 355(29), Proposal to Postpone the Completion of the Royal Air Force Scheme of Expansion for Home Defence Until 1938, 5th December, 1929.

④ CAB 24/175, C. P. 421 (25), Air Force Expansion for Home Defence: Memorandum by the Secretary of State for Air, October 1925.

的进度时，目前没必要把欧洲大国之间发生战争的风险考虑进去。因此，伯肯黑德勋爵认为英国无须与法国就限制空军达成一致，只要把"五十二中队计划"完成期限延长到 1935—1936 年即可。① 伯肯黑德勋爵的报告获得了内阁的批准。②

1929 年 10 月世界经济危机爆发，英国财政雪上加霜。在时任空军大臣汤姆森勋爵（Lord Thomson）的建议下，政府决定将"五十二中队计划"推迟至 1938 年完成。③ 这样，1923 年确定的"五十二中队计划"3 次遭遇延期，完成时间从最初的 5 年被延长至 10 年，这无疑对 20 世纪 30 年代英国政府应对纳粹德国的空军威胁造成了不利的影响。到 1932 年"10 年规则"形式上被废止之时，空军"五十二中队计划"只建立了 42 个飞行中队，其中 13 个是二线中队，与法国有 990 架一线飞机相比，英国只有一线飞机 400 架。英国在海外总共有 250 架飞机，法国在海外则有 300 架飞机，意大利为 1 000 架，日本为 430 架。④ 这一时期，英国空军实力只居世界第 5 位。⑤

## 二、矛头由法国指向德国

在 1934 年 2 月国防需要委员会的第一份"弥补国防缺陷"报告中，由于把德国列为"最终的潜在敌人"，因此在英国政府看来，一直处于秘密发展之中的"德国空军"将在未来战争伊始给予英国本土"毁灭性打击"，是英国本土安全的最大威胁。于是报告提出，英国空军的角色主要是本土防御、配合未来大陆远征军作战以及帝国防御；应在已组建飞行中队的基础上增加 40 个中队，包括 88 架飞机用于远东（其中有 16 架水上飞机）、110 架用于本土防御、243 架用于海军航空兵；即便如此，本土空中防御也只能覆盖伦敦和大部分英格兰南部和中南部地区，"五十二中队计划"明显是不够的，至少需再增加

---

① CAB 24/175，C. P. 498（25），Expansion of the Air Force for Home Defence by Birkenhead Committee，November 1925.

② CAB 23/51，C. C. 57(25)7，3rd December，1925.

③ CAB 24/207，C. P. 355(29)，Proposal to Postpone the Completion of the Royal Air Force Scheme of Expansion for Home Defence Until 1938，5th December，1929；CAB 23/62，C. C. 52(29)3，11th December，1929.

④ N. H. Gibbs, *Grand Strategy*，Vol. 1，pp. 63-64.

⑤ Anthony Clayton, *The British Empire as a Superpower*，*1919-1939*，p. 255.

25 个中队专门用于本土防御。然而，报告强调弥补国防委员会的职责只是针对以往国防领域的不足提出建议，所以认为空军首要的是要完成"五十二中队计划"。①

此时，在一线飞机方面，英国拥有 850 架，法国为 1 650 架，美国为 1 000—1 100 架，苏联为 1 300—1 500 架。② 另外，3 月空军部根据情报得知，德国正秘密开展"莱茵兰计划"，即到 1935 年 10 月组建空军一个师，③ 拥有一线飞机 500 架，最终目标是建立空军 3—4 个师。英国空军参谋长爱德华·埃林顿（Edward Ellington）据此估计，1935 年末德国将有 500 架一线飞机，至 1939 年时翻 1 倍，1942 年时翻 3 倍，1945 年时则翻 4 倍，但他认为德国空军力量在 1945 年之前不会超过英国。埃林顿的观点遭到了外交部常务次官罗伯特·范西塔特的反对，他认为德国"在任何可估量的时期内都不会弱于我们"，并指出英国不能指望法国。④

内阁在讨论国防需要委员会的第 1 份报告时，出现 2 种意见，一定程度上分别代表了当时英国民众的 2 种观点。⑤ 一种认为应当取消生产轰炸机，甚至取消空军，比如枢密院大臣鲍德温就提出："如果各国在裁军问题上是认真的，他们就应该同意废弃所有的陆海军飞机。"⑥另一种认为英国应该拥有一支至少不弱于来犯之敌的空军力量。显然，这个可能的来犯之敌更多地指

---

① CAB 24/247，C. P. 64（34），Report of the Defence Requirements Sub-Committee，28th February，1934.

② Hansard，HC Deb，20th February，1934，Vol. 286，c. 188W.

③ 航空师下辖 1 个或多个航空团（联队），航空团则下辖 3 个大队（1944 年扩大为 4 个大队），大队下面有 4 个中队，1 个中队大约有 12 架飞机（包括 3 架左右的非一线飞机）。不同的国家和不同的机型（比如战斗机和轰炸机），甚至不同的历史时期，1 个中队所包括的飞机数量都不尽相同。

④ Wesley K. Wark，"British Intelligence on the German Air Force and Aircraft Industry，1933-1939"，*The Historical Journal*，Vol. 25，No. 3.（Sept.，1982），p. 631；Stephen Roskill，*Hankey*：*Man of Secrets*，Vol. 3，London：Collins，1974，p. 103. 外交部常务次官范西塔特有自己的情报网络，他质疑埃林顿的估计，认为他对英国空军的实力过于乐观了。空军部和外交部在对德国空军力量的情报分析上，一直存在分歧。

⑤ CAB 23/78，C. C. 10（34）3，19th March，1934；CAB 34/79，C. C. 18（34）3/4，30th April，1934.

⑥ Philip Williamson and Edward Baldwin，eds.，*Baldwin Papers*，p. 291.

向德国。

　　在讨论中，后一种观点得到大多数人的支持，包括财政大臣内维尔·张伯伦。他在给妹妹的信里提道："如果需要时，我们能有一支从比利时轰炸鲁尔的空军，我们将更可能地使德国打消疯狂紧追的念头。"①在另一封信中，张伯伦指出："有趣的是，最初本土防御所需的空军计划只有 50 个中队，作为替代，我的防御力量计划是 80 个中队，最终被采纳的是 75 个中队，我十分满意我们在这个问题上的讨论结果。虽然在海军问题上，鉴于即将召开海军会议，我不得不推迟作出最终的决定，但是我确实赢得了全面的胜利。"②

### 三、从"A 计划"到"F 计划"

　　于是，1934 年 7 月 18 日内阁通过了裁军大臣委员会基于第 1 份弥补国防缺陷报告所提交的关于空中防御的报告，同意在已组建的空军中队的基础上再增加 40.5 个中队，其中 33 个中队用于本土防御，未来 5 年的总预算为 2 000 万英镑，实际认可了报告中如下观点：

　　　对于我们的防御措施，我国公众舆论总体表现出极大的关注，普遍希望加强皇家空军的力量。在这种情况下，我们得出结论，国防需要委员会的建议不再能够满足形势的需要，公众舆论将对他们所建议的相对小幅的增长难以感到满意，它只是要完成 10 年前最初所宣布的"五十二中队计划"而已……在目前的形势下，我们总体上应将重点放在及早扩大本土的防御力量上。③

　　这样，本土 52 个中队被扩大到 75 个中队，1939 年 3 月 31 日完成，以此与德国 1939 年两个空军师的规模相对应，这个扩大的计划被称为空军的"七

---

　　①　Robert Self，ed.，*The Neville Chamberlain Diary Letters*，Vol. 4，Chamberlain to Hilda，1 July，1934，p. 77."疯狂紧追"意指德国在"军备平等"的幌子下扩军备战。

　　②　Robert Self，ed.，*The Neville Chamberlain Diary Letters*，Vol. 4，Chamberlain to Hilda，28 July，1934，p. 82.

　　③　CAB 24/250，C，P. 193（34），Interim Report by the Ministerial Committee on Disarmament Dealing with Air Defence，16th July，1934；CAB 23/79，C. C. 29（34）3，18th July，1934.

十五中队计划”或“A 计划”。根据“A 计划”，本土轰炸机中队 43 个，轰炸机 500 架，战斗机中队 28 个，战斗机 336 架，另有协同陆军作战和侦察等用途的中队 13 个，包括水上飞机 64 架和飞机 60 架，本土实际共 84 个中队，飞机 960 架；加上部署海外的 27 个中队，飞机 292 架，以及海军航空兵飞机 16.5 个中队，飞机 213 架，空军的总体实力为 127.5 个中队，飞机 1 465架。①

依据第 1 份弥补国防缺陷报告，空军是三军种当中唯一力量得以增加的军种，一方面是由于裁军大会的失败，另一方面是由于其他国家正在增加它们的空军力量，其背后的原因如鲍德温 7 月 30 日在下院解释该计划时所说的那样，“因为空军的诞生，原有的边界已经消失，当你考虑英国的国防时，考虑的不再是多佛尔白垩的峭壁，应该是莱茵兰”②。鲍德温的这句话反映了当时大部分英国公众的担忧。“一战”期间，德国的齐柏林飞艇和飞机对伦敦等地的轰炸造成了英国 1 300 人死亡、3 000 人受伤及大量财物损失，最主要的还是“导致了英国民众和政府的恐慌，心理上的影响是巨大的，并持续了 20 多年”③。

英国航空史学家伊恩·菲尔波特指出：“这旨在建立最强的一线实力，所以缺乏后备力量。该计划主要是出于政治目的，试图‘威慑’德国并给国内的公众舆论留下深刻的印象。”④莫里斯·汉基在 1934 年 8 月 9 日的日记里提道："财政大臣和内阁大部分阁员过度担忧来自德国的危险，即使三军参谋长提醒称德国构成一种威胁尚需时日。然而，他们安排了 33 个飞行中队防御本

---

① Ian M. Philpott, *The Royal Air Force: An Encyclopedia of the Inter-War Years*, Vol. 2, p. 45; Basil Collier, *The Defense of the United Kingdom*, p. 28; Malcolm Smith, *British Air Strategy between the Wars*, p. 328. "五十二中队计划"中，轰炸机为 394 架，战斗机为 204 架。

② Hansard, HC Deb, 30th July, 1934, Vol. 292, c. 2339; Philip Williamson and Edward Baldwin, eds., *Baldwin Papers*, p. 322.

③ Phillip S. Meilinger, "Trenchard and 'Morale Bombing': The Evolution of Royal Air Force Doctrine before World War Ⅱ", *The Joural of Military History*, Vol. 60, No. 2. (Apr., 1996), p. 247.

④ Ian M. Philpott, *The Royal Air Force: An Encyclopedia of the Inter-War Years*, Vol. 2, p. 44.

土……却没有为其提供后备力量和炸弹等等——这十足是一项政客装饰门面的计划而已。"①

有证据表明汉基所说的这种过度担忧并非危言耸听。例如1939年3月德军占领整个捷克斯洛伐克没多久，张伯伦在家信中就提到他对空袭的担忧：

> 那晚我口服了一片someril(药名)，使我能够从晚上12点半睡到早晨7点。就从那以后，我夜里经常醒来，此前却无须任何人为的帮助，我就能安然入睡。这种现象已相当明显，因为我十分担心遭到突然的空袭……这一切听起来很荒诞和耸人听闻，但希特勒的存在让我没有了安全感。②

10月英国空军部得到最新情报，预计到1936年10月德国一线飞机总数将达到1 300余架。③这样，英国空军的"A计划"就无法适应德国空军的发展步伐。为此，枢密院大臣鲍德温代表政府于11月28日在议会下院表示："英王陛下政府决意不会接受任何落后于未来德国所建空军的情形。"④内阁不顾财政的困难而决定：未来2年里将完成用于本土防御的空军中队22个，海军航空兵中队3个，即原来计划1939年3月完成的33个中队中的22个提前到1937年完成。⑤此即空军的"B计划"。

然而，这种态势很快由于德国的举动发生了变化。1935年3月15日德国宣布实行普遍义务兵役制，并于次日宣布德国已于3月1日重建了空军。3月25日英国外交大臣西蒙和国联事务大臣艾登访问柏林，希特勒在会见2位大臣时宣称德国的空军实力已和英国相当，并将很快赶上法国。⑥这让英国政

---

①　Stephen Roskill, *Hankey: Man of Secrets*, Vol. 3, p. 119.

②　Robert Self, ed., *The Neville Chamberlain Diary Letters*, Vol. 4, Chamberlain to Ida, 26 Mar, 1939, p. 395.

③　Wesley K. Wark, "British Intelligence on the German Air Force and Aircraft Industry, 1933-1939", *The Historical Journal*, Vol. 25, No. 3. (Sept., 1982), p. 632.

④　Hansard, HC Deb, 28th November, 1934, Vol. 295, c. 883.

⑤　CAB 23/80, C.C. 42(34)2, 26th November, 1934.

⑥　*DBFP*, Series C, Vol. 3, pp. 1072-1073；[英]安东尼·艾登：《艾登回忆录——面对独裁者》上卷，武雄、毓文、曼罗等译，陈尧光校，商务印书馆1977年版，第260页。

府大受刺激。尽管空军参谋部认为希特勒的说法过于夸大，英国空军的综合实力要强于德国空军，但 4 月 30 日国防需要大臣委员会还是设立了一个由殖民地事务大臣菲利普·坎利夫-李斯特（Philip Cunliffe-Lister，即后来的空军大臣斯温顿勋爵）领导的空军对等小组委员会（Sub-Committee on Air Parity），要求其在空军部的帮助下，研究如何使英国的空军力量不弱于任何一国。英国学者马尔科姆·史密斯指出，一定程度上，"从这时起，对等被看作是纯数量上的代名词"①。伊恩·菲尔波特则指出："对德国新飞机机型的质量则很少关注，战略和战术问题也未加以讨论。"②

此时，英国对德国空军实力新的估计是，到 1937 年 4 月将拥有 3 个空军师，1 500 余架飞机。③ 然而，这个估计事实上是被夸大了的。5 月 8 日，空军对等小组委员会提出空军发展的新方案——"C 计划"，主要是在"A 计划"的基础上使本土中队总数达到 123 个，其中轰炸机中队 70 个，轰炸机 840 架，战斗机中队 35 个，战斗机 420 架；配合陆军和侦察等用途的中队 18 个，包括水上飞机在内的作战飞机共 252 架；部署海外和海军航空兵的飞机数量维持不变。这样，本土一线飞机总数达到 1 512 架，空军飞机总数则为 2 017 架，共 166.5 个中队，预期在 1937 年 3 月 31 日完成。④

该计划说明英国政府相比以往更加把战略重点放在欧洲，谋求与德国空军数量上的对等。但是空军参谋部对"C 计划"持保留态度，指出了它存在的缺陷。空军参谋长埃林顿认为，德国空军实力被高估了，而在 1937 年 3 月完成计划则过于匆忙，是以牺牲质量为代价的，而且没有考虑后备力量问题，

① Malcolm Smith, *British Air Strategy between the Wars*, p. 155.

② Ian M. Philpott, *The Royal Air Force: An Encyclopedia of the Inter-War Years*, Vol. 2, pp. 44-46.

③ CAB 24/254, C. P. 85(35), The German Air Programme and Its Bearing on British Air Strength, 15th April, 1935.

④ Ian M. Philpott, *The Royal Air Force: An Encyclopedia of the Inter-War Years*, Vol. 2, p. 45; CAB 24/255, C. P. 100 (35), Sub-Committee on Air Parity of Ministerial Committee on Defence Requirements: Interim Report, 8th May, 1935; CAB 24/255, C. P. 103(35), Second Interim Report, 17th May, 1935; CAB 23/81, C. C. 29(35)1, 21st May, 1935.

最好把期限定在 1939 年。① 但是他的观点没有被内阁采纳。

因此，"C 计划"反映了英国决策者把空军与他国的势均力敌，简单地看成飞机数量上的旗鼓相当。一方面，期望以此对德国快速扩军有所威慑，"内阁仍然相信，如果向希特勒展示英国不准备接受德国在轰炸机方面的领先地位，就可能在限制空军军备方面达成一致"②；另一方面，可以满足国内民众增强空军力量的呼吁。这种做法被一些人看作是华而不实，被汉基称为"装饰门面"，陆军大臣黑尔什姆勋爵（Lord Hailsham）指责其为"骗人的把戏"。③英国军事史学者巴兹尔·科利尔评价道：

> 政府试图吓唬德国，但至今看起来只是吓住了他们自己和他们的一些同胞……新计划确定本土的轰炸机中队和战斗机中队分别为 70 个和 35 个，增加了中型和重型轰炸机相对于轻型轰炸机的比重。在其他方面，它相对之前的计划基本没有什么增加。所提供的后备力量依然是不够的——这一事实暴露了该计划所存在的资金问题。另外，该计划没有得到令人信服的针对欧洲大陆陆地战争所做准备的支持。因此，德国人可能一定程度上把它看作——确实有一些证据显示他们是如此看待——是一种虚张声势和安抚英国民众的手段。④

1936 年 2 月，内阁通过第 3 份弥补国防缺陷报告，其中关于空军的部分指出，鉴于德国飞机数量持续在增加，应在完成原计划的基础上加强后备力量，以及派往远东和配合海陆军作战的飞机数量。⑤ 2 月 10 日，空军大臣斯温顿勋爵（Lord Swinton，即菲利普·坎利夫-李斯特）建议加强本土轰炸机的

---

① CAB 24/254，C. P. C. P. 85(35)，Memorandum by the Chief of the Air Staff，15th April，1935.

② Malcolm Smith，"The Royal Air Force，Air Power and British Foreign Policy，1932-1937"，*Journal of Contemporary History*，Vol. 12，No. 1(Jan.，1977)，p. 164.

③ N. H. Gibbs，*Grand Strategy*，Vol. 1，pp. 176，561.

④ Basil Collier，*The Defense of the United Kingdom*，p. 31.

⑤ CAB 24/259，C. P. 26(36)，Programmes of the Defence Services：Third Report of Defence Requirements Sub-Committee，21st November，1935.

力量，将一些轻型轰炸机升级为中型，并扩大大部分轰炸机中队的建制。①

2 月 25 日，内阁同意斯温顿加强轰炸机的方案，将 19 个轻型轰炸机中队升级为中型轰炸机中队，11 个非正规中队也升为中型轰炸机中队，并将绝大多数中队的建制由 12 架飞机变为 18 架；本土中队为 124 个，飞机的总数将达到 1 736 架，其中轰炸机中队数不变，但轰炸机增加至 1 022 架，战斗机中队数减少至 30 个，但战斗机数量不变。配合陆军和侦察等用途的中队 24 个，包括水上飞机在内的作战飞机共 294 架；此外，部署海外 37 个中队，飞机468 架；海军航空兵飞机增加至 26 个中队，飞机 312 架；空军共有 187 个中队，2 516 架飞机，并且到计划完成之时将建立 225% 的后备力量。该计划被称为"F 计划"，预期 1939 年 3 月 31 日完成。②

"F 计划"虽然使得本土空军中队的数量基本未变，但实际本土一线飞机数量增加至 1 736 架，部署海外的中队数量和海军航空兵的一线飞机数量有了较大增长，而且弥补了"C 计划"忽视后备力量的缺陷，更多的是着眼于实战，很大程度上改变了以往"装饰门面"的做法，但数量对等原则仍然沿用。此外，另两方面的因素导致"F 计划"几乎一开始就已过时，一是英国的飞机制造工业已经满负荷，除非再增加产量，否则要在规定的期限内完成计划不可能做到；二是预计德国空军规模继续扩大，即使按期完成计划，届时英国的空军仍然与德国空军有很大差距。

**四、从"H 计划"到"M 计划"**

然而，英国外交部不久得到情报，预计到 1939 年 4 月德国一线飞机将达2 500 架，其中轰炸机 1 700 架。③ 因此，1937 年 1 月 14 日空军大臣斯温顿勋爵提出，到 1939 年 4 月英国本土空军应达到 145 个中队，飞机 2 422 架，其中轰炸机中队 87 个，轰炸机 1 631 架；战斗机中队 34 个，战斗机 476 架；配

---

① CAB 24/259，C. P. 27 (36)，Memorandum by the Secretary of State for Air：Air Striking Force，10th February，1936.

② CAB 23/83，C. C. 10(36)1，25th February，1936；Ian M. Philpott，*The Royal Air Force：An Encyclopedia of the Inter-War Years*，Vol. 2，pp. 45-46；Malcolm Smith，*British Air Strategy between the Wars*，p. 330.

③ Wesley K. Wark，"British Intelligence on the German Air Force and Aircraft Industry，1933-1939"，*The Historical Journal*，Vol. 25，No. 3. (Sept.，1982)，p. 638.

合陆军和侦察等用途的中队 24 个，包括水上飞机在内的作战飞机共 315 架；此后尽可能将轰炸机增加到 92 个中队，轰炸机 1 701 架，本土飞机总数为 2 492 架，1939 年 3 月 31 日完成。这样力争与德国空军力量持平，这一计划被称为"H 计划"。[①]

该计划以减少部署海外中队数量和将后备中队变为一线中队来实现本土一线飞机数量与德国持平，体现了英国空军部追赶德国空军的急切心理，某种程度上又回到了"装饰门面"的做法。

不久，访问德国的英国空军代表团从德国空军部次长埃哈德·米尔希(Erhard Milch)处得知，德国空军发展的速度没有原来估计的那样快。此外，减少后备中队和海外中队数量的做法招致英国空军参谋部的反对。于是，国防政策与需要委员会拒绝了"H 计划"，斯温顿勋爵只好在"F 计划"的基础上就加强后勤和补充飞行人员提出建议。[②] 然而，英国情报部门后来得知埃哈德·米尔希是在撒谎，确切的情报显示英国空军"被危险地落在后面了"[③]。

10 月 27 日，斯温顿勋爵向帝国国防委员会提交自己的报告并附带空军参谋部的分析和建议报告。依据情报分析，德国空军一线飞机很快将达到 1 620 架，180 个中队，到 1939 年底则将达到 3 240 架，其中轰炸机 1 458 架，共 360 个中队，并有相当的后备力量和工业生产予以支持，而届时英国空军按 "F 计划"("H 计划"没有通过)，一线飞机只有 1 736 架，其中轰炸机 1 022 架。此外英国地面的防空力量按计划要到 1941 年完成，但那时也满足不了安全的需要。空军参谋部认为，英国本土空军最少需要一线飞机 2 331 架，共 154 个中队，其中轰炸机 1 442 架，90 个中队，战斗机 532 架，38 个中队；配合陆军和侦察等用途的中队 30 个，包括水上飞机在内的作战飞机共 413

---

① CAB 24/267，C. P. 18(37)，Memorandum by the Secretary of State for Air：Plan for Further Expansion of First Line Strength of the Royal Air Force，14th January，1937；Ian M. Philpott，*The Royal Air Force：An Encyclopedia of the Inter-War Years*，Vol. 2，pp. 45，70；Malcolm Smith，*British Air Strategy between the Wars*，p. 331.

② CAB 24/268，C. P. 69(37)，Memorandum by the Secretary of State for Air，11th February，1937；CAB 23/87，C. C. 5(37)12，3rd February，1937；C. C. 9(37)5，24th February，1937.

③ Wesley K. Wark，"British Intelligence on the German Air Force and Aircraft Industry，1933-1939"，*The Historical Journal*，Vol. 25，No. 3.(Sept. ，1982)，p. 639.

架，部署海外飞机 644 架；另外中队建制再次扩大，海外中队在满足本土需要后进行增加，整个计划预计 1941 年夏完成，总预算为 6.5 亿英镑。这个新计划被称为"J 计划"。①

但是，"J 计划"遭到了国防协调大臣英斯基普的反对。他认为：

> 我们的空中打击力量不能只当作一种有效威慑手段，如果它能够日复一日向入侵者投下与他们向我们投下的相同数量和类型的炸弹的话……我不认为向公众作出的空军力量对等的声明，在任何层面上是迫使我们将战机的数量和类型建立在潜在敌人战机数量和类型的基础之上。反之，在考虑加强我们一线力量的建议时，也必须考虑战争后备力量和战争潜力，可能还包括地面的防御力量。维持战时后备力量 225% 的成本自然是非常高的……相比飞机和影子工业的生产能力而言，"F 计划"所确定的空军一线力量已是过高了，因此，我们已有的资源应用于增加战时的潜力，而不是用于进一步增加我们的一线力量。
>
> 德国的航空工业比我们的更加庞大，德国空军已经大大领先于我们。事实上，对我们而言，似乎不可能在一线力量上以及战争后备力量和战争潜力上实现同德国空军的势均力敌……我们应全力以赴加强本土空军，而不应再增加海外的力量。我们应大幅增加本土空军中的战斗机中队数量。关于本土空军的轰炸机中队，主要在以下两种方案中作出选择：(a)对现有一线力量做一些增加，同时减少后备力量，大幅提升战争潜力；(b)维持现有的一线力量和后备力量，同时提升战争潜力。我个人认为，稳妥的做法是倾向于按照前一种方案实施。②

英斯基普主张有足够的防御力量就能满足抵御入侵的需要，而防御力量

---

① CAB 24/273，C. P. 316 (37)，Memorandum by Secretary of State for Air，27th October，1937/Air Staff Memorandum，12th October，1937；Ian M. Philpott，*The Royal Air Force：An Encyclopedia of the Inter-War Years*，Vol. 2，pp. 45，70-71；Malcolm Smith，*British Air Strategy between the Wars*，p. 332.

② CAB 24/273，C. P. 316 (37)，Interim Report by the Minister for Co-ordination of Defence，15th December，1937.

并非仅仅依靠空军的轰炸机力量,很大程度上降低财政支出是他的主要动机。他的观点遭到空军大臣斯温顿勋爵的反对,内阁因此未作出最终的决定,而是建议空军部在英斯基普建议的基础上作进一步的研究。① 值得关注的是,英斯基普出于降低财政支出而提出的优先发展战斗机的想法,其影响是深远的,这一点在 1940 年的不列颠之战中得到了体现。而内阁秘书汉基的一份备忘录中,也提到了类似的看法。②

　　美国空军军事学院的戴维·麦基萨克指出:"直到 1936—1937 年,政府内、主要是财政部内头脑比较清醒的人才克服了皇家空军的一贯主张,即将其主要资源投给轰炸司令部。将重点转向空防以及战斗机司令部的决定来得非常及时,但它并未反映大多数空军参谋人员的看法。"③马尔科姆·史密斯认为:"英斯基普报告的作用是第一次将空军战略纳入到英国传统的战略(大陆封锁)当中,调整了战略中帝国防御的重点先后问题",是战前空军政策的一大变化,但也带来了一些新问题。④ 英国军史学家诺曼·吉布斯则认为:"从多个方面看,'J 计划'是战前所有扩大计划中最佳的一个……它基于对德国力量和意图以及欧洲以外需求的整体认识;它既加强了一线力量,又增强了后备力量,并作出了重新考虑指导飞机生产企业生产能力政策的至关重要的建议。它的主要缺点在于,未领受生产和招募人员方式上的急剧变化,所以在 1941 年夏季之前不可能完成。"⑤

---

① CAB 23/90a,C. C. 48(37)9/C. C. 49(37)1,22nd December,1937.

② CAB 63/52,Aide-Memoire: Future Programmes of Our Defence Services,3rd December,1937. 英国学者罗斯基尔认为,汉基是第一个提出上述看法的政府官员,见 Stephen Roskill,*Hankey: Man of Secrets*,Vol. 3,p. 285.

③ [美]戴维·麦基萨克:《来自蓝天中央的声音:空权理论家》,见[美]彼得·帕雷特主编,[美]戈登·A·克雷格、[美]费利克斯·吉尔伯特编:《现代战略的缔造者:从马基雅维利到核时代》,时殷弘等译,世界知识出版社 2006 年版,第 618 页。

④ Malcolm Smith,*British Air Strategy between the Wars*,p. 197;Malcolm Smith,"The Royal Air Force,Air Power and British Foreign Policy,1932-1937",*Journal of Contemporary History*,Vol. 12,No. 1(Jan.,1977),p. 170. 作者认为这一变化对英国在慕尼黑这样的谈判产生了不利影响,因为英国注重战斗机防御,就失去了轰炸机报复性轰炸的威慑。

⑤ N. H. Gibbs,*Grand Strategy*,Vol. 1,p. 572.

　　空军部依据英斯基普的意见修改了原有的计划，于 1938 年 1 月 21 日提交了"K 计划"。该计划建议本土一线中队 145 个，飞机为 2 305 架，其中轰炸机中队 77 个，轰炸机 1 360 架，其他同"J 计划"一样，1941 年 3 月 31 日完成。① 该计划相比"J 计划"，轰炸机中队减少了 13 个，减少轰炸机 82 架，因此规模和费用都相应有所削减。尽管空军参谋部认为"K 计划"本土防御所需一线飞机最低的标准，未提供足够的后备力量，在面对德国空军时实际将处于劣势，但是英斯基普认为"K 计划"的 5.675 亿英镑费用依然过高，超出了1937—1941 年这 5 年内国防总支出 16.5 亿英镑当中空军所占的部分。② 为此，英斯基普建议空军部再削减"K 计划"的预算 6 000 万英镑。③

　　正当斯温顿勋爵与英斯基普就此讨价还价时，3 月 13 日传来德国吞并奥地利的消息，英国政府于是决定加强防御力量。3 月 14 日，空军大臣斯温顿勋爵向内阁提出"L 计划"。按照该计划，本土一线飞机到 1939 年 3 月为 2 182架，到 1940 年 3 月为 2 373 架，共 141 个中队，其中轰炸机 1 352 架，73 个中队，战斗机 608 架，38 个中队，配合陆军和侦察等用途的飞机维持"K 计划"的数量，后备力量将于 1940 年 3 月全面完成。④ 实际上，"L 计划"只是将"K 计划"的完成时间提前了一年而已。

　　因此，"L 计划"遭到英斯基普和财政大臣西蒙的批评，理由是"L 计划"实际上是"J 计划"的翻版，违反了内阁原来确定的财政与军费支出平衡的原则，另外，在目前人力和工业生产能力紧张的情形下，无法按期提前一年完成计划。面对越来越紧迫的欧洲局势，内阁决定由张伯伦、西蒙、英斯基普

---

　　① CAB 24/274, C. P. 24（38）, Appendix Ⅳ: Revised Proposals Based on the Recommendations of the Minister for Co-operation of Defence, 21st January, 1938.

　　② CAB 23/92, C. C. 5(38)9, 16th February, 1938.

　　③ CAB 24/275, C. P. 68(38), Memorandum by the Secretary of State for Air, 12th March, 1938.

　　④ CAB 23/92, C. C. 13(38)3, 14th March, 1938; Ian M. Philpott, *The Royal Air Force: An Encyclopedia of the Inter-War Years*, Vol. 2, pp. 45, 72-73; Malcolm Smith, *British Air Strategy between the Wars*, p. 334.

和斯温顿勋爵组成一个小组，专门评估未来 2 年中英国飞机的最大生产量。①

4 月 17 日，斯温顿勋爵提交的评估结果是，到 1939 年 3 月 31 日生产飞机约 4 000 架，到 1940 年 3 月 31 日再生产 8 000 架。斯温顿勋爵认为大体可以按时完成"L 计划"，但首相张伯伦表示，他不愿意将这些数字同任何特定的计划关联在一起，只是将它们看作是生产企业在一切顺利的假定下给出的最乐观的估计而已。最终，内阁同意在接下来的 2 年内空军部将朝着 1.2 万架飞机的目标尽可能多地生产飞机和招募人员。② 也就是说，英国政府放弃空军与德国的数量对等政策，立足于自身的资源和条件，在未来 2 年尽可能多地生产飞机。事实上，意味着英国政府承认追求与德国数量对等，尤其是轰炸机数量对等，是无法做到的。

这样，"L 计划"被包括在未来 2 年生产 1.2 万架飞机的计划当中，但是空军参谋部没有从军事角度真正放弃"对等战略"，他们仍然坚持"如果完全让我们根据所要冒的风险作最精确的优先安排，对我们来说没理由从空军优势的竞争中退却"，"我们一定认为轰炸机不但是强大的威慑与和平的保障，而且是战争中将我们的意志强加给敌人的唯一方式"。③ 5 月 12 日议会上院就空军发展和国际局势展开全面的辩论，政府的空军政策遭到猛烈的批评，指责原先空军与德国对等的承诺没有实现，更别提保持这种对等。④ 张伯伦提道："当一个部门像空军部那样处在如此持续的抨击之下，在位负责人是不可能维持他的地位的。"⑤空军大臣斯温顿勋爵被迫辞职。

慕尼黑危机后，英国政府开始全面重新评估国防政策。新任空军大臣金斯利·伍德在帝国国防委员会的指示下，就英国和其他国家(主要是德国)空军力量的现状和未来进行比较，并提出改善英国空军状况的办法。

---

① CAB 24/276，C. P. 86(38)，Memorandum by the Minister for the Co-ordination of Defence，1st April，1938；C. P. 87(38)，Memorandum by the Chancellor of the Exchequer，4th April，1938；CAB 23/93，C. C. 18(38)8，6th April，1938.

② CAB 23/93，C. C. 21(38)6，27th April，1938.

③ Malcolm Smith，*British Air Strategy between the Wars*，p. 214.

④ Hansard，HL Deb，12th May 1938，Vol. 108，cc. 1042-1103.

⑤ Robert Self，ed.，*The Neville Chamberlain Diary Letters*，Vol. 4，Chamberlain to Ida，10[? 15] May，1938，p. 322.

随后伍德在备忘录中指出，当前英国空军的预备力量不够 1 周使用，由于飞机生产企业缺少必需的劳动力，未来 2 年内生产 1.2 万架飞机的目标很难完成，"L 计划"实际也难以按期实现；当前对别国空军的估算存在误差，因此他提供了 1939 年 4 月至 1940 年 4 月主要国家空军力量新的估算数字。针对德国，伍德特别强调飞机和人员后备力量方面与德国持平的重要性，此外他提出战斗机应该处于优先考虑的地位，数量应以应对德国轰炸机的数量作为参考，近期战斗机应从原来的 640 架提高到 800 架，长期战斗机数量应达到 3 700 架；轰炸机 3 500 架，不寻求与德国数量上的相等，应该发展相同载弹量下飞得更远的远程轰炸机和装载重型炸弹的重型轰炸机。他建议本土一线飞机总数 2 549 架，共 163 个中队，其中重型轰炸机 1 360 架，85 个中队，战斗机 800 架，50 个中队，配合陆军等用途的飞机 398 架，28 个中队，预期 1942 年 3 月 31 日完成，这被称为"M 计划"。①

10 月 26 日，内阁将伍德的备忘录交由一个由相关大臣组成的专门委员会进行研究。财政大臣西蒙认为实行该计划将超出国防预算当中空军的支出部分。② 此时根据情报显示，至 1939 年底德国将有一线飞机 3 700 架，超过英法两国空军力量的总和，不过认为德国飞机生产已达到饱和，1939 年后这种劣势将会大大改善。③ 最终，内阁对伍德和西蒙的观点进行了折中，既在空军军费支出上加以限制，又原则上同意 3 700 架战斗机的长远计划以应对德国空军，但目前只能订购其中的一半，尽最大生产能力进行战斗机和新式轰炸机的生产，空军大臣应同财政大臣就相关费用问题保持磋商。④

"M 计划"是空军战前最后一个计划，也是战前内阁第一次重视后备力量

---

① CAB 24/279，C. P. 218(38)，Memorandum by the Secretary of State for Air，25th October，1938；Ian M. Philpott，*The Royal Air Force：An Encyclopedia of the Inter-War Years*，Vol. 2，pp. 45，73；Malcolm Smith，*British Air Strategy between the Wars*，p. 335.

② CAB 24/280，C. P. 247(38)，Report of Cabinet Committee，3rd November，1938：Appendix-Minute by the Chancellor of the Exchequer.

③ Wesley K. Wark，"British Intelligence on the German Air Force and Aircraft Industry，1933-1939"，*The Historical Journal*，Vol. 25，No. 3.（Sept.，1982），pp. 645-646."二战"爆发时，德国空军一线飞机是 3 647 架。

④ CAB 23/96，C. C. 53(38)2，7th November，1938.

("J 计划"未通过)以及新式机型的生产，它一改追求轰炸机与德国数量持平的老路子，强调战斗机的优先地位，这也反映出英国对德空军防御政策的变化。

自 1934 年第 1 份弥补国防缺陷报告将假想敌指向德国以来，英国强调轰炸机的优先发展，是因为轰炸机作为一种进攻型武器更能对德国产生威慑，这与英国政府力图将德国纳入欧洲大家庭的绥靖政策是密切相关的，尽管马尔科姆·史密斯认为绥靖没有被威慑所替代，反而因为害怕遭受空袭得到加强。① 但慕尼黑危机后不久德国即吞并了捷克斯洛伐克，使英国政府不再对德国抱有和平幻想，决心应战，战斗机作为拦截德国轰炸机的力量因此获得优先地位。

但"M 计划"在战争爆发时还停留在一个目标的层次上，没有立即得到施行，而且工业生产能力和人员受训的问题依然限制该计划的施行，尤其是缺乏飞行员和飞机维修人员。

**五、不成功的威慑战略**

英国空军和海军、陆军一样，不但在本土，而且在整个帝国都承担着安全职责。尽管在"10 年规则"时期和重整军备时期，空军同样受到财政的控制，但由于维持与德国空军对等的需要，空军几乎没有受到过于严格的限制，其发展一直得到优先的关照。②

首先，这是因为大部分英国人认为，鉴于德国海军仍远逊于英国，在未来与德国的战争中，对英国本土最大的威胁就是德国空军的轰炸，而英国轰炸机力量的壮大，既可以提供足够的威慑，还能够对德国进行轰炸反击，这在战争初期敌人异常强大时，对士气和民心的影响意义重大，而这一点是海军和陆军一时无法做到的。

其次，军方认定，以当时的防御技术和手段，空袭是难以预防的，只能采取报复性轰炸作为反击手段。另外，由于政府财政的拮据，不可能 3 个军种同时得到令人满意的扩大，只能重点扶持，而空军相对来说回报效果更明显。内维尔·张伯伦在 1936 年 2 月的家信中指出："如果下一次战争到来，

---

① Malcolm Smith, *British Air Strategy between the Wars*, p. 109.

② J. P. D. Dunbabin, "British Rearmament in the 1930s: A Chronology and Review", *The Historical Journal*, Vol. 18, No. 3(Sep., 1975), p. 592.

我不相信它会和上一次战争一样，我相信我们的资源花在空军和海军方面比组建一支大规模的陆军会更有收益。"①同年12月，张伯伦在反驳陆军要求战时派遣本土防卫队（Territorial Army）12个师作为远征军后备队时再次提到，英国未来的危险是来自空中的打击，如果将有限资源的大部分用在空军上，将比花在陆军上更能增强国家的力量。②

此外，相对于军方来说，内阁不仅仅要从军事角度考虑问题，还要从政治、经济、外交、社会影响等诸方面权衡问题。在内阁眼中，"一强标准"既可以对德国形成威慑，增加实行裁军政策和绥靖政策的筹码，同时又可以缓解社会公众对遭受空中轰炸的担忧，赢得民意对政府的支持。当时一些专家根据"一战"中的空袭伤亡比例数字甚至推算出，英国遭受德国空军的破坏程度"几乎与后来核弹的威力不相上下"③。尽管一些人士认识到了单纯追求轰炸机的数量存在虚张声势的风险，"但是对政府来说，政治上的好处证明是几乎难以抵御的。如大臣委员会所承认的，这对国内政治是合算的，相对来说，也是成本较低的"④。

然而，实际的情况是："纳粹德国空军没有战略轰炸的信条，也没有给英国致命一击的计划。1940年8月出现的机会使德国空军完全感到意外，因此它对英国的进攻是即兴且缺乏协调的。"⑤德国空军实际没有把战略轰炸作为其主要的目标手段，希特勒建立空军最初的战略目的是威慑波兰和法国对德国的预防性进攻。由于德国是一个中欧的大陆国家，在扩军备战造成经济和资源紧张的情况下，德国更注重陆军的发展，空军的主要任务是配合陆军展开行动。

---

① Robert Self, ed., *The Neville Chamberlain Diary Letters*, Vol. 4, Chamberlain to Hilda, 9 Feb, 1936, p. 175.

② CAB 24/265, C. P. 334 (36), Memorandum by Mr. Neville Chamberlain, 11th December, 1936.

③ [英]W·N·梅德利科特：《英国现代史（1914—1964）》，第358页。

④ Sebastian Cox, "British Military Planning and the Origins of the Second World War", in B. J. C. Mckercher and Roch Legault, eds., *Military Planning and the Origins of the Second World War in Europe*, Westport, Connecticut: Praeger Publisher, 2001, p. 107.

⑤ Michael Howard, *The Continental Commitment*, p. 125.

　　美国军史学家威廉森·默里则指出："在所有设想涉及第三帝国军队的战争中，德国从战争一开始就面临陆地作战的可能性，因此，如果德国的敌人在边境打败国防军，横行于西里西亚、东普鲁士和莱茵兰，同时德国空军却对伦敦、巴黎和华沙展开空袭，这几乎无力改善德国的战略形势。"①英国军史学家布赖恩·邦德则指出，德国在慕尼黑危机之前没有轰炸伦敦的正式计划，英国空军强调轰炸机的战略根本没能威慑希特勒的武力外交。②

　　自1923年鲁尔危机英国确立空军"一强标准"后，空军的主要责任非常明确，就是防御英国本土免受外来的空中攻击。比如，依据1935年11月提交的扩建计划，估计至1939年4月英国本土将有一线飞机1 736架，而同时在地中海和中东(包括伊拉克、苏丹和肯尼亚)一线飞机只有172架，在远东只有40架。③ 随着欧洲形势的发展，英国空军的假想敌由法国变成了德国，并且以德国空军力量为参照标准，英国空军的规模一直在不断地扩大，经历了从"A计划"到"M计划"的发展过程。

　　虽然这几个计划的命运各异，但目的都是力求保持与德国的空军数量上的平衡，尤其是在轰炸机方面。在当时，"轰炸攻击成为30年代国际事务中魔鬼化身的一部分，英国的外交政策和重整军备政策的重要方面，可以用担心遭受空袭来证明它们的合理性"④。因为时刻跟着德国的指挥棒转，所以英国没能理性地看待自身的战略需要和现实条件，马尔科姆·史密斯甚至认为此举不是着眼于打一场大的战争。⑤ 由于财政限制、物资供应和人力资源短缺、政府部门与工业生产部门合作不力，以及情报工作等方面的诸多缺陷，空军的"一强标准"不但一直没有实现，而且在战争爆发前被迫转向优先发展战斗机和注重轰炸机质量的升级，尽管后来在不列颠空战中显现出该转向的

---

　　① Williamson Murray, *Luftwaffe*, South Carolina: The Nautical & Aviation Publishing Co. of America, 1985, p. 1. 关于战前德国空军的战略和发展问题可见该书 pp. 1-23.

　　② Brian Bond, *British Military Policy between the Two World Wars*, p. 283.

　　③ George C. Peden, "The Burden of Imperial Defence and the Continental Commitment Reconsidered", *The Historical Journal*, Vol. 27, No. 2(Jun., 1984), p. 409.

　　④ Malcolm Smith, "The Royal Air Force, Air Power and British Foreign Policy, 1932-1937", *Journal of Contemporary History*, Vol. 12, No. 1(Jan., 1977), p. 158.

　　⑤ Malcolm Smith, *British Air Strategy between the Wars*, pp. 139, 173.

价值。

从军事的角度来看，单纯武器数量上的相等，并不能说明所有的问题。因为战争的胜败不仅是交战双方武器数量上的多寡，还涉及诸多的因素，如武器的质量，士兵的综合素质和士气，战略和战术决策的正确与否及是否得到正确执行等等。战争爆发时，英国对德国空军力量预计的数字基本准确，但没有看到它强大的外表下面存在许多不足，如缺乏后备力量和训练有素的飞行员。英国历史学者理查德·奥弗里指出，直到 1938 年德国空军仍是纸老虎，甚至到 1939 年也没能对英国形成真正的威胁。[1] 英国军史学家迈克尔·霍华德则认为："如果对手拥有更强大的力量去遏制你使用它，威慑则明显是站不住脚的。相对德国而言，英国在进行空战方面处于严重的劣势。英国的目标集中且处于容易被攻击的范围内，德国的目标则分散在一片广阔的地理区域。被携带相同距离的相同重量的炸弹，相比对德国而言，能够对英国的经济以及可能对英国的士气造成更为有效的破坏。"[2]

然而，武器数量是有形可见的，在质量相同的情况下，更多的武器数量的确能够增添更大的胜算。对于政治家来说，这种有形的东西比抽象的概念更具可操作性，有利于政策的制订和实施，能够在外交谈判中获得更多的筹码，争得更主动的地位，对内则可以获取民众更大的支持。1936 年在亨登(Hendon)有 25 万人观看了空军飞行表演，公众对空袭的忧虑心理得到了一些缓解。张伯伦据此认为："在英国对大规模空袭展开唯一有效的反击方面，这支力量能够令人满意地向吹毛求疵的公众证明政府政策的正确性。"[3]

另一方面，政府对德国空军的战略和机型却很少关心和研究。"他们关心问题的方式常常是从迫切而实际的方面出发，而不是从长远和战略的角度出发"[4]。即使对于英国政府自身最关心的轰炸机战略的实施而言，英国空军官

---

[1]　R. J. Overy, "German Air Force 1933 to 1939", *The Historical Journal*, Vol. 27, No. 2. (Jun., 1984), pp. 465-471; R. J. Overy, "The German Pre-war Aircraft Production Plans: November 1936-April 1939", *The English Historical Review*, Vol. 90, No. 357. (Oct., 1975), pp. 778-797.

[2]　Michael Howard, *The Continental Commitment*, p. 111.

[3]　Anthony Clayton, *The British Empire as a Superpower*, *1919-1939*, pp. 252-253.

[4]　[英]保罗·肯尼迪：《大国的兴衰》，第 326 页。

方史家也承认要将战略从纸面落实到具体作战行动中存在更多的困难，"对于在作战时可能会怎样，可以实现怎样的目标，在多长的距离内它们会被击中，如果它们被击中会发生什么，或者说出现伤亡的人员的情况可能会如何，这些都没有清晰的概念……最终表明，无论如何，在 1939—1940 年，轰炸机司令部不可能在防卫英国和反击德国方面作出任何大的贡献"①。

因此，从实际的情况来看，两次大战间的英国空军的威慑战略是不成功的，它并没有真正起到威慑和遏制希特勒对英伦诸岛发起进攻的作用。英国学者考克斯指出："政府对空权的付出是建立在这样的基础之上的，即这是遏制德国侵略、支撑英国外交和军控倡议最合算和最实在的方法，而不是建立在这是赢得战争最合算的方法之上的。"②空军的"一强标准"从一开始就不是一个单纯的军事战略问题，而是被完全政治化了。

## 第四节　陆军战略——勉强的"大陆义务"

英国传统上是一个海军强国，当它卷入欧洲大陆的纷争时，采取的战略往往是依靠其强大的海军对大陆的敌人实施海上封锁，切断敌人的海外贸易路线，打一场消耗战，以此拖垮敌人，就如拿破仑战争时期所做的那样。英国陆军相对于海军来说，一直处于无足轻重的地位，尤其是在和平时期。在和平时期，陆军被看成是附带的、次要的，主要责任是维持殖民帝国的统治秩序。英国学者艾伯特·塔克指出："只要英国的对外政策不打算在与欧洲国家的关系中扮演积极的角色，那么就不存在政治上的压力要求陆军准备一场欧洲的战争。"③

---

①　Charles Webster and Noble Frankland, *Strategic Air Offensive against Germany*, Vol. 1: *Preparation*, London: Her Majesty's Stationery Office, 1961, p. 91.

②　Sebastian Cox, "British Military Planning and the Origins of the Second World War", in B. J. C. Mckercher and Roch Legault, eds. , *Military Planning and the Origins of the Second World War in Europe*, p. 114.

③　Albert V. Tucker, "Army and Society in England, 1870-1900: A Reassessment of the Cardwell Reforms", *The Journal of British Studies*, Vol. 12, No. 2 (May, 1963), p. 111.

在第一次世界大战中，英国为了履行"大陆义务"，组建了一支大规模的远征军赴大陆作战。战争结束时，西线的英国远征军达到了 61 个步兵师和 3 个骑兵师，近 180 万人；另外，陆军在其他地区还部署有 19 个步兵师和 3 个骑兵师；截至 1918 年 3 月 31 日，陆军的支出总计 824 259 300 英镑，比战前增加了 20 倍还多。① 但是，在战后的几个月内，这支庞大的军队就很快消失了。

1938 年 8 月，接替汉基任帝国国防委员会秘书以及后来任战时内阁副秘书、国防大臣办公室主任和首相在总参谋部代表的伊斯梅勋爵（Lord Ismay）在回忆录中称："自从第一次世界大战结束以来，陆军在没有任何连贯一致政策的情况下勉强度日。"②英国军史学家布赖恩·邦德则指出："直到 30 年代后期，除了争论削减它的预算外，内阁很少考虑陆军事务。"③不在欧洲大陆扮演积极角色就忽视陆军的惯性思维，在两次大战间英国政府的军事战略政策中依旧可见。

**一、陆军战后遭受冷遇**

第一次世界大战后，欧洲大陆原有的 4 个帝国中 3 个瓦解了，苏俄则暂时与欧洲事务隔绝。陆军和其他军种一样面临大幅度的复员和军费支出的削减。"10 年规则"特别规定：

> 应当假定，在未来的 10 年内，英帝国不会进行任何大规模的战争，因此无须为此目的组建远征军⋯⋯陆军和空军主要的职能是，为印度、埃及、新的委任统治地和所有英国统治下的属地（自治的除外）提供卫戍部队，以及为本土的非军事部门的力量提供支持。④

1922 年英国结束干涉苏俄革命和土耳其凯末尔革命后，英国内阁给陆军

---

① Geoffrey P. Megargee, *The Army before Last*：*British Military Policy*，*1919-1939 and Its Relevance for the U. S. Army Today*，pp. 1-2.

② Hastings L. Ismay, *The Memoirs of General Lord Ismay*，New York：The Viking Press，1960，p. 94.

③ Brian Bond, *British Military Policy between the Two World Wars*，p. 41.

④ CAB 23/15，W. C. 616A，Minutes of a Meeting of the War Cabinet，15th August，1919.

部的指令中，陆军的主要职责再次被确定为维护国内安全和帝国防御，无须设想再发生一场大规模的战争，只需具备为欧洲以外的海外义务进行小规模战争动员的能力即可，具体为 5 个步兵师和 1 个骑兵师，外加本土防卫队 14 个师作为预备队。① 也就是说，随时准备一支小规模的远征军，主要用于印度、埃及和阿富汗。但事实上这支小规模的远征军只是理论上的存在，一些师未满员或完全不存在，只有 1 个师和 1 个骑兵旅能随时调用，其他部队则至少需要 6 个月才能达到作战要求。② 当时英国陆军在本土部署了 53 个步兵营和 9 个骑兵旅，在印度部署了 45 个步兵营、55 个野战炮兵连和 8 个骑兵团，其余 37 个步兵营驻守在埃及、土耳其和德国的莱茵区。③

在 1925 年的《洛迦诺公约》中，英国和意大利一同充当了德法和德比边界现状的保证国，承担了援助被侵略国的义务，但未改变不再组建一支远征军的原则。也就是说，英国的保证和援助只是口头的承诺，并没有打算准备一支军事力量来兑现这个承诺。事实上，"洛迦诺标志着这样一个时刻的到来，即英国认为 1914 年 8 月承担的欧洲义务完全解除了"④。英国政府的绝大多数人甚至认为，英国履行《洛迦诺公约》中义务的可能性微乎其微，例如外交部认为："欧洲国家越是相信我们准备履行承诺，我们就越少可能被要求那样去做。"⑤在 1926 年英国的国防政策评估报告中，参谋长委员会没有对外交部的这个观点提出异议，认为《洛迦诺公约》并没有涉及特别的军事义务，各军种在"10 年规则"下也无能力履行这种义务；因此，建议削减陆军在本土的防御义务，将重点放在海外。⑥

1927 年 7 月，陆军大臣拉明·沃辛顿-埃文斯(Laming Worthington-Evans)向内阁提交了一份有关陆军预算的备忘录，重申了以上观点，并建议：

---

①　CAB 24/159，C. P. 200(23)，Memorandum by the Secretary of State for War，17th April，1923.

②　Anthony Clayton，*The British Empire as a Superpower*，1919-1939，pp. 27-28.

③　N. H. Gibbs，*Grand Strategy*，Vol. 1，p. 52.

④　A. J. P. Taylor，*English History*，1914-1945，p. 222.

⑤　CAB 53/12/8，C. O. S. 36，Memo by Foreign Office for Chiefs of Staff Annual Review of Defence Policy 1926，16th April，1926.

⑥　CAB 53/12/10，C. O. S. 41，Chiefs of Staff Sub-Committee Review of Imperial Defence，22nd June，1926.

从即日起，之前关于 10 年欧洲无大规模战争的决定应延长 10 年……不断增长的削减预算的压力，日益过时的军用物资更换和对新机械化装备的需求，期望以援助拨款形式支付款项的持续拖欠，这些因素结合起来使得有必要将支出集中在更直接和更紧迫的需求方面。①

内阁经过讨论后作出决定："应将英帝国在未来 10 年内不进行一场欧洲战争当作预算的目的，陆军目前的计划应建立在为欧洲以外的战争做好准备的基础之上。"②在很大程度上，英国政府对国际联盟、《洛迦诺公约》和国际裁军运动能够确保欧洲的和平充满自信。

另一方面，随着苏联国力的日渐壮大，此时英国陆军主张将苏联作为假想敌，目标是遏制苏联的势力向阿富汗和印度渗透，这实际是第一次世界大战之前英国与沙俄在亚洲战略较量思维的延续。1927 年 3 月 25 日，时任帝国总参谋长的乔治·米尔恩(Sir George Milne)对此发出警告，苏联"正奉行一贯的旨在最终削弱英国在印度霸权的政策。除此之外，我们在阿富汗面临一个不稳定的政府，它的统治者正实行挑动英国人以对付俄国人的传统政策"。他认为，布尔什维克党人取代沙皇的统治，只是"标志着俄国人在手段上而非在政策上一个新时代的开启"。③ 同年年底，帝国国防委员会的一个专门委员会指出，不能指望印度政府承担抵御苏联进攻阿富汗的重任，陆军部建议为此在本土准备大约 11 个师或者 25 万人。④

由于印度、中东各殖民地及委任统治地的民族主义运动风起云涌，加上第一次世界大战后英帝国殖民版图的扩大和军队的迅速复员，导致人数已大为减少的陆军面对帝国的防卫义务力不从心。因此，陆军总参谋部有感而发，尽管打败了德国，但与第一次世界大战前相比，陆军面临的威胁并不少。⑤

---

① CAB 24/188，C. P. 207(27)，Memorandum by the Secretary of State for War，19th July，1927.

② CAB 23/55，C. C. 45(27)5，28th July，1927.

③ Michael Howard，*The Continental Commitment*，pp. 90-91.

④ Michael Howard，*The Continental Commitment*，p. 91.

⑤ Brian Bond，*British Military Policy between the Two World Wars*，p. 31.

### 二、虚弱的呼声

1931—1932 年日本发动九一八事变和一·二八事变,远东危机充分暴露出"10 年规则"下英帝国防务的弱点。自 1919 年后,陆军军费年年遭到削减,1933 年达到了最低点,只占国民收入的 2.5%,相比之下 1913 年时还曾达到了 3.5%。① 在 1932 年的国防政策年度评估报告中,参谋长委员会建议废除"10 年规则",并指出了帝国防务的诸多弱点以及各军种存在的缺陷。关于陆军,评估报告认为其规模、装备质量和动员的效率都完全不足以履行《国联盟约》或《洛迦诺公约》下的义务,也难以防御印度或其他东方属地。②

面对希特勒上台之后欧洲的新形势,1934 年国防需要委员会的第 1 份弥补国防缺陷报告将日本看成近期的敌人,把德国当作最终的潜在敌人,所以陆军和空军的主要目标是对付德国,海军的主要目标则是对付日本。因此,需要陆军建立一支远征军,用以保护低地国家,尤其是空军的发展使低地国家对英国本土的安全来说更为重要,飞机只需十几分钟时间就可从低地国家飞临英国本土上空;此外,陆军还需承担基地和港口防御以及防空的责任。报告明确指出,陆军最大的缺陷是在"10 年规则"下没有为"大陆义务"准备一支远征军以维护低地国家的安全。报告因此设想能够在战争爆发后的 1 个月内组建一支远征军,包括:4 个步兵师、1 个骑兵师、1 个坦克旅和 2 个防空旅以及司令部机关部队和通信部队。另外,以后根据需要再考虑本土防卫队作为增援的情况,"我们相信,组建一支上述力量的部队,并在足够空军的支持下,作为一种对侵略者的威慑,将对和平带来远超部队规模的影响力"。为装备这样一支远征军,接下来 5 年陆军 4 000 万英镑的总预算中需拿出 2 550 万英镑。③

这是"一战"结束以来,英国政府部门第一次正式提及应考虑履行"大陆义务"。"然而实际上,让军队承担这么一种作用从政治上说不得人心,从财政

---

①　A. J. P. Taylor, *English History*, *1914-1945*, p. 229.

②　CAB 53/22/10, C. O. S. 295, Imperial Defence Policy: Annual Review for 1932 by the Chiefs of Staff Sub-Committee, 23rd February, 1932; CAB 24/229, C. P. 104 (32), Imperial Defence Policy: Note by Sir M. Hankey, 17th March, 1932.

③　CAB 24/247, C. P. 64 (34), Report of the Defence Requirements Sub-Committee, 28th February, 1934.

角度看则很难与其他 2 个军种的拟议开支相调和。"①

组建远征军的想法一开始就遭到了反对和质疑，裁军大臣委员会在讨论第 1 份国防需要委员会的报告时，有意见认为事先没有和低地国家、法国，甚至是德国进行协商，这样单方面的举动有违《洛迦诺公约》的精神。另外，认为英国的资源主要用于海军和空军，陆军责任在欧洲以外，不应该把陆军看作是欧洲战争中使用的重要手段。②

5 月 17 日，比利时外交大臣保罗·海曼斯(Paul Hymans)在伦敦会见英国外交大臣西蒙、财政大臣张伯伦和陆军大臣黑尔什姆勋爵时提出，鉴于德国加速重整军备，在德国侵犯比利时领土时，英国应自动履行《洛迦诺公约》中的义务，要求英国公开发表声明对比利时的安全作出保证。③ 内阁权衡再三后没有轻易给比利时所需要的保证，只是强调比利时的领土完整对英国的安全有着重要意义，建议外交大臣在三军参谋长的协助下作进一步的研究。④

7 月 7 日，参谋长委员会就发表保证比利时安全声明的军事战略意义提交了报告。报告指出：

> 目前的判断只能被看作是非常初步的想法……实际上，在同比利时人以及之后可能同法国总参谋部磋商之前，任何的判断势必都是临时性的，是基于种种随意的假定之上的，需要作进一步的研究……无论如何，认为英国和比利时能够独自抵挡住德国倾其全力对比利时的进攻是一种错误的想法。我们强调，这不但是我国决不应接受的承诺，而且涉及到的这一使命肯定超出了我们的能力。因此，从军事的角度看，我们认为避免发生这种情形应是我们对外政策的目标之一。
>
> 在我们看来，有一种倾向夸大了眼下来自德国的危险，将其看作是

---

① [英]布赖恩·邦德和马丁·亚历山大：《利德尔·哈特和戴高乐：有限义务与机动防御》，见[美]彼得·帕雷特主编，[美]戈登·A·克雷格、[美]费利克斯·吉尔伯特编：《现代战略的缔造者：从马基雅维利到核时代》，第 595 页。

② N. H. Gibbs, *Grand Strategy*, Vol. 1, p. 111; Michael Howard, *The Continental Commitment*, p. 107.

③ Anthony Adamthwaite, ed., British Documents on Foreign Affairs: *Reports and Papers From the Foreign Office Confidential Print*(以下简为 BDFA)，Part Ⅱ, Series F, Vol. 30, Frederick, Maryland: University Publications of America, 1993, pp. 64-67.

④ CAB 23/79, C. C. 23(34)2, 6th June, 1934; C. C. 26(34)4, 27th June, 1934.

一种包含了诸多不确定因素的迫在眉睫的威胁⋯⋯以下是我们援助比利时防御以避免其被德国短暂或长期占领的战略目的：

（1）为我们自己防御本国免受空中进攻的措施获得战略纵深；

（2）阻止德国人在比利时建立空军基地，特别是在靠近我们防守薄弱地区的比利时西部；

（3）在比利时获得能够针对德国境内的脆弱目标在有效的范围内实施空中反击的基地；

（4）阻止德国获得比利时的港口用于海军，特别是用作轻型部队和潜艇的基地⋯⋯

因此，无论我们发表声明与否，对比利时安全的义务可以说都是存在的⋯⋯法国不保持中立是至关重要的⋯⋯我们的远征军从未也绝不可能在和平时期维持足以决定性介入欧洲的力量，只能是由那些在满足帝国防御的正常义务之后所剩的力量组成。它的职责在过去以及在将来一定是立刻地介入，以便向我们的盟国提供我们所希望的会带来迅速胜利的道义支持和物资支持，或者在帝国为取得胜利而筹备更多力量期间，至少能使他们不至于被打败。

报告还指出了本土防卫队作为后备力量和自治领支持的重要性，以及一定程度上荷兰的中立与比利时的中立对英国的安全具有同样的意义，尽管前者遭受德国进攻的可能性要略小一些。最后报告重申：

我们应避免使自己陷入在没有法国协助的情况下不得不承担此种义务的境地。在过去，我们从未单枪匹马地从事一场大陆的战争，在将来，陆军及其武器的现代化发展使得我们更不可能这样做。在只有比利时协助的情况下，试图抵挡一个欧陆大国的军队将会挑起一副重担，从我们的义务遍及世界范围的角度看，这完全超出了我们的能力。①

---

① CAB 53/24/3，C. O. S. 343，Report by the Chiefs of Staff：Strategical Implications of a Declaration Concerning Belgian Security，7th July，1934；CAB 24/249，C. P. 175(34)，Strategical Implications of a Declaration Concerning Belgian Security：Note by Sir M. Hankey，9th July，1934.

经讨论之后，内阁最终决定，发表关于比利时领土完整的声明，"时机是不适宜的"①。究其原因主要有以下几个方面：一是恰逢英国宣布重整军备时，公开给予比利时进一步的安全保证，容易使德国产生误会；二是英比两国之间的任何安全举措都离不开法国的参与，即使英国能够提供上述规模的远征军，也需要法国的港口，而且没有法国的协助也无法抵御德国对比利时的进攻；三是英国刚劝说法国避免在其提倡的"东方公约"中作出类似的保证，而英国对比利时的单方面保证将会冒犯法国；四是希特勒刚对冲锋队进行清洗，认为在较近的将来不可能发动战争。另外，英国政府认为还需要了解比利时政府在安全领域的确切计划，以免英国被动地卷入战争。这就形成了一个悖论，英国政府不能坐视比利时等低地国家的完整遭到破坏，但又下不了决心为此不惜一切代价。

财政大臣内维尔·张伯伦认为，一方面，如果扩大空军的计划没能威慑住德国，最终有必要保卫低地国家，以获取英国战略防御所需的纵深地带；另一方面，他又认为德国在未来 5 年内不会在西线发动战争，要求削减报告中的陆军军费预算，将原定未来 5 年内 4 000 万英镑的预算减至 1 900 万英镑。陆军大臣黑尔什姆勋爵认为，陆军缺陷即使得到弥补，拟议中的远征军仍难以保卫低地国家，因为依据卡德维尔制度（Cardwell System）②，陆军的职责是迎合海外的需要，而远征军却是由这些原本用于海外要塞防卫的部队组成。另外，陆军缺乏足够的弹药储备、现代化的坦克和其他装备。黑尔什姆勋爵反对张伯伦对陆军支出的削减，指出扩大空军的同时冷落陆军是不公平的，占领低地国家的机场使其不为德国所用还是需要陆军。但是张伯伦反

---

① CAB 23/79，C. C. 28(34)2，11th July，1934.

② 爱德华·卡德维尔（Edward Cardwell），1868—1874 年任英国陆军大臣。任职期间进行了一系列陆军现代化的改革，废除了贵族阶层购买军职和花钱晋升的制度，将陆军总司令从王室控制下纳入陆军部管辖之下，制订 6 年预备队再 6 年正规军的服役规定，并建立一对一的制度，例如海外一个营，那么在国内相应有一个营的预备力量，然后定期轮换。它的缺点随"一战"后英国海外义务的增加而显现，详细见 Albert V. Tucker，"Army and Socirty in England，1870-1900：A Reassessment of the Cardwell Reforms"，*The Journal of British Studies*，Vol. 12，No. 2.（May，1963），pp. 110-141；Thomas F. Gallagher，"Cardwellian Mysteries：The Fate of the British Army Regulation Bill，1871"，*The Historical Journal*，Vol. 18，No. 2(Jun.，1975)，pp. 327-348.

驳说，扩大空军是对德国发动战争的一种威慑，只有这种威慑失败后，才轮得到陆军采取行动，所以陆军只能被看成国防中的第二梯队。①

最终内阁采纳了张伯伦的意见，决定未来 5 年陆军军费支出为 2 000 万英镑，其中 1 200 万英镑用于远征军，5 年后再追加远征军项目支出 1 550 万英镑，其余大部分用于像新加坡这样的港口的防御和本土地面防空；同意陆军和海军、空军一样，每年随形势评估其需要。②

然而，英国政府决策者不愿公开接受大陆义务。在 1934 年 11 月的帝国国防委员会会议上，海军大臣艾尔斯-蒙塞尔、自治领事务大臣 J・H・托马斯建议，为了防止在社会公众中产生不良影响，应避免公开使用"远征军"这样的字眼。首相麦克唐纳甚至认为，在官方的文件中，也应避免使用该字眼。③ 英国政府一方面把德国看作是主要敌人，认为低地国家对英国本土安全来说具有重要战略意义，另一方面不愿意为此制订相应的战争计划，也没有多少热情与将来的盟国着手举行参谋会谈。

**三、严峻形势与惯性思维**

此后的两年中，欧洲局势进一步恶化。1935 年 10 月意大利入侵埃塞俄比亚，法国赞成意大利的非洲领土要求，想以此换取意大利支持奥地利的独立而疏远德国。英国反对意大利的侵略政策，却缺乏采取严厉制裁手段的决心。结果，不但没达到遏制意大利侵略野心的目的，反而促使意大利与德国靠得更近。

在 1935 年 11 月的国防需要委员会第 3 份弥补国防缺陷报告中，关于陆军的职责确定为：

1. 在现有帝国防御总体目标的基础上，守住海外的军事要塞；
2. 参与本土的军事防御，包括防空、海岸防御和国内安全；
3. 使我们能够在紧急情况下或战时的情况下，从本土派遣具有足够

---

① N. H. Gibbs, *Grand Strategy*, Vol. 1, pp. 114-117; Michael Howard, *The Continental Commitment*, pp. 108-110.

② CAB 23/79, C. C. 31(34)1 and Appendix, 31st July, 1934.

③ Brian Bond, *British Military Policy between the Two World Wars*, pp. 208-212.

军事装备和后备力量的增援部队，或是一支野战部队(Field Force)。

在 1 和 2 的情况下，最重要的任务是，大力加强本土和海外海军基地的海岸防御，以及履行好陆军在本土防空中所承担的责任。

在 3 的情况下，最重要的任务是，组建一支野战部队，能够在接到命令之后立即派往海外，以保护我们的重要利益，以及使我们能够信守我们的国际义务，尤其是依照《洛迦诺公约》的规定，该条约涉及与其他欧洲大陆缔约国开展有效合作。这包括由我们自己而不让敌国占领低地国家的前沿空军基地。

关于野战部队的力量组成，报告建议包括：

4 个步兵师，1 个机动师，2 个空防旅和与皇家空军中队协同作战的部队，连同必要的司令部机关和通信部队，所有部队将配备必需的现代化武器装备和物资。这支力量将构成野战部队的首支分遣队，人数大约为 15.5 万人。根据这些建议，将把现有的骑兵师进行重组，以作为机动师，包括 6 个机械化骑兵团和 1 个坦克旅，连同相应的支援性武器和人员。

……应加快部署，以使骑兵师(机动师)和空防旅能够在一周内踏上欧洲大陆，首支分遣队的其余力量则在一周后抵达……如果我们对大陆盟国的支援能发挥作用，必须要在战争爆发后的两周内支援到位。

此外，报告建议将配备现代化武器的本土防卫队作为后续支援力量派往欧洲大陆，具体是：分别在战争爆发后第 4、第 6 和第 8 个月，各派遣 4 个本土防卫队师；而且在上述第 2 批分遣队中，还将包括 1 个正规步兵师。[1] 值得注意的是，为避免公众舆论的不利反应，报告使用了"野战部队"，而不是"远征军"(Expeditionary Force)的说法。

除了有关将本土防卫队进行现代化改造以作为后援力量之外，内阁同意

---

[1] CAB 24/259, C. P. 26(36), Programmes of the Defence Services: Third Report of Defence Requirements Sub-Committee, 21st November, 1935.

了上述报告中的大部分建议，指出"与预期的相反，如果在 3 年结束之前发现开始着手重新装备本土防卫队是可能的话，将不反对再次审议作出新决定的问题"；另外，内阁强调将依据国际形势的变化，对包括陆军在内的各军种未来的战略和发展进行相应调整。①

1936 年 3 月，德国重新占领莱茵区，似乎远征军的问题应更加紧迫，但事实恰恰相反，"大陆义务"遭到了越来越多的反对。除上述提到的原因外，另一个重要因素是，英国政府奉行重整军备不能损害经济这一"第四军种"的原则。在军备重整面临财政乏力、工业生产能力不足和人员短缺的困境时，政府不可能对三个军种同时展开同等规模的建设。财政大臣张伯伦认为："我相信我们的资源用在空军和海军上，将比用在组建大规模陆军上更有效果。"②因此，直至第二次世界大战爆发前 6 个月，不但陆军本身处于备受冷落的境地，"大陆义务"也成为陆军职责中最后考虑的任务。

英国著名军事学家利德尔·哈特在反思英国"一战"战略时就指出："其中有一条，就是海军所显示的决定性作用。虽然并没有在海上进行决定性的会战，但由于海军进行着经济封锁，竟促成了中欧强国的失败。这样又产生一个问题：英国在这方面的主要错误是什么？它抛开了自己的传统性战略，而不惜浪费许多的气力，付出高昂的代价，去争取大陆上的决定性胜利。"③因此，他主张英国应该回归传统依靠海军的封锁消耗战略，承担任何大陆的军事义务都将是"有限的义务"。他认为在形势发生巨大变化后，派出这样一支小规模的远征军，将是愚蠢的做法。④ 而事实上内维尔·张伯伦正是这样不断地表示："英国必须限制用以投入大陆战争的陆军规模。"⑤

1936 年 12 月，陆军大臣库珀要求内阁考虑本土防卫队的建设问题，遭到

① CAB 23/83，C. C. 10(36)1，25th February，1936.

② Robert Self, ed. , *The Neville Chamberlain Diary Letters*，Vol. 4，Chamberlain to Hilda，9 Feb，1934，p. 175.

③ [英]利德尔·哈特:《战略论：间接路线战略》，中国人民解放军军事科学院译，战士出版社 1981 年版，第 482 页。

④ Brian Bond, *Liddell Hart：A Study of His Military Thought*，New Jersey：Rutgers University Press，1977，ch. 3：*The British Way in Warfare 1930-34*，pp. 65-85，and ch. 4：*Limited Liability 1935-39*，pp. 88-115.

⑤ Keith Feiling, *The Life of Neville Chamberlain*，p. 313.

了财政大臣张伯伦的反对。张伯伦认为：

> 在决定我们的陆军被要求扮演何种角色时，必须考虑其他两个军种所发挥的作用，以及目前弥补我们国防缺陷的计划对我们工业部门所造成的影响……我们一直将维持一支强大的海军置于维持一支大规模陆军之前，而且我们必须继续如此。但是，无论海军如何强大，也不再足以保卫这个国家。如果我们不想任凭某一欧洲大陆的西方大国对我们实施突然的致命一击，我们就必须拥有一支强大的空军。
>
> ……如果我们打算在战争爆发之时或之后不久派 17 个师到海外，我们就必须考虑对后勤补给带来的影响……几个月来，仅是弥补国防缺陷的计划处于实施之中，但已经显现熟练劳动力短缺或即将短缺的迹象，而且我们的出口也出现下滑的征兆……所有这些迹象表明，执行 2 月批准的包括仅仅重新装备 5 个正规师的计划就耗费了我们现有的资源，也就是说，任何大规模重新装备本土防卫队的计划将导致整个计划的失败。
>
> ……在对我们 3 个作战军种的相对规模作出抉择时，我们不应无视这个国家民众的政治倾向是强烈反对欧洲大陆的冒险行动。尽管当时机到来时，就如 1914 年那样，他们会被说服，认为我们的干预是不可避免的，但是在和平时期他们会强烈质疑任何有关针对欧洲大陆的大规模军事行动的准备工作，他们视这些准备工作会必然导致我们牵涉进与我们毫无相关的冲突之中。①

内阁将两人的意见提交参谋长委员会研究讨论。在随后的报告中，参谋长委员会首先重申了陆军在国防领域的 3 大职责。接着，对英国空军甚至同法国空军联手对付德国陆军的可能性表示怀疑，认为英法两国都必须具备将相当规模的陆军投入作战的能力，而将提供陆军部队的义务让法国独自承担，英国仅提供空军力量，这种想法在政治上是站不住脚的，因此坚决主张在战时尽早派遣远征军赴欧洲大陆，并在尽可能不影响海空军重整军备的情况下

---

① CAB 24/265，C. P. 334(36)，Memorandum by the Chancellor of the Exchequer on the Role of the British Army，11th December，1936.

提前进行准备。此外，参谋长委员会认为，必须考虑让本土防卫队充当远征军的后备支援力量，并为此最终接受同正规军相同的训练和装备；陆军和空军的角色不是相互排斥的，而是互补的。最后，参谋长委员会强调政府及早确定陆军角色的重要性。①

国防协调大臣英斯基普针对参谋长委员会的报告，提出以下的折中意见：在和平时期，本土防卫队和正规军应接受相同武器的训练，但鉴于政府财力和公众舆论，不可能使所有的本土防卫队保持与正规军同样的战备状态，除负责本土防空和海岸防御任务的本土防卫队之外，应训练和装备 1 个或多个本土防卫队师(实际倾向于 2 个)作为正规军的增援力量，自战争爆发后不超过 4 个月之内派遣至海外，在此期间使其余本土防卫队师达到海外作战所需的状态。② 很明显，英斯基普所建议的第一批本土防卫队后援力量为 1 个或 2 个师，与之前陆军部建议的 4 个师存在较大的差距，但是内阁接受了英斯基普的建议，并指示库珀制订预算和时间安排，用于装备所有正规军和 2 个承担防空任务的本土防卫队师，以及使用与正规军相同的武器训练其余的本土防卫队师。③

4 月 23 日，库珀提出的建议是，至 1940 年 4 月，完成正规军和 2 个承担防空任务的本土防卫队师的装备和训练费用为 204 609 000 英镑，加上必要的军事储备，总数近 2.08 亿英镑；用于其余本土防卫队师的相关费用为 928.4 万英镑。另外，库珀要求内阁考虑，一是至 1941 年 4 月 1 日应装备 4 个本土防卫队师及其辅助部队作为远征军的第一批援助力量，共需 4 338.1 万英镑；二是调查工业生产能力，决定剩下 8 个本土防卫队师的装备所需。④ 在张伯伦的反对下，内阁没有接受库珀的额外建议，但通过了前两项预算。⑤

---

① CAB 53/30/5，C. O. S. 550，Report by the Chiefs of Staff Sub-Committee：Role of the British Army，28th January，1937；CAB 24/267，C. P. 41(37)，Report by the Chiefs of Staff Sub-Committee：Role of the British Army，28th January，1937.

② CAB 24/267，C. P. 46 (37)，Memorandum by the Minister for Co-ordination of Defence，2nd February，1937.

③ CAB 23/87，C. C. 5(37)14，3rd February，1937.

④ CAB 24/269，C. P. 115(37)，Memorandum by the Secretary of State for War，23rd April，1937.

⑤ CAB 23/88，C. C. 20(37)4，5th May，1937.

张伯伦认为：

> 正规陆军将配备最现代化的装备，准备任何时候投入到任何地点，但我们不作出承诺在任何时间派遣它到任何地点。本土防卫队将拥有同样的装备，但数量上只够训练使用……陆军部已经放弃了如 1914—1918 年那样规模的大陆远征军的全部念头。①

布赖恩·邦德评价道："这看上去不像是战略或治国才能的高招，倒像是逃避之举的胜利。"②

1937 年 5 月 28 日，张伯伦接替鲍德温任首相后，把一直与他意见相左的库珀从陆军大臣的位置上撤换了下来。张伯伦在家信中提道："库珀懒散，直到最近在所有大问题上，他都没有表露出认真对待工作的迹象，在陆军角色的重要问题上，他和我一直存在分歧。"③新任财政大臣西蒙则基本继续张伯伦的财政政策，他公开宣布："财政控制将全面维持。"④因此，张伯伦在国防战略上的观点别人更是难以撼动。英国历史学者邓巴宾认为，张伯伦"从来没有支持过派遣一支大规模的陆军赴大陆的想法"⑤。

11 月 8 日，首相张伯伦作出决定，在物资供应方面，应给予防空绝对的优先权。⑥ 而内阁秘书汉基在 11 月 23 日提交的一份国防报告中指出："法国不再指望我们……在迄今所设想规模的基础上提供一支远征军"，于是他建议本土防卫队不再作为大陆远征军的后备力量，未来陆军的职责是满足帝国的军事需要，意指中东和远东。⑦ 事实上，法国政府的真实意思表达是，同德

---

① Robert Self, ed., *The Neville Chamberlain Diary Letters*, Vol. 4, Chamberlain to Ida, 6 Feb, 1937, p. 233.

② Brian Bond, *British Military Policy between the Two World Wars*, p. 225.

③ Robert Self, ed., *The Neville Chamberlain Diary Letters*, Vol. 4, Chamberlain to Hilda, 30 May, 1937, p. 251.

④ Stephen Roskill, *Hankey: Man of Secrets*, Vol. 3, p. 290.

⑤ J. P. D. Dunbabin, "British Rearmament in the 1930s: A Chronology and Review", *The Historical Journal*, Vol. 18, No. 3(Sep., 1975), p. 602.

⑥ N. H. Gibbs, *Grand Strategy*, Vol. 1, p. 495.

⑦ Stephen Roskill, *Hankey: Man of Secrets*, Vol. 3, pp. 285, 291.

国一旦发生战争时，英国无须派遣大规模的远征军，只需两个装甲师即可。然而，英国军方认为装甲师的费用要比步兵师高得多，"这就会使我们的兵力不平衡，不适合我们在世界范围的义务。此外，装甲师的一个先决条件是必须要有大量的中型坦克，而我们却没有这种坦克"①。张伯伦和汉基的建议被纳入了英斯基普的以下报告中。

在1937年12月15日的报告中，英斯基普提出各军种未来5年(1937—1941)的总支出不超过15亿英镑，实际对各军种的未来战略产生了重要影响。关于陆军，报告具体指出：

> 陆军部已经被要求在以下基础上提供详细的支出事项，即正规军的首要角色是防御帝国的义务，包括本土的防空，而不是我可以称之为的大陆角色……已经作出决定，相比其他方面的军事物资供应，陆军部应给予防空绝对的优先权。
>
> ……在目前所建议政策的基础上，假定的大陆义务位居优先序列的第4位……陆军角色的这种界定是由于遭受空中袭击的风险使得有必要加强空军和英国本土的防空力量，从而导致对我们的人力和工业资源的需求不断增长。然而，不妨注意到，近期发生的一系列事件足以证明这种政策变化的正确性。因此，我获悉，有人提出法国不再指望我们在战时提供一支迄今所建议规模的远征军，海空领域我们所有的重要合作亦是如此……
>
> 如果陆军部署海外是为了同帝国防御义务相一致，正规军自然仍需要使用现代化武器进行重新装备。但是，应该有可能造成物资储备相当大幅度的削减，也可能对坦克的供应做某种程度上的减少，特别是较大口径火炮的坦克……陆军角色所提的这种变化，是同本报告所描述的总体政策相一致的，即我们主要的努力必须着眼于保护这个国家免遭攻击和维持我们的贸易路线，我们将最终的胜利寄希望于我们的持久力和动员资源的能力。在这种政策的基础上，空军和海军对于我们资源不断增长的需求显然要优先对待……如果法国再次处于被地面部队打败的危险

---

① ［英］安东尼·艾登：《艾登回忆录——面对独裁者》下卷，第875页。

境地，就如上一次战争那样，所引发的情势使我们不得不动用陆军去协助它……尽管如此，出于上述各种原因，我的看法是，别无其他的选择，陆军只能采纳本报告所提出的更加有限的角色。

报告还建议，将更多的本土防卫队师改编用于地面防空和维持战时秩序，其余的本土防卫队师则承担支持正规军防御帝国的任务。[1] 内阁会议通过了这份报告。[2] 而在随后陆军大臣霍尔-贝利沙依据内阁决定针对陆军角色变化所提交的备忘录中，"大陆义务"被置于了帝国防御重点的末位，并对远征军作了以下强调：

> ……现在则建议，如果目前的安排奏效，能够在3周之内派遣配备东部战场所需装备的2个正规师和1个机动师赴海外。在战争爆发后40天内，其他2个正规师紧随其后。
>
> ……它们的装备和作战储备将不是与大陆作战规模匹配的，而且只有在世界其他地方形势允许的情况下，它们才会被派遣，在作出此项决定之前，总参谋部必须考虑容易遭受敌人攻击的可能行动的所有方面。我认为，十分重要的是，不应使我们潜在的盟国对我们提供直接援助的可能性持怀疑态度，我们现有储备可能承担的各种可替代的作战行动，无论是防御还是局部进攻，应涵盖在所进行的所有磋商和情报交换当中。[3]

从以上可看出，英国政府名义上规定陆军对欧洲大陆承担"有限义务"，实际放弃了"大陆义务"，只是没有公开正式作出这样的表述。3月23日，内阁就有限的"大陆义务"作出决定：

---

[1]　CAB 24/273，C. P. 316(37)，Interim Report by the Minister for Co-ordination of Defence，15th December，1937.

[2]　CAB 23/90a，C. C. 48(37)9/C. C. 49(37)1，22nd December，1937.

[3]　CAB 24/274，C. P. 26(38)，Memorandum by the Secretary of State for War：The Organization of the Army for Its Role in War，10th February，1938.

　　2个正规师和1个机动师，在配备作战所需的充足弹药储备的情况下，做好战争爆发后21天之内出发的准备；

　　2个正规师，在配备上述弹药储备一半数量的情况下，做好40天之内出发的准备；

　　提供足够的武器弹药，以便战争爆发后的4个月时能够再派遣2个师(正规师或本土防卫队师)，在配备与上一种情形相同数量作战储备的情况下，前往海外。①

　　这样，此前确定的首批远征军4个正规师和1个机动师的力量，被削减至2个正规师和1个机动师，而且陆军未来几年的军费被削减了7 000万英镑，就远征军的整体力量而言，只能承担防守的角色。财政大臣西蒙要求将"有限义务"通知法国，以免法国对英国的地面支持抱有不切实际的幻想。②某种程度上，英国远征军的作用进一步下降，英国军方对两国举行军事参谋会谈更加缺乏热情。

　　英国政府此时放弃"大陆义务"的原因，除上面提到的政治经济因素外，还有就是军事因素。英国军方对德国进攻低地国家情况下，派遣远征军赴欧洲大陆作战能否守得住一直没有把握。另外，英国空军开始研发重型远程轰炸机，可以从本土直接打击德国境内的目标，加上英国海岸部署了新研制的雷达，增加了空袭预警时间，这些使低地国家对英国的防空计划和皇家空军的进攻性部署变得没有原来那么重要。③

　　此外，与"有限义务"相对应，英国外交部经济顾问格拉德温·杰布(Gladwynn Jebb)提出"西部防御"的战略构想，即以最小的代价防御西欧，放手德国在中东欧的侵略扩张。而外交大臣哈利法克斯勋爵于1938年10月声称："从此以后，我们必须看待德国在中东欧占有的优势地位，顺便提一句，我个人一直认为，一旦德国恢复了它的正常实力，出于显而易见的地理和经

---

　　①　CAB 23/93，C. C. 16(38)6，23rd March，1938.

　　②　Brian Bond, *British Military Policy between the Two World Wars*, p. 270.

　　③　Uri Bialer, "The British Chiefs of Staff and the 'Limited Liability' Formula of 1938, a Note", *Military Affairs*, Vol. 42, No. 2(Apr.，1978)，pp. 98-99. 英国在海岸部署了51个雷达站，并由一个中央控制室与战斗机指挥系统有效地联系在一起。

济因素，这种优势地位是不可避免的。"①

**四、与法国的战略接触**

英国要履行保卫低地国家领土完整的"大陆义务"，离不开与法国的军事合作。在 1934 年 7 月 7 日关于是否应公开保证比利时领土完整的备忘录中，参谋长委员会指出：

> 我们应避免使自己陷入在没有法国协助的情况下不得不承担此种义务的境地。在过去，我们从未单枪匹马地从事一场大陆的战争，在将来，陆军及其武器的现代化发展使得我们更不可能这样做。在只有比利时协助的情况下，试图抵挡一个欧陆大国的军队将会挑起一副重担，从我们的义务遍及世界范围的角度看，这完全超出了我们的能力。②

1936 年 3 月 7 日，德国在实现普遍义务兵役制近一年之后，重新占领了莱茵不设防区。此时，英国政府仍对将德国拉回国际联盟体系和国际裁军会议抱有幻想，不愿意对德国实行经济和财政制裁，更不愿意承担"大陆义务"。而法国政府也"不打算单独行动，而是准备同《洛迦诺公约》其他参加国将此事提交国联行政院……法国人的意见，即使从内阁的反应来看，也是畏首畏尾，犹豫不决"③，实际"既不愿意轻易放弃莱茵兰，又根本不想动用武力；一旦放弃，也不愿承担放弃的责任"④。法国政府倾向于让英国带头采取行动，最终两国只是对德国进行了有气无力的谴责并要求其不再向莱茵兰增兵和构筑工事。为了安慰法国，英国同意了法方提出的举行军事参谋会谈的建议。

---

　①　Talbot Imlay，"The Making of the Anglo-French Alliance，1938-39"，in Martin S. Alexander and W. J. Philpott，eds.，*Anglo-French Defence Relations between the Wars*，New York：Palgrave Macmillan Ltd.，2002，p. 101.

　②　CAB 53/24/3，C. O. S. 343，Report by the Chiefs of Staff：Strategical Implications of a Declaration Concerning Belgian Security，7th July，1934；CAB 24/249，C. P. 175(34)，Strategical Implications of a Declaration Concerning Belgian Security：Note by Sir M. Hankey，9th July，1934.

　③　[英]安东尼·艾登：《艾登回忆录——面对独裁者》下卷，第 620、625 页。

　④　周以光：《法国在莱茵兰事件中采取的退让政策及其经济背景》，齐世荣主编：《绥靖政策研究》，第 119 页。

4月15—16日英国、法国和比利时三国军事参谋人员在伦敦举行会谈。然而,英国政府在事前就决定,会谈应是低级别的,仅限于《洛迦诺公约》英方所承担的义务范围,而且会谈应是技术层面的,不涉及政治问题;英方代表无权就军事问题作出承诺,在采取何种形式援助法比两国的问题上,英国政府保留最终的决定权。① 因此,此次三国军事参谋会谈不可能取得实质性的成果。

在海军方面,三方代表就相关情报交流达成一致意见;空军方面,就各自空军力量和可用机场情况进行了讨论,具体的技术问题决定留待以后研究;陆军方面,则限于讨论英方所能提供的陆军力量,法方所能提供的港口设施、将部队安排运输至集结地以及相关的空中掩护的情况。② 实际上,英国军方对举行参谋会谈一直抱抵触态度,认为会增加英国在实际难以提供有效援助的情况下被法国拖入对德国战争之中的风险,最终对国家安全造成不利后果,这在以下参谋长委员会的备忘录中得到了充分的体现。

由于对英法两国缺乏信心,比利时随后退出法比联盟,宣布严守中立,以图自保。事实上,法国对英国不愿意承担"大陆义务"也了然于心。法国总参谋部20世纪30年代中期的一份评估报告中就指出:"1914—1918年英国大规模的军事介入,作为一个特例,再也不会重现了。"③此后,英、法、比三国军方虽然互有来往,但主要限于各国使馆军事武官之间的情报交流。

1936年10月25日,德国与意大利签署《柏林—罗马轴心协定》,同年11月25日,德国与日本签署《反共产国际协定》;1937年11月6日,意大利加入《反共产国际协定》,"柏林—罗马—东京轴心"形成,随后不久意大利退出了国联。鉴于欧洲形势的不断恶化,1937年12月16日外交大臣艾登建议再次同法国和比利时军方举行参谋会谈,以便英国能够做好履行《洛迦诺公约》义务的准备,但遭到了三军参谋长的反对,而12月22日内阁刚刚通过国防协调大臣英斯基普关于各军种未来预算的报告,实际意味着放弃了陆军的"大

---

① 　CAB 23/83,C. C. 28(36)3 and Appendix,8th April,1936.

② 　CAB 24/261,C. P. 110(36),The Staff Conversations with French and Belgium Representatives,20th April,1936.

③ 　Talbot Imlay,"The Making of the Anglo-French Alliance,1938-39",in Martin S. Alexander and W. J. Philpott,eds.,*Anglo-French Defence Relations between the Wars*,p. 99.

陆义务"。

在 1938 年 2 月 4 日的备忘录中，三军参谋长充分表达了英国军方的一贯立场。他们认为：

> 除了现实困难之外，参谋会谈将不可避免地使我们牵扯进军事义务之中，从而限制我们介入时决定采取何种形式的行动自由。因此，我们的结论是，不应同任何国家举行参谋会谈……
>
> 迄今已接受以下情形，即在未来我们站在法国一方作战的任何欧洲战争中，采取的首要举措之一就是派遣一支野战军前往大陆。但是，即使在上述提及的形势下，派遣这支力量一直是战时我们军事政策的一部分，我们依然反对同法国举行参谋会谈。但是，最近内阁关于英国陆军角色的决定，改变了陆军战时义务的状况，现在派遣一支野战军前往大陆处于较低的优先次序。因此，就陆军而言，我们认为眼下坦诚地告知法国人新的情况是更为适宜的，而不是考虑重开我们一方只能两手空空参与的参谋会谈。
>
> ……法国人送交空军部一份有关假定同德国交战的情况下法国空军最初部署的备忘录……尽管从纯粹军事的角度看，上述各种因素表明了同法国密切合作以应对德国侵略的可取性，但是，我们不主张应下令着手进行上述第 7 段所提及的空军问题的讨论。我们确信，法国人会迫切地抓住机会，将这些会谈变成他们自身政治上的优势……
>
> 除了这种消息泄露会对我们目前同德国搞缓和的努力造成令人遗憾的影响外，从军事角度来看，最重要的是目前我们不应表现出双脚都站到法国一边。因此，同法国制订关于联合行动以对付德国的密切合作所带来的军事上的好处，不论看起来多么合乎道理，也比不上这种联合行动将会使我们陷入本想避免的那种严重危险的局面，即德国难以消释的疑忌和敌视态度。[1]

---

[1]　CAB 53/36/4，C. O. S. 680，Memorandum by the Chiefs of Staff Sub-Committee: Staff Conversations with France and Belgium, 4th February, 1938; CAB 24/274, C. P. 35(38), Staff Conversations with France and Belgium: Note by Sir M. Hankey, 14th February, 1938.

外交部认为三军参谋长的这份备忘录是"一份令人震惊的文件"①。在艾登的坚持下，内阁没有完全接纳三军参谋长的意见，决定在不作出确切承诺的前提下，英法两国军方至少就空军合作问题举行参谋会谈，同时将有关英国远征军安排的最新变动告知法国政府。②

4月6日，内阁会议再次讨论了有关英法参谋会谈的问题。3月14日德国吞并奥地利的举动，一定程度上促使英国政府进一步决定：原则上同意会谈的领域从空军事务扩大至陆军和海军事务，并且不限于军事武官层级；会谈涉及的具体细节由帝国国防委员会负责制定方案；关于通知法国政府远征军安排最新变动的时机，则选择在帝国国防委员会方案制定完毕之后。③

4月13日，内阁审议了8日参谋长委员会提交的报告和11日帝国国防委员会对该报告的研究意见，最终决定：

同意在参谋会谈之前通过内阁大臣或外交渠道将英国远征军的最新变动告知法方；会谈将在英方所承担的《洛迦诺公约》义务的基础上进行；设想意大利保持中立，不将其列入会谈所针对的对象；可将比利时纳入英法参谋会谈；除以上之外，应将会谈涉及的内容范围、英方关于战争性质的看法以及战争伊始英方合作的力度等告知法方。鉴于英国和意大利相关会谈进展令人满意，不将参谋会谈的范围扩大涉及地中海地区；鉴于日本深陷在中国，会谈无须涉及远东地区；因此，会谈在政治层面只针对德国发动战争的情况下英国对法国和比利时所承担的义务问题。会谈的军事背景不应再现1914年的情形，而是设想德国会力图发起致命一击，鉴于马其诺防线的防御能力，这种攻击不太可能针对法国，而更可能针对英国易受空袭的工业和其他资源。

另外，由于暂不考虑意大利和日本，以及避免德国寻找借口废除1935年6月签订的《英德海军协定》，不将海军合作纳入会谈范围。而考虑到在战争爆发后较早的阶段英国派一支远征军的可能性不大，所以陆军方面的合作也不纳入此次会谈的范围，但应告知法方这种情况，以及英国政府会采取其他

---

① Michael Howard，*The Continental Commitment*，p. 118.

② CAB 23/92，C. C. 5(38)12，16th February，1938.

③ CAB 23/93，C. C. 18(38)7，6th April，1938.

形式的援助。① 因此，此次参谋会谈只限于两国的空军合作问题。

1938 年 4 月 28—29 日，法国总理爱德华·达拉第（Édouard Daladier）和外交部长乔治·博内（Georges Bonnet）访问伦敦。首相张伯伦和外交大臣哈利法克斯勋爵首先主张同意大利维持良好的关系，尽管法方存在不同的理解，但同意将意大利排除在假想敌之外。关于参谋会谈，英方重申了上述内阁会议已确定的立场。对两国空军合作的设想，达拉第表示满意，但认为陆军和空军是紧密合作的军种，两国的陆军最好也应像空军一样进行合作。达拉第没有提出英国远征军两个正规师的兵力过少，只是强调"如果它们都是机械化师，将更加有所助益"。关于海军，达拉第指出了法国海军在地中海、北非和大西洋地区的重要作用，希望两国海军也应加强合作。张伯伦则强调了当前形势与"一战"前形势的不同，认为空军的出现和发展使得英国政府不得不更加关注自身的安全。

英王陛下政府目前甚至难以就在某种不测的情况下派遣如此较小规模的兵力前往大陆作出承诺。他唯一能够说的是，届时的政府将决定是否采取这样的行动……英国的公众对于"大陆义务"心存不安，英王陛下政府希望避免，在无意识和违背自身意愿的情况下卷入为一场欧洲大陆战争提供地面部队援助的任何承诺之中，这可能会阻碍在战争爆发之时政府以最有利于国家利益的方式使用英国的武装力量。

因此，张伯伦认为目前的参谋会谈涉及陆军问题没有实际意义，海军合作问题亦是如此。虽然英方在顾及法方感受的情况下同意参谋会谈应涵盖各军种，但强调已有的具体原则立场不会改变。此外，对于正在恶化的苏台德危机，英方明确表示："如果德国政府决定针对捷克斯洛伐克这个国家采取敌对行动，就我们目前的军事状况而言，不可能阻止这些行动一举成功。完全

---

① CAB 24/276，C. P. 94（38），Annex I：Conclusions of the 319th Meeting of the Committee of Imperial Defence Held on the 11th April，1938；Annex Ⅲ：Report of Chiefs of Staff Sub-Committee：Staff Conversations with France and Belgium，8th April，1938；CAB 23/93，C. C. 19(38)4，13th April，1938.

从军事角度看，捷克斯洛伐克国家的重建不得不有待于一场我们取得胜利的战争。"①

　　首脑会晤之后，经讨论内阁决定，军事参谋会谈将通过外交武官的渠道进行，"只要会谈内容限制在这一报告所建议的范围内，从军事的角度来看，不宜进行同法国和比利时的三方会谈"②。

　　慕尼黑危机后，法国面临德国越来越大的战争威胁，英国也不得不面对在德国直接进攻法国或者法国援助被侵略的捷克斯洛伐克的情形下自身卷入战争的问题。1938 年 11 月 23—25 日，张伯伦和哈利法克斯勋爵在访问意大利之前前往法国，张伯伦打算"给法国人民一个机会，来倾述他们抑制住的感激和钟爱之情，增强达拉第的地位，鼓励他最终采取措施整顿国防，把他的人民更加团结起来，让法国和欧洲看到，即使我们渴望和德国、意大利交朋友，我们也不会因此忘了原来的盟友"③。

　　在英法巴黎首脑会晤中，达拉第表示，如果英国遭受德国的进攻，法国将一定伸出援手，法方向英国提供的空军援助，能够挫败德国的首轮进攻，在德国进攻英国或者法国的情况下，他希望英方提供更大规模的支持，"在 3 周后派遣两个师的兵力是不够的，需要更多的师，而且应尽可能地摩托化……在不做任何不必要的公开的情况下，安排专家继续讨论，研究在战争爆发之后至少最早在第 8 天英国派两个师前往法国"。张伯伦则强调英国资源的有限性，不得不把重点放在空中防御上，"因此，任何援助法国的军事力量都必然受到装备不足的限制，包括中型和重型火炮……在坦克数量方面，英国也存在不足，因为花费了很长时间去决定合适型号的坦克。这种状况将得到改善，但是如果不能很好地装备它们，那么增加准备派往海外部队的数量

　　①　CAB 24/276，C. P. 109(38)，Record of an Anglo-French Conversation，28th and 29th April，1938.

　　②　CAB 23/93，C. C.，26(38)4，25th May，1938.

　　③　Robert Self，ed.，*The Neville Chamberlain Diary Letters*，Vol. 4，Chamberlain to Hilda，6 Nov，1938，p. 361.

也是无益的"。①

对于达拉第来说，张伯伦拒绝考虑英法扩大军事参谋会谈的范围和英国远征军的规模，结果是"极度令人失望的"②。英国政治家和军方都觉得，"法国是企图诱骗英国加入针对德国的军事同盟"，"慕尼黑危机对英国的整体战略，特别是陆军的角色几乎没什么影响"。③

但面对法国不断提出加大援助的请求，英国也担心置之不理会导致英法关系的倒退，产生对英国不利的后果。12月15日，哈利法克斯勋爵在帝国国防委员会会议上指出，如果法国的要求得不到满足，可能对英法关系产生不良的影响，存在德国进攻英国时法国因与德国达成妥协而袖手旁观的危险。④英国驻法武官威廉·弗雷泽（William Fraser）也接到法方的警告，如果英国继续无视法国的需要，法国可能退回到孤立，没有英方的援助，法国只能保卫自己，无法顾及低地国家和海峡沿岸。⑤

28日，哈利法克斯勋爵收到弗雷泽关于法国战略形势的报告。报告指出，慕尼黑危机后，对法国而言，小协约国、苏联、波兰和中立的比利时都指望不上，面对人口2倍于己的德国以及受德国怂恿而蠢蠢欲动的意大利，法国只能把希望首先寄托于英国，其次是法国的非洲属地。法方期望，除空军和海军合作之外，在地面援助力量方面，能够得到来自英方的确切支持。而英方认为实现不应再承担"大陆义务"或者只提供海军和空军支持的想法，

①　CAB 24/280，C. P. 269（38），Record of the Anglo-French Conversations 24th November 1938；E. L. Woodward and Rohan Butler，eds.，*Documents British on Foreign Policy*，*1919-1939*（*DBFP*），Third Series，Vol. 3，London：His Majesty's Stationery Office，1950，pp. 291-292.

②　Talbot Imlay，"The Making of the Anglo-French Alliance，1938-39"，in Martin S. Alexander and W. J. Philpott，eds.，*Anglo-French Defence Relations between the Wars*，p. 107.

③　Brian Bond，*British Military Policy between the Two World Wars*，pp. 272，279.

④　CAB 24/283，C. P. 28（39），Report of Chiefs of Staff Sub-Committee：State of Preparedness of the Army in Relation to Its Role，25th January，1939.

⑤　Talbot Imlay，"The Making of the Anglo-French Alliance，1938-39"，in Martin S. Alexander and W. J. Philpott，ed.，*Anglo-French Defence Relations between the Wars*，p. 107.

与法方的立场不相一致。法方认为，英国政府应在战争爆发后 3 个月内派遣一支规模足以实现德法力量平衡的陆军力量。报告最后指出："法国全部的战略最终不但必须有赖于英国的友谊，而且取决于知晓英国准备如何在大陆上援助于它。因为在法国人看来，只有英国提供了唯一的资源去填补中欧失去的 34 个捷克师。"①

**五、勉强的"大陆义务"**

1939 年 1 月 12 日，帝国国防委员会要求参谋长委员会研究，在德军突破德法边界或同时借道荷兰和比利时对法国发起进攻而英国对法国提供的援助不超出目前规模的情况下，法国是否能够抵挡住德军的入侵；另外，还需设想意大利站在德国一方对法国发起进攻的情形。

参谋长委员会的研究报告称：凭借马其诺防线，法国应该能够守住法德边界；而德国借道比利时进攻法国将造成更严重的情形，估计比利时人只能坚守 14 天左右；但是，法国在没有获得来自英国超出目前规模援助的情况下，不太可能派军队驰援比利时；在面临德军绕道比利时的情况下，法国很可能难以抵挡住德军的进攻。如果意大利参战，将进一步分散和削弱法国抵御德国进攻的能力。②

与此同时，有消息称德军正在谋划进攻荷兰。于是，参谋长委员会在内阁的指示下于 1 月 24 日提交了相关的分析报告。报告首先重申了以往军方所持的荷兰或低地国家对于英国本土安全具有重要意义的观点，然后分析并指出在法国和比利时中立的情况下，荷兰落入德国之手将为德国进攻英国本土提供海军、空军方面的便利，也将对比利时和法国的安全构成严重威胁。此外，在远东将导致荷属东印度遭受日军的进攻，从而危及大英帝国在远东的地位。因此，报告得出以下结论：

> 如果德国占领荷兰，并随后进攻英国的话，我们将处于非常不利的战略处境。另外，不容忽视的重要因素是，如果不加以介入，会产生士

① *BDFA*，Part 2，Series F，Vol. 23，pp. 219-224.

② CAB 53/44/7，C. O. S. 833，Report by the Chiefs of Staff：The Strategic Position of France in a European War，1st Februrary，1939.

气和其他方面的不利后果，严重削弱我们在自治领和整个世界心目中的地位，以及在随后英帝国和德国之间的战争中使我们得不到支持。

……如果我们的防御准备措施较为充分的话，我们无疑该建议，荷兰的领土完整对这个国家而言具有十分重要的战略意义，在德国入侵荷兰的情况下，我们应当介入。我们心中唯一的顾虑，来自我们目前防御准备措施的力度。①

第二天，参谋长委员会提交了另一份报告，设想了法国和比利时为英国盟国的情况下，荷兰遭受德国入侵的情形。参谋长委员会认为，即使在这种情况下，也无法阻止荷兰遭受灭亡的命运，其领土的收复有待战局的发展；无论法国和比利时是中立还是盟国，英国都不应派远征军驰援荷兰。结论是：

我们将面对一种比帝国以往所曾遇到的更加严峻的形势。最终的战争结果可能取决于其他大国的介入，特别是美国……几乎毫不夸张地说，如果未能经受住这一挑战，将使德国在欧洲处于一种主宰的地位，相应削弱我们在全世界的声誉。因此，就我们看来，别无选择，只能将德国入侵荷兰视作是对我们安全的一种直接挑战。②

内阁赞同参谋长委员会上述报告的观点，并决定应提醒法国和比利时政府这种形势后果的严重性，将此纳入英法比三国军事参谋会谈的内容之中，并将参谋会谈涵盖的地域范围扩大至地中海和中东，而且应考虑与德国和意大利同时作战的情形。③ 随后，外交大臣哈利法克斯勋爵从法国、比利时和

① CAB 53/44/4，C.O.S. 829，Report of Chiefs of Staff Sub-Committee：German Aggression against Holland，24th January，1939；CAB 24/282，C.P. 20（39），German Aggression against Holland：Note by the Minister for Co-ordination of Defence，24th January，1939.

② CAB 53/44/4，C.O.S. 830，Report of Chiefs of Staff Sub-Committee：German Aggression against Holland，25th January，1939；CAB 24/282，C.P. 3(39)，Report by the Foreign Policy Committee，27th January，1939.

③ CAB 23/97，C.C. 2(39)1，25th January，1939.

荷兰方面得到的答复是：法国政府认为德国入侵荷兰应被英法两国视为战争行为，法方希望英国加强大陆远征军的规模；比利时和荷兰政府则表示要严守中立，除非遭遇军事进攻。①

而面对来自法方的压力，1938年12月13日陆军大臣霍尔-贝利沙向帝国国防委员会提出："当前的安排将使陆军难以令人满意地或有充分把握地去承担依据所确定的角色而要求其履行的职责。"他要求增加陆军军费8 100万英镑，将原定的1个机动师重整为2个较小规模的师，加强首批2个正规师的装备，从而使其具备发起进攻的能力；同时，加强第2批2个正规师的装备和储备，将驻守巴勒斯坦的18个步兵营改编整合成2个殖民地师，其中1个师作为后备力量部署在中东地区；提供4个本土防卫队师作战所需的装备和储备，并向其余的本土防卫部队提供训练所需的装备。②

从霍尔-贝利沙的建议中可以看出，他希望加强远征军的装备和后备力量水平，以符合欧洲大陆地面作战的需要，而且不仅仅是着眼于一场防御战。然而，这些建议在帝国国防委员会内部遭遇了反对意见，于是帝国国防委员会决定交由参谋长委员会加以研究。

尽管1月25日参谋长委员会的研究报告强调，不主张组建一支规模如同第一次世界大战时期的远征军，不考虑对盟国承担地面作战的义务问题，也不反对陆军在优先权方面逊于空军和海军的安排，但是提出了以下意见：现有的战争潜力只能提供4个正规师和1个机动师作战所需的装备和储备，后援部队的需求则难以满足，也未就战时印度、自治领和盟国的需求作出安排，而具备生产额外装备和储备的能力至少需要1年时间；就目前的安排来看，在战争的第1年无法提供比已确定的规模更大的且装备优良的地面部队投入作战，目前地面部队的实力难以胜任主战场作战。即使军备重整计划全面展开，英国的机械工业只有大约30%用于军备生产，人力资源也不存在剩余，因此在满足其他军种的需求之后，应该具备多出的能力去满足陆军的需求，

---

① CAB 23/97，C. C. 3(39)1，1st February，1939.

② CAB 24/282，C. P. 27(39)，Memorandum by the Secretary of State for War，13th December，1938. 机动师的力量包括9个坦克营、1个装甲车团、2个步兵营和2个炮兵团，改编后的较小规模的2个机动师各有6个坦克营，其余组成力量作相应的分配。

"如果我们如此限制，这可能意味着这个国家没有最好地利用自己的现有资源，或者是没有将其全部的力量投入到一场可能证明是生死攸关的战争之中"。

报告接着指出，历史上陆军的角色是为维护英国的海洋地位提供支持，在未来的战争中，远东、地中海和本土海域都将可能成为战场，一方面，英帝国将面临巨大的压力；另一方面，慕尼黑危机之后，法国在面对德国和意大利的战争威胁时则更加依赖于英国，如果缺乏来自英方的援助，法国很可能会放弃抵抗。

> 不可避免地得出结论，这样的援助最好必须包括地面部队的支持，即使这只能对法国产生士气上的影响……然而，在这个问题上，我们认为，如果法国被德国侵占并臣服于它，那么不但会危及进一步从事这场战争，而且意味着在我们为之而战的主要目的之一方面，即防卫法国，我们已经失败。德国占领法国港口所带来的形势将非常严峻，我们认为防止出现这种形势应更合理地涵盖进内阁所确定的 4 种优先顺序的第 1 类当中，即"我们帝国防御政策的基石是维护联合王国的安全"。如果法国被迫投降，很难说这种安全能够得到维护，因此保卫联合王国必须将防御法国领土包括在内。

> 从来不可能预测战争行动所采取的做法。但是，我们认为几乎可以肯定的是，战争将会对我们的地面部队提出诸多要求，其中一些是相冲突的，其中一些是我们难以拒绝的，而战争是一个时机出现时就应将它们抓住的问题。如果在战争的第 1 年内，我们没有可用的地面部队投入战场，那么我们不但会因无法抵御住敌人的主要攻势而输掉战争，而且我们可能会抓不住良机在海外发起进攻行动。未能抓住这些机会，可能大大延长战争持续的时间。

此外，报告主张，在战争爆发后的 4 个月之内，分 2 批次前往大陆作战的各 2 个正规师和各 1 个机动师应装备齐全且储备充分，低于这种标准投入作战将导致严重的后果。18 个本土防卫队师，除 5 个防空师外，应进行充分训练，以作为赴大陆作战的后援力量，其中 4 个师在 4 个月内应装备齐全。

未纳入远征军的正规师，在适当装备的情况下，将承担帝国的防御任务。在报告的最后，参谋长委员会指出他们赞成陆军大臣霍尔-贝利沙的观点和建议。①

从以上可以看出，尽管参谋长委员会的报告没有公开挑战陆军有限的"大陆义务"，但实际上同霍尔-贝利沙的观点一样，主张加强远征军的实力（未要求扩大规模）。而在另一份日期为 1939 年 2 月 1 日的报告中，霍尔-贝利沙指出，从目前的军备重整进度看，在 1939 年年底之前难以做到在战争爆发后的几个月里派遣一支超过 2 个师及其辅助部队的地面力量，法国总理达拉第提到的远征军在 8 天内抵达法国的要求也无法实现，除非增加相关费用和加快进度。②

在 2 月 2 日的内阁会议上，首相张伯伦指出，以往没有按大陆作战的标准去专门为陆军部队提供装备，霍尔-贝利沙和参谋长委员会的报告意见实际是主张改变过去的做法，不能忽视这种改变所需的 8 100 万英镑对政府财政所造成的压力，而加快陆军重整军备的进度则需要时间；如果法方在两国军事参谋会谈中了解英方的整个立场，就会理解英方不扩大地面部队的规模最符合两国的共同利益。财政大臣西蒙赞成首相的意见，而外交大臣哈利法克斯勋爵则更倾向于霍尔-贝利沙的观点。最终内阁决定，赞成对全部 12 个本土防卫队师提供完整的训练装备，其他问题则需做进一步研究。③

随后，由首相张伯伦、财政大臣西蒙、新任国防协调大臣查特菲尔德勋爵、陆军大臣霍尔-贝利沙和兰开斯特公爵郡大臣威廉·莫里森（William S. Morrison）组成的研究小组达成一致意见：机动师改编为 2 个较小的师，预算为 500 万英镑；第 1 批 2 个正规师将提供完整的装备和储备，预算为 1 300 万英镑；第 2 批 2 个正规师将拥有同样规模的装备和储备，预算为 1 100 万英镑；由参谋长委员会研究缩短原定战争爆发后派遣上述两批远征军赴大陆的

---

①  CAB 53/44/3，C. O. S. 827，Report of Chiefs of Staff Sub-Committee: State of Preparedness of the Army in Relation to Its Role，25th January，1939；CAB 24/283，C. P. 28(39)，Note by the Minister for Co-ordination of Defence，28th January，1939.

②  CAB 24/283，C. P. 34（39），Memorandum by the Secretary of State for War: Measures to Accelerate the Despatch of the Field Force to the Continent，1st February，1939.

③  CAB 23/97，C. C. 5(39)3，2nd February，1939.

时间问题，但在同法国进一步会谈之前，不确定具体的日期，初步预定的是第一批在 21 天之内，第 2 批在 60 天之内，而不是之前的 40 天之内；提供 2 个殖民地师保卫殖民地所需的装备和储备，预算为 1 100 万英镑；提供 4 个本土防卫队师大陆作战所需的装备和储备，预算为 3 000 万英镑，计划在 6 个月而不是之前的 4 个月内做好赴大陆的准备。①

内阁批准了这种妥协性安排，但张伯伦同时表达了不得不接受的无奈，他认为这些只是为英法参谋会谈提供一个起点，如果法方提出反对，将重新考虑这些安排。② 张伯伦内心真实的想法是："我连一秒钟也没有怀疑过我在慕尼黑会议上所做的事情的正确性。"③然而，用财政大臣西蒙的话说，此时"这一问题的其他方面超出了对于财政的考虑"④。

尽管如此勉强，但这标志着英国政府正式接受了"大陆义务"。3 月 29 日，内阁批准了陆军大臣霍尔-贝利沙提出的将本土防卫队人数增加 1 倍的建议。⑤而此后直到第二次世界大战爆发，内阁会议再没有专门讨论"大陆义务"问题。

3 月 15 日，德国侵占捷克斯洛伐克全境，张伯伦实际仍然不接受"战争是不可避免的"⑥。3 月 23 日德军占领默麦尔，英法宣布对荷兰、比利时提供保证，31 日英国对波兰提供安全保证；4 月 7 日意大利入侵阿尔巴尼亚，13 日英法对罗马尼亚和希腊提供安全承诺，26 日英国宣布实行征兵制。

与此同时，在紧张进行的英法参谋会谈中，如张伯伦所预计的，法方提出修改英方的地面援助计划。4 月下旬在第二阶段的英法参谋会谈中，英方向法方提出了一个新的计划：

(1)战争爆发后 6 个星期之内，英国尽可能快地派遣一支正规陆军部队；

(2)当战争爆发后的第 4、第 5 和第 6 个月出现需要时，应能够使第一批

---

① CAB 24/283，C. P. 49 (39)，Memorandum by the Prime Minister: The State of Preparedness of the Army in Relation to Its Role, 18th February, 1939.

② CAB 23/97，C. C. 8(39)6，22nd February，1939.

③ [英]基斯·米德尔马斯:《绥靖战略》，复旦大学国际政治系译，上海译文出版社 1978 年版，第 766 页。

④ Michael Howard, *The Continental Commitment*, p. 128.

⑤ CAB 23/98，C. C. 15(39)5，29th March，1939.

⑥ Robert Self, ed., *The Neville Chamberlain Diary Letters*, Vol. 4, Chamberlain to Hilda，19 Mar，1939，p. 394.

10 个本土防卫队师投入作战;

(3)剩下的 16 个本土防卫队师将在第 9 至第 12 个月内,同样做好作战准备。[①]

这个新的计划成为直到第二次世界大战爆发前英法参谋会谈的基础,并且受到了法方的欢迎,法方希望英方能够尽快派遣远征军以减轻战争爆发时法比边界所面临的巨大压力,增强比利时抵抗的意志。

### 六、分析与评价

综上所述,从 1934 年 2 月国防需要委员会第 1 份报告首次提及"大陆义务",直至第二次世界大战爆发前的几个月"大陆义务"被英国政府正式接受,漫长的过程可以体现出这背后的阻力和曲折。

首相张伯伦对于英国承担"大陆义务"是极其勉强的。他在家信中曾表示:"我相信只要外交部多加重视,重整军备与同德意搞好关系的双重政策能够使我们安全度过危险时期。"[②]张伯伦的观点代表了当时英国社会大多数公众的心理,他们不愿意再次陷入像第一次世界大战中西线战场那样残酷的堑壕战。当时英国社会普遍认为,陆军的领导者应该为西线发生的恐怖杀戮负责。[③]

英国学者迈克尔·霍华德评价道:"三军参谋长是支持《慕尼黑协定》的第三集团的头脑,他们认为英国国力过于虚弱,难以进行战斗",他们希望政府能够像 1902—1907 年那样通过外交手段使国家避免陷入一场超出自身能力的战争,"但是,自 1904 年以来,世界已经发生了改变。英国的潜在敌人现在不包括愿意以殖民扩张为代价换取欧洲安全的法国,或者是被国内革命和对外失利所撕裂的俄罗斯帝国……其次,本土防御和帝国防御的双重义务现在看上去显然是如此地压倒一切,以至于难以有多余的力量去完成英国国防政策的第 3 个传统目标,这个目标即使没有被彻底遗忘,现在也被视作是完全

---

① N. H. Gibbs, *Grand Strategy*, Vol. 1, p. 515.

② Robert Self, ed., *The Neville Chamberlain Diary Letters*, Vol. 4, Chamberlain to Hilda, 1 Aug, 1937, p. 264.

③ Brian Bond and Williamson Murray, "The British Armed Force, 1918-39", in Allan R. Millett and W. Murray, eds., *Military Effectiveness*, Vol. 2, Boston: Allen & Unwin, 1990, p. 100.

过时，即维持欧洲的势力均衡".①

　　另一方面，即使正式接受了"大陆义务"，英国计划中的远征军无论从规模还是装备和后备力量来看，也是远远不够的。英国官方军史学家诺曼·吉布斯指出，英方在英法参谋会谈中提出的上述新计划，受到了整体补给状况的制约，在高射炮、反坦克炮等武器装备方面存在诸多缺陷。② 陆军在英国的3个军种中一直是最不受重视的。历史学家梅德利科特指出："陆军最苦，因为在1938年以前，理论上一直认为，陆军的目的仅限于在欧洲击退或防止敌人的入侵，以及在欧洲以外的防御性行动，超出这个限度均构成为侵略战争作准备的行动。"③保罗·肯尼迪则指出："在两次世界大战之间的大部分年头里，英国陆军又回复到维多利亚时代所起的作用：视俄国对印度的威胁为严重的战略威胁（尽管这种威胁比较抽象），日常的军事活动是使当地居民保持安定。"④

　　造成如此情形的原因有英国传统对海军的重视，也有政府和公众害怕遭受空袭而偏宠空军的因素，还有政府财政状况不允许三军种都得到同样的待遇，某种程度上还有认为法国的马其诺防线能够抵御住德国发起的进攻的判断。然而，即使英国政府考虑到了德军会借道比利时进攻法国，也绝不会想到法国会像后来现实中那样迅速溃败。因此，英国政府一直存在这样的想法：法国主要承担陆地上的义务，英国主要承担海上和空中的义务。⑤ 布赖恩·邦德认为："直到1939年1月，在对唯一可确定的欧洲盟国的未来作出保证的问题上，英国也没有表示出想象中应有的同情，哪怕是丝毫的姿态。"⑥英国决策者坚信，战争是以德国大规模空袭英国开始的，在这样的情况下，不是派遣远征军到大陆，而是将陆军留在国内参与防空和维持社会秩序，即使派遣远征军，也是在法国顶住德国的进攻之后，英国远征军再和法军一起发

---

　　① Michael Howard，*The Continental Commitment*，pp. 119-120，122.

　　② N. H. Gibbs，*Grand Strategy*，Vol. 1，p. 51.

　　③ ［英］W·N·梅德利科特：《英国现代史（1914—1964）》，第358页。

　　④ ［英］保罗·肯尼迪：《大国的兴衰》，第309页。

　　⑤ Geoffrey P. Megargee，*The Army before Last：British Military Policy，1919-1939 and Its Relevance for the U. S. Army Today*，pp. 10，22.

　　⑥ Brian Bond，*British Military Policy between the Two World Wars*，p. 289.

起反攻。①

　　但是，在新的形势下和法国的一再请求下，英国政府最终承担起了"大陆义务"，"三军参谋长明显来了个180度的态度大转变"②。一是担心法国败亡或滑向德国，造成英国难以支撑的孤军奋战的局面，二是低地国家传统上是英国的纵深防御地带，是其核心利益所在，只有与法国共同作战，才有希望确保低地国家的安全，从而做到本土无忧。

---

　　①　Brian Bond, *British Military Policy between the Two World Wars*, pp. 279, 283, 313, 316.

　　②　Michael Howard, *The Continental Commitment*, p. 127.

# 第　二　章

# 太平洋战争爆发前美国的军事战略计划

随着 19 世纪末美国成为世界第一经济强国，在之后的国际政治经济舞台上，美国逐步显现出越来越举足轻重的影响力。第一次世界大战后，纽约开始成为与伦敦并行的世界金融中心，且大有取代之势。美国国会未批准《凡尔赛条约》，使得美国没能成为国际联盟的一员，表明此时美国在外交决策与国家战略上还没有摆脱传统孤立主义的影响。然而，美国并没有完全退回到孤立主义，一方面，在解决远东问题、欧洲战债与赔偿、国际裁军等问题上，美国政府仍发挥着非常重要的作用；另一方面，受政治文化的影响，美国民众在和平时期不希望国家维持一支强大的武装力量。1920 年 6 月 4 日，在拒绝加入国际联盟之后，国会通过了一项新的《国防法》，批准在和平时期维持一支 29.6 万人的正规军，但是国会拒绝拨付足够的资金，使得 20 世纪二三十年代这支军队的人数从未达到 15 万人，而且武器装备落后，缺乏正规的训练。[1] 两次世界大战之间，美国的整体军事力量实际只排在全世界的第 17 位。[2]

第二次世界大战期间的美国陆军参谋长乔治·马歇尔曾指出，1939 年美国陆军现役只有 17 万人，56 个中队的作战飞机，约 2 500 名飞行员，"单从

---

[1]　Steven T. Ross, *American War Plans*, *1890-1939*, pp. 97-98.

[2]　Steven Ross, "American War Plans", in B. J. C. Mckercher and Roch Legault, eds., *Military Planning and the Origins of the Second World War in Europe*, Westport, Connecticut：Praeger Publisher, 2001, p. 147.

组织结构上来讲，我们的正规军只有 3 个不完整的步兵师。从大型组织规模来说，一个基本的战斗团体应该是以军为单位，而我们的陆军部队连一个军也没有"①。甚至到了太平洋战争爆发前的 9 月，美国陆军部仍然"不得不承认仅有 1 个步兵师，2 个轰炸机中队和 3 个歼击机组可在 10 月 1 日前参加战斗。今后 6 个月内最多有 3 个步兵师、1 个装甲兵团(1 个摩托化师和 2 个装甲师)、7 个轰炸机组和 7 个半歼击机组可参加战斗"②。另有美国学者指出："依据当时的军事力量标准，有着 17 个师 65 万官兵的小国比利时甚至都是比美国更值得拥有的盟国。在 1939 年，美国也难以提供大量的军事物资，因为已有的国防工业基础是微不足道的。"③

　　这一时期，由于地理上的优势，美国以及西半球并无直接的安全之忧，美国军方制订的军事战略计划更多的是出于战略推演的需要。但是，20 世纪 30 年代国际形势恶化，有限的军事力量使美国政府越来越意识到，置身于国际政治纷争之外并不能有效维护其世界范围内的利益，甚至是自身的安全。于是，美国军方制订的军事战略计划开始逐渐针对所面临的现实威胁。

# 第一节　美国军事战略计划的制订机构

### 一、陆海军联合委员会的成立与重组

　　两次世界大战之间，美国最重要的军事战略计划制订机构是陆海军联合委员会(Joint Army and Navy Board)。该委员会成立于 1903 年 7 月 17 日，它不但是总结美西战争经验和教训的产物，而且是战后维护从大西洋到太平洋帝国利益的需要。它的主要职责是：

---

① ［美］福雷斯特·C·波格：《马歇尔传(1939—1942)》，黄友义、丛国玲、郝伟等译，世界知识出版社 1992 年版，第 76 页。

② ［美］福雷斯特·C·波格：《马歇尔传(1939—1942)》，第 147 页。这里的"组"(group)，应译为"飞行大队"。

③ Charles E. Kirkpatrick, *An Unknown Future and a Doubtful Present：Writing the Victory Plan of 1941*, Washington, D. C：Center of Military History of United States Army, 1992, p. 45.

召开例行会议以及诸如为了交换意见所召开的特别会议，就需要两军种合作的所有问题展开讨论并取得共同的结论。在任一军种部看来有必要做上述考虑的问题，都可以由该军种部提交至因之而建立的委员会。委员会所有的报告都将一式两份，两军种部各一份。委员会所有的报告和会议记录都将是机密的。出席的委员会高级别成员将主持会议，低级别成员将充当记录人员。①

作为一个咨询机构，陆海军联合委员会的决定和建议需要得到两军种部部长的同意，重大的决定则需要总统的批准。委员会的成员共 8 名，人选由两军种部部长提名。陆军方面的最初成员是参谋长塞缪尔·杨格少将(Samuel B. Young)、助理参谋长亨利·科尔宾少将(Henry C. Corbin)、陆军军事学院院长塔斯克·布利斯准将(Tasker H. Bliss)和炮兵主任华莱士·伦道夫准将(Wallace F. Randolph)，海军方面的成员是海军特级上将乔治·杜威(George Dewey)②、海军导航局局长亨利·泰勒准将(Henry C. Taylor)、约翰·皮尔斯伯里上校(John E. Pillsbury)和威廉·巴尼特中校(William J. Barnette)，乔治·杜威任委员会的主席。

然而，政府的文职领导人在军事战略问题上很少征询陆海军联合委员会的意见，两军种部的部长也更愿意听从各自部门高官和相关机构的建议，这使得联合委员会形同虚设。另一方面，两军种之间的观点分歧也导致联合委员会难以正常发挥作用，比如 1907—1909 年海军主张在菲律宾苏比克湾建立军事基地，而陆军认为苏比克湾难以抵御来自陆地的进攻，更倾向于将基地设在马尼拉湾。

美国军史学家斯蒂芬·罗斯指出："塔夫脱总统和威尔逊总统几乎不使用该委员会。1915 年 10 月至 1918 年 6 月期间，只召开了 8 次会议，而且该委员会在处理第一次世界大战事务方面没有扮演重要的角色。"③另一位美国军

① *Army and Navy Register*, Washington, D. C., July 25, 1903, p. 13.

② 美国历史上只有乔治·杜威在 1903 年 3 月被授予海军特级上将(Admiral of the Navy)，1944 年设立海军五星上将(Admiral of the Fleet)。

③ Steven T. Ross, ed., *American War Plans*, *1919-1941*, New York: Garland Publishing, INC., 1992, Vol. 1, p. ix.

史学家路易斯·莫顿同样指出:"至 1917 年,委员会变得如此无足轻重,以至于在第一次世界大战期间只召开过 2 次会议。几乎在一切方面,陆海军联合计划的制订工作在战争爆发时走到了尽头"。①

第一次世界大战结束后,由于短期内不会爆发大规模的战争,美国政府随即展开了大规模的军事复员行动,但美国军方认识到,在军事资源有限的情况下,需要重新制订军事战略计划,以维护国家、海外属地的安全和世界范围内的利益,而军用飞机的崭露头角也给未来的战争增添了新的内容。为此,在陆军部的建议之下,1919 年 7 月 24 日陆海军联合委员会进行了重组,成员减少至 6 名,并且成员资格依照职务而定,而非原来的部长提名。陆军方面的成员是参谋长、作战局长(后为作战与训练局长)和战争计划局长(后为助理参谋长兼战争计划局长),海军方面的成员是海军作战部长、助理作战部长和作战部计划局长(后为战争计划局长)。除原有的规定外,其新增添的职责为:

> 在适当的权限下,受理提交给它的问题……在认为必要时,对这些问题加以考虑;负责向陆军部长和海军部长共同提出建议,只要它认为对陆军和海军之间建立充分和有效合作是必要的问题。②

## 二、陆海军联合计划委员会

为了更好地研究和制订军事战略计划,陆海军联合委员会专门下设了一个陆海军联合计划委员会(Joint Planning Committee),成员也是 6 名,分别来自陆军总参谋部(General Staff)和海军作战部(Office of Chief of Naval Operations)③的战争计划局。这样,陆海军联合委员会就不再是一个纯粹的咨询评估机构,而是拥有自己的参谋人员,能够制订和提出自己的计划。1939 年 7 月,罗斯福总统把陆海军联合委员会办公地点迁至白宫内,该委员

---

① Louis Morton, "War Plan Orange: Evolution of a Strategy", *World Politics*, Vol. 11, No. 2, January 1959, p. 223.

② Steven T. Ross, ed., *American War Plans*, 1919-1941, Vol. 1, p. x.

③ 美国海军作战部成立于 1915 年 3 月,在此之前,海军总委员会(General Board,成立于 1900 年 3 月,1951 年 5 月解散)承担海军参谋部的角色。

会开始直接对总统负责，成为名副其实的国家战略委员会。在两次大战之间的大部分时间里，联合委员会的主要职责是制订军事战略计划和不定期地加以修订。

然而，美国军事战略计划制订工作长期缺乏来自政治层面的指导，政府文职官员几乎没有参与其中。1921 年 5 月，联合计划委员会曾提出建议，国务院应派代表出席联合委员会或联合计划委员会的会议，以便从政治和外交上对军事战略进行指导和进行部门合作，但遭到国务院的拒绝。联合计划委员会抱怨称："在处理某个特定问题时它对国家政策常常一无所知，或对该做些什么全然不晓。"①美国军史学家爱德华·米勒指出，"橙色"计划时期任职的 7 位总统几乎都没有参与该计划，陆、海军部长及助理部长们也很少介入到他们军职下属的计划工作中去。② 因此，在 1940 年之前，"由于缺少全面的指导以及没能建立一个正式的合作结构，使得军方计划人员只能借助于自己的资源，去定义国际事务中的国家政策、国家利益和立场"③。

除了陆军总参谋部和海军作战部的战争计划局、陆海军联合委员会及其联合计划委员会之外，海军军事学院（Naval War College）和陆军军事学院（Army War College）在制订军事战略计划方面也一度扮演着重要的角色。

### 三、海、陆军军事学院

分别成立于 1884 年和 1901 年的海军军事学院和陆军军事学院，虽然名义上是军事院校，但它们同制订战略计划的专门机构之间存在密切的关联。事实上，自海、陆军军事学院成立以后，在一段时期内一直充当海军部和陆军部的工作小组，在教学之余经常接受海、陆军部指定的战略研究任务，扮演着幕后的角色。甚至在 1903 年 8 月陆军总参谋部成立之前，陆军军事学院委员会（War College Board）曾担负着陆军参谋部的职能，1911 年仍由总参谋部第 3 处——军事学院处（War College Division），会同陆军军事学院共商作

---

① Fred Greene, "The Military View of American National Policy, 1904-1940", *The American Historical Review*, Vol. 66, No. 2, January 1961, p. 357.

② Edward S. Miller, *War Plan Orange：The U. S. Strategy to Defeat Japan*, 1897-1945, pp. 10, 12.

③ Fred Greene, "The Military View of American National Policy, 1904-1940", *The American Historical Review* , p. 354.

战计划事宜，直到参加第一次世界大战后被新成立的战争计划局所取代。这2个军事学院"为美国提供一大批多国协同联合作战中掌握战略艺术的高级指挥官和参谋人员。……他们能够与美国政府官员、军队将领、院校领导者一同就战略指挥计划进行深入探索"①。

　　规划未来的战争，是两所军事学院的主要课程之一，其学员毕业后大多数成为美国陆海军高级指挥和参谋人员。例如1942年美国海军所有的四星、三星和大多数两星将军都在海军军事学院有过一至两年的学习经历。② 第二次世界大战中太平洋舰队总司令切斯特·尼米兹(Chester W. Nimitz)1922—1923年曾在海军军事学院进修，他把战时与平时取得的战略和战术上的成就归功于海军军事学院。③ 而美国参与第二次世界大战时，陆军305名将军中有259名曾是陆军军事学院学员，比例为84.9%。④ 陆军参谋长乔治·马歇尔1906年时曾为进入"威名卓著的陆军军事学院并且获得很高的军衔"而努力学习。⑤ 盟国远征军总司令艾森豪威尔1927—1928年曾在陆军军事学院进修，当时的校长称赞他的参谋备忘录具有"杰出的贡献"⑥。

　　此外，陆、海军军事学院的教官和学员定期进行交流，到对方院校进行教学或进修，并开展联合作战计划的研究，这个做法一直沿用至今。⑦ 例如，1943年时任南太平洋战区司令的海军上将威廉·哈尔西(William F. Halsey, Jr.)1934年在陆军军事学院进修。而陆、海军军事学院的一些院长后来又担

---

　　① 萧石忠主编：《美国著名军校》，人民出版社2004年版，第111页。

　　② Julien J. Lebourgeois, *The United States Naval War College*, New York: Newcomen Society in North Amercia, 1975, p. 12.

　　③ ［美］E·B·波特：《尼米兹》，蒋恺、施家甯、伍文雄译，解放军出版社2005年版，第157页。

　　④ Henry G. Gole, *The Road to Rainbow*: *Army Planning for Global War*, 1934-1940, p. 19.

　　⑤ ［美］埃德·克雷：《陆军五星上将乔治·C·马歇尔：军人和国务活动家》，王启明译，军事谊文出版社2004年版，第28页。

　　⑥ ［美］卡罗·德斯特：《我时刻准备着——艾森豪威尔传》，张贺译，南海出版公司2005年版，第186页。

　　⑦ Judith H. Stiehm, *The U. S. Army War College*: *Military Education in a Democracy*, Philadelphia: Temple University Press, 2002, p. 28; Julien J. Lebourgeois, *The United States Naval War College*, p. 13.

任了陆军参谋长、海军作战部长、战争计划局长等要职，如 1912—1913 年任海军军事学院院长的威廉·罗杰斯（William L. Rodgers），1921—1923 年任海军作战部长。1925—1927 年任院长的威廉·普拉特（William V. Pratt）在1929—1930 年担任海军总司令，1930—1933 年任海军作战部长。陆军军事学院的首任院长塔斯克·布利斯是海军军事学院的首期毕业生，后担任过陆军参谋长；1935 年任陆军军事学院院长的马林·克雷格（Malin Craig），1936—1939 年担任陆军参谋长；20 世纪 30 年代曾任陆军副参谋长兼战争计划局长的斯坦利·恩比克（Stanley D. Embick）和乔治·西蒙兹（George S. Simonds），前者在陆军军事学院当过教官，后者则担任过院长。这些人对美国军事战略计划的制订和未来的战争都有着重要的影响。

## 第二节　"橙色"作战计划

历史上，美国政府通常在和平时期只维持小规模的常备军事力量，只有在进入战争状态之后，才开始招募士兵组建较大规模的军队，军方才开始权宜地制订军事作战计划。直到 19 世纪 80 年代，随着欧洲列强掀起瓜分世界殖民地的浪潮和军事科技的快速发展，美国军方和文职当局才意识到有必要进行军事体制的改革，并认为应当在战前预先制订相关的军事战略计划。19世纪 90 年代初，美国陆军开始研究进攻加拿大的作战计划，海军军事学院院长阿尔弗雷德·马汉（Alfred T. Mahan）则制订了一项同英国作战的计划，但这两个计划都未将政治因素考虑在内，纯属假想性的。1891—1892 年，美国水手在智利同当地人斗殴引发危机，美国政府第一次在战前制订一项具有现实针对性的作战计划，尽管危机最终因智利政府的妥协而化解。

此后，美国海军军事学院主要将打败西班牙作为制订作战计划的重点内容，其中还设想了与西班牙和日本同时作战的情形，这不但是美国军方第一次考虑两洋作战问题，而且将大西洋列为最重要的地区，成为第二次世界大战期间"先欧后亚"战略的源起。1898 年，美国打败西班牙，取得了美西战争的胜利，但同时暴露出陆海军之间缺乏有效合作的弱点。尽管此后不存在现实的安全威胁，但美国政府愈发意识到，需要加强军力和改进作战计划的制订工作，以维护"门罗主义"和太平洋地区的安全利益。1903 年 7 月陆海军联合委员会即是在这种背景下建立的。

美国正式制订军事战略计划，始于 1904 年的日俄战争中日本取胜打破了远东的力量平衡。是年 4 月，陆军参谋长阿德纳·查菲(Adna R. Chaffee)建议陆海军联合委员会准备一系列两军种共同行动的计划，应对可能发生的紧急情况。12 月 13 日，联合委员会用不同的颜色来指代对美国利益攸关的国家，如英国(红色)、德国(黑色)、法国(白色)、西班牙(黄色)、日本(橙色)、意大利(灰色)、俄国(绿色)、奥地利(赤红)和中国(藏红)，而其他一些国家使用字母缩写，如荷兰(Hd)、丹麦(Dk)、哥伦比亚(Ca)、委内瑞拉(Va)、巴西(Bl)和智利(Ci)。[1] 在联合作战思路的基础上，各军种制订出自己的作战计划。

此后直到第一次世界大战期间，美国军方主要研究了针对德国、墨西哥、英国和日本的战略作战计划。另一方面，美国军方实际并未立即使用以颜色指代国家的做法，存在一个逐渐接受的过程，至少在 20 世纪第一个 10 年内仍未完全采用。

第一次世界大战后的巴黎和会与华盛顿会议缓和了国际局势，"英日同盟"随之解散，加上 20 世纪 20 年代日本推行协调外交，这使得美国"在 20 世纪 20 年代和 30 年代初期，与欧洲某一大国或欧日同盟作战的可能性似乎遥不可及"[2]。由于这一时期只有英国和日本拥有较强大的海军，可能直接威胁到美国利益，于是陆海军联合委员会主要致力于"红色"、"橙色"和"红—橙"计划的研究修订。其中，"红色"计划和"红—橙"计划最不具备现实性，因为尽管英国拥有一支强大的海军和世界范围内的军事基地，但"美国与英国发生冲突的可能性是极其渺茫的，大西洋两边都没有发动战争的感情因素"[3]。

---

[1] Steven T. Ross, *American War Plans*, 1890-1939, p. 38. 在后来的不断修订中，颜色所指有所变化，如法国(金色)、加拿大(赤红)、苏联(紫色)、中国(黄色)、墨西哥(绿色)、菲律宾(棕色)等，详见 Steven T. Ross, ed., *American War Plans*, 1919-1941, Vol. 1, p. xxi.

[2] Mark A. Stoler, *Allies and Adversaries: The Joint Chiefs of Staff, the Grand Alliance, and U. S. Strategy in World War Ⅱ*, p. 4.

[3] Louis Morton, "German First: The Basic Concept of Allied Strategy in World War Ⅱ", in Kent R. Greenfield, ed., *Command Decisions*, p. 13.

尽管如此，值得一提的是，"红—橙"计划是颜色计划中唯一一个针对敌对同盟的作战计划。该计划从 1919 年开始制订，直到 1941 年，主要设想美国无法在大西洋和太平洋同时处于攻势，只能在集中力量打败红色的同时，对橙色维持防御，待红色的命运确定后，再将力量转移到太平洋。① 这个计划虽然不具现实性，但它"迫使军事计划人员去认真考虑美国不得不在两洋同时作战的问题……证明对那些为第二次世界大战而制订的计划来说，它有着重要的价值"②。

马歇尔的传记作者福雷斯特·C·波格指出："这一方案纯系学术性，但其思想基础数度影响以后的方案构架。这些美国设计者考虑到仅有一大洋时美国需对付两大洋的敌人，他们建议在与太平洋的橘黄色军队交战前先应付更强大的大西洋军队。当德国取代英国时，橘红双色这一观念不变。"③

20 世纪 30 年代欧亚战争策源地开始形成，日本在远东不断威胁到美国的利益，美日关系开始迅速恶化。由于日本取得中太平洋原德属岛屿的委任统治权，这些岛屿横跨在美国太平洋舰队的交通线上，加上在华盛顿会议所签订的《关于限制海军军备条约》中，美国承诺不在西太平洋新建和加强海军基地，"这些规定意味着，美国将不可能防御日本对菲律宾发起的攻击"④，而欧洲的德国和意大利暂不对美国构成直接的威胁。因此，在 1939 年之前，美国军事战略计划人员把日本看作最可能的敌人，作战计划研究的重点主要是围绕"橙色"计划展开的。

### 一、美日对立的源起

美日军事战略对立源于 1897 年的移民问题，当时日本移民在夏威夷占大多数，因此东京拒绝承认美国对夏威夷拥有优先统治权。为保护本国侨民，

---

①　Steven T. Ross, ed., *American War Plans*, *1919-1941*, Vol. 2, pp. 341-413.

②　Louis Morton, "German First: The Basic Concept of Allied Strategy in World War Ⅱ", in Kent R. Greenfield, ed., *Command Decisions*, p. 13.

③　［美］福雷斯特·C·波格：《马歇尔传(1939—1942)》，第 116—117 页。因译法不同，引文中的"橘黄色"即本书所使用的橙色，代指日本；"橘红"，即为本书所使用的橙—红，代指日本和英国。

④　Maurice Matloff, ed., *American Military History*, Washington, D.C.: Office of the Chief of Military History, 1973, p. 414.

日本与谋求吞并夏威夷的美国发生摩擦，两国为此均向火奴鲁鲁派出军舰。①由于自身的军事力量还十分有限并且得不到其他列强的支持，日本政府认为最好的方式是承认美国在夏威夷的统治，但是"1897年的夏威夷事件是一个标志，从那一年起，可以从美国海军的文件中发现，日本被当作一个海军的竞争对手被提及"②。海军军事学院院长阿尔弗雷德·马汉向海军助理部长西奥多·罗斯福进言，太平洋应优于大西洋，为对付日本，应为太平洋建造战舰并加速巴拿马运河的开凿工作。5月末，西奥多·罗斯福要海军军事学院解决对付日本或西班牙，或者同时对付两者的问题。③

美西战争后，美国获得了菲律宾、关岛，成为一个太平洋的帝国，这相当程度上可以归因于"日本在太平洋的威胁刺激了美国"④。由于菲律宾和关岛离当时日本占领下的中国台湾很近，为保护自身的利益，就需要制订一个战略计划。1900年4月，海军军事学院的约翰·埃利科特(John M. Ellicott)应刚刚成立的海军总委员会的要求提交了一份研究报告。

报告警告称，如果欧洲大陆强国(意指俄国)或日本在太平洋攻击美国，他们将首先攻击菲律宾，所以美国应在菲律宾建立能满足防御需要的基地，以对付日本或俄国。在埃利科特看来，美国在远东的舰队规模只要达到日本或俄国的一半，即可成功保卫菲律宾群岛。⑤ 然而，菲律宾基地的建设计划因得不到国会的全力支持而停滞不前。

另一方面，尽管此时认识到日本的潜在危险性，但美国在远东更多的还是倾向于借日本之手削弱和排挤沙俄在中国东北的势力，并力图使日本侵占

---

① W. F. Nimmo, *Stars and Stripes across the Pacific*: *The United States*, *Japan*, *and the Asia/Pacific Region*, *1895-1945*, Westport, Connecticut: Praeger Publishers, 2001, pp. 26-27.

② Akira Iriye, *Across the Pacific*: *An Inner History of American-East Asian Relations*, New York: Harcourt, Brace & World, Inc. 1967, p. 78.

③ William R. Braisted, *The United States Navy in the Pacific*, *1897-1909*, Austin, Texas: University of Texas Press, 1958, p. 12.

④ W. R. Nester, *Power across the Pacific*: *A Diplomatic History of American Relations with Japan*, Basingstoke, Hampshire: Macmillan, 1996, p. 70.

⑤ William R. Braisted, *The United States Navy in the Pacific*, *1897-1909*, p. 119.

的领土逐渐在资本上依赖于美国，希望"日本将像一个男仆那样为门户开放服务"①。因此，在美国政府眼中，1902 年建立的英日同盟被看成是支持"门户开放"的稳定因素而受到欢迎，美国成为英日同盟"不具名的伙伴"②。美国海军上将乔治·里米(George C. Remey)在海军总委员会宣称，英国和日本是最难以对付的敌人，但幸运的是，在可能与俄国和法国的战争中，甚至与德国的战争中，它们却是最可能与美国联盟的国家。③ 美国海军为此还制订过美日两军合作从日本出发进攻符拉迪沃斯托克的作战计划，以及两军共同防御北海道的计划。因此，美国政府乐于见到日本在日俄战争中取得胜利。西奥多·罗斯福总统声称："我将对日本的胜利极为满意，因为日本在为我们赌博。"④

　　然而，西奥多·罗斯福同时也承认："我十分清楚，如果他们获胜，很可能意味着将来在他们和我们之间会有一场斗争。"⑤1905 年 7 月，美国陆军部长威廉·塔夫脱(William H. Taft)在东京与日本首相桂太郎(Katsura Tarō)达成谅解，美国承认日本在朝鲜的主导地位，日本则承认美国在菲律宾的统治地位，似乎形成了"事实上的英日美同盟"⑥。

　　但是，日本国内的激进势力对西奥多·罗斯福总统居间调停所达成的与俄国停战的《朴茨茅斯条约》感到不满，引发了反美的骚乱。同年 12 月 22 日，

---

　　①　Robert H. Ferrell, *American Diplomacy: A History*, New York: Norton, 1975, p. 378.

　　②　[美]马士、宓亨利：《远东国际关系史》下册，姚曾廙等译，商务印书馆 1975 年版，第 494 页。

　　③　William R. Braisted, *The United States Navy in the Pacific*, 1897-1909, p. 142; Steven T. Ross, *American War Plans*, 1890-1939, pp. 44-45.

　　④　[苏]纳罗奇尼茨基、古贝尔、斯拉德科夫斯基、布尔林加斯：《远东国际关系史》第 1 册，北京外国语学院俄语系首届工农兵学员译，商务印书馆 1976 年版，第 297 页。

　　⑤　Akira Iriye, *Across the Pacific: An Inner History of American-East Asian Relations*, p. 107.

　　⑥　Tyler Dennett, *Roosevelt and the Russo-Japanese War: A Critical Study of American Policy in the Eastern Asia in 1902-05, Based Primarily upon the Private Papers of Theodore Roosevelt*, New York: Doubleday, Page & Company, 1925, pp. 178-179. 塔夫脱与桂太郎并未达成正式的协定或条约，实际只是会谈的谅解备忘录，该备忘录于 1924 年被发现。

日本迫使清政府签订《中日会议东三省事宜条约》及其附件，取得清政府对日本在东三省攫取的权益的正式承认，并变本加厉，在中国东北排斥他国利益，公开叫嚣所谓的"亚洲门罗主义"，这与美国的"门户开放"政策发生直接碰撞。日本学者外山三郎指出："美国打算以铁道大王 E·H·哈里曼（E. H. Harriman）打进满洲的计划为中心，推进其对华政策。但是由于日本政府的突然反对，美国的如意算盘落了空。从此，美国对日本产生了戒心。"[①]

**二、"橙色"计划的出台**

1905 年 9 月日俄战争结束后，美日关系开始恶化。来自美国军方的情报显示，日本政府正同菲律宾的反美势力秘密接触并给予援助，甚至挑动古巴人的反美情绪，日本特工则在美国西海岸搜集军事情报。[②] 而此时美国西部高涨的排日运动以及由此引发的日本人的反美情绪，成为美国军方制订"橙色"计划的直接动因。海军总委员会一方面建议国会同意加大海军建设投入，另一方面在海军军事学院的协助下匆忙制订了最初的"橙色"计划，目的是应对强大起来的日本可能对美国"门户开放"政策的挑战。

1906 年 6 月 15 日，海军军事学院向总委员会提交的战略备忘录提道：在同日本交战的情况下，美国大西洋舰队通过苏伊士运河前往太平洋投入战斗需要 3 个月的时间，在此期间，日本有充裕的时间去占领菲律宾、关岛等美国在太平洋的属地；美国部署在太平洋沿岸的舰队能够守住夏威夷，如果大西洋舰队通过麦哲伦海峡加入太平洋舰队，将大大缩短抵达太平洋的时间，并且能够更及时地减轻菲律宾等所面临的困境。18 日，联合委员会据此指出，在大西洋舰队与太平洋舰队会合之前，美国不得不在太平洋对日本采取数月的防御姿态，应尽力守住苏比克湾以待援军抵达。11 月，海军军事学院又专门制订了防御夏威夷瓦胡岛军事基地的计划，要求增加基地的地面防御力量。1907 年，陆军军事学院也就对日作战的情形提出了相应的作战方案。陆军指出，日本能够运送 8.5 万人的部队攻击只有 1.5 万人防御的菲律宾，同时可能进攻事实上缺乏防御的夏威夷，在美国大西洋舰队抵达太平洋作战之前，日本将获得战略主动权。另外，陆军还设想，日本在占领夏威夷之后，

---

① ［日］外山三郎：《日本海军史》，第 124 页。
② Steven T. Ross, *American War Plans*, *1890-1939*, pp. 47-48.

将派数个师登陆美国西海岸。①

1907年6月18日，海军制订出第一个正式的"橙色"计划，主要内容是：美军在等待大西洋增援的同时，将被迫保持守势；所有的资源应集中在苏比克湾，亚洲水域的巡洋舰撤至美国太平洋沿岸，防止被日摧毁，同时战列舰尽可能早地前往太平洋；马尼拉的防御仅次于苏比克湾；在夏威夷群岛、关岛或萨摩亚集结足够防御本地的力量是不现实的。27日，西奥多·罗斯福总统批准该计划。② 这成为"橙色"计划的原型，尽管最初的"橙色"计划只是一些原则性的阐述，较为粗糙，并未就对日战争作系统性的细致研究，但它的原则影响了美国海军"橙色"计划30多年。

1911年3月14日，海军军事学院根据总委员会的指示对"橙色"计划作了进一步的研究。研究认为，美国海军的主要任务是通过摧毁日本海军或者对其进行遏制来获得制海权，然后封锁日本本土，同时施加足够的经济压力来迫使其媾和。然而，在美国大西洋舰队预计花费3个月时间抵达太平洋作战之前，日本的军事行动难以得到约束，日本具有运送超过10万人部队的能力，而占领防守薄弱的夏威夷、关岛、萨摩亚和基斯卡岛（Kiska）只需3.5万人，虽然日本派遣远征军进攻美国西海岸值得怀疑，但进攻菲律宾是毋庸置疑的。日本海军在实现最初目标之后，将暂时后撤积蓄力量，同时袭扰和消耗美国海军的力量，以便在时机成熟时发起大规模的攻势。

为此，美国将从菲律宾撤出2 000人的部队和所有舰只，以增援关岛和珍珠港。留在菲律宾的部队将撤退至科雷希多岛（Corregidor），美国太平洋沿岸的海军力量将协助护航增援瓦胡岛，而守住夏威夷群岛或至少瓦胡岛是至关重要的，将派至少1万人予以增援。如果夏威夷群岛失守，美国将陷入被动，重新夺取将是代价高昂且成功希望不大的，唯一可替代的作战方案是通过南海向菲律宾发起进攻，但这样做将面临巨大的后勤问题，而且日本海军能轻

① Steven T. Ross, *American War Plans*, 1890-1939, pp. 80-81.

② William R. Braisted, *The United States Navy in the Pacific*, 1897-1909, pp. 204-207; Edward S. Miller, *War Plan Orange: The U. S. Strategy to Defeat Japan*, 1897-1945, p. 67. 与此同时，日本也秘密制订了针对美国的作战计划，具体见 William R. Nester, *Power across the Pacific: A Diplomatic History of American Relations with Japan*, pp. 84-85.

易威胁补给线。如果在战争爆发之前美国就在太平洋部署强大的舰队，那么日本就不可能威胁到夏威夷、萨摩亚和基斯卡岛，只能将进攻矛头指向菲律宾或者关岛。美国舰队向西机动有北、中、南 3 条路线，其中由珍珠港向西挺进的中线最为有利。如果关岛失守，将留有足够的力量去阻滞日军，并后撤至菲律宾。由于苏比克湾和马尼拉湾很可能落入日军之手，美国将在吕宋岛东部沿岸、棉兰老岛或巴拉望岛的南部沿岸建立前进基地，而巴拉望岛的马兰帕亚海峡(Malampaya Sound)是最佳的舰队锚地，能够从美国东海岸经地中海或好望角避开日军的袭扰进行补给，从而以此为基地寻找日本舰队进行决战。如果日军撤回本土海域，美国将占领澎湖列岛，并施加经济压力迫使其媾和。如果科雷希多岛、苏比克湾或马尼拉湾没有被日军迅速占领，美国舰队将直接把矛头指向澎湖列岛或日本本土岛屿。

　　研究得出结论，珍珠港和关岛作为太平洋军事基地是至关重要的，菲律宾群岛实际上难以守住。如果日本力图占领夏威夷，美国舰队将绕过夏威夷驶向关岛；如果关岛沦陷，舰队将驶向菲律宾南部。如果日本占领美国西海岸而瓦胡岛除外，那么舰队将前往珍珠港，分割入侵的日军，接着驶往关岛和棉兰老岛，建立起经印度洋的补给线，如果关岛已沦陷，则直接前往棉兰老岛，由此向澎湖列岛发起进攻。① 这是海军第一个完整的"橙色"计划，更加贴近现实。

　　而陆军一直担心美国西海岸的防御问题。1913 年 5 月 15 日，美国陆军参谋长伦纳德·伍德少将(Leonard Wood)提出，在占据主动权的最初 3 个月期间，日军可能会进攻瓦胡岛，占领阿拉斯加的部分地区，袭击巴拿马运河太平洋的一端，占领关岛和入侵菲律宾，并登陆皮吉特湾(Puget Sound)、旧金山或洛杉矶。预计日本将派遣 308 艘舰只用于海外作战行动。陆军将派 1 个正规师、1 个骑兵旅和 3 个民兵师防守皮吉特湾，1 个正规师、3 个民兵师防守旧金山，1 个正规骑兵旅和 2 个民兵师防守洛杉矶，并保留 3 个师作为后备力量。

　　5 月 19 日，在伦纳德·伍德方案的基础上，陆军出台了一份修订计划。计划指出，除了当地的驻军之外，菲律宾、阿拉斯加和关岛将自生自灭，不

---

　　①　Steven T. Ross, *American War Plans*, 1890-1939, pp. 81-83.

会对其进行增援。一旦战争爆发，瓦胡岛应部署 6 个步兵团，巴拿马的驻军将得到 3 个步兵团的增援。陆军的防御重点仍然在于美国西海岸。[①]

**三、"橙色"计划的发展**

1914 年 8 月巴拿马运河开通，美国大西洋舰队无须绕道南美进入太平洋，于是海军总委员会制定了新的"橙色"计划，它与 1911 年的"橙色"计划基本相同。第一次世界大战期间的 1916 年和 1917 年，为了适应形势发展的需要，海军总委员会和陆军总参谋部丰富了原有的"橙色"计划。新的计划总体认为，日军会立即攻击关岛和菲律宾，切断中途岛的海底电缆，菲律宾只能抵御小规模的进攻 6—10 周，但怀疑日军会在支配北太平洋之前进攻阿拉斯加；美军的使命仍是向远东派出一支舰队，控制西太平洋并切断日军的海外交通。这要求美国拥有一支 2 倍于日本的舰队，陆军的防守部队人数也需要增加 1 倍，并大力加强美国海外基地建设。[②]

这样，在美国参加第一次世界大战之时，"橙色"计划的重点已开始从防御美国西海岸转向了防御和控制西太平洋，陆军逐渐接受了海军关于"橙色"计划的观点，在"橙色"计划中实际处于配角的位置。另一方面，"美国在 1917 年参加第一次世界大战使得所有的计划变得与此并不相干"[③]，因为原有的战争计划都没有设想美军赴欧作战的情形。

第一次世界大战后，美国的国力得到了进一步增长，战略环境比战前更加安全，但美国军方仍希望在和平时期军力遭到限制的情况下去保护国家的安全和海外的利益。直到第二次世界大战爆发之前，美国军方主要致力于"橙色"计划、"红色"计划和"红—橙"计划的研究修订，但后 2 个针对或涉及英国的作战计划不具政治现实性。第一次世界大战期间和战后，美国的亚洲"门户开放"政策日益遭受日本的挑战，美日矛盾不断升级，因此美国军方，尤其是海军，更注重"橙色"计划的研究，其结果对后来的太平洋战争也更具重要意义。

---

① Steven T. Ross, *American War Plans*, *1890-1939*, p. 84.

② Steven T. Ross, *American War Plans*, *1890-1939*, pp. 85-86；William R. Braisted, *The United States Navy in the Pacific*, *1909-1922*, pp. 206-208.

③ Steven T. Ross, *American War Plans*, *1890-1939*, p. 88.

1919 年 12 月 18 日，联合委员会出台了题为《太平洋的战略》的文件，它实际上是一个新修订的"橙色"计划。该文件指出：就海军而言，太平洋舰队的主力应部署在夏威夷，在阿拉斯加部署侦察力量，保护自己的海上贸易，同时对日本的海上贸易进行打击，为跨太平洋作战筹集物资，除潜艇外，远东的力量将撤回美国基地，潜艇则协助防御菲律宾；就陆军而言，部署 1 个师及必要的辅助部队和足够的岸炮力量在瓦胡岛，以防御夏威夷。

文件认为：在同日本交战的情况下，如果美国海军不能取得对日本海军的优势，由于无法提供补给，菲律宾难以长期坚守下去。只有在毗邻日本的海域获得海上优势，才能迫使日本投降，因此应对日采取有效的封锁，陆军则夺取日本本土以外的岛屿，而实现上述目标需要守住夏威夷、关岛和马尼拉湾的军事基地。如果日军占领了关岛，美国太平洋舰队的行动将大大受阻，马尼拉湾的安全也将遭受极大的威胁；在这种情况下，有必要重新夺取关岛，在此之前则需要占领马绍尔群岛和加罗林群岛。如果关岛事先得到充分的防御，战时形势将大为改观，日本未必敢占领马尼拉或马尼拉湾，或企图在菲律宾进行大规模作战，但在美国海军控制关岛附近海域之前，唯一能够增援关岛的只有潜艇。为此，联合委员会提出的建议是，大力加强夏威夷群岛、关岛和菲律宾的防御。[1]

《太平洋的战略》的特点是谋求加强美国太平洋属地的军事防御力量，在以往研究成果的基础上，发展了 1914 年"橙色"计划关于战争进程的内容。

在 1921—1922 年华盛顿会议签署的《关于限制海军军备条约》中，美英两国承诺不在西太平洋地区建立海军基地或新的要塞[2]，使日本海军在西太平洋具有了区域性的绝对优势，菲律宾和关岛变得更加难以防守。为此，陆海军联合计划委员会于 1922 年 4 月向联合委员会提交了一项研究报告，认为马尼拉难以长期坚守，最多只能起到阻滞日军占领其他地区的作用，华盛顿会议缔结的条款不妨碍对现有防御措施进行现代化升级，而且不排斥扩大机动要塞。然而，已在 1916 年允诺给予菲律宾独立的国会拒绝为加强菲律宾的防

①  Steven T. Ross, ed., *American War Plans*, 1919-1941, Vol. 1, pp. 15-18.
②  世界知识出版社编：《国际条约集(1917—1923)》，第 745—746 页。

御拨付资金。① 针对这种情形，美国海军于 1923 年组建了单独的太平洋舰队，拥有 12 艘现代化的战列舰，成为美国海军实力最强的舰队。

另外，1923 年 5 月 25 日联合计划委员会针对"橙色"计划提出的意见是：陆海军首要的作战目标是"尽早在西太平洋通过压倒日本军事力量从而确立美方的制海权"，为此应将马尼拉湾作为美国舰队在西太平洋的主要基地，并予以坚守；其次，占领或控制由日本委任统治的岛屿港口，有效控制日本重要的海上交通线，针对日本的海军和经济活动发动海上和空中作战行动；如果这些行动不能导致日本投降，则将采取进一步的行动迫使日本屈服。联合委员会认为，总体上，对日战争是"一场进攻性的战争，最主要的是海上战争，目标在于，通过控制日本主要的海上交通线和针对日本海军和经济活动发起海上和空中进攻性行动，孤立和困扰日本"②。7 月 7 日，联合委员会在上述计划的基础上建议，菲律宾的卫戍部队应坚守至少 6 个月，而来自夏威夷的援军预计将在战争爆发后 2 周时抵达。③

1924 年的"橙色"计划修订则是因为美国海军力量增强，战舰动力由内燃机替代蒸汽机，空军快速发展所带来的形势变化。然而，1924 年的计划更像是战略愿望的阐述，一定程度上超出了陆海军当时的能力。例如，对陆军而言，在战争爆发 10 天内，从美国西海岸出发的至少 5 万人的集团军应抵达瓦胡岛，在 14 天时这支部队将进一步前往马尼拉湾；另外大约 1.5 万人的部队将在 30 天时从西海岸前往夺取日本在太平洋上的岛屿，与此同时，其他在西海岸和东海岸的部队将前往瓦胡岛和巴拿马运河进行增援；美国本土保留足够的后备力量和机动力量，以应对难以预见的紧急情况，以及为最终赢得战争积蓄力量；控制所有运输部队所需的港口，所有部署在海上用于运输部队的船只将由海军指挥和管理，最大可能地使用陆军航空兵。就海军而言，在战争爆发 10 天时，在夏威夷集结一支超过日本海军实力 50% 的舰队，为行动提供足够的后勤支持，最大可能地使用海军航空兵。④

---

① Steven T. Ross, *American War Plans*, *1890-1939*, pp. 138-139.
② Steven T. Ross, ed., *American War Plans*, *1919-1941*, Vol. 2, pp. 3-5.
③ Steven T. Ross, *American War Plans*, *1890-1939*, p. 139.
④ Steven T. Ross, ed., *American War Plans*, *1919-1941*, Vol. 2, pp. 26-32.

这些安排对陆海军的行动提出了更高的要求，也意味着将面临更大的风险，比如陆军5万人的部队(超过陆军全部力量的1/3)驰援菲律宾将面临后勤保障问题，像马尼拉这样一些港口的设施也难以为海军行动提供有力的支持，而日本军队只需3天即可抵达菲律宾。

在1924年到1938年间，根据国际形势的变化、军事上的需要和国会的氛围，"橙色"计划至少被修订了6次。计划的基本结构未变，但战时防御菲律宾变得更加困难。"一战"后各版本的"橙色"计划与"一战"前的计划不同之处在于：

(1)战争第1阶段，美军主力将集中于东太平洋，美国主力舰队在战争爆发前部署在太平洋；

(2)第2阶段将推至西太平洋，不仅夺回关岛，还将夺取日本委任统治的岛屿；

(3)除严密封锁日本本土外，还增加了占领日本海外领土的使命。①

**四、最后的修订**

事实上，陆军和海军在"橙色"计划的一些原则性问题上长期存在分歧。陆军认为，在国会不愿意为加强菲律宾防御拨款的前提下，战时菲律宾无法坚守，应从中国华北和菲律宾撤离美国的军事力量，或不再向菲律宾提供增援力量，而是将力量集中在夏威夷及其以东地区，以防御为主，伺机发起反攻；海军则主张，战时不应放弃菲律宾，战争应以进攻为主。总体而言，海军的观点在联合委员会中占据了上风。

在1937年日本发动全面侵华战争的形势下，第二次世界大战前最后一个版本的"橙色"计划在陆海军意见激烈交锋后，于1938年3月修订完成。主要内容是：

1. 设想美日战争爆发之前会有一段关系紧张时期，美国可在这段时期做好战争的准备。陆军将派遣7 000人前往阿拉斯加，派遣2.5万人前往瓦胡岛，加强当地的防御力量；海军将派遣7 000人保护重要的设施。在巴拿马运河区，陆军将从本土派遣1.5万人进行增援，海军将维持海岸巡逻。在菲律宾，陆军将试图拖延日军的前进步伐，然后撤退至巴丹，以使日军无法使用

---

①　William R. Braisted, *The United States Navy in the Pacific*, 1909-1922, p. 472.

马尼拉湾，但是菲律宾的守军将得不到来自本土的增援，关岛也同样得不到增援。海军将在太平洋集结 15 艘战列舰、36 艘巡洋舰、5 艘航空母舰、125 艘驱逐舰和 39 艘潜艇，以及 828 架飞机，将动员所有的船只，人员增加至 32 万人，其中 5 万人为海军陆战队官兵。

2. 日本对美国发起战争的方式很可能是不宣而战；战争爆发后，美国的海上优势应足以让美国舰队在瓦胡岛以西展开行动，任何其他国家对日本的援助不会严重削弱美方的战略优势。

3. 通过军事上和经济上的压力打败日本，逐步将太平洋作战指挥部向西迁移，同时采取措施维护海上交通线的畅通，确保美国本土、阿拉斯加、瓦胡岛和巴拿马运河的安全。

4. 最初的太平洋作战行动将由海军承担主角，陆军将集结一支 75 万人的力量以备向西推进使用；在动员令下达后的第 35 天时，陆军在西海岸集结 2 万人和 150 架飞机为海军的推进提供最初的支援，最终陆军将扩大至大约 200 万人。

5. 自战争爆发起，陆海军都将做好进行化学战的准备。[1]

值得注意的是，1938 年的"橙色"计划第一次考虑了同时在大西洋发生冲突危险的可能性；[2] 与所有版本的"橙色"计划一样，此次计划没有设想登陆日本本土，美国只是通过封锁和袭扰手段，阻断日本重要的海上交通，打败日本海军，对日本经济施加致命的压力，最终迫使日本投降。

另外，1938 年的"橙色"计划是海军进攻战略和陆军防御战略的妥协，它没有提到关岛的要塞化，虽然没有放弃菲律宾，但由于国会的孤立主义情绪，菲律宾的防御因资金所限得不到事实上的加强。路易斯·莫顿指出："美国的政策在目标和手段之间存在着较大的距离，迫使它的计划人员制定了一个折中的战略，并且实际上放弃了关岛与菲律宾。"[3]

"橙色"计划对第二次世界大战中美国的太平洋战略有着重要的影响，成

---

① Steven T. Ross, ed., *American War Plans*, 1919-1941, Vol. 2, pp. 215-227.

② Steven T. Ross, ed., *American War Plans*, 1919-1941, Vol. 2, p. 222.

③ Louis Morton, "War Plan Orange: Evolution of a Strategy", *World Politics*, Vol. 11, No. 2, January 1959, p. 250.

为后来"彩虹"计划 5 制订的基础之一。由于海军在所有版本的"橙色"计划中都扮演主要角色,所以"美国的领导者认为这样的战争如果到来,就其性质而言主要是海军的事务"①。"橙色"计划尤其受到海军总委员会、海军作战部和海军军事学院的计划人员的重视。在海军人员眼中,该计划俨然成了一种"美国的使命"②。它使一代海军军官熟悉了进行一场对日战争所涉及的种种基本问题,也迫使海军和陆军去面对基本和非常复杂的技术和组织协调问题。

## 第三节 "与盟国共同作战"计划的演练

### 一、计划演练科目的开设

相对于海军来说,美国陆军在 20 世纪二三十年代发展滞后。在扮演次要角色的陆军看来,"橙色"计划只需海军就能打败日本,在战略上"既站不住脚又不明智"③。虽然起初陆军默认了"橙色"计划中海军的主要角色,但是到了 20 世纪 30 年代中期,他们便不再乐意这么做了。④

1934 年,陆军军事学院院长乔治·西蒙兹在学院开设了"与盟国共同作战"(Participation with Allied)的科目演练。他在学院模拟陆军总参谋部的各个重要机构,如模拟的战争计划局包括了 6 名军官学员,其中有 2 名海军军官和 1 名陆军航空兵军官(1941 年 6 月 21 日,陆军航空兵更名为陆军航空队)。西蒙兹要求他们用与总参谋部制订战争计划同样的方式,从国家而不是陆军本身的层面去设计思考问题。

1935 年西蒙兹担任陆军副参谋长后,继任院长马林·克雷格继续在学院进行"与盟国共同作战"科目的演练,直到 1940 年 5 月陆军军事学院因战争的临近而暂时关闭。此时,学院的学员中 1/3 的人接到命令,赴陆军总参谋部任职,余下人员被编成 5 个小组,与陆军总参谋部的部门对应,进行所谓的

---

① Maurice Matloff, ed, *American Military History*, p. 405.

② Henry G. Gole, *The Road to Rainbow: Army Planning for Global War*, 1934-1940, p. 25.

③ Edward S. Miller, *War Plan Orange*, pp. 223-224.

④ Mark A. Stoler, *Allies and Adversaries*, p. 7.

"特殊学习"，实质上是为总参谋部进行研究工作。① 其中 9 人接到命令，组成战争计划委员会（地点仍在陆军军事学院），临时负责"彩虹"计划 4 的具体制订工作。②

**二、1934—1940 年的计划演练**

1934 年第一个"与盟国共同作战"计划科目演练是以与日本作战为核心，它设想美国、苏联、英国、中国共同与日本及伪"满洲国"方面作战。主要内容是：

日本对苏联不宣而战，美国首先对远东冲突进行调解，但日本拒绝妥协并挑衅，美国遂加入盟国对日作战。战争之初，日本在远东占有区域优势，菲律宾失守。对于美国海军来说，在西太平洋过早寻求与日木海军决战，由于缺少基地，风险较大，而逐步占领通往远东的基地是比较稳妥的战略，只是时间较长且陆军投入较大，但英国海军可以给予支援。美国和英国向盟国提供物资援助，最终盟国强大的实力确保了战争的胜利。鉴于公众、国会的孤立主义情绪和《凡尔赛条约》强制和平的教训，战争胜利后美国不对外承担政治义务，不主张完全摧毁日本，因为如此会导致苏联主导远东而不利于美国；美英对原日本委任统治的岛屿进行托管，但美国愿意将托管权让与英国，前提是英国以西印度的领土进行交换。这个计划是基于当时远东的时局，可以看作是传统"橙色"计划的进一步演绎。

1935 年的计划演练主要针对当时的欧洲形势，希特勒上台后挑战《凡尔赛条约》，德国和日本缔结"钢铁同盟"。美国、英国、法国和意大利及远东盟国共同对德国、奥地利、匈牙利、南斯拉夫结成的"纳粹同盟"作战。设想意大利在英法支持下占领阿尔卑斯山勃伦那山口及奥地利城镇引发欧洲战争，日本与德国签订秘密协定，宣布禁止美国舰队在东经 180° 以西海域活动；美国一开始宣布"武装中立"，但因德国和日本突然袭击美国舰只而卷入两洋战争，与盟国共同作战；美国将派遣至少 25 万但不超过 50 万的远征军前往欧洲，但不充当主要角色，只是协助英法打败欧洲的"纳粹同盟"，重在重建战

---

① 萧石忠主编：《美国著名军校》，第 120—121 页。

② Ray S. Cline, *Washington Command Post：The Operations Division*, Washington, D. C.：Office of the Chief of Military History & Department of the Army, 1951, pp. 56-57.

后欧洲和平；同时在夏威夷驻扎一支强大的舰队威慑日本，欧洲战争结束后再与盟国集中力量打败日本。

1936年的"与盟国共同作战"计划演练跟1935年大致相同，只是意大利由于入侵埃塞俄比亚加入了德国、奥地利、匈牙利组成的"中欧联盟"，盟国成员有美国、英国、法国、希腊、土耳其。计划设想"中欧联盟"侵入捷克斯洛伐克，获取它的工业资源，接着占领罗马尼亚获取油田，日本作为同伙在远东扰乱盟国的贸易运输予以配合；美国试图保持中立，但一系列的挑衅迫使美国参战，美国仍然坚守"德国第一"的战略原则。相对于1935年的计划，美国远征军人数增加到75万人，美国海军在欧洲扮演有限角色，重点放在太平洋，加强夏威夷、巴拿马运河、阿拉斯加的防御。

1937年的计划名为"欧洲与太平洋"，假想敌是德国、波兰、意大利、奥地利、匈牙利、阿尔巴尼亚、希腊、土耳其、日本，盟国为法国、苏联、捷克斯洛伐克、罗马尼亚、英国和美国。计划设想美国参战时，德国已经占领捷克斯洛伐克、罗马尼亚、南斯拉夫北部，日本与美国暂时没有交战，美国海军参与地中海的防御，并给予英法等盟国军事物资援助；日本则与苏联在西伯利亚进行战争；当全面战争爆发后，"德国第一"依然是既定的战略原则。该计划实际和以往计划没有大的区别，只是进行了局部的调整。

1938年和1939年受当时陆海军联合委员会将美国战略重点放在西半球防御上的战略影响，"与盟国共同作战"计划主要设想轴心国通过西非入侵南美巴西沿海，在中南美制造叛乱，最后通过墨西哥威胁美国本土。该计划建立在对原有"橙色"计划和"紫色"（巴西）计划修改的基础之上，名为"橙色与紫色"计划，意在维护传统的"门罗主义"，与后来的"彩虹"计划4十分相似。

1940年春开始的最后一个计划科目演练，受联合计划委员会正在制订的"彩虹"计划的影响，名为"彩虹X"(Rainbow X)。计划设想在德国统治欧洲大陆的情况下，盟国应按照如下步骤进行战争：(1)在德国周边开辟战场，分散德国的力量和资源，以此增加对德国的压力；(2)在施加上述压力的同时，经济上窒息德国；(3)在德国被削弱前，盟国避免与之决战，当条件成熟时再对其发动联合总攻；(4)盟国将尽其所能打败德国。"彩虹X"估计战争至少要进行2年，战略基石是首先打败德国，同时在太平洋保持防御态势，德国战败后再集中力量打败日本，"德国第一"的战略原则与以往的计划相同。①

### 三、计划演练的前瞻性

第二次世界大战爆发前，美国国内孤立主义思潮盛行，"与盟国共同作战"计划演练正是在这种政治环境中进行的，所以它不可能以美国军方正式战略计划的形式出现。美国军事学者雷·克莱因指出："国家的军事参谋人员对联盟战争表现出相当的谨慎，也许只设想有临时的盟国。"②虽然只是作为军事院校计划科目的演练，但陆军军事学院与陆军总参谋部密切的联系使这些计划演练对正式的战略计划制订无疑起到了相当大的促进借鉴作用。

在后来的"彩虹"系列计划中，可以看到"与盟国共同作战"计划的身影，如 1936 年、1937 年的计划和 1940 年的"彩虹 X"计划与正式的"彩虹"计划 5 十分相似。更可贵的是，相对于同时期的"橙色"计划，"与盟国共同作战"计划是从联盟对联盟战争的角度出发，具有一定的前瞻性，将战争计划与当时国际政治形势紧密结合起来，体现了"战争无非是政治通过另一种手段的继续"的经典论断。③ 计划演练也预见了后来发生的许多真实事件，如捷克斯洛伐克成为侵略牺牲品、法国的"虚假战争"、美英驱逐舰换基地、战后不彻底削弱日本等等。

因此，1934—1940 年美国陆军军事学院的"与盟国共同作战"计划演练，对美国正式战略计划制订所起到的影响不应被忽视。

## 第四节　从"橙色"计划到"彩虹"计划

在日本威胁美国远东利益的同时，欧洲的局势发展也越来越使美国政府感到担忧。1937 年 11 月"柏林—罗马—东京轴心"形成，1938 年 3 月德国吞并奥地利。此时，"橙色"计划作为单独对付日本的作战计划显得不合时宜，因为计划没有设想美日双方拥有盟国，并且战争只是发生在太平洋区域，而

---

①　1934—1940 年"与盟国共同作战"计划见 Henry G. Gole, *The Road to Rainbow*: *Army Planning for Global War*, *1934-1940*, pp. 39-109.

②　Ray S. Cline, *Washington Command Post*: *The Operations Division*, p. 47.

③　［德］克劳塞维茨：《战争论》第 1 册，中国人民解放军军事科学院译，商务印书馆 2004 年版，第 43 页。

时局发展越来越表明战争不可能只发生在美日之间,因此如美国学者马克·斯托勒所指出的那样,"在计划完成当天就已过时了"①。

### 一、"彩虹"计划 1—4

《慕尼黑协定》签订后的 11 月 12 日,陆海军联合委员会要求联合计划委员会准备一份新的战略计划,即在应对一个或两个法西斯国家违反"门罗主义"的同时,采取措施应对日本控制菲律宾的企图,并且前提是设想德国、意大利和日本结成同盟,任一或两个法西斯国家的行动将得到其他盟国的支持,而民主国家将保持中立,只要后者在西半球的利益不受损害。②

1939 年 4 月 21 日,联合计划委员会提交的战略报告主要对国际形势进行了分析,评估了战争的可能性,讨论了不同情形下美国同德意日作战问题。核心思想就是在两洋作战的情况下,美国在太平洋采取守势,重点放在防卫西半球上(巴拿马和加勒比地区),美国舰队的主要任务是控制进入西半球的大西洋通道。③ 这是联合计划委员会第一次针对真实可能的敌人设想全球战争的情形,尽管同样存在不够真实的政治场景,比如英法等欧洲民主国家保持中立。

但是,5 月 2 日陆军战争计划局局长乔治·斯特朗(George V. Strong)向助理参谋长乔治·马歇尔指出,陆军和海军在西太平洋问题上的分歧仍然很大,对上述报告难以达成一致意见,万一战争真的发生,应从总统那里寻求国家政策方面的具体指示;另外,联合委员会下达给战争计划人员的任何指示,都应依据总统对国家政策的明确解释,这些政策包括:西半球防御,守卫菲律宾,美国在远东的地位,美国对英国、法国和其他民主国家承担的现实或潜在义务,以及美国有可能指望从民主国家得到哪些支持与合作。④

然而,罗斯福总统并没有给予军方及时的政策指导。于是,联合委员会责令联合计划委员会准备一套新的战争计划,力求包括对轴心国的联合进攻所能作出的所有战略反应。5 月 11 日,新的战争计划方针被制订出来,命名

---

① Mark A. Stoler, *Allies and Adversarie*, p. 18.

② Steven T. Ross, ed., *American War Plans*, *1919-1941*, Vol. 3, p. 3.

③ Steven T. Ross, ed., *American War Plans*, *1919-1941*, Vol. 3, pp. 4-66.

④ Mark S. Watson, *Chief of Staff*: *Prewar Plans and Preparations*, pp. 98-100.

为"彩虹"系列计划(Rainbow Plans),原有的"橙色"计划则被融入其中。

"彩虹"系列计划设想的总体形势是,德意日共同违反"门罗主义",日本在其他两个法西斯盟国的支持下,武力侵害美国在西太平洋的利益,任一法西斯国家的侵略举动最终将得到其他法西斯盟国的支持,成为三者的共同行动。设想美国得不到欧洲民主国家的支持,拉美国家也将保持中立,但所拟的每一作战计划将陈述在特定的作战行动区域美方可能从盟国或中立的民主国家所能获得的支持与合作,并且阐述如果美国支持民主国家或得到民主国家支持的情形。西半球的地理范围被界定为包括夏威夷群岛、威克岛、美属萨摩亚和西经30°以西的大西洋。

最初,"彩虹"系列计划拟由4个计划组成:

1."彩虹"计划1:方针是通过保护西半球范围内美国重要利益遭受威胁的地区,来防止"门罗主义"遭到破坏,同时保卫美国本土及其属地,以及海上贸易路线。所设想的防御区域范围为南纬10°以北的所有西半球地区,美国将不向此范围之外或西半球之外派出军队。

2."彩虹"计划2:旨在执行"彩虹"计划1中任务的同时,通过控制西太平洋来保护美国在该区域的重要利益。

3."彩虹"计划3:通过使西半球的所有地区和国家政府免受外来的侵略,来防止"门罗主义"遭到破坏,同时保卫美国本土及其属地,以及海上贸易路线,但根据需要将派遣军队前往南美大陆的南部或者东大西洋地区。

4."彩虹"计划4:在执行"彩虹"计划1中任务的同时,为决定性地打败德国或意大利,或同时打败这两个国家,派遣军队前往东大西洋地区,以及非洲大陆或欧洲大陆,或者同时前往这两个大陆。[①]

6月23日,联合计划委员会又对"彩虹"计划进行了修改,新增加了一个计划,目的是在执行"彩虹"计划1中任务的同时,设想美国、英国和法国协调行动,美国在欧洲大陆不作最大程度的参与,而是重点保护西方民主国家在太平洋的利益,打败敌国阵营在太平洋的军事力量。[②] 这个新计划排在第2位,原来的"彩虹"计划2、3、4分别依次变为"彩虹"计划3、4、5。

---

① Steven T. Ross, ed., *American War Plans*, *1919-1941*, Vol. 3, pp. 70-72.

② Steven T. Ross, ed., *American War Plans*, *1919-1941*, Vol. 3, p. 75.

"彩虹"计划1，最先于 1939 年 7 月 27 日完成，10 月 14 日获罗斯福口头批准。主要内容是：

(1)巴西和秘鲁是具有较强政治影响力的亲法西斯的中立国，墨西哥对美国和法西斯国家都不友好，其余南纬 10°以北的拉美国家将采取亲美中立的立场；英国和法国最初保持中立，但同情美国，反对德意日的侵略行动；身陷中国的日本将对美国在西太平洋的属地和利益发动进攻，并逐步威胁美国在东太平洋的属地；在正式宣战之前，将存在一段事实上的关系紧张和敌对状态。

(2)军队的首要任务是保护巴拿马运河、加勒比地区、南美的北部、美国大陆和瓦胡岛的安全；最初西太平洋的属地和航线安全应由当地的驻军负责，战争爆发时能够派遣多少援军视情况而定；采取海上行动，切断敌人进入南纬 10°以北西半球的所有交通线；派遣远征军阻止敌人进入能够威胁美国利益的地区或打败已进入上述地区的敌人；对敌人分散的海上运输和防御脆弱的属地发动进攻；在保护自己的海运和属地的同时，使敌人的侵略无利可图，造成有利于美国的和平谈判形势。

(3)陆军的任务是保卫美国本土及其属地，采取必要行动在南纬 10°以北的西半球地区维护"门罗主义"，支持海军行动；海军的任务是切断敌人所有进入西半球的海上交通线，摧毁敌人在大西洋或西半球的海上力量，阻止敌人利用大西洋或跨太平洋贸易航线，保护美国的属地和海运，支持陆军的行动。

(4)规定相关的人员补充、物资补给、工业生产动员、立法支持以及同政府其他部门合作的情形。

(5)尽管美国一时不可能与欧洲民主国家和拉美国家结盟，但应寻求这些国家同意美军使用它们在西半球的军事基地及其设施。①

出于保卫西半球的目的，"彩虹"计划 1 设想了向瓦胡岛、阿拉斯加、巴拿马、波多黎各、巴西、智利等多处派遣部队，使用当地的军事基地。一方面，仅这些拟议中的远征军数量就已超过了美国当时陆军正规军的规模，因

---

① Steven T. Ross, ed., *American War Plans*, *1919-1941*, Vol. 3, pp. 88-140.

此需要动员国民警卫队和进行额外的招募；另一方面，计划没有过多考虑相关拉美国家对美军进驻的反应，仅建议国务院应征求相关国家的同意。另外，在当时孤立主义情绪较为浓厚的政治环境下，"彩虹"计划 1 没有考虑菲律宾和关岛的防御问题，仅将重点放在西半球的防御上。

"彩虹"计划 2，完成于 1940 年 5 月中旬，主要内容是：

(1)在欧洲已爆发战争的情况下，美国卷入战争的风险在加大，如果欧洲战事结束，美国接着可能面临在没有盟国的情况下独自捍卫"门罗主义"及其在太平洋的利益；苏联和意大利保持亲德中立，预计未来可能站在德国一方，英法有效地控制着大西洋和印度洋，日本则在德意的支持下，武力侵犯美国和英法荷在太平洋的利益，将导致后者国家采取一致的行动。

(2)美国在战争中的贡献主要是在太平洋地区。

(3)美国及其盟国要面对的是德意日法西斯阵营，最初未参战的意大利将造成地中海航行的安全问题，苏联最初则保持中立，这两个国家站在德国一方参战不会改变轴心国在远东作战的性质；中日之间的战争将继续，日本将控制香港和欧美国家在华的租借地，但日本不得不在华留有重兵；日本将占领荷兰在北婆罗洲的石油港口，日本控制的马绍尔群岛、马里亚纳群岛和加罗林群岛的军事力量将进一步加强；日本与苏联的关系紧张将迫使日本不会缩减在"满洲"与西伯利亚边界或在蒙古的驻军；在美军主力部队抵达远东之前，关岛、吕宋岛以及英国、荷兰在东南亚的一些属地将落入日军之手。

(4)除了太平洋、加勒比和沿海地区，英法海军将保护美国的海上贸易，以使美国集中海军力量于太平洋，充分利用英、法、荷在远东军事合作所带来的好处；美国的陆海军将横渡太平洋即刻前往东印度群岛阻挡日军，袭扰日本的贸易，尤其是来自日本占领之下的荷属东印度的石油，后续援军则通过大西洋-印度洋路线抵达；与中国合作，进一步增强日本所面临的军事和经济压力；通过和平谈判，迫使日本撤出中国香港、菲律宾和关岛。

(5)鉴于英国打算派遣 3 艘战列舰前往新加坡加强防御，美国舰队也将前往新加坡和东印度的其他基地；在美国主力舰队驻守新加坡的情况下，将派1.3 万名海军陆战队官兵和 6.1 万名陆军官兵，加上 370 架战斗机，在动员后的 2 个月内前往该地区；如果打算发起攻势，在动员 5 个月后，陆军将每月向东印度地区派遣 8 万人。①

拟议中的"彩虹"计划 3，主要也是一个太平洋作战的计划。但是，由于1940 年 4 月至 6 月德国在西欧和北欧的一系列军事上的胜利，导致斯堪的纳维亚半岛、低地国家和法国落入德国之手，英国也岌岌可危，这打乱了美国军事计划制订的正常节奏。美国政府对英国生存下去的能力感到怀疑，于是军方的联合计划制订人员把注意力放在了防守美国本土和西半球上，放弃了"彩虹"计划 3 的制订工作。"彩虹"计划 2 也因为在新的形势下会将美国本土的关键地区置于无人防守的境地，最终没有提交联合委员会审批。

应当时欧洲严峻形势而生的"彩虹"计划 4，于 1940 年 5 月 31 日完成，8月 14 日获罗斯福总统批准。主要内容是：

(1)随着欧洲战火的扩大，一直存在美国被卷入其中的可能性，欧洲战事结束后，德国和意大利将在南美洲采取行动破坏"门罗主义"，同时日本将在太平洋武力损害美国的利益，其他国家将保持中立。

(2)计划制订的目的在于，最有效地使用美国的武装力量打败敌人对美国本土及周边海域、东大西洋地区、足以威胁美国重要利益的地区以及美国在太平洋西至包括乌纳拉斯卡(Unalaska)和中途岛在内的属地的入侵。

(3)美国针对的敌方势力是德意日阵营，英法在军事上的失败将导致欧洲战事结束，德意海军加上俘获的英法舰队在规模上将同美国海军持平或有所超过，德意将宣称拥有英、法、荷、丹(麦)所有殖民地的主权；在中国不得不留有重兵的日本，将在德意的支持下控制远东地区；对日本和美国持非善意中立的苏联，将向印度扩张势力，在墨西哥加强共产主义活动；英国的自治领、爱尔兰和印度将完全脱离英国独立，加拿大将兼并纽芬兰并抵制德意对其领土的入侵；德意少数民族以及同情分子将组织起来威胁到巴西、秘鲁和墨西哥的稳定，所有的美洲共和国将保持非交战立场，除墨西哥之外，其余将同意美军自由进驻和使用其陆海军基地；英、法、荷、丹在西半球的殖民地将不会有组织地抵抗美国的占领，但会遭遇同情敌方分子的无组织抵抗；正式宣战之前将有一段关系紧张且事实对抗的时期。

(4)巴拿马、加勒比地区、美国本土、阿拉斯加往西至乌纳拉斯卡、瓦胡

---

①　Steven T. Ross，ed.，*American War Plans*，*1919-1941*，Vol. 3，pp. 143-183.

岛和巴西东北部地区是首要关注的区域，切断敌国进入西半球的所有海上交通线，有必要占领英、法、荷、丹在西半球的所有属地，派遣远征军防止敌国使用西半球的军事基地；日本将占领菲律宾、关岛，并对通往夏威夷、美国西海岸和阿拉斯加的海上交通线进行袭扰，但避免同日本爆发事实上的战争；与加拿大建立攻守联盟，共同防御纽芬兰和格陵兰岛，同阿根廷合作共同防御马尔维纳斯群岛和南大西洋；最大可能地动员工业能力，增强自身的军事力量。

（5）派遣大约 3 万人的部队前往加勒比地区，1.8 万人前往波多黎各，1.95 万人前往巴拿马，3 万人前往巴西，3 万人前往纽芬兰和格陵兰岛，6 600 人前往阿拉斯加，3.4 万人前往瓦胡岛，1.5 万人前往南美洲的西部沿海；在动员后的 6 个月内建立 10 个师的后备力量。[1]

尽管"彩虹"计划 4 强调西半球的防御，但在半年内派遣如此规模的军事力量实际超出了当时美国政府的能力。此外，海军作战部长哈罗德·斯塔克（Harold E. Stark）反对从太平洋撤出舰队，罗斯福总统也对将大部分舰队从太平洋调至大西洋的建议予以否决，而且罗斯福不顾军方人员的反对，延长对英国的物资援助并与英国达成基地换军舰的交易，让舰队驻守在珍珠港，对日本实行经济制裁。

9 月 27 日，德意日三国缔结军事同盟，使美国面临多条战线同时作战的危险。英国政府则要求美国向新加坡提供援助，建议重开两国军事参谋人员之间的会谈。虽然美国军方对把大西洋的安全交给英国负责不放心，并且担心英国政府会利用美国去保卫大英帝国的利益，但美国决策者们看到美国的安全此时与英国的命运紧密关联。[2]

此外，英国在不列颠之战中劫后余生，打消了美国军方对英国能否继续生存下去的疑虑。联合计划人员认为有必要调整美国的战略，以确保英国人继续战斗下去，同时还不能落到美方被英国人控制的地步。[3] 这就需要军方

---

① Steven T. Ross, ed., *American War Plans*, 1919-1941, Vol. 3, pp. 187-222.

② David Reynolds, *The Creation of the Anglo-American Alliance*, 1937-1941: A *Study in Competitive Co-operation*, pp. 68-69.

③ Mark A. Stoler, *Allies and Adversaries*, p. 28.

计划人员拿出一套全球性的战略计划，而不是像"彩虹"计划 1 和 4 那样局限在美国大陆和西半球的防御，同时让两军种、国务院和总统都能接受，但罗斯福像以往一样拒绝提供政策方面的指导和明确的态度。

## 二、"D 计划"

在缺乏政府政策指导的情况下，11 月 12 日海军作战部长斯塔克向海军部长提交了一份战略备忘录。

斯塔克首先指出英国和英帝国对美国安全的重要性："如果英国决定性地战胜了德国，我们将在每个地方赢得胜利，但是如果它输了，我们面临的问题将十分严重。尽管我们不会在每个地方失败，但我们可能在任何地方都不会赢得胜利。"于是，他建议美国应尽全力援助英国，包括派遣大规模的空军和陆军部队前往欧洲或非洲，但是具体战略和政策要符合美国的利益，"我们的任何努力都应以执行外交和军事相互支持的国家政策为目标，并且决心将我们的任何介入都要最充分地促进我们自己的国家利益作为一项指导性的原则"。

斯塔克把美国的国家利益界定为："维护美国领土、经济和意识形态的完整，以及西半球其余地区的完整；阻止英帝国的崩溃，以及实现这一目标所需的一切；削弱日本发动进攻的军事力量，在远东保持我们的经济和政治利益。"

斯塔克设想了 5 种美国卷入或应对战争的形式：

(1)在不存在盟国的情况下，同日本交战；

(2)在英帝国或者英帝国和荷属东印度作为盟国的情况下，同日本交战；

(3)在不存在盟国的情况下，同得到德国和意大利支持的日本交战；

(4)同德国和意大利交战，而日本最初不介入，英国则是美国的盟国；

(5)置身于目前的战争之外，仅致力于美国在西半球的防御，通过和平手段维护远东的利益，同时继续向英国提供物资援助。

但是，斯塔克强调，在缺少美国积极军事援助的情况下，英国光靠自己的力量无法打败德国，胜利有赖于"最终对轴心国发动地面进攻的能力"，这不仅需要美国的物资援助和海军支持，而且还需美国派出地面部队。埃及、直布罗陀、非洲西北部同样是重要的战略地区，"最后的进攻"可能从这些地区向葡萄牙、西班牙和法国境内发起。这实际意味着美国的介入不可避免。

关于日本，斯塔克认为其野心在于将英国赶出中国香港和新加坡，经济上控制并且最终军事上控制马来亚。然而，出于眼前利益考虑，日本更可能不会立刻同英国和荷属东印度刀兵相见，而是通过加强同英美贸易的方式对马来亚实行经济侵略，最终伺机武力征服。斯塔克怀疑日本对澳大利亚和新西兰存有领土野心，也质疑日本希望英国退出印度，从而令该地区和中国西部地区过早地落入苏联之手，尽管日苏之间缔结了互不侵犯条约，日本不会大规模撤出部署在中国的军队。

斯塔克认为，"橙色"计划存在诸多缺陷，如设想美国单独与日本交战、从夏威夷前往菲律宾作战存在后勤保障问题等等，而且"如果我们采用目前的'橙色'计划，或者任何该计划的修订版本，这涉及部署非常大规模的陆海军前往远东，那么我们必须在大西洋承受相当大的危险，并且可能难以加大我们对英国的物资援助"。

因此，斯塔克建议，在同英国与荷兰合作的情况下，对日本制订有限的作战目标，减少海军在太平洋的力量，重点放在维系英帝国的生存上；通过经济封锁削弱日本的进攻能力，"在我们自己缺少亚洲基地的情况下，英国在远东军事力量的继续存在，无疑将证明对我们长期对付日本是有利的"。此外，斯塔克指出："将日本削弱至军事和经济弱国的地位符合我们的利益是令人怀疑的，在远东保持势力均衡如同在欧洲一样，将是我们的利益所在。"

鉴于以上情形，斯塔克列举了4种可能的长期战略：

（A）置身于目前的战争之外，专注于西半球的防御。如果被迫卷入战争，部署在太平洋的美国海军的大部分力量能够保持其威慑力，但美国不会向海外大规模派兵，仅对盟国提供物资援助和小规模的部队进行协防。在此种情况下，美国对欧洲战争结果的影响不大。

（B）在远东得到英国与荷兰军事援助的前提下，对日本准备发起全面进攻作战行动，在大西洋维持有限的防御力量。完全相信英国能够在大西洋无限期地或者至少在我们决定性地打败日本之前坚持下去，这样将暂时完全抑制英国的进攻力量，加大我们对英国物资援助的计划也将受到不利的影响，而打败日本所需的时间将是非常漫长的。如果我们同日本交战，而英国被打败，我们可能无论如何都不得不转向大西洋。

（C）在欧洲向英国提供最强大军事援助的同时，在远东向英国、荷兰和中国也提供同样程度的援助。派往英国的海空军将可能确保英国继续抵抗，但难以加强英国发动地面进攻的力量；派往远东的军事力量将足以遏制日本南进的势头，西太平洋的防御力量和部署在夏威夷防御东太平洋的军事力量将被削减至不足以执行他们的任务；如果英国最终被打败，或者马来亚落入日本之手，相对于轴心国，我们的海军力量将遭到严重削弱。按照这种情况，美国将在两线作战的不利情况下展开行动，出现顾此失彼的灾难。

(D)在英国作为盟国的情况下，集中力量于大西洋的进攻性行动，同时在太平洋维持防守态势。这种情况下，不仅仅向英国提供海军力量的支持，还需要最终占领葡萄牙和西班牙的岛屿，欧洲和非洲的一些军事基地，然后向欧洲发起全面的地面进攻。为此，需要向海外派遣大规模的地面部队，数量可能达到美国民众不愿意支持的程度，还将承受如果英国失败蒙受巨大损失的风险，对日本也难以施加强大的军事压力。战争结束时，即使英国最终失败，美国仍然能够在非洲拥有协防南美洲的军事基地。①

值得注意的是，斯塔克在备忘录中多处提到英帝国的存续有利于美国的国家利益，而他认为法国有可能作为德国的盟国卷入战争，但未阐述理由。他直言：

> A、B、C 3种计划最不可能给予英国所需规模的援助，因此，如果我们进行战争，"D计划"对于美国来说很可能是最有利的，特别是如果我们较早地参与到战争之中……除非我们在欧洲赢得战争，否则依据"D计划"我们难以阻止日本的扩张。我们不可能长期继续占领菲律宾。只要我们全力以赴于大西洋，我们在远东的政治和军事影响很大程度上将不复存在。依该计划进行战争前的做法应是积极努力避免同日本发生战争，并努力避免日本同英帝国和荷属东印度之间发生战争……"D计划"并不意味着立即将舰队调往大西洋……我建议我们海军力量的重新部署要视形势需要而定……美国的陆海军应立即在伦敦同英国军方、在华盛顿同加拿大军方、在新加坡和巴达维亚同英国与荷兰当局就技术问题展开秘密的参谋会谈。②

---

① Steven T. Ross, ed., *American War Plans*, 1919-1941, Vol. 3, pp. 225-250.
② Steven T. Ross, ed., *American War Plans*, 1919-1941, Vol. 3, pp. 249-250.

这份备忘录得到陆军参谋长马歇尔原则上的同意，但受到陆军大多数将领的批评。陆军反对在太平洋承担有限义务，主张在任何情况下都不与日本交战，并表达了对受英国人控制和兵力分散的担忧。斯塔克的备忘录和陆军的意见被呈送给罗斯福，但他没有直接批准，而是希望两军种参谋长继续研究下去。

11月18日，两军参谋长责令联合计划委员会在"D计划"的基础上起草一个联合报告。12月10日，联合计划委员会提交了报告，就陆、海军分歧达成妥协。报告建议，尽一切努力避免与日本交战，如果失败，将实行"D计划"，即大西洋优先的战略，将在太平洋严格保持防御的态势，抑制轴心国向拉丁美洲的渗透，并特别指出："英国的领导在任何方面都不具备我们可以把美国的未来安全托付给它的能力。"①

斯塔克备忘录中的"D计划"（海军称Plan Dog）②后来成为第二次世界大战中美国最基本的战略方针，为"彩虹"计划5的制订打下了基础。它的内容不但涉及军事战略，而且涉及整个美国的对外政策，首次提出将美国的安全与英国的存续联系在一起。美国军事史学家路易斯·莫顿评价它"也许是第二次世界大战战略发展史上最重要的单份文件"③。

### 三、"彩虹"计划5

"彩虹"计划5，最初设想是在单一战线上联合英法与德国作战，在"D计划"和"ABC—1"计划（1941年1—3月英美参谋会谈达成的计划，参见下文）提出后，联合计划委员会据此对"彩虹"计划5进行了修改，以应对两洋作战的需要，于1941年4月7日完成，5月14日获联合委员会通过。但罗斯福对计划不置可否，理由是英国政府还未批准"ABC—1"文件，他不便对以此为基础

---

① Steven T. Ross, ed., *American War Plans*, *1919-1941*, Vol. 3, pp. 282-300.

② Dog来自于美国军方无线电通信传输口声语言信息时用以正确鉴别字母而使用的语音字码表，如Able指代A、Baker指代B等。

③ Louis Morton, "German First: the Basic Concept of Allied Strategy in World War Ⅱ", in Kent R. Greenfield, ed., *Command Decisions*, p. 35.

的"彩虹"计划 5 表态。①

该计划的主要内容为：

假定盟国的成员包括美国、英联邦、荷属东印度、苏联、流亡国家政府、中国和"自由法国"，轴心国阵营包括德国、意大利、罗马尼亚、保加利亚、匈牙利，或者是德国、意大利、日本、罗马尼亚、保加利亚、匈牙利、印度支那和泰国，即使日本、印度支那和泰国最初未参与战争，也要考虑其参战的可能性。盟国将依据"ABC—1"计划和"ABC—22"计划②的方针进行作战；基地在远东的美国军事力量，除人员、弹药和技术装备外，从当地满足补给需要。拉美国家将应对颠覆势力，除非遭到直接进攻，否则将维持非交战状态，其领海和陆上基地将为美国防御西半球所用。

美国至关重要的战略防御目标是确保西半球不受欧洲或亚洲军事政治大国的渗透，同时维护英国的安全，乃至最终保卫整个英联邦，使他们继续战斗下去；保障盟国海上交通线的畅通，运用一切军事力量和方式对轴心国阵营进行袭扰和发起小规模的攻势，及早将意大利剔除出局，占领发起最后反攻所需的区域阵地。

德国是轴心国最主要的成员，所以大西洋和欧洲地区应是决定性的战场，美国主要的军事力量将部署在该战场，美军在其他战场的作战行动将服从这一目标。美国海军的主要任务是确保盟国大西洋运输的安全，尤其是西北部通往英国航线的安全，因此在地中海地区的作战行动应是居于次要地位的，但维持英国和其他盟国在地中海或者附近地区的军事阵地是非常重要的，因为这可以阻止轴心国渗透并控制北非地区。

即使日本最初未站在轴心国一方参战，盟国也应部署力量预防其最终参战。如果日本参战，远东的军事战略将是防御性的，美国不打算加强其在远东已有的军事力量，但将以发起进攻的方式部署太平洋舰队，以求最好地削

---

① Congress of the United States, *Pearl Harbor Attack*：*Hearingss before the Joint Committee on the Investigation of the Pearl Harbor Attack*（hereafter as *Hearings of Pearl Harbor Attack*），79th Congress，2nd Session. Washington，D. C.：United States Government Printing Office，1946，Part 3，p. 995.

② "ABC—22"为美国和加拿大的联合防御计划，详见：Steven T. Ross，ed.，*American War Plans*，*1919-1941*，Vol. 4，pp. 149-165.

弱日本的经济力量，分散在马来亚的日军，从而支持"马来屏障"①的防御。而英联邦因美国集中力量于大西洋和地中海，可以抽调必要的力量前往远东地区。

盟国陆军的主要使命是抵御对英国的入侵，保卫西半球，保护外围的军事基地和具有战略重要性的岛屿，美国地面部队重点是支持海空军保卫西半球或者在毗邻大西洋的地区开展作战行动，主要为美国使用的海空军基地提供地面防空。

盟国的空军使命在于对轴心国的军事力量展开军事行动，为海军和陆军的行动提供支持，美国陆军航空兵将支持陆海军保卫西半球或者在毗邻大西洋的地区开展作战行动，主要为美国海军基地或其他指定的基地提供空中保护，美国空军的轰炸机部队将同英国皇家空军合作，重点对德国军事力量的源头实施打击。

只要可行，美国军事力量将从英伦岛屿之外获取后勤保障，一国的军事基地、维修设施和后勤补给，出于赢得战争的需要，可以由另一国使用。美军在西大西洋范围内的进攻行动限于空军、海军水面和水下力量的袭击；美国陆军即刻的首要任务是为向轴心国发起大规模进攻集结地面和空中力量，而其最初的行动应限于物资上不会使上述首要任务受到阻碍的行动。

此外，"彩虹"计划5还列入了美英"ABC—1"计划所达成的两国军事力量合作领域的各项原则，较详细地指明了美国各军种在全球不同地区的作战使命和部署方案，以及相关的后勤保障措施，并建议在外交上应寻求拉美国家或相关国家对美军使用其军事基地的认可，给予流亡政府、中国、中立国和被占领地区的人民以外交上和经济上的支持，鼓励他们继续反对轴心国。②

11月7日，联合计划委员会根据相关意见对"彩虹"计划5进行了修订，但基本的原则并未改变，11月19日获联合委员会通过。③

"彩虹"计划5不但建立在两洋作战设想的基础之上，而且设想的是一场

---

① 马来屏障(Malay Barrier)，是指马来亚—苏门答腊—爪哇—小巽他群岛—澳大利亚的防线。

② Steven T. Ross，ed.，*American War Plans*，1919-1941，Vol. 5，pp. 3-43.

③ Steven T. Ross，ed.，*American War Plans*，1919-1941，Vol. 5，pp. 97-141.

全球性的联盟战争，更符合当时的国际政治形势。尽管该计划提出的"德国第一"的战略原则在以往美国军方的战争计划中有所体现，并非新鲜的事物，但"德国第一"或"大西洋第一"的先欧后亚战略成为美国参战后盟国共同的战略指导原则。

**四、"彩虹"计划的意义**

"彩虹"计划1、3、4假定没有盟国协助美国抗击轴心国的联合进攻，计划2和5的基本政治假定则是与英法结盟。虽然考虑了结盟的可能性，但计划人员仍把在没有盟国的情况下单独抗击德日攻击、保卫西半球列为重点，因为"除了在西半球进行防御，其余任何一种战略都得不到政治上的支持"①。因此，专注于西半球防御的"彩虹"计划1是其他4个计划的基础前提。

"彩虹"计划2、3强调在太平洋采取攻势，前者设想有盟国英法的支持，在1939年战争爆发初期，它一度贴近时局；后者则更像是原来的"橙色"计划。"彩虹"计划4则是扩大版的"彩虹"计划1，在法国投降后，应形势发展而制订，强调的仍是西半球的防御。相对于其他4个计划，"彩虹"计划5更接近美国参战时的现实情景，"尽管当时并未预见会如此"②。

1941年8月6日，联合委员会正式取消了"彩虹"计划2和3，1942年5月4日正式取消了"彩虹"计划1和4。建立在援助英国基础上并以"德国第一"为主要战略原则的"彩虹"计划5，成为美国参战后的战略计划。

应该说，尽管"彩虹"系列计划的最终命运不同，但其制订和修订的意义重大，就如军史学家史蒂文·罗斯所言："国家的政治和军事领导人在开战之前就达成了基本的战略决定用以指导联盟战争，这在美国历史上还是第一次。"③另一位美国军史学家莫里斯·马特洛夫也指出，这是"美国第一次在参

---

① ［美］阿伦·米利特、［美］彼得·马斯洛斯金：《美国军事史》，军事科学院外国军事研究部译，军事科学出版社1989年版，第398页。

② Louis B. Morton, *Strategy and Command*: *The First Two Years*, Washington, D. C.: Office of the Chief of Military History Department of the Army, 1962, p. 72.

③ Steven T. Ross, ed., *American War Plans*, *1919-1941*, Vol. 3, p. xiv.

加一场战争之前，就有相当超前的关于如何进行这场战争的战略思想"①。

然而，即使"彩虹"计划 5 也主要是一份军事作战计划，并非更全面的国家战略。当时任职于陆军总参谋部战争计划局的阿尔伯特·魏德迈（Albert C. Wedemeyer）少校认为，即使是新制订的"彩虹"系列计划，实际上也只是美国针对外来入侵以纯军事的方式作出反应的应急方案而已。②

# 第五节 "胜利"计划

"胜利"计划（Victory Plan 或 Victory Program），由美国陆海军联合计划委员会完成于 1941 年 9 月 11 日，正式名称为《联合委员会关于美国总体生产需求的评估》（Joint Board Estimate of United States Over-all Production Prequirements）。按照该计划的主要起草负责人阿尔伯特·魏德迈的话来说，"胜利"计划的目的在于："向政府提供打败我们的'潜在敌人'所需的人力、工业和运输动员方面的数据和看法。"③虽然魏德迈自谦地评价称"胜利"计划"既非一个战略计划，也非一个战术计划"④，但有学者指出，该计划"远非一份后勤计划或者一份动员计划，事实上是关于美国战略的全面阐述，被当作是一份国家准备战争的基础性规划文件"⑤。

## 一、计划的制订

第二次世界大战爆发后，罗斯福总统采取了除宣战以外尽一切可能援助英法的政策。1940 年 6 月法国败亡后，美国政府加快了重整军备的步伐，也更加认识到英国的继续抵抗对美国安全的重要意义。尽管国内的孤立主义势

---

① ［美］莫里斯·马特洛夫：《盟国的欧洲战略（1939 年至 1945 年）》，见［美］彼得·帕雷特主编，［美］戈登·A·克雷格、［美］费利克斯·吉尔伯特编：《现代战略的缔造者：从马基雅维利到核时代》，第 664 页。

② Charles E. Kirkpatrick, *An Unknown Future and a Doubtful Present：Writing the Victory Plan of 1941*，p. 55.

③ Albert C. Wedemeyer, *Wedemeyer Reports*！New York：Henry Holt & Company, 1958，p. 63.

④ Albert C. Wedemeyer, *Wedemeyer Reports*！p. 65.

⑤ Charles E. Kirkpatrick, *An Unknown Future and a Doubtful Present：Writing the Victory Plan of 1941*，p. 122.

力依然具有相当大的政治影响力，但相信美国迟早将卷入战争的人越来越多。

在这一时期，美国军方制订的在参战情形下的军事联盟战略逐渐明朗，美国也拥有世界最强大的工业生产能力，但如何将这种能力转化为战斗力，既对盟国进行必要援助，又不至于严重影响自身的战时需要，这是一个亟待解决的紧迫问题。

1941年1月29日至3月29日，美英军方高级参谋人员在华盛顿秘密举行了确定"先欧后亚"战略的"ABC"会谈，表明美国在政治军事上已坚定地站在了英国一方。3月11日，美国参众两院通过的《租借法案》生效，授权总统可以向对美国国防至关重要的任何国家予以物资援助。这一度引起了美国自身需要与盟国需要之间相当大的混乱，原来着眼于西半球防御的军工生产难以满足对外援助的要求，而且相关部门缺乏来自政府最高层的政策指导，对未来的国家战略方针没有清晰的了解，这进一步加剧了因租借援助所引发的物资分配领域的混乱。例如魏德迈指出："从一开始，马歇尔将军及其参谋部的每名成员事实上都认为，罗斯福总统将之置于军方管理之外的租借计划即使不会确实阻碍，也会妨碍美国全部的军事计划制订工作。"[1]

为此，4月18日陆军部负责物资采购的副部长罗伯特·帕特森(Robert P. Patterson)起草了一份备忘录给部长亨利·史汀生(Henry Stimson)，建议应充分动员和利用国家的工业生产能力和人力资源，而且最高当局应对国家的战争政策给予明确的界定。他指出：

> 应在适当假定可能的敌人和盟友以及作战行动战场的基础上，尽快就取得胜利所需的生产努力作出决定。可以推定，我国及其盟国可用的军需品数量必须在一个足够的程度上超出敌国可用的军需品数量。建议成立一个联合委员会提出恰当的建议，成员包括陆军、海军、海事委员会和生产管理局的代表。无论如何，这个委员会需要一个有关陆军部所要求的最终军需品生产的决定，以便能够开始制订适当的计划。[2]

---

[1]　Albert C. Wedemeyer, *Wedemeyer Reports*！ p. 69.

[2]　Mark S. Watson, *Chief of Staff：Prewar Plans and Preparations*, p. 332.

帕特森的备忘录经史汀生递交给了罗斯福总统，引起了白宫的重视。魏德迈认为："完全可能，帕特森的备忘录促使总统下达了 1941 年 7 月的命令，随之产生了'胜利'计划。"①

7 月 9 日，在被其他事务耽搁近 3 个月之后，罗斯福致函海军部长弗兰克·诺克斯（Frank Knox）：

> 我希望，你或由你指派的合适代表，与陆军部长及其代表一道，立即着手研究打败我们潜在敌人所需的总的生产需求。我知道，这种报告将需要涉及适当假定我们可能的盟友和敌人，以及假定展开行动的战场。
>
> 我希望，你对在你看来需要在数量上足够超出我们潜在敌人所拥有的各类型军需物品和技术装备进行研究。通过你的报告，我们将能够确立一个军需生产目标，用以指导国家所需的工业生产能力。
>
> 我不是要求一份详细的报告，而是一份在范围广泛的情况下能够覆盖我们国防最关键的领域，接着能够由生产管理局将其转化为实际生产的报告。在我看来，我们现在需要了解我们计划的整体情况，即使在以后的日子里可以对其作出修改。②

第二天，诺克斯要求海军作战部长斯塔克指示海军战争计划局着手相关研究，并指出陆军部长史汀生已向陆军总参谋部战争计划局作出了同样的指示。③ 随后，海军作战部长斯塔克建议联合委员会命令联合计划委员会提交相关报告，并建议马歇尔与他一同任命专家小组以协助联合计划委员会的工作。④

然而，陆军总参谋部战争计划局局长李·杰罗（Lee S. Gerow）指出，仅仅简单地认为在军需物资的数量上超过敌人是不够的，"我们必须首先确定如何打败我们潜在敌人的战略构想，然后再决定实施战略作战行动所需的主要军

---

① Albert C. Wedemeyer, *Wedemeyer Reports*! p. 70.
② Steven T. Ross, ed., *American War Plans*, 1919-1941, Vol. 5, pp. 146-147.
③ Steven T. Ross, ed., *American War Plans*, 1919-1941, Vol. 5, p. 149.
④ Steven T. Ross, ed., *American War Plans*, 1919-1941, Vol. 5, p. 151.

事部门(空军、海军和陆军)……赢得战争是靠由训练有素的部队去加以执行的正确战略,而这些部队应进行充分且有效的装备"①。杰罗的这个观点得到了肯定,计划制订工作即按照这种思路进行。

之前在陆军总参谋部战争计划局主要负责陆军的物资需求和对主要参战国的战争能力进行评估研究的阿尔伯特·魏德迈少校,受命负责整个计划的基础部分和陆军部分。在回忆录中,他写道:"这不是一个特定个人或部门的成果。我碰巧成为负责基础工作的官员——设想国家的目标、大致的操作方案以及依据主要的军事部门估算所需的军事力量。"②

"胜利"计划一直处于秘密进行的状态之中,"国民对战争与和平问题的敏感意味着他(魏德迈)的工作迹象不允许被透露给媒体……他不得不对他的咨询和所要的资料进行遮掩,以掩盖他计划的最终目的"③。为完成所指派的任务,魏德迈拜访了数百位政治领袖、企业家和军方领导人。然而,他无法得到来自最高层的关于国家战略的政策指导,只能凭借自己的分析与理解。1983年他在接受采访时提道:"不必说,在仅是讨论这些问题(为战争进行准备)通常就会被解读为密谋战争的时期,没有几个为此受到打扰的华盛顿高官能够提供重要的指导。"④

罗斯福在大西洋与丘吉尔会晤并得到其私人顾问哈里·霍普金斯(Harry Hopkins)从苏联回来所作的汇报后,8月30日指示陆军部:

我认为,向俄国提供所有合乎情理的军火援助对美国的安全而言是十分重要的……显而易见,早期的援助必须主要来自已订的产品。我希望,贵部协同海军部到1941年9月10日时向我提交关于在美国、英国、

①　Mark S. Watson, *Chief of Staff*: *Prewar Plans and Preparations*, pp. 342-343.

②　Albert C. Wedemeyer, *Wedemeyer Reports!* p. 63. 对魏德迈在完成"胜利"计划中的贡献,历史学家存在不同的解读,见 John J. McLaughlin, *General Albert Coady Wedemeyer*, *1897-1989*: *Soldier*, *Scholar*, *Statesman*, Dissertation for Doctoral Degree, Drew University, 2008, pp. 60-62.

③　Charles E. Kirkpatrick, *An Unkown Future and a Doubtful Present*: *Writing the Victory Plan of 1941*, pp. 58-59.

④　John J. McLaughlin, *General Albert Coady Wedemeyer*, *1897-1989*: *Soldier*, *Scholar*, *Statesman*, p. 38.

俄国和其他受援国之间分配预期的美国军火产品的建议……我还希望，在一般假定美国及其盟友可用的军火储备量大大超过轴心国可用的军火数量从而确保打败后者的情况下，你们对取得胜利所需的重要领域的总体生产努力得出总的结论。①

这对魏德迈已基本完成的计划产生了很大的影响，必须加以修改调整。此时，美国军方对苏联的要求考虑得很少，"计划人员对苏联长时间坚持的能力表示悲观，对中国的援助则主要取决于美国是否必须在远东进行一场战争，这大概是一个由日本而不是美国行动决定的问题"②。与此同时，英美军方代表在伦敦商讨两国战时物资需要和对苏援助的问题，英方向美方提交了依据"ABC—1"计划制订的英国版的"胜利"计划。美方同意将其与苏联的需要一同纳入美国总的计划考虑之中。③

另一方面，在"胜利"计划的制订过程中，海军部直至 8 月 30 日总统作出上述指示之时，"似乎对 8 周前总统指示共同完成的艰巨复杂的计划没有给予任何积极的合作"。直到 9 月 5 日，海军部送交陆军部一份 16 页的关于海军方面预计需求的报告，但陆军总参谋部战争计划局局长杰罗认为："报告的大部分内容没有对总统的指示作出回应。"在杰罗同海军战争计划局局长里士满·特纳（Richmond K. Turner）商谈之后，9 月 9 日海军部重新送交了一份经修订的报告，但陆军方面对报告仍有一些不认同的地方，尤其是涉及如何使用陆军军需品的敏感问题。马歇尔致函斯塔克指出，虽然美国应援助盟国，但海军报告建议给予盟国广泛的援助会误导总统，从而严重影响美国军队自身的需要，而且"陆军的事情，海军应接受陆军的研究，就像我们接受海军关于需求的看法、承认海军在有关海军问题上是专家那样"④。

由于陆军和海军需要对报告的内容做最后的协调，又要遵照总统关于 9

①　Mark S. Watson, *Chief of Staff：Prewar Plans and Preparations*，p. 348.

②　Richard M. Leighton and Robert W. Coakley, *Global Logistics and Strategy*，1940-1943，p. 129.

③　Richard M. Leighton and Robert W. Coakley, *Global Logistics and Strategy*，1940-1943，p. 129.

④　Mark S. Watson, *Chief of Staff：Prewar Plans and Preparations*，pp. 349-350.

月 10 日提交报告的指示,所以计划报告文本所注的日期是 9 月 11 日,但最终送交罗斯福的日期是 9 月 25 日。

**二、计划的内容**

"胜利"计划的内容分为 3 个部分:第 1 部分主要是有关敌我双方战略的分析;第 2 部分是有关海军物资生产的需求;第 3 部分是有关陆军物资生产的需求。相比第 2 部分的 12 页内容,第 3 部分(包括陆军航空队)竟达 117 页,而且第 1 部分事实上也是魏德迈负责完成的,足以证明陆军在制订该计划过程中所起的主导作用。

计划报告的第 1 部分首先指出,要解决总统 7 月 9 日指令中的问题,首要的是设想如何打败敌人,然后估计所需的军事力量,最后计算关键的装备需求;强调任何军事行动应依据建立在正确国家战略基础上的军事政策。其次阐述了主要的敌我力量构成:德国及其占领之下与之合作的所有军事力量、日本及伪"满洲国"、意大利、维希法国,加上可能的西班牙和葡萄牙,是潜在的敌人;英联邦、荷属东印度、中国、苏联、自由法国和德国占领之下的抵抗者、西半球的国家,是盟友或潜在的伙伴。

报告认为,美国的主要国家目标是:维持美国和西半球其余地区的领土、经济和意识形态的完整,阻止英帝国的解体,阻止日本进一步的领土扩张,在亚洲和欧洲建立有利于这些地区稳定和美国未来安全的力量均衡,在切实可行的情况下建立支持经济自由和个人自由的政权;阻止欧洲或亚洲的政治军事大国将势力延伸至西半球。只有通过美国军队或者友好国家的军队在西半球以外取得的军事胜利,才能实现上述目标。

如果德国成功征服整个欧洲,将会试图暂时与美国达成数年的和平去积蓄力量,但最终将力图征服南美和打败美国;在暂时的和平期间,德国将在南美进行渗透,建立亲德傀儡政权。如果日本打败中国和苏联,控制了关岛、马来亚和荷属东印度,将缔造"大东亚共荣圈",菲律宾将不可避免地落入日本之手;设想德国人民在不远的将来推翻纳粹政权是不太可能的,直到德国遭遇军事失败之前不会发生,即使建立一个新政权,也未必会同意美国的媾和条款。

要打败德国及其欧洲的附庸国,光靠欧洲盟国的力量是不够的,美国必须加入到战争之中,在东大西洋和欧洲或非洲,动用美国的一部分军事力量展开进攻行动。在缺少美国积极军事援助的情况下，英国和荷兰的军队难以抵挡日军的挺进，但目前预计日军不会进攻苏联东西伯利亚的共和国。

美国同时与德国和日本交战情况下总的生产物资需求，将分以下 2 种情形：与英联邦、荷属东印度、苏联和中国结盟的情况下参战；与加拿大、某些拉美国家、其他已被德国和日本打败的交战国结盟的情况下参战。在美国和盟国之间将以这种方式分配美国生产的物资，即有助于美国采取的最有利于打败我们共同敌人的军事战略能够取得成功。

接着，计划报告分析了敌人可能的主要战略的特点。德国目前阶段的战争目标是：在军事和政治上完全统治欧洲，大概还有西北非地区；如果该目标实现，德国可能在短暂的和平时期重组欧洲和积蓄力量，以备进一步的冒险行动，但不排除德国立即继续向印度、南部非洲或南美洲展开行动。德国主要战略目标及其手段具体为以下部分或全部：征服苏联的欧洲部分，打败其军队，推翻苏维埃政权，但最终的胜利仍然处于不确定当中；通过轰炸和袭扰海上运输，摧毁英国的抵抗能力，但目前入侵英国的条件还不具备；征服埃及、叙利亚、伊拉克和伊朗，但胜利取决于英国和苏联的防御以及意大利提供援助的能力；占领西班牙、葡萄牙、摩洛哥、法属西非、塞内加尔和大西洋岛屿，以加强对英国海上运输的袭扰，防止这些地区被对手占领。当德国军队远离其本土作战时，将面临运输补给的困难，其军事上的失败将影响纳粹统治的稳定，盟国制订战略时应考虑这种重要的可能性。

日本的目标是建立"大东亚共荣圈"，包括东西伯利亚、中国东部、印度支那、泰国、马来亚、荷属东印度、菲律宾，或者还有缅甸。在视欧洲战事结果而定的情况下，日本的战略行动可能是：在联合舰队的支持下，通过部署小规模的海军和大批的空军力量，在日本委任统治的岛屿建立和维持有效的屏障，从而对美国海军和美英两国在中部和东部太平洋的交通线构成威胁；通过联合舰队的支援，占领东西伯利亚地区；征服泰国、马来亚、荷属东印度和菲律宾，但由于缺乏装备和物资原料，日军不可能同时向北和向南发起大规模作战行动。从印度支那北部向云南发起攻势，以切断滇缅公路和削弱国民党军队的抵抗能力，可能对缅甸发起进攻以配合上述行动。日军所有这些行动将远离本土，如果遭遇顽强和长期的抵抗，日军持续进攻的能力将成问题，但对手明显的弱点和缺乏团结将使其在未来数月内能够实现其中任一目标。

关于美国及其盟国的战略，首要目标是：在军事上彻底打败德国。如果德国被打败，其整个欧洲体系将崩溃，日本可能被迫放弃大多数占领的领土，除非美国及其盟国在力量上难以继续同它作战。敌我之间尚无定论的和平可能给德国以喘息和重整欧洲的机会，即使英联邦和苏联被彻底打败，美国也将不顾艰难继续同德国作战。在最近的将来，美国的主要战略方式应是：向目前针对德国的军事作战行动提供物资支持，通过积极参战的方式提供来自美国的援助，同时遏制日本未来的扩张。除了苏联以外，盟国的主要力量是海军和空军，但是仅靠它们是不够的，只有陆军才能最终赢得战争。在最近的将来，美国及其盟国要针对德国的心脏地带成功地发动地面攻势是难以做到的，但防守行动无法打败德国，所以必须采用除在欧洲发动地面攻势以外的积极战略进攻方式：继续经济封锁，在德国力量薄弱的边远地区发起地面攻势，对德国的军事、经济和工业资源发起空中和海上的进攻，支持被占领地区的颠覆活动。针对日本的战略方式应是：顽强防守西伯利亚和马来亚，通过封锁发起经济攻势，通过袭击削弱日本的军事力量，中国则对日本占领军发起进攻。

美国及其盟国具体的战略目标和实现手段是：确保西半球的安全，维系英国的安全，保证世界范围内盟国海上交通线的畅通，实施经济封锁，英国继续控制红海、伊拉克和伊朗，维持苏联战线的积极抵抗，阻止轴心国渗入西北非和大西洋岛屿，保住菲律宾、马来亚、荷属东印度、澳大利亚和新西兰及附近太平洋岛屿、缅甸和中国，苏联继续守住东西伯利亚。

美国对盟国的物资援助应同美国的需要相一致。在涉及美国军事力量的建议时，应部分或全部考虑以下原则：由于盟国的主要力量是海军和空军，所以美国海军当局认为实施的海军战略应建立在进攻的基础上，在德国陆军无法全力施展的地方部署美国的地面部队；美国陆军当局则认为上述战略难以打败德国，有必要同欧洲大陆的德军交战，为实现这一目标而向地面部队提供所需的物资装备应是总体生产需要的一部分；美国及其盟国应适当考虑美国总体生产能力中的差异、可用物资方面的差异、军队所需人力与工业和民事部门所需人力之间的平衡，高度机械化使得比以往的战争需更多地投入人力于工业领域；恰当运用外交、经济、金融和宣传武器，以减少直接军事努力的压力；应减轻战争努力的重负，以维持国民战斗的士气和意志。

第 2 部分的海军计划设想将于 1946 年 12 月 31 日完成。计划提出，要在东大西洋和中、西太平洋发起强大攻势，海军及海军航空兵需要 125 万人（其中航空兵 15 万人）；各类作战舰只共 1 093 艘，其中战列舰 32 艘、航空母舰 24 艘、大型巡洋舰 10 艘、重型巡洋舰 26 艘、轻型巡洋舰 75 艘、驱逐舰 444 艘、潜水艇 238 艘；海军各引擎作战飞机总共 21 068 架（年度更新 1.8 万架），其中战斗机 16 850 架、训练等其他用途的飞机 4 218 架。需要对世界范围内不同海岸基地的防御作出规划。向英联邦提供 30 万吨的作战舰只，向拉美国家提供 200 万吨的作战舰只，为英国海军 25％的作战舰只的修缮提供临时性的设施。1944 年 12 月 31 日完成的商船吨位计划，将美国的商业船队吨位增加至 1 800 万吨，其中 60 万吨用于海军，向英联邦提供 600 万吨。美国民众所需的民用制造品、加工品和原材料将由其他军事部门制订计划，盟国这方面的需求应注意在美国以外地区建立原材料和工业生产设施的重要性。

在第 3 部分的陆军计划中，首先强调的是海空军尽管能够作出巨大贡献，但必须有强大的陆军才能彻底赢得战争的胜利，应具备为防御美国、西半球、欧洲及其他重要地区的美军和盟军提供装备的生产能力，对盟军提供装备的数量应视美国的战略需要以及盟国使用装备的效率而定。

接着指出，中欧是战争的主战场，非洲、近东、伊比利亚半岛、斯堪的纳维亚半岛和远东是辅助战场。应扫清轴心国及其附庸国水面和水下的舰只，尤其是在大西洋和临近欧洲的水域。应取得压倒性的空中优势。通过持续破坏交通线、港口、工业设施和阻断原材料供应，使德国的经济和工业生产陷入瘫痪，通过各种手段削弱德军的战斗力。保住已有的军事基地，同时建立用于包围敌人的其他基地以备空中摧毁德国经济和工业所用，但派驻这些基地的地面部队不能分散打败德国这一主要任务所需的地面军事力量。在欧洲战场实施进攻战略的同时，在太平洋战场则应采取防御态势。

计划报告强调，过去的经验表明，在制订出计划到执行之间所需的时间一般为 1 年半至 2 年。据估计，至 1942 年 7 月 1 日，德军将占领白海、莫斯科和伏尔加河及以西的苏联领土，进一步向东进攻则可能需要 1 年的时间，美军训练、装备和行动的时间表很大程度上将受苏联战场形势的影响，因此面临 2 种可能性：一是迅速集中所有力量在敌人能够从苏联抽身之前对其展开决定性的攻势，二是进行长期的消耗战。按照目前的生产进度，很快能具备防御海外基地和西半球的军事能力，但不具备及时发起决定性攻势的力量，如果盟军能够占领并坚守即刻采取空中行动且随后发起地面行动的军事基地，那么将大大有助于早日决定性地打败轴心国。当前美国大部分的生产不得不用于支持英国和其他盟国，从而使美军无法发动攻势，但耽搁的时间越长，取得胜利的难度将越大。1943 年 7 月 1 日是提供实施我们所计划的行动所需装备的最早日期，如果全面动用美国的工业潜力，能够加以实现。

到 1943 年 7 月 1 日时，世界形势可能是：一方面，苏军在欧洲已无能为力，只能在西伯利亚抵抗；另一方面，由于遭受经济封锁、苏联战场的损失、英国海空军的行动、无法迅速利用苏联的工业和原材料、人民士气的低落，德国的军事力量被大大削弱；日军将完全深陷在中国的军事行动，并受苏联远东军队的牵制，或者遭受美国、英国军事和经济上的报复；通过组建和装备额外的作战部队，英国及盟国能够增加军事力量，法国则可能继续同德国消极合作；对地中海战场的控制，包括北非和近东，依然是难解难分；美国成为一个积极的交战国，将通力合作以打败德国。

如果以上形势判断成立，届时可能只有英国以及北非和近东还由盟军控制，最终打败德国则需要在伊比利亚半岛、斯堪的纳维亚半岛、西北非建立军事基地，为此需要合理部署军事力量和相应的人员、物资装备补给。到 1943 年 7 月 1 日时，预计轴心国在欧洲—近东战场有大约 400 个师，盟军大约有 100 个师，因此盟军最终发起进攻行动需要大约 700 个师，加上辅助部队，人数将近 2 200 万人，再加上已有的部队人数，这将对经济和工业生产造成极大的压力，如果有效部署地面和空中力量、加紧经济封锁，将能够减少上述所预计的人数。

计划报告接着指出，逐步收紧对德国的包围圈是唯一现实可行并有效地给德国造成军事和经济压力的方式，失去潜在的军事基地将给战略实施带来极大的困难和代价，而且现代的作战手段能使敌人以前所未有的速度集结力量，应避免重蹈挪威、法国、巴尔干等地区盟军的覆辙。

船舶运输是一个瓶颈问题。在大约 1 年的时间内运送 500 万人及其装备前往欧洲，需要大约 700 万吨船舶或者 1 000 条船只，而维持这一部队的战斗力则需要大约 1 000 万吨船舶或 1 500 条船只，但即使船只具备，欧洲的形势也不可能以使如此大规模的军队在 1 年时限内横渡大西洋的方式发展，而且大规模部队的集结可能至少需要 2 年时间。

之前预估的实现国家目标所需的和生产能力能够支持的军事力量可能是不够的或不恰当的，没人能够准确预测到 1943 年 7 月 1 日时美国所面临的形势，我们可能需要更大规模的军事力量以及更大数量的相应装备，重点则放在满足欧洲主战场的作战需要上。总的来说，需要 5 个野战集团军，大约 215 个师（包括步兵师、装甲师、机械化步兵师、伞兵师、山地师和骑兵师），地面部队总人数为 6 745 658 人，其中预备力量 300 万人；陆军航空队 205 万人，因此陆军总人数为 8 795 658 人。

最后，计划报告用大量的篇幅对陆军各兵种的力量组成、所需主要各类型装备的数量、在全球范围内的部署及作战目标、美国的生产能力等作了十分细致的规划。①

### 三、"胜利"计划的意义

"胜利"计划可以说是"ABC—1"计划和"彩虹"计划 5 的配套计划，是从经济生产的角度去实现既定的战略目标，它标志着参战前美国从西半球战略到全球战略的完成。美国军史学者柯克帕特里克指出："'胜利'计划是使美国准备好进行一场远离其国土的战争所采取的最初的基本步骤之一。魏德迈的评估显示了，在当今时代，动员是一个复杂和动态的过程，其间计划必须找到许多微妙的和环环相扣的平衡。"②另一美国学者约翰·麦克劳克林评价："这是一项艰巨的任务和完整的文献，最后证明是美国欧洲作战行动理念的蓝图，具有极其重要的意义。"③

很大程度上，该计划并非仅仅是军方的后勤或动员方案，而是美国战时的综合性国家战略。曾担任罗斯福总统写作班子成员的罗伯特·舍伍德指出："据我看来，这是美国历史上最卓越的文件之一，因为它在这个国家卷入战争

---

① Steven T. Ross, ed. , *American War Plans*, *1919-1941*, Vol. 5, pp. 158-298.

② Charles E. Kirkpatrick, *An Unkown Future and a Doubtful Present*：*Writing the Victory Plan of 1941*, p. 122.

③ John J. McLaughlin, *General Albert Coady Wedemeyer*, *1897-1989*：*Soldier*, *Scholar*, *Statesman*, p. 35.

之前就制定了全球战争的基本战略。"①另一方面，在"胜利"计划被泄露之后，孤立主义者的报纸将其描述成"罗斯福的战争计划"，是一份冲突的详细时间表，诋毁性地称："1943年7月1日被定为美国陆军开始战败强大的德国驻欧洲军队的最后决战日。"②

此外，该计划中的一些数字同现实中的数字十分接近，例如到1945年5月31日时美国陆军总的人数为8 291 336人，接近所估计的8 795 658人。③事实上，最初计划中的一些数据后来随着战争形势的发展而发生相应调整，就如魏德迈所言的："胜利计划决不是一成不变的。随着时间的过去，将作出调整以适应日益增长的生产能力、新的科学技术发展以及广阔战场的需求。"④

然而，计划也存在诸多的问题。例如所估计的地面部队215个师，其中装甲师61个，实际为91个师，其中装甲师16个。⑤ 在美国军史学者莱顿和科克利看来，该计划"既含糊又不完整……没能弥合军种间在战略上的基本分歧，实际的对外援助计划存在各种不完整性，并且大多是缺乏关联性的"，但他们也承认："'胜利'计划的战略估计是第一次真正调查全面参与战争的意义。"⑥另外，约翰·麦克劳克林认为，"胜利"计划的大部分内容完全符合英国人的战略目标，"只有一项特别的内容，尽管较为含糊，但以后当它成为原定于1943年发起的横渡英吉利海峡作战行动的基础时，显示出了极其重要的意义"⑦。

总的来说，"胜利"计划不失为一项伟大的战略计划，是实现罗斯福总统有关美国成为"民主国家兵工厂"构想的重要举措，不但为美国自身的战争努力，而且为整个反法西斯同盟最终赢得战争，提供了基础性的战略设计。

---

① ［美］舍伍德：《罗斯福与霍普金斯——二次大战时期白宫实录》上册，福建师范大学外语系编译室译，商务印书馆1980年版，第552页。

② ［美］福雷斯特·C·波格：《马歇尔传(1939—1942)》，第148页。

③ Mark S. Watson, *Chief of Staff*: *Prewar Plans and Preparations*, p. 344.

④ Albert C. Wedemeyer, *Wedemeyer Reports*! p. 65.

⑤ Mark S. Watson, *Chief of Staff*: *Prewar Plans and Preparations*, p. 344.

⑥ Richard M. Leighton and Robert W. Coakley, *Global Logistics and Strategy*, 1940-1943, pp. 128, 134.

⑦ John J. McLaughlin, *General Albert Coady Wedemeyer*, 1897-1989: *Soldier, Scholar, Statesman*, pp. 42-43.

# 第二编

# 走向同盟

# 第　三　章

# 美国和平计划的失败

1937年至1938年初，面对德意日法西斯的侵略扩张政策，美国罗斯福政府曾提出召开国际和平会议以维持世界和平的倡议，并与英国进行了断断续续的秘密接触和谈判。这是美国在《中立法》束缚下企图在国际事务中发挥主导作用的第一次尝试，但因德国和英国拒绝合作而受到挫折。

## 第一节　1937年美英关于罗斯福和平会议计划的秘密谈判

1935年8月美国国会在意埃战争爆发前通过有效期为6个月的强制性中立法案，1936年2月国会又通过有效期为14个月的第一次《中立法》修正案，表明了美国要置身于欧洲事务之外的决心。

但是1936年3月希特勒重新占领莱茵非军事区的行动，同年7月爆发的西班牙内战，以及意大利和德国对这场内战的干涉而导致的欧洲局势的再度紧张，使美国总统富兰克林·D·罗斯福并不相信在欧洲发生战争的情况下，美国真的能够置身事外。因此，他于8月14日在肖托夸的演说中，一方面强调美国要"避免承担可能使我们卷入国外战争的政治义务"，"维护美国的中立"，另一方面也指出美国不应忽视"对合众国的未来大概会有重大影响的一些问题和争端"，并暗示美国有被拖入战争的危险。①

国际形势的发展很快证明罗斯福的担忧并非没有道理。在共同干涉西班牙内战的过程中，德国和意大利于 1936 年 10 月建立了柏林—罗马轴心，一个月后德国便与日本签订了《反共产国际协定》，至此，三个法西斯国家已经结成了初步联盟。

### 一、美国和平会议计划的提出

面对不断恶化的国际形势，罗斯福也在考虑美国在当前的世界事务中可能扮演什么角色的问题，并逐渐形成了一个想法，即在他重新当选总统之后，将召开各国首脑会议，讨论和平裁军、排除贸易障碍和普遍降低关税壁垒等问题，以缓和国际紧张局势。② 他希望"通过为德国人民提供生存空间而使局势平静下来，并制止希特勒发动战争"③。如果"强盗国家"拒绝参加，或在会上不作出令人满意的保证，爱好和平的国家之间就应订立秘密协定。④

与此同时，美国国务院也在考虑同样的问题。1937 年 1 月 18 日，国务卿科德尔·赫尔（Cordell Hull）在一份关于美国可能对欧洲和解作出贡献的备忘录中，设想了一个欧洲问题的全面解决方案，它将包括军备限制、政治保证和殖民地的重新调整。美国不会参与政治方面的缓和，但准备在经济领域作出重大贡献。进出口银行可以对柏林提供商业信贷，并给予贷款以重建经济。美国还准备与第三帝国签订贸易协定，并讨论平等地获得原料的问题。作为交换，将要求德国放弃自给自足的经济体制和扩充军备。⑤

总之，美国希望通过召开世界和平会议的方法，在美国不承担政治义务

---

① 全文见［美］富兰克林·德·罗斯福：《罗斯福选集》，关在汉编译，商务印书馆 1982 年版，第 129—135 页。

② 这一想法是通过《纽约时报》在 1936 年 8 月 26 日透露出去的。参见［美］罗伯特·达莱克：《罗斯福与美国对外政策》上册，伊伟、丁耀林、张震文等译，白自然校，商务印书馆 1984 年版，第 185—186 页；C. A. MacDonald, *The United States*, *Britain and Appeasement*, *1936-1939*, Hong Kong: The Macmillan Press LTD, 1981, pp. 2-3.

③ 参见 C. A. MacDonald, *The United States*, *Britain and Appeasement*, *1936-1939*, p. 9.

④ 这是 1936 年 11 月美国驻德国大使威廉·多德对英国大使埃里克·菲普斯爵士的谈话。见［英］安东尼·艾登：《艾登回忆录——面对独裁者》下卷，第 942 页。

⑤ C. A. MacDonald, *The United States*, *Britain and Appeasement*, *1936-1939*, pp. 9-10.

的前提下，通过满足德国在经济、军备限制和殖民地的重新调整等方面的要求，使欧洲的紧张局势缓和下来。另外，罗斯福还认为，要召开这样的会议，除了取得德国的同意之外，更重要的是获得英国与美国合作的保证。

为此，罗斯福首先派美国驻苏联大使约瑟夫·E·戴维斯(Joseph E. Davies)作为总统的代表到柏林进行探询，"就德国与法、英的关系和欧洲和平之间的形势问题"，草拟"一份综合调查"报告，查明希特勒是想要战争，还是真正想要和平。① 然而美国的打算并没有得到德国的积极响应。尽管德国经济部长、德意志银行总裁亚尔马·沙赫特(Hjalmar Horace Greeley Schacht)在 1 月 20 日对约瑟夫·E·戴维斯说，他希望罗斯福在华盛顿召开一次世界和平会议解决德国对殖民地的要求，但是外交部长康斯坦丁·冯·牛赖特(Konstantin von Neurath)在 3 月 4 日会晤美国驻德国大使威廉·多德(William Dodd)时却强硬地表示："只有其他国家同意裁减军备，我们才会同意这样做"，和平会议不能达到任何目的。②

**二、美英秘密协商**

在询问德国意见的同时，美国更希望了解英国对美国倡议的态度，并争取和英国政府采取一致行动。为此，从 2 月到 9 月，美英两国断断续续进行了大约 8 个月的秘密接触和谈判。

为了获得英国对美国倡议的支持，美国政府同时通过几条渠道展开工作。

第一条渠道是罗斯福通过美国财政部长亨利·摩根索(Henry Morgenthau)向当时任英国财政大臣的内维尔·张伯伦发出呼吁；第二条渠道是罗斯福指示无任所大使诺曼·戴维斯(Norman Davis)在去伦敦开会期间探明英国政府高级官员的反应。另外，美国驻英国大使罗伯特·宾厄姆(Robert Bingham)也根据总统的特别指令，在 3 月 20 日向英国外交大臣安东尼·艾登询问对罗斯福总统打算提出一些力求改进当前国际局势的和平倡议的看法。③

---

① C. A. MacDonald, *The United States，Britain and Appeasement，1936-1939*，pp. 8-9.

② The U. S. Department of State (ed.), *Foreign Relations of the United States：Diplomatic Papers*(以下简写为 *FRUS*)，*1937*，Vol. 1，Washington, D. C.：United States Government Printing Office，1954，pp. 29-30，640-641.

③ [英]安东尼·艾登：《艾登回忆录——面对独裁者》下卷，第 946—948 页。

1937年2月11日，摩根索同即将返回伦敦的英国驻美商务参赞肯尼思·比尤利(Kenneth Beaulieu)会谈。摩根索首先说明，他的谈话是机密的，而且是受到罗斯福的委托的。他要比尤利带一封信给张伯伦，信的大意是：摩根索对国际财政前景甚感忧虑。他认为军备开支是困难的根源，希望了解张伯伦能否就此问题提出任何建议。在第二次会晤时，摩根索说，他曾和总统讨论过欧洲局势。他认为，如果美国和英国提出大胆倡议，也许可以挽回局势。他想了解英国能否提出什么倡议，并强调除总统外，其他人均不知道这个想法。①

但是张伯伦并不认同摩根索的想法。他在3月26日给摩根索的复信中明确地表示，英国不考虑召开一次裁军会议，并指出欧洲动荡不安的责任在于德国。至于谈到美国的行动，信中指出：美国禁止输出武器和弹药"成了对侵略者间接的却有力的鼓励"；美国对世界和平所能作出的"最大的唯一贡献"，就是修改现有的《中立法》。此外，张伯伦还建议美国在远东助英国一臂之力。他说，德日协定表明，如果英国深深卷入欧洲，它甚至不能指望日本会保持中立。美国只要能使"远东的局势稳定在目前这种程度"，就将大有裨益。另外张伯伦还表示英国愿意与美国签订贸易协定。② 因此摩根索的呼吁没有得到张伯伦的响应。

几乎与摩根索采取行动的同时，罗斯福本人在2月会见了即将出席4月在伦敦召开的国际糖业会议的美国代表诺曼·戴维斯，指示他去考察欧洲各国政治家对世界形势发展趋势的看法，并看看是否能够找出一些使欧洲各国

---

① ［英］安东尼·艾登：《艾登回忆录——面对独裁者》下卷，第944页。

② 这封信的全文(未署日期)，见 *FRUS*，*1937*，Vol. 1，pp. 98-102；另可参见 John Morton Blum，*From the Morgenthau Diaries*，Vol. 1：*Years of Crisis*：*1928-1938*，Boston：Houghton Mifflin，1959，p. 464. 这封信是由艾登起草并与张伯伦进行了讨论，最后由张伯伦签署的，关于德国对欧洲的动荡不安负有责任的一段是张伯伦亲笔写的。参见［英］安东尼·艾登：《艾登回忆录——面对独裁者》下卷，第945页。

政府共同努力以阻止国际局势的迅速恶化的办法。①

　　2 月 16 日,国务院西欧司为诺曼·戴维斯的伦敦之行草拟了一份关于欧洲形势的长篇秘密备忘录,权衡了美国"对于一项和平解决方案作出贡献的可能性"。该备忘录认为,美国在欧洲的政治解决中当然只能具有"间接的利益",而在解决远东的动乱中却有着"直接的利益"。现在德国正处于战争与和平的中心,有利于和平的解决办法在于对下列问题作出回答:是否能够找到一个既不通过战争又不让德国在欧洲大陆上称雄,从而能够满足德国人民经济方面要求的这样一个妥协办法,或是否能为此而付出代价? 如果能够找到,战争就可避免;如果找不到,战争即使不是或许必然发生,也是有可能发生。该备忘录还指出,可以通过让德国获得原料的办法避免战争,并认为德国人民对军国主义和纳粹激进主义的支持是由于在经济上没有保障,因此"并没有把德国对殖民地的要求看成是完全不合理的要求而加以拒绝,而且正在考虑保证德国经济复兴的可能性,对此美国应尽一份责任"。备忘录坚持说,美国进行干预的"直接目的",是要促进事态,使之有可能导致一个政治方面和经济方面的全面解决方法,"该方案(或这种解决办法)将使德国不必再为从市场上获得德国领袖认为保持德国人民生活水平所必须的原料来源而竭力拼搏"。该备忘录还说明,美国首先要与联合王国达成协议,从而说服与德国问题"最直接有关"的英国"成为这一〔和平会议〕倡议的发起人",并能在满足德国的要求方面进行合作。②

　　根据罗斯福的指示和国务院上述备忘录的精神,出席伦敦国际糖业会议的诺曼·戴维斯于 4 月 10 日首先与英国外交大臣艾登举行了会谈。诺曼·戴维斯指出,尽管美国"非常关心经济复兴和裁减军备,也愿意为此目的而进行合作,但是,在任何争取恢复经济与和平的有效步骤中,英国都是不可缺少

---

　　① Dorothy Borg, *The United States and the Far Eastern Crisis of 1933-1938*：*From the Manchurian Incident through the Initial Stage of the Undeclared Sino-Japanese War*, Cambridge：Harvard University Press, 1964, p.374. 罗斯福还希望诺曼·戴维斯探明欧洲的政治家们对可能重组国际联盟以使其放弃政治职能并转变为一个经济委员会的反应,以及他们对签订一个关于太平洋区域"中立化"的全面协定的看法。

　　② 〔美〕阿诺德·A·奥夫纳:《美国的绥靖政策:1933—1938 年美国的外交政策与德国》,陈思民、余昌楷译,丁钟华校,商务印书馆 1987 年版,第 226—227 页;C. A. MacDonald, *The United States*, *Britain and Appeasement*, *1936-1939*, p.14.

的因素。如果他们不愿意支持任何人为达到这一目的而作出的任何努力……那么所有这些尝试都将是徒劳的"。他还反复说明,罗斯福总统绝不允许他自己卷入欧洲国家的政治纷争,但他愿意全心全意地加入到协调一致的努力当中,找到解决经济问题以及由于越来越激烈的军备竞赛而引发的问题的办法。但是艾登却认为,英国不能对一个全面的国际协议提出任何计划,因为这样做将被人们认为是英国衰弱的表现,并将有损于英国针对日本、德国和意大利的重整军备的努力;他还说,采取实际行动以达成国际协议的建议必须首先来自罗斯福总统,但他并不认为采取这个行动的时机已经成熟。① 因此会谈没有取得任何进展。

在诺曼·戴维斯逗留英国期间,他还于 4 月 29 日与即将成为英国首相的内维尔·张伯伦举行了会谈。尽管张伯伦表示对美国试图把欧洲的极权国家和民主国家拉到一起达成全面协议的想法很感兴趣,但对于召开一次会议来解决欧洲尚未解决的问题的前景更加不抱希望,同时他强烈地表明了希望按照他自己的方式追求这个目标。张伯伦说,在他看来"政治绥靖"必须先于"经济合作"和军备限制,"同时全面解决政治、经济和裁军问题是不可能的,需要分阶段进行……必须先进行政治磋商并达成初步协议,然后再采取使经济得以复兴的实质性步骤……包括……取消外汇管制和减少贸易限制。他还认为裁军必须放在最后解决,并暗示说,必须先使英国的重整军备达到一个较高阶段,然后再使之停下来,这才是现实可行的"②。

诺曼·戴维斯与英国政府官员进行的会谈,使他对召开一次国际会议的前景并不感到乐观,因此他写给罗斯福的关于这次试探结果的报告调子十分低沉。他说:"英国人不想采取任何主动行动来停止重整军备,也不希望其他任何人发起这种倡议。"③

---

　　① Dorothy Borg, *The United States and the Far Eastern Crisis of 1933-1938*, p. 375; C. A. MacDonald, *The United States, Britain and Appeasement, 1936-1939*, p. 25.

　　② Dorothy Borg, *The United States and the Far Eastern Crisis of 1933-1938*, pp. 375-376; C. A. MacDonald, *The United States, Britain and Appeasement, 1936-1939*, pp. 25-26.

　　③ C. A. MacDonald, *The United States, Britain and Appeasement, 1936-1939*, p. 26.

　　罗斯福对德国和英国的态度感到失望，但是，这并没有使他放弃由他提出一项和平倡议的想法，现在他集中力量努力争取英国的合作。在罗斯福的授意下，诺曼·戴维斯于6月10日写信给新任英国首相张伯伦。信中说，总统"非常希望有一个机会结识他并与他就共同的利益和共同关心的问题坦率地交换意见"，他还认为"在几个月内作出广泛一致的努力以达到经济复兴，财政稳定，限制军备乃至和平将是可能与可行的"，而这将主要取决于美英合作的开明政策。诺曼·戴维斯代表总统邀请张伯伦在9月下旬访问华盛顿，并说总统准备立即作出安排草拟出会谈的议程。① 但是，7月8日张伯伦以条件不成熟为由拒绝了这次邀请。他明确表示，他不同意美国所持的很快就能达成全面协议的看法。他指出，现在英国与德国人会晤的时机甚至尚未成熟，如果与德国人的会晤得以实现，他们也许会形成"指导向前发展的有价值的方针，从而为总统和我本人之间的会谈提供有益的准备"②。

　　但是，7月7日，日本悍然发动了全面侵略中国的战争，使远东的形势骤然紧张。在这种情况下，罗斯福感到更有必要与张伯伦会晤。于是，7月28日他又亲自给张伯伦写信，希望能够邀请他在秋初访问华盛顿。罗斯福强调"英美合作促进经济稳定与世界和平的重要性"，并欢迎张伯伦"另外提出一些能够使我们在最近的将来促进我们希冀的目标的准备步骤"③。然而，张伯伦在两个月之后才回复了总统的信件。他在9月28日的回信中说，鉴于目前的国际局势，他不能提出任何建议加快他的访问，"尽管欧洲的局势并不比几个月前更危险，但是离恢复极权国家和民主国家之间的真诚关系还差得很远……另一方面，远东的形势已经证明我们所有的最坏的担忧都是有道理的，而且目前我也看不出只靠西方国家的行动就能取得任何改善的希望"。于是张

---

　　① William R. Rock, *Chamberlain and Roosevelt: British Foreign Policy and the United States, 1937-1940*, Columbus: Ohio State University Press, 1988, p. 28; Dorothy Borg, *The United States and the Far Eastern Crisis of 1933-1938*, pp. 376-377.

　　② 参见 Dorothy Borg, *The United States and the Far Eastern Crisis of 1933-1938*, p. 377. 根据罗斯福在7月28日给张伯伦的另一封信所说，张伯伦对6月10日的信件所写的回信时间是7月8日，见 *FRUS, 1937*, Vol. 1, p. 113, 因此麦克唐纳在前引书第30页中所说日期为6月28日，有误。另外可参考 William R. Rock, *Chamberlain and Roosevelt: British Foreign Policy and the United States, 1937-1940*, p. 30.

　　③ *FRUS, 1937*, Vol. 1, p. 113.

伯伦再次拒绝了罗斯福的访问邀请。① 至此，罗斯福希望与英国合作召开一次国际和平会议缓和世界紧张局势的计划受到挫折。

### 三、和平会议计划受挫原因

作为在东西方都拥有重要的安全与经济利益的英国，在欧洲、地中海和远东的局势都在恶性发展的情况下，是希望与美国合作形成对法西斯国家的威慑力量的。1936 年 11 月，艾登在得悉罗斯福打算召开世界和平会议的消息时表示支持，并在一份外交部的备忘录中写道："也许它不会成功，但只要作了努力，并能使独裁国家遭到挫折，那么就有益于对世界舆论(特别是对美国舆论)的教育。无论如何，不赞助总统的主张(如果这是他本人的主张)，显然是我们的一大错误。"②但是要按照美国的既不承担政治义务又要在其他领域发挥主导作用的条件进行合作，就产生了障碍。

首先，在整个 20 世纪 30 年代，特别是美国通过了《中立法》并不断声称绝不介入欧洲的政治问题后，英国对美国极不信任。当时英国的政界上层人物往往把美国看成是无可救药的孤立主义者，而且直到内维尔·张伯伦在 1937 年 5 月就任首相时，他们仍然认为美国的政策是迟疑不决的和混乱的。③ 正如 20 世纪 30 年代曾多次担任英国政府大臣的塞缪尔·霍尔在其回忆录中所说："不管是对还是错，我们确实不是对美国的良好意愿，而是对美国是否准备把它的那些令人鼓舞的言辞付诸实施，表示深深的怀疑。"④即使是主张与美国合作的外交大臣艾登也认为，美国对世界和平所能作出的一项最大的贡献就是修改现行的《中立法》。首相张伯伦则认为，只要《中立法》继续存在，美国就不能对欧洲的稳定作出什么贡献。⑤ 中日战争爆发后，张伯伦把未能阻止战争爆发的原因归于美国的政策，他在 8 月 29 日的一封信中写道："美国人还要作出很大努力才能成为世界事务中有益的伙伴。我曾设法试图使他

---

① 　*FRUS*, *1937*，Vol. 1，pp. 131-132. 然而，张伯伦的这封回信一直拖到 10 月 14 日才最后发出。参见 *FRUS*, *1937*，Vol. 3，note 24 of p. 608.

② 　[英]安东尼·艾登：《艾登回忆录——面对独裁者》下卷，第 942 页。

③ 　参见 D. C. Watt, *Personalities and Policies*: *Studies in the Formulation of British Foreign Policy in the Twentieth Century*，London: Longman，1965，pp. 39-40，42.

④ 　Viscount Templewood, *Nine Troubled Years*. London: Collins，1954，p. 263.

⑤ 　John Morton Blum, *From the Morgenthau Diaries*，Vol. 1，p. 457.

们干预中国和日本问题，但是他们太害怕自己的人民了——虽然我认为，如果他们愿意发挥作用的话，那是有足够的机会可以制止战争的。"①在这种情况下，英国政府对美国的和平倡议的价值大加怀疑。张伯伦认为，罗斯福也许会召集一次会议，但是在孤立主义者的压力下又可能被迫退出会议，从而使英国单枪匹马地对付德国。他曾在 7 月 28 日对美国代办说："如果事情只是〔美国人〕参加进来然后再扬长而去，我宁愿〔他们〕干脆永远也别参加进来。"②

实际上，英国的担心并非没有道理。经济大危机带来的各种国内问题和国会中严重的孤立主义情绪，对美国政府的外交决策形成了很大的制约力量。罗斯福总统曾经在 1937 年 9 月承认，美国对外交问题的反应建立在"24 小时的基础之上"③，就是当时美国外交政策处于混乱和不定的真实写照。

第二个也是更为重要的原因是张伯伦担心按照罗斯福的设想行事，会破坏他所设计的英国对德国的绥靖政策。在张伯伦看来，由于英国地位虚弱，必须与德国这个欧洲最强大的和最不友好的国家保持良好关系。早在 1935年，时任财政大臣的张伯伦就向当时的外交大臣约翰·西蒙建议："同希特勒对话的方式就是对他说，获得安全与和平只有两种办法。一是根据洛迦诺路线签订区域性条约；二是建立联盟和均势。我们希望采取第一种办法，但是没有他参加，我们就无法做到这一点。假如他不干，我们将被迫采取第二种办法。"④1937 年初，他又对即将出任英国驻德国大使的内维尔·亨德森（Neville Henderson）说："如果有可能，就采取同德国合作的路线。张伯伦感到，别国选择什么政府形式英国不必干涉。"⑤张伯伦出任英国首相后，马上开始逐步推行他的绥靖德国的路线。他在 1937 年 7 月对苏联大使伊凡·迈斯

---

① ［英］基思·米德尔马斯：《绥靖战略》上册，第 91—92 页。

② C. A. MacDonald, *The United States*, *Britain and Appeasement*, *1936-1939*, p. 23.

③ A. Whitney Grisword, *The Far Eastern Policy of the United States*, Yale：Yale University Press，1962，p. 456. 本书 1938 年由 New York：Harcourt，Brace and Company 初版，以后多次再版。

④ ［英］基思·米德尔马斯：《绥靖战略》上册，第 88 页。

⑤ ［英］基思·米德尔马斯：《绥靖战略》上册，第 88 页。

基说："我们可以同德国人坐在一张桌子旁,用一支铅笔把他们所有的抱怨和要求统统记下来,这会大大缓和紧张气氛。"①他认为,要使英国渡过危险时期,就要实行"双重政策",这就是绥靖政策和重整军备。② 不过,张伯伦对英国的重整军备有自己的解释,他更加关心重整军备的财政负担,并希望使重整军备不再承诺建立能够承担欧洲大陆义务的大规模的军事力量,而是转向建立仅用以保卫英国和英国至关重要的利益不受直接进攻的有限防御力量。这样重整军备就不至于危及他对德国和意大利的绥靖计划。③

　　另外,张伯伦确信绥靖政策能否取得成功,取决于他作为首相的领导地位。1937 年 8 月 8 日张伯伦在给他的妹妹艾达的信中得意地写道:"首相的职务给了我一种令人惊奇的权力。作为财政大臣,我几乎不能移动一个小石子;现在我只要伸出一个手指头,整个欧洲的面貌就会改变!"④因此张伯伦打算由他本人在欧洲对德国和意大利进行绥靖,而不希望罗斯福或者其他什么人介入进来。

　　还必须指出的是,正如上文所说,在张伯伦看来,在作出一切经济让步、军备限制和殖民地的调整之前,必须首先解决政治问题,这是进行绥靖的最好方法。任何其他办法,诸如罗斯福所说的一揽子解决贸易、裁军和殖民地问题的方法,都将会使英国失去宝贵的讨价还价的筹码;英国不能让华盛顿对英国的政策发号施令,美国应当在英国要求它参与的时候再参加进来。例如,在 1937 年 4 月 6 日内阁外交政策委员会的会议上,张伯伦赢得了一项同意考虑德国获得殖民地要求的决定。英国将要求法国考虑把多哥兰⑤和法属喀麦隆移交给德国,英国将考虑放弃自己在西非的委任统治地,同时也不排

---

　　① Martin Gilbert and Richard Gott, *The Appeasers*, London: Macmillan, 1963, p. 52.

　　② William R. Rock, *Chamberlain and Roosevelt*, p. 11.

　　③ 关于张伯伦在 20 世纪 30 年代英国重整军备中的作用,参见齐世荣:《30 年代英国的重整军备与绥靖外交》,载齐世荣主编:《绥靖政策研究》。

　　④ William R. Rock, *Chamberlain and Roosevelt*, p. 32.

　　⑤ "一战"前非洲西部原德国殖民地,现在其东部已成为多哥共和国,其西部曾为英国的托管地,现为加纳的一部分。

除另外作出使德国获得原料的某种保证。① 这实际上就是 1938 年 2 月英国向希特勒提出的计划的雏形，该计划设想把英国、法国、比利时和葡萄牙在"非洲中部地区"的领地合并为一个德国可以加入的新刚果盆地体系，并要求美国为这一解决方案提供财政支持。② 但是张伯伦想用满足德国获得殖民地的要求换取对欧洲安全的保证，即只有在德国同意参加一项新的《洛迦诺公约》并确实保证在中欧检点自己的行动之后，才会向希特勒提供殖民地。正如张伯伦在 1937 年 5 月 10 日所强调指出的："明智的做法是，在现阶段我们不要把〔有关殖民地的问题〕说得太死。我们应该确切地搞清楚德国究竟准备在多大程度上满足我们在政治上的迫切需要。"③因此，张伯伦在出任首相后采取的第一个行动就是邀请德国外长牛赖特访问伦敦，就悬而未决的政治问题举行会谈。然而，牛赖特先是毫无热情地接受了邀请，随后又以西班牙共和政府海军的一枚鱼雷在奥兰（Oran，阿尔及利亚西北部港口）附近的水域攻击了德国巡洋舰"莱比锡号"为由，匆匆地取消了这一访问。④

另外，即使在具体的经济合作和军备限制方面，双方也存在着分歧。在军备限制问题上，尽管张伯伦和艾登对英国重整军备的侧重点有所不同，但是都认为决不能在德国对其他问题作出让步之前就讨论这个问题。1937 年 3 月 11 日，艾登在与美国驻英大使宾厄姆的会谈中，对英国重整军备的进展还不够大表示担忧，认为"尚不足以使英国能够冒参加一次裁军会议的风险，因为他感到独裁者们将会把这样做看成是英国虚弱的表现，并视为英国没有能力去实现他们的计划"；在他看来，召开裁减军备的会议应该在英国完成重整军备之后。⑤ 张伯伦也曾说过，能使德国放弃侵略计划的唯一办法，就是使

① C. A. MacDonald, "Economic Appeasement and the German Moderates, 1937—1939", *Past and Present*, Vol. 56(August, 1972), pp. 105-135.

② John Harvey ed., *The Diplomatic Diaries of Oliver Harvey*, *1937-1940*, New York and London: Collins, 1970, p. 85; C. A. MacDonald, *The United States*, *Britain and Appeasement*, *1936-1939*, p. 17.

③ C. A. MacDonald, *The United States*, *Britain and Appeasement*, *1936-1939*, p. 18.

④ Keith Middlemas, *Diplomacy of Illusion*: *The British Government and Germany*, *1937-39*, London: Weidenfeld & Nicolson, 1972, p. 115.

⑤ *FRUS*, *1937*, Vol. 1, p. 60.

德国确信，"它获得武力优势的努力，注定要遭到失败，因为如果它打算发动侵略，那么更强大的武力将与它相对抗"①。

在经济方面，自大危机以来，英美在这一领域的摩擦也始终不断，美国的经济政策总是引起伦敦的怀疑与不满，特别是那些与帝国特惠制度利益攸关的集团，他们认为赫尔坚持降低关税的主张不过是美国谋求经济霸权的手段而已。② 但是美国国务院的经济顾问菲斯（Herbert Feis）却认为，"英国通过修改造成巧取豪夺和危机的限制性的橡胶和锡的生产计划"和放宽英帝国内部的特惠关税制度，全面降低贸易壁垒，从而"会得到更多的好处"③。因此，在英美之间的经济政策还没有得到调整的情况下，要召开一个国际会议去讨论英美对德国的经济让步与合作问题，是极不现实的。

总之，在美国国会仍然坚持孤立主义立场而美国政府也重申《中立法》的情况下，在英国对美的有效合作充满怀疑和戒心，以及张伯伦政府决心以绥靖希特勒的方式重建欧洲和平的时候，罗斯福所作出的寻求和平的姿态和召开世界和平会议以安抚纳粹德国的倡议，是既不可能使德国认真对待，也不可能得到英国的响应的。美国和平会议计划的受挫，不仅表明了美国的民主制度是多么不足以应付纳粹德国向世界各国提出的挑战，更表明了民主国家在面对法西斯侵略时又是多么的软弱无力。

但是，法西斯国家坚持其侵略政策，在远东，日本已将战火烧到了英美在华拥有最大利益的上海，这使美国不得不考虑与英国在远东的合作问题。④ 与此同时，欧洲局势也未见好转，而美国又出现了经济衰退的迹象，⑤ 因此在欧洲事务中美国仍然希望扮演协调者的角色，这突出地反映在副国务卿萨姆纳·韦尔斯（Sumner Welles）为罗斯福总统设计的和平计划之中。

---

① John Morton Blum, *From the Morgenthau Diaries*, Vol. 1, p. 464.

② Richard N. Gardner, *Sterling-Dollar Diplomacy*: *The Origins and the Prospects of Our International Economic Order*, New York: McGraw-Hill Book Company, 1969, pp. 31-32.

③ ［美］阿诺德·A·奥夫纳：《美国的绥靖政策：1933—1938 年美国的外交政策与德国》，第 230 页。

④ 参见以下各章。

⑤ 关于 1937—1938 年美国经济衰退的情况，参见［美］H·N·沙伊贝、［美］H·G·瓦特、［美］H·U·福克纳：《近百年美国经济史》，彭松建、熊必俊、周维译，中国社会科学出版社 1983 年版，第 427 页表 12-2"1933—1941 年新政时期的经济趋势"。

## 第二节　罗斯福—韦尔斯和平计划及其失败

在等待张伯伦回信的日子里，罗斯福于 1937 年 10 月 5 日在孤立主义的大本营芝加哥发表了他的"防疫"演说（Quarantine Speech）。他表示，"爱好和平的国家必须作出一致的努力去反对违反条约和无视人性的行为"，并把法西斯国家的侵略行径比喻为"无法无天的流行症"，提醒人们注意"世界上无法无天的流行症看来确实在蔓延中"，呼吁国际社会把这样的"病人隔离起来，以保障社会健康和防止疾病传染"；他提到世界上绝大多数的民族和国家"希望取消贸易壁垒"；他还指出"世界上有些国家似乎为了侵略的目的储存越来越多的武装"，一些国家的行为违背了战争与和平、国际法尤其是人道的原则；他暗示美国不能避免战争，并重申美国的和平意志。① 从罗斯福的演说中可以看出，他已经看到了战争的实际威胁，并出现了要对侵略者实行遏制的想法；但是这种遏制绝不是制裁，在美国仍然存在着强大的孤立主义势力和《中立法》的情况下，罗斯福充其量是采取某些道义的做法呼吁和平。正如罗伯特·达莱克所说，罗斯福的"防疫"演说很难被说成是想"让全世界都来加强对日本的制裁政策"，但他只是愿意向群众说明，他的一贯愿望是寻找维护和平的新概念。② 与此同时，罗斯福的密友、副国务卿萨姆纳·韦尔斯也形成了一个恢复世界和平的计划。

**一、韦尔斯和平计划的提出与搁置**

实际上，韦尔斯对和平计划的考虑已有一段时间了，1937 年 7 月 7 日他在夏洛茨维尔的讲演中就说明了自己的主张。当时他把左右两方面的政治极端主义都与经济上和政治上的不公正等同起来，并警告说这种极端主义肯定会导致战争。一旦战争爆发，美国就不能"完全不受其后果的影响"。因此，韦尔斯保证他的国家将与任何通向裁军和经济绥靖的行动进行合作。同时，他敦促欧洲各国去进行与"军事和经济裁军"相伴随的"政治调整"，甚至暗示美国将欢迎修改《凡尔赛条约》。他认为国际联盟已经失败，其原因是它与一

---

① ［美］富兰克林·德·罗斯福：《罗斯福选集》，第 150—155 页。
② ［美］罗伯特·达莱克：《罗斯福与美国对外政策》上册，第 214 页。

项使战败国承受了无法忍受的"道义上和物质上的负担"的条约联系在一起，并明确表示他支持建立更为公正的国际体系。实际上，这是美国含蓄地支持德国的修约派要求的一项声明。①

　　10月6日，就在"防疫"演说后的第二天，韦尔斯便起草了一份他本人设计的基于夏洛茨维尔演说思想的和平计划备忘录。他建议总统去询问世界各国政府是否愿意出席由总统准备召开的世界会议，并就下列问题达成共同协议：(1)在国际关系中应当遵守的基本原则(例如不干涉其他国家内政的原则)；(2)陆战法则及惯例；(3)海战法则及惯例；(4)中立国在陆上和海上的权利与义务，除了它们受到现有的国际条约的限制之外；(5)所有民族自由获得原料的权利。韦尔斯认为，他的建议旨在达成有关国际行为准则的共同协定，而不包括政治、经济或财政方面的调整。他还认为，非独裁国家的政府将愿意予以合作，而德国和意大利将由于发现这会对它们有利也愿意合作，日本在当前形势下则似乎不大可能予以合作。②

　　10月8日，韦尔斯与罗斯福对这份备忘录进行了讨论。罗斯福对韦尔斯的计划相当欣赏，认为这个计划"将给他一个机会去要求美国人民和所有其他民主国家的人民支持一个维持和平的新尝试……将向欧洲独裁者表明美国并不是像他们过去所倾向于相信的那样对他们征服世界的计划漠不关心"，而且在使美国公众舆论关注维护和平的同时，又不会对流行的孤立主义情绪构成直接的挑战。③ 但是罗斯福还是希望更加谨慎行事。他首先说明对这个问题的处理与任何其他会议、磋商或意见交换无关，然后提出了具体的4步程序：第1步，由美国政府向世界其他所有政府说明，美国相信应当根据10月6日备忘录所列的5条达成国际协议，而且应当通过正式的外交渠道作出这种说明；第2步，在获得各国同意达成一个协议的答复之后，美国将宣布它愿意与其他政府合作，并首先与一个由为数不多的国家组成的小组一道工作，以

---

①　*New York Times*，8 July，1937.

②　*FRUS*，*1937*，Vol. 1，p. 666. 全文见 pp. 665-666.

③　Sumner Welles，*Seven Decisions That Shipped History*，New York：Harper Brothers，1950，p. 22；Ronald E. Powaski，*Toward an Entangling Alliance*，*American Isolationism*，*Internationalism*，*and Europe*，*1921-1950*，New York：Greenwood Press，1991，p. 73.

便具体拟定出国际关系的准则和国际行为准则，美国保证在这个小组中负起决定性的责任；第3步，在这个小组对上述问题形成决议之后，美国将通过外交途径把结果通知其他国家；第4步，如果其他大多数国家同意这些决议，将决定是否通过为此目的而召开一次国际会议来批准这个决议，或者通过外交渠道达成正式协议。①

在与罗斯福进行了上述讨论之后，韦尔斯进一步概括了总统的想法，并于10月26日向罗斯福提交了以总统的口气写成的"为进行协调一致的国际努力以达成有关维护世界和平所必需的国际行为准则的建议草案"。该草案包括这样几个内容：

第一，说明目前形势的危险以及各国重新达成国际关系基本原则的重要性。总统首先说明：第一次世界大战结束时，各国人民有权拥有持久的和平，但是目前人们越来越生活在恐惧之中，各国政府正在重整军备，个人的生命和经济安全正在消失；而且由于科学的发展，也使现代战争更加残忍，因此总统要求各国迅速作出共同的努力去重新就若干基本原则达成协议。

第二，提出以下具体原则并建议达成协议：(1)在国际关系中应当遵循的必要的基本原则；(2)各国人民根据平等与有效的条件实现他们获得原料与其他生活必需品的权利的方式；(3)能够和平修改国际协定的方式；(4)一旦不幸的战争爆发，中立国在陆地和海上的权利和义务，除了某些国家受到现有的国际协议束缚的情况之外。

第三，在各国政府同意上述建议并向美国提出要求的情况下，美国将与其他国家一道立即制定试验性的建议细则，并将召开所有国家的会议向它们提出这些建议。

第四，说明美国支持修改《凡尔赛条约》，但表示美国坚持对欧洲事务的不干预政策。该草案强调，在建立持久和平之前，有必要对国际关系进行某种调整，以便消除那些由第一次世界大战结束时达成的某些解决方案的性质所决定的目前依然存在的不平等现象，这是有可能的。但是美国政府已经坚持并将继续坚持不干预〔欧洲〕政治的传统政策，在决定政治调整中美国不能起任何作用。然而，如果所有国家事先就国际关系所基于的准则达成一致意

---

① *FRUS*，*1937*，Vol. 1，p. 667.

见，那么要作出这些调整可能就更容易了。①

在提交这份草案的同时，韦尔斯在写给罗斯福的信中说明，他认为提出这个建议的最好时间是 11 月 11 日，即第一次世界大战停战纪念日，他建议总统在这一天邀请驻华盛顿的各国外交代表在白宫东厅召开会议，并向他们宣读草案中提出的建议，然后再通过美国驻外使馆通知各国政府。在韦尔斯看来，之所以选择 11 月 11 日，不仅是由于停战日本身具有的意义将对世界舆论产生影响，而且到那时解决中日冲突的布鲁塞尔会议已经进行了 8 天，而"一项上述性质的建议肯定能够加强那些谋求防止世界走向无政府状态的大国的地位"。韦尔斯再次强调"草案中提到的可能必须重新调整第一次世界大战所达成的安排的建议，几乎肯定会在德国产生良好的反应"，他还认为事先无须与任何其他政府讨论美国的想法。最后他说明，赫尔国务卿已经看过这份草案，并要求他让总统了解国务卿认为这个草案"完全可行"②。

但是，罗斯福并没有在 11 月 11 日提出这个计划。究其原因，主要有以下几点。

第一个直接的原因是原来对这个计划并未表示异议的国务卿科德尔·赫尔转而坚决反对这个计划，他认为该计划"既不合理也不可能实现"。赫尔向罗斯福勾勒了整个形势："在 1937 年的最后阶段，德国、日本和意大利已经极大地加快了重整军备的步伐，毫无疑问他们这是打算进攻而不是力图防御，

---

①    全文见 FRUS, 1937, Vol. 1，pp. 668-670。在战后写成的回忆录性质的一本著作中，韦尔斯把拟请罗斯福总统提出的建议的内容归纳为以下 4 点：第一，国际活动的基本原则；第二，采取最有效的方法来实现普遍限制和裁减军备；第三，采取有效措施来促进经济稳定、社会安定，以及各国通过待遇和机会均等而获得福利；第四，采取有效措施，保证在爆发战争时将最大限度地尊重人道主义。见 Sumner Welles, The Time for Decision, New York & London：Harper and Brothers Publishers, 1944，p. 65. 这些内容与上述所引外交文件中的提法有区别，特别是在这份外交文件中并不包括普遍限制与裁减军备问题。因此，韦尔斯为总统所写的和平计划的内容应当以这份外交文件为准。

②    FRUS, 1937, Vol. 1, p. 668. 这封信的全文见 pp. 667-668。最后交给罗斯福总统的计划本身包括 3 个文件：其一是总统在停战纪念日对世界各国的一个呼吁；其二是由美国向被选出的包括美国在内的 10 个国家组成的首届执行委员会提出议程；其三是组成该执行委员会的国家名单，包括拉丁美洲、欧洲的一些小国，以及近东和远东的代表。参见 Sumner Welles, Seven Major Decisions, London：Kegan Paul, Trench, Trubner, 1945, p. 35.

是为了征服而不是为了和平。当民主国家最需要作出实际的努力去武装他们
自己以进行防御之时，召开一次和平会议会使他们产生一种虚幻的平静之感，
这对他们来说是致命的。几年来我已经看到了军事侵略的危险；而现在这种
危险比以往任何时候都更为迫近；因此对于爱好和平的国家来说，仅仅在他
们中间开始一场新的进一步裁减军备的运动，而同时轴心国家却在继续疯狂
地扩军，这是完全不现实的。任何消息不太灵通的人都知道，5 年来人们进
行了各种努力去说服轴心国家签署裁军协定，但他们故意拖延并继续以巨大
的规模重整军备。轴心国家将会嘲笑向爱好和平的国家提出的裁减军备这种
已经过了时的要求。"赫尔进一步指出，即使能够达成一个协定，那也毫无价
值，因为"这三个轴心国家都已经不断表明他们完全无视他们的誓言以及他们
对条约的蔑视"。赫尔还认为，英国和法国正在与德国和意大利进行微妙的谈
判，因此不事先就韦尔斯的"多少有点儿天花乱坠的"和平会议计划征求英国
和法国的意见是不明智和不可靠的，更何况张伯伦已经在 9 月拒绝过罗斯福
的访美邀请。①

赫尔的反对并不是该计划受挫的唯一原因，第二个原因是韦尔斯所寄予
希望的布鲁塞尔会议在尚未召开之前就已经呈现出失败的征兆。10 月 27 日，
就在韦尔斯向总统提出他的计划的第二天，日本就正式拒绝参加布鲁塞尔会
议，② 同时继续增派部队到上海作战。因此，国务院的官员已经开始担心由
于"日本人拒绝参加九国公约会议，这使韦尔斯计划看起来情况不妙"③。11
月 3 日布鲁塞尔会议虽然按时召开，但是会议在最初几天采取的唯一行动是
于 7 日再次向日本发出邀请信，而日本人则再次给以回绝。④ 在这种情况下，
正如助理国务卿阿道夫·伯利在 11 月 8 日的日记中所说："布鲁塞尔会议已

① Cordell Hull, *The Memoirs of Cordell Hull*, Vol. 1, New York: The Macmillan Company, 1948, pp. 547-549.

② "中华民国外交关系研究会"编：《中日外交史料丛编(四)：卢沟桥事变前后的中日外交关系》，台北 1964 年版，第 383 页。

③ Beatrice Bishop Berle and Travis Beal Jacobs eds., *Navigating the Rapids, 1918-1971: From the Papers of Adolf A. Berle*, New York: Harcourt Brace Jovanovich, 1973, p. 145.

④ 日本的拒绝信于 11 月 12 日到达布鲁塞尔，见《卢沟桥事变前后的中日外交关系》，第 387 页。

陷入麻烦之中,我并不认为总统推进萨姆纳的关于召开一个国际会议的计划是明智的。"①

　　第三个原因是美国政府担心公众舆论。韦尔斯在制订这一计划时认为,该计划并不涉及直接或间接的军事义务,而且其目的主要是运用美国的影响去阻止国际法和国际秩序的崩溃,所以他希望这个计划会获得国会和大多数美国人民的支持。② 然而实际情况是当时美国的公众舆论并不赞成美国政府提出任何倡议,尤其是不赞成看起来要使美国卷入与英国的合作中去的那种倡议。实际上,在布鲁塞尔会议开幕后,赫斯特报业集团已经对英国外交大臣艾登在布鲁塞尔的所作所为吵吵嚷嚷,声称英国在玩弄手段使美国来保卫大英帝国。甚至出席会议的美国代表团的一些成员也持这种看法。③ 罗斯福担心如果这一计划在此时提出,必将遭到舆论的抨击,并可能为他的政治反对派所利用。④

　　第四个原因与韦尔斯计划本身的目的和欧洲形势的变化有关。据韦尔斯所说,他最初制订这个计划的目的之一,是希望这个计划本身能够推动英法为防止欧洲事态的任何进一步恶化而努力,唤起支持欧洲大大小小的民主国家的愿望,而只有清楚地表明美国将在一场为解决日益严重的危机的国际努力中给以帮助,才能达到这个目的。⑤ 但是现在张伯伦已经采取了主动。10月中旬,在张伯伦的支持下,英国枢密院大臣哈利法克斯勋爵接受了德国方面要他去参加11月在柏林举行的狩猎协会的邀请。⑥ 张伯伦对这次即将进行的访问十分重视,期望它成为绥靖总过程的第一步,并且相信这个政策能够成功。他仍然深信和希特勒"做交易"是可能的,因此他授权哈利法克斯勋爵

---

　　① Beatrice Bishop Berle and Travis Beal Jacobs eds. , *Navigating the Rapids*, 1918-1971, p. 146.

　　② Sumner Welles, *Seven Major Decisions*, p. 34.

　　③ Nancy H. Hooker ed. , *The Moffat Papers*: *Selections from the Diplomatic Journals of Jay Pirrepont Moffat*, 1919-1943, Cambridge, Mass: Harvard University Press, 1956, pp. 182-183; Dorothy Borg, *The United States and the Far Eastern Crisis*, pp. 433-434.

　　④ Sumner Welles, *Seven Decisions That Shipped History*, p. 24.

　　⑤ Sumner Welles, *The Time for Decision*, p. 66; *Seven Major Decisions*, p. 31.

　　⑥ [英]安东尼·艾登:《艾登回忆录——面对独裁者》下卷,第913页。

在这次柏林之行的同时去伯希特斯加登拜见希特勒。① 在这种情况下，美国需要等待哈利法克斯勋爵的访问结果，而且韦尔斯计划的目标也必须有所改变，正如伯利所指出的："现在韦尔斯计划的目标是，一旦在巴黎、伦敦和柏林之间拟订出任何解决办法，则将努力使之付诸实施。"②

鉴于以上原因，罗斯福暂时搁置了这个计划。

**二、和平计划的再次提出**

然而，美国所关心的欧洲的形势并没有由于哈利法克斯勋爵对德国的访问而得到实质性的改善。11 月 19 日，哈利法克斯勋爵终于见到了希特勒，但是这次会见的重要前提，不仅有张伯伦的绥靖"总计划"，还有 2 周以前，即 11 月 5 日希特勒召集德国的军政首脑举行的一次重要的秘密会议，尽管当时外界对这次会议及其内容并不知晓。在这次会议上，希特勒提出了他称霸欧洲的基本战略设想，即确定了以英法为主要敌手，以苏联为潜在敌手，首先侵占捷克斯洛伐克和奥地利以解决德国的"生存空间"问题的具体行动计划，并将采取行动的时间最迟定在 1943 年到 1945 年。③ 在这种情况下，哈利法克斯勋爵和希特勒的会谈还能有什么结果呢？

在会谈中，哈利法克斯勋爵遵从张伯伦的旨意，说明他这次来访的目的是"以求英德两国达成更好的谅解……这次访问所应追求的目标：应该去查明，究竟怎样才能创造机会全面而公开地讨论两国共同关心的一切问题"，并指出，如果英德两国成功地达成了谅解，那么"在英德协定为之准备好条约之后，西欧四大国（按指英、法、德、意）必须共同为建立持久的欧洲和平奠定基础。决不应该让其中的一国留在这种合作之外，否则，由此而引起的动荡局面将永无止境"。希特勒则对德国仍然承受《凡尔赛条约》的道义与物质耻辱

---

① ［英］约翰·惠勒-贝内特：《慕尼黑——悲剧的序幕》，林书武、沈芜清、金宜文等译，北京出版社 1978 年版，第 19 页。

② Beatrice Bishop Berle and Travis Beal Jacobs eds. , *Navigating the Rapids*, 1918-1971, pp. 145, 150.

③ 这次会议由希特勒的军事副官弗里德里希·霍斯巴赫担任记录，并在会后将其记录整理成一份备忘录，通称为《霍斯巴赫备忘录》。第二次世界大战结束后，该备忘录为盟军查获，并经纽伦堡国际军事法庭确认，作为希特勒发动侵略战争的重要罪证之一。该备忘录的中文全文，详见李巨廉、王斯德主编：《第二次世界大战起源历史文件资料集（1937.7.—1939.8.）》，华东师范大学出版社 1985 年版，第 50—59 页。

愤愤不平，并大谈德国的生存需要，表示"德国不会永远处在《凡尔赛条约》所规定的状态之下"。对此，哈利法克斯勋爵表示，英国人"比其他人更加确信，《凡尔赛条约》酿成的一些错误，必须加以纠正……英国方面并不认为在任何条件下都必须维持现状……英国只要求这种变更保证不用总理所说的非理性的方式，即自由使用武力来实现，因为这种方式最终意味着战争"；哈利法克斯还进一步说明："其他所有的问题，归纳起来就是随着时间的推移可能注定要发生的欧洲秩序变更问题，其中有但泽、奥地利和捷克斯洛伐克。英国所关注的，是任何变更都应该通过和平演进的方法，避免采取可能引起长期动乱的手段，这种动乱局面是总理和其他国家都不希望出现的。殖民地问题无疑是个困难问题，英国首相认为，只有把这个问题作为新方针中的一部分，作为一切困难问题全盘解决中的一部分，它才能得到解决。"因此，这次会谈并没有任何实际结果。①

　　另一方面，亚洲的形势也在继续恶化。在日本拒不出席布鲁塞尔会议的情况下，意大利不仅在会上替日本张目，更于会议召开 3 天以后，于 11 月 6 日加入了《反共产国际协定》。三个法西斯国家的进一步联手，大大鼓舞了日本继续扩大对华侵略战争；再加上西方民主国家在布鲁塞尔会议上的无所作为而导致会议的无限期休会，更加助长了日本的嚣张气焰，终于在 12 月 12 日制造了炸沉炸伤美英战舰"帕奈号"(*Panay*)、"蜜蜂号"(*Bee*)和"瓢虫号"(*Ladybird*)的重大恶性事件。②

---

　　①　这次会谈的记录以及德国外长牛赖特将这次会谈的内容详细通知德国驻意、英、法、美大使的电报，详见《第二次世界大战起源历史文件资料集》，第 68—79 页，第 80—83 页。这次会谈的部分内容，还可参见齐世荣主编：《世界通史资料选辑·现代部分》第 1 分册，商务印书馆 1998 年第 2 版，第 130—131 页。对这次会谈的简单回忆，可参见［德］保·施密特：《我是希特勒的译员》，刘则舜译，上海人民出版社 1982 年版，第 64—67 页。

　　②　关于这一事件，参见 Alvin D. Coox, *Year of the Tiger*, Tokyo：Orient-West, 1964, pp. 84-97；Arther J. Marder, *Old Friends*, *New Enemies：The Royal Navy and the Imperial Japanese Navy Strategic Illusions*, *1936-1941*, Oxford：Clarendon Press, Oxford University Press, 1981, p. 20；Irving S. Friedman, *British Relations with China：1931-1939*, New York：International Secretariat, Institute of Pacific Relations Publications Office, 1940, pp. 112-114. 对这一事件的概括论述，请参见徐蓝：《英国与中日战争(1931—1941)》第 7 章第 1 节。

与此同时，美国的公众舆论仍然为孤立主义所左右，这在 12 月众议员们纷纷支持印第安纳州众议员路易斯·勒德洛(Louis Ludlow)在 1935 年提出的要求把宣战权力从国会移交给人民的典型的孤立主义提案中表现得极为突出。①

鉴于国际国内形势的这种状况，美国政府在不得不考虑对日本进一步损害美英在远东的利益采取某些事先的防范措施的同时，也希望在不刺激国内舆论的前提下对已经开始的英德接触给以一定的助力。于是，这导致罗斯福总统作出了一系列重大决定，其中最重要的有：(1)宣布正式开始美英之间的贸易谈判，以此作为民主国家对新的三国轴心集团的回答。(2)决定与英国进行非正式的海军参谋会谈，为一旦与日本发生战争做好战略准备，这便是1938 年初海军上校罗亚尔·E·英格索尔访问伦敦的目的。与此同时，总统要求增加国防开支，特别是要求大幅度增加海军预算，以建立一支能对付两洋作战的大海军。(3)继续作出外交努力，促使欧洲的民主国家和法西斯国家之间达成协议。这便是重提韦尔斯和平计划，尽管由于事态的变化使原计划必须作出修改。此时的国务卿赫尔在诺曼·戴维斯的极力劝说下也不再反对韦尔斯计划，但是他的前提是必须事先咨询张伯伦的看法，如果张伯伦同意总统的想法，那么在白宫采取任何行动之前也要与法国、德国和意大利协商。②

韦尔斯深知罗斯福总统的想法，于是他在 1938 年 1 月 10 日向罗斯福递交了一份关于解决欧洲问题的新的和平计划备忘录。其中主要包括 3 项内容：

1. 重新制订了实施这一和平计划的 4 个步骤：第 1 步，首先将这一建议秘密地通知英国，以便确保后者的支持。第 2 步，总统在白宫召开各国外交使节会议，向他们发出这份建议的副本，然后立即公布这份建议。第 3 步，如果各国对这份建议的回答令人满意，总统将指示国务卿进行下列程序：(a)请美洲各共和国(除美国外)从它们中间推举 2 个国家的代表；(b)要求瑞

---

① 关于该提案的具体情况和国会的讨论与表决，参见本书第四章"英格索尔的伦敦之行"的内容。

② Robert A. Divine, *The Reluctant Belligerent：American Entry into World War Ⅱ*, New York：McGraw-Hill Humanities, 1979, Second Edition, p. 50；Sumner Welles, *Seven Decisions that Shipped History*, p. 25.

典、荷兰、比利时、瑞士、匈牙利、南斯拉夫和土耳其各派 1 名代表，与美洲代表一起在华盛顿召开会议，拟订详细规则。第 4 步，将这些规则送交所有国家予以批准。

2. 说明现在这个建议的目的是对英德谈判给以帮助，并支持英国要与德国达成协议的努力。韦尔斯明确写道：这个计划的目的是"帮助支持和促进在法国支持下的英国的努力，即与德国就殖民地和安全方面，以及在欧洲的调整方面达成切实可行的谅解基础"。他对英德会谈持乐观态度，并设想"如果这种切实可行的重新调整得到谈判并得以实行，同时在美国政府建议下所拟订的规则得到明确肯定，那么，这两个平行谈判中的每一个谈判显然都会部分地受到另一个谈判达成的协议的指导"。韦尔斯强调："美国政府将作为沟通情况的渠道"来工作，但是美国"将可能对这两个平行谈判中有关限制军备的问题发挥有帮助的作用"。

3. 指出该计划的实行对美国在世界上的领导作用，以及对欧洲和远东形势将起到的积极影响。他写道："如果德国和意大利未能与英国和法国达成实际谅解……它们可能也不会承认那些根据美国政府的建议所制订的原则。在这种情况下……美国政府至少会得到世界上所有其他国家——除了坚决与柏林—罗马轴心站在一起的国家——对将会确保世界和平和保卫现代文明的那些建议的支持。重新调动世界舆论去支持那些有利于和平与经济发展的政策，这件事本身就将产生积极影响，因为这将不可避免地在德国和意大利的民众中，以及在那些欧洲小国中产生影响。这些小国在过去 3 年中日益感到那些大的民主国家已经放弃了它们的领导地位，因此作为自我保护的手段，它们自己不得不与罗马和柏林站在一起。"他还认为："如果德国和意大利与英国和法国解决了它们的实际问题，将可能大大削弱目前它们对日本的支持——至少足以迫使日本在不违背《九国公约》原则的条件下与中国议和。"①

第二天，即 1 月 11 日，韦尔斯与总统讨论了他的新计划，罗斯福表示同意，并以总统的名义草拟了给英国首相张伯伦的秘密信件，向他通报上述建议。在这封信中，罗斯福更为概括而明确地说明了美国建议的实施步骤、内

---

① *FRUS, 1938*，Vol. 1，Washington，D. C.；United States Government Printing Office，1955，pp. 115-117.

容和目的。该建议的实施分为 2 步：第 1 步，首先与瑞典、荷兰、比利时、瑞士、匈牙利、南斯拉夫、土耳其和包括美国在内的 3 个美洲国家的 10 国代表就下列问题进行协商：(a)国际关系中必须遵循的基本原则；(b)最有效地达成限制和裁减军备的方法；(c)促进平等地获得原料和其他生活必需品的方法；(d)中立国的权利和义务，以及中立国有权要求遵守的战争法则及其惯例。第 2 步，将协商的结果提交其他国家，以获得批准。在这封信中，罗斯福提到《凡尔赛条约》，并认为在"一战"后的协定中有某些不公正之处，可能要进行修改。虽然美国政府不能背离其"传统的不介入政治纠纷的政策"，但总统认为，如果各国在如何处理它们之间的关系方面取得一致意见，他准备将政策作一些调整。现在他希望在根据上述时间表采取行动之前，能够首先获得张伯伦首相的迅速而表示支持的回答。①

**三、美英秘密谈判**

从新的和平计划和罗斯福给张伯伦的密信中可以看出，与 1937 年罗斯福曾经提出的和平会议的倡议不同的是，这一次罗斯福并没有首先建议召开一个国际会议，他的计划的第一阶段只是召集一个小国参加的起草规则委员会，然后将该委员会制定的明确建议提交其他大多数国家以求得他们的回应。另外，现在罗斯福并不打算干扰张伯伦与德、意法西斯国家进行的谈判，而是希望"这个建议本身能够推动英法为防止欧洲事态的任何进一步恶化而作出的努力"②，当然他的目标仍然是达成一个包括永久安全和开放经济等内容的全面协定。正如历史学家兰格和格里森所说："尽管它并不包括对英国绥靖政策的赞同，但实际上却暗含着接受这项政策的意思。而且一旦这一政策遭到失败，这个计划至少也会对激励世界舆论产生道义影响。"③

为了保密，当天韦尔斯便到英国大使馆去会见雷诺·林赛(Sir Ronald Lindsay)大使，请他将这个计划秘密转达英国政府。韦尔斯说明：总统打算于 1 月 23 日在白宫会见驻华盛顿各国外交使节，并向他们提出上述建议；如

---

　① William R. Rock, *Chamberlain and Roosevelt*, pp. 55-56；[英]安东尼·艾登：《艾登回忆录——面对独裁者》下卷，第 981—982 页。

　② Sumner Welles, *The Time for Decision*, p. 66.

　③ W. L. Langer and S. E. Gleason, *The Challenge to Isolation*, 1937-1940, London：London Royal Institute of International Affairs, 1952, pp. 25-26.

果罗斯福能够在 1 月 17 日以前得到张伯伦的保证，表明"英王陛下政府热情同意并衷心支持"这项计划，那么罗斯福就往下进行了，否则整个计划就将作罢。①

但是英国政府官员对罗斯福建议的态度却并不一致。英国驻美大使林赛对这个计划表现了极大的热情，立即将罗斯福的密信发往伦敦，接着又连发两封电报说明自己的看法。他把总统的计划说成是"缓和世界紧张局势、制止局势普遍恶化和恢复民主国家影响的一项真诚的努力"，认为"避免灾难的最好机会是使美国政府和公众舆论都支持各个民主国家的目标"；并警告说，如果英王陛下政府对这个计划不予支持，使它在向各国提出之前就遭到扼杀，英国就会受到美国政府和人民的责难，这将使我们在过去两年所取得的一切进展付诸东流。因此他强调英国政府应该十分迅速和诚挚地接受这一宝贵的倡议。②

1 月 12 日，林赛大使的电报到达英国外交部，此时外交大臣艾登正在法国的里维埃拉休假，张伯伦首相则在契克斯。外交部常务次官亚历山大·贾德干爵士(Sir Alexander Montagu George Cadogan，另译为亚历山大·卡多根)立即把全部材料呈送张伯伦，并附有一份他自己写的建议与美国密切合作的短函。贾德干并不完全同意总统的建议，担心该计划看来会妨碍英国即将与德国和意大利进行的讨论，希望总统在这些谈判有了结果之后再提出自己的建议。但他认为，如果总统仍愿立即进行，英国唯有保证给以全心全意的支持，因为罗斯福之"愿意登上舞台"是"最重要的事实"，英国不应该拒绝美国的计划而去冒疏远美国总统的危险。他还认为，在外交大臣艾登回到伦敦之前，不要作出答复。③

但是首相张伯伦却根本就不喜欢总统的这个建议。他一直认为美国是孤立主义的，而罗斯福在这封密信中再次提到的美国不介入政治纠纷更加强了

---

① ［英］安东尼·艾登：《艾登回忆录——面对独裁者》下卷，第 982 页；韦尔斯在 *Seven Decisions That Shipped History* 一书第 26—27 页所说的总统打算召见各国驻华盛顿的使节的日期为 1 月 22 日。

② ［英］安东尼·艾登：《艾登回忆录——面对独裁者》下卷，第 983—984 页。

③ ［英］安东尼·艾登：《艾登回忆录——面对独裁者》下卷，第 983 页，C. A. MacDonald，*The United States*，*Britain and Appeasement*，*1936-1939*，p. 66.

他的这一看法；同时他认为这个计划将使他自己要同希特勒和墨索里尼达成解决办法的努力化为泡影。因此，他把这个建议说成是"晴天霹雳"和"一颗炸弹"①，并在日记中写道："这项计划有点异想天开，很可能会遭到德国和意大利的嘲讽。他们甚至会以此为借口拖延与我们的会谈。而且，如果我们公开支持这一计划，他们会认为这是民主国家集团又一次企图把独裁国家置于被告席上的行动。"②在他看来，罗斯福总统可能在某个有利的阶段帮助制订有关某些欧洲问题的协定，但是许多事先要进行的工作必须首先在伦敦完成。③

于是，张伯伦未等艾登回国，便于 1 月 14 日给了罗斯福一份冷冰冰的回复。张伯伦承认，"总统是在考虑了他所说的国际关系继续恶化以及由此产生全面战火的危险之后才迫不得已提出这一建议的"，但是他认为，尽管"凡是密切注视近来事态发展的人，无不意识到那困扰我们的巨大危险。但是另一方面，也应当看到在不久的将来会有一些改进……总统将会了解英王陛下政府正在进行的绥靖方案"。张伯伦通报了英国即将与意大利重开谈判的消息，并说明："如果能够获得国联的同意，英王陛下政府将准备在法律上承认意大利对埃塞俄比亚的征服（墨索里尼对此是极为重视的），而且如果英国政府看到意大利政府准备证明他们愿意为恢复信任和友好关系作出贡献的话，英国还将采取其他一些行动。"至于德国方面，张伯伦表示："在各方都能够而且应当作出他们的贡献的同样基础之上，英王陛下政府将着手研究哈利法克斯勋爵访问柏林所显现出的形势，其目的是寻求采取什么样的措施能够满足德国的要求，以便使他们也能对普遍的缓和作出他们的贡献，尽管这是一个非常困难和复杂的目标，但我相信不久以后我们就可以开始和德国人会谈了。"在这种情况下，张伯伦虽然感谢美国政府打算对英国正在对轴心国家进行的努力采取平行行动，但是他要求总统考虑"是否总统的建议冒了把英国在这里的努力拦腰切断的危险"，因为"德国和意大利政府可能拒绝继续会谈，理由是

①　Viscount Templewood, *Nine Troubled Years*, p. 270; Keith Feiling, *The Life of Neville Chamberlain*, p. 336.

②　［英］伊恩·麦克劳德：《张伯伦传》，西安外语学院英语系译，商务印书馆 1990 年版，第 200 页。

③　William R. Rock, *Chamberlain and Roosevelt*, p. 59.

正在讨论的这些具体问题已经全部包括在总统打算提出的更为广泛的问题之中了"。他进一步指出，如果总统的行动实际上阻止了英国已经花费了大量精力而取得的进展，那将是起反作用的，"德国和意大利势必会利用这些建议，不但拖延考虑一旦绥靖得以实现时必然要解决的那些特定的问题，而且还会节外生枝，在我们与他们进行直接谈判时向我们提出更多的要求"。因此他要求总统"暂时住手，看看英国人在开始解决那些具体问题的时候会取得什么进展"①。

对美国来说，张伯伦的答复"简直就是当头浇了一盆冷水"②。美国人大失所望，怀疑张伯伦是想把美国完全排除在欧洲的和解之外；而且英国如此热衷于双边谈判，也使美国人怀疑这种谈判达成的协议将不会有利于美国的利益。于是，在与赫尔和韦尔斯磋商之后，罗斯福于 1 月 17 日给张伯伦发出回信，表示他同意"暂缓"提出他希望提出的建议；但同时说明，他担心"英国要在法律上承认意大利对埃塞俄比亚的征服，特别是在此时走出这一步"，不仅"将会对远东的事态造成有害的影响"，而且"英王陛下政府放弃不承认原则"，也将对美国的公众舆论产生严重影响。总统强调指出："承认对埃塞俄比亚的征服——这在某个适当的时候，可能不得不被视为一个既成事实——在我看来这是一个影响到所有遵守不承认原则的国家的问题，因此这一问题应当作为世界绥靖措施的一个组成部分来看待，对此，世界上所有的国家应该预先表现出共同的兴趣并愿意在其中承担他们各自的责任。"接着罗斯福希望英国人将他们与德国和意大利的谈判情况见告，因为"对美国政府来说，告知这些谈判情况将是有帮助的，这些谈判将对维持国际关系原则和本政府坚决支持的世界绥靖政策起到重要影响，特别是那些关系到条约权利以及经济和财政等方面的问题，本政府和其他政府一样与这些问题直接有关"。当然罗斯福也没有忘记说明："美国当然与这些谈判的政治方面无关。"③

国务卿赫尔和副国务卿韦尔斯则更明确更强烈地向英国大使林赛表达了美国政府的态度。赫尔说，美国无意要求在英国和意大利的讨论中加入美国

---

① *FRUS*，*1938*，Vol. 1，pp. 118-120.

② Sumner Welles, *The Time for Decision*，p. 66.

③ 全文见 *FRUS*，*1938*，Vol. 1，pp. 121-122.

的意见，但是"如果任何像英国这样重要的国家突然放弃不承认原则而走到承认意大利征服埃塞俄比亚的地步，那么无赖国家就会把它看成是对他们明目张胆地撕毁条约和用武力夺取领土的政策的实际认可"；而且这种承认"在太平洋地区的影响可能相当严重……日本政府将把这样的承认看作是它有权撕毁神圣的条约并使这种行为成为普遍的先例"。赫尔对不承认原则的前途感到悲观，但强调即使它被修改，也将"由世界上所有的国家或大多数国家通过某种普遍的安排有条不紊地进行修改"①。韦尔斯则根据总统的指示告诉林赛，法律上承认意大利的征服问题关系到美国在远东的物质利益（这与英国的物质利益并无不同）和人民的思想情绪，"这样做将会激起厌恶的情绪；将会使人们对火中取栗的做法再度产生并增加恐惧情绪；而且将表明，在欧洲做成的这一桩肮脏交易是以牺牲与美国密切相关的远东利益换来的"②。

因此，可以看出，美国并非坚决反对承认意大利对埃塞俄比亚的征服，而是如英国史学家 C·A·麦克唐纳所说："罗斯福认为这种承认应该是一个集体的行动，应该是作为美国和平计划的一部分而作的让步。在作出这一让步时必须同时就确立新的国际法体系达成协议。而张伯伦则似乎在宽容意大利破坏国际法的同时却没有坚持确立新的行为准则。"③

与此同时，英国政府内部的分歧也趋于表面化。1 月 15 日赶回英国的外交大臣艾登在了解了张伯伦的态度和他给罗斯福的回信后，认为张伯伦的做法是错过了"一个与美国合作的前所未见的更大机会"。在艾登看米，总统的这一倡议的目的在于用他目前所能采取的唯一手段来在希特勒和墨索里尼前进的道路上设置障碍；两个独裁者必然不喜欢这种做法，不想使自己纠缠在这种谈判中，但是要反对也提不出理由；即使在最坏的情况下，罗斯福的倡议也能使我们赢得时间，并使美国向一个四分五裂的欧洲靠拢一步。因此英国应该"立即接受罗斯福的建议，同时对声明草稿提出一些文字上的修改意

---

①　Cordell Hull, *The Memoirs of Cordell Hull*，Vol. 1，pp. 580-581. 赫尔关于这次谈话的备忘录，见 *FRUS*，*1938*，Vol. 1，pp. 133-134.

②　［英］安东尼·艾登：《艾登回忆录——面对独裁者》下卷，第 995—996 页。

③　C. A. MacDonald, *The United States*，*Britain and Appeasement*，*1936-1939*，p. 69.

见"。艾登还对张伯伦在没有和他商量的情况下就给总统发出回信表示不满。① 艾登的私人秘书奥利弗·哈维也认为罗斯福的计划提供了英国长期以来所谋求的与美国合作的机会,他在给艾登的一份备忘录中写道:"我们外交部的人员并不指望我们自己在谋求与意大利和德国实现全面解决的尝试中取得任何真正的进展……我们只是希望赢得时间以便使我们自己得以重整军备……对我们来说唯一致命的危险是与美国相对抗。没有罗斯福的支持,我们就会在一场战争中遭到毁灭。"②

于是,艾登在 1 月 17 日通过给张伯伦写信和当面讨论的办法表达了自己的想法。1 月 18 日罗斯福的回信到达伦敦,艾登更希望能够挽回局面,便于 18 日再次写信给张伯伦,并再次与后者讨论这一问题。艾登的基本思想是:英国不能单独对付联合在一起的德意日三国,而总统的倡议是一个增进英美合作的机会;即使英国与意大利的谈判取得成功,拒绝美国的建议也会使总统退而采取更为孤立的态度,这种情况是世界和平的最大灾难,并且会破坏英国鼓励美国进行合作的努力。他还认为,英国必须作出的抉择是:或是通过英美合作来保卫世界和平,或是通过与墨索里尼达成没有把握的协议来取得零打碎敲的解决办法;而且与美国的合作并不一定损害英国与德国谈判的前景,"事实上,美国和我们之间的感情愈一致,合作愈加强,我们与德国打交道的地位就愈加强"。但是张伯伦坚持要求罗斯福收回他的建议,并继续英国与意大利的谈判,不惜一切代价与意大利达成协议,包括在法律上承认意大利对埃塞俄比亚的征服。德国的问题则可以等一等再说。③

1 月 19 日和 20 日,英国内阁外交委员会对这一问题进行了 2 天辩论。张伯伦、哈利法克斯勋爵、西蒙和英斯基普均以美国不会在实际上进行帮助为理由,激烈地反对罗斯福的计划。张伯伦拿出一份他要发给罗斯福的电报草稿,电文再度向总统解释他希望在法律上对意大利征服埃塞俄比亚予以承认,并请总统运用他对意大利的影响帮助达成协议,他相信墨索里尼会以达成协

① [英]安东尼·艾登:《艾登回忆录——面对独裁者》下卷,第 979、987 页。

② John Harvey ed., *The Diplomatic Diaries of Oliver Harvey*, pp. 69-70; C. A. MacDonald, *The United States, Britain and Appeasement, 1936-1939*, pp. 68-69.

③ [英]安东尼·艾登:《艾登回忆录——面对独裁者》下卷,第 989—999 页,第 1091—1093 页附录 2。

议的严肃态度进行谈判。① 英斯基普认为："艾登的联合美英法三国的政策，将引起战争。"②英国政府首席工业顾问、张伯伦的密友霍勒斯·威尔逊（Horace Wilson）态度更为激烈，认为罗斯福的倡议是"含糊不清的废话"，他对艾登的议会私人秘书吉姆·托马斯直言不讳地说，他正在尽力劝说首相向美国的倡议泼冷水，同时继续进行他自己的与独裁者进行和解的计划。③ 艾登则坚持支持罗斯福的建议，至少不能离开罗斯福的声明来讨论承认的问题。

　　经过两天的激烈辩论，艾登终于取得了张伯伦的妥协。现在张伯伦打算采取双管齐下的方针，一方面英国继续与墨索里尼打交道，另一方面让罗斯福继续进行他的计划。1 月 21 日张伯伦给罗斯福发出两封电报，在第 1 封电报中首相收回了他以前要求总统推迟提出他的计划的想法，转而表示他热诚欢迎总统的倡议，并将在总统决定提出该计划时尽力为其成功作出贡献。在第 2 封电报中他进一步详细说明了英国打算在法律上承认的理由。他认为承认意大利对埃塞俄比亚的征服，是对更为全面地解决政治问题——以及可能最终解决经济问题的一个必要贡献。首相表示相信，现在也许已有了使意大利和德国愿意在解决政治问题方面进行合作的机会。④

　　1 月 22 日，林赛将张伯伦的电报交给韦尔斯，后者对英国政府保证"法律上的承认只能和与意大利达成总的解决办法一并解决"感到满意。韦尔斯说："总统把这种承认当作我们双方都必须吞服的一粒苦药。他希望我们双方要吞就一起吞。"他还说："英王陛下政府希望在与意大利全面和解时吞它，而总统则希望在取得包括全世界缓和在内的全面和解时才吞这粒药丸。"⑤这再一次

　　① 　[英]安东尼·艾登：《艾登回忆录——面对独裁者》下卷，第 1000—1002 页。在此之前，首相张伯伦以个人名义写信给正在意大利访问的奥斯汀·张伯伦夫人，信中说他希望开始与意大利谈判。张伯伦夫人未经首相同意，就把这封信给意大利外长齐亚诺看了。在这种情况下，张伯伦认为，如果英国人必须等到罗斯福提出建议后才能在法律上承认意大利对埃塞俄比亚的统治，那会使意大利人大为恼火。

　　② 　这是英斯基普在一叠文件上写的眉批。见[英]安东尼·艾登：《艾登回忆录——面对独裁者》下卷，第 1000 页。

　　③ 　[英]安东尼·艾登：《艾登回忆录——面对独裁者》下卷，第 1005 页。

　　④ 　William R. Rock, *Chamberlain and Roosevelt*, p.65；[英]安东尼·艾登：《艾登回忆录——面对独裁者》下卷，第 1008 页。

　　⑤ 　[英]安东尼·艾登：《艾登回忆录——面对独裁者》下卷，第 1010—1011 页。

证明，美国并非坚决反对承认意大利对埃塞俄比亚的征服，罗斯福认为这种承认应该是一个集体的行动，应该是作为美国和平计划的一部分而作的让步。但是，在这次会谈中，韦尔斯表示总统当前不大可能在一周或更多的时间内提出他的倡议。

　　10天过去了，美国方面仍无动静。英国对美国的沉默感到不安，1月28日和2月1日，张伯伦和艾登分别要求林赛了解美国的意图。2月2日，林赛拜访了韦尔斯，询问关于罗斯福计划的情况。韦尔斯在请示了罗斯福之后对林赛大使说："总统打算在几天之后对他的计划有所表示，但是此刻尚无比较肯定的意见可以奉告。"①但是，随之而来的德国国内事态的发展，使罗斯福—韦尔斯和平计划的前途更加暗淡。

　　**四、国际形势的恶化与和平计划的夭折**

　　1938年，希特勒决心在国内排除他在国外采取行动以开拓"生存空间"的几个障碍。2月4日，希特勒宣布陆军元帅、战争部长和武装部队总司令瓦尔纳·冯·勃洛姆贝格(Werner Eduard Fritz von Blomberg)辞职，而由他本人担任武装部队总司令；同时陆军总司令瓦尔纳·冯·弗立契(Werner Freiherr von Fritsch)也被免职，接替他的是瓦尔特·冯·勃劳希契(Walter von Brauchitsch)将军。第二天，原驻英大使约希阿姆·冯·里宾特洛甫(Joachim von Ribbentrop)接替康斯坦丁·冯·牛赖特成为外交部长，而经济部长亚尔马·沙赫特则在1937年12月就被迫辞职。② 美国政府对德国的这些变化感到担忧，认为德国"稳健派"的失势，表明了德国政府正在向"更加激进的方向发展的趋势"③。在这种情况下，如果罗斯福仍然提出和平倡议，那么这种做法就如美国驻法大使、罗斯福的密友威廉·C·布利特在给罗斯福的信中所说：

---

　　① FRUS，1938，Vol. 1，p. 122.
　　② 德国的这些变化，参见[英]艾伦·布洛赫：《大独裁者希特勒〔暴政研究〕》上册，朱立人、黄鹂、黄佩全译，朱立人校，北京出版社1986年版，第414—424页；[美]威廉·夏伊勒：《第三帝国的兴亡——纳粹德国史》上册，董乐山、李耐西、陈廷祐等译，董乐山校，世界知识出版社1979年版，第10章；[德]卡尔·迪特利希·埃尔德曼：《德意志史·第4卷·世界大战时期(1914—1950)》上册，高年生等译，商务印书馆1986年版，第517—522页。总的说来，这些人并不是反对希特勒的计划，而是认为行动的时机还不成熟。
　　③ [美]阿诺德·A·奥夫纳：《美国的绥靖政策：1933—1938年美国的外交政策与德国》，第285—286页。

"尽管这样一个〔讨论国际法的〕会议能够被美国公众舆论所接受，但是对世界的其他地区来说却是一种逃避现实的行动。这看起来就像是在艾尔·卡彭（按指芝加哥的大匪徒）横行不法嚣张之时，你却在华盛顿召开全国心理分析家会议，研究犯罪的心理原因。"①因此当 2 月 9 日林赛再次向韦尔斯问起美国拟议中的倡议时，韦尔斯回答说："由于近来在德国出现了严重的局势，总统已经再次拖延了对他的计划采取行动，并认为在形势进一步明朗化之前，贸然前进是不明智的。但是总统要求英国政府了解，在相对来说最近的将来，他打算继续进行他的计划并将就此事进一步与英国政府联系。"②

但是，随后欧洲发生的一系列事件的确使"形势进一步明朗化"了：2 月 12 日希特勒会见奥地利总理库特·冯·许士尼格（Kurt von Schuschnigg）并提出一系列有损奥地利主权的要求，以此为标志，希特勒开始了兼并奥地利的行动；③ 2 月 20 日，英国外交大臣艾登由于和张伯伦在与美国合作以及承认意大利吞并埃塞俄比亚等问题上的意见分歧而辞职，标志着英国将继续沿着绥靖意大利和德国的外交方向走下去；④ 而在此之前，英国与德国的会谈已在进行。于是，韦尔斯在 3 月 7 日与林赛的会谈中说明："美国政府希望英国政府在其努力为欧洲的政治绥靖寻求一种坚固的基础方面获得完全的成功"，但是"美国政府不打算以任何方式参与解决欧洲的政治绥靖问题"，至于罗斯福的和平计划，仍将被继续搁置。⑤ 3 月 12 日，希特勒和他的军队兵不血刃开进了奥地利；3 月 13 日，纳粹德国宣布奥地利为德国的一个省，正式完成了对奥地利的吞并。在这种情况下，正如韦尔斯后来所说："要想采取体现了总统倡议中的那些建设性和预防性的补救措施，已经是机不可失，时不再来

---

① Frederick W. Marks Ⅲ, *Wind Over Sand*, *The Diplomacy of Franklin Roosevelt*, Athens：The University of Georgia Press，1988，pp. 139-140.

② *FRUS*，1938，Vol. 1，p. 124.

③ 〔英〕艾伦·布洛赫：《大独裁者希特勒〔暴政研究〕》上册，第 424—441 页；〔美〕威廉·夏伊勒：《第三帝国的兴亡——纳粹德国史》，第 11 章。

④ 〔英〕安东尼·艾登：《艾登回忆录——面对独裁者》，第 12—14 章；〔英〕伊恩·麦克劳德：《张伯伦传》，第 198—206 页。艾登并非不同意与意大利谈判承认其对埃塞俄比亚的吞并问题，他与张伯伦的分歧在于何时以及以什么样的条件去承认这一点。

⑤ W. L. Langer and S. E. Gleason, *The Challenge to Isolation*，1937-1940，pp. 29-30.

了。"①因此，3 月 13 日，罗斯福在给英国政府的电报中说，他的计划已经无限期地推迟，实行这一计划的时机"将不会再出现了"②。

1937 年底至 1938 年初美国希望与英国采取联合行动并通过战争以外的方法维持世界和平的罗斯福—韦尔斯计划，如同 1937 年罗斯福的世界和平会议计划一样，最终夭折。对此，当时的政治家们有着不同的解释。该计划的主要设计者韦尔斯认为，这一计划的失败主要在于赫尔在 1937 年 11 月对罗斯福关于召开一次和平会议计划的阻挠。③ 艾登则认为主要是由于张伯伦政府对罗斯福总统的倡议"大吹冷风，终于使它寿终正寝了"。丘吉尔也是如此看法，他在《第二次世界大战回忆录》中写道："我们必须认为，这次拒绝了美国的建议……也就失去了用战争以外的方法使世界免于暴政的最后一点点机会。眼光短浅而且对欧洲局势又不熟悉的张伯伦先生，竟然妄自尊大到如此程度，拒绝了从大西洋彼岸伸过来的援助之手，时至今日，看起来仍令人感到惊讶。"④

然而，这些或多或少带有个人感情色彩的看法未免失之偏颇。如果进一步探究其失败的原因，则主要在于美英之间的互不信任和罗斯福—韦尔斯计划本身的非现实性。

就 1938 年初的美英关系而言，它们之间的相互猜疑远远大于它们之间的相互信任。美国助理国务卿乔治·梅塞史密斯(George Messersmith)曾在 1937 年底写道：英美合作"是世界上剩下的唯一的安全锚了"。但是，英国人必须停止玩弄为他们自己谋利的"把戏"，并且要认识到"我们的确是一个比较强大的国家，因此，我们不能只是步英国的后尘，任何合作都必须是完全的伙伴关系"⑤。然而两国距离"完全的伙伴关系"还差得很远。美国担心英国将

①  Sumner Welles, *The Time of Decision*，pp. 68-69.

②  Viscount Templewood，*Nine Troubled Years*，p. 273.

③  参见 Sumner Welles，*The Time of Decision*，p. 69；*Seven Decisions that Shipped History*，pp. 27-30.

④  ［英］安东尼·艾登：《艾登回忆录——面对独裁者》下卷，第 1027 页；［英］温斯顿·丘吉尔：《第二次世界大战回忆录·第 1 卷·风云急起》，吴泽炎、万良炯、沈大靖译，杜汝辑、张自谋校译，南方出版社 2005 年版，第 165 页。

⑤  ［美］阿诺德·A·奥夫纳：《美国的绥靖政策：1933—1938 年美国的外交政策与德国》，第 272 页。

与欧洲的独裁者达成某种秘密交易，从而破坏体现在罗斯福计划中的美国对世界贸易体系和公平获取原料的要求与愿望。张伯伦对罗斯福—韦尔斯和平计划的最初拒绝以及艾登的辞职不断强化着美国的这种忧虑。因此在奥地利危机日益紧张的1938年3月8日，当林赛告诉韦尔斯英国仍然希望与德国和意大利达成"区域性的安排"，并认为这"至少在一段时间内能够避免武装冲突的危险"，还希望美国对此给予支持的时候，韦尔斯则用相当强硬的措辞提醒林赛，美国将继续努力消除贸易壁垒并促进建立在公平基础上的世界贸易体系。① 的确，在两次世界大战之间的年代里，在贸易、海上航行自由和海军力量等方面的争论已经使美英两国关系紧张，在美国人的眼里，英国是一个重要而危险的竞争者。②

从英国来看，尽管英国希望美国的帮助，但是它对美国是否会提供有效的帮助不仅充满怀疑，而且甚感忧虑。英国人认为，无论是英格索尔访问伦敦达成的海军协议，还是美国的各种和平倡议，都是"光说不练"的。③ 尽管张伯伦出于担心罗斯福的计划会破坏他的"绥靖总方针"而拒绝了总统的倡议，但是不相信美国会真正帮助英国也是他这样做的原因之一。他曾不止一次地谈到这个问题。1938年1月16日，他在一封给美国亲戚的信中写道："我完全意识到美国政府方面并不缺乏善意。问题是这个国家的大多数公众舆论仍然相信美国有可能站在欧洲之外并看着欧洲的崩溃，而不会在实质上影响它自己。"他在2月19日的日记中又写道："美国与我们的关系正在不断密切，但是孤立主义者的势力和声音是如此强大有力，以致即使我们有了麻烦，我们也不能指望他们的帮助。"④塞缪尔·霍尔更是认为美国的孤立主义不仅是张伯伦消极对待罗斯福建议的基础，而且是英国绥靖政策形成的主要考虑。⑤正如历史学家巴兹尔·劳赫所说："完全不可能证明内维尔·张伯伦的关于导

---

① *FRUS*，*1938*，Vol. 1，p. 127，全文见 pp. 126-130.

② Steve Weiss，*Allies in Conflict*，*Anglo-American Strategic Negotiations*，*1938-44*，New York：Macmillan Press LTD，1996，p. 39.

③ Donald Watt，"Roosevelt and Neville Chamberlain：Two Appeasers"，*International Journal*，Vol. 28，Spring 1973，pp. 185-204.

④ Keith Feiling，*The Life of Neville Chamberlain*，p. 322.

⑤ William R. Rock，*Chamberlain and Roosevelt*，p. 70.

致他放弃集体安全并转向绥靖独裁者的一个原因在于美国未能帮助建立统一战线的论点是不正确的。"①

然而在更深的层面上，即使美国真正援助英国，英国对这种援助也深感担忧。因为它不仅把美国视为一个可能的盟友，也把美国视为一个潜在的威胁，它担心这种援助将导致美国在广泛的领域，特别是在经济和海军领域最终取代英国的世界领导地位。第一次世界大战以来日益激烈的经济竞争至少从 19 世纪与 20 世纪之交就已经开始，大战使美国成了另一个世界金融中心和世界最大的债权国。30 年代大危机之后两国采取的不同经济政策——英国坚持实行保护关税的帝国特惠制度而美国要求自由贸易——使两国之间的贸易摩擦不断，且美国坚持要求英国支付拖欠的战债以及坚决要获得与英国的海军对等地位，更使英国担心美国会把它的援助作为索取报酬的筹码。总之，"英国担心美国的援助与其说是一种财富，不如说更是一种债务负担"②。正是在这种既抱怨美国没有真正援助英国又对美国的援助充满戒心的十分矛盾的心理作用下，张伯伦不愿意美国对欧洲的事务插手过早，哪怕是支持他在欧洲绥靖的并行行动。他的做法就是在罗斯福—韦尔斯计划这颗"炸弹"尚未爆炸之前就拆掉它的"引信"③。

另一方面，罗斯福—韦尔斯和平计划本身的非现实性与实际发展的国际形势的现实之间所形成的巨大反差，是把该计划置于死地的另一个根本因素。毫无疑问，罗斯福、韦尔斯以及美国政府的其他官员同情英国人，并且希望他们在他们认为不得不作出任何努力以实现和平调整方面取得成功。但是同样毫无疑问的是，美国从未制定过明确的赞同或支持英国努力的政策，而且肯定也从未考虑过与此相联系的承担任何政治或军事义务的问题。④ 首先，

①　Basil Rauch, *Roosevelt, From Munich to Pearl Harbor: A Study in the Creation of Foreign Policy*, New York: Creative Age Press, 1950, p. 21.

②　David Reynolds, *The Creation of the Anglo-American Alliance, 1937-1941: A Study in Competitive Co-operation*, Chapel Hill: University of North Carolina Press, 1981, p. 13.

③　关于英国的这种矛盾心理，在 David Reynolds, *The Creation of the Anglo-American Alliance, 1937-1941: A Study in Competitve Co-operation*, pp. 10-16 中作了极有价值的分析。

④　W. L. Langer and S. E. Gleason, *The Challenge to Isolation, 1937-1940*, p. 32.

该计划打算以"四项原则"规定从道义上制止法西斯国家的侵略扩张行径，这早已被意大利悍然发动侵略埃塞俄比亚的战争和日本疯狂的侵华战争证明是无效的，而德国完全无视国际法公然采取的吞并奥地利的行动再次证明，没有实际的政治军事力量所支持的道义原则是苍白无力的。其次，美国打算通过强调道义上的领导而拒绝承担与这些原则有关的政治和军事义务，对于处于法西斯国家直接威胁下的英国和欧洲其他民主国家而言，只会进一步加强它们的疑虑，而无法获得它们的真正支持。最后，据韦尔斯所说，该计划的目的在于助张伯伦在欧洲的绥靖行动一臂之力，但是奥地利的命运已经表明，张伯伦的绥靖政策出师不利，正如英国新任外交大臣哈利法克斯勋爵在 3 月11 日即希特勒进军奥地利的前一天给罗斯福的电报中所说："我不得不承认，英王陛下政府在为绥靖铺设的道路中急于作出的两项努力之一（按指对德国的绥靖努力）已告失败。"①因此完全可以想象，即使罗斯福—韦尔斯计划能够获得英国的支持而向各国提出，它也绝不会成功，因为"事态的发展早已越过了裁军、贸易壁垒和中立国的权利等韦尔斯希望讨论的问题……只有美国坚定地承担军事和政治义务才可能阻止轴心国家的行动"②。

　　通过 1937—1938 年美国的各种和平计划的失败命运，我们看到了美英关系的混乱状态和双方的积怨之深。在它们达成真正的伙伴关系之前，还有相当长的一段路要走。然而，面对国际形势的恶化，特别是日本侵华所造成的对西方国家利益的损害，美英两国还是考虑要作出一些基本的军事合作安排，以备不时之需。

---

① FRUS，1938，Vol. 1，p. 132.
② Robert A. Divine，*The Reluctant Belligerent*：*American Entry into World War Ⅱ*，p. 51.

# 第　四　章

# 英美最初的军事接触

　　随着 20 世纪 30 年代日本和德国分别于亚洲和欧洲形成两个战争策源地，以及意大利在地中海对英国通往亚洲航道的威胁，世界大战的阴云再次显现。尤其在 1937 年 7 月的卢沟桥事变之后，由于英美两国政府各自面临的国内和国际形势，双方都曾表达了与对方进行军事合作的愿望，而英方显得更加迫切。

## 第一节　英美需要军事合作

　　英国是西方列强中在华权益最大的国家，面对日本发动全面侵华战争，力图保住既得利益是英国的基本打算。然而平津失陷和日本对上海的大举进攻，无疑对英国在华地位构成了公开挑战；日本进一步封锁中国沿海并对所有外国船只验明身份的做法是对中国及英美等国家主权的严重侵犯；英国驻华大使许阁森(Hughe Knatchbull-Hugessen)被日本飞机扫射而负伤的事件更是日本对英国的蓄意挑衅；而日本相继夺取中国津、秦海关的收入并向江海关的税收管理权提出要求则是对英国利益的直接进攻。[①] 尽管英国对日本无视外国权益的做法不断提出抗议，但它在远东防御的空虚状态使任何抗议都变得软弱无力。

---

　　① 　徐蓝：《英国与中日战争(1931—1941)》第 6 章第 1、2 节和第 9 章。

在日本不断扩大侵华战争的同时，欧洲的形势也进一步恶化。德国和意大利的扩军备战势头有增无减；1936 年 10 月建立的柏林—罗马轴心也因两国继续实行武装干涉西班牙内战的政策而得到巩固；1937 年希特勒越来越频繁地提出收回原殖民地的要求以及意大利作为地中海强国的出现，都使英国忐忑不安。同年 9 月，墨索里尼访问柏林，受到隆重接待。希特勒在欢迎会上表示"这两个帝国的力量现在是维护欧洲的最强有力的保证"[1]，是柏林—罗马轴心进一步强化的标志，使重整军备不力的英国更加担心自身的安全，不得不再次考虑修改国家防务的优先顺序。1937 年 12 月 15 日国防需要委员会起草的一份《关于未来年代的国防费用》的报告提出，英帝国战略防御的次序是：保卫联合王国的安全，保卫英国进口粮食和原料的贸易通道，守卫英国的海外领土，协力防卫英国在战时可能有的任何盟国的领土。[2]

在这种战略优先顺序的安排下，保卫地中海的交通要道免遭意大利的进攻放在了保卫英国的远东领土免遭日本进攻之前。英国政府一面企图通过绥靖德国、意大利和日本以达到防止战争的目的，一面希望依靠在远东有直接利害关系的美国的合作，把日本的扩张限制在一定范围之内。而且，英国政府认为，没有与美国的充分合作，英国在远东就不能采取行动。[3]

在卢沟桥事变之初，美国政府并不愿意与欧洲民主国家联合抵制日本的扩张，只是在日本不断扩大战争之后，才表现出合作的愿望。

日本的侵华战争破坏了美国视为极其重要的对华"门户开放"原则，美国总统罗斯福意识到日本最终要把西方势力排挤出中国的危险。据时任副国务卿的萨姆纳·韦尔斯回忆：罗斯福曾与海军方面讨论过在太平洋划出一条由美国保护的实际路线，如果英国同意合作，日本将被告知，一旦它坚持军事征服中国的政策，它的贸易和发展就将不允许超过这条线。总统相信，由于"日本的经济主要依赖于美国和英国的市场，如果这些市场对它关闭，日本便不能指望长期继续它的侵略"。对于韦尔斯提出的封锁是否会导致战争的疑问，罗斯福回答说：他不认为如此。"日本已经严重地陷在中国，以致它的经

---

① ［英］艾伦·布洛克：《大独裁者希特勒〔暴政研究〕》上册，第 360 页。

② N. H. Gibbs, *Grand Strategy*, Vol. 1, pp. 287–288.

③ ［英］安东尼·艾登：《艾登回忆录——面对独裁者》下卷，第 961 页。

济已紧张到崩溃的地步。如果切断它的贸易，那么它在能继续从东南亚得到它所需要的石油和其他原料之前就将陷入困境。"因此，总统并不认为在这个时候日本敢于冒与英美进行战争的风险。但韦尔斯询问总统，鉴于我们过去的经验，他有什么信心相信英国政府会愿意和美国一道实行如此激进的政策时，后者认为他有理由相信新的英国内阁——内维尔·张伯伦已经替换了鲍德温，而且艾登现在是外交大臣——不仅比他的前任更"有胆量"，而且可能认识到英联邦自治领的生存处于危险之中。罗斯福还指出，英国的财政集团至少必须承认，如果允许日本把亚洲变成日本的殖民地，他们将失去在远东的最大商业股份。①

但是，当时罗斯福面临的国内形势使他根本不敢公开提出这样的建议。

首先，美国根本不具有实行这种封锁的能力。美国海军的主力部署在南加利福尼亚，它在亚洲的舰队力量很小，其价值至多只是展示存在而已。②而且，美国在太平洋上缺少实行长距离封锁日本所必需的防御基地、供应线和有经验的海军人员。因此，尽管海军作战部长威廉·李海（William D. Leahy，又译为威廉·莱希)海军上将支持这种封锁，但海军部却以海军没有准备为理由加以拒绝。③

其次，国务院的官员们反对使用这种激烈的手段，担心任何形式的英美合作都会在日本激起支持军队"极端分子"的舆论，从而危及和平，并使日本重建文官制度的任务复杂化。这种看法得到了美国驻日大使约瑟夫·C·格鲁(Joseph C. Grew)的支持，他认为，只有当美国的公民和财产受到侵扰时，美国才能对日本提出抗议，④ 否则"抗议不仅无益，且有激起愤懑情绪之害"⑤。

最后，政府对国内孤立主义舆论的担心也使总统却步不前。当时的公众

---

①　Sumner Welles, *Seven Decisions That Shapes History*，pp. 71-72.

②　Jonathan G. Utley, *Going to War with Japan*，*1937-1941*，Knoxville：University of Tennessee Press，1985，p. 5.

③　Sumner Welles, *Seven Decisions That Shapes History*，pp. 72-73.

④　Dorothy Borg, *The United States and the Far Eastern Crisis of 1933-1938*，pp. 287-288.

⑤　[美]约瑟夫·C·格鲁：《使日十年(1932—1942)》，蒋相泽译，商务印书馆 1983年版，第 215 页。

舆论强烈要求避免任何战争冒险。正如韦尔斯所说，在 1937 年，大多数美国人，无论是民主党人还是共和党人，都真诚地认为，在任何制止冲突的国际合作中都存在着危险，并相信"靠一种像鸵鸟一样拒绝看到什么事情正在发生的决心便能最好地确保国家的安全。他们在一种中立的幻觉中寻求安全"①。

　　但是到 1937 年秋天，美国再也不能无视国际形势的明显恶化了。在远东，日本与中国已经陷入一场不宣而战的长期战争之中。日本政府不但未能如美国希望的那样控制住军方的"极端分子"，而且从 9 月 2 日内阁临时会议作出的将"华北事变"改称为"中国事变"的决定中，日本要征服全中国的目标已清晰可见。在德国，由于亚尔马·沙赫特要求辞去经济部长之职，② 使希特勒的"四年计划"全权总办赫尔曼·戈林(Hermann W. Göring)主管了经济政策领域，从而为推行希特勒的战争经济计划扫清了障碍。此外，意大利与德国在武装干涉西班牙内战中的联手合作，不仅使美国看到了轴心国关系的强化，而且把这种强化看作是 1936 年德日《反共产国际协定》的有力补充。

　　面对日益形成的德意日法西斯联合，美国担心德国会仿效日本，用武力来解决本国的经济与社会问题。美国财政部在 1937 年 9 月的一份报告中指出，从长远来看，日本在中国的胜利将鼓励其他"心怀不满的"大国试图对其邻国进行侵略。例如，德国可能攫取捷克斯洛伐克，或在日本的协助下进攻苏联。③ 因此，美国政府越来越感到不能孤立地对待日本的对华侵略，必须把日本问题与世界其他地区的形势结合起来进行考虑。

　　当时负责西欧事务的助理国务卿皮尔庞特·莫法特(Pierrepont Moffatt)曾在 8 月 28 日的日记中写道："远东地区即使是我国对外关系中的一个极为重要的部分，也只是一个部分而已，因此在制定政策的时候还必须考虑到其他地区的类似局势。"④ 国务卿科德尔·赫尔主张动用世界舆论对日本实行道义制裁，但李海则赞成与英国人联合行动对日本施加压力，作为对世界各地

　　① Sumner Welles, *Seven Decisions That Shapes History*, p. 7.

　　② 沙赫特于 8 月便要求辞职，直到 12 月 8 日希特勒才批准了他的辞呈。

　　③ John Morton Blum, ed., *From the Morgenthau Diaries*, Vol. 1: *Years of Crisis, 1928-1938*, p. 462.

　　④ ［英］C·A·麦克唐纳：《美国、英国与绥靖(1936—1939)》，何抗生、周兴宝、张毅君译，中国对外翻译出版公司 1986 年版，第 44—45 页。

"极端分子"发出的一种警告，让他们知道武装扩张将遭到抵抗。① 与此同时，孤立主义者却强烈要求对中日双方实施《中立法》。

在这种情况下，罗斯福一面对孤立主义者作出一定的妥协，于9月14日宣布官方船只不准运送军火给中日双方，其他挂有美国国旗的船只如果进行这种贸易，将咎由自取；一面开始考虑做一次有关国际合作的公开演讲，以抵消在全国日益增长的孤立主义情绪。他希望向除了德意日之外的全世界国家提出倡议，要求"爱好和平的国家共同孤立侵略别国的权利或威胁别国自由的国家"，以严厉"警告那些今天仍在胡作非为的国家"。②

10月5日，罗斯福在孤立主义的大本营芝加哥发表了著名的"防疫"演说。他指出："目前的恐怖盛行和国际上无法无天的情况……已达到严重威胁文明社会本身的基础的地步。"他警告美国人民："如果这些事发生在世界的其他部分，不要设想美洲将会逃脱"，为了防止受到攻击，"爱好和平的国家必须作出一致的努力去反对违反条约和无视人性的行为，这种行为今天正在产生一种国际间的无政府主义和不稳定状态，仅仅依靠孤立主义或中立主义，是逃避不掉的"。因此他建议国际社会对待国际上的无法无天的瘟疫要像对待人类生理上的瘟疫一样，采取"检疫隔离"的方式协力进行对抗，以保卫世界和平。③

这个讲演，可以看作是中日战争爆发后美国呼吁与西方民主国家合作抵制日本侵略的第一次明确表示。然而在孤立主义的广泛猛烈进攻面前罗斯福感到惊慌，也对他的政府中的一些成员未能有力地和有效地支持他的看法而感到吃惊。④ 总统赶快缩了回去，公开宣布"'制裁'是一种可怕的字眼，它们已被抛出窗外"，并强调他演说的重点在于最后一行，即"美国积极致力于谋

① L. Pratt, "The Anglo-American Naval Conversations on the Far East of January, 1938", *International Affairs*, Vol. 47, No. 4, October 1971, pp. 745-763.

② [美]罗伯特·达莱克：《罗斯福与美国对外政策(1932—1945)》上册，第213—214页。

③ *The Public Papers and Addresses of Franklin D. Roosevelt* (hereafter as *PPA*), 1937, Volume: The Constitution Prevails, New York: Macmillan, 1941, pp. 406-411. 译文参见[美]富兰克林·德·罗斯福：《罗斯福选集》，第150—155页。译文有所改动。

④ Sumner Welles, *Seven Decisions That Shapes History*, p. 13.

求和平"。①

尽管如此，罗斯福的"防疫"演说在寻求英美合作方面并非一无所获。它的直接结果便是在演说的第二天，当国联大会谴责日本对中国进行的军事侵略并倡议召开《九国公约》签字国会议时，美国政府公开赞成并同意参加此会，② 从而为英美讨论在远东进行合作的问题提供了第一个机会。

## 第二节　布鲁塞尔会议

1937 年 11 月 3—24 日在布鲁塞尔召开的《九国公约》签字国会议，为英美正式讨论联合制止日本继续扩张提供了第一个机会。但双方自始至终在是否要对日本实行制裁的问题上各有打算，互不配合，互不信任，从而导致会议的最终失败。

### 一、不制裁日本的基调

在会议举行之前，英美便已定下会议的基调——不制裁日本。

英国是首倡召开此次会议的国家。在 10 月 6 日、13 日和 20 日召开的内阁会议和各部门之间的会议上，英国政府连续讨论了有关英国参加布鲁塞尔会议的方针问题，中心内容是反对制裁日本，而其根本原因是由于英国重整军备不力，所以极其担心如果在远东爆发英日战争就会诱发欧洲的战争，从而使英国被迫处于三线作战的可怕境地。首相张伯伦是最坚决地反对制裁日本的中心人物，他在每次内阁会议上都必谈制裁的可怕后果。

他在 10 月 6 日指出，有效的制裁可能容易引起战争，而且他"不能设想在目前欧洲形势已变得如此危险的时刻，还有什么事情比寻求同日本的争吵更具有自杀性的了。如果我国卷入远东，那么独裁国家就可能抵挡不住在东

---

① 　*PPA*，*1937*，p. 423.

② 　关于召开《九国公约》成员国会议讨论中日冲突问题的建议，最初是由英国代表克兰伯恩子爵（Viscount Cranborne，本名 Robert A. Gascoyne-Cecil，即第 5 代索尔兹伯里侯爵，1903—1947 年为克兰伯恩子爵）于 10 月 4 日在远东顾问委员会小组会议上提出来的。10 月 6 日国联大会予以通过。参见顾维钧：《顾维钧回忆录》第 2 分册，中国社会科学院近代史研究所译，中华书局 1985 年版，第 506 页。

欧或在西班牙采取行动的诱惑"①。10 月 20 日他又在内阁会议上宣布:《九国公约》签字国会议的宗旨应当是绥靖,"如果这作为宗旨而予以宣布,就没有必要讨论失败的可能性或提出制裁问题"②。第二天,他在下院宣布:"我认为,到这个会议上去谈论经济制裁、经济压力和武力,是完全错误的。我们是在这里缔造和平,而不是在这里扩大冲突。"③因此,英国政府为参加会议制定的第一个方针就是不制裁日本。

但是,英国不能不考虑如果有人在会上提出对日本进行制裁,英国将如何回答的问题。对此英国的方针是:"应和美国齐步前进,步伐一致,不前不后。"④英国海军部曾坚决表示,除非美国事先给以明确的保证:在可以预料到的随之而来的远东骚乱状态的整个时期,它将对英国人提供"最充分的军事合作",英国才准备考虑对日本的制裁。⑤ 就连一向主张与美国进行合作的艾登也在 10 月 13 日的内阁会议上表示,如果美国和其他中国条约(指《九国公约》)签字国没有达成一旦需要就使用武力支持这些制裁的协定,他本人将决不同意实行制裁。⑥

然而,美国为参加会议制定的基本政策恰恰是不与英国联合制裁日本。到此时,国内的孤立主义势力已迫使罗斯福总统放弃了对日本的强硬态度。在 10 月 12 日的"炉边谈话"中,罗斯福完全排除了制裁日本的可能性,明确表示《九国公约》签字国会议的"目的是通过协议求得当前中国情势的解决。在寻求解决的努力中,我们的宗旨是要同包括中国和日本在内的其他签字国合作"⑦。

尽管罗斯福在会议召开前曾与美国代表团团长诺曼·戴维斯讨论过海上

---

①　CAB 23/89,C. C. 36(37)5,6th October,1937.

②　CAB 23/89,C. C. 38(37)4,20th October,1937.

③　Hansard,HC Deb,21 October,1937,Vol. 327,c. 175.

④　[英]安东尼·艾登:《艾登回忆录——面对独裁者》下卷,第 960 页。

⑤　*DBFP*,Second Series,Vol. 21,edited by W. N. Medlicott and Douglas Dakin,London:Her Majesty's Stationery Office,1984,p. 366.

⑥　CAB 23/89,C. C. 37(37)5,13th October,1937.

⑦　[美]富兰克林·德·罗斯福:《罗斯福选集》,第 163 页。

隔离日本的计划，①　但 10 月 19 日，即戴维斯启程赴会的前一天，总统还是指示他说："重要的是我们试图在布鲁塞尔激起一种和平与友好精神"，进一步说明美国不搞制裁。他还特别强调戴维斯必须明确，在这个会议自始至终的每一个阶段，政府都不希望"被推到前台去充当未来行动的带头人或建议者"，但也不希望在美国人眼中看起来像是"英国风筝上的尾巴"②。

由此可以看出，英美在开会之前都已决心不制裁日本，这便导致了在会议上进行的任何有关这个问题的讨论都不可能获得成功。

由于日本拒绝出席会议，使英美调解中日关系、提倡中日合作解决冲突的想法无法实施，而且日本无视《九国公约》和大国一再让步的态度也激怒了美国代表团团长戴维斯。因此，在会议进程中，戴维斯曾向英国提出与会各国将不承认由日本的行动所造成的改变、不向日本提供贷款、不购买日本货等建议，以迫使日本出席会议。③　但张伯伦的回答是："我决不搞制裁！"④艾登则认为，制裁分为 2 种，即无效制裁和有效制裁，前者是"一个空洞的姿态"，而后者则可能"驱使牺牲者去进行铤而走险的行动"。他强调，由于在欧洲的担心，英国不能单独承受因远东而引起的冲突的主要压力，要求美国提供合作。但戴维斯拒绝对此作出明确的声明。⑤　英国外交部常务次官贾德干则担心美国可能企图拖着英国或推着英国"进一步沿着一条危险的道路往前走"，因此拒绝了戴维斯的建议。⑥

---

①　1937 年 11 月 24 日美国驻法大使威廉·布利特（William C. Bullitt, Jr.）在给罗斯福的一封信中提到，总统在派戴维斯去巴黎之前对他讲到总统的海上隔离计划。布利特写道："诺曼〔戴维斯〕向我保证只要日本一拒绝出席布鲁塞尔会议，你就将提出建议用我们在远东的舰队，甚至更激烈的手段对日本实行有效的隔离。"见 John McVickar Haight Jr.，"Franklin D. Roosevelt and a Naval Quarantine of Japan"，*Pacific Historical Review*，Vol. 40，No. 2，May 1971，pp. 203-226.

②　Dorothy Borg，*The United States and the Far Eastern Crisis of 1933-1938*，pp. 406-407.

③　*DBFP*，Second Series，Vol. 21，note 3 of p. 473，pp. 458-459；〔英〕安东尼·艾登：《艾登回忆录——面对独裁者》下卷，第 963 页。

④　〔英〕安东尼·艾登：《艾登回忆录——面对独裁者》下卷，第 965 页。

⑤　*DBFP*，Second Series，Vol. 21，pp. 424-425.

⑥　Aron Shai，*Origins of the War in the East：Britain，China and Japan，1937-39*，London：Croom Helm，1976，p. 97.

　　与此同时，戴维斯在布鲁塞尔的表现也引起了美国政府和舆论界的不满。国务院发给代表团一系列指示，要求戴维斯"除了平凡的套话之外"，什么也不要在会上提出来，因为政府"希望这次会议至少不要采取任何积极的步骤"①，只希望他在会上"强调地重申构成国际关系基础的那些原则"②，不要涉及具体问题，并认为现在根本不应该考虑经济制裁。③ 国会中的孤立主义分子也批评戴维斯参加了谴责日本的声明，违反了总统派代表团参加会议是调解而不是使美国卷入一场冲突的最初目的，这将可能引起日本进攻菲律宾或夏威夷，或攻击美国船只的报复措施，因此要求政府召代表团回国。赫斯特报业集团(Hearst Corporation)则声称英国在玩弄手段使美国来保卫大英帝国，出席会议的美国代表团的一些成员也持这种看法。④

　　在这种情况下，戴维斯不仅不再提制裁问题，而且与英法一起拒绝了中国代表团提出的英、美、法三国对日本进行海军示威的要求。

　　在会议休会期间，中国代表顾维钧曾希望由英、美、法三国增援它们在远东的舰队进行海军演习，以显示三国的密切合作，促使日本重新考虑它的态度，并可以此警告日本不得随意干扰中国的军需物资的运输，保证海路安全。但三国都表示反对。查特菲尔德勋爵认为，将2艘主力舰调到远东，只会削弱英国的国内力量，并不能形成对日本的压倒优势，艾登表示同意。⑤这成了英国代表的基本态度。戴维斯则强调美国不可能办到这件事。法国则认为美国拥有一支并无紧急任务的强大舰队，应该成为演习主力，英法只需

---

　　① Nancy H. Hooker, ed., *The Moffat Papers: Selections from the Diplomatic Journals of Jay Pierrepont Moffat*, 1919-1943, Cambridge, MA: Harvard University Press, 1956, pp. 181-182.

　　② *FRUS*, *1937*, Vol. 4: *The Far East*, Washington, D. C.: United States Government Printing Office, 1954, pp. 187-188.

　　③ Dorothy Borg, *The United States and the Far Eastern Crisis of 1933-1938*, pp. 428-434.

　　④ Dorothy Borg, *The United States and the Far Eastern Crisis of 1933-1938*, pp. 433-434.

　　⑤ [英]安东尼·艾登：《艾登回忆录——面对独裁者》下卷，第967页。

要派少量舰只进行道义支持，又把球踢给了美国。①

因此布鲁塞尔会议终于以无所作为而告终，英美白白丧失了第一个采取联合有效行动制止日本扩大侵略的机会。

**二、会议的夭折与美国的担心**

尽管在《九国公约》签字国会议上美国采取的外交方针是不与英国联合制裁日本，但日本对会议的坚决抵制态度和对华侵略的继续扩大，以及11月6日意大利参加了《反共产国际协定》，使美国军政当局对远东及整个国际形势的进一步恶化更加担忧，从而开始认真考虑两洋作战问题并要求欧洲民主国家的合作。

布鲁塞尔会议召开之前，戴维斯曾向艾登暗示，总统对远东的前景深为不安，他认为大不列颠可能被迫撤出那里的阵地，结果美国有朝一日也许不得不单枪匹马与大大加强了的日本太平洋力量打交道。② 出于对这种危险的担心，罗斯福在11月6日与法国驻美代办朱尔·亨利(Jules Henry)的谈话中曾强调英、法、美在远东的利益一致。他先是指责法国人对日本提出的禁止经由法属印度支那向中国输送武器的要求采取妥协态度的做法，把法国人说成是从亚洲逃跑的"吓坏了的兔子"，然后解释了他这样说的原因，他反问道："在法国难道没有人清楚地看到日本进攻香港、或印度支那、或荷属东印度就意味着对菲律宾群岛的某种进攻吗？如果这种进攻发生，我们共同的利益将受到威胁，那么我们将不得不去保卫它们。"这次谈话留给亨利的印象是，罗斯福"似乎决心尽可能地确立一种国际合作政策并使公众保持警惕"③。

就在当天，意大利加入了《反共产国际协定》，这更使罗斯福相信这三个国家已经签署了一个秘密的军事和海军协定，从而使美国面临两洋作战的严重威胁。鉴于美国的一洋海军力量和危险的日益增长，总统命令海军部战争

---

① 顾维钧：《顾维钧回忆录》第2分册，中国社会科学院近代史研究所译，第686页，第672—673页。

② [英]安东尼·艾登：《艾登回忆录——面对独裁者》下卷，第962页。

③ John McVickar Haight Jr., "Franklin D. Roosevelt and a Naval Quarantine of Japan", *Pacific Historical Review*, Vol. 40, No. 2, May 1971, pp. 206-207.

计划局考虑与此有关的问题。① 这与军方的某些想法不谋而合。

到 1937 年 11 月上旬,国际形势的恶化和两洋战争的幽灵同样迫使美国的陆海军当局重新考虑他们的军备力量不足状况,并寻找可以联合的盟国力量以保卫美国的领土和海外领地。海军已经开始研究它同英国海军的关系。尽管他们承认自 1921—1922 年的华盛顿海军会议以来英美海军之间存在着竞争,每一方的海军都特别警惕地捍卫自己的力量比例而反对另一方,而且这种竞争在 1927 年日内瓦海军会议和 1930 年伦敦海军会议上不断出现,但是双方一致反对日本的海军扩张就意味着存在合作的领域。在太平洋地区,英国海军的责任范围并不比美国海军的责任范围小,因此两国海军在一旦太平洋爆发战争时的合作便在美国海军的计划中得到考虑。

在美国海军的上层官员中,还始终存在着一旦出现新的麻烦便开展两国海军新的合作的设想。② 他们认为,一旦两洋战争的形势产生,在两国海军之间的合作至少达到相互了解战争计划的程度,将是极为有用的。有些人甚至认为有必要在两国之间规定有约束力的相互承担的义务。例如当时的海军部长助理、海军少将理查森(James O. Richardson)就曾再三催促他的上级李海使总统相信,"除非我们有其他国家与我们承担同样的义务,以致使他们不能在我们处于危机时置我们于不顾,否则我们便不能卷入任何太平洋战争"。这里的"其他国家"显然指的是英国。③

## 第三节　英格索尔的伦敦之行

布鲁塞尔会议的失败,是英美未能采取有效的行动制止日本扩大侵略的明证。会后,日本继续破坏以中国海关为代表的列强利益,④ 促使英国对美国明确提出以在远东进行海军示威的方式对日本施加压力,并为此举行参谋

　　① John McVickar Haight Jr.,"Franklin D. Roosevelt and a Naval Quarantine of Japan",*Pacific Historical Review*,Vol. 40,No. 2,May 1971,p. 207.

　　② Mark S. Watson,*Chief of Staff*:*Prewar Plans and Preparations*,p. 92.

　　③ James R. Leutze,*Bargaining for Supremacy*:*Anglo-American Naval Collaboration*,*1937-1941*,p. 15.

　　④ 徐蓝:《英国与中日战争(1931—1941)》,第 9 章。

会谈的建议。

**一、英美会谈的提出**

11 月 24 日，即《九国公约》签字国会议无限期休会的当天，英国内阁召开会议，外交大臣艾登以日本侵犯英国在中国海关管理中的特权为例，报告了远东形势正在恶化的情况。他担忧地指出，海关的麻烦首先在天津发生，现在又以更激烈的形式出现在上海，而且日本人已经夺取了所有的海关船只。尽管英、美、法政府已经提出抗议，但英国或许不得不照日本人的要求把税收存入日本银行而不是中立银行。艾登沮丧地说："结果是日本人事实上夺取了我们的财产而我们却没有力量去抵抗。"他认为，现在在"英国不得不去与美国政府协商并询问他们，如果英国派舰队去远东，美国是否会做同样的事情"的时刻已经到来。首相张伯伦则表示，如果没有美国的合作，英国不能对日本施加军事压力，这是很清楚的。但他确信美国肯定会以"美国的利益不足以证明派遣舰队是有道理的"来回答。

作为这次内阁会议讨论的结果，外交部草拟了一份给英国驻美大使林赛爵士的电报。其中说明，鉴于日本无视国际利益，英王陛下政府将"认真考虑增加他们在远东的军事力量，其目的是向日本政府示威，这些海军力量被准备作为最后的手段以显示武力来支持他们的抗议，如果美国政府愿意采取同样的行动的话"。这份电报打算让林赛向美国政府询问，如果英国的舰只被派到新加坡，美国政府是否会派出"一支适当数量的主力舰队"去马尼拉地区。[1]

但是对于动用舰队这样重大的问题，政府必须征求海军部的意见，于是贾德干与第一海务大臣查特菲尔德勋爵讨论了这封电报。后者认为内阁并没有认识到作出上述决定的含意，即这将需要派出几乎能单独对付日本的舰队力量，而且还存在着美国政府可能不予合作并且"听任把我们提出的这个建议泄露出去，以致白白引起对我们的反对并招致日本人的狂怒"的危险。因此他建议修改这封电报，只是去试探美国政府对上述建议的看法，"而不是表明如果他们追随我们，我们准备去做什么"。于是，一封在查特菲尔德勋爵建议下修改了的电报于 11 月 27 日由艾登发给了林赛。[2]

---

[1]　*DBFP*，Second Series，Vol. 21，pp. 529-530.

[2]　*DBFP*，Second Series，Vol. 21, note 2 of p. 530.

在这封电报中艾登首先指出，由于日本进攻中国海关，严重威胁到中国海关所代表的国际利益，是无视国际间正常的国家关系的行动。然后提出："在这种情况下，英王陛下政府愿意了解，美国政府是否开始像英王陛下政府一样对形势采取一种认真的和担忧的观点，而且是否像英国政府一样，认为采取某些步骤去加强我们对日本人的力量的时间已经到来。这样的步骤实际上将必定是向日本政府表示我们两国政府准备以一种压倒一切的海军示威作为最后的支持抗议的手段。"因此，艾登要求林赛"通知美国政府，如果他们考虑这种行动，我们将愿意同美国当局进行参谋会谈以考虑〔原文如此〕适当的和足够的联合行动"。①

当天林赛便与副国务卿韦尔斯就此问题进行了会谈。后者对林赛的叙述听得十分仔细，但却断然拒绝了关于联合进行海军示威的建议。韦尔斯说：可靠的英国问题权威告诉他，由于欧洲的形势，英国不可能在远东水域集中大批的海军力量，英国的整个政策是不卷入远东义务。因此对美国来说，在任何联合行动中英国都指望美国提供"压倒一切的海军力量"进行示威，这对美国来说是不可能做到的。林赛否认这种看法，力辩道举行参谋会谈的目的就是要以双方同意的方式分配资源。对此韦尔斯没有拒绝，而是答应去寻求对参谋会谈的进一步指示。② 以后几天，美国政府和军方都在考虑参谋会谈问题。国务院的态度极其谨慎，担心如果参谋会谈得以进行，这将是一个走向合作的重要行动，但也是一个对美国传统的破坏。迄今为止，美国从未在战争来临之前使自己受制于正式的参谋计划或与其他国家协调一致。唯一一次的早期军事同盟是 1778 年与法国订立的；甚至在第一次世界大战当中，美国也是以一个"伙伴"（associate）而不是以一个"盟国"（ally）的身份参加战争，从而保持了自己的独立。虽然仅仅是参谋会谈，并不对美国具有约束力，但它仍然反映了合作的打算。除非美国考虑到结盟的行动，否则这种密切的联合行为至少会冒被错误理解的危险，而且如果国会中的孤立主义议员了解到

---

① *DBFP*, Second Series, Vol. 21, p. 543.
② *DBFP*, Second Series, Vol. 21, p. 545；*FRUS, 1937*, Vol. 3, pp. 724-725.

这种情况，也能利用它作为发动一个危险的政治行动的借口，① 更何况直接面对日本对中国海关进攻的是英国而不是美国！因此，无论是赫尔还是韦尔斯，都不打算现在就轻易同意这个建议。

于是，赫尔在 11 月 30 日与林赛的会谈中以"一种极为友好的口气"拒绝了英国的建议。他首先谈到这个问题要绝对保密，如果关于参谋会谈或秘密条约的任何事情扩散开来，他将同国会中的孤立主义分子陷入最困难的境地，而且将会使美国政府本来能够指导的一种目光远大的外交政策的任何可能性都变得更为遥远。接着他长时间地谈到美国政府正在努力教育公众对国际形势形成更广泛的看法，并强调这需要耐心等等，而对林赛再次询问的有关参谋会谈建议的看法则含糊其辞，未置可否，让林赛自己推测他实际已经拒绝了这个建议。② 当天晚上，韦尔斯也对林赛表示，他"确信现在不要求进行〔参谋会谈〕，主要是因为当前国务院对日本的打算并没有采取像你们那样的悲观看法"③。

但是，美国军方尤其是海军对参谋会谈持积极态度。这是因为在海军看来，到目前为止，海军战略的进攻理论的基础之一是获得盟国的援助，那么如果它能与自己最可能的盟友英国进行参谋会谈，就能更好地对援助的规模和性质作出预测。英国在新加坡的海军基地离菲律宾群岛比离珍珠港要近几千英里，如果双方能够进行合作或至少是类似的合作，都能使海军的进攻计划更加合理化，并能给美国海军提供一条走出太平洋困境的道路。因此，海军上将李海建议与英国皇家海军进行参谋会谈。

11 月 28 日，李海与赫尔讨论了国际形势，并决定由李海"去与英国海军武官进行一次完全是非正式的和非官方的谈话，探讨欧洲大国在亚洲水域举行一次海军示威行动的可能性"④。11 月 30 日，李海向罗斯福报告了会谈的结果：英国海军武官告诉李海，他不知道有任何在远东显示英国海军力量的计划，不过他随时都可以与美国海军就战略形势进行会谈。但是由于赫尔和

---

① James R. Leutze, *Bargaining for Supremacy*：*Anglo-American Naval Collaboration*，*1937-1941*，pp. 16-17.

② *DBFP*，Second Series，Vol. 21，pp. 548-550.

③ *DBFP*，Second Series，Vol. 21，note 7 of p. 550.

④ 〔英〕C·A·麦克唐纳：《美国、英国与绥靖（1936—1939）》，第 63 页。

韦尔斯已经拒绝了英国的要求,李海只好沮丧地断定:"在东方"发生"进一步的变化"之前,在海军接触方面已没有更多的事情可做了。①

英国并未停止它的努力。尽管政府内部对在远东采取某种军事行动存在反对意见,但艾登仍然坚持认为单靠外交不能对付日本的挑战,必须要有军事实力做后盾。他在 11 月底的一份给同事们的备忘录中强调,外交政策应当被看作是与军事行动相联系的东西,而不是取代军事力量的东西。他还明确指出:"除非我们作出比我们目前所做的更慎重的和更自觉的国家努力,否则将使人越来越怀疑我们是否能靠外交手段继续对付由具有野心的国家发起的对我们的安全和我们的国际地位的潜在挑战。"②

因此,12 月 6 日,艾登再次要求林赛自行决定在适当的时间与美国政府讨论海军示威和参谋会谈问题。他在这封电报中首先详述了英国在欧洲和远东进退两难的困境和与美国联合采取行动的重要性。他写道:"当前欧洲的主力舰形势将是允许把一支不弱于日本的英国主力舰队派到远东的,但它们必须有一支由一些巡洋舰、驱逐舰等组成的力量相伴随,然而如果由我们来提供这些力量,我们就不得不严重地削弱在我们所有其他基地的力量。即便如此,被派到新加坡的这支舰队在那里也不得不或多或少地在防御的基础上采取行动,而且可能很难对日本采取直接施加压力的任何行动。另外,由于派遣这支舰队而掏空了我们的国内力量,还将使我们在更接近本土的地区面临形势复杂化的危险。因此只有在最认真的考虑之后,而且在我们至关重要的利益看起来要求我们这样做的时候,我们才能作出派遣它的决定。"

然后他明确指出:"如果美国政府准备采取同样的行动,问题将完全不同……如果双方政府都派出一支相当大的力量(尽管比每一方单独对付日本的力量要小),那么就能确立这样一种联合的优势,从而使我们能够对日本施加压力。"因此艾登表示,如果美国政府准备派出一支足够的力量,英国将会考虑派一支相应的力量与美国联合行动。他还说明,英国建议的参谋会谈的目的在于阐明如果双方政府准备行动,每一方能派出多少力量,以及怎样合作

---

①　[英]C・A・麦克唐纳:《美国、英国与绥靖(1936—1939)》,第 65 页。

②　N. H. Gibbs, *Grand Strategy*, Vol. 1, pp. 305-306.

才能产生效果等问题。①

由此可以看出，英国在面临日本破坏其远东利益、德国重整军备以及意大利在地中海制造麻烦的形势下，在远东的行动越来越依靠美国的决定。但是美国并未作出决定。

到 11 月底，摆在美国陆海军联合委员会面前的是陆海军计划人员们的完全相反的战略报告。面对这些意见分歧的报告，该委员会推迟作出决定，直到 12 月 7 日才对联合计划委员会发出了新的旨在协调这些分歧的指示。由于该指示是在海军上将、海军作战部长李海的建议下发出的，因此自然更强调海军的看法。它明确规定，新的"橙色"计划将把打败日本作为它的基本目的，并应对美国的太平洋沿岸和战略三角（指阿拉斯加—夏威夷—巴拿马地区）地区的形势并形成初步的暂时的有准备的态势。后一点将是陆军的任务，而海军的任务将由"对'橙色'（指日本）的武装力量的进攻行动和切断'橙色'的至关重要的海上交通线"所组成。另外，计划者们将在一个新的计划中提出每个军种为完成它的任务所需要的兵力和物资的建议。②

因此，12 月 27 日计划委员会提交给联合委员会的"联合陆海军战争计划——橙色计划"，仍然是一个分裂的报告。陆军考虑到欧洲可能出现的危险形势，希望在 180°子午线以东保持战略防御，即夏威夷链条的最远界限；对这条线以西的进攻行动，只有在形势允许并要求的情况下，而且只有在总统明确指示的时候才能进行。他们强调陆军的任务是保卫美国和它的属地，尽管它没有排除菲律宾，但由于它位于 180°子午线以西，他们也不打算增援这个群岛。他们宣称，海军的单独军事行动并不能确保打败日本，而最终要求两个军种的最大限度的联合努力。海军却仍然热衷于远到西太平洋的进攻行动。他们重复着历史悠久的公式，即胜利将依靠于在最短的时间内在西太平洋确立美国海军对"橙色"海军的力量优势，以及在那个地区的进攻性军事行动而获得；陆海军的首要任务是摧毁"橙色"的力量。③

———————

①　*DBFP*，Second Series，Vol. 21，pp. 555-556.

②　Louis Morton，"War Plan Orange：Evolution of a Strategy"，*World Politics*，Vol. 11，No. 2，January 1959，p. 246.

③　Louis Morton，"War Plan Orange：Evolution of a Strategy"，*World Politics*，Vol. 11，No. 2，January 1959，pp. 246-247.

因此，对海军来说，要完成打败日本的任务，不但要扩大舰队力量，还要与英国合作，这些都有赖于参谋会谈的举行。几天之后在远东发生的"瓢虫号"事件和"帕奈号"事件，使这一问题的解决有了新的转机。

**二、英美参谋会谈的敲定**

1937 年 12 月 12 日，侵华日军在长江制造了击沉美国炮舰"帕奈号"和击伤英国炮舰"瓢虫号"、"蜜蜂号"的重大事件。事件发生之后，不仅英美舆论哗然，反日情绪激化，而且使英国感到这是促成英美在远东合作的良机，遂主动向美国频频提出双方采取联合对日行动的建议。

为此，艾登在 12 月 13 日采取了 2 项措施。他首先发了一封电报给林赛，说明在此时英美联合行动的必要性，并要林赛向美国政府表示，英国希望在口头上的对日抗议和实际行动方面都能得到美国的事先通报，以便英国考虑与美国协调一致。他说，对于事件的发生，英美两国政府"显然必须采取一些行动，不使这种危险心理发展到令人无法容忍的极点。这种行动当然应当联合进行，不然就不能达到目的，而任何其他办法则更难达到目的。但是在研究此一行动的细节之前，我很想了解美国政府的意见"。他接着说："美国政府肯定地要考虑提出一系列措辞强硬的要求。如果我们能了解到这些要求是什么，我们便发出同样要求的照会。更重要的问题是，美国政府是否会同时采取威胁性更大的行动，诸如在收到日本复信以前动员舰队或部分舰队。如果打算采取这类行动，我们希望能尽早得到通知。因为在那样情况下我们也许希望采取同样行动，虽然我们的舰只不能像美国舰只那样迅速地开到东方海域。"①

接着艾登会见了美国驻英代办赫歇尔·约翰逊（Herschel V. Johnson），再次更加清楚地表明了他的态度，并希望后者立即把他的看法通知美国政府。他说："如果我们不以实际的英美联合行动坚决抵制日益增加的日本军事威吓，以约束日本政府，那么就还会发生这类事件"，因此他"希望美国政府在作出任何决定之前"应和英国进行协商，因为英国"迫切希望当前采取的任何行动都应当是联合行动"。艾登表示确信"这样做比起各自采取行动更有可能

---

① *DBFP*，Second Series，Vol. 21，pp. 564-565；［英］安东尼·艾登：《艾登回忆录——面对独裁者》下卷，第 970—971 页。

产生效果"。①

当天林赛便依照艾登的指示会见了美国副国务卿韦尔斯，并向后者提出了英国政府的两个要求。副国务卿首先说明，美国政府决定采取何种行动，必须等到事件发生的更详细的报告到达之后，特别是美国炮舰的标志是否清晰得足以排除任何错误的可能性。然后他对英国作出的与美国联合进行对日强硬抗议的保证表示欢迎，并答应让英国立即了解美国的任何决定。但是关于海军行动的问题，韦尔斯却没有直接回答，只是表示，他本人相信当前的事件将在美国引起最强烈的愤怒，并认为现在大家都应当停止议论并做点什么。②

由于美国政府目前并不想与英国采取联合行动，又未得到事件的确切报告，于是 12 月 13 日，在未通知英国的情况下，罗斯福总统指示国务卿赫尔向日本提出严重抗议，要求赔偿损失并保证以后不再发生类似事件，还要求将此事通知日本天皇。③ 在此之后，韦尔斯才用电话通知了林赛。当林赛再次询问有关海军会谈的事情时，韦尔斯仍未予回答。

英国对美国的做法表示失望，但艾登继续努力，他指示林赛直接与赫尔讨论海军行动和参谋会谈问题。他说："我们已经向美国政府说明了海军行动的可能性。你应该向赫尔先生说明我们认为这是一个机会，即两国政府或许至少可以采取某种海军动员措施，向日本表明我们是认真的，并向世界其他国家表明我们并非如此无能——因为他们已经开始说我们无能——去保卫我们的合法利益。"他要求林赛向赫尔进一步说明，英国认为"我们有点错过了把手段和这个目的一致起来的机会，但是我们强烈感到形势在继续恶化，而且可以想象它将继续恶化。如果美国政府同意这种看法，那么他们是否准备与我们一起考虑采取进一步的措施去制止这种恶化并保持西方国家在东方的权威"④。

当天林赛与赫尔会谈，要求后者考虑采取某种措施部分动员两国的舰队。

---

① 　[英]安东尼·艾登：《艾登回忆录——面对独裁者》下卷，第 969—970 页。
② 　*DBFP*，Second Series，Vol. 21，pp. 568-569.
③ 　*PPA*，1937，p. 541.
④ 　*DBFP*，Second Series，Vol. 21，pp. 573.

但赫尔仍然与过去一样不作正面回答，而是强调两点，即教育美国公众和与英国采取平行行动。他对林赛说，他长期以来日以继夜地工作，为的是教育美国公众孤立主义的危险与合作的需要。在不久以前他还在一个有 150 位国会议员参加的私人会议上作了关于这个问题的讲演，并用一些事例打开了他们的眼界。但他发现，即使在同他讨论问题的所有副国务卿和助理国务卿中也没有一个人以前曾考虑过军事事务。他说他希望使人民了解舰队是一种被使用的东西，并使他们认识到政府是可以做到既动员舰队又不引起惊慌的。然而他却避而不谈美国是否打算动员舰队的问题。

接着他表示，没有一个人比他更高地评价英国和美国必须合作，而且美国政府正在与英国密切合作，并且通常是根据平行原则指导他们的事务，他认为这种平行方针与联合行动一样好。林赛对此回答并不满意，便直截了当地指出，时间因素是特别重要的，在远东或在其他地方任何时候都可能发生什么事情使英国突然处于最危险的境地，而美国的无准备状态将迫使英国不得不单独对付它。赫尔对林赛的担忧表示理解，但承认美国的重整军备落后于英国。

最后他以总统也相当了解形势的危险并准备发表一个关于外交事务的讲话来安慰英国。①

实际上，美国对"帕奈号"事件的愤怒情绪并不亚于英国，从事件发生的第二天罗斯福总统就向日本天皇发出抗议这一事实便可见一斑。海军的反应更为强烈。李海在 12 月 13 日的日记中写道："使舰队准备出海，与英国海军达成一个联合行动的协议并通知日本人我们打算保卫我们的国民"的时刻已经到来。② 他认为应当果断地对日本实行封锁，这样就可能制止日本侵略野心的扩张，甚至无须进入一场战争。③ 第二天，他便前往白宫并向罗斯福建议"派舰队到海军造船厂并且不要拖延地装备燃料、清理船底、装满口粮以准备

---

① *DBFP*, Second Series, Vol. 21, pp. 575-576; *FRUS*, *1937*, Vol. 4, pp. 499-500.

② James R. Leutze, *Bargaining for Supremacy: Anglo-American Naval Collaboration*, *1937-1941*, p. 18.

③ ［美］威廉·李海：《我在现场》，马登阁、石雷、张若玲译，华夏出版社 1988 年版，第 67 页。

在海上巡逻"①。

但是美国政府目前还不打算行动，这不仅是由于总统刚刚给天皇发出了抗议信件并等待有关事件的进一步消息，也不仅是因为在武装部队中流行的情绪是"任何可能与〔日本〕摊牌的事情都应当被推迟"②，更重要的是担心孤立主义者借机进一步破坏总统对外交事务的指导作用。

"帕奈号"事件发生后，孤立主义者立即为此事大肆攻击政府，他们声称如果政府同意了他们的建议，早些从中国召回美国军队，这种灾难就绝不会发生。③ 另外，他们进一步支持印第安纳州众议员路易斯·勒德洛于1935年提出的要求把宣战权力从国会移交给人民的典型的孤立主义提案。该提案提出后，直到1937年8月，在众议员中的签名者一直远远低于众议院司法委员会规定的能将此提案提交国会讨论的最低票数。但到11月初特别国会召开时，由于担心美国卷入战争，签名者开始增多，到12月初已达205人，"帕奈号"事件的发生又导致另外13个众议员同意了这个提案，终于使之达到了218票的法定票数，并使该提案不得不被提交国会讨论。④

尽管罗斯福和赫尔都给国会写了措辞强硬的信件反对这一提案，认为它是对总统指导美国外交政策作用的破坏，并鼓励其他国家去侵犯美国的权利，⑤ 然而无论是罗斯福还是赫尔此时都不敢公开采取任何刺激孤立主义者的行动。因此前者拒绝了李海的建议，后者也只能在与林赛的会谈中对联合行动采取回避态度。

但是在"帕奈号"事件发生后的两天当中，罗斯福总统在私下里对这一事

---

① John McVickar Haight Jr., "Franklin D. Roosevelt and a Naval Quarantine of Japan", *Pacific Historical Review*, Vol. 40, No. 2, May 1971, pp. 203-226; Lawrence Pratt, "The Anglo-American Naval Coversations on the Far East of January, 1938", *International Affairs*, Vol. 47, No. 4(October 1971), pp. 745-763.

② Sumner Welles, *Seven Decisions That Shapes History*, p. 74.

③ Dorothy Borg, *The United States and the Far Eastern Crisis of 1933-1938*, p. 503.

④ 1938年1月10日，众议院以209票比188票的微弱多数否定了这个提案，但从该提案几乎取得胜利本身便可以看出孤立主义的情绪之大。参见 Robert Divine, *The Illusion of Neutrality*, Chicago: University of Chicago Press, 1962, pp. 219-220。

⑤ James R. Leutze, *Bargaining for Supremacy*: *Anglo-American Naval Collaboration*, *1937-1941*, p. 25.

件作出了最重要的反应。12 月 14 日，他在拒绝了李海的建议之后，随即要求后者提出关于把 1938 年的海军建造计划扩大到超过 1936 年伦敦限制海军军备条约所规定的限制程度的意见。① 该条约规定，英、美、法三国的主力舰不得超过标准排水量 3.5 万吨，主力舰上装置的大炮口径的最大限度为 16 英寸。② 这实际上是罗斯福最终决心发展大海军的标志。

早在意大利加入《反共产国际协定》之后，罗斯福便寄希望于加快海军建设，从而使轴心国不敢实施它们的扩张计划，这个想法最初是在 12 月初的一次内阁会议上提出来的。

据内政部长哈罗德·伊克斯(Harold L. Ickes)所说，赫尔和罗斯福都认为建立一支强大的海军是使强盗国家对美国表示尊敬的最好办法。总统打算在他的年度国情咨文中要求国会批准建造 2 艘战列舰，而且考虑到心理上的影响，稍晚一点再提出特别咨文要求建造第 3 艘战列舰。③ 这些战列舰将使美国的主力舰在总吨位上超过上述条约的限制，大炮口径将达到 16 英寸标准。但是在建造这些新舰之前，美国必须设法使英国海军部同意放弃 1936 年伦敦条约所规定的限制，这一点正是总统和海军希望与英国皇家海军进行参谋会谈的原因之一。更为重要的是，如果事态的发展真的需要在太平洋上对日本采取总统考虑很久的"隔离"行动，也需要了解英国皇家海军的态度。

因此，罗斯福决心同英国大使秘密会谈这一问题，并由韦尔斯于第二天通知了林赛。另外，总统还批准了财政部长摩根索的建议：研究一个冻结日本在美国资产的计划。

就在罗斯福总统决定与英国进行参谋会谈的同时，英国政府也决心再次向美国提出海军示威和参谋会谈问题。

12 月 15 日，政府收到了林赛发来的关于他和赫尔 14 日谈话的电报，内阁立即召开会议研究远东问题。艾登认为英美必须采取行动对日本提出抗议，英国应当向美国说明"他们正在考虑派一支战斗舰队去远东水域的可能性；他

---

① Lawrence Pratt, "The Anglo-American Naval Coversations on the Far East of January, 1938", *International Affairs*, Vol. 47, No. 4(October 1971), p. 750.

② 世界知识出版社编：《国际条约集(1934—1944)》，第 63 页。

③ Harold L. Ickes, *The Secret Diary of Harold L. Ickes*, Vol. 2: *The Inside Struggle, 1936-1939*, New York: Simon and Schuster, 1954, p. 269.

们迫切希望美国政府将采取类似的行动；在这种情况下英国认为进行海军参谋会谈是必要的"。张伯伦则强调，只有美国采取行动，英国才能行动。他说明在头一天他已经与外交大臣和外交部常务次官、海军大臣和第一海务大臣会商了形势，并决定英国在远东的行动"应以下述原则为基础，即我们准备派一支力量去远东，但除非美国愿意做同样的事，否则我们不能行动"。接着他谈到派遣一支舰队去远东将给英国在地中海面对意大利的地位造成影响。海军大臣也表示担忧，认为如果这样做，那么解决地中海问题的唯一办法就是与法国协商，使它同意在英国舰队离开时由法国照看地中海，但又担心法国可能向英国提出大西洋的安全问题。另外他还表示，如果在地中海的舰队要采取行动，将需要动员后备役人员，那么它至少需要 3—4 个星期才能开始调动。与会者都认为，在地中海形势危急的时候，单单是在地中海上的船只调动行动就会对形势产生某种影响，因此反对调动。

在这次内阁会议上大家还就下述问题进行了讨论，即如果美国决定不采取行动，而且在英美两国都不采取行动之后日本制造了另一个严重事件影响到英国的威望，英国能否采取任何单独的行动去挽救形势。张伯伦坚决反对这样做。他的理由有 2 点：第一，在地中海我们已经有一支强大的舰队存在，但在太平洋的形势则完全不同。因为我们的舰队在很远的地方，要对日本人造成威慑影响，仅仅派几艘船只是无济于事的，这将只会诱发日本海军的冲动，并进而对那几艘英国的船只发动各个击破的进攻而毁灭它们。因此如果我们单独行动，我们必须派出至少是足够的力量。第二，如果我们单独行动，那么将可能使美国政府在以后更难与我们合作。因此他认为，更明智的做法是在与美国协商之前英国自己不准备做任何事。

于是，内阁作出决议：(1)在林赛大使与美国政府的进一步会谈中，不要给美国人留下英王陛下政府正在考虑单方面采取行动的印象；(2)如果美国政府不考虑派一支战斗舰队去远东水域的可能性，而英国政府也不打算做同样的事，那么林赛应当询问美国，是否两国政府可以采取不太强硬的措施，例如使舰队处于更有准备的状态(这在英国方面将涉及动员后备役人员)和/或进行海军参谋会谈。①

---

① CAB 23/90a，C. C. 47(37)4，15th December，1937.

当天，一封根据内阁会议精神拟定的电报由艾登发给了林赛。它的主要内容是：

第一，说明英国认为必须采取某种措施，例如进行海军示威，以反对日本的侵略行径，但需要美国的合作。艾登写道："英王陛下政府相信，需要考虑是否能够或应该作出某种安排对日本政府的代表施加压力，抗议日本军队继续实行暴行，并表明他们不能继续满足于道歉和赔偿的时候已经到来了。这些安排将有必要涉及某种海军力量的示威，并且如果需要就使用它。但每一件事情都取决于获得美国政府的合作。"

第二，具体说明英国可以派到远东的力量。该电报指出："我们考虑了派一支舰队去远东水域的可能性，它由 8 或 9 艘主力舰及一些辅助舰只组成，但前提条件是美国政府至少要作出对等的努力。"这样一支舰队可能准备在 3 或 4 个星期后起航。

第三，询问参谋会谈之事。艾登指示林赛："如果你认为当前对美国提出这样的建议（按指海军示威的建议）是徒劳无益的，那么你是否认为当前能建议由两国政府采取某种不太激烈的步骤，例如使舰队处于更有准备的状态，和/或进行参谋会谈等步骤。"

第四，再次说明促使美国采取行动的必要性。艾登告诉大使："我们正在不断收到不仅影响到联合王国而且影响到所有民主国家在远东丧失威信的证据，因此大不列颠政府认为应该采取某些行动去恢复局势。我们完全承认美国政府与他们的公众舆论打交道时的困难，但希望他们愿意考虑把动员〔海军〕作为第一步，这将是足够的。如果进一步的暴行发生，那么美国政府就可以再走一步，并将以更有准备的态势去对付我们可能突然面临的形势。"[1]

就在当天晚上，艾登收到林赛的报告，说副国务卿韦尔斯已经通知他，罗斯福总统希望在周五下午（即 12 月 16 日夜到 17 日凌晨，英国时间为 17 日下午）秘密接见他，就海军参谋会谈和安排会谈程序进行讨论。[2] 那么由外交

---

① 　*DBFP*，Second Series，Vol. 21，p. 581.

② 　*DBFP*，Second Series，Vol. 21，p. 578.

部发出的上述电报恰好可以作为林赛在这次会谈中应当遵循的原则。①

第二天即 12 月 16 日，林赛又要求外交部对会谈给以进一步指示。艾登在回电中强调了 2 点：第一，要求林赛根据 15 日电报的内容，尤其是头两部分(按即本文叙述的第一个内容)采取行动；第二，再次说明英美合作不仅在远东而且在欧洲都会产生影响，并强调英国比过去更加相信，只有这样做"才能不费一枪一弹保证世界和平"。②

就在 16 日，有关"帕奈号"事件的详细情况传到了华盛顿，证明日本的行动是蓄谋已久的。③ 罗斯福认为，日本之所以这样做是出于 3 个目的：(1)如果美国听任日本对它的傲慢袭击而不对此行为给以惩罚，将会使中国深深感到日本的权力和力量；(2)日本将使待在长江的，实际上是待在中国任何地方的任何西方国家感到不舒服；(3)日本内心是要迫使所有西方人退出中国。④

当天在白宫召开总统顾问会议讨论对日政策，会上存在 2 种意见。总统的特别巡回大使诺曼·戴维斯刚从布鲁塞尔回来，他支持"显示武力"，要求与英国一起进行海军示威，但遭到与会者几乎一致的反对。赫尔表示要慎重行动，他不但担心美国的海军能力，而且对英国的政策表示怀疑；国务院欧洲司司长莫法特干脆反对与英国人的联合行动，因为他极不愿意看到美国"在维持世界秩序中变成大不列颠的小伙伴"。⑤

正是在这种情况下，罗斯福在赫尔的陪同下，于当天夜里与林赛举行了

---

① 根据林赛 12 月 16 日电报，可以知道 15 日这两封电报在时间上是错过了，而且从电报内容上看，艾登发给林赛的电报也不是特地给后者的电报，但其中的精神正好用以指导林赛与罗斯福的会谈，见 *DBFP*，Second Series，Vol. 21，pp. 586-587。

② *DBFP*，Second Series，Vol. 21，p. 588；[英]安东尼·艾登：《艾登回忆录——面对独裁者》下卷，第 973—974 页。

③ *PPA*，1937，note of pp. 541-542. 这份罗斯福总统亲自写的注释是对"帕奈号"事件的最简洁的说明。

④ Alvin Coox，*Years of the Tiger*，Philadelphia：Orient/West，Inc.，1964，p. 84。

⑤ John McVickar Haight Jr.，"Franklin D. Roosevelt and a Naval Quarantine of Japan"，*Pacific Historical Review*，Vol. 40，No. 2，May 1971，pp. 208-211；Lawrence Pratt，"The Anglo-American Naval Coversations on the Far East of January，1938"，*International Affairs*，Vol. 47，No. 4（October 1971），pp. 750-751；James R. Leutze，*Bargaining for Supremacy：Anglo-American Naval Collaboration*，1937-1941，p. 18。

秘密会谈。总统主要谈了以下几个问题：

第一，他开门见山提到双方举行海军参谋会谈的问题。他希望安排一个如同第一次世界大战期间英美海军部之间曾进行过的那种会谈，当时靠这种会谈两国海军之间建立了系统的秘密情报交流，并收到了很大效果。他认为会谈要十分保密，所以主张在伦敦举行。他还强调进行会谈的有关人员必须充分了解他们各自部门的计划，并表示一旦此事得以决定，他将在短期内物色一名合适的人员去伦敦。

第二，罗斯福谈到这次参谋会谈的目的，将是对日本实行封锁，并说明了封锁的目的、路线和时机。总统使用了他在芝加哥讲演时的用词"隔离"来表示封锁。他否认封锁将意味着战争，说明封锁的目的是切断日本的原料来源，它将在18个月以后看到效果。他还指出封锁必须有法国与荷兰参与，并将需要一些国家的法律通过。总统具体说明了封锁的路线，即应当从阿留申群岛通过夏威夷、中途岛到菲律宾北部，然后到达香港；美国的责任区域到菲律宾，英国的责任区域是菲律宾以西。封锁的任务将由巡洋舰执行，而以战列舰殿后，但明确反对美国的舰队以新加坡为基地。至于封锁的时机，罗斯福认为必将是在下一个日本的严重暴行之后。

第三，明确拒绝英国再次提出的海军示威或动员的建议，其理由是这不仅对美国的海军是不可取的，而且也不会对军人控制的日本当局产生任何效果。但是他建议把预定于3月14日在夏威夷开始的海军演习提前2个月，并最终同意派一支巡洋舰中队访问新加坡。

第四，考虑到欧洲的形势，总统不同意林赛主动提出的英国打算派8—9艘主力舰去远东的想法，他说这些军舰应当留在欧洲严阵以待，而认为向远东增调一些驱逐舰、巡洋舰和远程潜艇就够了，顺便也可以有一两艘战列舰。

第五，向大使通报了美国的舆论。总统认为美国舆论正在好转，已在自愿抵制日货方面有大发展，在各地给他的来信中有80％同意政府采取有力行动，但他承认这些报告都是初步的。在会谈过程中赫尔只作了一次插话，表示在伦敦进行任何关于英美联合行动的谈判都是不可取的，总统极为赞同。①

通过这次会谈可以表明，目前美国坚决反对进行英美联合的海军示威或

---

① 　*DBFP*，Second Series，Vol. 21，pp. 589-592.

动员，也不打算立即进行罗斯福建议的对日本的"隔离"行动，而仅仅希望双方举行海军参谋会谈，建立有系统的秘密情报交流，并为将来的联合封锁日本的行动作出必要的安排。

罗斯福的谈话在伦敦引起了强烈反应。在以后的一些天中，英国外交部、财政部和海军部都表明了各自的态度。外交大臣艾登对总统计划长距离封锁日本的消息感到震惊，因为正如他在 16 日给林赛的电报中所说，他只希望进行海军示威或海军动员向日本人显示武力，从而防止冲突，而绝不是进行一个战争行动，但"隔离"却意味着制裁，而制裁则可能导致战争。

于是，12 月 21 日，艾登在下院的讲演中重申所谓的无效制裁和有效制裁的主张：前者不值得采取，而后者则意味着战争危险，即使不一定是战争。他声称没有一个人能在远东采取制裁行动，"除非他们确信他们有压倒一切的力量支持他们的政策"，但是"对每一个人来说，完全清楚的是不存在压倒一切的力量"。[1] 他仍然主张说服美国同意当前与英国采取海军示威行动，哪怕是"平行地"进行，也足以制止日本并使它多少尊重外国的权利。因此他支持海军参谋会谈，希望会谈能对某些立即行动的细节进行研究。[2]

为了会见美国会谈代表，艾登推迟了他的假期。外交部的另一个官员罗纳德(Sir Nigel B. Ronald)也与艾登持同样看法，他认为这个由总统拟定的计划或许本身就是一个不可能实现的奇想，但英国应当欢迎会谈，并考虑如果产生了对总统计划的需要，如何能把它变成现实的问题。贾德干则认为，当美国处于一种积极情绪之中时，双方相互的接触是最基本的。[3]

财政部也反对制裁，常务次官费希尔的话最有代表性。他在 12 月 18 日的一份备忘录中警告说："除了经济封锁的愚蠢之外，我们将发现我们自己或早或晚由于美国人(他们偶然地在亚洲没有特殊利益关系)而陷入困境，而且日本将抢先占领香港。那么难道我们应该再加上同日本作战的致命的愚蠢行

---

① Hansard：HC Deb，21 December，1937，Vol. 330，cc. 1882-1883.

② *DBFP*，Second Series，Vol. 21，pp. 598，604-605，613.

③ Peter Lowe，*Great Britain and the Origins of the Pacific War：A Study of British Policy in East Asia*，*1937-1941*，Oxford：Clarendon Press，1977，p. 34.

为并因此而在欧洲自杀吗?"①财政大臣西蒙则拒绝了美国财政部长于 12 月 17 日向他提出的关于对日本实行外汇管理的计划。

与罗斯福的建议最直接有关的是英国海军部,但他们对封锁的反应也并不令人鼓舞。海军参谋长查特菲尔德根本不愿意派舰队去远东。他曾在 12 月 30 日写给有可能被派到远东的地中海舰队司令达德利·庞德(Dudley Pound)的信中谈道:"当前关于舰队去东方的整个形势是极不确定的;实际上我也厌恶派遣它……但我正尽可能地做好一切准备。我并没有忘记维修、军火供应等困难问题。显然你将必须率领的舰队是极为不能令人满意的,但是如果它一定要出发,我认为我们应当肯定也有美国的舰队在一起,这将使〔形势〕变得极为不同……然而美国对任何行动的一切谈论都是禁忌的和极为保密的……无论如何我们也从未能确定他们会做什么,因此我们也决不能绝对依靠他们。"②

但是,海军对美国现在同意某种形式的参谋会谈感到高兴,因为如果没有对关于信号、部队调动、巡逻编制以及夜间舰队行动的情报交换达成协议,要想在任何针对日本的紧急事件中使用压倒一切的兵力都是不可能的。对于任何军事行动来说,这些事先的准备工作都是至关重要的。③

作为内阁首相,张伯伦直截了当地反对制裁日本。他在 12 月 21 日的下院讲演中声称他不准备成为"世界警察"。④

在 22 日召开的内阁会议上,张伯伦称欢迎美国舰队访问新加坡,因为他觉得这也许能够镇住日本人,但他再次反对制裁。他认为罗斯福所谓的实施制裁而又不至于冒战争风险的想法是一种有点幼稚的幻想。尽管他承认西方的威信正在中国受到损害,但表示除非日本人发动严重的侵略,我们派遣军舰去远东就是一个错误,而英美同时显示武力将对全世界起到持续稳定的影响。他同意举行参谋会谈,但却是希望通过会谈去教育和抑制美国人,让他

———————————

　　① Bradford A. Lee, *Britain and Sino-Japanese War*, *1937-1939*, California: Stanford University Press, 1973, p. 92.

　　② Paul Haggie, *Britannia at Bay*: *The Defence of the British Empire against Japan*, *1931-1941*, Oxford: Clarendon Press, 1981, p. 118.

　　③ James R. Leutze, *Bargaining for Supremacy*: *Anglo-American Naval Collaboration*, *1937-1941*, p. 21.

　　④ Hansard: HC Deb, 21 December, 1937, Vol. 330, cc. 1811-1812.

们明白"战略形势的现实情况",以及不能指望实行一种封锁而又不准备用武力来支持它。内阁会议最后决定,欢迎美国代表团并举行双方的海军参谋会谈,同时希望劝说美国人同意采取"某些立即的行动作为对另一个'紧急事件'的一种威慑"。① 这便是英国为会谈准备的立场。

12月17日,罗斯福向他的内阁成员们说明了他在头天夜里同林赛谈到的"隔离"计划。他认为,日本对"帕奈号"的进攻是日本打算把西方的影响赶出中国的广泛战略的一部分;现在美国的"门户开放"政策正受到如1931—1932年"满洲危机"那样的严重威胁。但他表示他不会宣战,而是仔细考虑他的扩大海军的计划和对日本的经济压力,其办法是实行海上封锁以"隔离"日本。这次他宣称他相信用这种方法将使日本不出一年便会就范,同时又不会引起战争。他还强调全面的制裁政策将需要其他民主国家的支持,但并没有谈到即将到来的海军参谋会谈。②

罗斯福的"隔离"思想在美国政府中也引起了热烈反响。内政部长伊克斯赞成对日本采取强硬态度,他在12月18日的日记中很有见地地说明了给日本一个预防性打击的必要性。他写道:

> 尽管我是个和平主义者,但现在我正在受到这种思想的影响,即如果世界上的民主国家要生存下去,他们或早或晚将不得不与法西斯国家产生争执——武装争执。这意味着美国和日本将处于战争之中,然而要是这种情况发生的话,那么我们现在在战略上不是处于比起日本用在中国的战利品加强了它的军事力量和补充了它的钱袋之后我们将处于的更好的地位吗?如果我们现在就打击他们,我们难道不是能用比以后任何时候所付出的更少的生命和财产代价使日本不敢越轨吗?③

---

① CAB 23/90a,C. C. 48(37)5,22nd December,1937.

② John Morton Blum,ed.,*From the Morgenthau Diaries*,Vol. 1:*Years of Crisis*,*1928-1938*,pp. 486-487;Harold L. Ickes,*The Secret Diary of Harold L. Ickes*,Vol. 2:*The Inside Struggle*,*1936-1939*,p. 276.

③ Harold L. Ickes,*The Secret Diary of Harold L. Ickes*,Vol. 2:*The Inside Struggle*,*1936-1939*,p. 276.

　　财政部长摩根索也支持经济制裁日本，并希望使用与英国一同对日本人实行外汇管理的方法，但为英国所拒绝。副国务卿韦尔斯赞成以海军提前进行军事演习和派巡洋舰访问新加坡的方式对日本施加压力，因此他在 12 月 18 日与林赛会谈时不仅表明了上述看法，甚至还表现出对新加坡或许可以作为一个某些美国战舰可以利用的基地的兴趣。① 赫尔则认为："封锁是一个非常遥远的可能事件，它必须要求仔细的和技术方面的研究，而且除非在某种进一步暴行的情况下才可能被实行，但即使到那时，也不能指望这一点。"②

　　军方的反应很不一致。现在陆海军的计划人员正在遵从联合委员会 12 月 7 日的指示继续修改"橙色"计划，双方的观点反映在 12 月 27 日递交给联合委员会的报告中，意见仍然分歧。海军继续热衷于远到太平洋的旨在打败日本的进攻行动，而且认为既然美日早晚必定一战，那么现在就是对美国最有利的时刻。海军部长克劳德·斯旺森在 17 日的内阁会议上甚至建议以讨论赞成战争开始会议，"至少他希望把我们的海军从大西洋调到夏威夷水域"，但被总统拒绝。③

　　另外，由于在海军的计划中已经把与英国皇家海军在太平洋的合作作为自己计划的组成部分，加上海军已被授权去研究扩大美国自己的造舰计划，使之达到或超过 1936 年《伦敦海军条约》的规定，因此如果不精深地了解英国海军的形势，并取得英国对超过条约限制的造舰规模的认同，那么不管是未来任何一种形式的英美联合行动，还是美国的重整军备计划，都不能进行。于是在罗斯福的批准下，海军作战部长李海决定派作战计划局长、海军上校罗亚尔·英格索尔去伦敦与皇家海军举行会谈。

　　但陆军仍坚持防御战略。陆军计划者们考虑到欧洲可能出现的形势，希望保持防御态势东到 180°子午线，即夏威夷链条的最远界限。他们强调，陆军的任务是保卫美国和它的属地，尽管并没有排除菲律宾，但由于它位于

---

　　① *DBFP*, Second Series, Vol. 21, p. 595.

　　② *DBFP*, Second Series, Vol. 21, p. 606.

　　③ Harold L. Ickes, *The Secret Diary of Harold L. Ickes*, Vol. 2: *The Inside Struggle*, *1936-1939*, p. 274.

180°子午线以西，他们也不打算增援这个群岛，因此他们在原则上反对在这条线以西采取进攻行动，并认为最终打败日本需要陆海军的最大限度的联合努力。① 由此可见，在陆海军仍然没有制订一个为双方认可的"橙色"计划之前，除了能够派海军人员去进行不会导致约束自己行动的参谋会谈之外，任何调动舰队的想法都是不现实的。

12 月 22 日，美国政府收到了美国驻华大使馆二秘艾奇逊（George Acheson）发来的有关日军击沉"帕奈号"的正式调查报告，② 第一次从正式的文件中得知日本人的放肆进攻和毫无怜悯之心地追杀美国幸存者是极其明显的事实。③ 作为对这封电报的反应，罗斯福第二天便在赫尔、摩根索和李海的陪同下，亲自接见了英格索尔上校，对他去伦敦与英国海军进行会谈的任务作了明确指示。

根据 1946 年 2 月 12 日在美国国会调查珍珠港事件的听证会上英格索尔海军上将（按此时已为海军上将）所作的证词，以及 1962 年 3 月 26 日他对这次会晤总统的情况的说明，可以了解到，对美国来说，他将要进行的海军会谈有 2 个目的：第一个目的是要为英美两国将来的联合行动，尤其是长距离的海上封锁日本作出技术方面的安排。英格索尔说道：在当时"每一个人都知道，或早或晚我们都要卷入一场在太平洋的战争之中，这场战争包括荷兰人，或许还有中国人、俄国人、英国人和我们自己，因此我们必须作出事先的安排去探寻我们能为双方相互的通信方式、建立联络、情报和其他事情做些什么，以便一旦战争来临，在我们走到一起之前的几个月中不至于使我们手忙

---

① Louis Morton, "War Plan Orange: Evolution of a Strategy", *World Politics*, Vol. 11, No. 2, January 1959, pp. 246-247.

② 这封电报首先通过海军无线电从上海发给海军当局，海军部于 22 日收到，所以李海首先看到了它。通过政府发送的这份电报是 1938 年 1 月 5 日才被国务院收到的。参见 John McVickar Haight Jr., "Franklin D. Roosevelt and a Naval Quarantine of Japan", *Pacific Historical Review*, Vol. 40, No. 2, May 1971, p. 213。

③ *FRUS, Japan: 1931-1941*, Vol. 1, Washington, D. C.: U. S. Government Printing Office, 1943, pp. 532-541.

脚乱"①。第二个目的是与英国人处理关于放弃 1936 年《伦敦海军条约》规定的对战列舰规模的限制问题。② 在这些指示中并没有讨论海军示威或动员问题。这便是美国在会谈前采取的基本立场。

12 月 24 日，日本政府以对击沉"帕奈号"正式道歉并答应满足美国所有要求的方式回复了罗斯福早先给日本天皇的抗议信。圣诞节那天，美国收到了日本的照会，"帕奈号"事件到此结束。③ 但是总统对日本的态度并不满意，当天美国通知英国，美国将于 1938 年 1 月 4 日派一支巡洋舰队去澳大利亚的新南威尔士，参加 1 月 26 日在悉尼举行的澳建国 150 周年纪念活动，以此保持对日本的压力。此后这支舰队将访问新加坡。④

### 三、英格索尔—菲利普斯会谈

12 月 26 日，罗斯福正式批准英格索尔带着他 23 日的指示前往伦敦，并让海军部做好准备，如果消息泄露，需要对公众作出解释。海军部的公开理由是：他们的作战计划局长去伦敦是为了寻求英国同意扩大 1936 年《伦敦海军条约》允许的战舰规模。⑤ 28 日罗斯福致函众议院拨款委员会，通知他们由于咄咄逼人的世界局势，他要求增加海军预算。31 日，罗斯福在内阁会议上回答副总统约翰·加纳(John N. Garner)对他提出的他对远东形势采取什么态度的问题时，宣布了美国的 4 艘军舰将去澳大利亚，然后访问新加坡的计划，⑥海军的其他部队赴夏威夷去进行军事演习，并对内阁第一次提到了美国与大

---

① 英格索尔的证词见 *Hearings of Pearl Harbor Attack*，79th Congress，2nd Session. Part 9，p. 4277。在他的证词中没有总统关于长距离封锁日本的字眼，这种说法于 1962 年 3 月 26 日出现在他的说明之中。见 John McVickar Haight Jr.，"Franklin D. Roosevelt and a Naval Quarantine of Japan"，*Pacific Historical Review*，Vol. 40，No. 2，May 1971，p. 214. 从这次参谋会谈的最后结果《会谈记录》来看，为以后长距离封锁日本作出安排的确是这次会谈的目的之一。

② *Hearings of Pearl Harbor Attack*，Part 9，p. 4273，p. 4276。

③ *FRUS，Japan：1931-1941*，Vol. 1，pp. 549-552.

④ *DBFP*，Second Series，Vol. 21，pp. 613-614.

⑤ John McVickar Haight Jr.，"Franklin D. Roosevelt and a Naval Quarantine of Japan"，*Pacific Historical Review*，Vol. 40，No. 2，May 1971，p. 215.

⑥ 实际上这 4 艘军舰中的 3 艘去了新加坡。

不列颠进行的会谈。①

1937 年 12 月 31 日，英格索尔到达伦敦。在南安普敦他对前来迎接的美国驻英代办赫歇尔·约翰逊说明，他此行的主要目的是"获得关于计划和基地决定的情报，而且一旦需要就将用于未来的行动"②。

第二天一早，英格索尔便同约翰逊前往外交部会晤艾登，艾登在贾德干的陪同下与英格索尔进行了预备性会谈。会谈主要涉及 2 个问题：第 1 个是英格索尔此行的目的，第 2 个是目前双方将对日本采取什么行动。

艾登首先向英格索尔保证他能够得到英国方面的充分合作，并表示其本人了解英格索尔此行的目的是讨论应对远东紧急事件的海军计划，但希望英格索尔能告诉他更多一点关于美国政府现在正在想些什么。对此，英格索尔回答说，美国海军部关于在太平洋上的海军行动计划是以英国作出某些安排为前提条件的，他设想英国的计划也是如此。总统和海军上将李海都认为现在应当进行情报交换以便更密切地协调我们的计划。他可以说明美国的计划并愿意了解英国的计划。另外还应当在太平洋的任何合作行动之前对许多纯技术方面的问题作出安排。

接着，艾登问到美国政府是现在就可以采取任何联合行动，还是要等到另一个事件之后再采取行动。对此英格索尔答道：美国海军部认为，除非对一切（包括战争）的充分准备工作业已完成，否则在太平洋上不可能采取任何行动。例如，美国现在并不希望舰队集中于夏威夷，而是要返回海岸去为一旦宣战而补充人员。除非宣战，否则美国海军不能采取什么行动。因此他不能说现在是否有什么行动正在考虑之中，但在就技术方面的问题交换意见之后，或许更容易考虑能作出什么政治上的决定。③

在这里，英格索尔实际拒绝了英国当前在太平洋采取行动，包括海军示威或动员的行动。因此这次会谈使艾登感到失望。艾登确信以后英格索尔在

---

① Harold L. Ickes, *The Secret Diary of Harold L. Ickes*, Vol. 2: *The Inside Struggle*, *1936-1939*, p. 279.

② John McVickar Haight Jr., "Franklin D. Roosevelt and a Naval Quarantine of Japan", *Pacific Historical Review*, Vol. 40, No. 2, May 1971, p. 215.

③ *DBFP*, Second Series, Vol. 21, pp. 628-629；［英］安东尼·艾登：《艾登回忆录——面对独裁者》下卷，第 975—977 页。

海军部进行的参谋会谈不会就当前的行动作出任何决定，便离开伦敦到地中海度假去了。但他继续鼓励英美合作，认为只有通过在远东联合显示武力的行动，才能使英国保持它的大国地位，并在世界的这个地区保持"白种人的权威"。①

从 1938 年 1 月 3 日开始，英格索尔与皇家海军进行了正式会谈。会谈是在极其秘密的情况下进行的。在美国只有罗斯福和李海获得英格索尔的报告；而在英国，有关这次会谈的战争计划局文件并没有以通常的方式传阅，因此在内阁或帝国国防委员会中都没有提到这次会谈。② 英格索尔的主要谈判对手是英国海军部战争计划局长、海军上校托马斯·菲利普斯（Thomas. S. V. Phillips），但海军参谋长、海军上将查特菲尔德和海军副参谋长、海军中将威廉·詹姆斯（William James）对会谈给予了极大关注。

1 月 3 日上午，英格索尔在美国驻英海军武官拉塞尔·威尔森（Russell Willson）的陪同下首先会见了查特菲尔德和詹姆斯并进行了会谈。这次会谈实际上为以后的会谈定下了基调：

第一，双方实际都同意，除非宣布"国家紧急状态"，舰队将不被动员。英格索尔告诉查特菲尔德，美国的舰队大部分仅保持处于 85% 的准备状态，而且在动员预备部队之前，总统必须宣布"国家紧急状态"。查特菲尔德认为这是一个"非常相似于我们自己动员的步骤"。

第二，美国反对当前的海军示威行动，英国也担心它在远东的行动会受到欧洲形势的影响。英格索尔说明即使宣布"国家紧急状态"，美国海军的第一个行动也将是准备保卫西海岸和夏威夷群岛，而不可能把一支先遣舰队派往超过这个地理位置的地方。查特菲尔德则表示，尽管他的舰队比美国的舰队处于"更有准备得多的状态"，而且到 1 月中旬便能准备起航，但强调他有"极重要的后门要把守"，这可能限制英国在远东的努力。英格索尔还认为，由于日本深陷于中国，所以现在既不会立即出现英国担心的日本进攻香港的

① Lawrence Pratt, "The Anglo-American Naval Coversations on the Far East of January, 1938", *International Affairs*, Vol. 47, No. 4(October 1971), pp. 754-755.

② Paul Haggie, *Britannia at Bay: The Defence of the British Empire against Japan, 1931-1941*, pp. 116-117.

形势，也不会出现美国担忧的日本威胁菲律宾的形势。

第三，双方同意在战术上两支舰队将相互支持而不采取联合行动。

第四，双方同意考虑在长距离的封锁或"隔离"日本的战略方面进行合作。英格索尔还通报了美国海军委员会关于这一问题的想法，并表示美国海军将通过让他们的舰队以火奴鲁鲁为基地，沿阿留申群岛、夏威夷的桑威奇与约翰斯顿岛向西南长距离巡逻的方法支持在太平洋的封锁。查特菲尔德赞同美国的考虑，并表示英国将试图在太平洋的西南方实行这种封锁。这个问题将成为英格索尔和菲利普斯进一步具体讨论的重要问题之一。①

当天下午，英格索尔与菲利普斯举行了正式会谈。尽管英格索尔告诉后者他没有"明确的指示"，只是被派来"交换一般的情报"，但菲利普斯仍然首先希望能劝说美国人同意当前两国舰队在太平洋上的示威活动是必要的，这将使日本记住英美的利益在于中国的命运，并因此在中日战争结束时能获得更可以接受的对华和平条件。为了表示英国的示威决心，菲利普斯告诉英格索尔，英国正准备派出一支由 8 艘战列舰和 1 艘战列巡洋舰组成的舰队去远东。这支舰队由 3 艘航空母舰、一些 8 英寸炮和 11 英寸炮的巡洋舰、54 艘驱逐舰及 25 艘潜艇相伴随，将从地中海舰队中调集并在起航前 10—14 天准备好。但菲利普斯承认，如果一场全面的欧洲战争爆发，这支舰队的舰艇数量将不得不被大大减少。

英格索尔再次反对采取这种激烈步骤，他表示美国海军的计划是，只有在宣布国家紧急状态后才能使舰队去进行准备，即使如此，为了"不引起担心"，美国也首先只是使"某些战舰入坞并补足人员"。他重申美国舰队的第一个行动将是"采取一种有准备的态势去保卫我们的西海岸和夏威夷群岛"，而且在目前时刻美国希望避免危险的行动。于是在这次参谋会谈中关于海军示

① Lawrence Pratt, "The Anglo-American Naval Coversations on the Far East of January, 1938", *International Affairs*, Vol. 47, No. 4(October 1971), pp. 755-756; Paul Haggie, *Britannia at Bay: The Defence of the British Empire against Japan, 1931-1941*, p. 117; Peter Lowe, *Great Britain and the Origins of the Pacific War: A Study of British Policy in East Asia, 1937-1941*, p. 35. 但 Peter Lowe 的著作中日期有误。

威的问题到此结束。①

接着双方开始转入具体考虑罗斯福提出的长距离"海上封锁"日本的计划，他们对封锁部队涉及的可能的基地和责任区域进行了大量讨论。尽管当天并没有达成明确的协定，但双方基本同意，英国准备负责从新加坡到菲律宾南部至少向东远到新赫布里底群岛，美国则负责到斐济以东、萨摩亚、夏威夷和美国。英国人对把马尼拉作为一个基地使用感兴趣，因为他们担心香港过于虚弱以至经不起日本的进攻；另外他们还提出了美国应负责巴拿马运河地区以及南美西海岸，以"应对任何沿东太平洋悄然驶来的日本船只"②。

经过 2 天的考虑之后，两位计划局长再次进行会晤，继续对长距离封锁日本作进一步的讨论。英国海军部认真地研究了封锁计划，并划定了他们的责任区域，即"他们准备制止日本所有的运输穿过一条线，这条线大致从新加坡通过荷属东印度、新几内亚和新赫布里底群岛和围绕澳大利亚与新西兰以东。他们认为他们能做到这一点，因为这条线路的更大部分是一条相对来说没有狭小通道穿过的陆上屏障"。同时他们希望美国能影响南美各共和国在隔离中进行合作，办法是不与日本交往、禁运和抵制日货等。③

另外，双方一致同意，一旦要求联合行动，双方舰队应使用共同的通信与密码体系，并对此作出安排。

---

① James R. Leutze, *Bargaining for Supremacy：Anglo-American Naval Collaboration，1937-1941*，pp. 23-24；Peter Lowe, *Great Britain and the Origins of the Pacific War：A Study of British Policy in East Asia，1937-1941*，pp. 35-36；John McVickar Haight Jr.，"Franklin D. Roosevelt and a Naval Quarantine of Japan"，*Pacific Historical Review*，Vol. 40，No. 2，May 1971，pp. 216-217；Stephen Roskill, *Naval Policy between the Wars*，Vol. 2，p. 367.

② John McVickar Haight Jr.，"Franklin D. Roosevelt and a Naval Quarantine of Japan"，*Pacific Historical Review*，Vol. 40，No. 2，May 1971，p. 217；Peter Lowe, *Great Britain and the Origins of the Pacific War：A Study of British Policy in East Asia，1937-1941*，p. 35；James R. Leutze, *Bargaining for Supremacy：Anglo-American Naval Collaboration，1937-1941*，p. 24；James H. Herzog, *Closing the Open Door：American-Japanese Diplomatic Negotiations，1936-1941*，Annapolis，Maryland：Naval Institute Press，1973，p. 24.

③ John McVickar Haight Jr.，"Franklin D. Roosevelt and a Naval Quarantine of Japan"，*Pacific Historical Review*，Vol. 40，No. 2，May 1971，p. 218.

从 6 日到 12 日，双方继续制定具体的联络办法，并最终达成了一致同意的《会谈记录》，经第一海务大臣批准后，13 日《会谈记录》最后签字。签字后，英国海军部为英格索尔举行了告别午餐，出席者包括东道主海军大臣达夫·库帕，第一海务大臣查特菲尔德，海军部战争计划局长菲利普斯和其他参加会谈的官员，外交部在艾登缺席的情况下由常务次官贾德干出席，另外还包括一位英国内阁官员和张伯伦的亲密伙伴、国防协调大臣托马斯·英斯基普爵士，这充分说明了英国对这次会谈的重视。

午餐后，查特菲尔德把英格索尔拉到一边，希望后者向李海海军上将表达他对从李海的部门派一个官员来考虑两国海军之间的合作的方式和方法表示感谢——如果这一旦变得必要的话。接着他谈到 1936 年的《伦敦海军条约》，即英格索尔代表团到伦敦的公开原因，并表示英国准备取消对主力舰的吨位限制。① 至此英美海军参谋会谈正式结束了。英格索尔对这次访问结果感到满意，于 1 月 18 日离开英格兰回国。

这次英美海军参谋会谈所达成的《会谈记录》，是一项一旦与日本发生战争两国海军联合行动的非正式协议，它包括下述的 7 个部分，涉及的内容相当广泛：

第一，双方舰队的组成、准备状态和舰队的最初行动。

就美国舰队来说：

1. 申明使舰队进入全额满员的能力取决于总统宣布国家紧急状态。

2. 目前服役中的美国舰队准备情况：在太平洋沿岸，除潜艇和飞机外，其他舰只均未达到满员而仅为 85%；在大西洋沿岸的舰队达到 50%。

3. 美国将把主要舰队力量部署在火奴鲁鲁。如果宣布国家紧急状态，海军部设想舰队在太平洋采取利用日本托管岛屿的渐进行动，目前不打算派舰队去远东。

---

① John McVickar Haight Jr., "Franklin D. Roosevelt and a Naval Quarantine of Japan", *Pacific Historical Review*, Vol. 40, No. 2, May 1971, p. 219.

就英国来说：

1. 申明海军部的政策是派往远东一支舰队，它在正常的战术和战略条件下足以对付日本舰队。

2. 当前打算组成的远东舰队兵力如下：战列舰 8 艘，战列巡洋舰 1 艘，航空母舰 3 艘，8 英寸炮巡洋舰 8 艘，6 英寸炮巡洋舰 11 艘，远洋布雷艇 1 艘，驱逐舰小舰队 7 艘，潜艇 25 艘，以及必要的供应与维修舰只和一些小战舰。远东舰队的准确组成取决于随时间推移而进行的修改。

3. 英国舰队将部署在新加坡，该基地于 18 个月后才能完工。

第二，关于一般的政策。其中包括：

1. 双方同意在原则上政治行动将与海军形势保持一致，但承认达到这一点可能是困难的。双方还同意每一个国家的政治及海军措施应同另一个国家的政治及海军措施保持一致。为达到这个目的，双方一致认为必要的是英国舰队到达新加坡和美国舰队到达火奴鲁鲁应尽可能同时发生。然而双方承认〔某种〕情况，尤其是主要影响一国而不是影响两国的任何事件，都可能使上述政策发生困难。

2. 双方确认英联邦的所有水域包括菲律宾的所有水域都允许英国海军自由使用。

3. 对英国来说，一旦证明德国是一个敌手，将产生最严重的问题，他们极为担心英国在大西洋的贸易路线；在英国的大部分舰队开往远东以后，如果同意大利的敌对也同时发生，甚至会产生更严重的形势。因此在这样一场广泛的欧洲战争情况下，几乎肯定需要引起英国远东力量的相当大的减少。在这种情况下，由于英国在远东力量的减少，将要求进一步考虑可能产生的美国与英国舰队之间的直接战术合作问题。

第三，关于对目前的远东部队的政策。

对美国部队来说，双方认识到美国海军部很希望现在在华北的驻军撤退，并且在一旦出现紧急情况的时候美国的亚洲舰队将从华北的水域撤退。

对英国来说，英国海军部也关心英国在华北的驻军。如果决定 2 支主要舰队的行动将是平行行动，应该着重考虑英国在华北的驻军撤退到香港的准确时间，以及英国的中国舰队的大部分也将不得不撤退到香港或撤退到新加坡。

第四，关于在英国和美国舰队之间相互联络的安排。包括：

1. 双方同意，由于两国舰队最初以及可能在某段时间内是极为独立的，因此在不久的将来他们不可能在战术和战略方面有统一的指挥，然而战略合作将是必要的，这样的合作将要求共同的通信设施。

2. 双方对两国海军的联络程序、相互承认的信号、使用的密码及情报交换作出了安排。

第五，关于通信人员的交换。

双方同意为设置2支舰队之间的通信设施，互相交换在无线电方面的有经验的人员将是必要的。规定在双方的远东舰队之间、主力舰队旗舰之间以及两国首都的大使馆内互相交换通信人员。

第六，关于一般的联络。

双方同意目前没有必要为广泛的联络目的安排进一步的措施。但如果两国政府决定采取平行行动，双方将有必要各自任命自己的一个了解战争计划的官员并互派到对方首都。

第七，关于战略政策。

1. 一旦两国决定实行一个长距离的封锁，英国海军将负责阻扰大致从新加坡经荷属东印度群岛通过新几内亚和新赫布里底群岛到澳大利亚与新西兰以东的日本贸易。

2. 美国海军将负责整个南北美洲在内的反对日本的贸易活动。美国海军还将确保对加拿大西海岸的广泛的海上防御负有责任。

3. 双方同意，在目前阶段在两支舰队将活动的区域之间没有必要划定严格而固定的分界线。①

从以上内容可以看出，通过这次参谋会谈，两国海军不仅第一次就目前各自的舰队力量、详细准备情况和目前的远东政策等机密情报进行了交换，而且为将来一旦需要两国联合在太平洋采取行动的战略战术原则以及相互联络等方法作出了具体安排。

---

① *DBFP*, Second Series, Vol. 21, pp. 651-656.

在英美海军参谋会谈的过程中，尽管由于英格索尔的反对，两国海军已经实际放弃了在目前进行海军示威的打算，但1月7日日本人在上海袭击2名英国警官的事件，使英国政府又重提海军示威的要求，但终因两国都不想真正采取行动而使这个问题再次被搁置一旁。

尽管从英国第一次提出英美联合进行海军示威的要求以来就一直遭到美国的拒绝，但在参谋会谈期间英国政府仍对这一行动抱有希望。1938年1月3日贾德干在给英国驻日大使克莱琪(Robert Craigie)的一封电报中指出，当时他之所以不同意克莱琪提出的对日本采取妥协态度的要求(按指中国海关问题)，是因为"反日感情在英美都极为强烈，以致使双方讨论到海军的行动问题"。他同时告诉后者："如果美国政府采取同样的努力，英国政府准备派8—9艘主力舰去远东。"[1]

1月7日，英国政府得知日本人在上海袭击了2名英国警官，认为这是再次劝说美国同意采取海军示威行动的时机。于是贾德干在与首相张伯伦商谈后，当天便打电报给林赛，要求他极秘密地通知美国政府，英国现在"必须考虑是否我们仍能继续使我们自己满足于道歉。我们或许必须考虑是否我们应当走得更远，在没有动员令的情况下，宣布我们正在完成某种海军的准备"，并要求他询问美国政府："一旦我们不得不继续这一步骤，是否能指望他们的任何平行行动，例如派巡洋舰、驱逐舰和潜艇组成的特遣舰队到夏威夷，而其他舰队到太平洋港口。"[2]尽管林赛认为由于勒德洛提案将于下星期在国会表决，所以美国政府当前不可能这样做，[3] 但他还是与韦尔斯进行了会谈，并告诉后者，实际上英国"所有的海军准备在没有实际动员的情况下已经完成了"[4]。

在法国休假的艾登也鼓励英国进行这种努力。他再次重申"如果我们要保持我们作为一个世界大国的地位，我们就将被迫把更大部分的舰队运动到新

---

① British Foreign Office Records(hereafter as FO)，microfilm，FO/371/22180/F71/71/23.

② *DBFP*，Second Series，Vol. 21，pp. 638-639.

③ *DBFP*，Second Series，Vol. 21，pp. 639-640.

④ *DBFP*，Second Series，Vol. 21，note 1 of pp. 641-642；*FRUS，1938*，Vol. 3，pp. 7-8.

加坡"，并表示他相信美国人不会袖手旁观看着大英帝国处于危险之中。① 甚至张伯伦也指望美国这次能与英国一道行动。他在 1 月 9 日给他妹妹希尔塔的信中以一种极其无可奈何的心情提到他努力哄着"使美国人高兴"，并发泄地写道："我真是希望日本人会袭击一个或两个美国人！……而我们最终将不得不单独行动并希望美国佬在不太晚之前会跟随我们。"②

但是美国的反应并不令英国感到鼓舞。1 月 10 日，美国已经了解到英美海军参谋会谈的基本结果，当天勒德洛提案也以微弱多数被否决。在这种情况下，罗斯福立即召开政府会议，决定采取 3 个步骤回答英国的要求：第一，总统将在 2 天之内宣布现在正驶往悉尼的 4 艘巡洋舰中的 3 艘将接着访问新加坡；第二，如果英国宣布他们正在完成某种海军准备，那么在几天之内美国将宣布在太平洋的美国舰只将被派到干船坞去刮净船底；第三，在作了上述宣布之后，美国将很快宣布太平洋的军事演习将提前 2—3 个星期，它们大约在 2 月里的第二个星期开始。③

显然，美国政府只打算用上述的第 1 和第 3 个不太刺激日本的措施作为对英国要求海军示威的回答，而第 2 个准备行动的措施却要以英国决定行动为前提。

收到美国政府的回答之后，英国在是否决定行动以履行自己提出的海军示威建议的问题上陷入了进退两难之中。现在外交部、海军部和首相都反对采取行动。

在 1 月 11 日的一份备忘录中，贾德干认为"美国方面并未表现出非常愿意行动"，担心"无论我们以什么方式开始，我们都必须承认我们自己可能被引上最终决定派遣这支舰队去远东"的道路，但他问道：是否"当前的事件足以严重到证明开始沿这条路线的行动是有道理的"？外交部官员奥德（Charles W. Orde）也在当天评论道："刮净船底并没有使美国政府在政治上承担义务，就如同我们宣布海军完成准备使我们承担义务一样。"在此事件之前，外交部常务次官范西塔特就反对派舰队去远东，他在 1 月 5 日给外交部的一份备忘

①　*DBFP*, Second Series, Vol. 21, p. 643.

②　*DBFP*, Second Series, Vol. 21, note 1 of p. 638.

③　*DBFP*, Second Series, Vol. 21, p. 645.

录中明确地提醒道："近来在德国军界存在着一种值得注意的希望我们能派我们的舰队去远东的迹象，这是一个事实，而且它有其不可忽视的重要性。"①

海军参谋长查特菲尔德在 11 日与贾德干进行了有关这个问题的讨论之后指出，如果宣布舰队准备航行到远东而没有达到预期的效果，"那么我们能采取的唯一进一步的行动便是派遣它"，这可能对我们与意大利的谈判起到相反的效果。② 首相张伯伦更是坚决反对这样做。他在 11 日的一份关于这个问题的备忘录中指出："就我们来说，我认为这将是一个派遣舰队离开的最不幸的时刻，因为即使日本人给以一个不能令人满意的回答，我们也不会被迫立即采取行动"。尽管他承认目前日本人的挑衅行为甚至比以前更为恶劣，但他的结论仍然是："我们最好不做任何宣布。"③

于是，英国自食其言，否定了自己的建议，对宣布完成海军准备缄口不语。

1 月 13 日，韦尔斯也向林赛明确说明美国希望避免与英国共同行动，部分原因是由于美国的公众舆论。他表示，尽管美国厌恶那种关于美国为别人火中取栗的胡言乱语，但不得不避免做鼓励这种说法的任何事情。但他说明在当前的任何时候都可以发出舰队访问新加坡的消息。④ 至此，英美关于在远东的海军示威的讨论再次烟消云散。

### 四、英格索尔代表团的影响

英格索尔代表团于 1938 年初访问英国，是处于孤立主义势力包围之中的罗斯福总统担心世界形势的恶化，并决心开始采取行动与这种恶化进行斗争的第一个明确行动，也是英国在第二次世界大战爆发前要求与美国合作制止日本继续侵犯列强在华权益的第一次回报。因此它对美国、英国及英美关系都带来了不同程度的影响。

对美国来说，英格索尔完成了他的使命：为未来的英、美与日本的战争准备联合行动的战略战术基础，并取消了对美国扩大造舰计划的限制。通过

---

①　Bradford A. Lee, *Britain and Sino-Japanese War*, *1937-1939*, p. 95.

②　*DBFP*, Second Series, Vol. 21, note 1 of p. 647.

③　*DBFP*, Second Series, Vol. 21, p. 647.

④　*DBFP*, Second Series, Vol. 21, p. 651.

这次会谈，美国军方第一次明确了在太平洋上"蓝色加红色打败橙色"的战略思想，① 从而导致了陆海军联合委员会放弃了一直在修改的 1935 年 5 月的"橙色"计划，而决定制订一个新的"橙色"战争计划。

英格索尔的伦敦之行和随后制订的 1938 年的"橙色"计划，实际上是"橙色"战争计划发展历史上的一个转折点：它第一次考虑了美国全方位的防御政策；由于估计到可能来自大西洋彼岸轴心国的威胁而限制了海军在远东的行动，于是它第一次把陆海军反对日本的战争放在了次要地位；这样它也就第一次偏离了支配美国战略几十年的太平洋方向，开始了向欧洲—大西洋方向的转移，尽管在此时后者还不是主要的战略方向。随着国际局势的继续恶化和英美军事合作的不断发展，"橙色"战争计划将走到它的尽头。

不仅如此，这次会谈还使美国深深感到自己在舰队力量和准备方面都远远落于英国之后。为此新的"橙色"计划要求增加海军力量，扩大造舰规模和兵员的人数。这个要求与卡尔·文森（Carl Vinson）领导的众议院海军事务委员会的想法不谋而合。② 在英格索尔已经获悉英国同意放弃 1936 年的伦敦条约对主力舰吨位的限制之后，这个问题便比较容易解决了。

1938 年 1 月 3 日，罗斯福向国会领导人介绍了第二个"文森—特拉梅尔"（Vinson-Trammell Act）海军造舰计划，它将使美国舰队的规模第一次突破 1936 年条约的限制并有 20% 的增加。5 月该提案被国会通过，成为《1938 年海军法》，它将耗资 11 亿美元建造 3 艘战列舰、2 艘航空母舰、9 艘巡洋舰、23 艘驱逐舰和 9 艘潜艇。另外，国会还批准海军航空兵飞机的数量增至 3 000 架，比现有的飞机数量几乎翻了一番。③ 同年 6 月 30 日，英、美、法三国在伦敦签订了《修改 1936 年关于限制海军军备条约的议定书》，正式批准将 1936 年 3 月 25 日条约对主力舰吨位的限制 3.5 万吨改为 4.5 万吨，大炮口径 16 英

---

　　① James H. Herzog, *Closing the Open Door：American-Japanese Diplomatic Negotiations，1936-1941*，p. 25.

　　② 文森委员会曾于 1934 年提出第一个"文森—特拉梅尔法案"，规定建造和更新舰艇的数量应达到 1922 年和 1930 年分别在华盛顿和伦敦签订的 2 个海军军备限制条约规定的最高限额。见［美］罗伯特·达莱克：《罗斯福与美国对外政策（1932—1945）》上册，第 108 页。

　　③ ［美］阿伦·米利特、［美］彼得·马斯洛斯金：《美国军事史》，第 75 页。

寸的数字维持不变。该议定书在签字当天生效。①

在英国看来，这次英格索尔的访问多少偏离了它的初衷。英国政府成员对会谈的最初打算并不完全一致，他们或者希望通过会谈去商讨两国立即对日本采取海军示威或海军动员等威慑性行动，或者希望通过会谈教育美国人不能指望封锁日本而又不用武力去支持这种封锁。但是他们得到的却是一个双方为遥远的不能确定的长距离隔离日本的行动而制定的初步的联合战略的基础。对英国来说，这个远水不解近渴的《会谈记录》既没有解决英国当前在中国面临的种种困境，也没有解决它在太平洋的帝国防御问题。

但是这次会谈并非使英国一无所获，它至少部分地消除了英国海军在第一次世界大战以来近20年的时间内对美国海军野心的怀疑。因此当参谋会谈结束后，美国人建议在相互交换的基础上在伦敦定期进行秘密的技术信息的交流时，英国表示赞同。虽然英国认为在这种交流中皇家海军在技术上的优势将使自己给予对方的比从对方获得的更多，但正如查特菲尔德预见到的那样，由于在近来的危机中对合作的建议来自美国人，而且罗斯福总统已经派英格索尔把"问题置于一种实际的基础之上"，因此如果英国人能够更加密切地与美国海军合作，那么"他们就更可能去影响美国政府在困难的时期走向国际合作"。② 显然在这种交流中，英国看到潜在的政治收获是远比技术上的得失更为重要的。另外由于英国政府内部对当前是否采取海军行动本来就存在不同看法，因此参谋会谈对这个建议的否定正合了绥靖主义者的心愿。

英格索尔的伦敦之行给英美关系带来的直接的积极成果正是双方情报交流的开始，两国舰队之间为建立联络开始进行准备工作。但是这种交流的深度和广度都不能被夸大。由于两国海军都担心为了将来的联合行动成为可能而交换详细的技术情报，将意味着相互告知有关制海权的至关重要的秘密，所以使以后一段时间内的情报交流仍然十分困难。这种困难最明显地反映在1938年5月由美国驻英海军武官威尔森要求皇家海军提供有关新加坡防御的情报而引起的讨价还价。在威尔森提出上述要求后，英国海军表示同意，但

---

① 世界知识出版社编：《国际条约集(1934—1944)》，第75页。
② James R. Leutze, *Bargaining for Supremacy*：*Anglo-American Naval Collaboration*, *1937-1941*, p. 32.

要以美国同意提供美国海军视为极宝贵的"诺顿"轰炸机瞄准器（Norden Bombsight）的某些数据为交换条件，为美国海军所拒绝。接着威尔森又要求了解英国港口防御的详细情况，诸如栅栏网、潜水艇网等等，但皇家海军又以美国海军部提供美国航空母舰上用来制止降落的飞机继续滑动的装置为条件，再次为美国所反对。①

尽管如此，两国海军之间的情报交流仍然开始缓慢地进行，这无论如何是走向合作的第一步，虽然是小小的一步。

显然，这次参谋会谈关于两国海军合作的讨论是极初步的，它的长距离封锁日本仍然仅仅是一种幻想，会谈既没有作出对日本立即采取强硬措施的决定，也没有解决两国在太平洋及远东地区遇到的防御难题。究其原因，主要有2点：

其一，两国的战略重点不同。1938年初，英国的战略重点已开始转向欧洲，它首先考虑的是欧洲、大西洋和地中海的安全；但是从美国不断修改"橙色"计划可以看出，美国的战略重点仍在于太平洋，即使是英格索尔访问以后制定的新计划，也只是对旧计划的偏离，而涉及面更为广泛的大西洋与欧洲战略还远远没有得到足够的考虑。在这种情况下，双方不可能制定统一的战略，从而使实战部队在任何军事行动中都无所适从。

其二，两国的国内政治和外交政策是阻止双方立即对日本采取联合行动的重要障碍。在美国孤立主义势力的巨大影响下，1935—1939年间，国会多次通过内容不尽相同的中立法案。直到1938年初，美国政府已在一系列局部战争中宣布保持"中立"，禁止以正式和非正式的方式参加"外国的战争"。当罗斯福在1938年1月向国会提出"大海军"的提案时，孤立主义者立即提出强有力的抗议，说总统寻求这些额外的军舰只是为了加强美国对世界事务的介入。当英格索尔回国向总统述职时，泄露的消息说英格索尔已经与英国海军部讨论了对日本的海军隔离，因此使孤立主义者的惊恐叫喊之声再次加强，他们声称"美国公众舆论目前不会支持任何这样的建议"，以致不得不把海军

---

① James R. Leutze, *Bargaining for Supremacy: Anglo-American Naval Collaboration, 1937-1941*, pp. 32-33.

作战部长派去平息这场风暴。①

　　在英国，张伯伦政府正在通过绥靖意大利和德国而达到一种普遍的欧洲绥靖的目的，因此根本不愿意真正考虑在远东与美国联合采取任何实际行动，关于这一点查特菲尔德的话很有代表性。他曾在 1938 年 1 月 25 日给国防协调大臣英斯基普写道："就帝国来说我们是极其虚弱的，如果在当前时刻，或者在即将到来的许多年中，我们不得不派一支舰队去远东，即使与美国联合，我们在欧洲也将是如此虚弱，以致使我们易遭敲诈勒索或者更糟。"②在英国看来，对付日本的时间必须是在海军重整军备完成并且欧洲局势达到稳定之时，但不幸的是，这样的时刻从未到来。可以断言，双方在上述政策指导下，即使在当时"蓝色加红色"强于"橙色"，他们也绝不可能去壮胆一试。

　　但是，1938 年初的英美海军参谋会谈对英美关系的未来具有不可忽视的影响。它第一次认真探寻了两国海军在远东及太平洋地区合作的战略基础，成为推动进一步战略讨论的动力；它为两国一旦在太平洋实行长距离封锁日本的行动而初步划分的责任区域和双方可以相互利用对方水域的规定，成为以后关于亚太地区一系列防御计划讨论的基础和起源；它开始的两国海军之间的情报交换从此不断进行下去，不但使他们逐渐相互了解了对方，也使他们不断改变着自己，尽管这种变化相当缓慢。

　　与此同时，法西斯国家的对外扩张却没有放慢脚步，而英法等国分别对德意日的侵略行径推行的绥靖政策，则使法西斯的侵略野心更为膨胀。随着 1938 年 9 月《慕尼黑协定》的签订与实行，以及最终导致的 1939 年 3 月捷克斯洛伐克的灭亡，战争的阴云已在欧洲上空密布。在这种情况下，英美两国军方都认为有必要再次进行接触，以便修订各自的战略优先次序和战争计划。

---

　　①　John McVickar Haight Jr. , "Franklin D. Roosevelt and a Naval Quarantine of Japan", *Pacific Historical Review*, Vol. 40, No. 2, May 1971, p. 224.

　　②　Lawrence Pratt, "The Anglo-American Naval Coversations on the Far East of January, 1938", *International Affairs*, Vol. 47, No. 4(October 1971), p. 758.

# 第四节　汉普顿的华盛顿之行

### 一、英美参谋会谈的再次启动

1938 年是张伯伦政府对法西斯国家的侵略扩张行动推行全面绥靖政策的一年。然而，当《慕尼黑协定》签订后，张伯伦带着他与希特勒签署的保证两国"永远不再彼此开战"的英德协定回到伦敦，并得意扬扬地向欢迎他"凯旋"的人群宣告他从德国带回了"我们时代的和平"的时候，英国军方首脑却并没有感到那种如释重负的欢快。一年来欧洲和地中海形势的恶化，英日在华利益的尖锐冲突，德意日关于缔结三国同盟的谈判，以及英国军事力量的严重不足，迫使三军参谋长再次考虑英国是否有能力同时在欧洲、地中海和远东打一场三线战争的问题。

1938 年 10 月，三军参谋长准备了一份关于一旦在不久的将来英国与德国作战的情况下的形势报告，其中明确指出，如果意大利站在德国方面参战，而日本也介入战争，英国就不可能在派出一支足够有力的舰队前往远东的同时仍能在东地中海保持任何海军力量，这就意味着英国不再能控制地中海的海上交通线。[①] 鉴于早在 1937 年 12 月，英国军方便把保卫地中海的交通要道免遭意大利的进攻放在了保卫帝国的远东利益之前，[②] 上述文件的含意便十分明显，那就是，一旦发生英国在 3 条战线上作战的情况，英国不可能向远东派出如 1938 年 1 月英美两国海军之间达成的《会谈记录》中所规定的那样一支舰队。根据《会谈记录》，两国军方曾商定，在上述情况发生时，"英国将要求进一步考虑可能产生的美国与英国舰队之间的直接战术合作问题"。如今，三线作战的阴影已隐约出现，英国需要重开两国的海军会谈，向美国通报英国的变化，以求得美国的军事援助。此时的美国，也同样感到了两洋作战的威胁。尽管罗斯福总统对 1938 年欧洲形势的发展甚感担忧，但在慕尼黑会议之后，他还是和许多政府官员一样，"因避免了一场战争的爆发而感到庆幸"，

---

① N. H. Gibbs, *Grand Strategy*, Vol. 1, p. 421.

② N. H. Gibbs, *Grand Strategy*, Vol. 1, pp. 287-288.

由于和平已经保住而怀有一种"大家都觉得松了一口气"的宽慰感。① 然而，《慕尼黑协定》的墨迹未干，希特勒便于 10 月 9 日提出了一个新的军事计划，借口要防备诸如丘吉尔、艾登和达夫·库帕(当时的海军大臣)等抨击《慕尼黑协定》的人一旦在英国当政时可能发生的事态，宣布要加强德国的防御工事。希特勒的这一举动，不仅证明了欧洲的军事形势并未缓和，而且预示着美国的安全终将受到威胁，它使刚刚获得的解脱感顿然消失。正如犹他州参议员威廉·金(William H. King)在《慕尼黑协定》签订后便预言美国必将增加军备那样，② 10 月 11 日罗斯福便宣布他将增加 3 亿美元以加强美国的军备。③ 接着，他要求军方制订一项旨在保卫美国本土和援助英、法等国的大力扩充美国空军的计划。④

更为重要的是，面对欧洲轴心国在大西洋方面造成的新威胁，以及始终存在于太平洋方面的来自日本的旧威胁，罗斯福总统与军方首脑都感到，美国旧有的只针对日本的"橙色"战争计划已不适用。于是罗斯福批准军方在一个小范围内对战争计划进行重新考虑，研究德国在意大利(或许还有西班牙)支持下采取军事行动，以及日本同时采取行动的时候对美国的安全可能造成的影响。⑤

---

　　①　[美]罗伯特·达莱克：《罗斯福与美国对外政策(1932—1945)》上册，第 246 页。

　　②　威廉·金在 10 月初指出，《慕尼黑协定》可能使美国"把亿万美元更多地用于军事目的"成为必须之事。见 *Washington Post*，5 October，1938，p. 5；Forrest C. Pogue，*George C. Marshall*，Vol. 1：*Education of a General*，*1880-1939*，New York：Viking，1963，p. 321.

　　③　*New York Times*，12 October，1938，p. 1；[美]威廉·爱·洛克藤堡：《罗斯福与新政(1932—1940 年)》，朱鸿恩、刘绪贻译，商务印书馆 1993 年版，第 328 页。

　　④　关于罗斯福要求首先大力扩充美国空军的看法，他与军方尤其是陆军希望平衡发展武装力量之间的争论，以及罗斯福最终接受了陆军的意见等问题，参见 Forrest C. Pogue，*George C. Marshall*，Vol. 1，pp. 322-323；[美]罗伯特·达莱克：《罗斯福与美国对外政策(1932—1945)》上册，第 247—250 页。关于罗斯福要求大力发展空军以援助英法的意图，参见 Henry H. Arnold，*Global Mission*，New York：Harper & Brothers，1949，pp. 173，177-178.

　　⑤　Maurice Matloff and Edwin M. Snell，*Strategic Planning for Coalition Warfare*，*1941-1942*，Washington，D. C.：Office of the Chief of Military History of Department of The Army，1953，p. 5.

根据这一精神，陆海军联合委员会于 11 月 9 日决定对陆海军"在一旦由法西斯国家侵犯《门罗宣言》的情况下的联合行动"进行研究。11 月 12 日该委员会向它下属的联合计划委员会正式发出指示：

> 要求联合计划委员会对一旦在(a)由一个或更多的法西斯国家侵犯《门罗宣言》的情况下，以及(b)同时日本打算扩大其在菲律宾的影响的情况下，对美国陆海军的不同的实际行动方针进行调查研究与评估。

该指示进一步说明：

> 这些研究与评估将基于下述设想：(a)德国、意大利和日本可能结成联盟；(b)这些法西斯国家中的任何一个国家或两个国家的行动都将获得其他国家的富有同情心的支持；(c)只要民主国家在西半球的领地不受干扰，他们就将保持中立。①

陆海军计划人员很快开始了调查研究。到 1939 年 1 月他们得出了下述初步结论：(1)承认美国的敌人，即德意日结成盟国的现实可能性；(2)怀疑在美国受到它的敌人的攻击，而英国的贸易或领土却未受到影响之前，英国会对美国给以积极援助。② 在这种情况下，美国必须摸清英国的态度，这是它制定新的战争计划的重要前提条件之一。因此，重开英美参谋会谈同样提上了美国军方的议事日程。

1939 年 1 月，美国驻英国的海军武官、海军上校拉塞尔·威尔森在回华盛顿述职之前，已经向英国海军部非正式地建议重开英格索尔—菲利普斯会

---

① JB325，Ser. 634，RI，I9.
② Mark S. Watson, *Chief of Staff*：*Prewar Plans and Preparations*，p. 98.

谈，这个建议正合英国海军部的心意。① 在会谈中，英国人告诉威尔森，尽管英国仍然暂时打算派一支舰队去远东，但在规模上将有所减小。② 他们还明确表示，除非英国皇家海军能得到来自美国太平洋舰队的大规模增援部队的支持，否则他们根本不打算在新加坡以北采取进攻行动。这就是说，两国海军应当准备在战术上进行合作。但是，当威尔森要求英方说明他们对 2 支海军的战术合作的定义是什么的时候，英国人的回答却混乱不清，而威尔森也并未表示美国海军将承担任何义务。③

　　尽管这次非正式会谈没有取得什么结果，但是它拉开了下一次英美海军参谋会谈的序幕。不过，正式会谈的到来还需要相当一段时间。

## 二、战略的研究与会谈的交涉

　　鉴于欧洲和远东形势都在继续恶化，而美国的援助又不能确定，英国三军参谋长迫切感到，必须正式修改英国战略防御的优先次序，才能集中兵力保卫英国最重要的利益。为此，他们于 1939 年 2 月向帝国国防委员会提交了一份草拟的《1939—1940 年欧洲评价》报告。报告再次强调：如果英国与德、意开战，而日本也站在德、意一方加入战争，如果根据过去正式规定的德、日、意的优先次序，英国就"必须派一支舰队去远东，并必定要大大减少英国在地中海本已不足的海军力量"，这就意味着把东地中海的海上交通线的控制权交给意大利。④ 三军参谋长的看法是，在目前的情况下，英国"派驻在新加

---

　　①　新任第一海务大臣、海军上将达德利·庞德对该建议没有什么热情，因为他认为"美国政府已经证明是极不愿意作出任何一种可能使他们承担战争行动的保证"的，而且他怀疑美国人会很快改变他们的态度。但是无论如何这次会谈是使美国了解英国变化的一个机会，因此会谈仍得以进行。参见 James R. Leutze, *Bargaining for Supremacy*：*Anglo-American Naval Collaboration*，*1937-1941*，p. 33.

　　②　D. C. Watt, *How War Came*：*The Immediate Origins of the Second World War*，*1938-1939*，New York：Pantheon Books，1989，p. 259. 根据 1939 年 1 月 16 日英国海军部的一份备忘录，英国目前认为它向远东派出的舰队规模最多为 7—8 艘战列舰、2 艘航空母舰、20 艘巡洋舰、几艘驱逐舰，以及 20 艘潜水艇。这个数字与 1938 年 1 月 13 日的《会谈记录》相比有所减少，参见 James R. Leutze, *Bargaining for Supremacy*：*Anglo-American Naval Collaboration*，*1937-1941*，p. 34。

　　③　James R. Leutze, *Bargaining for Supremacy*：*Anglo-American Naval Collaboration*，*1937-1941*，p. 34.

　　④　N. H. Gibbs, *Grand Strategy*，Vol. 1，pp. 421-422.

坡的舰队力量将必定取决于我们的后备舰队和欧洲战场的战争状况"①。

2月24日，帝国国防委员会讨论了这一文件，但未提出意见，只是决定把它交给战略评估分委员会和三军参谋长继续研究，并提出报告。随后，海军副总参谋长安德鲁·坎宁安向战略评估分委员会提出了一份备忘录，其中明确指出：英国当前拥有的和预期可以拥有的海军力量不足以对付三线战争；并说明同时采取反对3个敌人的行动将取决于多种因素，其中包括：(a)当前可以获得的主力舰的数量；(b)国内水域和地中海的战略形势；(c)当日本进入战争时所采取的战略；(d)苏联和美国对日本参战的反应。坎宁安的结论是："不可能明确说明在日本介入之后多久我们才可以派出一支舰队去远东，也不可能精确地列举我们能派出的舰队的规模。"②但是帝国国防委员会对战略优先次序问题未作进一步讨论。

与此同时，美国的战争计划者们也在继续他们的工作，并于1月25日提出了一份评估草案。它包括下述主要内容：(1)现有的美国军事力量不可能同时保卫大西洋和太平洋；而且美国国家的更大利益在于保卫大西洋和加勒比地区。(2)尽管美国的传统考虑是强调对太平洋的防御，但该文件认为，失去关岛和菲律宾并不涉及目前美国的任何至关重要的利益。其理由是：

　　如果美国政府和人民有这种考虑(按指失去关岛和菲律宾对美国是至关重要的考虑)，他们就决不会在华盛顿会议上同意仅凭日本的诚意就把这些领土的安全抵押给日本，因为即使在1922年，日本的诚意也并未处于无可指摘的程度。如果他们有这种考虑，那么立即伴随日本宣布废除华盛顿条约的就应当是在菲律宾和关岛修筑坚固的防御工事和派兵驻守。如果他们有这种考虑，菲律宾的独立法案便决不会得到通过。

该文件认为，上述作法"无论是正确还是错误，它们都逐渐破坏了由陆军和海军成功保卫这些领土的可能性"。(3)该草案承认，尽管防御太平洋将被

---

① N. H. Gibbs, *Grand Strategy*, Vol. 1, p. 422.
② N. H. Gibbs, *Grand Strategy*, Vol. 1, pp. 424-425.

证明是不可能的，但或许由于公众的要求而使军方努力去这样做。①

就在英美两国军方继续对各自的战略分别进行研究的时候，国际紧张局势再次升级。3月15日，当德国军队开进捷克斯洛伐克，纳粹党旗在布拉格的波希米亚宫上空升起，希特勒又一次自食其言，兵不血刃，夺他人之国的时候，英美两国政府都已经明白，欧洲的战争即将来临。在此期间，日本在建立"东亚新秩序"的口号下，在中国进行的与德意在欧洲的行动相互呼应的、继续损害英美利益的行动，尤其是占领海南岛和直指南沙群岛的军事推进，同样使两国政府忧心忡忡。

因此，英国政府在海军部的催促下，于3月19日正式指示驻美大使罗伯特·林赛爵士，要他探明美国是否准备"继续进行"自上一年开始的"海军的意见交换"；并要求他向美国人强调，如果英国卷入欧洲的战争，英国将不可能增援它自己在远东的舰队。② 林赛立即向美国通报了英国的想法。

英国的态度引起了美国的高度重视，罗斯福总统亲自过问此事。为了不影响修改《中立法》的讨论，3月21日，副国务卿韦尔斯秘密来到英国大使馆，传达了罗斯福对英国要求的回答。韦尔斯说明，罗斯福总统对进一步会谈的所有问题都是满腔热忱的，但是这次会谈的安全性应当比1938年更能得到保证，因为1938年英格索尔代表团曾不幸为新闻界所知晓，因此需要协商一种更保密的方式，而且有关这些会谈的文件必须一律销毁。总统建议，或许英国可以派一位新的海军武官到华盛顿，他拥有指导会谈的自主权。至于这些会谈涉及的内容，罗斯福建议与1915—1917年由英国海军武官、海军准将冈特(Guy Gaunt)和美国海军上校普拉特(W. V. Pratt)进行的两国海军之间的长

---

① JB325，Ser. 634，RI. I9. 这份报告主要由陆海军计划委员会的陆军成员克拉克上校(Frank S. Clark)拟定，因此更多地代表了陆军的看法，但海军方面的意见也得到了适当的考虑。

② James R. Leutze, *Bargaining for Supremacy：Anglo-American Naval Collaboration*, *1937-1941*, p. 34.

期全面情报交流的内容与方式相类似。①

由此可以看出，罗斯福总统想通过这次会谈，使英美两国军方建立起绝对保密的、有系统的、全面交流包括双方战争计划在内的各种情报的长期联系。

但是英国海军部对反馈的信息并不满意。海军计划局长维克多·丹克沃茨(Victor Danckwerts)在 3 月 24 日的一份备忘录中评论说，罗斯福总统提到 1915 年的"冈特—普拉特"形式的会谈，这就意味着他希望确立一种情报交流的程序而不是举行关于"联合行动"的参谋会谈。但建立密切的联络关系将要冒不断泄密的危险，而任何一种泄密都可能产生严重后果，"甚至可能使我们失去选择自己的政治路线的能力"。他认为，1938 年初的英格索尔—菲利普斯会谈已经包括了一个在太平洋的战略合作的广泛计划，现在需要的是来自美国方面的保证，即"在一旦决定阻止日本进入战争或阻止它向南方推进的情况下"，美国将行动或将准备行动，而这样一个战略保证将更可能来自 1938 年那种形式的会谈。他承认这样一种保证是一个"政治问题而不是一个海军问题"，而这正是最困难的。因此他认为政治部门应当作出他们的决定。②

海军情报局长同意丹克沃茨的看法，他在 3 月 27 日的一份备忘录中同样认为这个问题从根本上来说是政治上的，除非英国政府肯定美国介入太平洋，否则讨论海军计划就没有什么价值。他进一步指出，英国不能派大规模部队去远东，但美国海军能够确保英国领土的安全，并对澳大利亚和新西兰的安全作出保证，只要美国选择去这样做。他认为，美国在太平洋承担责任将使英国部队在大西洋和地中海自由行动并带来"无论怎样夸大也不过分"的结果。

---

① James R. Leutze, *Bargaining for Supremacy*：*Anglo-American Naval Collaboration*，*1937-1941*，pp. 34-35. 关于冈特—普拉特会谈参见第 20 页。1915—1917 年英美两国海军之间存在着系统的秘密情报交流，这种交流通过当时的英国驻美国海军武官、海军准将盖伊·冈特和美国海军上校普拉特来进行，因此又称冈特—普拉特会谈。据罗斯福总统所说，当时他作为海军部长助理，曾深深地介入此事，并了解这个交流过程已远远超过战争计划的交流范围，包括所有情报的交换。因此当 1917 年 4 月美国进入战争时，全面的战争计划已被详尽制定。罗斯福在 1937 年 12 月 16 日夜里会见林赛谈到 1938 年初进行的英美海军参谋会谈时，就曾希望该会谈成为"冈特—普拉特"那样的会谈，但最终未被英国接受。

② James R. Leutze, *Bargaining for Supremacy*：*Anglo-American Naval Collaboration*，*1937-1941*，p. 35.

因此他催促英国的大臣们作出一个政治决定,海军的协调就能进行。①

然而,这时的英国政府正被德意日在各自地区制造的紧急事态,以及围绕捷克斯洛伐克的灭亡而引起的国内舆论的强烈不满情绪而搞得手忙脚乱。在仍然以绥靖政策为其外交指导方针的情况下,英国政府根本不可能提出指导军事行动的政治路线,而只能疲于应付不断发生的国际事件。

捷克斯洛伐克灭亡不到一个星期,希特勒就向波兰提出了但泽问题,接着便有消息传来(尽管有许多并不确实),说德国可能要对波兰、罗马尼亚、荷兰、法国甚至英国动手。于是英国慌忙于 3 月 23 日与法国结成同盟,并立即开始了英法参谋会谈,随后又于 3 月 31 日单方面对波兰给以保证,接着又相继给希腊、罗马尼亚和土耳其提供保证。在地中海方面,意大利于 4 月 7 日入侵阿尔巴尼亚,使形势骤然紧张。没过两天,远东又生事端,4 月 9 日在天津英租界发生新任伪政权海关监督、汉奸官员程锡庚被暗杀的事件,给本已恶化的英日关系火上浇油。②

英国政府难于招架,但是在法国的压力下,英国又不能把在地中海的舰队调往远东。③ 于是,外交大臣哈利法克斯赶忙于 4 月 11 日重提他在 3 月 21 日的要求,④ 请求罗斯福总统不要拖延地把美国在大西洋的舰队调到太平洋

---

① James R. Leutze, *Bargaining for Supremacy: Anglo-American Naval Collaboration*, *1937-1941*, pp. 35-36.

② 关于英国和日本在中国租界的冲突,参见徐蓝:《英国与中日战争(1931—1941)》,第 12 章。

③ 在 1939 年 3 月英法举行的参谋会谈中,法国为了自身的安全,坚持认为打败意大利应放在增援远东之前,并明确表示,如果远东的形势需要撤走英国在东地中海的舰队,法国将别无选择,只有撤走部署在大西洋的 2 艘现代化巡洋舰并把它们派到东地中海。关于英法参谋会谈,参见 Nicholas R. Clifford, *Retreat from China: British Policy in the Far East*, *1937-1941*, Worcester: University of Washington Press, 1967, p. 132; Arthur J. Marder, *Old Friends, New Enemies: The Royal Navy and the Imperial Japanese Navy*, Vol. 1: *Strategic Illusions*, *1936-1941*, Oxford: Clarendon Press, 1981, p. 47.

④ 3 月 21 日,哈利法克斯曾向美国驻英大使肯尼迪(Joseph P. Kennedy)表示,如果美国在大西洋的舰队能够回到圣迭戈,这将减轻英国人警戒太平洋的压力。英国人没有能力从地中海分出舰队开往新加坡。参见 Herbert Nicholas, *Britain and The United States of America*, Chicago: University of Chicago Press, 1975, p. 29.

以牵制日本，强调说鉴于英国行将在地中海承担新的义务，必须加速进行此事。① 法国也对美国施加压力，达拉第总理警告美国驻法大使布利特，如果英国舰队驶往远东，"法国就将撒手不管中欧和东欧的抵抗"②。法国的态度对罗斯福产生了影响，当天下午，美国海军作战部长李海就接到了总统关于把舰队调到太平洋的命令，并于 4 月 15 日开始执行。

美国的行动鼓舞了英国人，丹克沃茨认为与美国的会谈实属必要，尽管英国不能指望有什么收获。在这种情况下，军方对英国战略优先次序作出最后的决定更成为当务之急。5 月 2 日，帝国国防委员会研究了坎宁安的报告和战略评估分委员会对该报告的看法，并作出决议："鉴于许多易变因素，在当前不可能估计在反对日本的敌对行动爆发之后，可能派到远东的舰队的规模，也不能明确它能被派出去的时间。"③ 这个决议不仅标志着英国正式宣布它的战略敌人的优先次序是德国、意大利和日本，也意味着英国的远东利益是否得到保护取决于美国的援助。

在这一精神的指导下，海军部决定与美国海军进行会谈，并选择了 1938 年的会谈方式。5 月 2 日，即德、意签订军事同盟条约的当天，海军部指示海军计划局官员、海军中校汉普顿以个人身份前往华盛顿，表面是去谈生意，实际上是去与美国海军官员进行秘密的参谋会谈。④ 他此行的主要目的有 2 个：第一，向美国同行说明，如果日本介入一场英国正在与德国和意大利进行的战争，英国便没有能力派一支大规模的舰队去太平洋；但任何关于"联合战略"的建议都必须留给美国人提出。第二，如果美国提出"联合战略"问题，汉普顿中校应该指出：(1)英国将更愿意美国的主要海军部队集中于太平洋，而且如果需要它可以使用新加坡；(2)英国将欢迎美国能够提供在西大西洋的

---

① ［英］C·A·麦克唐纳：《美国、英国与绥靖(1936—1939)》，第 179 页。

② ［英］C·A·麦克唐纳：《美国、英国与绥靖(1936—1939)》，第 180—181 页。

③ S. W. Kirby, *The War against Japan*, Vol. 1, p. 253; N. H. Gibbs, *Grand Strategy*, Vol. 1, p. 426.

④ Ritchie Ovendale, *Appeasement and the English Speaking World*: *Britian*, *the United States*, *the Dominions*, *and the Policy of Appeasement*, *1937-1939*, Cardiff: University of Wales Press, 1975, p. 253.

巡洋舰部队的援助。①

5月26日，英国海军部最后决定，为保密起见，汉普顿应当先到加拿大，然后再到华盛顿，他必须牢记英国的远东战略计划，并且不带任何官方文件进行这次旅行。②

在等待英国对参谋会谈作出最后决定的日子里，美国军方从不断恶化的国际形势出发，继续对其战争计划进行探索与研究。他们不幸地发现，自己几乎与英国人处于同等的地位。在海军实际上是唯一存在的军事力量的情况下，如果在西半球使用海军去防御德国和意大利的威胁，就不能同时在太平洋反对日本时仍然使用它，因为一洋海军不可能被分散到全世界并仍能有效地抵御所有敌人。

在这种基本认识的指导下，4月21日联合计划委员会提出了一份题为《联合计划委员会的调查研究》的长篇文件。文件主要内容有3个方面：

第一，提出了美国当前在制订战争计划方面的重要战略原则，并对这一原则进行了较深入的论证。该文件指出，当前美国的战略应当是大西洋的进攻和东太平洋的防御态势。具体地说，在一旦发生德意日联合进攻美洲的情况下，毫无疑问美国的切身利益将要求在大西洋采取反对德国和意大利的进攻手段，以保卫至关重要的加勒比和巴拿马运河的安全；如果这样做，就需要在东太平洋采取防御态势。该文件进一步分析道，只有在美国海军使自己纠缠于西太平洋的军事行动的时候，德国和意大利的实际进攻才可能发生；如果在日本首先侵略之后，美国保持一种有准备的战略态势，同时避免进入西太平洋，那么法西斯国家便不能也不会采取针对南美洲的实际侵略。另一方面，如果美国决定以一种在西太平洋推进的方式采取进攻行动，那么它就必须随时充分注意西大西洋的形势，以及它对付德国与意大利的行动的潜力。

第二，列举了法西斯国家在破坏《门罗宣言》方面可能采取的行动方式和时机。计划者们特别指出，德国和意大利侵犯美洲的目的在于增加贸易、得

---

① James R. Leutze, *Bargaining for Supremacy*: *Anglo-American Naval Collaboration*, *1937-1941*, p. 37, note 30 of p. 276.

② James R. Leutze, *Bargaining for Supremacy*: *Anglo-American Naval Collaboration*, *1937-1941*, p. 37; D. C. Watt, *How War Came*: *The Immediate Origins of the Second World War*, *1938-1939*, p. 259.

到原料和陆海军基地，尤其在于获得一些基地，"这些基地对巴拿马运河造成的威胁能够达到其压力能影响美国对外政策的程度"。日本则会利用美国为保卫西半球并因此在一段时间内不可能在太平洋采取进攻行动的时机，寻求称霸太平洋，夺取菲律宾和关岛。而且为了便于上述计划的实行，日本将首先要使美国舰队丧失战斗力，它可能计划"无事先警告地击毁在珍珠港的主力舰队，或可能打算封锁这支舰队"。

计划者们断定，这种对西半球进攻的危险仅存在于下述 2 种情况：（1）德国确信英国和法国将不会干预；（2）日本已经进攻菲律宾和关岛，甚至只是在美国以一种进入西太平洋的反攻来回击日本进攻的情况下。

第三，尽管计划者们认为在不久的将来完全不可能出现上述 2 种情况以使法西斯国家得手，但他们确信，由德、意、日的侵略所带来的问题应当在他们的战略计划中得到考虑，并建议采取措施去"克服在我们准备去进行必须进行的军事行动方面的明显不足状态"。①

陆海军联合委员会很快批准了这份文件，并要求计划者们继续分别制订在未来最可能由德国和日本的行动所发展起来的危机中，美国作为交战国应当采取的主要行动路线。于是在陆军参谋长、海军作战部长和他们的计划人员之间进行了频繁的意见交换。其间他们发现，尽管在 1938 年的"橙色"计划中表明双方接受了对方的观点，但要想在陆、海军之间达成真正一致的看法实非易事，而两者最主要的分歧便在于美国是否应当在太平洋承担义务。海军根据传统的"橙色"战争计划，继续坚持在一旦日本进攻的情况下，海军的行动应当是首先针对马尼拉湾的在西太平洋的逐步挺进行动。但陆军表示反对。

陆军战争计划局长、陆军准将乔治·斯特朗（George V. Strong）在 1939 年 5 月 2 日交给陆军参谋长的一份备忘录中概述了陆军的观点与要求。该文件认为：

> 在半球防御的范围内，一次向西太平洋的挺进是不适宜进行的，这

---

① 该文件全文见陆海军联合委员会档案，JB325，Ser. 634，RI I9. 这份调查研究由陆军计划人员 F·S·克拉克和海军计划人员 S·克伦肖共同完成，因此较全面地反映了陆海军的看法。

将是一个代价昂贵的行动，而且从这种行动中产生的利益与涉及到的时机、努力及费用极不相称……一旦发动旨在控制西太平洋的进攻行动，其合乎逻辑的目标是打败日本的舰队，这将要求陆军方面与海军方面一样作出巨大的努力。能迫使日本舰队出动并采取决定性行动的唯一办法，是由我们的海军去完成对日本的海上封锁，同时由我们的陆军穿越日本海去完成对亚洲大陆的占领。这样一种联合行动的巨大规模是显而易见的。况且一旦发生一场全面战争，如果结果将是由美国承担保卫英国、法国、荷兰在远东利益的任务，那么这项任务就要求我们的陆军要处于和我们的海军同样大的规模之上。

但是，当前美国的陆军显然无法做到这一点。斯特朗将军强调，从战略观点来看，即使在一个紧急事件发生时，总统迫于公众舆论而要求在西太平洋采取行动，这也是不明智的和不实际的，而且"有悖于对国家利益的理智评价"。最后他要求，在陆海军联合委员会对联合计划委员会下达为抵抗德意日的侵略而制定一个"陆海军联合基本战争计划"的草案的指示之前，应当获得：

　　　　总统对于有关半球防御、菲律宾防御、我们在远东的地位、我们对英国和法国及其他民主国家的实际的与潜在的义务，以及我们能依靠来自哪些民主国家的明确合作，特别是关于利用在拉丁美洲和/或在远东的基地方面的明确合作等等我们国家政策的清楚了解。①

实际上，这些因素正是计划人员在制订新的战争计划时已经考虑到的因素。

经过将近 3 个星期的努力，计划人员终于制订了一组新的作战计划——"彩虹"系列计划，并于 5 月 11 日提交给陆海军联合委员会。这组"彩虹"计划不同于过去的针对单个敌人，在一个地区，而美国又没有盟友的情况下作战的单色彩计划，而是一组针对一个以上的敌人，在一个以上的地区，并考虑到获得其他民主国家援助的情况下作战的多色彩计划(见上文)。

---

①　WPD-4175，JB325，Ser. 634，R. 32，I. 1283.

显然，新作战计划是否切实可行，以及它们在即将修改的"彩虹"计划中应当处于什么地位，都必须了解英国的态度。随之而来的汉普顿对华盛顿的访问恰好提供了这个机会。但是对美国来说，在它自己的战略原则方面显然没有英国那样明确的准备。

**三、汉普顿—李海会谈**

1939 年 6 月 12 日，汉普顿到达华盛顿。为保密起见，英国大使建议他既不要去英国大使馆，也不要与大使馆的任何人联系，而是直接去美国海军作战部长李海家中会见李海。在那儿汉普顿和英国驻美海军武官、海军上校柯曾-豪(L. C. A. Curzon-Howe)一起，与李海和美国海军战争计划局长罗伯特·戈姆利少将进行了第一次会谈。

会谈一开始，汉普顿便首先说明了英国战略安排方面发生的变化。他表示，自英格索尔—菲利普斯会谈以后的 1 年半的时间里，欧洲与远东的形势变化已如此之大，以致英国海军部现在必须把战略优先次序放在首先对付德国和意大利的威胁上，即使"日本进行威胁，英国人也不能派一支如同在与海军少将英格索尔的会谈中所计划的那样一支部队去远东"①。

他进一步说明，英国的战略是"把他们的一部分舰队保持在国内水域，而其余的部分，除了中国的分舰队和自治领的海军外，全部留在东地中海"；在一旦发生日本介入战争的情况下，英国将集中对付意大利这个设想中的薄弱环节，一旦打败意大利，就立即派海军增援部队去远东。换句话说，如果英国进入与德、意、日的战争，英国不可能决定把军舰派往远东的数量以及它们被派遣的时间。同时，汉普顿还告诉李海，英国海军部的官员们倾向于认为，与 18 个月前相比，日本更不大可能与德国和意大利联合起来。

李海表示他很愿意了解英国的态度，但他不能使美国海军对任何明确的协定承担义务，因为他不知道一旦发生麻烦，国会将采取什么行动；而且他也不能讨论除了"平行行动"以外的任何行动。李海在说明必须以美国中立作为讨论的前提条件后谈道，由于美国的中立地位，他认为当战争爆发时总统会派一支舰队到夏威夷，这支舰队能够从珍珠港威胁日本的任何南进行动。

① 1938 年初英格索尔是海军上校，后晋升为海军少将。

至于大西洋，李海说明总统打算在加勒比海和沿南美洲的东海岸线建立某种形式的海军巡逻，这种巡逻旨在保卫中立国的船只，但可能把包括德国活动的情报发给英国海军。但李海不打算更多地谈论任何有关海军结盟的问题，而是对保密工作给以极大关注，他要求不得保留有关这次会谈的任何文字记录，汉普顿表示同意。

但是英国的代表试图再次与李海讨论"在战争中合作"的问题。

6月14日，汉普顿和李海进行了第二次也是最后一次会谈。会谈首先讨论了有关分配密码、信号通信手册、数字密码等问题，双方很快就同意，应该制定对所有美国和英国海军部队分配密码的办法，以便使最起码的联络成为可能。然后汉普顿提出了关键性问题，即在一旦与德意日进行的战争中，李海对2支舰队(英国和美国)合作的看法是什么？

李海首先强调，他的发言只是个人看法，而不是任何"已经确定的战争计划"的一部分。当这个请求被接受后，李海才说道，一旦出现上述情况，美国将警戒太平洋，而同盟国家的海军将控制欧洲水域、地中海和大西洋，任何在大西洋的美国部队都将留在那儿并将与英国人合作。在太平洋方面，他认为美国舰队"应当以足够的力量运动到新加坡，这支力量将能牵制并打败在运动中遇到的任何日本舰队"。他反对把任何虚弱的部队派到新加坡，并提出至少也需要10艘主力舰。但是李海强调，除非英国派出一支"足够象征性的部队"去与美国的部队合作，否则美国将不会派军舰去那里。他并未规定多大的一支英国舰队是"足够的"，但表示将需要一些主力舰。

在会谈过程中，双方没有完成舰队运动到新加坡的计划，只是说明，如果救援这个要塞取决于美国部队的到达，那么防御工事将至少需要120天才能准备好。然而，李海明确表示他并不准备对太平洋的合作问题进行详细讨论。至于大西洋方面，李海的态度也同样如此，他仅表示如果美国进入战争，它将像1917—1918年那样在组织和援助护航方面与英国进行合作。

最后李海对菲律宾问题作了一个简短的评论。他承认美国对于菲律宾将是难于救援的，因此在那儿才会有一个不能令人满意的基地。另外还进行了一些有关技术交流的讨论。于是会谈结束。[①]

6月16日汉普顿悄悄离开华盛顿，10天后回到英国。

**四、汉普顿代表团的影响**

1939年6月的英美海军参谋会谈，是在国际形势严重恶化的关键时刻，英美两国出于抵御法西斯侵略扩张的共同愿望而采取的行动。尽管它姗姗来迟，但其结果却对两国的外交及战略决策立即产生了不同程度的影响。

对英国来说，尽管汉普顿对会谈形式的非正式性，以及对会谈的极端保密性所造成的情报交流方面的某些障碍感到失望，但他的确不虚此行，基本完成了使命。通过这次会谈，英国的收获主要有以下几点：

第一，美国原则上仍然同意1年半以前英格索尔—菲利普斯会谈中双方所确立的战略原则和战时行动区域的划分，说明两国在远东的战略观念方面保持一致。

第二，美国打算在一旦战争爆发时，以在西大西洋巡逻的方式向英国提供援助，这是英国极想得到的东西。

第三，尽管美国在谈到把太平洋舰队运动到新加坡时附有条件，即英国必须同时派出一支"足够象征性的部队"，但是正如当时的海军上将、海军副参谋长菲利普斯所说，仅就美国愿意去考虑把它的舰队派往新加坡这一点来说，便是相对1938年会谈的一个可喜的进步。[②]

第四，英国明显感到了美国总统和海军的"极其亲英的"态度与合作的倾向，这对英国是一个鼓舞，并对合作的前途表示乐观。

另外，汉普顿的访问也使自英格索尔访问以后便开始的两国军方之间的

---

① 整个会谈，参见 James R. Leutze, *Bargaining for Supremacy*：*Anglo-American Naval Collaboration*，*1937-1941*，pp. 37-39；James H. Herzog, *Closing the Open Door*：*American-Japanese Diplomatic Negotionations*，*1936-1940*，pp. 45-46；Ritchie Ovendale, *Appeasement and the English Speaking World*，pp. 253-255；Stephen E. Pelz, *Race to Pearl Harbor*：*The Failure of the Second London Naval Conference and the Onset of World War* Ⅱ，Cambridge，MA：Harvard University Press，1974，pp. 194-195. 这些内容基本根据汉普顿于6月27日给海军部的有关这次会谈的报告，以及戈姆利对这次会谈所写的备忘录所写成。

② David Reynolds, *The Creation of the Anglo-American Alliance*，*1937-1941*：*A Study in Competitive Co-operation*，pp. 61-62.

技术及情报交流继续进行下去，尽管对这种交流的评价不能太高。① 正是由于上述收获，英国海军部认为汉普顿的这次华盛顿之行是成功的，而他本人也因其出色的工作受到了称赞。

但是这次会谈与 1938 年初的会谈一样，未能解决英国当时面临的困境。当英国的远东战略更加取决于美国的军事援助之时，英国却显然不能指望这种援助立即到来。就在汉普顿逗留美国期间，日本正式封锁了天津英租界，从而使英国突然面临可能与它的第 3 个潜在敌人首先开战的危险局面。在美国根本不可能单独派舰队去新加坡，而英国自己又没有足够抵御日本的主力舰队被派往远东的情况下，为了保卫欧洲和地中海的至关重要的利益，在外交上的对日妥协便再次成为英国的一种选择。正如当时三军参谋长在为解决天津危机而提出的报告中所指出的："在没有美国积极合作的情况下，从军事观点看，并考虑到当前的国际形势，不应当采取任何可能导致同日本人发生冲突的无可挽回的行动。"②这便是签订《有田—克莱琪协定》的直接军事战略背景。

对美国来说，汉普顿访问的最大作用，在于促使美国军方最终完成了其战略目标的重大转移，即把美国坚持了几十年的取向太平洋的针对日本进攻的战略，转变为取向大西洋和太平洋的针对德意日多个敌人进攻的联合战略。在汉普顿回国后，陆海军联合计划委员会于 6 月 23 日向陆海军联合委员会正式提出了对 5 月 11 日的"彩虹"系列计划的修改意见：（1）用该委员会对原"彩虹"计划 4 进行重新考察后而制订的 2 个计划，即"计划 1"和"计划 2"，取代原来的"彩虹"计划 4；（2）把"彩虹"计划 2 提到新的一组"彩虹"系列计划的第 2 位，这不仅是由于刚刚与英国人就太平洋的战略进行了会谈，也是由于当时的国际形势可能要求在这个计划方面给以更多的回答。③ 6 月 30 日，陆海军联合委员会批准了上述修改意见，从而形成了一组新的"彩虹"系列计划，

① 关于 1939 年 6 月—1940 年 5 月的英美军事技术和情报的交流情况，参见 James R. Leutze, *Bargaining for Supremacy*：*Anglo-American Naval Collaboration*，*1937-1941*，pp. 56-57.

② Arthur J. Marder, *Old Friends*，*New Enemies*：*The Royal Navy and the Imperial Japanese Navy*，Vol. 1，p. 56.

③ James H. Herzog, *Closing the Open Door*：*American-Japanese Diplomatic Negotiations*，*1936-1940*，p. 48.

即"陆海军联合基本战争计划"。

随着战争的日益迫近，防御美国本土成为当务之急，于是计划人员加紧了对"彩虹"计划1的详细制订工作，并于7月27日把具体完善的"陆海军联合基本战争计划1"（即"彩虹"计划1）提交给了陆海军联合委员会。该委员会立即进行了研究并作了某些修改，随后就根据罗斯福总统于7月5日发布的关于陆海军联合委员会必须直接向作为三军总司令的总统提出报告的特别命令，将该计划呈报罗斯福。总统于10月14日对该计划给予了口头批准，① 而此时第二次世界大战已经爆发。

鉴于1940年春天德国在欧洲取得的令人眼花缭乱的胜利，以及对西半球造成的威胁，美国不仅越来越认清德国是它的头号敌人，而且越来越明确英国是美国的第一道防线的战略思想，从而使罗斯福采取越来越积极的措施去援助被围困的英国，也使美国越来越深地卷入欧洲与大西洋的战争。以太平洋为重点的"橙色"计划也最终失去了存在的价值。"彩虹"计划2虽然于1940年被制订出来，② 但它从未被陆海军联合委员会正式批准；而"彩虹"计划3的制订工作则停止进行，以致它从未发展成详细的计划。1941年8月6日，联合委员会正式取消了这2个计划。③ 至此，"橙色"计划最终走完了它的全程。

第二次世界大战的爆发，一方面，促使美国的战争计划人员开始发展以保卫美国本土和西半球北部，以及保卫整个西半球为目标的"彩虹"计划1和"彩虹"计划4，并且正是在这一过程中，他们发现需要英国在西大西洋和加勒比海的某些军事基地方面给以合作；另一方面，美国也迫切需要了解英国在纳粹德国的进攻面前是否能够生存下去，这个问题只有通过美方人员的亲自考察才能解决。而英国的战争困境以及对美国军事物资，特别是驱逐舰的迫切需求，终于使双方达成了自第二次世界大战爆发之后，美国尚处于战争之外时的第一个军事协定。

---

① Steven T. Ross，ed.，*Amercian War Plans*，*1919-1941*，Vol. 3，p. 120. 计划全文见 pp. 123-140.

② 计划全文见 Steven T. Ross，ed.，*Amercian War Plans*，*1919-1941*，Vol. 3，pp. 143-183.

③ Mark S. Watson，*Chief of Staff*：*Prewar Plans and Preparations*，p. 104.

## 第五节　戈姆利的伦敦之行

### 一、战争爆发后的新形势

1939 年英美参谋会谈结束 3 个月后，第二次世界大战爆发了。让英国政府感到欣慰的是，意大利和日本暂时没有加入战争，没有出现两线作战或三线作战的情形；德国的空军也没有像预期的那样对英国实施大规模空袭。这多少改善了英国在欧洲和远东不能两全的窘境，可以暂时放下远东这个包袱，专注于欧洲战事。首相张伯伦私下表示："到目前为止，战争对于我们来说只发生在海上，我认为这很适合我们……我相信时间在我们这边。"①

英美两国海军之间的技术情报交流自英格索尔—菲利普斯会谈之后一直在进行当中，尽管 1939 年的会谈进一步增进了两国之间的友谊，但是双方都不是心甘情愿且不图回报地将自己的技术情报拱手相让，总是要讨价还价，以对方提供"对等"的技术情报作为交换的前提。罗斯福在大西洋建立中立巡逻区并承诺向英方提供德国海军活动的信息也是如此，他要求英国政府同意美国海军使用英属的特立尼达岛、圣卢西亚、百慕大群岛和哈利法克斯作为基地。英方出于诱使美国卷入战争的动机答应了上述要求，但中立区一度妨碍了英国海军追击德国舰只，而英国海军对德国的海上封锁政策同样搅扰了美国的正常贸易，双方为此发生了一些不愉快的事件。

尽管如此，双方关系的主流仍是朝着日益相互依赖的方向发展，"张伯伦政府对虚假战争时期与美国在海军关系和经济关系上的逐渐进展感到高兴"②。罗斯福也争取国会通过新的《中立法》，取消了对交战国武器禁运的条款，改为"现金购买，自理运输"，并与英国达成驱逐舰换基地的交易，使英国获得了急需的 50 艘美国驱逐舰，这是"二战"爆发后，"美国尚处战争之外的情况下，美国与英国之间达成的第一个重要的双边军事协定，也是两国结

---

① Robert Self，ed.，*The Neville Chamberlain Diary Letters*，Vol. 4，p. 447.

② Malcolm H. Murfett，*Fool-Proof Relations：The Search for Anglo-American Naval Cooperation during the Chamberlain Years*，*1937-1940*，p. 280.

成反法西斯同盟的关键一步"①。对英方来说，并不把这看成是简单的交易，"它是构建盎格鲁—撒克逊集团的第一步，实际上是一个具有历史决定性的时刻"②。罗斯福引导美国的政策越来越有利于民主国家，同时也越来越走向战争。

美国联合计划委员会对"彩虹"计划 2 的研究在 1940 年 5 月完成，由于设想英国和法国负责大西洋及欧洲战事，美国承担保护西方殖民国家在远东利益的义务，因此美国有必要在战争计划方面与未来的盟国进一步协调。4 月，联合计划人员建议政府在外交形势许可的情况下，尽快与英国、法国和荷兰举行外交会谈，并强调会谈应有陆军参谋长和海军作战部长的代表参加。③

但是，英美基于自身利益导致优先考虑的事项不尽相同，彼此间维持着一种谨慎、模糊，不轻易作出承诺的关系状态，使得拟议中的会谈停滞不前。美国驻伦敦海军武官柯克（Alan Kirk）在会见英国海军副参谋长菲利普斯时提到，他非常关注如果荷兰沦亡后，日本乘机占领荷属东印度所造成的远东危局，主张美国舰队从夏威夷调往菲律宾，从而阻止此事的发生，但苦于马尼拉缺乏船坞和修理设备。菲利普斯心领神会，答应英国海军将提供全面的协助，新加坡基地可以为美国舰队使用。

然而，此后英方没有作出进一步的反应，美国战争计划人员却严重关注欧洲越来越坏的局势，建议陆海军的代表立即前往欧洲与英法举行会谈。美国代表将考虑英法为换取美国援助而作出的让步，"必须讨论战争时期与和平时期的军事承诺问题，特别是有关英国舰队"。面对美方的提议，英国政府却不愿意就如此广泛的问题进行商谈，尤其是涉及战后和平时期的事情更让英方觉得为时过早，希望会谈主要集中于远东议题。④

5 月 14 日，荷兰沦亡。25 日，英国驻美大使洛西恩勋爵（Lord Lothian）

---

① 详见本书第五章。

② Llewellyn Woodward, *British Foreign Policy in the Second World War*, Vol. 1, p. 369.

③ Maurice Matloff and Edwin M. Snell, *Strategic Planning for Coalition Warfare*, *1941-1942*, p. 10.

④ James R. Leutze, *Bargaining for Supremacy: Anglo-American Naval Collaboration*, *1937-1941*, p. 130.

奉命征询罗斯福是否赞同两国海军协商在日本占领荷属东印度情况下的联合行动，并再次声明新加坡基地可以为美国舰队所用。罗斯福对洛西恩的提议没有表示出热情，认为海军会谈充满政治爆炸性，他更赞成对日本实行封锁禁运的政策，并要求英国舰队在必要时为求保全驶往加拿大或澳大利亚。①

同上两次海军会谈相比，罗斯福此时反对与英国举行海军会谈主要还是出于国内政治的考虑，因为美国大选在即，为成功连任，他不得不谨慎行事。美国历史学家罗伯特·达莱克指出："在这种情况下，他小心翼翼，不干预欧洲事务，以免触动公众的反感情绪，从而在政治上造成不利影响。"②

6月11日，洛西恩会见国务卿赫尔，再次提及会谈之事，赫尔质疑举行任何参谋会谈的必要性。③ 但洛西恩并没有轻易放弃，17日他求见罗斯福，除驱逐舰换基地问题之外，他再次询问两国海军举行秘密参谋会谈之事，并指出如果需要，空军应加入其中，以应对可能出现的以下严重形势："如果法国海军投降或被打败，如果西班牙参战并致使直布罗陀丢失，或者如果对英国的进攻准备就绪，而使向英国提供补给的路线保持畅通变得困难。"这一次罗斯福认为会谈应该立即举行。④

显然，意大利的参战和法国出人意料的快速出局，使得欧洲的局势比预想的要严重得多，英国成为美国安全的最后一道防线，尤其是如果法国舰队和英国舰队在国家沦亡的情况下落入德国之手，那将意味着美国的国家安全受到最直接的威胁，这一点罗斯福当然看得相当清楚。他将原来属于法国的军火订单全部转给英国，而且极力敦促法国新政府不要让舰队投降。⑤ 美国陆军部长史汀生指出："在纳粹和西半球之间，唯一的力量是英国舰队"，如果失去英国舰队，美国将自保而站在一旁。⑥

---

① J. R. M. Butler, *Grand Strategy*, Vol. 2: *September 1939-June 1941*, London: Her Majesty's Stationery Office, 1957, p. 241.

② [美]罗伯特·达莱克:《罗斯福与美国对外政策(1932—1945)》上册，第311页。

③ *FRUS*, *1940*, Vol. 3, p. 36.

④ PREM 3/457, From the Marquess of Lothian to Foreign Office, 17th June, 1940.

⑤ [美]罗伯特·达莱克:《罗斯福与美国对外政策(1932—1945)》上册，第329—330页。

⑥ Henry L. Stimson and McGeorge Bundy, *On Active Service in Peace and War*, New York: Harper & Brothers, 1947, pp. 318-319.

### 二、准备再次会谈

新任首相丘吉尔对举行海军会谈也表现出犹豫，他担心美国届时将提出英国失败情况下舰队转移之事，"当所有人全力以赴于最严峻的斗争时，任何对这种可能性的讨论将削弱国内的信心"①。外交大臣哈利法克斯不认同首相的观点，他认为不对罗斯福的建议作出快速正面的回应是不明智的，何况远东的局势确实需要两国即刻展开合作。他指出："如果我们没能在他的提议仍在他脑海中热乎的时候接受它，那么它就会冷却——或者因周围的影响导致他失去兴趣，而我们可能永远不会获得机会在我们认为时机成熟时重启会谈。"②

哈利法克斯的意见得到了参谋长委员会的支持，其属下的联合计划委员会也起草了一份有关会谈的备忘录。备忘录指出，英方立场总的原则是：要求美国应在其利益所在地区和拥有基地并能保护英国利益的地区，援助甚至是取代英国的武装力量，特别是美国应承担起全部太平洋地区的责任，新加坡将成为美国指挥下的战区，英国则承担大西洋地区的责任。备忘录还建议，两国的参谋会谈应及早举行。③

首相丘吉尔一方面担心英国舰队的命运，另一方面专注于英美基地换驱逐舰之事，在耽搁近 2 周后，最终同意于 6 月 30 日由洛西恩告知美方，英国同意举行两国军事参谋会谈，"如果会谈自然而迅速地超出最初的海军会谈范围而扩展覆盖空军甚至是陆军事务，就如可以想到的那样，选择伦敦作为会谈地点将更加重要"。7 月 2 日，英方得到消息，罗斯福同意在伦敦举行军事会谈。④ 罗斯福之所以愿意会谈在伦敦进行，主要原因是战时的英国更能保守会谈的秘密，如果地点选在即将举行大选的美国，显然要冒更大的政治风险。

---

① PREM 3/457，Prime Minister to Secretary of State for Foreign Affairs，24th June，1940.

② PREM 3/457，Secretary of State for Foreign Affairs to Prime Minister，27th June，1940.

③ J. R. M. Butler，*Grand Strategy*，Vol. 2，p. 243.

④ PREM 3/457，Foreign Office to the Marquess of Lothian，30th June，1940；From the Marquess of Lothian to Foreign Office，2nd July，1940.

事实上，在 6 月 17 日洛西恩会见罗斯福之后，英国海军部即召回了退役不久的曾担任计划局局长的西德尼·贝利海军上将(Sir Sidney Bailey)，领导组建一个计划委员会，研究当前的海军形势，并考虑需要美国海军采取怎样的合作行动，以及两军合作的情况下英方应采取的措施。为了更好地与美方沟通，委员会决定派海军上校阿瑟·克拉克(Arthur W. Clarke)前往华盛顿，担任罗斯福总统与英方的联络人员。

7 月 15 日贝利委员会完成了研究报告，报告的主要内容仍是强调美国海军承担太平洋的重任，英国负责大西洋的大部分责任。这份报告成为 9 月伦敦会谈和 1941 年 3 月华盛顿"ABC—1"会谈英方策略的基础。[1]

在华盛顿，大使洛西恩尽力促使罗斯福保持会谈的积极性，并建议美方像"一战"时那样再派一名海军高级官员前往伦敦。7 月 12 日，罗斯福向海军作战部长斯塔克建议，派海军助理作战部长兼战争计划局长戈姆利少将以海军特别观察员的身份与英国三军参谋长举行"试探性的会谈"，同行的还有陆军航空兵团的埃蒙斯少将(Delos C. Emmons)和陆军助理参谋长兼战争计划局长斯特朗少将，后者将代表陆军参与会谈。

25 日，戈姆利和斯塔克前往白宫就伦敦之行听取总统的指示。罗斯福指出，美国的计划应建立在以下 3 种情况之一的基础之上：(1)英国败于空袭并乞求和平，允许其武装力量和对欧洲、大西洋的控制拱手让与德国人；(2)英国被空袭削弱而遭到部分入侵，但英国能够坚持本土防御作战，政府迁往加拿大或是其他自治领；(3)英国成功防守住本土，为控制大西洋和欧洲水域提供训练和空中进攻的基地，为最终重返大陆做好准备。罗斯福认为在后两种情况发生时，美国应准备向英国提供全方位的援助，他要戈姆利评估英国生存下来的概率，并讨论英国失败后让英国舰队不落入德国之手的问题，但没有表示美国将在欧洲或太平洋加入战争。[2]

因此，罗斯福事实上并没有把这次会谈看成是进一步的参谋会谈，更不

---

① James R. Leutze, *Bargaining for Supremacy*：*Anglo-American Naval Collaboration*, *1937-1941*，pp. 134-138.

② James R. Leutze, *Bargaining for Supremacy*：*Anglo-American Naval Collaboration*, *1937-1941*，pp. 141-142.

期望讨论战略问题，主要目的是实地判断英国是否能够在德国的进攻下生存下来。虽然就总统本人来说，他对英国的命运较为乐观，但联合计划人员研究形势后的结论是："英格兰遭受德国军事力量入侵并沦陷看上去是可能的。"①显然，在对英国政府的前景还不明了的时刻，罗斯福不愿意与命运不确定的政府讨论两国战略合作问题。

但英方却对此次会谈给予了高度重视，不但做好了各项保密措施，冠以"英美武器标准委员会"(Anglo-American Standardisation of Arms Committee)洽谈技术事务的名义掩人耳目，而且从事前为会谈作出的准备来看，除打算提供美方所需的一切信息外，英方还打算向美方代表阐明首先打败德国的战略问题，但强调在现阶段重点只能是海上封锁，难以重返欧洲大陆。②

### 三、范围更广的军事会谈

8月15日，美国代表团抵达伦敦，20日会见了英国三军副参谋长。戈姆利首先向英方解释，他和埃蒙斯、斯特朗的任务并不相同，但都没有得到授权去作出任何承诺，只限于讨论和提出建议，观点仅代表个人。接着，斯特朗与英方讨论了两国军需生产的协调问题，斯特朗强调如果美国参战，将大大减少对英国的供应，而且美国的生产还需与自身的军备重整相协调，如果英国发动攻势，困难会进一步增加。随后，双方讨论了远东问题，但由于问题复杂，决定接下去的会议将继续讨论。同时，英方安排美方人员进行实地考察。3天的考察过后，戈姆利向华盛顿提交了他的报告。报告确信英国政府的抵抗决心是坚定的，但要肯定英国能够挺过难关还为时尚早。他指出，一些战争条件下的技术情报对于和平状态下的美国来说是难以获得的，尤其是英国战斗机司令部的效率以及英国的新型巡洋舰，给了他很深的印象。另外，戈姆利指出，英方没有就美方的特别任务或美国准备作出何种承诺施加

---

① Maurice Matloff and Edwin M. Snell, *Strategic Planning for Coalition Warfare*, *1941-1942*, p. 14.

② PREM 3/457, Note to Prime Minister by Chiefs of Staff, 28th July, 1940; Aide Memoire by the Joint Planning Sub-Committee, 14th August, 1940; Brief for the Chiefs of Staff Address, 14th August, 1940.

任何压力。①

的确，鉴于以往的教训，英国政府认为对付美国人的最好办法就是不能逼他们太紧，担心急于求成会适得其反。所以尽管不满意戈姆利代表团的言论，但英方采取"欲擒故纵"的方式，慢慢引导美国人朝着参谋会谈的方向发展。

8月29日，戈姆利代表团与英国三军参谋长举行会谈，英国参谋长委员会主席、空军参谋长西里尔·纽沃尔(Cyril Newall)详述了当前的战略形势和英国的战争指导政策，并在贝利委员会报告的基础上回答了美方的问题。纽沃尔指出，英国的战争指导政策是：(1)确保联合王国和英帝国属地及利益的安全；(2)控制本土海域和东地中海，同时力争重新获得整个地中海的控制权；(3)对德国和意大利展开更大规模的空中攻势和施加更大的经济压力；(4)为伺机发起大规模的地面作战行动积聚资源。②

在纽沃尔看来，德国避免失败的唯一办法就是尽快结束战争或是打破英国的封锁以获得新的能源供应，它可能通过无限制的空袭、摧毁英国的船只和港口、入侵这3种方式来打垮英国，而最后一种情形目前不可能成功。关于英国是否有失败情况下的替代计划，纽沃尔的回答是否定的，他强调"我们全部的战略是建立在我们应抵御进攻上，整个国家的坚定决心要求这样去做"。

另外，英方预计德意将进攻中东，以驱逐英国的舰队，获取埃及的棉花和黑海的石油，它们可能通过西班牙控制西地中海。在东南欧，意大利可能入侵希腊，但英方没有针对德国挺进巴尔干的计划。从长远看，英国在西非的地位可能得到加强，但在远东将面临来自日本的严重威胁。纽沃尔强调，英国战略的基础是通过日益加强的经济压力消耗德国。他相信明年夏季德国的士气将会遭到削弱，石油储备将减少，军事能力因此受到限制。另一个战略重要组成部分是对德意的石油供应、交通线和工业实施持续不间断的空袭，

---

① James R. Leutze, *Bargaining for Supremacy*: *Anglo-American Naval Collaboration*, *1937-1941*, pp. 148-150.

② Louis Morton, "German First: The Basic Concept of Allied Strategy in World War", in Kent R. Greenfield, ed., *Command Decisions*, p. 32.

同时积累自己的资源，为时机到来时大规模地面反攻欧洲大陆创造条件。此外，利用两栖作战袭扰敌人广阔的海岸线。第一个战略目标是消灭意大利，这将减少对中东的威胁，造成对德国更有效的封锁，并腾出手来应对日本的威胁。

关于远东，由于日军占领中国南部和法属印度支那，存在日军通过陆地威胁马来亚的可能。当前英国不可能派遣一支强大的舰队到远东，远东的全部问题将随着形势发展进一步研究对策，但如果美国舰队提供支持，将明显改变整个战略形势。当戈姆利问道，美国舰队留在太平洋是否将有助于英国，海军参谋长庞德的回答是肯定的。纽沃尔进一步谈到，在英国越来越依赖美国持续的经济和工业援助之时，英方没有考虑美国在军事行动上的积极合作，因为这有关最高决策。最后纽沃尔谈到了英国的军事生产计划，指出来自美国的经济和工业援助是英国战略的基础。①

值得注意的是，"英方没有考虑美国在军事行动上的积极合作"这句话显然是口是心非的，目的是为了舒缓美方人员紧绷的神经，表明英方没有诱使美国卷入战争的阴谋企图。事实当然并非如此。戈姆利等人听取英方对战略政策的解释后，没有作出评判。斯特朗提到了双方的情报交换问题，他说英美之间已经原则上对定期交换情报达成一致，现在把情报交换建立在固定基础上的时机已经到来。他阐述了几种方式，可以使得美国手中的情报来源置于英国政府掌控之下。②

英方为这次会谈作了充分的准备，期望美方能够进入正式的参谋会谈，结果令英方并不满意，但英方没有表露出失望的情绪，仍然耐心等待美方立场的转变。

9月2日，戈姆利会见海军参谋长庞德，询问如果美国被迫参战，两国海军怎样进行最佳的合作。庞德指出，贝利委员会的报告已对这个问题有很好的描述，但这份报告仍在修订之中，届时可以给戈姆利一份复本。

---

① 　J. R. M. Butler, *Grand Strategy*, Vol. 2, pp. 331, 341-343; Maurice Matloff and Edwin M. Snell, *Strategic Planning for Coalition Warfare*, 1941-1942, pp. 21-24.

② 　Mark S. Watson, *Chief of Staff*: *Prewar Plans and Preparations*, pp. 114-115.

17日，戈姆利与贝利委员会成员在海军部举行会谈，讨论贝利委员会的报告。戈姆利首先重申自己是代表个人观点，然后转到远东的话题上。他指出美国舰队前往新加坡不是问题，他想知道新加坡的防御、燃料补给和修理设备状况如何。关于大西洋，他理解英方想要更多的美国舰只在那里，但他怀疑是否有足够的舰只能够迅速前往大西洋，目前美国海军在大西洋的力量是3艘老式战列舰、2艘航母、2艘轻巡洋舰、4艘口径8英寸的巡洋舰、3艘口径6英寸的巡洋舰和其他辅助舰只。由于贝利委员会的报告中提到占领葡萄牙大西洋岛屿的可能，戈姆利想知道英方打算用怎样的力量去实现这个目标，他强调美国不愿意将地面部队派往大西洋以外的地区，但暗示美国可能占领格陵兰。

18日的会谈中，戈姆利谈到使用老式战列舰在大西洋巡逻的问题，在关岛修筑防御工事以作为水上飞机的基地，训练潜艇人员以及对大西洋两艘航母提供巡洋舰保护的问题。关于远东，他建议委员会的报告做如下修改："对美国舰队在太平洋以外的使用，日本的态度是关键的因素。"

19日双方会谈继续举行，戈姆利同意英方的建议，如果打算进行参谋会谈，伦敦是会谈的地点。因为英美两国目前都没有大规模使用陆军的计划，会谈的重点应是海军问题，但双方最终同意，三军种的代表都参加参谋会谈是合乎需要的。关于战场指挥问题，双方同意在英国本土水域的美国军事力量在作战上归英国海军指挥。同样，在太平洋美国与日本交战时，英国的力量将归美国指挥，包括美洲海岸附近的作战和护航行动。[1]

埃蒙斯和斯特朗没有参加与贝利委员会成员的会谈，但英方向他们展示了雷达导航下的"喷火式"战机挫败"空中闪电战"的情形。他们在给马歇尔的报告中对英国的生存充满信心，认为"用系船缆固定的岛屿不可能随波逐流"[2]。

---

[1]　James R. Leutze, *Bargaining for Supremacy: Anglo-American Naval Collaboration, 1937-1941*, pp. 156-157.

[2]　Samuel E. Morison, *History of United States Naval Operations in World War II*, Vol. 2: *The Battle of the Atlantic, September 1939-May 1943*, Boston: Little, Brown & Company, 1957, p. 40.

9 月 19 日，埃蒙斯和斯特朗离开伦敦回国，戈姆利留在英国，继续以特别观察员的身份会同美国使馆海军和陆军武官与英方保持密切的联系，并将最新的形势及时报告华盛顿。

**四、戈姆利伦敦之行的意义**

戈姆利伦敦之行最大的成果是，美国军事人员设身处地地了解了英国面临的形势和英国的战略计划。虽然美方没有作出任何承诺，但他们把自己的所见所闻带回了美国。在递交罗斯福的报告中，埃蒙斯和斯特朗提到英国公众的士气非常高涨，政府对决定性地打败任何入侵充满信心，甚至"也许过于自信"。英国的工业形势"目前不是太糟"，军事上看起来"不好不坏"，如果入侵延迟到 10 月 15 日以后，形势将大为改善。当然除此之外，也有关于英国处于劣势的描述。①

这些报告使美国政府最高决策者获得了最直接的情报，了解了英国政府的抵抗意志和能力，很大程度上影响了罗斯福政府继续和加大对英国援助的决心。因此，美国军事人员的伦敦之行基本完成了判断英国是否能够生存的主要任务。另外，这次会谈是"第一次有陆军官员被赋予权力和机会与英方讨论未来的计划……显然陆军计划人员开始像海军计划人员长期以来的那样，开始与英国陆军参谋人员进行合作"②。福雷斯特·C·波格指出："这些敏感的活动均未形成什么正式的协议或意味着什么联盟，但却为将来顺利建立一种盟友关系铺平了道路。"③

这说明随着战争规模的不断扩大，仅限于海军方面的合作已不合时宜，也预示着美国政府准备更深地介入战争。而对战争条件下的一些军事技术情报，比如实战下的武器性能，尤其是德国空军轰炸技术，美国军方表现出特别的兴趣，派专人前往英国收集轰炸技术情报，这些是和平条件下的美国难

① James R. Leutze, *Bargaining for Supremacy：Anglo-American Naval Collaboration*, *1937-1941*，pp. 159-160.

② Maurice Matloff and Edwin M. Snell, *Strategic Planning for Coalition Warfare*, *1941-1942*，p. 22.

③ ［美］福雷斯特·C·波格：《马歇尔传（1939—1942）》，第 118 页。

以获得的宝贵信息。美国学者塞缪尔·莫里森指出:"戈姆利从战争实验室获取最新的信息,对国防拥有不可估量的价值。"①而另一位历史学者约瑟夫·拉希甚至认为,1940 年 8 月的英美军事会谈是双方通往建立军事同盟的重要一步。②

①　Samuel E. Morison,*History of United States Naval Operations in World War* Ⅱ,Vol. 1,p. 41.

②　Joseph P. Lash,*Roosevelt and Churchill*:*The Partnership That Saved the West*,London:Andre Deutsh,1977.

# 第　五　章

# 驱逐舰换基地

美国与英国 1940 年签订的"驱逐舰换基地"的秘密协定，是第二次世界大战爆发后，美国在尚处于战争之外的情况下与英国之间达成的第一个重要的双边军事协定，也是两国结成反法西斯同盟的关键一步。

## 第一节　驱逐舰和英国舰队归趋问题的由来

### 一、英美关于驱逐舰问题的最初交涉

第二次世界大战爆发后，随着德国潜艇在大西洋上对英国的各种舰只进行袭击，英国很快就面临作为反潜艇的主要武器——驱逐舰的短缺问题。[①] 为了解决这个问题，战争爆发后便进入战时内阁担任海军大臣的温斯顿·丘吉尔，曾于 1939 年 9 月 18 日在内阁会议上提出向美国购买驱逐舰的要求。[②] 是年秋天，丘吉尔曾就造舰问题连续写了几个节略给海军部的同僚，说明德国"潜艇的威胁到 1940 年底一定还会变本加厉"，因此到 1940 年英国将需要另外 50 艘驱逐舰。[③]

---

①　［英］温斯顿·丘吉尔：《第二次世界大战回忆录·第 1 卷·风云紧急》，吴泽炎、万良炯、沈大靖译，南方出版社 2005 年版，第 441、444 页。

②　CAB 65/1, W. M. 19(39)2, 18th September, 1939.

③　［英］温斯顿·丘吉尔：《第二次世界大战回忆录·第 1 卷·风云紧急》，第 442—449 页。

　　鉴于英国在大西洋海战中的损失以及英国拥有的驱逐舰严重不足，并为了促使美国援助英国，丘吉尔在当年 10 月与美国驻英大使约瑟夫·肯尼迪(Joseph P. Kennedy)的谈话中，第一次提到了在一旦德国打败英国的情况下英国舰队的归趋问题。当时丘吉尔说，如果德国打败英国，"他们(指德国)的条件之一肯定是让英国交出舰队；如果德国获得了英国的舰队，他们将立刻拥有优势，然后你们(指美国)的烦恼就将开始"①。

　　1940 年 5 月 10 日，丘吉尔在荷、比、法前线的隆隆炮声之中就任英国首相，并正式开始了英国与美国关于驱逐舰问题的交涉。在内阁的同意下，5 月 15 日，丘吉尔在他就任首相后给罗斯福总统的第一封电报中，便要求美国借给英国 40 或 50 艘驱逐舰。② 当天，丘吉尔在与美国驻英大使肯尼迪的谈话中，除了要求借用美国的驱逐舰之外，再次正式谈到了英国舰队的归趋问题。他告诉肯尼迪，不管德国人做什么，只要他仍然保持"在公共生活中的权力"，英格兰就决不会投降。他还表示，一旦出现最坏的情况，"英国政府将迁往加拿大并依靠舰队继续战斗"。③

　　但是此时的美国十分怀疑英国在这场战争中取胜的可能性，政府官员普遍对欧洲战场的形势持悲观看法，并要求把精力集中于美国本土的防御。肯尼迪认为这是"一场预料盟国将被打败的战争"，并提出："如果我们必须战斗去保卫我们的生命，那么我们最好在我们自己的后院战斗。"④美国助理国务卿、罗斯福总统的密友阿道夫·伯利(Adolf A. Berle)在读了丘吉尔 5 月 15 日的信件后在日记中写道：如果丘吉尔在这封信中所说的可怕的预言是确实的，那么：

---

　　①　Tracy B. Kittredge, *United States-British Naval Cooperation*, *1939-1942*, Mircofilm-NRSII-226, Naval Historical Center-Washington Navy Yard S. E., Washington, D. C., Series 2, Part A, Chap. 5, p. 72.

　　②　PREM 3/468, Former Naval Person to President Roosevelt, 15th May, 1940. 除了驱逐舰之外，丘吉尔还要求得到数百架最新式的飞机及防空设备与弹药等。

　　③　*FRUS*, *1940*, Vol. 3, pp. 29-30.

　　④　*FRUS*, *1940*, Vol. 3, pp. 29-30；James R. Leutze, *Bargaining for Supremacy*：*Anglo-American Naval Collaboration*, *1937-1941*, p. 74.

即使我们想做，我们也不能做什么及时援救英国的事情，相反，我们要做的是征集我们能够征集到的最强大的和最坚固的防御力量，而不是把少数舰队零敲碎打地派到大西洋彼岸。①

在这种情况下，罗斯福政府连续采取了3个行动：

第一个行动：5月16日罗斯福向国会提出申请追加国防拨款的咨文，理由就是增加的安全将使美国保持在战争之外。②

第二个行动：同意向英国提供飞机和其他军事物资的援助，但拒绝租借驱逐舰。罗斯福在5月17日给丘吉尔的回信中说：关于借给或赠予40—50艘驱逐舰的问题，将请求国会的批准，但我不能肯定在这时把这个建议提交国会是明智的；另外，从我们自己的防御需求来看，包括美国在太平洋上的责任，我们是否能够安排出，即使是暂时安排出这些驱逐舰也是值得怀疑的。但他表示，他正在尽一切努力使盟国政府可能得到美国的最新型号的飞机和其他军用物资，并且为了威慑日本，美国的舰队已经到夏威夷集结。③

第三个行动：为了确保在英国一旦抵抗失败的情况下其舰队不落于纳粹德国之手，并增加美国海军在大西洋巡逻的规模和效果以保证美国的安全，罗斯福第一次向英国提出了英国舰队的归趋问题。

5月18日，罗斯福与英国驻美大使洛西恩举行会谈，其间罗斯福以他的行动不能超过国会允许他采取的政策限度，以及公众舆论尚未能够理解战略形势为由，再次拒绝向英国提供驱逐舰。但他提出：万一发生最坏的情况，英国的舰队可以前往加拿大或美国。与此同时，他还向洛西恩暗示希望获得英国在大西洋上的一些基地。他说，英国可以把保卫西印度群岛的利益交给美国海军，这样在德国的舰只出现在西印度群岛水域的情况下，美国海军就可以毫不犹豫地对付它们。但是洛西恩对总统的要求实际上采取了一种"交易"的态度，他回答说，英国采取上述行动的前提条件是美国的参战，否则他

① Beatrice B. Berle and Travis B. Jacobs, eds., *Navigating the Rapids*, *1918-1971*: *From the Papers of Adolf A. Berle*, p. 314.

② [美]富兰克林·德·罗斯福：《罗斯福选集》，第237—243页。

③ PREM 3/468, President Roosevelt to Former Naval Person, 17th May, 1940; *FRUS*, *1940*, Vol. 3, pp. 49-50.

怀疑英国的公众舆论是否会同意把舰队托付给中立的美国。①

在收到洛西恩关于这次会谈的报告后，英国外交部美国司认为，尽管洛西恩以舰队归趋迫使美国参战的做法显然"有点像是讹诈，而且不是很高明的讹诈"，但的确可以作为一种行事的原则。正如该司司长查尔斯·斯科特(Charles Scott)在5月20日的一份备忘录中所说，这个原则就是："除非美国是一个交战国——而且要非常快地成为一个交战国——我们或许选择把我们的舰队派到澳大利亚和新西兰。"②

于是在内阁的同意下，5月20日丘吉尔再次致电罗斯福要求获得驱逐舰，并以舰队归趋问题向美国施加压力。丘吉尔在电报中对罗斯福不能提供驱逐舰表示遗憾，强调美国的支援对英国的作用，并表示了英国政府战斗到底的决心。接着他谈到了一旦英国的抵抗失败可能带来的后果：

> 如果现政府成员倒台，由另外一些人出面在这片废墟上和敌人进行谈判，那么，你就不能无视这样的事实，即同德国讨价还价的唯一筹码就只有舰队。如果美国听任这个国家受命运的摆布，那么，只要当时的负责人能够为残存下来的居民争取到最有利的媾和条件，谁也没有权利去责怪他们。③

洛西恩大使也与首相保持同一步调，他在5月21日的午餐会上说，如果德国在英伦诸岛获得"立足点"并"要求交出英国的舰队"，假如英国政府看到英国人民遭受"某些极剧烈的惩罚"，那么将"交出舰队"。④

但是此时的欧洲战场形势危急，40万英法比联军正在被德军逼至敦刻尔

---

①　Llewellyn Woodward, *British Foreign Policy in the Second World War*, Vol. 1, p. 339.

②　James R. Leutze, *Bargaining for Supremacy: Anglo-American Naval Collaboration, 1937-1941*, p. 77.

③　PREM 3/468, Former Naval Person to President Roosevelt, 20th May, 1940; *FRUS*, *1940*, Vol. 3, p. 51.

④　James R. Leutze, *Bargaining for Supremacy: Anglo-American Naval Collaboration, 1937-1941*, p. 78.

克，前途未卜。美国政府被一片悲观失望的气氛所笼罩。陆军部发表的材料"极为忧郁"，认为这场战争已经输掉，对盟国的援助将被浪费，更糟的是会落到德国人的手里并"加强美国未来的敌人"。海军部在传阅关于英国可能被打败的后果的备忘录。国务院则在讨论美国舰队回到大西洋的可能性。比较一致的意见是，当前舰队正在履行它的最有价值的任务，即保持扼制日本；但是也有人认为，美国的海军安排最终将取决于英国是向德国交出自己的舰队还是击沉它，抑或是使它航行到加拿大。① 罗斯福更是极其担心一旦抵抗失败，英国的舰队会落入德国之手。

因此，罗斯福在 5 月 25 日晚上与洛西恩的会谈中再次提出了英国舰队的归趋问题。他对洛西恩说，如果形势恶化，英国舰队以及尽可能多的已经完成的舰只不应当被当作英国的财产，而应当被当作英帝国的财产来对待，在它们可能被俘虏或投降之前，把它们转移到加拿大或澳大利亚。这样英国、法国、荷兰与比利时的海外帝国就会形成巨大的进行战争的资源。如果这支舰队投降，无论希特勒作出什么保证，整个大厦都将倾覆。但是当洛西恩询问罗斯福"如果这样的灾难即将发生"，美国是否将站在英国一方参战时，罗斯福却没有给以明确的回答，对是否援助英国驱逐舰的问题的态度也没有变化。②

但是，英国在 5 月 26 日到 6 月 4 日成功地实施了"发电机计划"，共从敦刻尔克撤出英法比联军 33 万多人。因此，尽管法国的全面军事崩溃已经清晰可见，但英国抵抗成功的可能性也在增加，而英国也更加需要美国在驱逐舰和其他战争物资方面的援助。为了促使美国放弃中立政策、尽快采取行动，6 月 4 日，丘吉尔在下院发表演说，表示了英国永不投降的决心。他说：

　　我们永不投降，即使我们这岛屿或这岛屿的大部分被征服而陷入饥

---

① James R. Leutze, *Bargaining for Supremacy*: *Anglo-American Naval Collaboration*, *1937-1941*, p. 77.

② PREM 3/468，The Marquess of Lothian to Foreign Office，26th May, 1940. 罗斯福甚至想到了英国在海外建立政府的问题，他向洛西恩建议，如果英王陛下有必要离开大不列颠，最好在百慕大而不是加拿大建立临时首都。加拿大人可能认为把唐宁街转移到多伦多是困难的，而且美国的共和党人可能"对在美洲大陆的王朝喋喋不休"。

饿之中——我从来不相信会发生这种情况——我们海外的帝国臣民，在英国舰队的武装和保护之下也将继续战斗，直到新世界在上帝认为是适当的时候拿出它所有的一切力量来拯救并解放这个旧世界。①

在这里，丘吉尔实际考虑到了一旦英国失败，就把英国的舰队开到大西洋彼岸的问题。

6月10日，意大利参加德国方面作战。当天，罗斯福在夏洛茨维尔(Charlottesville)发表讲演，强烈谴责意大利的行动是用匕首"从背后对它的邻居捅了一刀"，并保证美国将采取2项明确的、同时并举的方针：一是将向抵抗纳粹暴力的同盟国提供物资援助；二是要统制和加速利用美国的资源，以使美洲国家的装备和训练适应任何紧急状况和一切国防上的需要。②

丘吉尔把这个讲演视为一种"带给英国希望的信息"③，第二天就再次要求罗斯福提供驱逐舰，而且把英国的抵抗称为我们"共同的事业"。④ 与此同时，英国的三军参谋长在内阁的指示下草拟了一份关于取得战争胜利条件的备忘录，强调如果没有来自整个美洲大陆的充分的经济与财政合作，只靠英帝国的单独努力，最终将证明取得胜利极为困难。三军参谋长也考虑到英国舰队的归趋问题，指出："一旦联合王国被敌人占领，英国舰队仍然能够从美洲大陆进行战斗。"6月14日，战时内阁在稍作修改后批准了这份备忘录。⑤

接着丘吉尔于6月15日致电罗斯福，又一次要求提供驱逐舰，并表明他本人和其政府对舰队归趋问题的态度：

> 如果我们在此间的抵抗失败，现政府和我本人虽然一定要把舰队调往大西洋对岸，但是，这一斗争可能达到这种地步：现任的大臣们到时

---

① Hansard：HC Deb，4th June，1940，Vol. 361，c. 796.

② [美]罗伯特·达莱克：《罗斯福与美国对外政策(1932—1945)》上册，第 326 页。

③ Martin Gilbert，*Winston S. Churchill*，Vol. 1：*Finest Hour*，*1939-1941*，Boston：Houghton Mlifflin Co.，1984，p. 492.

④ PREM 3/462/2/3，Prime Minister to Lord Lothian for President，11th June，1940.

⑤ CAB 66/8，W. P.(40)203，Memorandum by the Chiefs of Staff Committee，13th June，1940；CAB 65/7，W. M. 166(40)10，14th June，1940.

已无力控制事态的演变，只要英国肯变成希特勒帝国的附庸，那么讲和的条件是非常容易的……正如我过去曾向你提到的，英国舰队的命运将决定美国的未来……我有权把我以下的看法记录在案：美国的利益大大地系于我们的战斗和法国的战斗。①

鉴于法国战局的每况愈下，罗斯福也越发担心英国的舰队。于是，6月16日晚，罗斯福在与洛西恩的会谈中又一次明确提出英国舰队的归趋问题。他说，一旦法国战败，法国的舰队应当让与英国，以继续战斗；如果英国发生同样情况，英国的舰队应当在海外继续战斗，开到开普敦、新加坡、亚丁和悉尼，同时美国的海军主力能控制大西洋并担负保护加拿大和其他英国属地的任务。②

然而，英国的当务之急是要求提供驱逐舰。6月20日，即法国败降前夕，英王乔治六世就驱逐舰问题亲自向总统呼吁："既然我们孤军奋战，把争取自由的战斗进行到最后胜利"，这些驱逐舰就"日益需要"。③ 但是，他的要求同样没有获得满足。

6月22日，法国败降。其后，英国消灭了在阿尔及利亚奥兰港的不愿归顺英国和美国的法国舰只。这个行动有力地证明了丘吉尔的"永不投降"的保证。于是罗斯福立即决定把美国军火库中的50万支步枪、8万挺机枪、1.3亿发子弹、900门75毫米的大炮、100万发炮弹，以及一些炸弹、梯恩梯和无烟火药运往英国，而不去理睬当时美国国内的许多人大喊大叫这是"自杀"行为。特别是美国还把法国的全部订货都转交给了英国。④ 但是直到6月底，关于驱逐舰的问题美国仍然没有丝毫的松动。

---

① PREM 3/468，Former Naval Person to President Roosevelt，15th June，1940.

② Llewellyn Woodward，*British Foreign Policy in the Second World War*，Vol. 1，p. 349.

③ ［美］罗伯特·达莱克：《罗斯福与美国对外政策(1932—1945)》上册，第353页。

④ ［美］舍伍德：《罗斯福与霍普金斯——二次大战时期白宫实录》上册，第214—215页；W. K. Hancock and M. M. Gowing，*British War Economy*，London：Her Majesty's Stationery Office，1949，p. 194；H. Duncan Hall，*North American Supply*，London：Her Majesty's Stationery Office，1955，pp. 146-155.

　　据不完全统计，从 5 月 15 日到 6 月底的 1 个半月中，英国通过各种渠道，至少向美国提出过 20 次关于驱逐舰的要求，仍不可得，而英国的海上形势却变得日益危险。由于缺乏驱逐舰，英国一直没有能够在大西洋建立有效的巡逻以保护自己的船只；特别是法国投降之后，英国在失去法国海军帮助的情况下，海上损失更为严重。6 月同盟国和中立国的船只的损失就因德国潜艇的肆虐而从 5 月的 55 580 吨上升到 28.4 万吨，而以后的 4 个月则被德国的潜艇司令们称为"快乐时光"。① 与此同时，在北方也看到了德国潜艇的活动，仅 6 月就有 3 艘在北方巡逻的武装商船巡洋舰被鱼雷击中而沉入大海。②

**二、美国拒绝提供驱逐舰的原因**

　　在英国抵抗的危难时刻，美国为什么不能立即作出援助英国驱逐舰的决定呢？分析起来，主要有以下几个原因：

　　第一，美国对英国的抵抗能力极为怀疑，不愿再向英国提供更多的军事物资援助。罗斯福的 2 名主要顾问驻法大使威廉·布利特和驻英大使约瑟夫·肯尼迪，都对英国的前途怀有灰溜溜的失败主义情绪。布利特是热烈的亲法派，他认为英国出卖了盟友，因为丘吉尔拒绝把皇家空军的最后一批战斗机派往法国。肯尼迪则再三反对总统做法，认为这是"在盟国必败无疑的一场战争中自讨苦吃"③，他在 6 月 14 日给政府的电报中明确表示，他认为英国是处于一种"几乎没有希望取得胜利的可怕时期里"④；而罗斯福本人当时也曾说过，英国仅有"1/3"劫后余生的机会。⑤ 由于法国战败求和，美国公众对同盟国获胜所抱的期望更是一落千丈。6 月末，只有近 1/3 公众认为英国将取得胜利，赞成扩大援助同盟国的人数在 3 周内几乎减少 10％，而像首次飞越大西洋的英雄查尔斯·林白(Charles A. Lindbergh)以及休·约翰逊将军(Hugh

　　① 　J. R. M. Butler, *Grand Strategy*, Vol. 2, pp. 236-237.

　　② 　Stephen Roskill, *The War at Sea*, Vol. 1: *The Defensive*, London: Her Majesty's Stationery Office, 1954, p. 265.

　　③ 　[美]舍伍德：《罗斯福与霍普金斯——二次大战时期白宫实录》上册，第 215—216 页。

　　④ 　James R. Leutze, *Bargaining for Supremacy: Anglo-American Naval Collaboration*, *1937-1941*, p. 85.

　　⑤ 　[美]罗伯特·达莱克：《罗斯福与美国对外政策(1932—1945)》上册，第 353 页。

S. Johnson)这样的孤立主义领袖们，在全国无线电广播中则赞许这种论调——援助英国就可能迫使我们参加一场我们不准备打的战争。约翰逊说，总统的政策是"不顾一切地拿命运进行赌博"①。

第二，孤立主义占优势的国会反对向盟国提供军事物资的援助，特别是通过立法权阻止政府把驱逐舰租借给英国。尽管在欧战爆发后，国会于1939年11月底修改了《中立法》，同意代之以"现金购货，运输自理"的新原则，但是当6月3日罗斯福的法律顾问同意先把"一战"的"剩余"军用物资卖给私人公司，再转售给盟国时，却遭到了国会的强烈反对。当天参议院外交委员会成员极力敦促罗斯福，不要让其他国家得到任何能用于美国国防的武器。两天以后，该委员会以压倒多数否决了允许政府向同盟国出售现代化的飞机和军舰的提案。② 为此，罗斯福曾在当天沮丧地告诉内政部长伊克斯，即使是间接地把这些驱逐舰卖给英国，也需要国会的立法。③

特别是到6月中旬，关于美国的驱逐舰将被转让给某个外国政府的谣言已在流传，当正在草拟新的立法以扩大美国海军并加快海军船只建造的参议院海军事务委员会要求海军部证明这个谣言是否真实的时候，又意外地了解到海军部已经把正在建造的23艘鱼雷快艇卖给了英国的消息。该委员会极感震惊，认为政府的行动违反了1917年6月15日法令中的第5部分"中立的强制执行"(Enforcement of Neutrality)的若干规定，因为"这条法律使我们在处于中立状态时把海军舰只卖出这个国家的行动成为违法的行动"。随后该委员会在其主席、参议员大卫·沃尔什(David I. Walsh)的领导下掀起了反对转让这些鱼雷快艇的宣传，并最终迫使罗斯福总统取消了这笔交易。接着，该委员会进一步决定用立法的方法阻止将来关于海军舰只的这种转让。

这便是"1940年6月28日法案"(即No. 671，H. R. 9822法案)，它的正式名称是《促进国防及其他目的法案》(Act to Expedite National Defence and for Other Purposes)。在它的第14部分中有3点重要规定：

① ［美］罗伯特·达莱克：《罗斯福与美国对外政策(1932—1945)》上册，第330页。
② ［美］罗伯特·达莱克：《罗斯福与美国对外政策(1932—1945)》上册，第324页。
③ Harold L. Ickes, *The Secret Diary of Harold L. Ickes*, Vol. 3：*The Lowering Clouds*, *1939-1941*, pp. 199-200.

(a)尽管有其他法律的规定，但仍进一步规定：凡美国已有名称的陆海军的武器、军舰、小艇、飞机、军需品和装备，无论是整体还是部分，也无论是否已订有合同，今后不能被转让、被交换、被出卖，或无论以任何形式作出其他安排，除非海军作战部长在海军物资方面、陆军参谋长在陆军物资方面能够首先说明，这样的物资对防御美国来说并不是至关重要的。

(b)根据具体情况，将要求或指示陆、海军部长向众参两院陆军事务委员会主席和海军事务委员会主席分别提供(或授权其他人提供)关于交换变质损害的、不能胜任作战的、过时的或多余的陆海军装备、军火或军需品的每一份合同、订货或协定的副本……

(c)在财产物资检查法中没有任何地方能被解释为取消或修改 1917 年 6月 15 日批准的法案的第 5 部分……①

根据这项法案，国会当天宣布：总统不能运送任何战舰给一个交战国，直到海军作战部长证明它们"对美国的防御已经毫无价值"②。而这一点，政府却无法做到。正如罗斯福在 7 月 6 日对伊克斯解释的那样，由于美国把 100多艘第一次世界大战时的驱逐舰重新编入现役，并用于大西洋巡逻，这就很难说海军不需要它们。③ 因此罗斯福不仅不得不拒绝了其他几个内阁成员财政部长摩根索、陆军部长史汀生和海军部长诺克斯关于向英国提供驱逐舰的要求，还迫于国会的压力而在 7 月 1 日签署了该项法案。④

第三，罗斯福本人希望英国的舰队服务于美国的安全利益。他曾对新任命的美国驻加拿大公使皮尔庞特·莫法特说，加拿大人应当劝告英国决不投降，因为即使英国的舰队被疏散，英帝国也能继续战斗。他建议的疏散比例是："在加拿大需要 20%，南非需要 10%，孟买需要 20%，剩下的 50%给新

---

① 该法案原本是一个旨在加快美国海军建设的法案，但补充规定了阻止将来海军船只转让的条款，即第 14 部分。关于整个鱼雷快艇事件和 No. 671，H. R. 9822 法案的详细情况，参见 BDFA，Part 3，Series C，Vol. 1，pp. 174-175；Herbert W. Briggs，"Neglected Aspects of the Destroyer Deal"，The American Journal of International Law，Vol. 34，1940，pp. 569-587.

② Robert A. Divine，Roosevelt and World War Ⅱ，Baltimore：Johns Hopkins University Press，1969，pp. 33-34.

③ Harold L. Ickes，The Secret Diary of Harold L. Ickes，Vol. 3，p. 233.

④ BDFA，Part 3，Ser. C，Vol. 1，p. 174.

加坡。"罗斯福认为，这样的安排"将使英国能够控制这些海洋，实行长距离封锁并将死日本"。① 显然罗斯福是从美国在大西洋和太平洋的安全考虑英国舰队的归趋问题的。

另外，罗斯福认为德国有可能打败英国，并担心德国使用他们俘获的美制驱逐舰来进攻美国，这也给转让驱逐舰造成了障碍；况且即使德国不俘获这些舰只，但是因为德国入侵美洲的可能性继续存在，这些舰只也是为西半球防御所必需的。②

与此同时，美国的军方也在忙于制订防御西半球的具体作战计划，并为此而正式考虑获得英国在大西洋的某些军事基地的问题。

## 第二节　基地问题的由来

### 一、美国需要英国的基地

美国军方对基地问题的考虑由来已久。1939 年 3 月捷克斯洛伐克灭亡后，面对可能来自德日两方面的威胁，以及美国当时只拥有一洋海军的力量，如何保卫国家安全便成为军方考虑的首要问题。1939 年 4 月 21 日，美国陆海军联合计划委员会提交了一份题为《联合计划委员会的调查研究》的长篇文件，其中强调，在一旦发生德意日联合进攻美洲的情况下，毫无疑问美国的切身利益将要求在大西洋采取反对德意的进攻手段，以保卫至关重要的加勒比地区和巴拿马运河的安全。文件特别指出，德意侵犯美洲的目的主要是打算获得一些基地，从"这些基地对巴拿马运河造成的威胁能够达到其压力能够影响美国对外政策的程度"。计划人员确信，由德意日的侵略所带来的问题应当在他们的战争计划中得到考虑，并建议采取措施去"克服在我们准备去进行必须进行的军事行动方面的明显不足状态"。③

在这里，陆海军的计划人员出于美国自己的安全需要，已经提到了大西洋上的基地问题。陆海军联合委员会很快批准了这份文件，并要求计划者们

---

① Nancy H. Hooker, ed., *The Moffat Papers*, pp. 310-311.

② ［美］罗伯特·达莱克：《罗斯福与美国对外政策(1932—1945)》上册，第 353 页。

③ 该文件的全文见陆海军联合委员会档案，JB325, Ser 634。

继续制订在未来最可能由德国和日本的行动所发展起来的危机中，美国作为交战国应当采取的主要行动路线。经过近 3 个星期的努力，计划人员终于制订出一组新的战争计划——"彩虹"计划，以取代已经坚持了 23 年的以首先打败日本为目标的"橙色"计划。它标志着美国军方终于决心进行其战略目标的重大转移，即开始把第一次世界大战以来的取向太平洋的只针对日本的进攻战略，转变为同时取向大西洋和太平洋的针对德意日多个敌人进攻的联合战略。

这组"彩虹"计划于 5 月 11 日提交给陆海军联合委员会。其中的"彩虹"计划 1 和"彩虹"计划 3 分别规定，一旦美国处于战争之中，美国军队的首要任务是保卫西半球向南到巴西的突出部分，即南纬 10°线，或把此军事行动扩大到南美其他地区。① 显然，为了使这些计划切实可行，美国有必要获得英国在大西洋上的一些军事基地。

1939 年 6 月，英王乔治六世夫妇访问美国，为美国向英国说明基地问题提供了机会。这次访问的高潮是罗斯福在海德公园与国王夫妇的聚会。在此期间，罗斯福至少在 6 月 10 日和 11 日两次就基地和大西洋巡逻问题与英王会谈。罗斯福说，自 1936 年以来，他一直考虑在纽芬兰、百慕大、牙买加、圣卢西亚、安提瓜和特立尼达建立基地，以便更好地保卫美洲大陆，并使这些岛屿不至于落到一个欧洲敌国之手。而且 1938—1939 年的海军演习已经肯定西大西洋的巡逻能够使美国的沿海水域免遭交战国的潜艇和商业袭击，如果美国海军发现一艘使德国潜艇，就"立即击沉它并等待结果"。英王感到罗斯福对这种巡逻的要求"极其强烈"，但是这关系到这些基地的英国主权问题，特别是美国的中立问题。正如英王所写："如果没有宣战，这件事能办到吗？"②

与此同时，美英军方之间也在进行接触。6 月 12—16 日，英国海军计划

---

① 关于"彩虹"计划，还可详见本书第二章相关内容。

② John Baylis, *Anglo-American Defence Relations*, *1939-1980*: *The Special Relationship*, London: Macmillan Press, 1981, pp. 1-2; John Wheeler-Bennett, *King George VI*, New York: St. Martin's Press, 1965, p. 388; James R. Leutze, *Bargaining for Supremacy*: *Anglo-American Naval Collaboration*, *1937-1941*, p. 43.

局官员、海军上校 T·C·汉普顿与美国海军作战部长、海军上将李海进行了有关两国海军在未来的反法西斯战争中采取联合行动的秘密参谋会谈。在会谈中，李海以一旦英国与法西斯国家发生战争，美国采取中立态度为会谈的前提条件，提出了美国在大西洋的政策，即罗斯福总统打算在加勒比海和沿南美洲的东海岸建立某种形式的海军巡逻，这种巡逻旨在保卫中立国的船只，但可能把包括德国活动的情报发给英国海军。通过这次会谈，李海向英国暗示：这样的巡逻可以解除英国海军在这一地区的"责任"，但是为此美国需要使用英国在大西洋上的一些基地。①

汉普顿访问之后，陆海军联合计划委员会便对 5 月 11 日提交的"彩虹"计划进行了修改，并形成了 5 个分计划。这些计划于 6 月 30 日得到了陆海军联合委员会的批准，其中"彩虹"计划 1 和"彩虹"计划 4 分别规定：当美国处于战争之中而没有重要的盟友的情况下，美国的任务是保卫南纬 10°线以北的西半球领土，或保卫整个西半球的全部领土和所有政府免遭法西斯国家对《门罗宣言》的破坏。② 为此美国必须获得英国在大西洋上的一些军事基地的使用权。

于是，就在"彩虹"计划被批准的当天，罗斯福在与英国驻美大使林赛的秘密会谈中明确谈到了基地问题。他表示，希望在一旦发生战争的情况下，美国海军建立中立巡逻制度，以保持在西半球水域清除所有交战国的船只，这种巡逻将使英国的军舰获得行动的自由，以便在接近其国内的水域担负起更重要的责任。当然，英国不能在不付出代价的情况下获得这种好处，这个代价就是英国应当同意向美国转让在特立尼达、圣卢西亚和百慕大的基地的权利，而且总统希望美国在和平时期就得到这些权利。③

英国政府很快就倾向于接受总统的建议，但希望美国明确巡逻的范围和关于传递有关敌人舰只情报的问题。7 月 8 日，林赛向副国务卿韦尔斯提出了

————————

① 参见本书第四章"汉普顿的华盛顿之行"部分。

② Steven T. Ross, *American War Plans*, 1919-1941, Vol. 3, pp. 73-76.

③ James R. Leutze, *Bargaining for Supremacy: Anglo-American Naval Collaboration*, 1937-1941, pp. 43-44.

上述询问，但韦尔斯没有回答，只是说汉普顿上校将得到美国海军的看法。① 尽管如此，英国海军还是希望积极响应总统的建议，其原因正如英国海军部计划局长在 7 月 10 日的一份备忘录中所说：在他们看来，"现在允许美国使用我们的基地将导致与美国更为广泛的合作，而且这个计划在战争中的发展将必定使美国早晚站在我方参战"②。

　　随着战争的日益临近，保卫美国本土已成为当务之急。1939 年 7 月 27 日，陆海军联合计划委员会迅速完成了"彩虹"计划 1 的详细制订工作，并将其提交给陆海军联合委员会。该委员会在进行修改后，于 8 月 14 日将这一计划上报总统。第二次世界大战爆发之后，罗斯福于 10 月 14 日对这一计划给以了口头批准。③ 值得注意的是，在这份计划的第 8 部分"从联盟或中立的民主国家寻求合作"当中，明确规定了美国对英国在大西洋上的特立尼达、巴巴多斯、百慕大、牙买加和英属洪都拉斯的伯利兹的基地要求。④ 另外，在向总统提交该计划的当天，海军作战部长斯塔克同时送交副国务卿韦尔斯一个计划副本和一份备忘录，要求国务院协助寻求有关国家的合作，以使美国获得其军事行动需要使用的上述基地设施；并提醒韦尔斯注意，美国在努力获得其他国家合作的过程中，会遇到其他国家要求美国作出补偿的建议。⑤ 由此可见，斯塔克已经考虑到美国需要用什么东西来交换这些基地了。

　　半个月后大战爆发，英国政府很快便非正式地同意美国的海军舰只和飞机在中立巡逻大西洋水域时可以有限地使用在百慕大、圣卢西亚和特立尼达

---

　　① 韦尔斯认为美国方面的这些表示是极其明确和敏感的，并要求林赛烧毁有关这次会谈的记录，见 James R. Leutze, *Bargaining for Supremacy*：*Anglo-American Naval Collaboration*，*1937-1941*，p. 44.

　　② James R. Leutze, *Bargaining for Supremacy*：*Anglo-American Naval Collaboration*，*1937-1941*，p. 44.

　　③ Steven T. Ross, *American War Plans*，*1919-1941*，Vol. 3，pp. 88-106.

　　④ 在陆海军联合委员会批准的这份"彩虹"计划 1 中，共提出了英国和加勒比海其他国家的 22 个大西洋基地的要求，见 Steven T. Ross, *American War Plans*，*1919-1941*，Vol. 3，p. 140.

　　⑤ Tracy B. Kittredge, *United States-British Naval Cooperation*，*1939-1942*，Series 2，Part A，Chap. 4，pp. 51-52；Mark S. Watson, *Chief of Staff*：*Prewar Plans and Preparations*，p. 105.

的基地设施，同时国务院也与某些加勒比国家就紧急情况下利用他们的基地设施作出了安排。但是由于罗斯福不愿意做任何可能被孤立主义者说成是使美国纠缠于欧洲战争的事情，而且美国海军缺乏适合于对大西洋巡逻的飞艇并暂时能够安排从英国属地以外的基地对大西洋的巡逻，所以直到1940年5—6月，美国并没有使用上述基地。①

然而1940年5月，德国的春季攻势已经取得了令人吃惊的胜利，致使美国政府和军方不仅担心自己可能很快将单独面对一个侵略的联合阵线，而且担心由于英国和法国的舰队可能落到敌人手中，整个西半球也正面临着即刻的威胁。因此，他们现在认为美国必须准备保卫南美和加勒比地区，并以此保卫美国的安全。

于是，5月16日，即丘吉尔向罗斯福要求提供驱逐舰的第二天，罗斯福就在《为申请追加国防拨款致国会》的咨文中，以计算从纽芬兰、百慕大、西印度群岛外缘的一个基地以及其他一些邻近美洲的基地飞行到美国本土的时间的方式，表明美国不能允许这些太易到达美国的基地落入敌国之手。② 与此同时，国会的领袖们则敦促政府用黄金和用对方拖欠未还的债务抵账的办法，购买欧洲国家在美洲的基地。罗斯福和国务院担心这样做会断送睦邻政策，并给日本夺取在太平洋的属地提供口实，所以反对公然占领这些地方。但是，为了防止这些非美洲国家的领土落入德国之手，他们采取了其他步骤。

第一步便是罗斯福命令军事首脑们制订一项占领那些可能被德国宣布为战利品的西半球属地的计划。为此陆军参谋部于5月21日提出了一份备忘录，明确指出："鉴于当前的世界形势，我国应当立即采取措施去获得英国和法国在大西洋的领土。"③这种看法得到了海军的支持。5月22日，海军作战部长斯塔克和陆军参谋长马歇尔将这种对形势的评估提交给罗斯福总统和副国务卿韦尔斯，在总统的默认下，联合计划者们受命立即开始准备"彩虹"计划4。这个计划的重要之点就是要求得到英国、法国、荷兰和丹麦在西半球的

---

① Stetson Conn and Byron Fairchild, *The Framework of Hemisphere Defense*, Washington, D.C.: Office of the Chief of Military History of United States Army, 1960, p. 105.

② [美]富兰克林·德·罗斯福:《罗斯福选集》，第237—243页。

③ Mark S. Watson, *Chief of Staff: Prewar Plans and Preparations*, p. 105.

领地的一些关键地区，以对付德意对加勒比地区的威胁。①

　　第二步就是政府在国会的大力支持下于 6 月 17 日正式照会德、英、法、荷政府，表示对于把西半球的任何地区从一个非美洲国家转到另一个非美洲国家的企图，美国均不予承认或默认，并决定在哈瓦那召开泛美会议，以争取美洲国家的支持。②

　　几天以后法国败降，英国的地位更加危险，而美国的行动方针也更为谨慎。6 月 22 日当天斯塔克和马歇尔就建议，在预料到英国崩溃的情况下，美国要保持使军备集中于西半球防御，并在太平洋上保持完全的防御态势。③于是对美国来说，"彩虹"计划 4 的重要性更为突出了。7 月 26 日，陆海军部长史汀生和诺克斯将已被批准的"彩虹"计划 4 提交罗斯福，并于 8 月 14 日获得了总统的批准。在同时提交给总统的信件中，他们概述了该计划的主要设想：

　　　　简言之，这个计划设想英国和法国的军事失败并丧失它们的舰队为德、意所得。随后的行动将是极权国家把它们的影响扩大到西半球，并伴有日本在太平洋上的实际援助。因此该计划设想的陆海军的联合任务是反对这种敌对侵略：第一，保卫美国和它的领地，包括强制实行《门罗宣言》；第二，施加军事压力打败敌人的侵略，并使美国能够对侵略者施加有利于美国的条款。该计划的第 5 部分设想了陆海军应当完成的联合任务，即尽早迅速占领被打败的民主国家位于西半球的殖民地和领地，以及对某些中南美洲共和国的对美国的安全至关重要的地区实行战略控制。④

---

　　① 　Stetson Conn and Byron Fairchild, *The Framework of Hemisphere Defense*, pp. 34-35；Mark S. Watson, *Chief of Staff：Prewar Plans and Preparations*, p. 105.
　　② 　徐世澄主编：《美国和拉丁美洲关系史》，社会科学文献出版社 1995 年版，第 131 页。第二次美洲国家外长协商会议于 7 月 21—30 日在哈瓦那召开，主要议题是讨论欧洲国家在美洲的殖民地问题，会后通过的《哈瓦那公约》和补充专约实际上把美国政府 6 月 17 日对德、英、法、荷的照会具体化了。
　　③ 　Mark S. Watson, *Chief of Staff：Prewar Plans and Preparations*, p. 110.
　　④ 　Steven T. Ross, *American War Plans*, *1919-1941*, Vol. 3, p. 214, pp. 217-218.

具体地说，这些地区包括纽芬兰、百慕大、巴哈马群岛、牙买加、特立尼达、英属圭亚那等 26 个。①

由此可见，1940 年 5 月以后，美国对获得英国在大西洋上的一些基地的想法已经十分明确，而且这个问题又与英法舰队的归趋问题直接相关。因此现在的问题是英国将对此提出什么样的"出价"。

**二、英国关于战舰换基地的设想**

实际上，英国也正在进行着关于是否允许美国使用基地的讨论。

鉴于美国的公众舆论已经在讨论美国东海岸以外的英法岛屿的前途问题，并建议把这些岛屿割让给美国作为对战争债务的部分支付，洛西恩大使于 1940 年 5 月 24 日夜向英国政府建议：现在英国应当主动提出允许美国租借对其安全至关重要的英国海岛并建筑飞机场和海军基地。这不过是对 1939 年曾经作出但从未实行过的安排的扩大。尽管他并没有把这个建议与战债问题相联系，但他认为公开宣布英国准备在组织美国的防御方面帮助美国将产生深刻印象，并将有助于英国自己的安全并导致在英国的自治领和美国之间在海上和空中防御方面的实际合作。②

战时内阁于 5 月 27 日和 29 日两次讨论洛西恩的建议。尽管三军参谋长认为这个建议显然对双方都有好处，因此表示支持，外交部也不表示反对，但是除了殖民部之外，首相丘吉尔也坚决反对提供基地设施，并强调"除非这是一个交易的一部分"，因为美国并没有援助英国。内阁最后决定，由于没有美国对英国援助的保证，在实行这个计划方面就存在着严重的困难。内阁同意劝告洛西恩不要再提基地的建议，除非英国能够从中得到实际的好处。③

6 月 2 日，外交部根据内阁的决议给洛西恩发出电报，其中说明了在基地问题上的一系列政治困难，诸如这些基地的主权问题，特立尼达油田的租借问题，纽芬兰的机场问题以及联合王国与纽芬兰、加拿大的关系问题等等。最后指出："我方采取让步（即同意租借这些基地）的一个先决条件，应当是一

---

① Steven T. Ross, *American War Plans*, *1919-1941*, Vol. 3, p. 195.

② Llewellyn Woodward, *British Foreign Policy in the Second World War*, Vol. 1, pp. 340-341.

③ CAB 65/7, W. M. 141(40)7, 27th May, 1940；146(40)14, 29th May, 1940.

个足够有利于我方的明确具体的〔援助〕保证。"①于是，关于租借基地的谈判暂时搁浅。

但是，洛西恩一直与诺克斯保持有关基地和驱逐舰问题的接触。② 6月22日夜，洛西恩趁法国败降之机，重提他5月24日关于租借基地给美国的建议。他的理由是：安排美国使用英国的海外基地不仅能够鼓励两国之间的"防御合作"，而且将"使公众舆论中日益增长的关于美国应当夺取在其海岸之外的所有岛屿的要求站不住脚"。③ 这一次，英国政府对洛西恩的建议反应强烈，并导致各种要求合作的行动的升温。外交部认为无视洛西恩的建议将是"蠢透"了的；国王也给罗斯福写信要求提供驱逐舰；空军大臣阿奇勃尔德·辛克莱爵士(Sir Archibald Sinclaire)则催促丘吉尔重新考虑已经拖延了一个月之久的海军大臣关于建议两国进行技术合作的备忘录。④ 接着，洛西恩在6月27日再次电告伦敦，总统本人已经同意关于技术与科学问题的某种形式的协定，并强调，对于基地问题，尽管美国可能得到"更好的价钱"，但英国政府应该立即提出"慷慨的出价"。⑤ 这个"出价"就是驱逐舰。

## 第三节  驱逐舰换基地

### 一、驱逐舰换基地的决定

整个7月，丘吉尔仍然坚持不懈地向美国要求提供驱逐舰，与此同时，

---

① Llewellyn Woodward, *British Foreign Policy in the Second World War*, Vol. 1, pp. 341-342.

② David Reynolds, *Lord Lothian and Anglo-American Relations*, 1939-1940, Philadelphia: Transsactions of the American Philosophical Society, 1983, pp. 27-28.

③ Llewellyn Woodward, *British Foreign Policy in the Second World War*, Vol. 1, p. 359; James R. Leutze, *Bargaining for Supremacy: Anglo-American Naval Collaboration*, 1937-1941, p. 95.

④ James R. Leutze, *Bargaining for Supremacy: Anglo-American Naval Collaboration*, 1937-1941, p. 95.

⑤ Llewellyn Woodward, *British Foreign Policy in the Second World War*, Vol. 1, p. 359; James R. Leutze, *Bargaining for Supremacy: Anglo-American Naval Collaboration*, 1937-1941, p. 95.

英国政府也在考虑是否向美国转让基地和如何转让的问题。

7月1日，英国召开各部门代表之间的会议讨论洛西恩关于将基地租借给美国的建议。外交部强烈支持洛西恩，空军部和陆军部没有反对意见，甚至殖民部也只是提出"等等看"的建议。只有海军部的代表态度强硬，他认为，除非作出更公平的安排，在这种安排中美国将提供某种回报，否则英国不应当给美国人任何出价。在他看来，美国用驱逐舰作为回报或许是适宜的。他还从更为广泛的因果关系出发，坚持认为"使美国更易于实行它自己的半球防御计划是一个错误，因为这会减少美国关心我们自己的命运的动力"。① 于是，在会议拟定提交内阁考虑的文件草稿中指出，尽管最好避免给人以"讨价还价"的印象，但是英国应当向美国要求一个补偿，即以"不妥协的态度"要求得到驱逐舰，其代价是美国将获得基地。② 这是英国第一次提出以驱逐舰换基地的想法，尽管它还不成熟。

7月5日，洛西恩重提他的建议，希望政府主动提出向美国租借基地，以满足美国的安全要求。当天他还致电丘吉尔，要求首相对英国舰队的归趋问题给以保证，即一旦美国参战，英国舰队或其残部在大不列颠战败时将开往大西洋对岸，以此换取美国的公众舆论支持对英国的援助和美国的参战。③

然而，此时的丘吉尔并不打算作出这样的保证，于是外交部在7月6日发给洛西恩的回电中强调：在英王陛下政府看来，只有与全面的英美战略合作的更为广泛的问题联系起来，对美国提出租借基地的要求才能获得有利于英国的讨论。④ 正如外交部资深顾问罗伯特·范西塔特所说："英国不会傻到在这个问题上对美国作出任何让步的程度，除非通过讨价还价"，而价钱就是英国获得大量的物质援助。他明确写道："这一次……我们面对美国特别要站

---

① James R. Leutze, *Bargaining for Supremacy: Anglo-American Naval Collaboration*, *1937-1941*, p. 96.

② James R. Leutze, *Bargaining for Supremacy: Anglo-American Naval Collaboration*, *1937-1941*, pp. 96-97.

③ PREM 3/462/2/3, The Marquess of Lothian to Prime Minister, 5th July, 1940.

④ Llewellyn Woodward, *British Foreign Policy in the Second World War*, Vol. 1, p. 360.

在讨价还价者的地位，而不是站在乞求者的地位。"①

　　但是随着英国对驱逐舰的要求日益急迫，② 战时内阁终于在 7 月 29 日作出决定：同意英国应当主动提出满足美国基地要求的建议，但同时也要考虑提出该建议的前提条件。③ 至此，英国对转让基地的考虑已经基本明确：同意转让基地；希望有所回报；并且已经考虑以英国要求的驱逐舰作为对基地的交换。与此同时，美国关于以驱逐舰换取英国基地的想法也日益成熟。

　　到 1940 年 7 月，美国在物资上、人力上和心理上都没有准备战争，而且任何政党或实用的政治家在即将到来的总统大选之前都不可能提倡参战，甚至不可能像丘吉尔在 5 月 15 日所催促的那样处于"非交战状态"。但是正如国务卿赫尔所说："在公众舆论决定我们应当置身于战争之外"的同时，"他们的大多数支持以一切可能的方法援助盟国的努力"。④ 在这方面作出重要贡献的是堪萨斯州共和党人威廉·怀特（William A. White）领导的"援助盟国以保卫美国委员会"，又称"怀特委员会"⑤。该委员会认为，希特勒是个疯子，"美国只有一个机会避免全面战争，这个机会就是英格兰"⑥。因此他们对罗斯福迟迟不采取行动向英国提供驱逐舰深感担忧，并积极寻求解决办法。

　　7 月中旬，"怀特委员会"的几个成员提出了一个想法，即与英国做一笔

---

　　① 　James R. Leutze, *Bargaining for Supremacy: Anglo-American Naval Collaboration, 1937-1941*, pp. 104-105.

　　② 　此时英国已经提出了提供 100 艘驱逐舰的要求。有关这些要求的详细情况，参见 Llewellyn Woodward, *British Foreign Policy in the Second World War*, Vol. 1, pp. 362-363; Martin Gilbert, *Winston S. Churchill*, Vol. 1, p. 681.

　　③ 　CAB 65/8, W. M. 214(40)4, 29th July, 1940.

　　④ 　Cordell Hull, *The Memoirs of Cordell Hull*, Vol. 1, New York: Macmillan, 1948, p. 803.

　　⑤ 　该委员会是与美国最大的孤立主义组织"美国第一委员会"相对立的美国最大的、对外交政策最有影响的私人团体。关于它的详细情况，参见 Wayne S. Cole, *America First: The Battle against Intervention, 1940-1941*, Madison: The University of Wisconsin Press, 1953, pp. 7-8; Sean D. Cashman, *America, Roosevelt and WWⅡ*, New York: New York University Press, 1989, p. 41; Ross Cregory, *America 1941: A Nation at the Crossroads*, New York: Free Press, 1989, p. 15; 亦可参见［美］舍伍德：《罗斯福与霍普金斯——二次大战时期白宫实录》上册，第 235—238 页。

　　⑥ 　Ross Cregory, *America 1941: A Nation at the Crossroads*, p. 15.

交易：美国将向英国提供它所需要的驱逐舰，以换取在西半球的英国岛屿建立海、空军基地的权利。于是，在洛西恩大使与海军部长诺克斯的会谈中，就把这些基地和交换驱逐舰的可能性联系起来。诺克斯表示他本人欣赏这种想法，可是没有总统的同意他不能采取任何行动。① 另外，还有一些与政府关系密切的人建议总统可以通过行政命令来进行这种交换。②

但是，罗斯福不肯轻易进行这笔交易，他除了担心国会的反对之外，仍然十分怀疑英国在抵抗纳粹德国方面到底能够坚持多久。因此，罗斯福于7月19日派陆军上校威廉·多诺万（William J. Donovan）作为自己的私人代表和诺克斯的正式特使出访英国，以探明形势并作出判断——不仅要判断英国是否能够抵抗得住德国的猛攻，而且要判断他们是否打算抵抗住这种进攻。多诺万在英国进行了两个星期的广泛调查，到8月初他反馈回来的信息表明，如果美国能够向英国提供轰炸瞄准器、水上飞机、驱逐舰、摩托鱼雷快艇、枪炮和其他战争物资，英国人能够并愿意抵抗。③ 而且在此期间，英国人的确进行了有效的抵抗。这一切最终使罗斯福相信，英国的"生死存亡……很可能取决于能否得到这些驱逐舰"。于是，罗斯福开始寻求解决驱逐舰换基地问题的办法。④

**二、英国舰队归趋问题的基本解决**

8月1日，"怀特委员会"的一个三人代表团来到白宫，把他们关于驱逐舰换基地的想法向罗斯福作了说明：罗斯福可以用提供驱逐舰来交换英国的一项保证，即一旦德国入侵英国成功，英国舰队将开往美国海域，或者以"马上取得英国在西半球属地上的海、空军基地"为交换条件。他们还促请罗斯福付

① Robert A. Divine, *Roosevelt and World War II*, pp. 33-34.

② Philip Goodhart, *Fifty Ships That Saved the World*, New York：Doubleday & Co.，1965，pp. 152-153.

③ 多诺万是罗斯福的老熟人和诺克斯的老朋友，曾因在"一战"中极其英勇而荣获"勇敢的比尔"称号和"国会荣誉勋章"。关于多诺万代表团访问英国的详细情况，参见 James R. Leutze, *Bargaining for Supremacy：Anglo-American Naval Collaboration*，1937-1941，pp. 97-103.

④ ［美］罗伯特·达莱克：《罗斯福与美国对外政策（1932—1945）》上册，第354页。

诸行动而不必取得国会的认可。①

在这种情况下,罗斯福在 8 月 2 日的内阁会议上正式同意与英国进行驱逐舰换基地的交易。但他明确指出,美国的驱逐舰将换取的是英国的 2 项保证:一是保证一旦德国打败英国,英国将把它的舰队开到新世界;二是保证美国能够用驱逐舰换取一些在大西洋和加勒比英国岛屿上修建基地的权利。为了获得国会的同意,罗斯福通过怀特去争取共和党总统候选人威尔基(Wendell L. Willkie)的支持。尽管威尔基拒绝做工作以获得在国会中的共和党人的支持,但同意不把战舰的交易作为一个竞选问题。② 于是,美英之间关于驱逐舰换基地的谈判得以正式开始。

根据美国要求英国作出的 2 项保证,整个谈判过程也循着这 2 个问题展开。

从 8 月初到 8 月中旬,双方主要就英国舰队的归趋保证问题进行交涉,并确定驱逐舰换基地的原则。

8 月 1—2 日夜间,洛西恩便电告英国政府,美国希望以出售 50 或 60 艘驱逐舰来交换英国向美国出售在纽芬兰、百慕大、特立尼达和可能加上一两个小岛的防御基地。③ 8 月 3 日,英国内阁和丘吉尔分别向洛西恩发出指示,表示英国将接受驱逐舰换基地的解决方法,但更愿意"租借而不是出卖这些领土",并希望问题能够得到迅速解决。④

但是,鉴于美国国会的反对态度,罗斯福政府认为在作出具体的交换安排之前,必须获得英国关于其舰队归趋问题的保证。8 月 3 日,罗斯福对洛西恩说:情况相当清楚,除非国会立法,否则没有办法进行这些驱逐舰的出售。唯一可能使国会同意的方法是给国会以"蜜糖"(molasses),其形式是由当前

---

　① 这些人又被称为"世纪派",他们主张直接进行干涉。参见[美]罗伯特·达莱克:《罗斯福与美国对外政策(1932—1945)》上册,第 353—354 页;Robert A. Divine, *Roosevelt and World War Ⅱ*, p. 33。

　② Robert A. Divine, *Roosevelt and World War Ⅱ*, pp. 34-35;[美]罗伯特·达莱克:《罗斯福与美国对外政策(1932—1945)》上册,第 354 页。

　③ PREM 3/462/2/3, The Marquess of Lothian to Prime Minister, 1st August, 1940.

　④ PREM 3/462/2/3, Foreign Office to The Marquess of Lothian, 3rd August, 1940, Tel. No. 1775,1776,1777.

的英国政府公开声明，如果战局发展不利于英国，那么英国的舰队或其残部将在任何情况下都不被交到德国人手中，而将离开英国水域，如果需要，则在海外继续为英帝国战斗。罗斯福认为公众舆论将对这样的声明产生好印象，尽管每一个人都知道这种声明对现存英国政府的后继者不会有约束力。① 8月4日，赫尔和韦尔斯也对洛西恩表示：他们同意罗斯福的看法，并说明关于英国舰队归趋保证的宣布将是单方面的，英王陛下政府只需私下通知洛西恩他们愿意作出一个声明："一旦舰队被迫从大不列颠撤退，而且一旦总统要求舰队去这样做的时候"，英国舰队将继续为帝国战斗。②

然而丘吉尔拒绝作出这种保证。他的理由主要有以下几点：

第一，这种保证是一种失败主义的表示，在不列颠之战已在激烈进行的时候，这种保证将对英国的士气造成有害影响。丘吉尔的秘书科尔维尔（Sir John Colville）在8月6日丘吉尔收到洛西恩的电报后写道："温斯顿处于一种紧张和激动的心情之中"，"他甚至拒绝考虑给加拿大一个关于我们的巡洋舰的抵押权，以及任何像这种有失败主义迹象的建议"。③ 8月7日，丘吉尔在给哈利法克斯的一份备忘录中指出：我认为事态十分清楚，我们没有使英国舰队投降或自行凿沉的意思。的确，这样的命运更可能落到德国舰队或其残部的头上。我国不能容忍任何关于本土万一被占领我们将何以处之的讨论。④ 8月8日，丘吉尔又以哈利法克斯给洛西恩的信件的形式告诉洛西恩：英国认为，即使对总统关于舰队归趋的要求只给以简单的保证也是极为困难的。如果大不列颠被占领，对于当前的英国政府来说，舰队的情况将如首相6月4日讲演中说明的那样，但是关于这个问题的一个声明将引发讨论并带来严重危险，在这里和在我们的敌人中间将会认为我们已经考虑到大不列颠的崩溃

① PREM 3/462/2/3, The Marquess of Lothian to Foreign Office, 4th August, 1940.

② PREM 3/462/2/3, The Marquess of Lothian to Foreign Office, 5th August, 1940.

③ Martin Gilbert, *Winston S. Churchill*, Vol. 1, pp. 715-716.

④ Llewellyn Woodward, *British Foreign Policy in the Second World War*, Vol. 1, p. 366.

是一种可能事件。①

第二，英国担心美国的这个要求是企图获得英国的舰队。丘吉尔认为，8月4日赫尔和韦尔斯对洛西恩的谈话的实际意思是：如果罗斯福要求获得英国的舰队，舰队就将被移交给美国，② 而这是英国绝对不可以接受的。8月6日，他对哈利法克斯说，他准备做一个关于舰队的声明，其条件是英王陛下政府当然是唯一的判断者，即是否舰队离开大不列颠的时刻已经到来。③ 第二天，他又在给哈利法克斯的备忘录中明确指出，我们决不可陷入这样的境地——让美国政府到时候可以这么说："根据我们把驱逐舰给你们的时候达成的谅解或协议，我们认为现在已经到了你们把舰队开到大西洋这边来的时候了"。他强调英国应当拒绝发表任何像他们提出的那种声明，把这项交易仅仅限于殖民地的租借。④

第三，除非美国成为英国的盟国，英国才能作出这种保证。科尔维尔在8月6日的日记中写道：丘吉尔能做到的转移英国舰只的唯一条件，是"对英美联盟的回报"。但是丘吉尔确实看到了一种与美国做交易的可能性：租借英国在西印度群岛的海军基地"以加强在西太平洋的强有力的美国防线"。⑤ 他在8月7日给哈利法克斯的另一份备忘录中说，只有美国成为一个战争盟国，才能证明关于舰队的任何规定是有道理的。⑥ 在当天发给洛西恩的电报中，丘吉尔再次说明："当然，如果美国参战而成为一个盟国，我们就要同他们共同

① Llewellyn Woodward, *British Foreign Policy in the Second World War*, Vol. 1, p. 367；[英]温斯顿·丘吉尔：《第二次世界大战回忆录·第2卷·最光辉的时刻》，李平沤等译，李平沤等校译，南方出版社2005年版，第723页。

② Llewellyn Woodward, *British Foreign Policy in the Second World War*, Vol. 1, note 1 of p. 366.

③ Llewellyn Woodward, *British Foreign Policy in the Second World War*, Vol. 1, p. 366.

④ Llewellyn Woodward, *British Foreign Policy in the Second World War*, Vol. 1, p. 367；[英]温斯顿·丘吉尔：《第二次世界大战回忆录·第2卷·最光辉的时刻》，第726页。

⑤ Martin Gilbert, *Winston S. Churchill*, Vol. 1, p. 716.

⑥ Llewellyn Woodward, *British Foreign Policy in the Second World War*, Vol. 1, p. 366.

作战，并在这场最后将彻底击败敌人的战争中，在任何时候都将主动提出并和他们协商如何采取最妥善的部署……除非美国实际上成为战争中的盟国，否则我们绝不把英国舰队的任何一部分分到大西洋对岸。"①

另外，丘吉尔觉得殖民地的租借对于给予 50—60 艘旧驱逐舰来说也实在是太多了。②

正是由于上述原因，丘吉尔在 8 月 8 日拒绝就英国的舰队归趋问题向美国作出保证，只同意进行租借海军和空军基地设施的谈判，而且"即使在租借的形式上，显然也是越少让步越好"③。

美英关于舰队归趋问题的交涉一时陷入僵局。但是在此期间不列颠空战和大西洋海战都已达到了更为激烈的程度，美国的援助刻不容缓；而不断从国会传来的消息却极不乐观，威尔基在 8 月 9 日公开宣布拒绝就"具体的行政或立法建议，事先作出承诺和达成谅解"，而消息灵通的观察家们则指出，国会同意政府采取战舰换基地行动的可能性极小，甚至根本就没有可能。这时，一些著名的法学家说服了总统，使他相信总统可以不经国会同意而采取行政手段解决问题。④ 在这种情况下，罗斯福终于在 8 月 13 日决定突破妨碍达成这一交易的法律和政治方面的束缚而采取"重大的"步骤。

8 月 13 日当天，罗斯福致电丘吉尔，表示至少可能向英国提供 50 艘驱逐舰、一些摩托鱼雷快艇和有关类型的飞机各 5 架。对此美国将希望获得：

（1）来自首相的保证：如果大不列颠的水域不能让英国战舰立足，这些舰只不会被转让给德国人，而是被派往帝国的其他地区"以继续保卫帝国"；

（2）由英国和美国达成的一个协定：在一旦一个非美洲国家进攻西半球美洲的情况下，美国能够使用纽芬兰、巴拿马、牙买加、圣卢西亚、

① PREM 3/462/2/3, Prime Minister to the Marquess of Lothian, 7th August, 1940.
② PREM 3/462/2/3, Prime Minister to the Marquess of Lothian, 7th August, 1940.
③ Llewellyn Woodward, *British Foreign Policy in the Second World War*, Vol. 1, p. 367.
④ Kenneth S. Davis, *FDR into the Storm*, *1937-1940*: *A History*, New York: Random House, 1993, pp. 608-609.

特立尼达、英属圭亚那作为海军和空军基地,并且让美国立即获得并为了训练和使用目的而利用这些地区的基地,这些必要的土地将以购买或以租期99年的形式获得。

罗斯福认为没有必要立即考虑第2条之下的明确条款。至于来自首相的声明,现在罗斯福不要求首相做一个关于舰队的公开声明,而只要求首相以重复他自己6月4日声明的方法对总统本人作出个人保证。①

罗斯福的信于8月14日到达伦敦。在收到罗斯福的信件后,科尔维尔曾尖锐地评论道,罗斯福的信件"相当带有俄国要求芬兰的味道"。但丘吉尔对此的回答是:"每一艘驱逐舰的价值都应该用红宝石来衡量。"②当天英国战时内阁讨论了罗斯福的信件。内阁的普遍看法是,尽管从有形资产的观点看,这笔交易的条件是极不利于英国的,但是不能只从将其作为一种交易的角度来看待这个问题。这可能是建立盎格鲁—撒克逊集团的第一步,而且的确是历史上的决定性时刻。如果这笔交易在德国人打算入侵之前完成,其影响将会更大。首相丘吉尔则强调指出,如果实行这个建议,美国将朝站在英国一方参战迈出一大步。把驱逐舰出售给一个交战国并不是一个中立行为。50艘驱逐舰将具有极大价值,而且它们被出售的事实就将对德国产生巨大影响。

因此,战时内阁原则上同意给予一个肯定的回答。至于舰队的归趋保证问题,内阁同意最重要的是绝对要说明我们继续尽最大的努力在大不列颠坚持抵抗的决心,而且万一与我们的预期相反,我们感到自己将被战胜,我们也将完全保持决定何时(如果有的话)将把我们的舰队派出去保卫我们的亲戚朋友的自由权利。③

根据内阁的决议,丘吉尔在8月15日给罗斯福的回电中表示接受总统提出的两点要求:

---

① PREM 3/463/1, Message from the President to Former Naval Person, 14th August, 1940. 该声明即指上文所说的丘吉尔6月4日在下院演说的内容。

② Warren F. Kimball, ed., *Churchill and Roosevelt: The Complete Correspondence*, Vol. 1, p. 60.

③ CAB 65/8, W. M., 227(40)1, 14th August, 1940.

关于就英国舰队提出保证的问题，我当然准备向你重申我6月4日在议会的讲话。我们要用舰队战斗到底，我们谁也无意用舰队的投降或凿沉去购买和平……关于海、空军基地问题，我欣然同意你提出的租借99年的办法，对我们来说，这比采取购买的办法更容易接受。①

罗斯福对丘吉尔的回电相当满意。为了平息舆论的猜测并防止政治上的反对，他在8月16日的记者招待会上宣布："关于为了保卫西半球，特别是巴拿马运河的安全而获得海、空军基地的问题，美国政府正在与大英帝国政府进行磋商"；美国将给予英国某种东西作为回报，不过他还不知道这些东西究竟是什么。他还强调指出，关于空军基地的谈判与驱逐舰问题没有任何关系。②

但是无论罗斯福如何掩饰，美英之间要用驱逐舰交换基地的基本原则已经敲定，而英国舰队的归趋保证问题也已基本解决。

**三、战舰换基地协定的达成**

从8月中旬开始，两国进入了战舰换基地的具体谈判之中。然而双方都发现他们之间仍然存在着不小的分歧。

出于国内政治因素的考虑，美国坚持在驱逐舰和基地之间是一种"交换关系"，而且要用政府之间交换外交信件的形式达成这一协定。8月19日，韦尔斯对洛西恩说，如果交换由洛西恩和赫尔签字的信件，所有关于驱逐舰和其他物资的困难将会迎刃而解。这个办法是必须的，因为在法律上罗斯福不可能在没有立法的情况下派出这些驱逐舰，除非有明确的交换补偿，并且在1940年6月的立法之下，海军作战部长肯定这些驱逐舰对于美国的国家防御来说是不需要的。③

然而，同样是由于国内政治的原因，丘吉尔却不愿意以"交易"的方式来

---

① PREM 3/462/2/3，3/463/1，Foreign Office to the Marquess of Lothian，15th August，1940.

② PREM 3/462/2/3，The Marquess of Lothian to Foreign Office，16th August，1940；*BDFA*，Part Ⅲ，Ser. C，Vol. 1，pp. 199-200.

③ PREM 3/462/2/3，The Marquess of Lothian to Foreign Office，20th August，1940.

完成驱逐舰与基地的实际交换。他担心把这些有多年历史的领土的任何部分
租借出去，而且是通过一场纯粹的用这些领土换取 50 艘驱逐舰的交易来完
成，肯定会在议会、政府和舆论中引起激烈的反对。① 因此他希望将这些基
地的租借作为英国自愿赠予美国的礼物。

于是，丘吉尔在 8 月 20 日的下院讲话中，并没有提到驱逐舰换基地的问
题，而是强调指出：英国政府衷心愿意在租借 99 年的基础上将大西洋沿岸的
一些英国海、空军基地设施移交给美国，这是为了两国相互的共同利益。此
外，丘吉尔还间接提到了关于英国舰队的前途问题，他重申了 6 月 4 日讲演
的内容，即"尽可能地对加拿大和我们的自治领提供海上安全，而且确保它们
拥有从大洋彼岸继续战斗的工具"②。

8 月 21 日英国战时内阁决定，在双方商讨的利益之间不能确立金钱关系，
英国不能把提供基地设施和驱逐舰的交换联系起来。③ 于是，8 月 22 日丘吉
尔致信罗斯福，希望美国不提交易，并声称英国决定：

> 向美国提供大西洋沿岸的海、空军设施，完全不以你的驱逐舰和其
> 他援助为条件……我们是患难中的两个朋友，彼此应竭尽所能，相互帮
> 助。因此，我们情愿提供上述设施，不要任何代价，如果你明天发现碍
> 难移交驱逐舰等，我们的提议仍然有效。④

但是美国却坚持"交换条件"。8 月 22 日，韦尔斯对洛西恩说，罗斯福认
为交换信件仍然是处理此事的唯一办法，并再次提到需要给国会"蜜糖"。韦
尔斯也再次强调，由于总统在宪法中所处的地位，他"绝不可能"把这些驱逐
舰当作出于自愿的礼物送来，而只能把它们当作给英国的"交换条件"。根据
现行的法律，无论是海军参谋长(按即海军作战部长)还是海军总部都不能提

① [英]温斯顿·丘吉尔：《第二次世界大战回忆录·第 2 卷·最光辉的时刻》，第 727 页。
② Hansard：HC Deb, 20th August 1940, Vol. 364, cc. 1168, 1171.
③ CAB 65/8, W. M., 231(40)1, 21st August, 1940.
④ PREM 3/462/2/3, Former Naval Person to President Roosevelt, 22nd August, 1940.

出证明，说这些舰只对国防无关紧要。而没有这种证明，除非用一种能经他们证明是有助于美国安全的具体措施来换取，否则便不能合法转移。总统曾设法另觅途径，但是没有其他途径可寻。① 而且第二天，罗斯福就在记者招待会上第一次为这一交易进行辩护，他向一个对手说，用50艘"陈旧不堪"的驱逐舰换取对国防如此重要的基地，"是你我一生中能为国家做到的最漂亮的事情"②。

尽管丘吉尔在25日致罗斯福的电报中对美国的做法再次发出抱怨之声，但美国不为所动。当天，洛西恩与罗斯福和赫尔讨论驱逐舰换基地问题，罗斯福和赫尔仍坚持认为在洛西恩和赫尔之间交换信件是一种令人满意的程序方式。而且罗斯福总统还认为，如果没有某些比英王陛下政府打算使美国可以获得空军和海军设施而作出的"空洞的声明"（bare declaration）更具体的东西的话，国会将会提出反对。③

与此同时，英国面临的战争形势又趋紧张。德国在8月24日对不列颠发动了第二次大空袭；英国自己新造的大批舰只尚未下水，而它在大西洋西北航道上损失的舰只有增无减；墨索里尼又在希腊制造新的威胁……这一切迫使丘吉尔向美国的要求作出让步。8月27日，丘吉尔把安提瓜（Antigua）列在了转让给美国的基地设施之中，并实际同意按照美国的"交换方式"解决驱逐舰换基地的问题。当天，赫尔又提出了新的建议：这些设施的一部分将作为英国自愿赠予美国的礼物，而剩下的则作为驱逐舰的交换物。他还特别转达了总统的建议，即英国海军的前途问题将与交换信件分开处理。④ 这些建议照顾了丘吉尔和大英帝国的面子，英国战时内阁最终予以同意。

8月29日，赫尔向洛西恩发出了关于英国首相保证舰队归趋问题的外交

---

① PREM 3/462/2/3, The Marquess of Lothian to Foreign Office, 23rd August, 1940.

② ［美］罗伯特·达莱克：《罗斯福与美国对外政策（1932—1945）》上册，第356—357页。

③ PREM 3/462/2/3, Former Naval Person to President Roosevelt, 25th August, 1940；The Marquess of Lothian to Foreign Office, 25th August, 1940.

④ PREM 3/462/2/3, Former Naval Person to President Roosevelt, 27th August, 1940；The Marquess of Lothian to Foreign Office, 28th August, 1940.

备忘录：

　　据悉，大不列颠首相曾于1940年6月4日正式向议会宣称，在这场由大不列颠和大英帝国殖民地参加的战争中，如果英国战舰不能守住英伦诸岛周围的水域，英国舰队绝不投降或自行凿沉，而将开往海外，保卫帝国的其他地方。美国政府郑重询问，上述声明是否代表英国政府的既定方针。①

　　9月2日，在获得丘吉尔的指示后，洛西恩也以外交备忘录的形式对上述询问给予回答：

　　在国务卿1940年8月29日的外交备忘录中，国务卿询问，首相在1940年6月4日向议会发表的关于如果英国战舰不能守住英伦诸岛周围的水域，英国舰队绝不投降或自行凿沉的声明，是否代表英王陛下政府的既定政策。英国大使受首相指示通知国务卿先生，这个声明当然代表了英王陛下政府的既定政策。不过丘吉尔先生必须说明，这些假设的意外事情，似乎更可能落到德国舰队或其残余舰只的头上，而不会落到我们舰队的头上。②

　　在双方交换了关于英国舰队归趋保证问题的外交备忘录之后，9月2日晚上洛西恩与赫尔又以互相交换外交信件的形式达成了驱逐舰换基地的协定。

　　洛西恩给赫尔的信件中声明：

　　……英王陛下政府自愿地和不计报偿地向美国政府保证，为了立即建立和使用海军和空军的基地与设施，租借位于纽芬兰的阿瓦朗半岛和

---

　　① PREM 3/462/2/3，The Marquess of Lothian to Foreign Office，31th August，1940，Tel. No. 1873. 实际上，双方事先已经确定了有关驱逐舰换基地交换的备忘录及信件的内容和提出的时间。

　　② PREM 3/462/2/3，The Marquess of Lothian to Foreign Office，31st August，1940，Tel. No. 1886.

南海岸的，位于百慕大群岛东海岸的，以及大海湾的基地和设施，以便进入该地，采取军事行动和保卫该地。

……英王陛下政府同意使美国获得位于巴哈马群岛东侧，牙买加南海岸，圣卢西亚西海岸，在帕里亚湾的特立尼达西海岸，安提瓜岛，以及乔治敦 50 英里范围之内的英属圭亚那的地区建立和使用海军和空军基地与设施，以便进入该地，采取军事行动和保卫该地；以交换美国愿意让与英王陛下政府的海军和陆军装备与物资。

上述提到的所有基地和设施将租借给美国 99 年……①

赫尔给洛西恩的信件以重复洛西恩的信件开始，并继续如下：

我受总统命令回答你的信件如下：

美国政府感谢在你的信件中包含的英王陛下政府的声明和真诚的行动，它们注定将增进美国的国家安全，并大大加强与美洲其他国家有效合作以保卫西半球的能力。因此本政府愉快地接受这些建议。

美国政府将立即指派专家去会见英王陛下政府指派的代表，以决定已经知晓的你的信件中提到的海军和空军基地的确切位置。

考虑到上述引用的声明，美国政府将立即向英王陛下政府转让 50 艘美国海军的一般属于 1 200 吨级的驱逐舰。②

为了使这一交换具有合法性，美国司法部长罗伯特·H·杰克逊（Robert H. Jackson）和海军作战部长斯塔克巧妙地利用了 1940 年 6 月 28 日的法案，把它在法律上的限制变成了一种授权。

8 月 21 日，杰克逊向斯塔克和马歇尔确认他们能够合法地签署那些证明这些装备对国家安全并非至关重要的文件，因为美国的安全能够用它们所换

---

① PREM 3/462/2/3, The Marquess of Lothian to Foreign Office, 31st August, 1940, Tel. No. 1879.

② PREM 3/462/2/3, The Marquess of Lothian to Foreign Office, 31st August, 1940, Tel. No. 1886.

来的基地来保证。① 第二天，杰克逊又通知总统，他可以不经国会同意而采取行动。② 8月27日，杰克逊又正式裁定总统有权根据行政命令对此事采取行动，而无须通过国会。③

于是斯塔克在9月3日给总统的信中具体说明：

1. 关于建议的对大不列颠转让驱逐舰以换取海空军基地，美国司法部长意见如下："我认为海军作战部长能够并将根据第14部分(a)证明，这样的驱逐舰将对防御美国不是根本必需的，如果他断定这些驱逐舰对战略的海、空军基地的交换将加强而不是削弱美国的整个国防的话。"

2. 我认为，用50艘逾龄驱逐舰交换租借99年的在纽芬兰、百慕大、巴哈马群岛、牙买加、圣卢西亚、特立尼达、安提瓜，以及英属圭亚那的适宜的海空军基地，将加强而不是削弱美国的总体国防。因此，我证明，关于这些基地的一种交换，根据美国司法部长的意见，50艘逾龄的吨位为1 200吨型的驱逐舰对美国的防御并不是基本必需的。④

斯塔克的信件给战舰换基地的交易穿上了合法的外衣，使罗斯福总统更能够坦然地面对国会。于是，当天罗斯福向国会并实际上是向全世界通报了这个秘密协定：

我在这里向国会通报：1940年9月2日，在华盛顿的英国大使和国务卿交换了外交信件，在这些信件中我国政府已经获得了租借在纽芬兰、百慕大群岛、巴哈马群岛、牙买加、圣卢西亚、特立尼达和安提瓜，以及在英属圭亚那的海、空军基地的权利；而且根据司法部长于1940年8月27日签署的意见副本，使我有权去批准这个安排。

---

① Philip Goodhart, *Fifty Ships that Saved the World*, p. 168.

② John Morton Blum, ed., *From the Morgenthau Diaries*, Vol. 2: *Years of Urgency, 1938-1941*, p. 181.

③ Philip Goodhart, *Fifty Ships that Saved the World*, p. 174.

④ Herbert W. Briggs, "Neglected Aspects of the Destroyer Deal", *The American Journal of International Law*, Vol. 34, 1940, pp. 569-587.

对纽芬兰和百慕大的基地权利是作为真诚赠予和愉快接受的礼物。其他基地则要求去交换我们的 50 艘逾龄驱逐舰。

在任何意义上这种交换都不违背我国的和平状态。它也不对任何国家构成威胁。这是在面对严重危险的情况下准备大陆防御的一个划时代的和意义深远的行动。

准备防御是一个主权国家的不可剥夺的神圣权利。在当前局势下行使这种权利对于保卫我们的和平与安全是最重要的行动。这是自从我国购买路易斯安那地区以来加强我国国防的最重要的行动。而且当前考虑来自海外的进攻是最重要的。

这些安全前哨对于西半球的价值是无法估量的。对它们的需求早已为我国，特别是为那些主要负责制定和组织我们自己的海军和陆军防御力量的人们所认识。它们对保卫巴拿马运河、中美洲、南美洲北部、安的列斯群岛、加拿大、墨西哥，以及我们自己的东海岸和海湾是至关重要的。因此它们对西半球防御的重要性也是极其明显的。出于上述理由，我已经抓住了当前的机会去获得它们。①

国会虽然发出了一些不满之声，但无济于事。

9 月 5 日，丘吉尔也将该协定正式通知下院，并获得了实际上的全体同意。

至此，在拖延了 4 个月之后，美英之间终于达成了自"二战"爆发以来，美国尚处于战争之外时的第一个重大的双边军事协定。两国以其独特的"战舰换基地"的方式，结成了联合防御并抵抗法西斯的阵线。在这场交易中，尽管看似英国的代价昂贵，但对双方都拥有实实在在的现实意义。它增强了英国皇家海军的反潜护航力量，也扩大了美国海军在空中和水面进行中立巡逻的范围。与此同时，它所包含的战略意义更不能忽视。正如丘吉尔所说："这件事本身就肯定会使美国更接近英国，同时更接近战争，这是在大西洋愈来愈多的一系列非中立行为中的第一个非中立行为……它标志着美国已从中立国

---

① *BDFA*，Part 3，Ser. C，Vol. 1，p. 204.

转为非交战国。"①而且从更深的层面上，我们还将看到，这一行动不仅揭开了大英帝国从西半球撤退的序幕，它还是美国摆脱孤立主义并走向全球政治的关键一步。因此也正是在这个意义上，"战舰换基地"才的确称得上是"一个划时代的和意义深远的行动"。

随着美国越来越深地介入对德国法西斯的战争，进一步协调美英之间的战略便显得更为重要，而这一任务只靠两国低级参谋之间的会谈是无法完成的。因此，为更高层次的参谋长级的会谈进行必要的准备，便成为两国军方的下一步工作。

---

① ［英］温斯顿·丘吉尔：《第二次世界大战回忆录·第 2 卷·最光辉的时刻》，第 725 页。

# 第 六 章

# "ABC"参谋会谈与"ADB"参谋会谈

## 第一节 "ABC"参谋会谈的背景与准备

1941 年 1 月 29 日—3 月 29 日的英美参谋会谈（又称"ABC"参谋会谈），是太平洋战争爆发前英美建立军事同盟的重要一步。这次会谈达成的《ABC—1 协定》，协调了两国的全球战略，正式确立了"先欧后亚"的战略方针，成为以后指导同盟国进行反法西斯战争的基础。

### 一、会谈的背景

英美两国政府成功达成驱逐舰换基地的交易引起了日本政府的警惕，它怀疑英美在太平洋可能作出不利于日本的安排。[①] 为此，1940 年 9 月 27 日日本与德国、意大利缔结三国同盟条约，相互承认各自的利益范围，并承诺在受到进攻时相互援助。对美国政府来说，"很自然找到最终的证据，两个主要的侵略者已联合它们的力量去挑战民主国家、征服世界"[②]。这一在太平洋企

---

① William L. Langer and S. E. Gleason, *The World Crisis and American Foreign Policy*, Vol. 2: *The Undeclared War*, 1940-1941, New York: Harper & Brothers Publisher, 1953, p. 29.

② Akira Iriye, "One World War-The Requirements of Global Security", in Warren F. Kimball, ed. , *Franklin D. Roosevelt and the World Crisis*, 1937-1945, Lexington, MA: D. C. Heath & Co. , 1973, p. 95.

图遏制美国的举动,增加了美国在与日本发生战争时卷入欧洲大西洋战争的可能,意味着两洋作战的风险不可避免。日本外相松冈洋右宣称,美国在太平洋坚持现状,只能导致战争。①

9月30日在与英国大使洛西恩的会谈中,美国国务卿赫尔问及是否英国、澳大利亚和荷兰愿意就技术问题与美国举行参谋会谈,但他强调会谈不涉及政治事务。10月4日,美国副国务卿韦尔斯向洛西恩表达了同样的想法,并提议会谈在华盛顿举行。② 由于自1938年到1940年英美之间的3次会谈都不是正式的军事会谈,所以英方极力想促成两国举行正式的双边参谋会谈,以达成正式协定的方式将美国牢牢地与自己绑在一起。丘吉尔把三国同盟条约的缔结看成是"达到其他目的的一个受人欢迎的机会"③。10月4日在给罗斯福的信中提出,丘吉尔要求美国派一支越大越好的舰队访问新加坡,并利用这次机会邀请荷兰代表一同就新加坡和菲律宾水域的海、陆军问题进行技术上的商讨。④

但是,当10月9日洛西恩再次与赫尔见面时,美方的态度发生了180度的转变。赫尔指出,由于国内政治的原因,美方不赞成在华盛顿、伦敦或是新加坡举行参谋会谈。⑤

美方立场之所以发生变化,是因为罗斯福在11月大选结果出来之前不愿意在对外事务上投入过多的精力或者进行不必要的冒险,甚至不想讨论任何长远的可能的作战行动计划,"而总统每到任期行将届满的时候,在指导外交事务方面,向来没有多大力量"⑥。为了安抚国内的舆论,罗斯福甚至宣称:"我们不打算参与国外的战争,我们不会派我们的陆海空力量到美洲以外的外

---

① *FRUS*, *Japan*: *1931-1941*, Vol. 2, p. 171.

② PREM 3/489/4, The Marquess of Lothian to Foreign Office, 5th October, 1940; Llewellyn Woodward, *British Foreign Policy in the Second World War*, Vol. 2, pp. 112-113.

③ William L. Langer and S. E. Gleason, *The World Crisis and American Foreign Policy*, Vol. 2, p. 38.

④ PREM 3/468, Former Naval Person to President Roosevelt, 4th October, 1940; [英]温斯顿·丘吉尔:《第二次世界大战回忆录·第2卷·最光辉的时刻》,第781页。

⑤ PREM 3/489/4, The Marquess of Lothian to Foreign Office, 9th October, 1940.

⑥ [美]舍伍德:《罗斯福与霍普金斯——二次大战时期白宫实录》上册,第200页。

国领土上作战,除非美国遭到攻击。"①此外,马歇尔、斯塔克和赫尔都反对派舰队前往新加坡,美国陆军和海军在太平洋战略上存在分歧。这也是斯塔克"D计划"出台的背景。在与英方会谈之前也需要时间去解决分歧,但是罗斯福坚持把美国舰队留在珍珠港以威慑日本。面对美方的左躲右闪,英国政府一边等待时机的到来,一边与在伦敦的戈姆利频繁接触,把英国的想法及时通过他传达给罗斯福及美国军方,积极为正式的参谋会谈创造机会。

11月6日,美国大选结束,罗斯福成功连任,这确保了美国政策的连续性,"举国的注意力又转向当时对外政策的中心问题——为保护英国免于沦陷,美国应给予多大的援助"②。丘吉尔致电表示祝贺,英方对正式会谈的信心受到了鼓舞。回国述职的洛西恩大使在与三军参谋长会谈时指出,美国人已经接受了"帮助英国而拯救美国"的口号,英国应趁热打铁提出自己的要求。三军参谋长则要求洛西恩向美国政府提出以下几点:(1)指示戈姆利可以进行内容范围更广的海军事务的磋商;(2)表述美国太平洋舰队以新加坡为基地的益处;(3)英方迫切需要把爱尔兰作为海空军基地;(4)强调尽快提供英国继续战斗所需的物资和装备的极端重要性。③

在此期间,斯塔克提交了那份著名的"D计划",建议集结兵力"以英国盟国的身份在大西洋发动一次最终的强大攻势,而在太平洋采取防守态势",并建议立即着手与英国、加拿大、荷兰展开参谋人员会谈。④ "D计划"成为美国战争计划的新基础,标志着美国战略重点从太平洋向大西洋的转变,同时,该计划也成为即将举行的英美参谋会谈中美方的谈判基础。

在得知"D计划"内容后,丘吉尔在11月22日给海军大臣和海军参谋长的信中指出:"'D计划'从战略上说是正确的,同时也非常符合我们的利

---

① Samuel I. Rosenman, ed., *The Public Papers and Addresses of Franklin D. Roosevelt: With a Special Introduction and Explanatory Notes by President Roosevelt*, Vol. 9: *War and Aid to Democracies*, 1940, New York: Macmillan, 1941, p. 407.

② [美]罗伯特·达莱克:《罗斯福与美国对外政策(1932—1945)》上册,第363页。

③ J. R. M. Butler, *Grand Strategy*, Vol. 2, p. 418.

④ 参见本书第一编相关内容。

益……在远东严格采取守势，并甘愿承担其后果，也是我们的策略。"①显然，在英国挺过不列颠之战而立于不败、罗斯福连任总统、美国军方战略分歧逐渐缩小之后，英美两国举行正式参谋会谈的时机已经成熟。

### 二、双方会谈前的准备

由于美国战略重点的变化，斯塔克认为在向英方作出任何承诺之前，有必要先清楚了解英国的战略计划，他主张美方应主动提出两国正式参谋会谈之事，他的立场得到了陆军参谋长马歇尔的支持。11 月 29 日，洛西恩向国内报告，总统已经同意在华盛顿举行参谋会谈，但是强调不能透露给媒体，英方代表可以以"英国采购委员会"(British Purchasing Commission)专家的名义前往华盛顿，在伦敦的海军少将戈姆利可同行回国。②

12 月 2 日，戈姆利和驻英国武官雷蒙德·李(Raymond E. Lee)接到命令，回国参与华盛顿参谋会谈，但在此之前先与英方就一些设想的形势进行初步讨论。讨论中双方最大的分歧在于新加坡问题，英方主张不惜一切代价坚守新加坡，并要求美国派包括至少 9 艘主力舰在内的舰队前往新加坡，而美方认为这是不可接受的。斯塔克和马歇尔都认为，如果英方坚持上述立场，那么"会谈将毫无意义"。③

鉴于美方的强烈反应，丘吉尔不再坚持原有的立场，但这无疑增加了美国对于为英国火中取栗的疑虑，认为英国要美国协防新加坡，是要美国政府为大英帝国的利益服务。

美国联合计划委员会在为会谈准备的备忘录中指出：

> 我们负担不起，也没有必要执行将我们国家的未来托付给英国人的方针，因为美国能够保卫北美大陆以及可能整个的西半球，无论与英国结盟与否。美国的陆海军人员非常普遍地认为，英国难以打败德国，除

---

①  PREM 3/489/4，Prime Minister to First Lord and First Sea Lord，22nd November，1940.

②  PREM 3/489/4，The Marquess of Lothian to Foreign Office，29th November，1940.

③  James R. Leutze, *Bargaining for Supremacy：Anglo-American Naval Collaboration，1937-1941*，p. 206.

非美国向这个国家提供直接的军事援助,加上比目前更大规模的物资援助,即使如此,战胜轴心国也是难以保证的……英国人的头脑中从没有缺少他们战后商业和军事利益的念头,我们应同样维护我们自己的最终利益……为避免总统作出承诺,他和内阁的任何人都不应正式接见英方代表。

联合计划委员会接着建议,要向总统说明上述观点,并将首次会谈的开幕词作为美方代表的原则立场。①

为了会谈,英方也作了充足的准备,也意识到了美方的顾虑。12 月 15 日,三军参谋长接见了英方参与会谈的代表,讨论了已由国防委员会 (Defence Committee)②通过的会谈指示。该指示要求代表团以完全坦率的精神赴会,但在将来作战行动的细节上应有所保留。英国政府的政策是:(1)欧洲战场应被接受为主要战场,作出的决定必须首先针对欧洲战场;(2)战争的目标首先是打败德国和意大利,然后才是日本;(3)远东的安全,包括澳大利亚和新西兰,需要把守住新加坡作为这些利益的关键。

关于美方的特别援助,该指示认为,在确保本国的安全后,美国海军通过向欧洲战场提供巡洋舰、驱逐舰、潜艇、侦察机和几艘老式战列舰以及在远东留有一支足以保障盟国利益的强大舰队,这样才能够最大程度地贡献于共同的目标。从英国的角度看,远东舰队最理想的战略基地是新加坡,反之,美方明显热衷于夏威夷,从而扮演一个有限进攻的角色,英方认为这样一支舰队是不可能阻止日本南下的。

关于空中的援助,该指示认为应考虑以下 4 个原则:(1)英国提出的任何需求都必须不妨碍自身的扩大计划以及在美国的采购;(2)英方应当要求美国承担西非防御和支援中东的义务;(3)出于后勤上的原因,在任何特别的合作领域,美方应尽可能延期装备和英方相同机型的飞机;(4)英国应首先获得所

---

① The Joint Planning Committee to the Joint Board, January 21, 1941, In Steven T. Ross, ed., *American War Plans*, *1919-1941*, Vol. 3, pp. 307-311.

② 国防委员会,1940 年 5 月丘吉尔任首相后由军事协调委员会改名而来,成员除首相外包括枢密院大臣张伯伦、掌玺大臣艾德礼和三军大臣,三军参谋长列席会议。

有的援助，以建立自己的资源，以后再赞同美方把重点集中于它们自己。

　　另外，国防委员会强调，在讨论海军战略时，英方应在所有涉及太平洋战场的问题上表明不同于美方观点之处。英国不应要求美国人前往防御新加坡、澳大利亚和印度，只是同意，如果他们需要，就提供新加坡为他们所用。如果被问及未来两年英国战略计划的主要特点，应该回答英国的最终目标是通过日益增长的轰炸机力量，在德国造成难以容忍的形势，致使德国陆军被迫退回国内，纳粹政权被推翻。①

　　英方的上述立场，出于会谈时赢得主动的考虑，都暂时对美方保密。从美英双方的以上会谈立场看，主要的分歧仍在于对太平洋战略的理解上。

## 第二节　艰难的"ABC"参谋会谈

### 一、美英双方立场分歧

　　1941 年 1 月 24 日，身着便服的英国军事参谋代表团抵达美国。1 月 29 日，在华盛顿海军作战部长斯塔克的办公室，"ABC"会谈(American-British-Canadian Conference)开始举行。② 原本计划由副国务卿韦尔斯致开幕词，但临时改由斯塔克和马歇尔发表讲话，此后这两个人就再也没有在会谈场合露面。美国军事史学者沃森指出，双方进行会谈的人员都不是最高级别的军事

---

　　① PREM 3/489/4，British-United States Technical Conversations：Note by the Secretary，19th December，1940，Annex：General Instructions for the United Kingdom Delegation to Washington；J. R. M. Butler，*Grand Strategy*，Vol. 2，pp. 424-425.

　　② "ABC"会谈事实上主要由英美两国代表参加。英代表是：代表团团长、海军战争计划局长贝莱尔斯少将(Roger M. Bellairs)，前任计划局长丹克沃茨海军少将，已驻美海军武官助理克拉克上校(A. W. Clarke)；陆军人员有前战争计划局长莫里斯少将(Edwin Morris)，康沃尔-琼斯中校(A. T. Cornwall-Jones，代表团秘书)；空军人员有已在华盛顿的"采购委员会"的斯莱瑟准将(John Slessor)。美方代表是：代表团团长、陆军中将恩比克，助理参谋长兼情报局长迈尔斯准将(Sherman Miles)，战争计划局长杰罗准将，陆军航空兵团的麦克纳尼上校(J. T. McNarney)、斯科比中校(W. S. Scobey，代表团陆军秘书)；海军人员有驻英特别观察员戈姆利少将，战争计划局长特纳上校(Richmond K. Turner)及其助手史密斯上校(Oscar Smith)，驻英海军武官柯克上校，麦克道尔中校(L. C. McDowell，代表团海军秘书)。史密斯后被拉姆齐(D. C. Ramsey)上校取代，并加入了海军陆战队的法伊弗中校(O. T. Pfeiffer)。

官员，是为了保证会谈的结果不会束缚任何一方。①

斯塔克发表了联合计划委员会草拟的、罗斯福总统亲自批准的开幕词，主要内容是强调了以下几个重点：

（1）会谈的目的是在美国被迫诉诸战争的情况下，决定美英武装力量打败轴心国的最佳方法。

（2）目前除了合作的技术方式以外，美国不能作出特别的承诺，制订的军事计划应放眼于两国未来的政治行动，并最终得到双方政府的批准。

（3）美国目前的国家立场是：防止非美洲的军事和政治大国向西半球扩张是美国政策的基本原则；在英国及英联邦对德国的战争中，美国已采取在物资和外交上给予支持的政策；美国通过外交手段反对日本所有的领土扩张行为。

（4）如果美国政府决定与英国共同作战，以下是海军作战部长和陆军参谋长的观点：

a. 美国行动的军事目标是打败德国及其盟国，但是美国必须作出部署，以阻止任何情况下欧洲或亚洲的政治军事强国向西半球的扩张；

b. 在大西洋或在地中海付诸海军的努力，能使美国最有效地实现战争目标；

c. 美英应当努力防止日本参战或进攻荷属东印度；

d. 如果日本参战，美国在中太平洋和远东的行动，应以方便大西洋主要的军事努力或地中海的海军努力的方式进行；

e. 作为一个总的规则，美国军队应在他们自己的指挥官指挥之下在他们负责的区域展开作战行动，并且作战计划来自美英的联合计划；

f. 美国将继续向英国提供物资援助，但为了未来自身的安全和最有利于打败德国的美英联合计划，美国保留一些物资供应自己的军队。

（5）参谋会谈的范围应更好地覆盖这些最直接打败德国的军事努力。作为军事行动的最初措施，应达成临时性的协定，内容涉及主要责任区域的划分、两国所奉行战略的主要路线、每一方可能投入的军事力量和指挥方面作出令人满意的安排，包括最高指挥部和战术联合行动中的战场统一指挥。会谈应

---

① Mark S. Watson, *Chief of Staff*: *Prewar Plans and Preparations*, pp. 369-370.

该对目前美国和英联邦的军事形势以及可能失去英伦三岛导致的形势进行调查研究。

(6)如果英方代表能向美方提供一份有关英联邦军事形势的评估作为会谈的起始环节,海军作战部长和陆军参谋长会十分感激。①

英国代表团对美国的开场白并不陌生,在与戈姆利进行的多次会谈中已经一再涉及了这些问题。但是,他们仍然决心提出他们对远东问题的看法。于是英国人回答说,他们同意应该首先在至关重要的地区——欧洲,寻求一个协定,英国也同样承认英国头等关心的是西半球的安全。但是对英国人来说,他们在远东的地位,包括澳大利亚和新西兰的安全,也同样是至关重要的。如果失去这个地位,以及失去作为这个地位的关键新加坡,英联邦的整个凝聚力将随之而荡然无存。在他们看来,新加坡对英美联合战争行动的成功是关键性的。美国代表团对英国的回答并未给以拒绝,但坚持英国人必须对新加坡的防御承担责任。

从第一天的会谈中就可以看出,双方对远东及太平洋的防御问题存在着显而易见的分歧。因此在以后的几次会谈中,讨论的主要问题都是远东及太平洋问题。

## 二、关于远东及太平洋战略的讨论

在1月31日的第二次会谈中,美国本来想了解一旦英国本土陷落,英国的政策是什么。因为这是英国为使正在辩论的《租借法案》得以通过而强调的问题,也是当时美国政府要求通过《租借法案》的重要理由。但是英国方面只是说明他们对此并没有计划,接着便把会谈引到远东。英国代表团想知道,在日本卷入战争之前,美国是否会进入战争。美国人回答说:存在着2种可能使美国卷入战争的情况:第1种是日本公开反对美国的行动,这将意味着与日本的战争,在这种情况下,美国军方认为"应该向德国和意大利宣战";第2种是德国或意大利可能在大西洋进行挑衅行动。由于美国的基本政策是使日本保持在战争之外,所以军方宁愿要第2种可能性,把战争限制在大西洋,那时日本可能决定不卷入战争之中。

---

① Statement by the Chief of Naval Operations and the Chief of Staff, in Steven T. Ross, ed., *American War Plans*, *1919-1941*, Vol. 3, pp. 315-317.

接着英国人希望了解，如果日本的确以某种方式卷入了不足以公开反对美国的行动，美国会做什么？他们认为，这个问题对英国很重要，如果不了解美国在这种情况下的打算，英国将很难制订远东计划。对此美国人回答说，他们的政策是"反对日本的统治扩大到任何其他领土"，但存在着各种不同的扩张统治的方式，例如包括经济上的压迫，如果日本人采取这种路线，美国代表团没有考虑能够做什么。①

这种回答自然使英国人非常失望。于是，英国代表团当天就准备了一份题为《中东和远东地区的相对重要性》的备忘录，② 作为下一次会谈的指导思想，并利用周末召开秘密会议讨论有关太平洋的战略。

2月3日的会谈一开始，③ 英国人就提出了太平洋问题。他们认为，在美国澄清它在太平洋方面的打算之前，不可能估计出在大西洋有多少兵力可以利用。作为美方主要发言人的特纳将军立即对这个问题给予了回答。

特纳首先采取了一种回顾历史的方式。他说，自1916年以来，美国的政策就是给菲律宾人以独立，因此在那里的驻军已经逐渐减少；然而这些岛屿仍然是美国的领土，因此如果日本进攻它们，美国"可能"宣战，这个决定将是"政治上的"，但是军方会提出建议，即对菲律宾的进攻将被认为是对日本、德国和意大利战争的理由。不过特纳认为，可以获得的最好的估计表明，日本将避开菲律宾而进攻英国人或荷兰人。

在作出上述说明之后，特纳谈到了美国在太平洋的具体作战计划。他说，美国在太平洋的基本战略已被概述，总的说来，这个计划是与英国人和荷兰人合作。具体地说，美国将保卫美国与英国在东经180°子午线以东的利益，这个地区包括夏威夷群岛和美国的西海岸；在赤道以南，美国准备援助英国自治领的海军行动"最西远到东经155°"，它包括新西兰而不包括澳大利亚。

---

① James R. Leutze, *Bargaining for Supremacy：Anglo-American Naval Collaboration，1937-1941*，pp. 225-226.

② Peter Lowe, *Great Britain and the Origins of the Pacific War：A Study of British Policy in East Asia，1937-1941*，pp. 191-192.

③ James R. Leutze, *Bargaining for Supremacy：Anglo-American Naval Collaboration，1937-1941* 一书第226页，日期为2月4日，有误。查该书第300页注释33，有会议记录的明确日期，为2月3日，故应以此为准。

这些重大的军事行动将由美国的舰队来承担。力量较弱的美国亚洲舰队将尽可能长时间地防守菲律宾，然后退到另外的适当基地，"可能是新加坡或苏腊巴亚(即泗水，在荷属东印度群岛)"。所有联盟国家的舰队的一般目标是阻止日本部队通过 180°子午线，并把他们控制在"马来屏障"以北。接着特纳立即强调，整个计划当然是根据美国将进入同日本的战争的思想来陈述的，但是美国代表团已经说过，是否会有这场战争尚属疑问。

然后讨论转入了大西洋与太平洋行动的关系。美国的军事专家们承认，他们的亚洲舰队并非强大到足以去对付日本人，而且没有从大西洋调来船只增援它的计划。因此在美国看来，最明智的做法似乎是让美国军队去替换在大西洋和地中海的英国人，从而使皇家海军在他们愿意时把他们自己的部队运送到西南太平洋。这个行动还有一个附带的好处，即在允许英国人保卫自己的殖民地的同时，一旦英国的抵抗崩溃，它将使海军部队处于德国力所不及的地方。

英国人认为美国的建议是狡猾的，而且他们在以前从未听说过那个"附带的好处"是美国提出上述建议的一个原因。英国方面试图说服对手。他们指出：大西洋的地位是如此重要，以致可以派一支相当大规模的美国舰队去替换任何一点数量的英国舰队，但是把太多的船只部署在大西洋只会危及美国牵制日本人的能力。他们确信，或者美国舰队应该更积极地遏制日本人，或者美国的亚洲舰队应该得到增援。

但是，美国的看法与英国的看法明显不同。如果美国的舰队更积极地遏制日本人，这将会刺激日本人采取进攻行动；如果亚洲舰队得到来自珍珠港的船只的增援，则将产生两支力量都不足的舰队。实际上，美国人无论如何也不会相信，在强有力的美国舰队部署于日本的侧翼珍珠港时，日本会采取行动。所以他们建议的向大西洋转移是唯一可行的办法。① 在这样的对立下，有关太平洋问题的讨论难以取得什么进展。

作为继续努力的一部分，英国代表团向美国提交了一份英国与荷兰关于防御马来亚和荷属东印度的会谈结果。英荷双方认为，唯一重要的合作在于

---

① James R. Leutze, *Bargaining for Supremacy*：*Anglo-American Naval Collaboration*, *1937-1941*，pp. 226-227.

空军，如果荷属东印度遭到进攻，可以从马来亚调出 4 个飞行中队去增援；如果马来亚遭到进攻，则可以从荷属东印度调出 3 个中队去马来亚。① 但是这也并没有打动美国人。

2 月 5 日会谈刚一开始，英国代表团就又提出远东问题。当他们再次表示对美国的亚洲舰队的力量有所怀疑的时候，特纳立即态度强硬地声明：无论它是否足够强大，都没有增援计划——事情就是这样。这才终止了有关这个问题的讨论。

然后，美国提出了一份有关美国针对太平洋地区的文件。② 该文件一开始就提到英美两国官员对菲律宾的看法并无"明显差别"。美国的估计是，供应和保卫这些岛屿实际上是不可能的，菲律宾既没有物力也没有受过训练的人力，唯一的基地科雷吉多尔也只能控制几个星期以上。美国的情报报告估计，1941 年春天，日本在太平洋上可以拥有 1 009 935 吨位的战舰，再加上 1 500 架飞机，而美国只有 917 430 吨位的战舰和 716 架飞机。在大西洋上美国有 28.5 万多吨位的战舰和 329 架飞机，但是"没有部队能够从美国大西洋舰队调出去"弥补在太平洋上的差额。甚至商船吨位也是不足供应的，而且英国显然希望租借现有商船的大部分。因此，美国的战争计划者们接受了这个不幸的现实，包括最初吞下日本打击的苦果——失掉菲律宾，然后再从珍珠港逐渐向西推进。这种逐渐西进将保卫交通线，其结果是重新占领菲律宾，并最终集中优势兵力打击日本人。③ 这对英国代表团来说的确是一幅令人失望的图画，他们感到十分沮丧。

由于美国人对太平洋问题采取了强硬而明确的态度，以后的讨论便一度集中于大西洋。

---

① Peter Lowe, *Great Britain and the Origins of the Pacific War*：*A Study of British Policy in East Asia*，*1937-1941*，pp. 192-193.

② 在英国代表团前往美国的航行途中，英国人交给美国人一些自己的计划，其中有一份要求美国提出太平洋地区的计划。现在美国的这份文件便是对英国上述要求的回答。参见 James R. Leutze, *Bargaining for Supremacy*：*Anglo-American Naval Collaboration*，*1937-1941*，pp. 220，228.

③ James R. Leutze, *Bargaining for Supremacy*：*Anglo-American Naval Collaboration*，*1937-1941*，pp. 227-229.

### 三、关于大西洋战场的讨论

关于大西洋战场，英国人表示，他们要通过经济封锁以及空中和海上的压力迫使德国屈服。他们坚持能够保卫英格兰并将逐渐转入反攻。美国人希望听到更多有关进攻的情况，特纳要求英国提供当前关于进攻和防御行动的兵力分配的明确报告。对此英国只是回答，到1942年的战争努力主要集中于防御，唯一的例外是对德国的轰炸将逐渐得到加强。

美国对英国的回答并不满意，在第二天(2月6日)的会议上，特纳提出了"一篇有关大西洋作战计划的论文"(贝莱尔斯语)。这篇"论文"基于令人鼓舞的设想：

到1941年4月1日美国将进入战争。果真如此，美国将负责西经30°以西的地区，向南最远到达里约热内卢。在西北方航道上的护航队将得到驱逐舰和水上飞机的增援，将用改装的商船、新建造的船只和来自美国舰队的舰只加强大西洋舰队。最后的设想是基于极其乐观的看法，即如果日本在一个"更早的日期"进入战争，可能会促使"美国军队从太平洋转到大西洋的行动"。换言之，美国的海军计划者们设想，即使没有训练有素的美国海军资源，也能很快采取进攻日本的行动，并能实行"从珍珠港向西的逐渐推进"。特纳估计，如果他的设想得到证实，到7月1日美国海军在大西洋就将拥有强大的护航和打击力量，包括以冰岛为基地的部队，在东大西洋的或许以直布罗陀为基地的一支战斗舰队，以及以不列颠群岛为基地的一些驱逐舰和水上飞机。第二天，即2月7日，特纳向贝莱尔斯提交了一份备忘录，其中涉及在冰岛和苏格兰为护航和巡逻提供方便而设立美国基地的问题。①

特纳的"论文"勾画了美国在实际参战时的具体计划的轮廓，表明两国在大西洋的合作比在太平洋要容易得多，因此受到了英国代表团的欢迎。但是由于远东形势的骤然紧张，英国愈加希望美国对太平洋给以更多的关心。

1941年初，日本继续插手泰国与法属印度支那的边界冲突，并企图从双方索取报酬以利于它的继续南进。2月7日，由日本外相松冈洋右为调解委员的法国与泰国的谈判开始在东京举行。日本的行动引起了英国的极大恐惧，

---

① James R. Leutze, *Bargaining for Supremacy*: *Anglo-American Naval Collaboration*, *1937-1941*, pp. 228-229.

它担心日本借机在印度支那和泰国获得新的军事基地，配合德国进攻新加坡与荷属东印度。因此，英国一面通过外交途径，以较强硬的态度与日本交涉，迫使对方止步，一面争取美国的合作。[①] 在争取美国政府合作的同时，英国希望通过正在进行的英美参谋会谈，使美国军方同意负起保卫英国远东领土的责任。

**四、再谈远东及太平洋问题**

2 月 7 日，贝莱尔斯在与英国驻美大使哈利法克斯会谈之后，[②] 在午饭时向美国代表柯克再次提出了远东问题，希望这个问题至少能够得到进一步讨论。第二天，柯克表示同意。

2 月 10 日召开第 6 次全体会议。会议一开始，美国代表便首先提出了一个陆军作战计划的基础。鉴于美国陆军参谋长希望美国陆军地面和空中部队在"接近大西洋的区域内"采取行动，美国陆军将承担在大西洋区域的"除了不列颠群岛以外"的一切英国的陆军义务。他们设想在格陵兰岛和冰岛的基地将最终由美国的陆军部队驻守，而使英国军队能够在更活跃的前线作战。美国陆军的这个作战计划，实际上提出了英美陆军在大西洋从事联合作战时的区域划分和兵力分配的基础。在英国回避谈及陆军地面行动问题时，美国的这个建议理应受到英国人的欢迎。但是，英国现在最担心的是远东问题，因此在英国的一再要求下，远东的形势又成了讨论的主要问题。

英国人再次强调，他们关心新加坡的未来，催促美国无论是在保持日本不介入战争方面，还是在确保新加坡的安全免遭日本的进攻方面，都应该更早地采取行动。英国建议美国派出 4 艘重巡洋舰、1 艘航空母舰、一部分飞机和潜水艇去新加坡。[③]

但是美国的态度并没有多大变化。他们既不愿意对日本采取强硬措施，也不愿意增援亚洲舰队。特纳将军具体说明了这 2 个方面：

---

① 关于 1941 年初的远东形势，英国与日本的外交谈判以及英国与美国政府的交涉，参见徐蓝：《英国与中日战争（1931—1941）》，第 14 章第 1 节。

② 1940 年 12 月 12 日，洛西恩大使突然病故，哈利法克斯转任驻美大使，外交大臣由安东尼·艾登接任。

③ James H. Herzog, *Closing the Open Door：American-Japanese Diplomatic Negotiations*, *1936-1941*, p. 115.

首先，他表示美国反对对日本施加经济制裁的压力。因为美国人能够作出的最好的估计表明，对日本本土岛屿实行煤气和石油禁运只能促使"日本对荷属东印度采取突然行动"，换句话说，这将引起一场英国人、荷兰人和美国人都没有准备的战争。尽管他马上声明这种估计多少有点与这个会议不相干，因为经济上的决定是"政治家们的事，而不是军人的事"，在参谋会议上讨论它并不合适，但是他的话仍然表明了美国军方的态度。

接着他补充说明了美国之所以不愿意增援亚洲舰队的另外 2 个原因：其一是大量的舰只驻扎在珍珠港，使得一旦需要就去增援大西洋变得相对容易；其二是亚洲舰队不具备对补充的重型军舰进行维修的能力。从这 2 点表面的理由可以看出，美国之所以不愿意把更多的军舰派到远东的真正原因，既是由于担心英国在大西洋的兵力虚弱而不足以抵抗德国，也是由于怀疑英国在新加坡现有的设施能力。因此特纳认为，最好的办法是把军舰运动到大西洋而不是远东；而且当美国人这样做的时候，英国人就能为新加坡提供他们自己的防御力量。特纳认为远东的问题已经解决了，并要求英国代表团根据他们的看法和理论提出对远东战略的评价。贝莱尔斯表示同意，但是保留了英国自己的意见。[①]

在 2 月 10 日的会谈备忘录上，清楚写明了两国的分歧，双方"一致认为，对于大不列颠来说，保住新加坡是十分重要的；对于合众国来说，使太平洋舰队保持完整是十分重要的"[②]。

第二天，即 2 月 11 日，贝莱尔斯向三军参谋长报告了这几天的谈判情况，他认为美国人在下面几个问题上的态度已经很清楚：

1. 希望把他们的主要力量集中于大西洋和地中海；

2. 全然反对增援他们的亚洲舰队；

3. 不希望"绥靖"日本人，而是更希望通过在日本的侧翼珍珠港保持强大的舰队力量来威胁日本人；

---

① James R. Leutze, *Bargaining for Supremacy*: *Anglo-American Naval Collaboration*, *1937-1941*, pp. 230-231; James H. Herzog, *Closing the Open Door*: *American-Japanese Diplomatic Negotiations*, *1936-1941*, p. 115.

② Samuel E. Morison, *The Rising Sun in the Pacific*, *1931-April 1942*, Boston: Little, Brown & Co., 1953, p. 50.

4. 美国人"极不愿意"承认远东的重要性,相反他们打算一旦需要就在战争的早期阶段放弃整个远东,并相信能够重新控制它。①

为了使美国人重新认识到他们的方针是极其愚蠢的,贝莱尔斯于当天写了一份题为《远东——联合王国代表团的评价》的备忘录,既把它作为对特纳要求的回答,也把它作为英国力图说服美国改变态度的最后一次努力。

这份备忘录详细叙述了英国对远东战略重要性的看法,主要阐述了3方面内容。

第一,远东及作为远东之关键的新加坡对于英国的重要性。该文件指出,自英日同盟结束以来,在新加坡发展一个重要的舰队基地是英国政策的基本结构:

> 这不仅是基于纯粹的战略根据,也是基于政治、经济和感情方面的考虑……就像美国在关于保持他们西海岸完整的战略中必定要考虑政治因素和公众舆论因素一样,英国的战略也必然总是受到我们对之负有义务的自治领澳大利亚和新西兰的同样因素的影响,这不仅是由于我们有亲戚关系和共同的公民权,而且由于我们有保护他们的安全的明确保证。但是在远东保持一个舰队基地的意义远不止于此。我们是一个海上的联邦,它的不同的自治领和殖民地被贯穿世界各大洋的交通线和贸易路线连接在一起。我们联合王国的居民为了他们的生存而依靠进口货物,并依靠同海外的自治领和殖民地,印度和外国,包括巨大的中国地区的贸易收入生活。最后,我们是印度次大陆的安全和财产的托管人。

第二,明确表示目前英国无力保卫全部的远东领土,但希望保卫新加坡。贝莱尔斯表示,直到最近以前,英国的政策仍然是基于一旦战争爆发就能够派出一支舰队去新加坡,然而在当前的形势下,这将是不可能的。一旦新加坡陷落,将导致丧失马来亚的极有价值的原料,同时使日本自给自足,并使

---

① PREM 3/489/4,Viscount Halifax to Foreign Office,11th February,1941;James R. Leutze, *Bargaining for Supremacy:Anglo-American Naval Collaboration*,1937-1941,p. 231.

英联邦在道义和尊严方面遭受一次重大的打击。但是在日本进攻的情况下，由于英荷之间没有牢固的相互援助协定，以及英国在大西洋和地中海的义务，英国不可能保持对所有远东领土的控制。在这种情况下，

> 我们必须保持不能再减少的最低限度……是我们自己能够控制新加坡作为主力舰队在远东重占优势的一张大牌的能力，为了做到这一点，我们必须有能力阻止日本人获得在海上以及在围绕新加坡的领土上发动持续军事行动的不受干扰的行动自由。

第三，提出防御新加坡的措施——从美国获得增援力量。该备忘录指出，最令人满意的解决办法是在新加坡驻扎一支包括主力舰的海军，它要求的最低限度的增援力量包括 1 艘航空母舰，1 个重巡洋舰队和适量的辅助水上飞机。但是在英国缺乏主力舰的情况下，在对亚洲海军力量的增援不能以牺牲大西洋和地中海为代价的前提下，意味着对新加坡的增援力量将从美国的太平洋舰队获得。贝莱尔斯还明确表示，美国提出的如果把美国的军队派到欧洲水域，英国军队就能派到远东的建议是不经济的，因为它涉及对现有安排的广泛的重新部署。[1]

在向伦敦作了有关这份备忘录的详细汇报之后，英国代表团于 2 月 11 日当天把它交给了美国军方。

丘吉尔密切注视着会谈的进展。在收到贝莱尔斯的电报后，丘吉尔认为英国代表团并未完全按照他在代表团临行前的指示办事。他在 2 月 12 日的一份备忘录中指出：尽管把英国的舰只转调到远东的建议是"十分愚蠢的"，但是在目前美国海军正在计划运输比所需要的更多的部队到大西洋担任护航工作来帮助英国人的时候，美国人可以按照任何他们希望的方式照看大西洋。英国应该同意美国把他们的太平洋舰队驻扎在珍珠港而不是调去新加坡，因为"一旦宣战，情况将使美国自动制定进一步的政策，对此我们现在不应当过

---

① Peter Lowe, *Great Britain and the Origins of the Pacific War*: *A Study of British Policy in East Asia*, *1937-1941*, pp. 193-195; James H. Herzog, *Closing the Open Door*: *American-Japanese Diplomatic Negotiations*, *1936-1941*, p. 115.

分地逼他们"。①

为了对贝莱尔斯的备忘录作出回答，特纳准备了另一份备忘录。在这份备忘录中，特纳从英美两国力量对比的角度，再一次阐述了美国的远东政策。

他认为，英国希望美国在远东采取行动的起源是 1938 年的英格索尔会谈。从那以后罗斯福总统和赫尔国务卿便"或多或少地答应了"美国的舰队与英国的力量在远东合作。他没有评论这个最初的义务是否明智，但是明确指出，时至今日，英国人已经不能保持他们作为当初协定一方的地位，却要求美国人遵守作为协定另一方的成交条件，而且在他们初到华盛顿的时候，在会谈中还提出了更高的要求——希望美国派出"整个舰队，加上一支大规模的美国陆军"去远东。特纳和其他人一样反对这种举动。接着他进一步指出，现在美国人处于与英格索尔会谈时更加不同的地位，力量的均势显然已经发生了变化，美国现在有更大的责任和更多的潜在机会。因此他认为美国的力量不能被延伸过长。英国人已经形成的任何错误的印象都必须让位于新的现实。②

2 月 13 日，在美国的陆海军联合代表团召开的讨论贝莱尔斯 11 日的备忘录的会议上，特纳提出了他的上述备忘录。恩比克团长表示同意，其理由是：美国代表团的成员们负责向总统建议最可靠的军事战略，当前的战略要求集中于大西洋，太平洋的要求应当放在第二位。迈尔斯将军进一步指出，参谋会谈的主要目标是构建一种保卫不列颠群岛的战略，注意力应当集中于这个问题，在确保这个"城堡"的安全之后，才能转向太平洋问题。这个意见也受到了与会代表的赞同。

于是，会议作出了 2 个决定：第一，特纳的备忘录加上补充的建议，将作为一份概述美国远东政策的文件，英国人应当合作；第二，接受迈尔斯的建议，指导以后的参谋会谈讨论大西洋这个中心问题，并迫使英国人集中精

---

① PREM 3/489/4，Prime Minister to First Lord and First Sea Lord，12th February，1941.

② James R. Leutze, *Bargaining for Supremacy: Anglo-American Naval Collaboration, 1937-1941*, pp. 235-236.

力于此。①

**五、再谈大西洋问题**

在 2 月 14 日、15 日和 17 日的 3 次会谈中，美国坚持优先讨论的是大西洋问题，并提出了美国援助英国的具体计划。这些计划包括：

1. 美国在大西洋提供援助，使英国能够转移一部分军队去保卫地中海。在提供的援助中，有些舰只可能来自美国的太平洋舰队，这将取决于英军能够派到太平洋去替换这些部队的时间和能力，目前不能作出决定。

2. 如果从太平洋调到大西洋的部队到达大西洋，他们将作为整体在某个明确的地区承担全部义务，或在英国的责任区内执行明确的任务。他们将继续在美国的指挥之下，但接受来自英国海军当局的战略指导。

3. 确定了美国在大西洋提供援助的军事力量：

在大西洋西北入口处：42 艘巡洋舰，7 艘海上警戒艇，36 架水上飞机；

对广泛的大西洋护航和贸易保护：3 艘战列舰，8 艘驱逐舰，4 艘驱逐舰扫雷艇，4 艘重巡洋舰，12 架水上飞机；

北大西洋的搜索力量：2 艘航空母舰，4 艘 6 英寸炮巡洋舰，4 艘驱逐舰；

在直布罗陀：3 艘战列舰，1 艘巡洋舰，4 艘重巡洋舰，18 艘驱逐舰，20 艘潜水艇，12 架水上飞机；

在加勒比海：4 艘旧式巡洋舰，10 艘武装商船巡洋舰。

4. 建议如果难于防守直布罗陀，美国把塞拉利昂的弗里敦建成一个重要的基地，美国海军将对这个基地负有全部责任，并同意使其海军陆战队处于戒备状态，使他们随时可以援助英国夺取亚速尔群岛和加那利群岛。

5. 美国的陆军航空部队将在对德国的轰炸中与英国人合作。

另外还讨论了美国陆军替换在冰岛、阿鲁巴岛和库拉索岛的英国军队问题，以及派一个旅的"象征性力量"到不列颠群岛去保护将在英格兰、北爱尔兰以及可能在赫布里底群岛建立的美国空军和海军基地以支持护航行动问题。但是美国人说明这些力量在 1941 年 9 月以前不能获得。

在陆军合作方面，双方于 17 日决定为陆军的指挥和联络准备一个文件，

---

① James R. Leutze, *Bargaining for Supremacy：Anglo-American Naval Collaboration*, *1937-1941*, pp. 237-238.

因为海军方面已经完成了这项工作。随后,特纳建议成立一个程序委员会去制订两个代表团的明确的合作协定,双方选定贝莱尔斯、戈姆利和杰罗完成这个任务。①

**六、三谈远东及太平洋问题**

但是在英国代表团看来,远东的问题并没有得到解决。在 17 日的会议上,贝莱尔斯告诉美国人,哈利法克斯大使已经把他的 2 月 11 日的远东备忘录交给了赫尔国务卿。当时美国人没有作出反应,但是对英国人向国务卿施加压力并间接对美国军方施加压力的做法十分不满,遂决定对英国采取强硬态度。

2 月 19 日,美国代表团交给英国代表团一份在特纳的 13 日备忘录的基础上写成的题为"美国在远东的军事形势"的书面声明,作为对贝莱尔斯的 11 日备忘录的回答,并再次概述了美国的态度和战略。

该文件一开始就说明了美国与日本之间爆发战争的条件:如果美国是英联邦的一个盟国并首先进入反对日本的战争,"它也将立即进入同德国与意大利的战争";如果美国首先进入反对德国和意大利的战争,"它将因此而进行反对日本的战争,其前提是日本当时处于与英联邦的战争之中";然而,如果日本只是进一步向南推进,即进入印度支那,美国参谋委员会(即美国代表团)并不认为美国会视此为"宣战理由"(Causus belli)。另外,如果日本进一步占领马来亚、英属婆罗洲或荷属东印度,美国是否会"立即对日宣战",对此也存在着"相当的怀疑","除非美国事先已经处于对德国和意大利的战争之中"。

随后,该声明解释了美国军方采取行动所受到的国内政治的限制,指出:如果日本进攻马来亚,美国国会的立法者们在决定赞成还是反对宣战之前,将有一个"相当长的辩论期"。因此对英国来说,指望立即得到美国的援助是一个"严重的错误"。美国认为任何防御马来亚的准备工作都应当在不依靠美国介入的情况下进行。

---

① James R. Leutze, *Bargaining for Supremacy: Anglo-American Naval Collaboration, 1937-1941*, pp. 237-240.

该声明承认，控制新加坡对英国来说是"非常需要的"，失去新加坡和菲律宾的普遍道义影响将是十分严重的。因为在公众舆论看来，加强新加坡的防御是英帝国力量的一种象征。英帝国的东部自治领、荷属东印度和中国都把它的安全视为它们自己安全的保证。新加坡作为一种象征的价值已经变得如此巨大，以致它被日本占领将是一个沉重打击。但是美国认为，这些不同的国家已经承受了许多沉重打击，其他沉重的打击也能被它们承受而不会导致最后的灾难。失去马来亚固然从道义上、经济上和战略上看来都是不幸的，但是美国参谋委员会认为，这种损失不一定会对战争的结果产生决定性的影响。

接着美国代表团再一次说明它不能派一支可观的增援部队去远东的理由：

第一，如果这样做，将要从主要地区——大西洋转移注意力，从而"可能危及主要努力的成功"；

第二，鉴于现有的力量，向新加坡派遣部队就意味着"把联盟国家的最后的储备力量用于一个非决定性的地区"，这有违于美国的"大西洋第一"的战略；

第三，这样做的另一个后果是美国将"承担早期打败日本的任务"，这将意味着由美国去承担保卫"英帝国的一大部分"的责任，这有悖于美国的计划和利益。

美国人明确表示，如果英国人希望帝国得到保卫，他们就得自己去做这件事，因为"在部署一个国家的军事力量的时候，领土的考虑应当具有决定性的影响。在远东，英国与荷兰的领土利益大于美国的领土利益。美国的至关重要的领土利益在于西半球。因此联合王国的军事力量的部署应当为保卫它在远东的利益提供准备，而美国的部署则应当为保卫它自己在西半球的利益提供准备，以便当无论哪一个伙伴被迫退出战争时，另一个伙伴的部署仍然基本保持完好"。

鉴于上述情况，这份文件认为，英美两国在远东的目标应该是：

1. 保卫马来屏障；

2. 对日本东部的海军侧翼的有限进攻；

3. 与中国对日本驻军的进攻相结合的对日本的经济封锁。①

为了表示美国对英国向国务卿施加压力的做法的极度不满，以及迫使英国与美国合作，美国代表团在递交这份书面声明的同时还附有一封信。信中指出，美国政府对与会代表的最初指示就是严格禁止承担任何政治义务，尤其是禁止政治上的监督。这种监督只能妨碍会谈的进展并引起困境，特别是当这种政治监督仅仅由有关政府的一方实行时，情况就更是如此。美国抗议这种做法并建议休会，直到英国有一个令人满意的回答为止。② 谈判几近破裂。

然而，就在 2 月 19 日当天，贝莱尔斯收到了英国三军参谋长根据丘吉尔的建议发给代表团的指示，他们认为继续对新加坡进行辩论几乎是徒劳无益的。于是，贝莱尔斯决定作出适当的妥协以结束这种尴尬局面。他同意与美国人合作，答应不再交给外交官们任何军事文件，但坚持必须让哈利法克斯了解情况。③

第二天，美国人接受了英国的回答。24 日双方同意讨论会谈的最后报告。并要求程序委员会制订最后报告的框架。④ 但是在 2 月 26 日，当双方讨论如何调和他们关于远东的看法时，分歧再次出现。英国人声明，尽管他们同意美国人的许多看法，但是有些看法他们仍然不能赞同。双方最后决定把他们关于远东的分歧看法写在最后的报告中。

尽管美国人一再声称，他们不能肯定一旦在太平洋发生战争时他们能够提供援助，但是参谋会谈的双方代表们仍然事先在太平洋划分了责任区域。

---

① Peter Lowe, *Great Britain and the Origins of the Pacific War：A Study of British Policy in East Asia*，*1937-1941*，pp. 195-197；James R. Leutze, *Bargaining for Supremacy：Anglo-American Naval Collaboration*，*1937-1941*，pp. 242-244；Arthur J. Marder，*Old Friends*，*New Enemies：The Royal Navy and the Imperial Japanese Navy*，Vol. 1：*Strategic Illusions*，*1936-1941*，p. 197.

② James R. Leutze, *Bargaining for Supremacy：Anglo-American Naval Collaboration*，*1937-1941*，p. 244.

③ ［美］赫伯特·菲斯：《通向珍珠港之路——美日战争的来临》，周颖如、李家善译，商务印书馆 1983 年版，第 174 页注释 2。

④ James R. Leutze, *Bargaining for Supremacy：Anglo-American Naval Collaboration*，*1937-1941*，p. 245.

美国人坚持把太平洋再划分为中太平洋和远东 2 个区域，以表示他们对这 2 部分的截然不同的态度。中太平洋在领土上明确规定为：在赤道以北最西远到关岛，在赤道以南最西远到斐济群岛，即赤道以北到东经 140°，以南到东经 180°。这个地区显然排除了菲律宾，美国对这个地区负有战略责任。关岛及斐济群岛以西地区包括菲律宾都属于远东，对此美国海军不想承担责任。①

然而在英国的努力下，远东问题仍然取得了一些进展。美国同意把 1 名美国海军代表派驻新加坡，他"拥有充分权利去安排与英国人和荷兰人的相互合作"。双方同意在新加坡召开有英国、美国、荷兰、澳大利亚和新西兰等国参加的参谋会谈，通过这些会谈解决他们之间的一些问题，并达成一个"统一的战略指挥"协定。②

在远东取得的进展固然使英国人感到高兴，但是当英国代表团还想了解美国太平洋舰队的现有的行动计划时，他们又感到极其失望。英国人原来以为，既然美国坚持把这支大规模的舰队驻扎在珍珠港以威慑日本人，就必定会有具体的行动安排。然而令他们吃惊的是，在华盛顿对这样的重大问题的态度是如此模糊不清，以致没有一个人敢于明确表示了解这方面的情况。英国人被告知，这种行动计划是"太平洋舰队司令的事情"，他们想要了解情况，唯一的办法是派一个代表团去珍珠港会见太平洋舰队司令金梅尔海军上将（Husband E. Kimmel）。英国人只有照此办理。③

3 月 6 日，两国的海军代表讨论了关于在大西洋实行有效护航巡逻的舰只的分配问题。7 日，贝莱尔斯收到了美国人拟定的协议草案。美国人希望最后的报告以这份草案为主，但是贝莱尔斯认为："它完全不是我们所希望的。"于是在以后的一些天中，双方对最后的报告继续进行了艰苦的讨论，正如贝莱尔斯所说："每一段都不得不打出来。"而且，直到 27 日这种争吵还没有完结。

---

① 这种划分于 4 月 2 日为英国所承认。参见 James R. Leutze, *Bargaining for Supremacy：Anglo-American Naval Collaboration，1937-1941*，p. 246，note 36 of p. 302.

② 但是美国不同意把其亚洲舰队置于英国的指挥之下，至少在菲律宾陷落之前不能这样做。参见 James R. Leutze, *Bargaining for Supremacy：Anglo-American Naval Collaboration，1937-1941*，pp. 246-247。

③ James R. Leutze, *Bargaining for Supremacy：Anglo-American Naval Collaboration，1937-1941*，pp. 246-247.

3月27日,两国代表团召开预定的最后会议敲定最后的报告。在会上美国陆军上校麦克纳尼建议通过一个有关分配航空器材的美国陆军航空部队的特别报告,而特纳反对给空军以特殊考虑。尽管斯莱瑟(英方的空军代表)和麦克纳尼再三解释,特纳仍不签字。结果"结结实实地打了一架",问题仍未能解决。第二天"战斗"仍在继续,直到斯塔克进行了干预,同意把空军问题以一个附录的形式(即《ABC—2协定》)附在最后的报告当中,问题才算解决。于是3月29日,双方终于在最后的报告上签字。长达2个月的英美参谋会谈终于正式结束了。[①]

### 七、《ABC—1 协定》

英美参谋会谈通过的最重要的文件是《美英参谋会谈报告》(United States-British Staff Conversations Report),简称《ABC—1协定》。它包括:

1项说明:一般战略概念的主要报告——《美英参谋会谈报告》。

5个附录:军事代表团组织;对军事力量进行战略指导的责任;美国—英联邦联合作战基本计划;交通联络;船舶运输的管理与保护。

这些附录详细地论述了一般的战略概念和联盟国家之间进行合作的技术性方法。[②]

《ABC—1协定》设想了一旦美国被迫诉诸战争,它与英联邦可能采取联合的军事行动以反对任何敌人。这一思想体现在双方代表团起草报告的指导思想当中:"参谋会议假定,当合众国卷入对德国的战争时,它也同时和意大利交战,在那种情况下,日本和美国的一个联盟国,即英联邦及其同盟国,包括荷属东印度群岛在内发生战争的可能性必须考虑在内。"[③]

---

① James R. Leutze, *Bargaining for Supremacy*: *Anglo-American Naval Collaboration*, *1937-1941*, pp. 247-248. 但是会谈的最后报告的日期仍然是3月27日。

② 《ABC—1协定》的全文,见 *Hearings of Pearl Harbor Attack*, 79th Congress, 1st Session, Part 15, Exhibit No. 49, pp. 1485-1550; Steven T. Ross, ed., *American War Plans*, *1919-1941*, Vol. 4, pp. 3-66. 但是缺少前一文件中的第1 541页。亦可参见[英]阿诺德·托因比、维罗尼卡·M·托因比合编:《国际事务概览(1939—1946年):轴心国的初期胜利》(下),许步曾、周国卿、万紫等译,上海译文出版社1983年版,第836—837页。

③ *Hearings of Pearl Harbor Attack*, Part 15, Exhibit No. 49, p. 1489.

《ABC—1 协定》的主要内容有：

第一，制定了美英联合作战的总战略。其着眼点在于：一旦美、英与德、日两国交战，应该集中力量首先对付德国，同时在打败德国以前，对日本采取牵制性的消耗战。该协定强调：

> 鉴于德国是轴心国中的首要成员国，因此大西洋和欧洲地区被认为是决定性的战场。美国军队的主要力量将使用于该战场，其他战场上的美国部队作战的指挥均应有利于这方面的战事。……
>
> 即使日本起初不站在轴心国方面参战，联盟各国仍然有必要对他们的军队进行某种部署，以防日本的最后介入。
>
> 如果日本参战，在远东的军事战略将是防御性的。美国无意加强它在远东的现有军事力量，但是将以最合适的方式使美国的太平洋舰队处于进攻状态，以削弱日本的经济力量，并以把日本的力量从马来亚转移开的方式援助保卫马来屏障。美国打算增加它在大西洋和地中海地区的部队，以便英联邦得以抽出必要的兵力增援远东。[①]

该协定同时照顾到英国在远东的战略，指出：

> 在所有的情况下，都必须保持联合王国的安全。同样，联合王国、自治领和印度必须保持部署，在一切不测事件中，这些部署将为英联邦提供最后的安全。英国战略政策的一个重要方面是保持在远东的地位，这将确保英联邦的凝聚力与安全并确保它继续进行战争的努力。[②]

第二，规定了对付轴心国敌人的"主要进攻政策"。包括：

1. 利用海、陆、空军以及其他一切手段来施加经济压力，包括采取外交

---

[①] *Hearings of Pearl Harbor Attack*，Part 15，Exhibit No. 49，pp. 1491-1492. 亦可参见[美]威廉・哈代・麦克尼尔：《美国、英国和俄国：它们的合作和冲突(1941—1946年)》，叶佐译，上海译文出版社 2007 年版，第 12—13 页。但是该书把"Associated Powers"译为"协约国"，有误，应当译为"联盟各国"或"联盟国家"。

[②] *Hearings of Pearl Harbor Attack*，Part 15，Exhibit No. 49，p. 1490.

及财政措施控制轴心国的商品来源；

2. 对德国的军事力量进行持续不断的空袭，并辅之以对敌人控制下的有助于德国的军事力量的其他地区进行空袭；

3. 早日消灭意大利，使其不再是轴心国的一个积极的伙伴；

4. 一有机会，就使用联盟各国的陆、海、空军对轴心国的军事力量进行袭击，并展开小规模的进攻；

5. 支持中立国，支持联合王国的盟国，支持美国的友好国家，以及支持轴心国占领区内的反抗轴心国家的人民；

6. 组建最后进攻德国的必要兵力；

7. 夺取据以发动最后进攻的阵地。①

第三，制定了英国的地面部队对轴心国的进攻任务的纲要。包括：

联合王国境内的地面部队将"按照往后商定的美英联合计划，遇有时机即承担起陆上展开进攻的任务"；联合王国在地中海和中东战场的地面部队和空军将"对欧洲大陆的轴心国展开进攻"。②

第四，规定了当前美国海军在大西洋和太平洋的具体任务。

在大西洋：

配合英国正在进行的大西洋战役，美国的大西洋舰队承担部分护航任务。该协定指出："由于联合王国的海上交通线受到威胁，在大西洋的美国海军部队的主要任务将是保卫联盟国家的船只，美国的行动重心集中于通往联合王国的西北部航道"。③

在太平洋：

(a)通过打击并夺取马绍尔群岛的阵地，以袭击敌人的交通线和阵地的方法，把敌人的力量从马来屏障引开，以援助联盟国家在远东的兵力；

(b)通过夺取或摧毁直接与敌人贸易的船只破坏轴心国的海上交通；

(c)在太平洋水域内保护联盟国家的海上交通；

(d)在赤道以南最远到东经 155°的区域内支持英国的海军部队；

---

① *Hearings of Pearl Harbor Attack*，Part 15，Exhibit No. 49，pp. 1490-1491.

② *Hearings of Pearl Harbor Attack*，Part 15，Exhibit No. 49，pp. 1523，1531.

③ *Hearings of Pearl Harbor Attack*，Part 15，Exhibit No. 49，p. 1491.

(e)在太平洋区域内保卫联盟国家的领土，并用摧毁敌人远征军的方法，以及用提供陆、空军力量以反击敌人利用在西半球的陆军阵地的方法，阻止敌人的军事力量扩张到西半球；

(f)准备夺取加罗林群岛和马绍尔群岛地区并确立统治。

另外，美国的陆军连同太平洋舰队及陆军航空兵，应该控制瓦胡岛。①

第五，根据议定的海军部署计划，北大西洋的大部分指挥权将移交给美国，西太平洋的指挥权则移交给英国。②

第六，规定了美国、英国和荷兰等国在远东的部队的具体任务和联合作战计划及战略指挥原则。

该协定明确划分了远东地区的地理范围，即限于东到东经 141°，西到东经 92°，北到北纬 30°，南到南纬 13°。

协定要求在远东地区的各国武装部队在制订与实施军事行动计划时根据下述原则达到协调一致：

1. 在远东的联盟各国的武装部队的指挥官们将负责保卫他们本国在远东的领土。

2. 各国在远东部队的指挥官们将作出尽可能符合实际的和适当的相互援助的安排，这种具体安排将留给在新加坡召开的英美荷参谋会谈来解决。

3. 在远东地区联盟各国的海军部队的战略指挥责任，除了从事援助保卫菲律宾群岛的海军部队外，将由英国的中国舰队总司令负责。美国亚洲舰队总司令将负责指挥从事援助保卫菲律宾群岛的海军部队。

4. 英国海军的中国舰队总司令也对联盟国家的海军部队在澳大利亚和新西兰地区的军事行动负有战略指挥责任。③

第七，《ABC—1 协定》预见到英美在欧洲战场大规模联合作战的可能性，并对战略指挥和军事设施的使用等问题作出了初步规定。

在战略指挥方面包括：

1. 按照以联合战略方针为基础所制订的计划，每一国要对在某些地区中

---

① *Hearings of Pearl Harbor Attack*，Part 15，Exhibit No. 49，pp. 1511-1512.

② *Hearings of Pearl Harbor Attack*，Part 15，Exhibit No. 49，pp. 1505，1516.

③ *Hearings of Pearl Harbor Attack*，Part 15，Exhibit No. 49，pp. 1501-1503，1515-1516.

正常作战的联盟国家的所有军队负有战略指挥责任。这些地区在附录2的一开始就作了明确规定。

2. 就一般情况而言，联盟国家中的每一国的军队应当在他们自己的司令部的指挥下在他们自己国家负责的地区内作战。

3. 在另一国所任命的司令部的战略指挥下正常服役的两国中的任何一国的军队，适当地照顾其兵种，将作为负责执行特殊战略任务的特遣（特编）部队而加以利用。这些特遣（特编）部队将在自己的司令官的指挥下作战，而不分成隶属于另一国军队的小队。只有在特别的军事情况下，正常的战略任务才可以暂予停止。

4. 对在地面参加联合进攻行动的军队进行战略指挥的责任，将按照在适当的时候缔结的联合协定予以规定。在这样的情况下，应当在战场上建立统一的指挥。

关于军事基地和设施的使用权，该协定规定：

"为了顺利进行战争，两国中任何一国的军事基地、修理设施及军需物品在必要时可以由另一国的军队自由处置"①。

第八，双方同意，随着形势变化，将不断共同制订行动计划，并在执行中进行合作。该协定明确指出："合众国和联合王国最高统帅部将在统辖作战行动的战略方针与计划的制订和执行方面不断地进行合作。它们和它们各自的战地司令官将在适当的情况下，在美英两国军队可能联合承担的军事行动的计划与执行方面，进行同样的合作。这种安排也将应用于那些分别承担的计划和行动，因为每一项特殊的计划或行动所需要进行的合作的范围，是在总的政策决定以后相互商定的"②。

第九，为了共同制订计划，双方同意互派军事代表团作为交换情报和调整制订计划的中心。伦敦和华盛顿的地位将完全相等，两个城市中的每一个都将成为制订"在该国承担起战略性指挥责任的地区中进行作战"的计划的场所。③

---

① *Hearings of Pearl Harbor Attack*，Part 15，Exhibit No. 49，pp. 1495，1503.

② *Hearings of Pearl Harbor Attack*，Part 15，Exhibit No. 49，p. 1489.

③ *Hearings of Pearl Harbor Attack*，Part 15，Exhibit No. 49，p. 1494.

第十，确定了对飞机生产的分配方式，这体现在《ABC—1协定》所附的关于"空军的联络"的附件，即《ABC—2协定》之中。其中规定：英国将首先以记账的方式购买美国目前的飞机产品，并能够获得任何新的飞机生产厂家生产的全部产品，直到美国可能进入战争的时间到来。[1]

另外，"ABC"参谋会谈还建议战争的政治及军事的全面指挥权应交给一个最高作战会议，并建议应当在伦敦及华盛顿设置实权的机构，以处理每一国政府中负责同另一方在公务方面进行接洽的代表们的一切活动。由于这些被认为主要是政治方面的问题而不是军事方面的问题，所以没有列入《ABC—1协定》的报告之中，而是在一份单独的文件里作为一项建议呈交给各自的政府。[2]

从上述内容可以看出，《ABC—1协定》是一项涉及全世界所有地区，包括陆地、海洋、天空在内的世界范围的美英联合战略计划。会谈结束后，美国海军作战部长斯塔克、陆军参谋长马歇尔阅读并批准了会议报告，5月28日和6月2日海军部长诺克斯和陆军部长史汀生也分别批准了这个协定。由于该协定是在美国进入战争之前作出的，而美国进入战争的时间又不能确定，因此虽然罗斯福总统阅读了这份报告，但没有给以正式的批准，而是采取了默许的态度。如果美国被迫参战，这个计划就将付诸实施。

## 第三节　"先欧后亚"大战略的确立

### 一、美国强调"先欧后亚"的原因

1941年春天的"ABC"参谋会谈，使美英双方在解决联合作战中的优先次序问题上最终达成了一致，正式确立了"先欧后亚"、"大西洋第一"的战略总原则。然而，双方对这个总战略的具体看法仍然存在分歧。这种分歧主要表现在对次重要地区——远东及太平洋地区的态度上。英国认为，欧洲与大西

---

① "ABC—2"全文见 *Hearings of Pearl Harbor Attack*，Part 15，Exhibit No. 49，pp. 1542-1550.

② ［美］威廉·哈代·麦克尼尔：《美国、英国和俄国：它们的合作和冲突(1941—1946年)》，第15页。

洋应当放在第一位是不言而喻的，但不能因此而放弃保卫它在远东的帝国，当它自己无力提供这种保护时，它要求美国给以帮助。这个要求一再遭到美国的拒绝。美国认为，它应当在大西洋担任重要角色，把主要精力投入到保卫西半球及英国的安全上去，而避免在次重要地区作出代价昂贵的力量转移。

美国决定采取如此坚决的态度的因素是多方面的，但最重要的因素是美国的国家利益。正如斯塔克在"D计划"中所强调指出的，在美国面临严重的战争可能性的时候，它应当决定"一种为了与军事方面相互支持的国家政策"，以确保"我们可能从事的任何战争都将最终且最大地增加我们自己的国家利益"。①　在美国看来，这种国家利益可以分为眼前利益和长远利益，前者意味着美国与西半球的安全，后者则意味着在世界上确立美国的领导地位。

从国家安全的角度考虑，美国必须援助英国首先打败德国。当然，在广泛的战略意义上，法西斯国家无论是统治欧洲大陆还是远东，都将对美国和西半球的安全构成威胁，但是到1939年，尽管由于德国和日本各自在欧、亚大陆的扩张侵略和彼此之间的日益勾结，在大西洋和太平洋地区都已潜伏着这种危险，然而来自欧洲的威胁更成为燃眉之急。

长期以来，美国和西半球的安全有赖于英国和法国的存在，有赖于在大西洋保持强大而友好的英、法海军，这是美国战略思想的一项公认的原则，是1939年7月27日陆海军联合计划委员会在详细制订"陆海军联合基本战争计划"，即"彩虹"计划的第一种设想"彩虹"计划1时所依据的基本思想。1940年法国败降之后，英国作为阻止纳粹德国进一步向西半球扩张的唯一屏障，它的生死安危对美国的安全就更加具有头等重要的意义。

正如斯塔克在"D计划"一开始就明确指出的："如果英国决定性地战胜了德国，我们将在每个地方赢得胜利，但是如果它输了，我们面临的问题将十分严重。尽管我们不会在每个地方失败，但我们可能在任何地方都不会赢得胜利。"②美国助理国务卿、罗斯福总统的亲密顾问之一阿道夫·伯利在1940年10月15日的日记中曾明确表示，美国援助英国人并不是出于感情，"而是

---

①　Steven T. Ross，ed.，*American War Plans*，*1919-1941*，Vol. 3，p. 242.

②　Steven T. Ross，ed.，*American War Plans*，*1919-1941*，Vol. 3，p. 225.

由于我们认识到如果他们失败，我们自己将处于困难之中"①。

但是，欧洲大陆抵抗的迅速崩溃，残酷的不列颠之战，1941 年初正在艰苦进行的大西洋战役，以及丘吉尔不断要求美国援助的呼声，这一切使美国人感到英国不过是苟延残喘地活着，从而对英国的生存能力产生了严重的怀疑。法国败降后，罗斯福曾认为英国的生存可能性为 50∶50。② 到英美参谋会谈时，美国军方的估计也不比总统的估计好多少。③

因此，美国不仅要以"除了参战以外"的一切手段援助英国，保持不列颠之船不致沉没，而且必须使自己的兵力部署达到一旦英国被打败，来自大西洋和太平洋的兵力便能够投入保卫西半球的战斗中去的程度。正如美国参加参谋会谈的代表团在会谈中所强调的，当美、英两个伙伴中无论哪一个"被迫退出战争时，另一个伙伴的部署仍基本保持完好"。这就决定了美国只能把主要舰队部署在大西洋和最东远到珍珠港，而不能同意派它的舰队去新加坡。

必须指出的是，影响美国国家安全的另一个重要因素恰恰在于美国本身的军备力量严重不足，远远达不到既保卫自己又全面援助英国的实力要求。第二次世界大战爆发后，美国国内的孤立主义情绪仍然十分严重，孤立主义者的大喊大叫使美国任何一个军事权威都不敢要求国会为重整军备而拨款，致使"美国的军备在世界上连三等国家都不如"④。直到 1940 年 5 月，由于德国入侵低地国家以及随后法国的投降，这种局面才得以改观。

1940 年 6 月 22 日，国会通过国防税法案，每年计征 99 430 万美元，并

①　James R. Leutze, *Bargaining for Supremacy：Anglo-American Naval Collaboration*, *1937-1941*, note 44 of p. 294.

②　James R. Leutze, *Bargaining for Supremacy：Anglo-American Naval Collaboration*, *1937-1941*, note 53 of p. 290.

③　James R. Leutze, *Bargaining for Supremacy：Anglo-American Naval Collaboration*, *1937-1941*, p. 236. 这是迈尔斯将军在 2 月 13 日的讨论中要求把讨论方向集中于大西洋的理由。

④　这是美国记者兼作家威廉·曼彻斯特在《光荣与梦想：1932—1972 年美国实录》中讥讽当时美国军备状况的一句话。见该书第 1 册，广州外国语学院美英问题研究室翻译组译，朔望、董乐山、关在汉校，商务印书馆 1978 年版，第 317 页。

将国债限额从 450 亿美元增至 490 亿美元,以备国防之用。① 从 1940 年 5 月 16 日到 6 月 23 日,国会为增加陆海空三军实力而通过的防务拨款达 50 亿美元以上;7 月 10 日,国会批准《两洋海军法案》,计划在 5 年内拨款 40 亿美元,将美国的海军力量再增加 70%;9 月 9 日,国会又通过了罗斯福要求的再拨款约 50 亿美元,以适应修订后的陆军和空军计划的需要,并执行上述扩充海军的计划。② 9 月 16 日,国会又通过选征兵役法和军事训练法,这是美国历史上在和平时期第一次通过大规模征兵和军训的法令,它将为美国提供 150 万人的兵力。

但是到 1941 年初,这些重整军备的方案尚处于蓝图阶段,要完成这些计划,使美国达到与德日同时较量所需要的实力还需要近 2 年的时间,到了当年春末,已经可以清楚地看出,仅仅为了支撑英国人的抵抗所需要的飞机、坦克和大炮就比上一年所估计的还要多。③

在太平洋,美国的海军力量也还无法与日本一决雌雄。据统计,1941 年 5 月 1 日,在太平洋上的美国海军力量(包括亚洲舰队)是:

战列舰 9 艘,航空母舰 3 艘,重巡洋舰 13 艘,轻巡洋舰 11 艘,驱逐舰 80 艘,潜水艇 55 艘。如果除去 5 月份调往大西洋的约 1/4 的兵力,数量还要少得多。

而日本 1941 年 12 月在太平洋上的海军力量为:

战列舰 10 艘,航空母舰 10 艘,重巡洋舰 18 艘,轻巡洋舰 17 艘,驱逐舰 111 艘,潜水艇 64 艘。④

因此,当美国人打算认真对待处于两洋的敌人时,他们发现他们的"大棒"还不足以降伏决心在欧洲和亚洲实现"新秩序"的法西斯国家。罗斯福总统对此直言不讳:"我确实没有足够的海军到处使用——在太平洋上发生的每一

① [美]威廉·兰格:《世界史编年手册·现代部分》,高望之、罗荣渠、张广达等译,高望之校,生活·读书·新知三联书店 1978 年版,第 518 页。

② 参见[英]阿诺德·托因比、维罗尼卡·M·托因比合编:《国际事务概览(1939—1946 年):轴心国的初期胜利》(下),第 771—773 页,第 786 页。

③ [英]约翰·科斯特洛:《太平洋战争(1941—1945)》上册,王伟、夏海涛等译,东方出版社 1985 年版,第 92 页。

④ Samuel E. Morison, *The Rising Sun in the Pacific*, 1931-April 1942, p. 58.

个小插曲都意味着减少大西洋上的军舰。"①所以，尽管他愿意对日本采取强硬政策，但还是希望防止太平洋的紧张局势升级，于是他默认了斯塔克的"D计划"，也实际赞同《ABC—1协定》，并支持以后为延缓军事冲突爆发进行的美日谈判。

从美国长远的国家利益考虑，就意味着美国要在一场全球性的动荡与浩劫之后填补资本主义世界领导地位的真空。第一次世界大战结束后，威尔逊总统曾对此跃跃欲试，但没有成功。20年后爆发的第二次世界大战，给了美国又一次机会。因为它昔日的争霸对手英国正在遭受严重创伤，重新确立过去的领导地位将是十分困难的。英国之所以要求美国帮助保卫它的远东领土和利益，从而保持大英帝国的完整，真正的目的就在于此。然而美国决不肯这样做。美国对英国的援助是有一定限度的，这就是既要保持英国的生存，又要保持英帝国处于被削弱的状态。

伯利在上述的同一篇日记中写道："我有一个清楚的感觉，尽管我们希望给英国每一种援助，但我们一定不要犯1917年我们犯过的错误并实际上变成了他们的助手。"②罗斯福在大西洋会晤之前对他的儿子说得更清楚："我们应该从最初的开头起就跟英国讲得明明白白，我们是不愿意做一个老好人，在大英帝国危急的时候可以被它利用来帮它脱出危机，而在事后又永远地把我们忘了"；"我想我可以以美国的大总统的资格来说：美国决不愿在这次战争中帮助英国，使它能够在战后再继续那么专横地统治它殖民地的人民"。③

为了这个目的，美国既不能过早地被英国拉入战争，也不能在一个次重要地区发挥主要作用，而需要按照它自己的条件去准备战争计划，并在制定美英联合战略中扮演主要角色，最终在一个决定美国国家命运和持久影响的重要地区确立自己的地位。这便是美国同意与英国进行参谋会谈并坚持要求英国接受自己的战略思想的根本动机。

---

①　[美]托马斯·帕特森等：《美国外交政策》(下)，李庆余译，中国社会科学出版社1989年版，第533页。

②　James R. Leutze, *Bargaining for Supremacy*: *Anglo-American Naval Collaboration*, *1937-1941*, p. 176.

③　[美]伊利奥·罗斯福：《罗斯福见闻秘录》，李嘉译，新群出版社1950年版，第22页。

　　1940 年美国陆海空三军重整军备的庞大计划保证了美国将成为世界上第一流的军事强国，单是它的"两洋海军"计划，便可以使它到 1946 年拥有世界上最大的海军，足以对付任何潜在的敌人在各个海洋上可能结成的任何联盟，这便是美国与英国进行讨价还价的雄厚资本。在会谈中，特纳将军在 2 月 13 日的一份备忘录中的一段话值得我们重新提起。他明确指出，时至今日，英美之间的力量均势显然已经发生变化，美国现在有更大的责任和更多的机会，英国人已经形成的任何错误的印象都必须让位于新的现实。

　　因此可以说，1941 年春天的英美参谋会谈是美国作为一个二流军事强国的最后一次行动，也是它作为西方世界的第一流强国的第一个行动。当第二次世界大战结束后美国真正确立了它在西方世界的领导地位时，我们就完全看清了 1941 年的"ABC"参谋会谈所作出的"先欧后亚"大战略方针的持久的历史作用。

### 二、美国的战略战术准备

　　毋庸置疑，"ABC"参谋会谈是第二次世界大战发展过程中的一个里程碑。它是在美国尚处于战争之外，并一再强调不承担义务的情况下，为最终打败轴心国而与英联邦进行多方面合作的一个重要的组成部分，是太平洋战争爆发前两国建立军事同盟的最为关键的一步。《ABC—1 协定》所确立的"先欧后亚"的战略总原则，协调了两国的全球战略，成为以后指导美英两国实际进行全球联合作战的基本战略；它规定的具体军事行动区域和行动计划，为整个战争时期两国的军事合作提供了基本框架；它制订的对轴心国进行封锁、空袭、外围军事袭击，最后决定性地打击德国的进攻政策，成为以后的战争一直遵循的路线；它的关于互派军事代表团的建议也立即得到落实，为珍珠港事件后诞生的英美参谋长联席会议的工作奠定了基础。① 两国之间相互交换

---

　　①　参谋会谈后，戈姆利和陆军少将钱尼一起回到他在伦敦的岗位，此后美国在伦敦的海军官员迅速增加。1939 年 6 月，美国在英国的海军参谋机构只有 11 个人（包括 1 名武官、3 名助理武官、3 名被招聘的人员、4 名公务员）。1940 年 6 月大约为 30 人，到 1941 年 8 月为 130 人。英国的参谋人员在会谈后留在华盛顿，并建立了常设英国联合参谋委员会，成为后来英美参谋长联席会议的组成部分。参见 William L. Langer and S. E. Gleason, *The World Crisis and American Foreign Policy*, Vol. 2, p. 289；David Reynolds, *The Creation of the Anglo-American Alliance*, 1937-1941: *A Study in Competitive Co-operation*, p. 185.

科技与军事情报的工作也积极地开展起来。①

由于《ABC—1 协定》所预期的大多数行动是为美国将来成为参战国而设计的,因此正如舍伍德所说,该协定所提供的实际情况给参战前的美国提供了它从未有过的那种极高度的战略准备。② 这种战略准备主要体现在 3 个方面:

第一,从战争需要出发安排生产。参谋会谈后,美国在全面规划生产方面、全面规划《租借法案》的执行情况方面,以及对军用物资的分配方面,这种战略准备都发挥着远较以前高得多的效率。随着《租借法案》的通过和参谋会谈的结束,美国政府在 1941 年春夏之际,采取了一系列措施扩大了重要原料的生产,加速建造船舶和重型轰炸机。8 月 28 日,罗斯福总统建立了"供应、优先权和分配委员会",以此作为整个防务计划的决策和协调中心,以再度经过改组的生产管理局作为其执行机构,以"先欧后亚"的原则建立了优先分配制度。为了长期的战略要求,政府制订了"胜利计划"③,修订美国的生产计划,为工业特别是军工生产规定生产目标,并对民用消费品生产实行大量削减,使民用工业向战时工业转变。④

第二,对美国的战略计划进行修改,为最终参战做具体准备。参谋会谈后,陆海军联合计划委员会得到指示,要求以《ABC—1 协定》为基础重新审查和修改"陆海军联合基本战争计划"中的"彩虹"计划 5。修改后的"彩虹"计划 5 于 1941 年 5 月 14 日完成,于 11 月 19 日为陆海军联合委员会批准。⑤ 它强调美国与英国的合作,准备进行两洋战争,把打败德国放在第一位;美国的主要军事努力将首先针对欧洲和大西洋地区,如果日本进入战争,美国和同

①　[美]舍伍德:《罗斯福与霍普金斯——二次大战时期白宫实录》上册,第 372—373 页。

②　[美]舍伍德:《罗斯福与霍普金斯——二次大战时期白宫实录》上册,第 376 页。

③　参见本书第一编的相关内容。

④　[美]阿诺德·托因比、维罗尼卡·M·托因比合编:《国际事务概览(1939—1946年):轴心国的初期胜利》(下),第 842—846 页。

⑤　William L. Langer and S. E. Gleason, *The World Crisis and American Foreign Policy*, Vol. 2, p. 453.

盟国在远东的战略将首先是防御。① 因此，在太平洋战争爆发之前，美国的战略家们终于为处理危险的国际形势提供了现实可行的"陆海军联合基本战争计划——'彩虹'计划5"，它准确地反映了美国的地缘政治和战略环境，成为美国指导战争的总战略。

第三，在大西洋采取了援助英国的一系列行动。遵循《ABC—1协定》达成的一致战略，美国开始了一系列参战前的军事准备工作。1941年3月，美国军官访问了不列颠群岛，为他们的运输舰队和空军选择基地，接着就开始了基地的建设。在大西洋的纽芬兰岛、冰岛和格陵兰岛，基地的建设工作也进展迅速。另外，美国的造船厂也开始修理在海战中受伤的英国船只。②

美国在参战前采取的最重要的援助英国的行动是美国海军在大西洋的巡逻和护航。1941年4月，美国政府把从战争初期以来就划定的所谓安全地带和巡逻区域，扩展到包括西经26°左右以西的北大西洋一线，此后这条沿西经26°划定的界线便成为美国实际的海上边疆。它把英国在美洲或邻近美洲的领土、格陵兰岛和亚速尔群岛都包括在美国的巡逻范围之内，美国军舰将随时把在巡逻中发现的敌人的行踪通知英国人，尽管这时美国还没有对英国的运输船队给以直接的保护。同时，罗斯福总统批准美国的船只可以进入红海，给驻扎在埃及的英国军队运送给养。7月，美国军队替换了在冰岛的英国守军，使该岛包括在西半球防御之内，并为驶往冰岛的英国船只护航。在8月的大西洋会议上，两国拟定了美国海军在大西洋的护航中包括英国的北大西洋舰队。9月4日，由于德国袭击了美国的驱逐舰"格利尔号"，罗斯福宣布了"一见到就开炮"的命令，使美国实际上处在对德国"不宣而战"的状态。③

另外，为了完成大西洋的战争准备，美国于1941年5月间把大约相当于太平洋舰队的1/4的力量从珍珠港调到了大西洋。其中包括：3艘战列舰、1

---

① Steven T. Ross, ed., *American War Plans*, *1919-1941*, Vol. 5, pp. 98-141. 还可参见本书第一编的相关内容。

② ［英］温斯顿·丘吉尔：《第二次世界大战回忆录·第3卷·伟大的同盟》，韦凡译，白景泉、谢德风校译，南方出版社2005年版，第1002页。

③ ［英］温斯顿·丘吉尔：《第二次世界大战回忆录·第3卷·伟大的同盟》，第1004—1009页；［英］阿诺德·托因比、维罗尼卡·M·托因比合编：《国际事务概览（1939—1946年）·轴心国的初期胜利》（下），第849—855页。

艘航空母舰、若干供应舰。这些舰只于 5 月 22 日进入巴拿马运河。① 因此到 1941 年秋天，英国人可以向远东派出一支小规模的东方舰队（包括"威尔士亲王号"和"却敌号"），去加强新加坡的防御。

总之，通过美国在 1941 年采取的上述"除了参战以外"的一切行动，使美英两国在大西洋的合作已经变得如此密切，因此当珍珠港事件后美英与轴心国处于全面交战的状态时，在战略上并没有造成很大的混乱。

值得注意的是，美英两国在太平洋及远东地区的合作并没有在《ABC—1 协定》中完成，但是，它同样达到了一种"不可逆转的程度"。美国同意在太平洋上以坚持防御的态势与英国和荷兰一起反对一个共同的亚洲敌人。1941 年 4 月，英国海军少将丹克沃茨和海军上校克拉克访问了珍珠港；4 月 21—27 日，在新加坡召开了有英国、美国、荷兰以及澳大利亚和新西兰等国正式代表出席的旨在制订联合对付日本进攻行动的计划的会议，并达成了《ADB 协定》，这个协定就是美国在参战前同意与同盟国在亚太地区进行有限合作的重要标志。

# 第四节 "ADB"参谋会谈

如前所述，英美寻求军事合作以反对法西斯国家扩大侵略，首先是从远东和亚太地区开始的。无论是 1938 年英格索尔的伦敦之行，还是 1939 年汉普顿的华盛顿之行，探讨的主要问题都是关于一旦两国处于同日本的战争之中，两国的协同作战问题。尽管随着第二次世界大战的爆发，英美双方的战略重心都转到了欧洲和大西洋地区，但是自 1940 年 10 月以后，在远东有利害关系的英国、美国、荷兰、澳大利亚和新西兰等国，还是不断地试图制订联合抵抗日本向南扩张的军事行动计划，并为此召开了一系列双边或多边的参谋会谈。1941 年 4 月在新加坡举行的"美国—荷兰—英国会谈"，即"ADB"会谈（American-Dutch-British Conversations），就建立在这些会谈的基础之上。

---

① William L. Langer and S. E. Gleason, *The World Crisis and American Foreign Policy*, Vol. 2，p. 451；[英]约翰·科斯特洛：《太平洋战争(1941—1945)》上册，第 104 页。

### 一、"ADB"会谈背景

1940 年 6 月，日本借法国败降之机，逼迫法属印度支那当局封锁了印度支那与中国的边界，禁止国外的援华物资过境；7 月，日本又迫使英国暂时关闭滇缅公路 3 个月；8 月 1 日，近卫内阁公开提出建立"大东亚共荣圈"的外交方针；9 月，日军强行进驻印度支那北部，迈出了南进的关键一步，并开始插手泰国和印度支那的边界冲突。为了保证南进的成功，9 月 27 日，日本与德国和意大利签订了三国同盟条约。

日本的南进态势，使英国政府产生了深深的危机感。鉴于在远东防御的虚弱状态，英国不得不开始认真考虑如何保护它的远东利益。但是当时欧洲、地中海和中东的战场形势使英国根本不可能派出一支增援部队去远东。在这种情况下，英国采取了两个措施：第一，召开有远东地区各国的军事指挥官们参加的一系列会议，解决防务难题；第二，继续呼吁美国与英国进行军事合作以对付日本的进攻。

国际形势的恶化也迫使美国开始考虑和英国讨论一旦美国参战，美英战时的大战略问题。但是在双方没有制定明确的全球战略的总原则之前，美国不可能在远东防务问题上对英国作出明确的军事援助保证。然而，考虑到菲律宾防务的薄弱状态，以及远东在美国世界战略中的地位，美国也不能不考虑与有关各国作出某种安排，以便在一旦需要时能够采取一致的军事行动抵抗日本的进攻。因此，美国面对英国呼吁所持的态度是：第一，介入有关远东防务问题的讨论与研究，"为未来的联合行动计划制订一个框架"，以备美国被迫进入对日战争之用；第二，强调决不能承担任何政治义务，也不能为一个同盟国的战争制订明确的军事计划。①

于是，从 1940 年 10 月到 1941 年 2 月，英美两国与在远东有利害关系的荷兰、澳大利亚、新西兰等国举行了一系列双边或多边会谈。这些会谈包括：1940 年 10 月美国驻泰国海军武官 F·P·托马斯(F. P. Thomas)中校以观察员的身份出席的、由英国驻远东的三军总司令在新加坡召开的有澳大利亚、

---

① James H. Herzog, *Closing the Open Door：American-Japanese Diplomatic Negotiations*, *1936-1941*, p. 124.

新西兰、印度、缅甸、马来亚及荷属东印度的军事代表参加的远东防务会议;① 同年 11 月,美国亚洲舰队参谋长、海军上校威廉·珀内尔(William R. Purnell)在新加坡与英国的军事当局举行的探索性会谈;② 11 月底,英国与荷兰在新加坡举行的参谋会谈;③ 1941 年 1 月,珀内尔在巴达维亚与荷兰太平洋海军司令、海军中将康拉德·赫尔弗里希(Conrad E. L. Helfrich)举行的美荷会谈;④ 同年 2 月,珀内尔作为观察员出席的、由英国远东总司令罗伯特·布鲁克-波帕姆空军上将(Sir Robert Brooke-Popham)在新加坡召开的有英国、马来亚、澳大利亚(代表新西兰)、荷属东印度代表参加的军事会议。⑤

　　这些会议,检查了远东的防务状况,提出了改进措施,有关各国就通信联络、情报交换、联络人员的交换、相互增援以保卫海上交通线以及海军和空军的行动区域等问题达成了初步协定,并对日本采取什么行动将被视为战争行动的问题进行了探讨。但是由于英国人处处强调保卫英帝国的重要性,美国则恪守不承担任何政治、军事义务的精神,所以上述历次会谈均未能产生一个共同防御日本进攻的行动计划。

　　1941 年 3 月 29 日,在华盛顿召开的历时 2 个月的美英参谋部门首脑之间的会谈终于结束。这次会谈达成的《ABC—1 协定》,为尚处于战争之外的美

　　① 　S. Woodburn Kirby, *The War against Japan*, Vol. 1, pp. 49-50; J. R. M. Butler, *Grand Strategy*, Vol. 2, pp. 491-492; Peter Lowe, *Great Britain and the Origins of the Pacific War*: *A Study of British Policy in East Asia*, *1937-1941*, pp. 180-182.

　　② 　*Hearings of Pearl Harbor Attack*, 79th Congress, 1st Session, Part 4, p. 1931.

　　③ 　Arthur J. Marder, *Old Friends*, *New Enemies*: *The Royal Navy and the Imperial Japanese Navy*, Vol. 1, pp. 140-141; Paul Haggie, *Britannia at Bay*: *The Defence of the British Empire against Japan 1931-1941*, p. 187; S. Woodburn Kirby, *The War against Japan*, Vol. 1, pp. 51-52.

　　④ 　美国海军战略计划局档案 Strategic Plans Division Records, Box 117, Anglo-American Cooperation, 1938-1944, ABDA-ANIAC Correspondence, 1941-1942, Naval Historical Center-Washington Navy Yard S. E., Washington, D. C..

　　⑤ 　Arthur J. Marder, *Old Friends*, *New Enemies*: *The Royal Navy and the Imperial Japanese Navy*, Vol. 1, pp. 207-208; S. Woodburn Kirby, *The War against Japan*, Vol. 1, pp. 55-56; Peter Lowe, *Great Britain and the Origins of the Pacific War*: *A Study of British Policy in East Asia*, *1937-1941*, pp. 201-203.

国和正在与法西斯国家激战的英国确立了"先欧后亚"的全球战略总原则。在这个战略总原则的指导下，两国为在大西洋和欧洲的合作制订了具体的行动计划，但对远东的战略合作仍存在意见分歧。不过，双方同意在新加坡召开有关各国参加的高级军事会谈，以解决远东的防务问题。

1941 年 4 月 21—27 日，美国、荷兰、英国、澳大利亚、新西兰、印度、马来亚的高级军事代表们在新加坡召开会议，简称为"ADB"会谈。美国第一次派出了一个由海军上校珀内尔为首的 4 人代表团正式出席。①

"ADB"会谈的目的是：

制订一个以《ABC—1 协定》为基础的行动计划，要特别解决的问题是在英国打算派往远东的增援部队——东方舰队到达之前和之后，为在印度洋、太平洋、澳大利亚和新西兰水域的武装部队的任务和部署，以及相互之间的合作制订详细的计划。

会议的前提条件是：

1. 英联邦、它的盟国和美国处于与德国、意大利和日本的战争之中；

2. 不含有政治义务；

3. 会议的任何协定都必须得到有关政府的批准。②

因此用当时的美国陆军战争计划局长杰罗将军的话来说，这次会议要达成的协定应当"是一个在一旦提到的那些国家卷入战争的情况下，为指导军事行动，在军事人员之间达成的一个技术协定"③。但是从上面所列举的参加会议的主要人员显然可以看出，关于这次会议的目的和任务的规定将更多地体

---

①　出席会议的主要代表有：美国：海军上校威廉·珀内尔，美国亚洲舰队参谋长。荷属东印度：陆军少将 H·特尔·普尔坦恩（H. ter. Poorten），陆军总参谋长；海军上校 J·J·A·V·斯塔维里恩（J. J. A. van Staveren），海军参谋长。英联邦：澳大利亚：海军上将拉格纳·科尔文爵士（Sir Ragnar M. Colvin），澳大利亚自治领海军委员会主席；新西兰：海军准将 W·E·帕里（W. E. Parry），新西兰海军参谋长；印度：陆军少将 G·N·莫里斯沃思（G. N. Molesworth），印度总参谋部副总参谋长。东印度地区：陆军准将 A·G·B·威尔逊（A. G. B. Wilson），东印度地区参谋长。中国舰队总司令部：海军中将杰弗里·莱顿爵士（Sir Geoffrey Layton），中国舰队总司令。英国远东总司令部：罗伯特·布鲁克-波帕姆爵士，英国远东总司令。以及他们的助手和其他参谋人员。

②　*Hearings of Pearl Harbor Attack*，Part 15，Exhibit No. 50，p. 1557.

③　*Hearings of Pearl Harbor Attack*，Part 3，pp. 992-993.

现英国的观点，与美国军方的看法并不会完全一致。

## 二、《ADB 协定》

这次会议的最后报告称为《ADB 协定》(亦称《ADB—1 协定》)①。它的主要内容有：

第一，申明联盟国家的战争目标和当前在远东的战略。

协定指出：

> 我们的目标是打败德国和它的盟国，因此在远东保持联盟国家防御日本进攻的态势，以便保持对日本的长期经济压力，直到我们能够发动进攻的时刻到来。②

第二，强调并列举了联盟国家在远东的最重要的利益。这些利益是：

> (a)海上交通线的安全。
>
> (b)新加坡的安全。次重要的利益是在菲律宾群岛的吕宋岛的安全，因为只要潜艇和飞机部队能够从吕宋岛采取行动，那么就能够包抄来自东方的针对马来亚或荷属东印度的敌人的远征军。③

第三，提出了对日本南进行动的预测。

会议认为，日本的政策旨在整个东南亚和远东地区建立新秩序，以实现它的政治和经济目的。为此日本可能进攻菲律宾、中国香港、马来亚、北婆罗洲、荷属东印度群岛以及在所有这些地区的海上交通线，甚至进攻澳大利亚和新西兰。但是直到征服菲律宾之后，日本才能在其他地方冒大的风险。④

第四，概述了导致联盟国家与日本进行战争的不同情况。

这些情况是：

---

① 全文见 *Hearings of Pearl Harbor Attack*，Part 15，Exhibit No. 50，pp. 1551-1584；Steven T. Ross, ed., *American War Plans*，*1919-1940*，Vol. 4，pp. 113-146.

② *Hearings of Pearl Harbor Attack*，Part 15，Exhibit No. 50，p. 1558.

③ *Hearings of Pearl Harbor Attack*，Part 15，Exhibit No. 50，p. 1558.

④ *Hearings of Pearl Harbor Attack*，Part 15，Exhibit No. 50，p. 1562.

如果日本直接进攻任何英、荷、澳、新的领土和托管领土，以及进攻菲律宾群岛；

如果日本军队挺进到东经100°以西或北纬10°以南的任何泰国领土；

如果查明受到护航的大规模日本战舰或商船正在向克拉地峡或马来亚的东海岸或菲律宾行动，或越过马来亚和菲律宾的北纬6°线；

如果日本军队占领了荷属帝汶岛、新喀里多尼亚岛或洛亚蒂群岛，都应该受到联盟国家的军事抵抗。①

第五，提出了在坚持远东防御战略的同时，可能对日本采取的某些进攻性行动。

该报告指出：

为了确保我们不脱离打败德国和意大利的主要目标，当前我们在远东的主要战略必须是防御性的。但是我们有某些将主要帮助保卫我们的远东利益的措施，而这些措施本身是进攻性的。

这些措施包括：

1. 组织针对日本占领领土和日本本土的空军行动；

2. 增援菲律宾，加强吕宋岛的防御措施，以有利于最后的进攻；

3. 用财政援助的方法支持中国正规军，并支持中国的游击队活动；

4. 在日本组织颠覆活动；

5. 英、美、荷的潜艇和空军部队对日本实行最大规模的经济封锁。②

第六，就各国负责的不同行动区域提出了建议。

美国：

美国的亚洲舰队应当以马尼拉为基地，并利用香港作为一个前哨基地，从侧翼采取行动反对日本在海上的任何南进行动。如果马尼拉的基地守不住，

---

① *Hearings of Pearl Harbor Attack*，Part 15，Exhibit No. 50，p. 1564. 这个建议的主要部分在2月的新加坡会议上已经提出，在这次会议的报告中强调了日本进攻菲律宾也将导致战争的内容。

② *Hearings of Pearl Harbor Attack*，Part 15，Exhibit No. 50，p. 1565.

这支舰队应当撤到新加坡,处于英国的中国舰队总司令的指挥之下,只留下潜艇、轻型舰只和空军去保卫吕宋岛和至关重要的海上交通线。

美国的太平洋舰队应当针对日本在太平洋的海上交通线和日本的托管岛屿采取行动,并努力向新几内亚和澳大利亚以东的英国海军提供援助。

荷兰:

荷兰陆军部队应当主要保持对荷属东印度群岛的防御。

海军部队除了主要用于保卫荷属东印度群岛和岛屿之间的狭窄通道外,在需要时还应当与空军部队一起增援英国人。

澳大利亚:

准备提供部队增援在安汶岛和荷属帝汶岛的荷兰守军。

英国:

在英国的远东舰队(即东方舰队)到达之前,英国的海军部队除了防御当地的基地外,还将保卫极为重要的海上交通线和进攻日本的海上交通线,特别是保护贸易和增援部队与给养的运输。

在远东舰队到达以后,英国的舰队将以新加坡为基地,对日本军队、领土和海上交通线采取进攻行动;如果不能从新加坡发动军事行动(这被认为是"一件不可能的事"),英国舰队将从印度洋的基地采取行动,以保护至关重要的海上交通线。如果需要,将在马六甲海峡采取军事行动以缓解对马来亚的压力。

该协定还说明需要防御远东地区的所有海军和空军基地。被保卫的空军基地位于缅甸—马来亚—婆罗洲—菲律宾—新几内亚—所罗门群岛—新赫布里底群岛—斐济群岛—汤加一线,它们将得到从苏门答腊通过东印度和澳大利亚到新西兰东海岸的第二道防线的增援。[1]

第七,对共同使用的暗号和密码作了安排。[2]

从上述内容可以看出,《ADB协定》是一个不仅涉及远东地区,而且包括太平洋、印度洋和大洋洲水域在内的美、荷、英、澳、新、印、马等国家和地区联合反对日本的初步军事计划,但它过于强调以新加坡为中心,用其他

---

①　*Hearings of Pearl Harbor Attack*,Part 15,Exhibit No. 50,pp. 1568-1578.

②　*Hearings of Pearl Harbor Attack*,Part 15,Exhibit No. 50,p. 1579.

国家的力量保卫英帝国在远东的利益。这自然使英国感到满意，却使美国对它的批准变得十分困难。

### 三、美国对《ADB 协定》的拒绝

英国的三军参谋长们很快批准了《ADB 协定》的主要内容，只有 2 点除外：

1. 他们不同意香港应当被看作是一个前哨基地的建议，认为与其说香港是一个有用的资源，不如说它是一个战略负担；

2. 在美国没有明确说明如果战争爆发其态度究竟是什么之前，他们不能同意由于日本方面的明确行动而要求立即进行军事抵抗的建议。①

但是美国军方对这个报告却极为不满，以至于他们在只看到该报告的摘要之后就通知英国人他们"必须全盘否定这个文件"②。6 月 9 日，华盛顿收到《ADB 协定》的正式文本。7 月 26 日，马歇尔和斯塔克再次致函英国三军参谋长，③ 说明美国军方不能批准该协定的原因在于它违反了《ABC—1 协定》的基本精神。具体说来主要有以下几点：

第一，它违反了英美双方无论是在"ABC"会谈中还是在"ADB"会谈中均有所规定的"不包含政治义务"的原则，而且在《ADB 协定》中包含的政治问题超过了军事协定的范围。例如，对联盟国家中的一个国家的进攻应被认为是对其他国家的进攻，一旦日本的行动超出一定界限，联盟国家将诉诸战争等规定，以及要求增加对中国的援助和从事在日本的颠覆与破坏活动等等，都将使美国在尚未参战的情况下承担政治义务，这是美国所不能同意的。

第二，这个报告过于强调新加坡的安全和马来屏障对新加坡及整个远东安全的重要性，就像英国人在华盛顿会议上反复强调的一样。但是英国的海军却没有承担保卫马来屏障反对日本南进的任务，也不承担旨在针对日本袭

---

① Arthur J. Marder, *Old Friends*, *New Enemies*: *The Royal Navy and the Imperial Japanese Navy*, Vol. 1, pp. 208-209; S. Woodburn Kirby, *The War against Japan*, Vol. 1, p. 63.

② 5 月 20 日，陆军参谋长马歇尔和海军作战部长斯塔克收到了《ADB 协定》的摘要；6 月 7 日，他们通知英国人他们完全不能接受它。这封信的原文见 WPD 4402—18。

③ 这封信 7 月 6 日草拟，但到 7 月 26 日才发出，全文见 *Hearings of Pearl Harbor Attack*, Part 3, pp. 1542-1544/Part 15, Exhibit No. 65, pp. 1677-1679.

击封锁该屏障的进攻行动。所有英国的海军部队只被分配担任护航、巡逻、保卫海上交通线的工作，它们中的绝大部分处于极其远离英国三军参谋长们声称的这个"至关重要的"地区，却把保卫这一地区的任务分配给美国与荷兰的武装部队。① 这有违于《ABC—1 协定》中关于"在远东的联盟各国的武装部队的指挥官们将负责保卫他们本国在远东的领土"的规定。

第三，《ADB 协定》中对于增援菲律宾的要求不但违反了《ABC—1 协定》关于美国不打算增援菲律宾的决定，而且该协定中关于菲律宾作为一个对日本的远征军采取进攻行动的基地的看法，也与美国的关于菲律宾的战略地位在于它对日本南进行动的牵制性的看法相左。美国认为，菲律宾的战略地位和现有的美国兵力的主要价值在于这个事实，即日本只有付出极大的努力才能打败他们，这将导致拖延对新加坡和荷属东印度的进攻。因此，日本对菲律宾的进攻不仅能够给联盟国家提供机会去使日本海军遭到重创，而且也使他们自己有机会去改善保卫马来屏障的部署。所以美国的参谋长们通知英国人："由于其他战略地区的更大需求，美国目前不能对菲律宾提供任何大量的补充增援部队。在当前的世界形势下，不能考虑帮助从菲律宾发动一场强有力的进攻。"

此外，美国也不同意关于香港只是一个战略负担而不是一种有用的资源的看法。他们认为香港的作用与菲律宾一样，将牵制或推迟日本军队在其他更具决定性的战场采取行动。

第四，对荷属东印度群岛的战略重要性没有给以评价。②

第五，《ADB 协定》对"东方战区"的规定比《ABC—1 协定》对"远东地区"

---

① 英国在远东的 48 艘舰只中只有 3 艘被分配在该地区附近活动，参见 Arthur J. Marder, *Old Friends, New Enemies: The Royal Navy and the Imperial Japanese Navy*, Vol. 1, p. 209.

② 4 月 27 日《ADB 协定》签订当天，英、荷代表便在美国观察员出席的情况下举行了会谈，解决了有关英、荷部队的分配与使用等问题，并订立了《BD 协定》。但是仍然没有对该群岛的战略重要性作出评价，英国坚持不承担政治义务。参见 Arthur J. Marder, *Old Friends, New Enemies: The Royal Navy and the Imperial Japanese Navy*, Vol. 1, p. 249; Peter Lowe, *Great Britain and the Origins of the Pacific War: A Study of British Policy in East Asia, 1937-1941*, p. 249.

的规定更为广泛,① 并使美国的亚洲舰队在这一地区内的活动处于英国的战略指导之下,美国不能同意。因为这不仅可能使亚洲舰队失去其独立性,还可能导致把美国海军部署在对美国来说没有战略重要性的水域。而且,美国方面认为,英国关于设立"东方战区"和一个新的总司令——"远东舰队总司令"的打算,并不包括在《ABC—1 协定》之中。鉴于英国最终向远东派遣一支强有力的东方舰队是一件不能确定的事,斯塔克通知英国人,在制订一个计划从而使英国海军能够在保卫英国在远东的地位中发挥主要作用的时间到来之前,撤销原来批准的指示美国亚洲舰队总司令在万一发生战争时,在英国的战略指挥下作战的那道命令。②

另外,《ADB 协定》把美国的海军航空兵部队置于英国的指挥之下,这也是对《ABC—1 协定》的违背。

第六,美国军方认为《ADB 协定》并没有为联盟国家在远东地区的联合军事行动制订一个切实可行的计划。

综上所述,可以看出,美国之所以完全拒绝接受这个文件,正如斯塔克和马歇尔在 6 月 7 日给英国三军参谋长的信中所说,不仅是"因为它与'ABC—1'的义务不相符合,还因为它关系到的问题只是英国政府关心的问题"。他们建议重新召开会议去制订符合《ABC—1 协定》的联合作战计划。

---

① 《ABC—1 协定》规定的远东的地理范围大约是东到东经 141°,西到东经 92°,北到北纬 30°,南到南纬 13°。而《ADB 协定》的范围甚至从非洲到新西兰。

② 这意味着美国从《ABC—1 协定》规定的把西太平洋的战略指挥权授予英国人的条款上后退了。

# 第　七　章

# 大西洋会议与军事战略会谈

## 第一节　大西洋会议与《大西洋宪章》

1941 年 8 月 9 日至 12 日，在纽芬兰的普拉森夏海湾(Placentia Bay)的阿金夏港口(Argentia)外的战舰上，丘吉尔和罗斯福各自率领庞大的代表团举行了自第二次世界大战爆发以来两国间元首的首次会晤(代号"里维埃拉"，Riviera)。除技术人员外，与会的两国主要高级官员有：英国外交部常务次官贾德干、帝国总参谋长约翰·迪尔(Sir John Dill)、海军参谋长达德利·庞德和空军副参谋长威尔弗雷德·弗里曼(Wilfred Freeman)；美国总统私人顾问哈里·霍普金斯、副国务卿韦尔斯、总统特别代表和驻英租借物资负责人威廉·哈里曼(William A. Harriman)、陆军参谋长马歇尔、海军作战部长斯塔克、陆军航空队司令亨利·阿诺德(Henry H. Arnold)和美国大西洋舰队总司令欧内斯特·金(Ernest J. King)。

会谈在政治和军事 2 个层面分别进行，取得的最重要成果是在政治领域，双方发表了著名的联合宣言——《大西洋宪章》。就宪章内容来看，主要表达了双方在战争期间和战后的政治原则和愿望。宪章宣布：

(一)两国并不追求领土或其他方面的扩张。

(二)凡未经有关民族自由意志所同意的领土改变,两国不愿其实现。

(三)尊重各民族自由选择其所赖以生存的政府形式的权利。各民族中的主权和自治权有横遭剥夺者,两国俱欲设法予以恢复。

(四)两国在尊重它们的现有义务的同时,力使一切国家,不论大小,胜败,对于为了它们的经济繁荣所必需的世界贸易及原料的取得俱享受平等待遇。

(五)两国愿意促成一切国家在经济方面最全面的合作,以便向大家保证改进劳动标准、经济进步与社会安全。

(六)待纳粹暴政被最后毁灭后,两国希望可以重建和平,使各国俱能在其疆土以内安居乐业,并使全世界所有人类悉有自由生活,无所恐惧,亦不虞匮乏的保证。

(七)这样一个自由,应使一切人类可以横渡公海大洋,不受阻碍。

(八)两国相信世界所有各国,无论为实际上或精神上的原因,必须放弃使用武力。倘国际间仍有国家继续使用陆海空军军备,致在边境以外实施侵略威胁,或有此可能,则未来和平势难保持。两国相信,在广泛而永久的普遍安全制度未建立之前,此等国家军备的解除,实属必要。同时,两国当赞助与鼓励其他一切实际可行的措施,以减轻爱好和平人民对于军备的沉重负担。①

英国官方史著作指出:"虽然美国置身战争之外,但由罗斯福和丘吉尔签署了关于战争目标的声明,意味着美国与战争结果有了十分紧密的利益联系……因为由美国提供战争武器本身不可能导致决定性的胜利,宪章包含了美国未说出口的参战的含义。"②丘吉尔在其回忆录中对《大西洋宪章》也给予了高度的评价:

---

① PREM 3/485/9,Joint Declaration by the President and the Prime Minister,August 14,1941.《大西洋宪章》签署的日期是 8 月 12 日,两天后正式公布;世界知识出版社编:《国际条约集(1934—1944)》,第 337—338 页。

② Llewellyn Woodward,*British Foreign Policy in the Second World War*,Vol.2,p.203.

这项联合宣言的影响深远的重要性是显而易见的。美国在名义上仍属中立，却会同一个交战国发表这样的宣言，仅就这一事实而论，就是惊人的。宣言中包括有"最终摧毁纳粹暴政以后"的词句（这是根据我的原稿中的一句话写的），这等于一个挑战，在平时这种挑战意味着战争行动。最后，不容忽视的一点就是最后一节的现实意义。这一节清楚而鲜明地宣告，在战后，美国将和我们联合起来维持世界的秩序，直到建立起一种较好的局面为止。①

# 第二节　会议上的军事会谈

关于军事领域的会谈，丘吉尔同样给予了高度的评价："在双方海军和陆军首长之间，也连续不断地举行会议，并且在广泛的范围内取得一致意见。"②但实际情况并不像丘吉尔所说的那样，相反，"不论在罗斯福－丘吉尔的会谈中，还是在同时举行的总参谋长的会商中，英国人当时所希望的协议都没有达到接近于实现的地步"③。在大西洋会议期间，双方军事将领共进行了3次联合会谈和若干个人之间的私下讨论，显示出双方在"ABC"会谈和"ADB"会谈后在战略上仍存在不少的分歧，这些分歧在大西洋会议上并没有得到解决，以后仍然时常出现。

## 一、双方的战略分歧

第1个分歧表现在如何实施"大西洋第一"的战略上。源于传统，英国执行的是一条"间接战略"，即以海军为基础，对德意施行经济和交通封锁，同时进行战略轰炸、小规模的袭扰和支持占领区的破坏颠覆活动，以此消耗敌方力量和蚕食敌人的势力范围，最终拖垮敌人而取得胜利或为最终的大陆反攻创造前提条件。而美国主张的是"直接战略"，即以强大的工业生产力和人力为基础，用军队直捣敌人的心脏，与之进行面对面的决战，依靠压倒性的

---

① ［英］温斯顿·丘吉尔：《第二次世界大战回忆录·第3卷·伟大的同盟》，第1189页。
② ［英］温斯顿·丘吉尔：《第二次世界大战回忆录·第3卷·伟大的同盟》，第1185页。
③ ［美］舍伍德：《罗斯福与霍普金斯——二次大战时期白宫实录》上册，第479页。

力量取胜。这种战略上的分歧，在英美两国的军事战略对话中一直存在，并成为双方战略分歧的根源。丘吉尔本人对英美在这种战略上的不同理解作了以下剖析：

> 在军事领域和在商务或生产领域里，美国人的思想自然倾向明确的、全盘的、合乎逻辑的最大规模的结论上。他们的实际思想和行动就建立在这些结论之上。他们觉得一旦把基础按照真实和广泛的方针做成了计划，所有其他阶段将会自然地，而且几乎是不可避免地跟着来到。英国人的思想却与此很不相同。我们并不认为合乎逻辑而又明确的原则对于在迅速变化和不可限定的形势下所应做的事情来说，一定就是唯一的锁钥。特别是在战争时，我们更加重视随机应变和临时安排，我们企图按照正在展开的事件去生存和制胜，而不渴望常以一些基本决定来支配事件。关于这两种意见，有很多争辩的余地。分歧之处在于着重之点，但这是根深蒂固的。①

比较而言，英方在大西洋会晤之前作了较为充分的准备。7月31日，参谋长委员会起草了一份名为《总体战略评估》(General Strategy Review)的报告，在8月10日提交给了美方，打算以此作为第二天同美方磋商军事问题的基础。

报告指出，目前的战略形势是：德国挥师西班牙将导致直布罗陀基地失守，占领加那利群岛成为大势所趋；有必要在法属摩洛哥和法属西非部署军队，但英国面临入侵的威胁，无力作出此部署；失去中东将是灾难性的，保住中东将主要有赖于美国的协助；新加坡对于远东的行动来说是至关重要的。

报告直言美国的参战将使战略形势发生革命性的变化："海上的严峻形势将立即得到缓解，船运损失的减少将体现这一点。即使日本参战，优势的天平依然在我们一方。美军将能够阻止敌人在摩洛哥和西非的渗透，能够接手大西洋岛屿的潜在责任。"

关于未来，报告指出："我们必须首先摧毁德国战争机器赖以存在的基

---

① ［英］温斯顿·丘吉尔：《第二次世界大战回忆录·第3卷·伟大的同盟》，第1331页。

础——为其提供支撑的经济、士气和供应补给……以及胜利的希望。"为此采取的手段是封锁、轰炸、颠覆和宣传："轰炸进攻必须以最具破坏性的规模进行……我们将给予生产重型轰炸机以最高的优先权……如果大规模运用这些手段，德军以之为基础的整个架构将被摧毁，无论他们现在的力量如何，德国的武装力量将在战斗力和机动性方面遭遇严重的削弱，以至于再次发动直接的进攻将成为可能。这一时刻的到来……很大程度上取决于我们在美方的协助下如何能够使我们扩大空军力量的计划继续施行下去，如何获得和保护必不可少的船运。有可能以上提到的手段本身就足以使德国求和……但是，我们必须做好准备通过地面部队登上欧洲大陆……直接打败德国，从而加快胜利的到来。"①

然而，美方军事代表原来只打算同英方洽谈租借物资的分配问题。因此，在第二天的会谈伊始，作为美方主要发言人的斯塔克表示，由于时间仓促，来不及仔细研究英方的报告，待返回华盛顿之后，再就该报告给予正式的答复，眼下可以先进行非正式的讨论。② 事实上，会谈只讨论了英方报告的前15段内容，后24段留待以后进行正式的研究。③

在会谈中，英国空军副参谋长弗里曼要求美国提供1万架飞机(其中轰炸机6 000架)，远超出了美国的生产计划，让美国陆军航空队司令阿诺德吃惊不已。斯塔克表示，目前的会议只限于讨论本身，美国愿意在目前政策的最大限度内与英国进行合作，但他对英方关于轰炸机优先、船运需要、海上巡逻机的分配以及由美军占领亚速尔群岛的方案表示了异议。马歇尔则表示，葡萄牙总理安东尼奥·萨拉查(António de Oliveira Salazar)已致信罗斯福总统，同意在必要时美军可和平占领亚速尔群岛。另外，美方打算以1万人的陆军部队替换驻防冰岛的近5 000名海军陆战队官兵；在此期间，希望英方不要减少在冰岛的驻军。马歇尔还提醒英方，美国自身军备重整的需求和苏联、

---

① Mark S. Watson, *Chief of Staff：Prewar Plans and Preparations*, pp. 402-403.

② PREM 3/485/5, Discussion on Future Strategy between the United States and British Chiefs of Staff, 11th August, 1941.

③ 返回华盛顿之后，美国军方对英国的这份战略报告基本是全盘否定。参见 Mark S. Watson, *Chief of Staff：Prewar Plans and Preparations*, pp. 406-408.

中国等其他国家对租借物资的要求，使美方在军事物资上面临着巨大的压力。①

双方没有在如何实施"大西洋第一"战略问题上发生直接的争论，只是各自表达了自己的立场，但英方对美方实际感到不满。会后，英国参谋长委员会的报告提道："我们发现，对于在如果参战的情况下如何部署他们的军队，他们只有模糊的想法……美国人希望我们在冰岛驻留足够的部队，从而使美国海军陆战队能够撤离并用在别处的行动中。另一方面，处于战斗中的我们急于从冰岛撤出我们的部队，以避免兵力分散，并将这些部队用在别处……美军参谋长们显而易见正考虑的是西半球的防御，至今没有制订任何他们参战情况下打败德国的共同战略。"②

英国官方军事史家 J·M·A·格怀尔认为："对于报告除了支持大范围起义的行动以外没有提及任何有关欧洲的大规模地面军事行动，这被认为是最后的阶段，他们明显感到失望。他们还指出，在他们看来，该报告过于倚重轰炸的进攻性价值。然而，尽管他们质疑我们当时的政策，他们却拿不出替代性的方案。他们自己的计划几乎只专注于西半球的防御。"③另外，格怀尔分析了美国的"直接战略"："他们的国家资源十分丰富，他们很少必须考虑代价，对他们来说很自然地使用压倒性的力量去解决每一个问题——粉碎性打击、迎头碰撞和快速取胜。他们不但不熟悉通过巧妙地运用有限的手段来力图实现目标的更富灵活性的战略，而且甚至在一定程度上对此表示怀疑。"④

的确，"从一开始马歇尔就怀疑这些观点的准确性。他坚信取胜要靠与敌

<hr>

① PREM 3/485/5, Discussion on Future Strategy between the United States and British Chiefs of Staff, 11th August, 1941; CAB 66/18, W. P. (41)202, Prime Minister's Meeting with President Roosevelt: Memorandum by the Prime Minister, 20th August, 1941, Annex 3; Theodore A. Wilson, *The First Summit: Roosevelt and Churchill at Placentia Bay, 1941*, p. 114.

② CAB 66/18, W. P. (41)202, Prime Minister's Meeting with President Roosevelt: Memorandum by the Prime Minister, 20th August, 1941, Annex 3.

③ J. M. A. Gwyer, *Grand Strategy*, Vol. 3: *June 1941-August 1942*, Part 1, London: Her Majesty's Stationery Office, 1964, p. 127.

④ J. M. A. Gwyer, *Grand Strategy*, Vol. 3, Part 1, p. 350.

方打交手战。如果美国参战,他认为就必须有大量的陆军部队······他直截了当地阐明美国的现有义务而不是英国的需求是掌握将来武器装备运输的根据。他和斯塔克在8月12日以尖锐的口气指责英国由于在购买物资上未能与美国协调,且不尊重优先原则所造成的严重的采购问题。阿诺德将军私下告诉英国的空军代表,美国近期内向英国运送大批重型轰炸机的希望微乎其微"①。

因此,美方对英方的战略轰炸持怀疑的态度,以至于修改了《ABC—2协定》中的如下规定:

> 原则上,英联邦用于装备、维持、训练已有以及新部队的计划应建立在这样的基础上:
> (1)来自英联邦生产的飞机;
> (2)已批准的英国生产的14 375架飞机和来自美国企业生产的1.2万架飞机的计划;
> (3)依照军事形势需要和情况许可的数量,对来自美国现有或已批准产能所持续生产的飞机进行分配。
> 此外,超出以上规定来自军用飞机新产能所生产飞机的分配,原则上且根据定期的评估,应建立在以下基础之上:
> (1)在美国参战时刻到来之前,从这些新产能所生产的全部飞机应提供给英国;
> (2)如果美国参战,之后这些来自新产能所生产的飞机应在盟国之间根据军事形势需要和情况许可进行分配。出于制订计划的目的,英国应假定,这些产能将在美国和英联邦之间以大约一半对一半的形式进行分配。②

结果是美国答应给英国的大部分新生产的重型轰炸机数量大大减少。到1943年6月,英国能从美国得到的重型轰炸机大约是1 100架,这不到英方

---

① [美]福雷斯特·C·波格:《马歇尔传(1939—1942)》,第134—135页。
② 《ABC—2协定》的全文见 *Hearings of Pearl Harbor Attack*, Part 15, pp.1545-1550.

所期望获得的数量的一半，而且不到英方需要的 1/4。①

　　第 2 个分歧是在中东政策上，这实际是由第 1 个分歧衍生而来。在"ABC"会谈时，英国就强调其在中东已存在相当的军事力量，不但不愿意失去中东，而且希望美国在中东给予援助。当时美方以在大西洋航线正面临德国海军的巨大威胁时增援中东将大大增加商船的损失为由，拒绝支持英方的中东政策。在 1941 年 7 月霍普金斯第二次英国之行期间，他再次表达了美方对中东的立场："我们的三军参谋长——就一切有关防务方面作出重大决定的人——相信，英帝国为着谋求在中东维持无法防守的阵地，正在作出过多的牺牲。……大西洋战役是这次战争中最后的决定性战役，所以应该集中所有力量来打赢这一战役。"②很明显，美国不愿意为了英国的中东利益"火中取栗"。美国赞成"大西洋第一"的战略，其着眼点仍然是基于西半球的防御，即保护美国的直接利益。

　　但丘吉尔坚持不能放弃中东，甚至认为："我不相信，任何发生于马来亚的不测所造成的损失，足以抵得上丧失埃及、苏伊士运河和中东的 1/5。……我的同僚们也有这种看法。"③

　　在大西洋会议的军事会谈中，英方重申，为了现实的原因，也为了英国在中东的声望，英国不能放弃中东这块已深深踏入的阵地，仅撤出 60 万人的军队及其装备，就是一项规模浩大且十分复杂的行动。保护波斯的油田和阻止希特勒通过高加索南下是非常重要的，而且依据《ABC—1 协定》先铲除意大利的设想，在中东留有发起进攻的基地是同样重要的。④ 马歇尔代表美方指出，美方十分理解英方在中东问题上的立场，"但在他看来的问题是，我们应根据那一战场能够从英国和美国所获得地面和空中行动所需装备的数量将我们的行动展开至何种的程度。因美军扩大规模的需要、英国在中东军队的需要、美英两国远东利益以及俄国人的需要，出现了一个很大的如何优先分配的问题……他建议，中东问题应同这种优先分配问题上存在的矛盾联系起

　　① 　J. M. A. Gwyer, *Grand Strategy*, Vol. 3, Part 1, pp. 129-130.

　　② 　[美]舍伍德：《罗斯福与霍普金斯——二次大战时期白宫实录》上册，第 427 页。

　　③ 　[英]温斯顿·丘吉尔：《第二次世界大战回忆录·第 3 卷·伟大的同盟》，第 1180 页。

　　④ 　J. M. A. Gwyer, *Grand Strategy*, Vol. 3, Part 1, p. 126.

来十分谨慎地进行分析"。而美国海军战争计划局长特纳甚至提醒英方："正在讨论的报告中的某些地方与'ABC—1'存在出入，他认为'ABC—1'仍然是正确的，起草它不但是指导美国参战后的行动，而且是指导在此之前英方的行动。"①

实际上，美方再次委婉否定了英方的中东政策。但英方乐观地认为："我们已使美国人相信，我们的中东政策是正确的。"②

第3个分歧是在葡萄牙所属大西洋岛屿的占领问题上。1941年春，根据情报显示，德国军队有可能通过西班牙和葡萄牙进入北非和西非，这样英国在直布罗陀的要塞将无法据守。4月23日，美国驻英大使怀南特(John G. Winant)向罗斯福转交了丘吉尔的信件，其中提到，一旦西班牙屈服于德国的过境要求或是遭到进攻，英国打算实施"香客"行动(Operation Pilgrim)，派遣2支远征军占领亚速尔群岛、加那利群岛和佛得角群岛。丘吉尔同时指出："由于我们有其他的海军负担，我们没有力量维持一个持续的警戒状态。如果您能尽早派遣一支美国海军中队在这些地区进行友好巡航，这将是十分有益的。"③丘吉尔实际希望在"香客"行动中，美国能够提供切实的援助。

为此，罗斯福总统7月14日写信给葡萄牙总理萨拉查，指出美国愿意联合巴西帮助葡萄牙协防所属的大西洋岛屿。④ 萨拉查在回信中多少有些勉强地表示，就葡萄牙政府而言，会不遗余力地防御亚速尔群岛和佛得角群岛，英国业已承诺向这些岛屿提供防御物资，但如果英国因其他地区的事务而无暇顾及或者有必要的话，葡萄牙愿意接受美国的援助。⑤

大西洋会议上，丘吉尔和罗斯福在援助葡萄牙的问题上达成了一致。丘吉尔提道："我告诉总统，我们正考虑实施'香客'行动，我们可能被迫在德国进犯半岛之前就采取行动……总统认为，如果葡萄牙所属岛屿遭遇危险，则

---

① PREM 3/485/5，Discussion on Future Strategy between the United States and British Chiefs of Staff，11th August，1941.

② CAB 66/18，W. P.（41）202，Prime Minister's Meeting with President Roosevelt：Memorandum by the Prime Minister，20th August，1941，Annex 3.

③ *FRUS*，*1941*，Vol. 2：*Europe*，p. 839.

④ *FRUS*，*1941*，Vol. 2：*Europe*，pp. 852-853.

⑤ *FRUS*，*1941*，Vol. 2：*Europe*，pp. 853-855.

有理由采取行动。"①

　　但是前面提到，斯塔克最初反对包括占领亚速尔群岛在内的英方提案，不过马歇尔指出葡萄牙总理给总统的信中已经同意了和平占领亚速尔群岛之事，于是斯塔克没有再在这个问题上表示反对。

　　马歇尔指出："在占领亚速尔群岛问题上，速度是至关重要的，美方为此提供军队存在很大的困难"，因为美国要防御本土及其海外属地，协防加拿大，增兵冰岛，还有可能向南美的哥伦比亚、委内瑞拉、巴西等国家派驻军队，以确保巴拿马运河的安全，这些几乎用尽了美国现阶段的全部兵力。此外，美军自身仍存在人员、装备和训练不足的问题，所以英方"香客"行动所带来的新义务是美方难以承担的。但是，马歇尔表示："如果不得不对亚速尔群岛采取行动，找到兵力的难题并非不能克服，因为该群岛被认为是位于西半球范围内，但获得他们所需装备将是极其困难的……这些因素使得美国军队难以在接下来的6个月中承担任何的义务。"最终，美方明确指出，冰岛和亚速尔群岛由于位于西半球，因此由美国负责占领，但占领加那利群岛和佛得角群岛的行动，只能由英方自己承担。②

　　不过，由于后来葡萄牙政府推迟邀请美国占领亚速尔群岛，此次行动被取消。

　　罗斯福在同丘吉尔的会谈中，也提道："美国政府难以向亚速尔群岛和佛得角群岛同时派兵，而且存在这种区别，前者位于西半球范围内，而后者位于西经26°以东。"然而，罗斯福又表示："他也许能够将两者纳入同一计划，但此时此地他无法作出确切的承诺。"③

---

　　① PREM 3/485/1，Prime Minister to the Foreign Office，11th August，1941；PREM 3/485/5，Notes of a Meeting Held in the Prime Minister's Cabin on 11th August，1941：Annex 1；*Hearings of Pearl Harbor Attack*，79th Congress，1st Session，Part 14，Exhibit No. 22-C，pp. 1276-1278.

　　② PREM 3/485/5，Notes of a Meeting held in the Prime Minister's Cabin on 11th August 1941：Annex 1；PREM 3/485/5，Informal Discussion between General Marshall，General Sir John Dill and Brigadier Dykes on 11th August，1941.

　　③ PREM 3/485/5，Record of Conversations between the Prime Minister and the President，August 11th，1941.

　　显然，在这个问题上，罗斯福的观点比他手下的军事将领更加暧昧。①
美国的官方军史著作提道："美国方面对于英国参谋长委员会评估报告的批评
态度与'奥古斯塔号'上国家元首之间的悦耳合唱，形成了令人不快的对
比。"②但无论如何，在英方看来，这是美方只关心西半球防御的又一次很好
的证明。

　　在占领大西洋岛屿问题上，罗斯福总统不可能反对军方的立场，因为在
美国参战前，任何超出西半球防御的行动只能招来国会和公众舆论的反对，
罗斯福当然考虑到了这些因素，而经常对一些敏感问题立场模糊或不置可否
是他的行政作风之一，在同丘吉尔打交道的时候他也往往喜欢说一些丘吉尔
爱听的话。

　　美国军史学家肯特·格林菲尔德(Kent R. Greenfield)指出："他从自己的
长期政治生涯中学会了一种决定问题的方式，即无为政治。……当他看到某
些事情可能如他所希望的那样发生的时候，他有意地听其自然而不下达命
令。"③而据美国陆军部长史汀生记述，1941 年 12 月 25 日，在"阿卡迪亚"会
议期间，马歇尔等军方将领告诉他，刚接到的一份英方的备忘录显示，总统
在未征询军方意见的情况下答应丘吉尔，如果形势需要，会将增援菲律宾的
美国军事力量转向新加坡。这引发了史汀生的极大愤怒，他向霍普金斯表示，
如果总统坚持己见，他与陆军部的高级将领将辞去职务，后罗斯福予以了否
认。史汀生感慨道："这一事件显示了总统没有让他的陆海军顾问在场却在如
此极其重要的国际问题上信口开河的危险。"④

　　福雷斯特·C·波格则指出："罗斯福不像丘吉尔重视其军事顾问那样重
视自己的参谋长们"，马歇尔"经常必须同罗斯福的缺乏行政章法，同他的不

---

　　①　相对于军方来说，罗斯福的观点立场更接近于丘吉尔，这也是以后英方的战略观
点一度占优的原因之一。比如罗斯福本人比较赞成轰炸战略。韦尔斯在一份备忘录中就指
出，罗斯福重视空军的战略作用，并且认为飞机改变了一切。见 *FRUS*, *Japan*, *1931-
1941*, Vol. 2, p. 543.

　　②　Mark S. Watson, *Chief of Staff*: *Prewar Plans and Preparations*, p. 404.

　　③　[美]肯特·格林菲尔德:《第二次世界大战中的美国战略——再思考》，陈月娥译，
解放军出版社 1985 年版，第 91 页。

　　④　Henry L. Stimson, *The Henry L. Stimson Diaries*, New Haven: Yale University
Library, 1973, Microfilm, Reel. 7, Vol. 36, pp. 145-146.

把私下的高层次的讨论情况随时告诉参谋长们，以及同他的往往听信其他部门官员的建议而忽视陆军部的意见的情形进行斗争"。①

第 4 个分歧是关于远东太平洋问题，这也是"ABC"会谈遗留下来没有解决的主要战略问题之一。7 月 23 日，日本政府迫使法属印度支那当局同意日军进驻印度支那南部，从而对英属马来亚、荷属东印度和美属菲律宾构成了军事威胁。26 日，美国政府发布冻结日本在美资产的命令，英国和荷兰随后响应。8 月 1 日，开始对日本实施石油禁运，并很快发展成为对日本的全面禁运。

在大西洋会议上，罗斯福告诉丘吉尔，美国政府会同日本继续谈判，从而延迟双方"摊牌"的时间，会向日方重新提出从印度支那撤军、暹罗和印度支那中立化的建议，但要求在谈判期间，日本不能扩大在印度支那的占领行动，不能将其作为进攻中国的基地。罗斯福还称，他将向日本政府指明："日方的任何进一步行动都将造成一种形势，使美国不得不采取某些措施，即使这可能导致美国和日本之间的战争。"丘吉尔除赞同罗斯福的以上想法外，建议美国政府应同时维持对日本的经济高压态势。②

在军事会谈中，丘吉尔试图再次引起美方对新加坡战略地位的重视，强调"新加坡作为盟国增援的目标在战略上的价值"③。实际上仍是希望美国能够帮助英国坚守新加坡。

虽然丘吉尔和罗斯福达成一致意见准备向日本政府发表"并行声明"，警告日本在西南太平洋的任何进一步的侵略举动都可能导致日本与美英之间的战争，但美国海军作战部长斯塔克认为，美国已经建立了相当的战略物资储备，并有其他物资原料的来源，如果必要，美国完全可以放弃来自远东的物资进口。斯塔克建议英方也采取类似做法，重新评估马来亚的战略价值，实

---

① ［美］福雷斯特·C·波格：《马歇尔传（1943—1945）》，魏翠萍、高玉、潘长发等译，世界知识出版社 1992 年版，第 4 页。

② *Hearings of Pearl Harbor Attack*，Part 14，Exhibit No. 22-C，pp. 1279-1281；PREM 3/485/5，Record of Conversations between the Prime Minister and the President，August 11th，1941.

③ Theodore A. Wilson，*The First Summit：Roosevelt and Churchill at Placentia Bay*，*1941*，p. 95.

在不行就加以放弃。① 马歇尔则指出，美国正在加强菲律宾的防御，此举应该能够对日本南侵构成威胁。但英方认为，菲律宾的防御即便如此也是完全不够的，例如最近马尼拉的防空高射炮只是由原来的 2 门增加为 4 门，只是增派了一个中队(9 架)"空中堡垒"轰炸机和少数坦克。而特纳指出英方的一些主张同"ABC—1"的原则立场不符，实际委婉表达了对英方要求美方协防新加坡，从而偏离"大西洋第一"战略原则的不满。②

应该说，此时的美国如英国期望的那样加强远东的防御是不可能做到的。因为这与处于和平时期的美国国内的政治氛围不符，也同美国军方限于西半球防御的方针相悖。美国人还担心协防远东有可能落入帮助英国人巩固其殖民利益的政治圈套。在会议期间，美国副国务卿韦尔斯曾向英国外交部常务次官贾德干指出："总统希望英国不要将日军占领泰国当作宣战的理由。"③另外，强调美国在西半球或大西洋的作用，美方一定程度上可以回避英方提出的协防新加坡的要求。

然而，在英方看来，此时置身战争之外的美国希望已深陷欧洲战事之中的英国自己解决远东的防御问题，实际同样是违背"大西洋第一"的原则。因此，"ABC"会谈期间英美在远东问题上的战略分歧没有得到任何程度的弥合。

## 二、对大西洋会议的评价

关于大西洋会议在军事战略层面的意义，美国官方史的评价是：

> 大西洋会议，足以称得上是一次重大的政治会议，但军事参谋人员的与会没有取得多大的成果，除了双方海军参谋长就 1941 年 9 月开始执

---

① *Hearings of Pearl Harbor Attack*，Part 14，Exhibit No. 22-B，pp. 1269-1271；J. M. A. Gwyer，*Grand Strategy*，Vol. 3，Part 1，pp. 128-129. 斯塔克的这种说法实际仅代表个人意见。

② PREM 3/485/5，Discussion on Future Strategy between the United States and British Chiefs of Staff，11th August，1941；CAB 66/18，W. P. (41) 202，Prime Minister's Meeting with President Roosevelt：Memorandum by the Prime Minister，20th August，1941，Annex 3.

③ David Dilks，ed.，*The Diaries of Sir Alexander Cadogan*，*1938-1945*，New York：G. P. Putnam's Sons，1972，p. 398.

行的护航行动合作达成一致意见之外。①

**英方官方史的评价较美方乐观：**

> 美国三军参谋长表面上的消极态度部分应归因于政治形势的微妙。来自总统的指示阻碍了他们接受即使是非正式的新义务……它使英国三军参谋长们——没有其他任何事能够如此——对他们同行处境的困难和风险留下了深刻的印象。出于这种原因，他们没有因会议缺乏明显的进展而过于沮丧。他们认为，在特定问题上的批评和令人失望的沉默背后，他们觉察到了诸多的善意，只要形势许可，即会施加于我们。②

**罗伯特·舍伍德评价此次会议称：**

> 在大西洋会议上，参谋长们的讨论没有产生什么重要的结果。……英国的参谋长们在会议桌一边坐下来，原希望会讨论重大战略问题。可是，美国人却没有得到总统授权去讨论所拟定的暂时性协议以外的事项；他们的主要兴趣是，由于俄国战事的进展而受到影响的《租借法》优先考虑项目和生产计划进度的问题。

> 海军人员解决了巡逻和护航方面的许多细节问题……美国的参谋长们反复强调，他们的职责在于防卫西半球……就记录看来，没有讨论太平洋的战略问题，尽管曾稍微考虑过日本海军可能扩展到印度洋，甚至日本人还试图占领马达加斯这类事。

> 在阿金夏举行的这些军事会谈，唯一具有真正永久重要意义的事情，是马歇尔和迪尔两人开始建立了友谊关系……③

---

① Mark S. Watson, *Chief of Staff：Prewar Plans and Preparations*, p. 405.

② J. M. A. Gwyer, *Grand Strategy*, Vol. 3, Part 1, p. 129.

③ ［美］舍伍德：《罗斯福与霍普金斯——二次大战时期白宫实录》上册，第482—483页。

显然，英方并不像他们的三军参谋长报告中所说的那样，"我们既不期望，也没有取得惊人的成果"，而是"英国的参谋长们在会议桌一边坐下来，原希望会讨论重大的战略问题"。① 美国学者西奥多·威尔逊也提道："在会议开始前，没有一致的议程，但是星期六下午的会谈表明，英国人希望讨论大战略，反之，马歇尔和他的同事只准备讨论与优先处置生产和军需相关的事务。"②这说明，英方是有备而来，真实意图是希望利用这个场合鼓励美国早日参战或是让美方接受英方的战略方针。

作为现实主义的政治家，丘吉尔肯定不是冲着《大西洋宪章》这个务虚的政治宣言而来的，因为宪章对当时的战局根本没有任何实际的价值。英国官方史评述道：宪章"既不新鲜，又不惊人……实际情况是，那些正为他们的生命而战斗的人们没有赋予这样一个关于战争目标的正式宣言多大的重要性"③。美国学者波格指出："这项声明被普遍认为是一项冠冕堂皇的声明，而不是一项列出专门条款的声明，它是一篇宣传性的呼吁，而不是一项含有未来打算的坚定声明……"④另一位美国学者沃伦·金博尔指出，《大西洋宪章》是当时特定形势下的产物，对罗斯福来说，"一定程度上，《大西洋宪章》是瞄准美国国会和公众……政府在不受到被英国人操纵的指控的同时，建立美英一致的印象"⑤。

的确，美国和英国后来都并没有完全信守《大西洋宪章》的一些原则，

① CAB 66/18，W. P. (41) 202，Prime Minister's Meeting with President Roosevelt: Memorandum by the Prime Minister，20th August，1941，Annex Ⅲ.

② Theodore A. Wilson, *The First Summit: Roosevelt and Churchill at Placentia Bay*, *1941*，p. 116.

③ J. M. A. Gwyer, *Grand Strategy*，Vol. 3，Part 1，p. 124.

④ ［美］福雷斯特·波格：《第二次世界大战中美国的战争及其战略的形成》，见［德］卡尔·德雷奇斯尔勒等：《第二次世界大战中的政治与战略》，军事科学院外国军事研究部译，军事科学出版社 1983 年版，第 99 页。

⑤ Warren F. Kimball, "Anglo-American War Aims, 1941-43, 'The First Review': Eden's Mission to Washington", in Ann Lane and Howard Temperley, *ed.*, *The Rise and Fall of the Grand Alliance*, *1941-45*, London: Macmillan Press, 1995, pp. 2-4.

"《大西洋宪章》并不比威尔逊的十四点拥有更好的命运"①。这说明，尽管宪章的主体内容是丘吉尔所撰写的，但很可能他的真实意图却不在于此，他知道美国的对外政策爱冠以某些道德头衔，所以投罗斯福所好，乘机鼓动罗斯福参战的决心，另一方面说服美方接受英方的战略方针。

在与罗斯福的第一天的会谈之中，丘吉尔就向罗斯福指出当前的战争和上一次大战大不相同，是一场机械化的海陆空立体战争，不能再使用人海战术。他贬低大规模陆军的作用，主张通过战略轰炸、经济封锁、颠覆破坏等手段最终取胜。②

另外，在美方与会人员看来，丘吉尔的一番讲话带有鼓动美国早日参战的意味。③ 而这种推测并非虚妄，在会议期间丘吉尔曾对属下放言："我宁可要美国宣战和 6 个月内不向我们提供援助，而不要加倍地援助而不宣战。"④ 使丘吉尔感到遗憾的是，他的主要目的没有实现，"罗斯福对首相不言而喻的要求和他言语中的特别所指，没有作出答复……如果参战的建议惹恼了总统，他也没有表现出不高兴，大概他意识到，要求丘吉尔在此问题上保持沉默是不可能的"⑤。丘吉尔和英国军方人员大概也明白，美国政府在目前不可能作出超出西半球防御以外的举动，但英方不愿意放弃任何实现他们意图的机会，毕竟做与不做有着本质的区别。

事实上，马歇尔和斯塔克向罗斯福强调指出："美国唯有在日本发动进攻或直接对'其安全对美国极具重要性的地区'构成威胁时才能参战。这些地区包括美国本土、英联邦和荷属东印度群岛；如被敌对势力占据即可对马来亚和缅甸构成威胁的泰国某些地区以及南太平洋上某些法属和葡属海岛。"他们争辩道，无论如何也不能向日本发出最后通牒。⑥

---

①　William L. Neumann, *Making the Peace*, 1941-1945: *The Diplomacy of the Wartime Conferences*, Washington, D. C.: Foundation for Foreign Affairs, 1950, p. 17.

②　Theodore A. Wilson, *The First Summit*: *Roosevelt and Churchill at Placentia Bay*, 1941, p. 95.

③　Mark S. Watson, *Chief of Staff*: *Prewar Plans and Preparations*, p. 401.

④　[美]罗伯特·达莱克：《罗斯福与美国对外政策(1932—1945)》上册，第 415 页。

⑤　Theodore A. Wilson, *The First Summit*: *Roosevelt and Churchill at Placentia Bay*, 1941, p. 96.

⑥　[美]福雷斯特·C·波格：《马歇尔传(1939—1942)》，第 179 页。

因《大西洋宪章》的发表，大西洋会议的政治意义远远超过了军事意义，它的政治光环实际掩盖了英美双方在军事战略领域自"ABC"会谈以来所存在的分歧。此次会议同样没有解决这些分歧，但作为一次英国不成功地试图鼓动美国参战或是让美国接受英方战略方针的行动，大西洋会议对了解"先欧后亚"或"大西洋第一"战略原则确定后，英美双方在战略的具体执行上存在的不同理解有着重要的价值。

值得注意的是，英方人员还存有这样的观点，"尽管他们质疑我们当时的政策，他们却拿不出替代性的方案"①。一定程度上，英方的这一观点符合当时的实情，因为尽管美国与英国达成了"先欧后亚"的战略方针，但如何在现实中去执行它，却是一个浩繁复杂的问题。即使美国拥有与德军在欧洲大陆决战的"直接战略"构想，但仅有战略方针，没有具体的实施方案依然是不行的。美国军史专家路易斯·莫顿指出："'彩虹'计划5既不是胜利的蓝图，也不是作战行动的计划，它只是规定了战争情形下在届时合乎情理的假设基础之上的美国军队的任务和目标。"②马歇尔后来谈到这次会议时坦言："我认为对那些觉得我们一直在事先详细策划战争的人们的最好回答是事实：我们在奥古斯塔会面时竟连基本的计划都没有……我们没有准备给英国人提出什么肯定的建议。"③

显然，已经历2年战争的英国比起当时处于和平时期的美国而言，在军事战略方面更具现实针对性和更加成熟，在会谈前的准备工作方面更加充分，因此在英美两国军方的会谈中占据主导性的优势。相比之下，美国军方由于缺乏总统的政策指导，不知道何时以及何种情况下美国将参与战争，对大战略的实施缺乏更加详细的方案。英国学者斯蒂夫·韦斯指出："罗斯福不予指导，总是闪烁其词，期待来自质疑走向战争的美国民众的鼓励话语。由于不公开他的战略意图，由于维持一种模糊不清的国家政策，在即将举行的军事

---

① J. M. A. Gwyer，*Grand Strategy*，Vol. 3，Part 1，p. 127.

② Louis Morton，"German First：The Basic Concept of Allied Strategy in World War Ⅱ"，in Kent R. Greenfield，ed.，*Command Decisions*，p. 46.

③ ［美］福雷斯特·C·波格：《马歇尔传(1939—1942)》，第132—133页。

会谈中难以取得什么成果。"①

　　因此，在美国参战后的一段不短的时期内，英国的战略构想成为英美两国联合作战中的主要战略选择。

## 第三节　会后美英在远东军事合作的发展

　　大西洋会议期间，美英军方领导人就《ADB 协定》进行了大量的讨论，双方同意由英国准备一份新的"ADB"报告草案，使之符合《ABC—1 协定》。② 8 月 25 日，英国三军参谋长提出了一个报告草案，即《ADB—2 协定》。③ 尽管它对某些美国反对的内容作了修改，但是美国仍然以基本缺点依然存在，特别是以没有承认保卫马来屏障主要是英国人与荷兰人的事情为由，于 10 月 3 日再次予以拒绝。④ 因此，美、英、荷、澳企图达成一项联合对日作战计划的努力终于失败。

　　但是，《ADB 协定》的失败并不意味着在太平洋战争爆发前的几个月中美英在远东缺乏合作。相反，这种合作不但体现在有关各国在部队配置、海空军基地和各国行动区域等方面的相互了解正在日益加深，也体现在美、英、荷、澳、新等国之间在通信方面的密切合作已经确立；⑤ 更为重要的是，《ADB 协定》的主要思想实际上成为美英两国制订自己的远东计划和采取行动的依据，并且随着形势的发展和双方协商的继续进行，一个新的美英合作计划的初步框架，终于在太平洋战争爆发前夕被远东的军事指挥官们制定出来了。

---

　　① Steve Weiss, *Allies in Conflict*：*Anglo-American Strategic Negotiations*，1938-44，p. 38.

　　② CAB 66/18，W. P.（41）202，Prime Minister's Meeting with President Roosevelt：Memorandum by the Prime Minister，20th August，1941，Annex 3.

　　③ 原件见美国陆军部战争计划局档案，WPD4402—18，缩微胶卷。

　　④ Maurice Matloff and Edwin M. Snell, *Strategic Planning for Coalition Warfare*，1941-1942，p. 76；Arthur J. Marder, *Old Friends*，*New Enemies*：*The Royal Navy and the Imperial Japanese Navy*，Vol. 1，p. 210.

　　⑤ 见 1941 年 11 月 8 日美国海军部长诺克斯给国务卿赫尔的关于在远东"ADB"国家之间通信合作问题的备忘录，*Hearings of Pearl Harbor Attack*，79th Congress，2nd Session，Part 20，Exhibit No. 174，pp. 4067-4068.

### 一、增援远东

对英方来说，它重新审查了对远东领土的防御计划，坚持了《ADB 协定》中向远东派出一支增援部队的基本思想。这支东方舰队终于在日本内阁于 10 月 17 日进行了决定性的更迭、决心与美英开战的东条内阁上台之后得以组成。这支舰队的总司令、海军中将菲利普斯于 10 月 20 日乘新型战列舰"威尔士亲王号"驶往远东。

对美国来说，尽管它拒绝接受《ADB 协定》，但是该协定的基本思想对美国军方的影响尤其清晰可见。

首先，随着日本南进步伐的加快，美国最终接受了《ADB 协定》中关于增援菲律宾的考虑。7 月 26 日，就在美国政府因日军进驻法属印度支那南部而宣布冻结日本在美资产的当天，麦克阿瑟将军被正式任命为美国远东陆军总司令，以加强对菲律宾的军事领导。7 月 31 日，马歇尔宣布防御菲律宾是美国的政策，尽管他限定实行这个政策"不允许危及在大西洋地区作出的主要努力的成功"。以后陆军部计划并陆续运送各种武器装备及陆空军部队去远东，其中包括最新型的 B—17 重型轰炸机；海军则向亚洲舰队派出了现代化的潜艇和摩托艇。①

其次，美国军方日益强调远东在全球战略中的重要性，并强调美、英、荷、中等国必须联合用武力打败日本。10 月，当美日外交谈判陷入僵局时，海军部长诺克斯和陆军部长史汀生在一封给罗斯福总统的信中指出，新加坡和菲律宾与荷属东印度一起，不仅在经济上供应着美国和英国防御努力的成功所必需的最大部分的原料，而且由于它们联系着英联邦的极其重要的部分，在军事上的地位甚至是更重要的。如果日本在新加坡和荷属东印度确立了它的统治，那么英伦诸岛本身的安全就会受到威胁，美国的安全从而也会受到威胁。如果联合王国的政府倒台，我们就会发现澳大利亚、新西兰和印度的军队将需要在国内保卫他们自己的领土，并因此不能再参加阻止纳粹向东和

---

① Maurice Matloff and Edwin M. Snell, *Strategic Planning for Coalition Warfare*, *1941-1942*, pp. 68-73; James H. Herzog, *Closing the Open Door: American-Japanese Diplomatic Negotiations*, *1936-1940*, p. 133; [美]福雷斯特·C·波格：《马歇尔传(1939—1942)》，第 168—173 页。

向南的推进。英国在近东的地位将被破坏，维希法国可能会完全落入纳粹的统治之下，纳粹的控制将伸展到非洲，而我们则将会看到纳粹高悬于空中的大头棒砸向我们在南美洲的朋友。在勾画了这样一幅可怕的图景之后，他们强调，允许日本控制这一地区是对美国安全的不可容忍的威胁，除非日本放弃这种目的并放弃进一步靠武力征服的做法，否则美、英、荷、中四国必须诉诸武力去阻止这种侵略。①

最后，美国最终同意了《ADB 协定》中规定的日本的武装力量不能超过的那条地理界线。1941 年 11 月，美国政府从日本的种种行动迹象中已经察觉到，日本不久就会对西方国家动手，但是他们没有预料到日本会直接进攻自己，而是认为它会首先进攻英国或荷兰在远东的领地，或进攻苏联。因此，他们认为美国面临的要解决的问题是：

1. 如果远东战争爆发，美国将采取什么战略？

2. 在上述预料的日本的进攻方向之中，美国应当把哪一种行动视为对日本宣战的理由？

11 月 5 日，马歇尔和斯塔克在递交给总统的一份备忘录中回答了上述问题。他们指出，美国在远东的战略仍然应当以《ABC—1 协定》中的军事政策和战略为依据，美英两国的首要目标是打败德国，因此万一对日本开战，美国仍然应当坚持在远东采取守势的原则，并同英国与荷兰合作。目前美国的部队正在菲律宾集结，英国也在加强新加坡的驻军，到 1942 年 2 月或 3 月，在该地区西方国家对抗日本的防御力量将达到"令人注目的规模"。但是当增援行动正在进行之时，除非日本直接进攻或威胁其安全对美国来说至关重要的地区，美国才能参战。为此他们划定了一条日本不能逾越的界线：当日本的军队对美国的领土或托管地、对英联邦或对荷属东印度采取直接的战争行动，当日本军队开入东经 100°以西或北纬 10°以南的泰国领土，或者当日本军队开入葡属帝汶岛、新喀里多尼亚岛或洛亚蒂群岛，美国才能对日本采取军事行动。②

---

① *Hearings of Pearl Harbor Attack*，79th Congress，2nd Session，Part 19，Exhibit No. 161，pp. 3509-3510.

② ［英］阿诺德·托因比、维罗尼卡·M·托因比合编：《国际事务概览（1939—1946年）·轴心国的初期胜利》（下），第 866—867 页、第 1084 页。

这条界线正是《ADB 协定》中提出的建议。11 月 27 日，斯塔克和马歇尔在给总统的另一份关于远东形势的备忘录中，再次强调了这一点。[①] 因此，如果不是日本首先袭击了珍珠港和菲律宾，这条界线将成为战争与和平的分界线。

**二、美国对英国的军事援助保证**

在美英分别对远东采取增援行动的同时，两国之间的协商也并没有中断。在双方战略思想日益接近的前提条件下，随着两国越来越多的部队在远东集结，制订美英联合对日行动计划已成为当务之急。为此，英国第一海务大臣、海军参谋长庞德于 11 月 5 日写信给斯塔克，说明英国认为"无论是'ADB—1'还是'ADB—2'都不能满足新的形势……目前急需召开一个新的会议，以'ABC—1'为基础制订远东地区的战略计划"，而且由于时间紧迫，这个计划只能由远东的指挥官们来制订。[②]

第二天，斯塔克立即回信表示同意。随后他和马歇尔分别指示美国亚洲舰队总司令哈特将军和美国远东陆军总司令麦克阿瑟将军，通知他们"ADB—1"和"ADB—2"已经作废，要求他们与英国和荷兰的当地指挥官们制订新的计划。[③]

到 11 月底，美英的三军参谋长们已经为制订远东的详细联合计划提出了一个程序：首先在马尼拉召开美、英海军会议，提出对海军联合行动的意见，然后再召开新的"ADB"会谈，以制订详细的联合军事行动计划。[④]

与此同时，美国政府也终于在政治上向英国政府作出了在远东援助英国

---

① *Hearings of Pearl Harbor Attack*，79th Congress，2nd Session，Part 11，pp. 5182-5183；Part 14，Exhibit No. 17，p. 1083.

② 信件全文见美国海军战略计划局档案，第 122 盒："英美合作 1938—1944·大西洋电报·ABC……太平洋电报。"

③ Maurice Matloff and Edwin M. Snell，*Strategic Planning for Coalition Warfare*，1941-1942，pp. 76-78；James R. Leutze，*Bargaining for Supremacy：Anglo-American Naval Collaboration*，1937-1941，p. 266.

④ 11 月 2 日，英国与荷兰之间已经根据 4 月 27 日的《BD 协定》制订了一个联合行动计划，见 Arthur J. Marder，*Old Friends*，*New Enemies：The Royal Navy and the Imperial Japanese Navy*，Vol. 1，p. 211.

的军事保证。① 12 月 1 日，罗斯福与英国驻美大使哈利法克斯进行了长时间的会谈。罗斯福对哈利法克斯说，在日本直接进攻英国与荷兰的领土的情况下，"我们显然完全站在一起"。他还表示，如果日本进攻克拉地峡，英国肯定能够依靠美国的支持，尽管这可能需要一些时间，可能要费几天的时间使援助问题在政治上决定下来。另外，总统说明，尽管有宪法上的原因，他不能对泰国作出保证，但是英国政府可以确信，任何英国的义务都将得到美国的充分支持。② 这就意味着美国将会认同英国对荷兰和泰国的保证。12 月 3 日，罗斯福彻底排除了军事援助英国的任何含糊的字眼，他对哈利法克斯说，当他谈到给予英国和荷兰的援助时，他指的是"军事援助"。③

至此，英国终于得到了他们长期以来向美国寻求的东西，因此，在 12 月 4 日的英国内阁会议上，丘吉尔很快同意对荷兰提供武装援助，并准备向泰国提出保证；还决定通知英国远东总司令罗伯特·布鲁克-波帕姆空军上将，允许他自行决定发动"斗牛士"行动(Operation Matador)，即如果克拉地峡受到日本的威胁，英国将对日本采取军事行动。④

### 三、新《ADB 协定》的达成

12 月 2 日，英国东方舰队总司令、海军中将菲利普斯乘"威尔士亲王号"战列舰抵达新加坡，5 日便到马尼拉与美国亚洲舰队总司令哈特会晤，并召开了美英海军会议。当天，美国驻新加坡的海军武官兼海军观察员约翰·M·克莱顿 (John M. Clayton)发给在马尼拉的哈特将军一封信，通知他英国远东总司令罗伯特·布鲁克-波帕姆将军已经收到了伦敦的通知，内容是英国现在已经得到了美国在下列情况下给予军事援助的保证：

---

① 关于英国要求美国在远东给予军事援助保证的交涉过程，见 Raymond A. Esthus, "President Roosevelt's Commitment to Britain to Intervene in a Pacific War", *The Mississippi Valley Historical Review*, Vol. 50, June 1963, pp. 28-38.

② David Reynolds, *The Creation of the Anglo-American Alliance*, 1937-1941: A *Study in Competitive Co-operation*, p. 246；[美]罗伯特·达莱克：《罗斯福与美国对外政策》上册，第 444 页。

③ Llewellyn Woodward, *British Foreign Policy in the Second World War*, Vol. 2, p. 173.

④ CAB 65/24, W. M. 124(41)4, 4th December, 1941.

(a)英国不得不实行英国的计划以事先制止日本在克拉地峡登陆或采取行动以回应日本入侵暹罗(泰国)的任何其他部分;

(b)如果荷属东印度遭到进攻而英国展开对他们的保卫;

(c)如果日本进攻英国人。①

经过2天的讨论,双方于12月7日达成了一个新的初步的《ADB协定》。它的主要内容是:

第一,明确说明在与日本进行战争的初期,美英等国从事的战争是防御性的。

该协定指出:"在当前发生的与日本的战争的早期阶段,主动权不可避免地在日本人一边";并同意:"当前最重要的是阻止日本的行动穿过马来屏障"。

第二,对英美的军事行动作出了安排。

英国的战斗舰队以新加坡为基地,并作为一支打击力量抵抗日本在中国海、荷属东印度和穿过马来屏障的任何行动;

美国同意把4艘驱逐舰派往新加坡加入英国的远东舰队;

英、美、荷的巡洋舰队将以东婆罗洲—泗水—达尔文为基地,在荷属东印度和菲律宾水域之间提供巡逻护航;

在澳大利亚—新西兰地区应当保持最低限度的巡洋舰部队去对付中等规模的袭击者的进攻,或为重要行动提供巡逻保护;

在印度洋应当保持最低限度的巡洋舰力量为重要的贸易提供护航。

第三,强调在远东地区的行动要与美国的太平洋舰队的行动相一致。

第四,决定了战略控制与战术指挥的原则。

在战略控制方面:当前在英国和美国武装部队之间的战略控制仍然处于各自的总司令的掌控之下,而且他们的军事行动在相互合作的原则下协调一致。

在战术指挥方面:将遵循在北大西洋的有效政策。

---

① Basil Rauch, *Roosevelt: From Munich to Pearl Harbor: A Study in the Creation of a Foreign Policy*, New York: Barnes & Noble, 1950, pp. 482-483.

第五，预测了未来对日本的进攻性的军事行动。

该协定指出："随着远东兵力的增长，重要的是将能够采取更具进攻性的军事行动。"但是认为，如果在新加坡采取这种军事行动行不通，需要一个更靠近北方的基地，那么这个基地就是马尼拉。该协定还认为应当采取必要的措施，使马尼拉到 1942 年 4 月 1 日能够成为一个可以使用的基地。①

至此，一个新的美英远东军事合作计划初步形成了。

然而，12 月 6 日下午，一份来自新加坡的关于 3 支日本的运输船队已经离开印度支那南岸向暹罗湾驶去的情报，使菲利普斯于当晚紧急飞回新加坡，马尼拉会议也匆匆结束，致使参谋人员们尚未来得及制定有关这个新计划的细节。12 月 7 日，太平洋战争爆发，而上述计划还仅仅是纸上谈兵。

对美英来说，日本在 12 月 7 日对珍珠港的袭击是出其不意的。战争初期日本军队所取得的惊人成功，不仅打乱了两国对远东的增援行动，而且使他们的战前计划以及他们在太平洋战争爆发后立即在协调行动方面所作的一切努力都很快失去了时效性。除此之外，两国在制订远东军事合作的过程中所遇到的种种障碍仍未完全消除，从而导致了美英两国在远东的协作始终未能达到它们在欧洲战场上的那种团结的程度。

---

① *Hearings of Pearl Harbor Attack*，Part 4，pp. 1934-1935.

# 第三编

# 同盟的确立与发展

# 第 八 章

# "阿卡迪亚"会议

1941 年 12 月 22 日至 1942 年 1 月 14 日在华盛顿举行的英美两国政治军事会谈，代号为"阿卡迪亚"。会议期间，在罗斯福和丘吉尔的谋划之下，26个国家在 1942 年元旦签署并公开发表了《联合国家宣言》，这标志着世界反法西斯同盟的成立，也为建立联合国奠定了基础，这是此次会议取得的最大政治成果。

军事战略问题是"阿卡迪亚"会议最主要的事项，英美双方重申了"先欧后亚"的军事战略，讨论了北非作战行动，成立美、英、荷、澳联合司令部，分配美国租借物资和对苏军事关系等议题，并在会后建立了英美两国联合的参谋机构——英美联合参谋长委员会。美国历史学家麦克尼尔评述道："历史上最亲密、最有效的战时联盟的基础已经坚定可靠地奠定了……总的可以说，往后进行合作的基本体制在这次会议期间已经建立起来或采取了新的形式。"[1]

然而，会议也暴露出英美两国在军事战略上仍然存在诸多分歧，而且这些分歧并没有因这次会议而得到解决。因此，在美国军方眼中，"除了在华盛顿英美持续和系统的军事计划工作有了一个好的开始以外，'阿卡迪亚'会议整体看上去是相当非确定性的"[2]。

---

① ［美］威廉·哈代·麦克尼尔：《美国、英国和俄国：它们的合作和冲突（1941—1946 年）》，第 150—151 页。

② Ray S. Cline, *Washington Command Post*：*The Operations Division*, p. 89.

## 第一节  会议背景和会前准备

珍珠港事件的爆发结束了不宣而战的战争。在震惊之余，美国军方立即启动了"彩虹"计划 5，并下令全部租借物资暂停离港。由于美国太平洋舰队遭受重创，盟国失去了对日本南下的重要威慑，这一点是原来战略计划中没有预计到的，显然这大大改变了太平洋地区的战略形势。

### 一、丘吉尔急于会晤

英国首相丘吉尔在得到珍珠港事件的消息后，打算立即亲自前往华盛顿与罗斯福展开直接的会谈，同时派外交大臣艾登前往莫斯科与苏联政府进行战略沟通。在 12 月 8 日致国王的信中，丘吉尔提道："在我的思想上已经形成了一个信念，认为那是我的职责，即应当毫不耽延地访问华盛顿……关于英美防务与攻势的全部计划必须根据现实情况予以商定。我们也必须留意，勿让我们从美国获得的那部分军火和其他援助受到大于恐怕是无法避免的损失。"[①]9 日，丘吉尔致电罗斯福："既然如您所言我们是难兄难弟了，那我们再举行一次会议难道不是明智之举吗？我们可以根据现实和新的情况去评估整个战争计划，以及生产与分配问题。我觉得这一切事项在最高行政层级上能够得到最好的解决。"[②]罗斯福最初以需要解决眼前突发事件为由，打算把会谈延期至 1942 年元旦，但丘吉尔坚持会谈刻不容缓，英国在远东的两艘主力舰"威尔士亲王号"和"却敌号"被日机击沉，更加使远东的局势异常严峻，最终罗斯福同意了丘吉尔的建议。

事实上，丘吉尔急于举行直接的会谈，除担心美国减少援助英国外，更担忧美国会改变"ABC—1"中"大西洋第一"的战略方向。他在回忆录中坦言："我们担心着整个战争的真正轻重缓急所在可能不被人们所了解。我们觉察到有一种重大的危险，即美国可能在太平洋进行对日本的战争，而让我们在欧

---

① ［英］温斯顿·丘吉尔：《第二次世界大战回忆录·第 3 卷·伟大的同盟》，第 1291 页。

② PREM 3/485/5，Former Naval Person to President，9th December，1941.

洲、非洲和中东对德国和意大利作战。"①

11 日夜,在首相府举行的一次军事会议认为,尽管远东的形势十分糟糕,但似乎还未陷入绝境,英方应坚持德国优于日本的方针,因此决定只安排 1 个师和 4 个战斗机中队前往印度,原本在印度受命打算前往伊拉克的 1 个师则留在原地,另从中东增派 18 架轻型轰炸机前往马来亚,并告知远东的海军指挥官,除航空母舰"不屈号"(Indomitable)将于 1942 年 1 月 1 日抵达远东外,不能指望任何其他的直接援助。②

**二、丘吉尔与军方的意见分歧**

12 月 13 日,丘吉尔率领军需大臣比弗布鲁克勋爵(Lord Beaverbrook)、海军参谋长庞德上将、空军参谋长查尔斯·波特尔中将(Charles Portal)和迪尔元帅[原帝国总参谋长,刚被阿兰布鲁克上将(Alanbrooke)替代]等主要成员乘坐"约克公爵号"战列舰离开英国。在抵达美国前的这段时间里,丘吉尔起草了 3 份文件:(1)《大西洋战场》;(2)《太平洋战场》;(3)《在 1943 年进行的战役》。这些文件分析了当前的战局,并表达了他个人的政策立场。其中提道:

> 大不列颠和合众国除了确保把我们所许诺的供应物资准时不误地运送以外,在这一件事中都没有任何任务要担负。我们只有用这种方法来维持我们对斯大林的影响并能够把俄国的强大努力网罗入这场战争的总体之内。……我们应当努力争取法属北非……我们在不列颠准备好了的("体育家"作战计划)约有 5.5 万人,包括 2 个师和 1 个装甲部队……我们希望美国同时应允在以后 6 个月内由卡萨布兰卡和非洲的其他大西洋港口派来不少于 15 万人的兵员。……我们也要求美国派遣相当于 3 个师和 1 个装甲师的军队进入北爱尔兰。……我们非常希望美国轰炸机队以不列颠群岛为基地来对德国采取行动。……总括地说,1942 年西方战事的主要攻势努力包括英国和美国占领并控制法国在北非和西非的全部属地和由英国进一步控制从突尼斯到埃及的整个北非海岸……

---

① [英]温斯顿·丘吉尔:《第二次世界大战回忆录·第 3 卷·伟大的同盟》,第 1313 页。
② J. M. A. Gwyer, *Grand Strategy*, Vol. 3, Part 1, p. 317.

日本人享有海军优势……我们的任务就是在每一个受到进攻地点顽强抵抗，并且遇有机会即冒一切必要的危险而将供应物资和增援部队偷运过去。……我们的政策应该是使他们在海外征服地维持着可能的最大数量军队，并尽可能使他们不停歇地忙碌……使他们不断地消耗和扩展。但是我们必须坚定地以尽早恢复海上优势为目标。这可以用 2 种方法来取得：第一，加强我们的主力舰。……也应该把航空母舰的战争发展到可能的最大限度。……我们不必担忧太平洋上的这次战争在首次突击过去以后将会吸引过大的一部分美国军队。……将对我们发生危害的就是创立一支 1 000 万兵员的庞大美国陆军，它至少在 2 年的训练期间内会吸收所有可以利用的供应品而一无行动地在防守着美洲大陆。防止产生这一种局势……就是使美国人能够在太平洋上恢复他们的制海权而不阻碍他们去从事他们可能打算进行的那些显然是次要的海外军事行动。

如果第一部分和第二部分中所概述的行动在 1942 年顺利完成，1943 年年初的局势可能如下：

(1)美国和英国将已经恢复了在太平洋的实际海军优势，日本人在海外的一切侵略事业将由于他们的交通线受到攻击和由于英美派遣远征军去收复失地而陷入危险。

(2)不列颠群岛将依然完整，并比往昔有更强大的抵御入侵的准备。

(3)从达喀尔起到苏伊士运河为止，以及从地中海东岸地区起到土耳其边界为止的整个西非和北非海岸将会在英美两国手中。

……但是这一切都不足以使战争结束。……我们必须准备派遣力量足以使被征服的人民能够起义的英美军队在适当地点相继或同时登陆，以解放西欧和南欧被占领的国家。……英美的各个远征军先头部队应该到 1943 年春季的时候在冰岛、不列颠群岛，并且如果可能，在法属摩洛哥和埃及集结，主力将直接越过大洋。……

不必认为此事需要大量兵员。如果装甲部队的侵袭成功，当地人民(必须把武器带给他们)的起义将成为解放攻势的主体。40 个装甲师，每师 1.5 万人，或相当于这些师的坦克旅(其中英国将努力提供将近半数)，人数将达到 60 万。……除了对海洋的控制权(没有这种控制权，一切就无法进行)以外，对这一切行动来说重要的是有一支优势空军……没有理由认为甚至在 1943 年夏季以前我们还不能确立一种决定性的空中优势。……现在就宣布我们要在 1943 年派遣解放军队进入欧洲的意图，可能是有益的。这会给予被征服的人民以希望，并且阻止他们和德国侵略者有任何交往。①

归纳起来，丘吉尔的计划实质为 2 点：(1)1942 年盟军主要攻势的目标是肃清北非海岸；(2)1943 年从西面攻入欧洲大陆。第 1 点是为第 2 点创造条件，主要目的是分散欧洲大陆德国军队的力量。

但是，随行的军方参谋人员提出了以下有所不同的意见：

目前完全排除英国本土遭受入侵的可能性还为时尚早，将大规模的地面部队和空中部队调往其他战场未必是明智的，由于太平洋战争爆发导致美国从大西洋撤出大批舰只，英国海军将在大西洋面临德国海军更大的威胁，也更难以向远东提供进一步的海军支援。

此外，还需要考虑 3 种不利的情况：(1)德军入侵西班牙，从而造成直布罗陀要塞失守，使得占领加那利群岛和亚速尔群岛势在必行；(2)在维希政府的许可下，德国在西非的卡萨布兰卡和达喀尔两个港口建立潜艇基地，从而极大地威胁到南大西洋航线的安全；(3)日军进一步威胁印度洋，维希政府可能允许日本或德国使用马达加斯加的港口作为潜艇基地，从而影响到贸易路线的安全，因此有必要考虑事先占领像马达加斯加的迭戈苏亚雷斯(Diego Suarez)这样的港口基地。

至于中东，目前在利比亚取得的初步胜利至多是导致法属北非当局在美国的劝导下改投阵营，但也可能迫使德国进一步占领法属北非和伊比利亚半岛。相比之下，中东北翼的安全眼下比西翼更为重要，德军可能重新发起对高加索地区的攻势，从而威胁到土耳其，造成从南面援助苏联的通道被封锁，而中东现有的力量不足以应对这种威胁。

至于远东，目前形势完全由日本所主导，未来 6 个月的目标是：削弱日本近期赢得的优势，特别是占领那些能够阻止日本进一步危害美国重要利益

① ［英］温斯顿·丘吉尔：《第二次世界大战回忆录·第 3 卷·伟大的同盟》，第 1316—1323 页。

及未来能够从此发起攻势的地点，并且坚守住夏威夷、荷兰港、新加坡、苏门答腊、爪哇及其连接澳大利亚的岛链、仰光和锡兰。为此需要建立一支足以在南中国海对抗日本海军的远东舰队，但在不从地中海调派主力舰的情况下似乎难以做到这一点，而调派主力舰又会造成对欧洲大陆的封锁遭到削弱，对土耳其和埃及造成不利的政治影响，并且影响到未来对意大利展开的军事行动。

因此，鉴于以上分析，军事参谋人员认为，欧洲战场的战略依然是以空中轰炸、封锁和颠覆为中心，再加上尽力支持苏联，强调指出苏联的持续抵抗对盟国打败德国而言是头等重要的。"我们希望，针对德国的攻势将是采取这样的形式，即在俄国前线发起大规模的地面作战行动，展开大规模的空袭行动并辅以从英国发起的越来越大规模的两栖突击，通过占领位于大西洋岛屿、非洲北部和西部、的黎波里和土耳其的战略地点，收紧对轴心国控制之下的欧洲的包围圈。抓住每一个机会力图将作为战争中积极一员的意大利剔除出去。之后的最终阶段的行动将是，英国从西面、美国从南面和俄国从东面同时对德国发起地面作战行动"。考虑到美国对维希法国更具影响力，英国面临登陆艇数量的短缺，英国军事参谋人员此时设想在最终的反攻行动中美军应从南面攻入欧洲大陆。[①]

在随后军事参谋人员与丘吉尔的讨论中，针对军方相对保守的立场，丘吉尔称，现在已到了向美国人指明以下几点的时候了：

(a)英美两国应协调一致尽快重建我们在太平洋的海军地位，收复那些可能与此同时落入敌方手中的远东属地；

(b)美国派往北爱尔兰的部队（大约为3个师和1个装甲师），能够使我们将驻守联合王国的受过训练的英国部队替换出来用于海外战场；

(c)美国空军中队对德国的轰炸将以联合王国为基地，最初这支力量可能由6个轰炸机中队组成；

(d)美国带头实施占领北非的行动，将准备一支2.5万人的远征军，在随后6个月期间将有一支总计达15万人的部队加以补充；

---

① J. M. A. Gwyer, *Grand Strategy*, Vol. 3, Part 1, pp. 340-344.

(e)美国在大西洋保留最大可能数量的驱逐舰;

(f)美国帮助建造临时决定建造的航空母舰;

(g)英国将给予装备航空母舰所需的舰载机以最高的优先权。

海军参谋长庞德则指出:"英美在远东建立主力舰优势之前,我们在太平洋地位的重建难以实现……最初我们的目标应当是,消耗日本的海军力量,直到我们能够打造一支足够的主力舰力量去重建远东地位的时刻到来。"①

## 三、丘吉尔与军方的立场协调

最终,随行的军方人员根据丘吉尔的意见起草了一份用于同美方会谈的战略报告。这份报告的内容是:

一、大战略

1. 在1941年2月举行的A—B参谋会谈上,一致认为德国是轴心国当中最重要的成员,因此大西洋和欧洲地区被认为是决定性的战场。

2. 自2月以来,发生了许多事情。尽管日本加入了战争,但我们的看法一直是,德国仍然是主要的敌人,打败它是胜利的关键。一旦德国被打败,意大利和日本必然会迅速步其后尘。

3. 因此,我们深思熟虑后的看法是,只从对付德国的作战行动中抽调最少的必要兵力去保护其他战场的重要利益,应成为A—B战略的根本原则。

二、我们战略的基本特点

4. 以上大战略的基本特点如下,每一点接下来将在本报告中得到更详细的研究:

(a)实现胜利所需的军备计划,首先且最重要的是确保主要军事工业地区的安全;

(b)维持必要的交通线;

(c)完成和收紧对德国的包围圈;

(d)通过空中轰炸、封锁、颠覆活动和宣传,削弱和破坏德国的抵抗;

① PREM 3/458/2, Record of Staff Conference Held on 19th December 1941.

(e)对德国持续采取进攻行动;

(f)在我们集中力量打败德国的同时,只在东方战场维持保护重要利益所需的态势。

三、为执行上述总体政策,在 1942 年应采取的行动措施

**军事生产地区的安全:**

5. 只要这些有遭受进攻的危险,主要的军事工业区则位于:

(a)联合王国;

(b)北美西海岸;

(c)俄国。

6. 联合王国。为保卫联合王国,将有必要在任何时候维持打败入侵所需的最少兵力。我们准备回答美国三军参谋长们打算就防御联合王国而询问我们的任何问题。

7. 美国。位于或毗邻北美西海岸的主要生产中心必须受到保护,以免遭日本的海上进攻。守住夏威夷和荷兰港将为此创造条件。我们认为,无论夏威夷或荷兰港守住与否,都可以无须考虑日本大规模进攻美国的情形。

8. 当然,可能的进攻规模和防卫美国西海岸所需兵力的总体情况,是美国三军参谋长评估的问题。如果需要,我们打算给出我们的意见。

9. 俄国。向俄国人提供足以使他们守住列宁格勒、莫斯科和高加索油田的援助,将是至关重要的。

**维持交通线:**

10. 必须确保畅通的主要路线是:

(a)从美国至联合王国;

(b)从美国和联合王国至俄国北部;

(c)从联合王国和美国至弗里敦、南美和好望角的各条路线;

(d)通往红海和波斯湾、印度和缅甸、东印度群岛和澳大利亚的印度洋路线;

(e)通过巴拿马运河的路线和美国的沿海交通线;

(f)经巴拿马运河至夏威夷和澳大利亚的路线。

除了上述路线之外,我们应尽一切可能保持地中海路线的畅通与安全。

11. 这些路线的安全涉及：

（ⅰ）A—B海军和空军均衡的部署。我们打算同美国三军参谋长讨论联合部署问题。

（ⅱ）守住和占领至关重要的基地。零散分布的从这些终点出发的不同路线的主要基地，或者可能需要的是：

冰岛、达喀尔；

直布罗陀或加那利群岛、马达加斯加；

亚速尔群岛、锡兰；

弗里敦、夏威夷；

**完成和收紧对德国的包围圈：**

12. 这一地带可以界定为一条大致如下走向的线路：

阿尔汉格尔斯克—黑海—安纳托利亚—地中海北部沿岸—欧洲西海岸。

主要目标是，通过维持俄国战线、向土耳其提供武器装备和支持、加强我们在中东的力量以及占领整个北非沿岸，来加固这一包围圈，填补其间的空白。

13. 如果能够完成这一包围圈，那么封锁德国和意大利将得以实现，德国的扩张，例如向波斯湾或者向非洲的大西洋沿岸，将被阻止。此外，占领北非沿岸可以使地中海运输畅通，这样能够极大地缩短通往中东的路线，节省目前长途绕道好望角的大量船舶吨位。

**削弱和破坏德国的抵抗：**

14. 1942年削弱德国抵抗的主要手段是：

(a)以联合王国为基地的英美军队不断加强空中轰炸；

(b)尽我们的力量运用各种方式支持俄国发起的攻势；

(c)封锁；

(d)在被占领国家维持反抗的意志，组织颠覆运动。

**在欧洲大陆逐渐采取地面攻势：**

15. 除了俄国前线之外，看上去在1942年对德国发起任何大规模的地面攻势是不可能的。但是，我们必须做好准备去利用第14段所提到的削弱手段所产生的任何有利机会，在欧洲西北部或横跨地中海发起有限规模的地面攻势。

16. 在 1943 年，重返欧洲大陆的道路可能得到扫清，要么横跨地中海，要么通过土耳其进入巴尔干，或者在欧洲西北部数个被占领国家同时登陆。这样的作战行动将是对德国发起最后进攻的序幕，胜利计划的规模应是为它们能够得以实施提供手段。

**保卫东方战场的重要利益：**

17. 首先，澳大利亚、新西兰和印度的安全必须得到保障，中国的抗战应得到支持。其次，必须获得最终能够对日本发起攻势的有利条件。因此，我们眼下的目标必须是守住：

(a)夏威夷和荷兰港；

(b)新加坡、东印度群岛屏障和菲律宾群岛；

(c)仰光和通往中国的路线。

必须将守住上述地区所需的最少兵力作为共同讨论的一个事项。①

这份战略文件充分体现了英国政府特别是丘吉尔在第二次世界大战中的战略立场，也构成了"阿卡迪亚"会议英美双方达成的战略文件"W. W. 1"的基础。

另外，这不是第一次也不是最后一次丘吉尔与他的三军参谋长出现意见上的分歧。福雷斯特·C·波格在其书中指出："由于丘吉尔确信自己的观点一贯正确，因此他既是一位不易相处的上级又是一个难于对付的对手。他把英国陆军参谋长、陆军元帅约翰·迪尔爵士折磨得筋疲力尽；又常常弄得后者的继任，但强硬得多的陆军上将阿兰布鲁克爵士怒气冲冲。……他的英国同僚们由于他的突如其来的主意，由于他往往在国际会议上打乱同美国人经过仔细谈判达成的协议而受到折磨。丘吉尔手下的军事首脑常怀疑他的战略是否稳妥，悲叹他对后勤工作问题以及对第一次世界大战以后武器和战术进步的了解很不全面……"②

---

① PREM 3/458/4, American-British Strategy：Memorandum by the British Chiefs of Staff, 22nd December, 1941.

② [美]福雷斯特·C·波格：《马歇尔传(1943—1945)》，第 2—3 页。

### 四、会前美方的政策立场

与英国方面不同的是，此时美国军方正专注于太平洋战场的危机，事实上并不愿意与英方就更广泛的战略问题展开具体细致的协商，但罗斯福答应了丘吉尔会谈的请求，美国军方只好顺应这一发展。霍普金斯告诫英国驻美大使哈利法克斯，英方在目前的情况下向美国军方提供详细的战略方案，只会起到负面的作用。①

事实上，跟随丘吉尔访美的英军参谋长们也预判到了美国军方此时的心理状态，但认为"如果我们要为这场战争画上圆满的句号，那么美国人和我们自己就必须一起未雨绸缪……我们把即将举行的会议视作我们与美国三军参谋长们未来合作的试金石。如果我们就目前如何战斗和以后如何赢得战争达成一致的看法，就能够在一个良好的基础上讨论和决定各项计划和任务分配"，因此并未放弃上述确定的战略方案。他们还提出创建常设性的英美军事参谋人员的合作机构，甚至认为苏联、中国和荷兰在必要的情况下也可以采取类似的做法。② 另外，英方内心存在这样的想法，即"符合其民族利益的方针路线是具有明智战略判断力的表现，而美国人的不同意见则表明他们缺乏经验、不成熟、态度恶劣"③。

12 月 18 日，美国军方收到英方从海上发来的电文，建议双方会谈的主要议题是：(1)联合战略的重要基础；(2)即刻采取的措施，包括军队的重新部署；(3)联合力量的分配；(4)长期的计划，包括胜利所需的兵力和装备；(5)建立执行战略所需的联合机制。④

接到英方的电文后，美国军方计划人员匆忙就上述 5 个议题起草美方的会谈方案，并同总统罗斯福交换意见。12 月 21 日，罗斯福和联合委员会采纳了军方人员所草拟的会谈立场，主要是：(1)以澳大利亚为基地部署一支空军

---

① J. M. A. Gwyer, *Grand Strategy*, Vol. 3, Part 1, p. 349.

② PREM 3/458/7, Minute by Chiefs of Staff to Prime Minister, 15th December, 1941.

③ ［美］福雷斯特·C·波格：《马歇尔传(1939—1942)》，第 249 页。

④ Maurice Matloff and Edwin M. Snell, *Strategic Planning for Coalition Warfare*, *1941-1942*, p. 97；Ray S. Cline, *Washington Command Post：The Operations Division*, p. 88.

力量；(2)巩固太平洋的其他阵地，特别是夏威夷；(3)向英国在中东的军队提供增援；(4)"获得"南大西洋的阵地——在巴西东北部、佛得角群岛，或者非洲的西海岸或西北海岸；(5)替换英国在北爱尔兰和冰岛的驻军。①

　　事实上，总统与军方在上述问题的侧重点上存在分歧。罗斯福更主张把最后一点放在行动的首位，而军方更强调第一点。因此，相比英方而言，美方内部在即将进行的战略会谈问题上不但缺乏准备，而且缺乏较为一致的立场，总统和军方似乎打算把这种分歧放到即将举行的英美战略会谈中予以解决。

　　美国军史学者雷·克莱因指出："这些观点和决定简直不是完整的大战略，因为明显的整个意见分歧难以被十分笼统的措辞和在珍珠港事件之后混乱仓促的气氛中未经正式关注就通过所掩饰。被总统采纳的实际措施是这样一些特定的军事举措，即不一定会代表美国对任何广泛的战略或事实对任何特定的行动作出承诺，因为所有通过的措施在后勤方面令人颇为怀疑的可行性很大程度上被忽视了，并且没有针对它们确定清晰的优先顺序。"②美国历史学家麦克尼尔则指出："政府各部门之间缺乏顺利的、连续不断的磋商，以前是而且继续是美国政府的特色。"③

　　因此，"阿卡迪亚"会议的结果绝大部分体现了英方的战略构想就不难理解了，但是由于英国的作战不得不依赖于美国的物资援助，这一点又关键性地决定了美国的战略构想超越英国之上只是时间问题。

## 第二节　初步的会谈

　　12 月 22 日，丘吉尔率领的英国代表团抵达华盛顿，从当晚在白宫举行的第一次会谈到 1942 年 1 月 14 日最后一次会谈，英美双方在白宫至少开过 8

---

　　①　Maurice Matloff and Edwin M. Snell, *Strategic Planning for Coalition Warfare*, *1941-1942*, p. 98；Ray S. Cline, *Washington Command Post：The Operations Division*, pp. 88-89.

　　②　Ray S. Cline, *Washington Command Post：The Operations Division*, p. 89.

　　③　[美]威廉·哈代·麦克尼尔：《美国、英国和俄国：它们的合作和冲突(1941—1946 年)》，第 118 页。

次主要会议,在美联储大楼召开了 12 次双方三军参谋长单独参加的会议。

据丘吉尔发回国内的报告中透露,在第一次会谈中,罗斯福赞成丘吉尔的北非作战计划,即无论受到邀请与否,都应占领非洲西北部,以防止该地区和一些大西洋岛屿落入德军手中,并对法国维希政府及其位于北非的部队造成心理上的影响。罗斯福表达了让美军尽快投入战斗的愿望,并同意派 3 到 4 个师前往北爱尔兰,以替换驻防在那里的英国军队。丘吉尔对此表示欢迎,希望前往北爱尔兰的美国师当中能有 1 个是装甲师,并且提醒这一举措不应同美国的北非行动相冲突。①

但是在第二天的全体会议上,罗斯福显然之前接受了军方人员的建议,指出他不赞成派美国地面部队到英格兰或苏格兰,但同意派轰炸机中队前往英格兰,美国军队可以接管北爱尔兰和冰岛。关于大西洋岛屿,罗斯福认为佛得角群岛对美国的意义相比亚速尔群岛更加重要。关于中东和北非,罗斯福改变了昨晚的立场,他提出:中东北非地区不是一个适合美国军队投入作战的战场,美国可以承担责任确保从巴西到西非、横跨非洲大陆到喀土穆的重要空中航线的安全;北非行动会将维希政府推到德国一方,或者导致其交出法国的舰队;虽然美国肯定会为北非的行动准备兵力,但由于船运能力的不足,限制了同时展开的行动计划数量。关于太平洋,罗斯福认为:英国方面坚守并增援新加坡是极端重要的,美国也将尽力守住菲律宾,如果失败,美军将在荷属东印度群岛继续战斗,并在澳大利亚建立军事基地增援北面的作战;美国陆军航空队正研究在中国建立空军基地,以轰炸日本本土。他还强调了保护海上交通线和讨论军需生产安排的重要性。②

对罗斯福立场的转变,丘吉尔感到有些失望。尽管他接受了罗斯福的意见,但指出:美国军队前往北爱尔兰,能够使换防的英军部署在印度和马来亚,或者替换正在中东作战的澳大利亚军队;由于上述美国军队不会立即投入战斗,所以不必达到完全训练和装备的程度,可以到北爱尔兰后再加以完善。关于中东北非,尽管该地区对盟国至关重要,但他接受该战场不适合部署美国军队的看法,只要求对该地区进行物资补给和军事基地建设。

---

① PREM 3/458/7,Record of Conversation,22nd December,1941.

② J. M. A. Gwyer,*Grand Strategy*,Vol. 3,Part 1,pp. 354-355.

然而，丘吉尔还是指出：目前英军在利比亚取得的胜利将很可能促发法国倾向于英美一边的态势，在此情况下，德国会对法国施加新的压力，从而进一步引发法国人的抵抗情绪，应不失时机地抓住机会；用于北非作战行动的英国部队已整装待发，如果美国军队也同时采取行动，准备在摩洛哥沿岸登陆，将使战争形势掌握在英美两国手中。

丘吉尔还强调，在他看来，北非行动是一个紧急的问题，最好能由美国牵头，因为美国相比英国对维希政府具有更大的影响力，从而能够减少法属北非军队的抵抗。关于太平洋，丘吉尔提及正在向阿奇博尔德·韦维尔将军（Archibald Wavell，驻印度英军司令）提供的援助，以及重组包括 3 艘航母和 3 艘 R 级战列舰的远东舰队。他指出，在美国困难的时刻，英国不会成为美国的负担。尽管敌人潜艇和飞机的活动比以往更加频繁，但英方正竭尽全力接过美国海军在大西洋的责任，以便有更多的舰只能够部署在太平洋。最后，丘吉尔提议双方讨论英方会前准备的战略报告（见上文）。① 接下来的会谈，双方就广泛的战略问题进行了多次的磋商。

## 第三节    "W. W. 1"

对于英方战略报告中的多数观点，美方并不感到陌生。即使 1943 年重返欧洲大陆的作战计划与大西洋会议时的英方战略计划有所不同，但美方认为在该行动所涉及的登陆方式上根本不够明确，相比之下，报告关于地中海作战的目标十分清楚。美方则坚持"ABC—1"报告中的"大西洋第一"原则，主张直接在西欧登陆，与德国展开决战，并不认同英方先拿下西北非再重返欧洲大陆的迂回战略。② 然而，美国军方此时正疲于应付太平洋战场的被动局势，拿不出能够替代英方战略的计划方案。

经过一番讨论之后，双方签署了一份基本以英方战略报告为蓝本的联合文件（英方代号"W. W. 1"，美方代号"ABC—4/C. S. 1"），进一步确认了"先欧

---

① J. M. A. Gwyer, *Grand Strategy*, Vol. 3, Part 1, pp. 355-357.

② Maurice Matloff and Edwin M. Snell, *Strategic Planning for Coalition Warfare*, *1941-1942*, pp. 100-101.

后亚"的战略方针，仅作了以下修改：

1. 删除第 2 段"一旦德国被打败，意大利和日本必然会迅速步其后尘"这一句当中"迅速"一词。

2. 将第 4 段(f)部分"在我们集中力量打败德国的同时，只在东方战场维持保护重要利益所需的态势"一句，改为"在我们集中力量打败德国的同时，只在东方战场维持保护重要利益所需的态势(见第 18 段)，并且使日本无法获得对其继续战争努力至关重要的原材料"。

3. 第 5 段(b)部分"北美西海岸"改为"美国本土，尤其是西海岸"。

4. 删除第 6 段最后一句"我们准备回答美国三军参谋长们打算就防御联合王国而询问我们的任何问题"。

5. 第 7 段当中的"荷兰港"改为"阿拉斯加"。

6. 删除第 8 段当中的"当然"一词，以及"如果需要，我们打算给出我们的意见"一句。

7. 在第 9 段最后加上"继续他们的战争努力"一句。

8. 第 10 段的标题由"必须确保畅通的主要路线是"改为"必须确保畅通的主要海上路线是"，其(f)部分"经巴拿马运河至夏威夷和澳大利亚的路线"改为"从美国和巴拿马运河至阿拉斯加、夏威夷、澳大利亚和远东的太平洋路线"。

9. 新增的第 11 段为："必须确保畅通的主要空中路线是：(a)从美国至南美、阿森松、弗里敦、塔科拉迪和开罗；(b)从联合王国至直布罗陀、马耳他和开罗；(c)从开罗至卡拉奇、加尔各答、中国、马来亚、菲律宾和澳大利亚；(d)从美国经夏威夷、圣诞岛、坎顿岛、巴尔米拉岛、萨摩亚、斐济和新喀里多尼亚至澳大利亚；(e)从澳大利亚经荷属东印度群岛至菲律宾和马来亚；(f)从美国经纽芬兰、加拿大、格陵兰和冰岛至联合王国；(g)从美国经亚速尔群岛至联合王国；(h)从美国经阿拉斯加至符拉迪沃斯托克(海参崴)"。

10. 第 12 段(原报告中的第 11 段)简化为："这些路线的安全涉及：(a)A—B 海军和空军均衡的部署；(b)守住和占领至关重要的基地。"

11. 第 15 段(原第 14 段)删除(a)中"以联合王国为基地的"一句，删除(b)中"尽我们的力量"一句。

12. 第 16 段(原第 15 段)删除"在欧洲西北部或横跨地中海"一句。

13. 第 17 段(原第 16 段)将"或者在欧洲西北部数个被占领国家同时登陆"改为"或者通过在西欧登陆"。

14. 第 18 段(原第 17 段)将"中国的抗战"改为"中国的战争努力",将(a)中的"荷兰港"改为"阿拉斯加",增加(d)部分"西伯利亚的沿海省份"。①

从以上可以看出,美国军方对英方战略报告所提的修改意见,几乎都是无关痛痒的。"W. W. 1"是战时英美联盟战略的第一个正式文件,虽然没有改变"大西洋第一"或"先欧后亚"的大战略,美方也未对英方先拿下西北非再重返欧洲大陆的战略观点提出反对意见,但是确定的原则在实际中的执行和书面上有着很大的不同。也就是说,美国军方实际上并没有接受英方的战略解释,英美之间的战略分歧依然存在,例如该文件的最后一句指出:"必须将守住上述地区所需的最少兵力作为共同讨论的一个事项。"英国官方史作者格怀尔指出:"双方能够在字面形式上达成一致,但并不一定意味着他们也找到了共同的战略。"②另一位英国学者斯蒂夫·韦斯指出:对"W. W. 1"大多体现英方的战略观点,"美方感到不安,在接下来的几个月里,他们的不安持续增长"③。

尤其值得特别注意的是"除了俄国前线之外,看上去在 1942 年对德国发起任何大规模的地面攻势是不可能的"这句话,它代表了丘吉尔的战略观点,对以后英美共同制订战略计划起了重要而深远的影响。

## 第四节　关于北非行动

珍珠港事件后,由于太平洋战场日益严峻的战局,美国决策层内部存在

---

① PREM 3/458/4, Report of the Washington War Conference ( military subjects ), 20th January, 1941, Annex 1: American and British Strategy: Memo by the United States and British Chiefs of Staff; Hans-Adolf Jacobsen and Arthur L. Smith, Jr. , *World War Ⅱ : Policy and Strategy, Selected Documents with Commentary*, California: Clio Press, 1979, pp. 193-195.

② J. M. A. Gwyer, *Grand Strategy*, Vol. 3, Part 1, p. 360.

③ Steve Weiss, *Allies in Conflict: Anglo-American Strategic Negotiations, 1938-44*, p. 45.

强烈的呼吁，要求延迟或搁置欧洲的行动，把主要的精力和资源用在太平洋战场上。尽管在英方看来，作为应急的措施，暂时强调"太平洋第一"是无可厚非的，但他们担心这种临时性的战略转变会演化成长远的政策。因此，强调在北非发起攻势，一定程度上也是丘吉尔防止美国的视线持久固定在太平洋的谋略之一。

## 一、北非行动的提出和美方的反应

丘吉尔在"阿卡迪亚"会议上提议的1942年3月在北非展开攻势的行动，作为完成和收紧对德国包围圈的举措，被称为"体育家"作战计划。实际上，这是大西洋会议上英国中东战略政策的延伸。1941年11月5日，英国的联合参谋人员提交了第一份该作战行动的计划纲要，打算在北非法军将领魏刚（Maxime Weygand）的"邀请"下，在北非地区实施两栖登陆作战。[①] 出于政治上的考虑，英方希望美国能够在该行动上给予合作，但也认为："战利品是如此巨大，以致如果获得邀请我们必须单独行动。"[②]这主要是因为美国当时仍置身战争之外。

美国卷入战争之后，此时的丘吉尔自然希望美军能够参与或承担北非的作战行动，并判断"美国总体会赞成将西北非作为美国作战行动的一个主要战场"[③]。针对丘吉尔旧话重提，马歇尔的高级顾问恩比克的以下言语代表了美国军方内心的总体立场。恩比克指出，北非和地中海的作战行动是不理性的，背后更多的是政治动机而不是合理的战略目的。他特别提到，"我们在这个时候接受西北非的义务，将被证明是一个头等的大错。"[④]大西洋会议后，美国军方在研究英方提交的战略报告时就已认为，在力量和装备上美国没有足够的适合北非作战行动的地面部队，而且作为该行动成功与否的关键因素——

① PREM 3/439/1，Operation "Gymnast" by Joint Planning Staff，5th November，1941."体育家"作战计划是英国在北非地中海沿岸登陆的作战计划，它和美国在西北非大西洋沿岸登陆的作战计划被合称为"超级体育家"（Super-Gymnast）计划，但"体育家"计划往往成为英美北非行动的泛称。

② PREM 3/439/1，Operation "Gymnast"：Report by Chiefs of Staff Committee，11th November，1941.

③ PREM 3/439/20A，Prime Minister's Minute，13th December，1942.

④ Maurice Matloff and Edwin M. Snell，*Strategic Planning for Coalition Warfare*，*1941-1942*，pp. 104-105.

法国军队的合作,太不确定。① 但是,马歇尔等美军参谋长们表面上对恩比克的言辞不置可否,没有直接挑战英方的战略立场。的确,除后勤装备等因素外,由于倾向于盟国的法属北非军队的将领魏刚被解职,并有传闻说同情纳粹的海军上将达尔朗(François Darlan)将接替魏刚的职位,这将使北非的形势不利于盟国的行动。

然而,相比美国军方,罗斯福总统更倾向于丘吉尔的北非迂回战略。也许他考虑到了德军南下占领西非以及在南美国家的渗透对西半球安全的威胁,也许出于政治方面的考虑,希望美国军队尽早投入大西洋战场进行战斗,以鼓舞国内的士气。

鉴于总统的立场,美方与英方于 12 月 26 日就北非行动达成一个妥协性的初步方案:由 1 个装甲旅和 1 个步兵混成旅、3 个战斗机中队和 2 个防空团组成的英军首批突击部队将在阿尔及尔登陆,同时由 1 个美国海军陆战队师的首批突击部队在卡萨布兰卡登陆,在随后的 3 个月里,双方的兵力将达到 6 个师(英美各 3 个师,其中各有 1 个装甲师,大约共 9 万人),385 架飞机(大部分由美方提供),114 门重型防空炮和 252 门轻型防空炮,以及相应的辅助部队。在巩固登陆阵地之后,美国部队将向北占领法属摩洛哥,如果必要,在受邀请的情况下进入西属摩洛哥,最终两个方向的英美联军会师,控制整个西北非,将其作为此后跨地中海作战的行动基地。②

为什么美国最终同意了英国的北非作战方案?这其中最主要的原因是罗斯福本人的支持。前面已提到,罗斯福相对于美国军方来说更倾向于丘吉尔的战略观点。而且,珍珠港事件之前罗斯福就准备实施占领达喀尔的作战计划,"体育家"计划或"超级体育家"计划自然将消除德意占领西非从而对美洲产生的危险。此外,"它最终可以恢复从地中海通向中东和远东的航路,从而

---

① Maurice Matloff and Edwin M. Snell, *Strategic Planning for Coalition Warfare*, *1941-1942*, p. 103. 在珍珠港事件之前,罗斯福要求军方制订一个占领西非达喀尔的计划,最初被称为"黑色计划"(Black),后改称"律师计划"(Barrister),拟由约瑟夫·史迪威(Joseph W. Stiwell)负责指挥,但这个计划最终被军方认为是行不通的,"即使实现了控制整个北非的最终目标,也只是对打败纳粹起间接的作用"。

② J. M. A. Gwyer, *Grand Strategy*, Vol. 3, Part 1, p. 362; Maurice Matloff and Edwin M. Snell, *Strategic Planning for Coalition Warfare*, *1941-1942*, pp. 105-106.

就能比绕道遥远的好望角节省出大量的载重吨位来"①。

还有一个重要原因是，罗斯福不希望珍珠港事件把美国公众的视线集中在太平洋，从而影响"先欧后亚"的大战略。包括马歇尔在内的大多数高级将领，尽管对"体育家"计划并不热心，但是他们在会议期间提不出任何明确的且更有力的相反意见来，"美国参谋部还没有时间为使用美国部队攻击德国自行制订任何详细的长期计划"②，这也迫使美军方不得不暂时作出妥协。

福雷斯特·C·波格指出："在谈到拟议中的北非行动时，陆军参谋长强调'第一次冒险如果失败，将对美国人民的士气产生极为不利的影响'。……罗斯福同意陆军参谋长的看法，即必须取得胜利，但他强调的是即刻采取行动。丘吉尔后来利用这两种意见间的分歧，设法赢得了罗斯福对其1942年秋进军北非这一战略的支持。"③

**二、北非行动的搁置**

在达成初步的计划方案之后，英美联合计划委员会的人员开始进一步研究和讨论实施细节，但发现实施"体育家"计划在当前存在许多的困难，如需要暂停其他作战行动，甚至包括美国派兵至冰岛和北爱尔兰的安排。另外，英方意识到，此时从本土调出3个陆军师和一些空军力量到北非作战显然并不明智，除非美国部队能替代这些力量，而且运输艇的短缺也是一个主要的障碍。

一个英美联合专门小组研究后表明，如果展开北非行动，那么至少在3个月内，不可能在大西洋进行任何别的大规模部队的运送行动，同样，英国将部队运往中东和远东的计划也将因此受到严重的制约。于是，马歇尔提出一个解决的办法，只要在1942年1月13日之前下达命令，就可以把计划1月15日出发运送美国部队前往冰岛和北爱尔兰的运输艇调拨用于北非作战行动，但完成调拨需要6天时间。1942年1月1日，马歇尔的建议被英美双方

---

① ［美］舍伍德：《罗斯福与霍普金斯——二次大战时期白宫实录》下册，福建师范大学外语系编译室译，商务印书馆1980年版，第27页。

② ［美］威廉·哈代·麦克尼尔：《美国、英国和俄国：它们的合作和冲突（1941—1946年）》，第134页。

③ ［美］福雷斯特·C·波格：《马歇尔传（1939—1942）》，第270页。

所接受。①

　　另外，英美联合计划委员会被责成研究减少部队登陆所花费的时间，以及报告在如此短促的时间安排展开行动的细节。1月7日，英方计划人员向本国的参谋长们提交了他们的研究结果。他们指出，关于减少登岸时间并没有多少可做的，使用卡萨布兰卡以外的较小港口，情况也不可能有多大的改善，因为通往内陆的道路状况很糟，也没有足够的海空军为超过一个以上的港口登陆行动进行掩护；关于行动时间，D—1日(开始实施行动之日)定为2月15日，部队登船日为D—9日，出发日为D—16日，两支先头部队于D—28日分别抵达阿尔及尔和卡萨布兰卡。这涉及减少计划中派往中东的2.5万人，本土减少3个师，并取消占领大西洋岛屿的"香客"计划和在马达加斯加打算实施的"红利"(Bonus)计划。此外，英方计划人员怀疑美方是否能够跟得上上述行动计划时间表，质疑美国有足够的运输舰只和海军的护航能力，强调"照目前的情况看，整个联合计划取决于美国提供船运以及美国海军为他们自己护航的情况，并且在他们完成全面的船运和海军评估之前，形势并不明确"②。

　　而美方计划人员的研究表明，卡萨布兰卡的登陆行动将超出目前的能力范围。除登陆的进攻部队外，行动需要获得航空母舰的空中掩护以及占领机场，而部队登陆及卸下必要的装备和作战物资预计需要10—14天时间，其间护航的舰队，尤其是航空母舰，很容易遭到敌方潜艇的攻击，而卡萨布兰卡港口的能力有限；法属北非领导人的政治立场也不能完全确定，因此遭到抵抗的程度难以预知。③

　　与此同时，北非的局势和欧洲的政治形势发生了变化。1月12日，丘吉尔告诉委员会，在北非的英国军队没有取得所预期的进展，事实上之前丘吉

---

　　①　J. M. A. Gwyer, *Grand Strategy*, Vol. 3, Part 1, p. 363; Maurice Matloff and Edwin M. Snell, *Strategic Planning for Coalition Warfare*, *1941-1942*, pp. 108, 111.

　　②　J. M. A. Gwyer, *Grand Strategy*, Vol. 3, Part 1, pp. 363-364.

　　③　Maurice Matloff and Edwin M. Snell, *Strategic Planning for Coalition Warfare*, *1941-1942*, pp. 112-113.

尔对北非的军情作出了误判。① 而缺乏这种支援，"任何登陆行动都不得不采取比最初所设想的更大的规模"②。另一方面，德军进入西班牙和对维希法国施压的可能性在下降。在这种情况下，实施"体育家"计划的紧迫性随之缓解。丘吉尔和罗斯福决定，还是按照原来的计划首先执行美军前往冰岛和北爱尔兰的行动，同时不放弃"体育家"行动的准备工作。美国历史学家麦克尼尔指出："太平洋地区迫切需要的防御性部署和地中海地区敌人力量反击的意料不到的猛烈，使英美的进攻计划制订得未免过早了。"③

于是，马歇尔提出了第二个建议，为派遣2.1万人增援远东，应把美国派往欧洲的部队人数从2.4万人减少到6 500人（4 000人前往北爱尔兰，其余前往冰岛）。他的建议获得通过。这样，把"体育家"作战计划的D—1日推迟至最早为1942年5月25日。但紧接着强调："5月25日这一日期不能够在不做某种保留的情况下接受，因为没有考虑船只的损失和因敌人的行动而引发的船运需求的增长。再者，看上去可能的是，太平洋仍然需要这些船只用于进一步运兵至澳大利亚。"④英国官方史作者格怀尔指出："因此可以认为，北非行动最终被挤出了计划表。"⑤

但当时丘吉尔仍然坚信"体育家"计划最终会得到实施，他对美军进入北爱尔兰给予了高度的评价："渡过大西洋而来的每个美国师，使我们可以派遣一个训练有素的英国师出国到中东去，或者当然——而这是一向在我心上的——到北非去……事实上，这却是走向我一心指望的由同盟国军队突袭摩

---

① 丘吉尔在回忆录中提道："我对于奥金莱克将军在1942年2月肃清利比亚所抱的希望落空了。"见［英］温斯顿·丘吉尔：《第二次世界大战回忆录·第3卷·伟大的同盟》，第1323页。

② ［美］威廉·哈代·麦克尼尔：《美国、英国和俄国：它们的合作和冲突（1941—1946年）》，第135—136页。

③ ［美］威廉·哈代·麦克尼尔：《美国、英国和俄国：它们的合作和冲突（1941—1946年）》，第136页。

④ PREM 3/458/4, Report of the Washington War Conference (military subjects), 20th January, 1941, Annex 3: Joint Planning Committee Report to Chiefs of Staff: Operation Super-Gymnast.

⑤ J. M. A. Gwyer, *Grand Strategy*, Vol. 3, Part 1, p. 365. 北非作战行动实际在1942年11月8日展开。

洛哥、阿尔及利亚或突尼斯的第一个步骤。"①在给掌玺大臣艾德礼的电文中，丘吉尔提道："大批美国军队和空军调入北爱尔兰的行动马上就要开始，我们现正在搜罗必要的船只，以便如果可能当这些军队在运动期间就开始进行'超级体育家'作战计划。"②

# 第五节　关于远东太平洋战场

在"阿卡迪亚"会议召开期间，日军于 12 月 25 日占领了香港，1942 年 1 月 2 日占领马尼拉，缅甸和新加坡危在旦夕。刚刚通过的英美"W.W.1"联合战略文件关于远东的阐述是：

> 在我们集中力量打败德国的同时，只在东方战场维持保护重要利益所需的态势，并且使日本无法获得对其继续战争努力至关重要的原材料。③

然而，虽然太平洋战场处于次要的地位，却面临着比大西洋战场更复杂的盟国军队统一指挥作战问题。

## 一、美、英、荷、澳联合司令部的建立

马歇尔虽然不赞成一国军队被分割置于另一国的指挥之下，但是出于对总统擅自承诺将援助菲律宾的美军力量转往新加坡之事的警觉，在圣诞节当天的两国参谋长会谈中，他提出西南太平洋战场和东南亚战场需要一个最高的统一指挥机构，尤其是在形势紧迫的东南亚战场，以解决不同军种之间和

---

①　[英]温斯顿·丘吉尔:《第二次世界大战回忆录·第 3 卷·伟大的同盟》，第1337 页。

②　[英]温斯顿·丘吉尔:《第二次世界大战回忆录·第 3 卷·伟大的同盟》，第1338 页。

③　PREM 3/458/4, Report of the Washington War Conference (military subjects), 20th January, 1941, Annex 1: American and British Strategy: Memo by the United States and British Chiefs of Staff.

不同国家军队之间并肩作战的问题。①

　　在第二天的全体会议上，罗斯福再次提及远东战场的统一指挥问题，但是丘吉尔"完全不相信这个安排是可行的或合适的"，他表示"那里的局势是，某些特殊战略地点是必须加以据守的，每一地区的司令完全明了他应该做的事情。困难问题在于应用运到那个区域的资源。这是只能由那些有关政府解决的问题"。② 另外，美国海军对统一指挥的原则也抱有疑虑，担心失去作战的自主权，但他们又提不出任何有力的反对理由。

　　尽管丘吉尔和美国海军不赞成马歇尔的建议，但由于该建议得到了罗斯福的支持，霍普金斯和马歇尔私下做了丘吉尔的工作，丘吉尔和美国海军不得不作出妥协。丘吉尔坦言："虽然如此，我们必须符合美国的意见是显而易见的事。"③他向英方参谋长们解释道：

　　　　他的想法正转向就以下几点同美国人力图达成一致意见：
　　　　(1)应把德国当作主要敌人；
　　　　(2)太平洋战场总的作战命令应来自华盛顿；
　　　　(3)大西洋战场总的作战命令应来自伦敦。④

　　在接受马歇尔关于统一指挥的建议后，英方参谋长们提出希望一名美国将领担当美、英、荷、澳联合司令部（"ABDA"）最高司令长官，但丘吉尔告诉他们，马歇尔已经提名英国的韦维尔将军担任此职。这遭到了英方参谋长们的反对，事实上丘吉尔对此也不完全赞同。⑤ 因为美国太平洋舰队遭受重创，日军在东南亚的攻势势如破竹，对于一位"ABDA"战区的最高司令长官来说，他的战区明

---

　　① S. Woodburn Kirby, *The War against Japan*, Vol. 1, p. 264; Maurice Matloff and Edwin M. Snell, *Strategic Planning for Coalition Warfare*, 1941-1942, pp. 123-124; [美]福雷斯特·C·波格：《马歇尔传(1939—1942)》，第258—259页。

　　② PREM 3/458/2, Meeting Held at the White House, 26th December, 1941; [英]温斯顿·丘吉尔：《第二次世界大战回忆录·第3卷·伟大的同盟》，第1331页。

　　③ [英]温斯顿·丘吉尔：《第二次世界大战回忆录·第3卷·伟大的同盟》，第1331页。

　　④ PREM 3/458/2, Meeting Held at the White House, 26th December, 1941.

　　⑤ CAB 66/20, W. P. (41)307, Report by the Chiefs of Staff: Command in the South West Pacific, 29th December, 1941.

显处于被攻陷、军队被歼灭的失败境地，英国人不愿意背上这个失败的黑锅。新任帝国总参谋长阿兰布鲁克在日记中提到，提名韦维尔之事"立即遭到了批评"①。

但对于马歇尔而言，韦维尔了解印度，有着丰富的作战指挥经验，最重要的是这一提名能够化解丘吉尔内心关于美方分散新加坡防御力量用于防守菲律宾或婆罗洲的担忧。② 马歇尔传记的作者福雷斯特·C·波格则提道："由于此事与澳大利亚、新西兰、新加坡、英国和荷属诸岛屿利益攸关，要想让英国接受一名美国人担任此职将是极为困难的。"③这个说法并不符合实情。

最终丘吉尔劝说他的参谋长，他不认为美国人是企图把灾难转嫁到英国人头上。作为一项安抚手下的举措，丘吉尔建议，最高司令部只管辖陆军和空军，海军则另设单独的司令部并归一名美国海军将领指挥，该指挥官将遵照韦维尔的命令行事。④

在 12 月 29 日给掌玺大臣艾德礼的电文中，丘吉尔提道：

1. 我已经对总统表示同意，我们应当接受他的建议，但必须得到内阁批准，他的建议是马歇尔将军最热烈赞同的：

(1)在西南太平洋应建立统一的指挥。界线还没有最后划定，但是他认为包括马来半岛，包括缅甸前线在内，到菲律宾群岛，并向南到主要是达尔文港的那些必要的供应基地和澳大利亚北部的供应线。

(2)应任命韦维尔将军为美国、英国、英帝国与荷兰的所有可以由各有关政府拨归那个战区的陆海空军的总司令，或者如果愿意，称为最高司令。

(3)韦维尔将军的本部最初应设在泗水，他将以一位美国军官为副总司令。看来布雷特将军可能当选。

(4)战区内的美国、英国、澳大利亚与荷兰的海军舰队，应按照(1)和(2)节中所规定的总则拨归美国的海军司令指挥。

---

① Alex Danchev and Daniel Todman, eds., *War Diaries*, *1939-1945*：*Field Marshal Lord Alanbrooke*, London：Weidenfeld & Nicolson, 2001, p. 216.

② Maurice Matloff and Edwin M. Snell, *Strategic Planning for Coalition Warfare*, *1941-1942*, p. 124.

③ [美]福雷斯特·C·波格：《马歇尔传(1939—1942)》，第 260 页。

④ J. M. A. Gwyer, *Grand Strategy*, Vol. 3, Part 1, p. 370.

（5）打算令韦维尔将军在南太平洋部分设立一个参谋部，正如从前福煦的高级统辖参谋部对于在法国的那些庞大的英法军队参谋部一样。他将接受一个适当的联合机构的命令，这个机构将对作为国防大臣的我和总统负责，总统也是所有美国军队的总司令。

（6）包括在韦维尔将军管区内的主要司令官将有缅甸总司令、新加坡和马来亚总司令、荷属东印度总司令、菲律宾群岛总司令和经由南太平洋和澳大利亚北部的南方交通线总司令。

（7）对印度则必须任命一位代理总司令，澳大利亚则将有自己的总司令，印度和澳大利亚除按上述情况外，将不在韦维尔将军的管区以内，这两个地方是可以一方面从英国和中东，另一方面从美国把人员和物资运入战斗地区时所经过的两大基地。

（8）美国海军将继续对菲律宾群岛和大洋洲以东，包括美国到大洋洲的通路在内的整个太平洋负责。

（9）正在草拟给最高司令的训令，训令将保障各有关政府的必要的剩余利益，并概括地规定出最高司令的任务。这项草稿你不久就可收到。

2. 我不曾企图对我们接受这项雅量与无私的美国建议去进行辩护或反驳，把这项建议作为一种制胜方法来看，我已经深信其优点。行动是迫切的，甚至在我于1月1日从加拿大回来以前，或许就得见诸实行。当然要同澳大利亚、新西兰和荷兰商议；但应等到我获悉战时内阁的意见以后，才能进行商议。这时，假如得到一切方面的赞同，此间人员将拟订细节。①

英国战时内阁在同一天的答复批准了这个建议。

**二、美、英、荷、澳联合司令部的使命**

这样，按照计划建立起了美、英、荷、澳联合司令部，韦维尔将军任总司令。他所接到的命令将来自华盛顿的英美联合参谋长委员会，以罗斯福和丘吉尔的名义联合下达。他本人无权擅自将某一战场的地面部队调至另一战

---

① ［英］温斯顿·丘吉尔：《第二次世界大战回忆录·第3卷·伟大的同盟》，第1332—1333页。

场，只有权调动相关政府同意让其处置的空军力量，也无权解除相关国家军队将领的职务以及干预他们的战术指挥、军队部署和后勤补给。在给韦维尔的指示中，"ABDA"战区总的战略政策是：

a. 坚守马来屏障，即马来半岛—苏门答腊—爪哇—澳大利亚北部一线，以此作为"ABDA"战区的基本防御阵地，陆海空部队尽可能向马来屏障深入挺进，以阻止日军南下；

b. 坚守战区的重要支撑阵地——缅甸和澳大利亚，缅甸对支持中国和防御印度有着必不可少的作用；

c. 重建荷属东印度与吕宋岛之间的联系，支持菲律宾群岛上的守军；

d. 维持战区内的重要交通线。

战区范围为：

北面——沿着印度和缅甸的边界向东，经中国边界和海岸线达北纬30°，然后沿北纬30°至东经140°（印度支那和泰国除外）；

东面——从北纬30°沿东经140°至赤道，然后向东至东经141°，接着向南至荷属新几内亚的南岸，再向东沿新几内亚南部海岸至东经143°，最后沿此经线南至澳大利亚海岸；

南面——从东经143°沿澳大利亚北海岸线西至东经114°，接着向西北至南纬15°，东经92°；

西面——沿东经92°线。①

然而，对于印度支那和泰国归中国管辖，将英国统治之下的缅甸纳入"ABDA"战区，美国单独管辖滇缅公路和在缅的中美军队，英方感到不满。经过协商，达成如下妥协：罗斯福向中国派驻指挥在华美国军队和监督援华物资的代表，负责监管滇缅公路；在英方的同意下，如果必要，可以在缅甸

---

① PREM 3/458/4，Report of the Washington War Conference (military subjects)，20th January，1941，Annex 2：Directive to the Supreme Commander，South-West Pacific.

和印度为支持中国建立额外的基地，但其指挥之下的所有军队，如果在缅甸境内作战，将归韦维尔指挥。

另一方面，澳大利亚、新西兰政府，一定程度上还有荷兰流亡政府，对在华盛顿新建立的联合参谋长委员会没有将他们的军事代表纳入其中表示不满，他们担心本国的利益得不到应有的维护和重视。鉴于此，最终决定在伦敦建立一个"远东委员会"（Far Eastern Council）作为政策咨询机构，由首相丘吉尔任主席，成员包括掌玺大臣艾德礼、驻新加坡的远东代表达夫·库珀和澳、新、荷政府的代表。

另外，由于"ABDA"战区没有包括澳大利亚和新西兰（达尔文港除外），针对这两国对日本进犯的担忧，美国海军接受了两国附近海域的防卫责任，美国陆军则将派兵至新喀里多尼亚和斐济协助防御。①

### 三、美、英、荷、澳联合司令部的解散

1942 年 1 月 10 日，韦维尔在爪哇的巴达维亚建立起了临时司令部，5 天后正式走马上任。但是，日军取得的一系列惊人胜利，迫使韦维尔于 2 月 25 日在将指挥权转交给荷兰人之后返回了印度，重任驻印英军总司令。3 月 1 日，日军登陆爪哇，美、英、荷、澳联合司令部正式解散，8 天后荷兰军队宣布投降。

事实上，"韦维尔始终没有真正的机会行使这种指挥权。在他还不能够集结足够兵力，更谈不上部署部队之前，战局已经崩溃而不可收拾了"②，"匆匆建立起来的盟国之间的防御框架进展得一团糟"③。然而，马歇尔并没有期望通过建立联合司令部来取得战场上的胜利，他所希望的是"为在美军所至的各个战区确立统一指挥开辟道路。美英荷澳联合司令部并不尽如人意，但它却成了全面接受这一原则的开端"④。英国学者柯比指出："这是第一个战争

---

① S. Woodburn Kirby, *The War against Japan*, Vol. 1, pp. 265-267; J. M. A. Gwyer, *Grand Strategy*, Vol. 3, Part 1, pp. 374-379; PREM 3/492/1, For Chiefs of Staff from Joint Staff Mission, 23rd January, 1942; For Joint Staff Mission from C. O. S., 23rd January, 1942; J. S. M., Washington, to the Chiefs of Staff, 24th January, 1942. 1942 年 1 月 23 日，史迪威接到命令，前往中国任驻华美军司令兼蒋介石的参谋长。

② ［美］舍伍德：《罗斯福与霍普金斯——二次大战时期白宫实录》下册，第 24 页。

③ Christopher Thorne, *Allies of a Kind：The United States，Britain and the War against Japan，1941-1945*, p. 154.

④ ［美］福雷斯特·C·波格：《马歇尔传（1939—1942）》，第 264 页。

联合指挥部，无论它有多么不成熟，但是它为后来盟国在北非、东南亚和西欧的联合指挥提供了可参照的模式"。①

另外，在韦维尔重返印度担任驻印英军总司令以及美、英、荷、澳联合司令部解散的同时，英国正式接受美国主导太平洋战场，而英国在亚洲只负责印度洋战场。② 这一转变具有深远的意义，是英美两个大国在远东角色互换的重要体现。

## 第六节　联合参谋长委员会的建立

联合参谋长委员会的建立，是"阿卡迪亚"会议最大的军事成果，因为"先欧后亚"的战略之前就已经确立，"体育家"计划由于条件不成熟没有立即实施，"ABDA"司令部则名存实亡且很快灰飞烟灭。而作为一个长期的机构，联合参谋长委员会的建立对以后英美战略的协调与联合作战计划的制订与实施，影响无疑是最重要、最深远的。

联合参谋长委员会最初是因向"ABDA"司令部下达联合作战命令而设立的，机构设在华盛顿，下设一个秘书处和多个专门委员会，例如联合参谋计划委员会、联合情报委员会等。英方代表团负责人是约翰·迪尔元帅[1944年11月去世，之后由陆军元帅亨利·威尔逊(Henry M. Wilson)接替]，维维安·戴克斯陆军准将(Vivian Dykes)为英方代表团秘书，其他主要成员包括海军上将查尔斯·利特尔(Sir Charles Little)、陆军上将科尔维尔·威姆斯(Sir Colville Wemyss)和空军中将阿瑟·哈里斯(Arthur T. Harris)；联合参谋计划人员委员会(Combined Staff Planners)中的英方人员为海军上校 C·E·拉姆(C. E. Lambe)、陆军中校 G·F·伯恩(G. F. Bourne)和空军上校 S·C·斯特拉福德(S. C. Strafford)。美方代表团负责人是总统参谋长李海海军上将，海军中校 L·R·麦克道尔(L. R. McDowell)为美方代表团秘书，其他主要成员包括海军作战部长斯塔克上将，陆军参谋长马歇尔上将和陆军副参谋长、航空队司令阿诺德中将；联合参谋计划人员委员会中的美方人员为海军少将

① 　S. Woodburn Kirby, *The War Against Japan*, Vol. 1, p. 268.

② 　PREM 3/492/1, For Joint Staff Mission from Chiefs of Staff, 23rd February, 1942.

里士满·特纳、海军上校 R·E·戴维森（R. E. Davison，代表海军航空兵）、陆军准将伦纳德·杰罗（Leonard T. Gerow）和陆军上校 E·L·纳丁（E. L. Naiden，代表陆军航空队）。

联合参谋长委员会承担以下职责：

联合参谋长委员会将就以下方面研究并提出建议：

（a）"ABDA"战区，特别是日期为 1942 年 1 月 5 日的文件（美方代号 ABC—4/5，英方代号 W. W. 6）的附件所阐述的内容；①

（b）针对联合国家可能决定采取一致行动的其他地区，按照与上述 a 中相同的总体路线，作出必要调整以应对特定的形势。

联合参谋长委员会将：

（a）决定和建议基于战略政策需求的综合计划；

（b）就指导现有战争武器分配的政策，提出总的指示；

（c）解决广泛的海外行动优先次序问题。

……按照计划，联合参谋长委员会将每周召开一次会议，或者如果需要可以更加频繁；在每一次会议之前，将传阅会议议程。②

1942 年 2 月 9 日，英美联合参谋长委员会召开了第一次会议。自此及以后，依照程序，双方预先分别考虑尚未解决的问题，然后在会议上就两国不同观点进行协调。英方代表同伦敦的上级经常保持电信联系，把英国最高司令部最近的想法及时告知美方，同时也把美方的计划和意见通知国内。重大的战略决定则在罗斯福和丘吉尔于战争期间定期举行的会议上共同作出。此时英国的三军参谋长临时替代了他们在联合参谋长委员会里的代表，而当美国参谋长们抵达英国时，他们又和英国三军参谋长组成联合参谋长委员会。

---

①　即给韦维尔的指令，PREM 3/458/4，Report of the Washington War Conference（military subjects），20th January，1941，Annex 2：Directive to the Supreme Commander，South-West Pacific.

②　PREM 3/458/4，Report of the Washington War Conference（military subjects），20th January，1941，Annex Ⅴ：Post-Arcadia Collaboration：Memo by Combined Chiefs of Staff；PREM 3/492/1，J. S. M. ，Washington，to the Chiefs of Staff，4th February，1942.

最初反对设立联合参谋长委员会的英国帝国总参谋长阿兰布鲁克，后来称赞联合参谋长委员会是："为协调和联合盟国战时战略与努力，曾经形成的最有效率的机构。"①

实际上，这个"最有效率的机构"的成立并非一帆风顺。最初，马歇尔提出2种选择方案：一是分别在华盛顿和伦敦设立两个同等权威的委员会；二是只在华盛顿设立一个联合机构。在罗斯福说服英方同意把这个机构设在华盛顿之后，英方提议约翰·迪尔为英国代表团团长，同时作为首相的代表，可以位居两国三军参谋长之上，这招致了美方的强烈反对。后英方放弃了这一想法，决定组成一个联合参谋使团代表国内的三军参谋长常驻华盛顿。②

除此之外，起初英国参谋长们对把作战指挥权部分让与这个不知结果如何的新机构，内心充满不安，"甚至英国内阁也怀疑它的价值"③。罗伯特·达莱克指出："尽管英国的参谋长们对这一安排快快不乐，丘吉尔又只得劝他们先试行一个月再说。"④而在华盛顿的英国参谋使团认为："我们相信这种协调只能在华盛顿进行，因为我们认为美国三军参谋长们不可能授予足够的责权给他们在伦敦的代表。"⑤对于英方的妥协，美国学者威廉·诺伊曼是这样解释的："很明显，美国军事生产计划大得足以迫使英国人作出让步。"⑥也就是说，面对自身严重依赖于拥有巨大战争潜力的美国，英国人别无选择。

总而言之，联合参谋长委员会不是战略的最终决定者，它的主要作用是详尽两国政府已通过的战略，提出执行建议并监督执行。尽管英美两国分别置于对方指挥之下的军队，仍然在联合参谋长委员会中本国参谋长代表的控

---

① Arthur Bryant, *The Turn of the Tide*, *1939-1943*: *A Study Based on the Diaries and Autobiographical Notes of Field Marshal the Viscount Alanbrooke*, London: Collins, 1957, p. 316.

② [美]福雷斯特·C·波格：《马歇尔传(1939—1942)》，第265页。

③ Steve Weiss, *Allies in Conflict*: *Anglo-American Strategic Negotiations*, *1938-44*, p. 48.

④ [美]罗伯特·达莱克：《罗斯福与美国对外政策(1932—1945)》下册，陈启能、王伟明、马宁等译，白自然、马清槐校，商务印书馆1984年版，第467页。

⑤ J. M. A. Gwyer, *Grand Strategy*, Vol. 3, Part 1, p. 383.

⑥ William L. Neumann, *Making the Peace*, *1941-1945*: *The Diplomacy of the Wartime Conferences*, p. 26.

制之下，但是他们所接到的命令是经过两国参谋长们共同发布的，所以这避免了拒绝执行命令的情况出现。丘吉尔评价说：

> 未来的历史学家们很可能会认为我们的第一次华盛顿会议——代号称作"阿卡迪亚"——的最宝贵和最持久的成果就是设立了现在著名的"联合参谋长委员会"……一经达成并由政府首脑们批准了的决定，就由大家，特别是由其原来的意见被推翻了的那些人完全忠诚地予以实行。从来没有一次不能达成对于行动的有效协议，或者不能发出给每个战区的司令官的明确的训令。每个执行命令的军官都知道他所收到的命令是具有双方政府的联合观念和专家权威的。①

**英美联合参谋长委员会示意图**

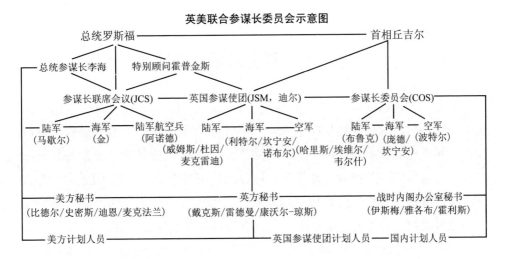

① ［英］温斯顿·丘吉尔：《第二次世界大战回忆录·第 3 卷·伟大的同盟》，第1338—1339 页。

# 第 九 章

# 北非战略

## 第一节　英美战略的协调

由于北非战局并未呈现当初所预计的发展态势，在"阿卡迪亚"会议上，英美决定将"体育家"计划延期至 1942 年 5 月。尽管如此，会后的数周内，英美两国军方还是开始制订在 1942 年占领法属北非的行动计划。罗斯福甚至一度考虑过将"体育家"作战行动作为一种分散德军对埃及攻势的手段。① 但是，因太平洋战局的吃紧、北非战事的失利、运输舰只和登陆艇的短缺以及法属北非政权继续支持轴心国的立场，迫使英美联合参谋长委员会于 1942 年 3 月 3 日决定："在目前的形势下，鉴于用作军事目的的船舶运输的总体安排情况，不应考虑实施'体育家'和'超级体育家'作战计划。尽管美英指挥官应尽可能继续他们的计划制订工作，但该工作被认为是理论性的，因此不应为该作战行动准备部队、物资或运输船舶。"②

在得到了罗斯福和丘吉尔的赞同后，搁置"体育家"行动计划的命令得到传达。但是，罗斯福和丘吉尔并未就此放弃北非作战的想法，尤其是丘吉尔

---

①　PREM 3/492/1, J. S. M., Washington, to the Chiefs of Staff, 15th February, 1942.

②　PREM 3/492/1, J. S. M., Washington, to the Chiefs of Staff, 13th March, 1942.

仍然坚持他在"阿卡迪亚"会议时的战略构想，认为北非行动将是重返欧洲大陆的必要准备，而"罗斯福有点怀疑横渡海峡发动正面进攻是否可能。他仍然赞成'体育家'作战行动……"①。两位首脑都认为，如果能够得到法属北非政权的"邀请"，英美应立即开始实施搁置的"体育家"计划。

一、"围歼"与"痛击"计划的提出

与此同时，美英军方都在为是否和如何开辟第二战场紧锣密鼓地开展计划论证和研究，一方面旨在减轻苏德战场上苏军面临的压力，另一方面利用德军大部集中在苏德战场之机在欧洲西面发动攻势。经过论证，美方的结论是：应于1943年4月1日实施从英国本土跨海登陆作战的"围歼"计划，如果出现苏联即将崩溃或德军在西欧大大削弱的情况，应在1942年9月或10月实行主要由英方承担的紧急登陆作战的"痛击"计划，而前一种情况实际是一种自我牺牲性质的行动。除此之外，1942年将展开空袭和小规模的海岸袭扰。②

美国陆军部长史汀生坚持认为："派遣压倒性的力量到英伦岛屿并对在法国的德国人威胁发起攻势，正如一直以来所认识到的，这是我们有助于战争的正确和传统的路线。如果在俄国人仍然幸存的情况下及时这样做，现在将造成希特勒两线作战的结果，也将大大激励英国人萎靡的士气。"③总统罗斯福在马歇尔等人的说服下也表示："我现在对今年夏天建立这个新战场愈益感到兴趣。"④英方虽也承认支援苏联最好的方式就是跨海登陆作战，在法国建立桥头堡，开辟新的战场，但得出的结论是：除非德国的军事力量和士气遭到削弱，否则在1943年春重返法国是不可能成功的，1942年更无此种可能，最为可行的办法是通过战略轰炸，将东线德军的空军力量吸引分散到西线，

---

①　[美]舍伍德：《罗斯福与霍普金斯——二次大战时期白宫实录》下册，第103页。

②　J. R. M. Butler, *Grand Strategy*, Vol. 3, Part 2, Appendix 3, pp. 675-681; Maurice Matloff and Edwin M. Snell, *Strategic Planning for Coalition Warfare*, *1941-1942*, Appendix A, p. 383.

③　Henry L. Stimson, *The Henry L. Stimson Diaries*, Reel. 7, Vol. 38, p. 10.

④　[美]舍伍德：《罗斯福与霍普金斯——二次大战时期白宫实录》下册，第100页；[美]福雷斯特·C·波格：《马歇尔传(1939—1942)》，第287—288页。

以此减轻苏军的压力。①

为协调美英双方的战略立场，罗斯福决定派遣马歇尔和霍普金斯前往伦敦，向丘吉尔陈述美方的战略计划。罗斯福甚至将此项计划称之为"联合国家的计划"。②

**二、马歇尔与霍普金斯的伦敦之行**

从 4 月 8 日至 14 日，马歇尔、霍普金斯与英方进行了会谈。马歇尔向英方指明："美国加入战斗后的作用不能仅限于向英国提供人力物力，而不去过问丘吉尔的计划，所以他要求集中兵力采取行动。不是美国人喜欢大规模的行动，而是形势逼迫我们不得不这么做。在此形势下，美国不愿意发动一些小规模的战斗，甚至在 1942 年就在欧洲进行小规模登陆，这样做的结果只会延缓 1943 年的大规模登陆作战。"③

丘吉尔表示，他对接受美方的计划丝毫没有任何犹豫，但是他必须作出一项保留意见，即"继续保卫印度和中东是极其重要的……澳大利亚以及那些把这个国家同美国联系起来的岛屿基地也不能丢掉。这也就是说，我们决不能在推行马歇尔将军所提出主要计划时，把其他东西完全丢在一旁"。阿兰布鲁克则向马歇尔称：三军参谋长"完全同意马歇尔将军关于 1943 年作战计划的意见。1942 年在大陆上的军事行动将取决于德国人攻击俄国所取得成功的程度……在考虑主要的战略计划时，三军参谋长完全同意德国是主要的敌人。与此同时，堵住日本人并确保他们与德国人无法会师，也是极其重要的"。

最后，丘吉尔指出："虽然这项计划（1943 年横渡海峡进攻大陆）的细节还有待决定，但是，在大体上，我们已取得了完全一致的意见。……他将准备一封致美国总统的电报，向他转达已获得的结论，同时为印度洋的迫切需要向他提出一项要求，不满足这项要求，整个计划必然会受到严重的

---

① J. R. M. Butler, *Grand Strategy*, Vol. 3, Part 2, pp. 565-571; PREM 3/492/1, Personal for Prime Minister from Field Marshal Dill, 15th March, 1942.

② PREM 3/470, From President to Former Naval Person, 2nd April, 1942.

③ ［美］福雷斯特·C·波格：《马歇尔传（1939—1942）》，第 296 页。

损害。"①

英方原则上同意了美方的战略计划(又称《马歇尔备忘录》)②当中关于1943年4月1日登陆欧洲的"围歼"计划,以及美军将部队和物资集结在英国为"围歼"行动作准备的"波利乐"(Bolero)计划,拟动用30个美国师和18个英国师。对此,马歇尔颇感欣慰。他向国内汇报称,丘吉尔已完全接受美方建议:"英国政府现在打算立即开始积极行动起来,为这个主要作战计划作必要的准备。"③

### 三、英方的真实图谋

然而,英方只是原则上表示了同意,实际以远东局势危急,日军在印度洋的进展可能导致德日在中东会师为由,并强调应以苏德战场的形势进展为判断前提,对在1942年展开"痛击"计划作了保留。伊斯梅勋爵后来回忆:

> 我们的美国朋友兴高采烈地回国了,他们以为我们已下定决心实施"围歼"和"痛击"计划。这种误解注定会导致不幸的结局。因为在我们最仔细地研究了"痛击"计划后,不得不告诉他们我们坚决反对该计划时,他们认为我们失信于他们。更糟的是,他们固执地相信我们对"痛击"行动的反对以后会延伸至"围歼"行动。他们怀疑我们被索姆河和帕斯尚尔(Passchendaele)大屠杀的记忆所困扰,以致我们在向欧洲堡垒发起进攻行动面前总是畏缩不前。这种怀疑持续了很长一段时间,并且成为未来许多误解的根源。④

英国学者斯蒂夫·韦斯把这种误解归于英方只是表示"原则上同意"(agreement in principle),并指出英国人担心拒绝《马歇尔备忘录》将导致美国

---

① PREM 3/333/6,Minutes of Meeting Held on 14th April 1942;[英]温斯顿·丘吉尔:《第二次世界大战回忆录·第4卷·命运的关键》,冯刚等译,许逸凡等校译,南方出版社2005年版,第1646—1648页。

② 该备忘录实际由新任陆军计划局局长艾森豪威尔及其助手们制订。

③ [美]福雷斯特·C·波格:《马歇尔传(1939—1942)》,第299页;[美]舍伍德:《罗斯福与霍普金斯——二次大战时期白宫实录》下册,第124—125页。

④ Hastings L. Ismay, *The Memoirs of General Lord Ismay*, p. 250.

偏离"德国第一"的战略。①

在 4 月 17 日给罗斯福的信中,丘吉尔提道:"我们衷心地同意你的集中全力打击主要敌人的想法,我们也热烈地接受你的计划,但是,要附加一个主要的条件。正如您可从我在 4 月 15 日发出的电报中了解到的,极其重要的是要防止日本人和德国人会师。"②另外在回忆录中,丘吉尔坦言:

> 保卫印度的任务,对整个战争有决定性的关系。……没有英国的积极援助,印度很可能在几个月之内被征服。而希特勒征服苏俄却需要更长的时间,而且对他来说,也是一项代价很大的任务。……
>
> 我完全同意霍普金斯所说的:"在 1943 年对法国北部的敌人发动一次正面的攻势。"但是在目前和发动攻势之间的期间,究竟应该做什么呢?……马歇尔将军提议说,我们应该在 1942 年的初秋,设法占领布雷斯特或瑟堡……
>
> 虽然,从一开始起,我就不反对这种想法。但是,在我的心目中还有其他可以代替的方案。第一个是在法属西北非(摩洛哥、阿尔及利亚和突尼斯)登陆,这个方案当时称为"体育家"作战计划,最后又发展成为伟大的"火炬"作战计划。还有第二个可以替代的方案……这就是"丘比特"作战计划——也就是解放挪威北部。这是对俄国的直接援助。这是同俄国的海陆空军进行直接配合的唯一方法。……我个人赞成"火炬"作战计划;如果我能够完全按我自己的意思行事,我也要在 1942 年试一试"丘比特"作战计划。
>
> 在我看来,在瑟堡建立桥头堡比较困难,比较不受人欢迎,在时间上来说也不能马上起帮助作用,而且最后也不会获得什么效果。最好还是把我们的右手放在法属北非,而把我们的左手放在北角,等待一年,不要冒险硬攻德国在英伦海峡对岸的设防阵线。
>
> 上述都是我当时的看法,对于这些看法我始终就没有后悔过……但

---

① Steve Weiss, *Allies in Conflict*: *Anglo-American Strategic Negotiations*, 1938-44, pp. 22-23, 61.

② PREM 3/333/6, From Former Naval Person to President, 17th April, 1942.

是为了同我们可贵的盟国取得一致而和谐的行动，我不得不通过政治影响和外交进行工作。没有我们盟国的帮助，世界就只有面临毁灭一条路了。由于这个缘故，我并没有在14日的会议上提出这些代替方案中的任何一个。

……就我个人来说，我渴望看到英国和美国的军队在欧洲并肩作战。但是我自己又很少怀疑，对细节——登陆艇以及其他等等——的研究和对战争主要战略的考虑，必然会推翻"痛击"作战计划。……就我所知——双方的军事当局都不愿意承担执行这项计划的责任。……

……在发动横渡英伦海峡的巨大攻势以前的一年或15个月中，我们又应该做些什么工作呢？事情很明显，占领法属北非的计划本身就是可能的、正确的，而且符合总的战略计划的。

……尽管我希望同时执行"火炬"和"丘比特"两项作战计划，但是我绝没有意思让"丘比特"破坏"火炬"的计划。……因此，在英美两国军队能够在1943年在欧洲同德国人交手以前，填补空缺的唯一方式，是以英美军队强行占领法属北非，同时与越过沙漠从西边向的黎波里与突尼斯前进的英国军队取得配合。①

很明显，丘吉尔始终没有放弃他在"阿卡迪亚"会议前就形成的战略构想——1942年在北非展开行动，1943年发起重返欧洲大陆的作战行动（见上文）。基于政治上的考虑，在马歇尔和霍普金斯访问伦敦期间，他没有向他们直截了当地表达自己关于1942年和1943年战略计划的观点。

4月29日，丘吉尔在内阁会议上表示："尽管根据我们在1942年夏末应竭力获得一个大陆桥头堡的原则所展开的准备工作应继续下去，但我们不承诺在今年内实施这一作战行动。"②丘吉尔担心自己立场的暧昧有可能导致英方战略观点得不到美国的理解与重视，于是他派联合作战部负责人(Chief of

---

① ［英］温斯顿·丘吉尔：《第二次世界大战回忆录·第4卷·命运的关键》，第1649—1651页。丘比特(Jupiter)又译"朱庇特"。本处遵原文。英国三军参谋长对"丘比特"行动并不赞成，但没有公然反对丘吉尔。

② CAB 65/30，W. M. 54(42)，Confidential Annex，29th April，1942.

Combined Operation)路易斯·蒙巴顿勋爵(Louis Mountbatten)①前往华盛顿，向罗斯福陈述英方关于 1942 年战略的构想。

## 第二节 "体育家"计划的复活

### 一、蒙巴顿的华盛顿之行

6 月 9 日，蒙巴顿会见罗斯福和霍普金斯。他提出英方反对 1942 年登陆作战的"痛击"计划，认为能够进行的登陆作战都不能使德国调动军队来增援，因为目前已经有大约 25 个师的德军在法国了，而且登陆艇的缺乏导致无法把足够的兵力运到彼岸。罗斯福则指出，他希望尽早使美军有机会参加作战，并询问是否能够在今年某个时候在欧洲大陆取得一个立足点，时间甚至可以推迟至 12 月。罗斯福强调，他不喜欢在英国兵力调离英国的同时，美国军队仍然源源送到英国，因此建议应当把 6 个师的英军留在英国，而把相应的 6 个美国师直接派到北非作战，或是绕过好望角到利比亚作战，或者直接开到摩洛哥去，以便同尼罗河军团会师，重开地中海航路。

蒙巴顿把会谈的内容报告给丘吉尔，并告诉丘吉尔，当罗斯福读到他最近的电报中的"不要忘记'体育家'作战行动"时，罗斯福是多么激动。②

正是蒙巴顿的报告使丘吉尔看到，罗斯福并不像美国军方那样坚持自己的战略计划，其实内心和他一样是赞成北非作战计划的。那么，亲自做罗斯福的工作就有可能改变英方同马歇尔和霍普金斯在伦敦达成的"痛击—围歼"计划，而趁热打铁使罗斯福的立场不受军方人士的左右势在必行。因此，这成为丘吉尔第二次美国之行的动机，而蒙巴顿的华盛顿之行无疑成为丘吉尔

---

① 此时，蒙巴顿实为海军上校，丘吉尔任命其为陆海空三军临时中将。他是战时陆军部下属的联合作战部的第二任负责人，主要职责是充当国防大臣和三军参谋长在联合作战行动的计划制订和军队训练等各方面的技术顾问，以及负责对德军占领下的大西洋沿岸在海空军的配合下进行特种作战式的袭扰，必要时作为正式成员参加参谋长委员会会议。

② PREM 3/439/20A, Points Mentioned by the President to C.C.O., 16th June, 1942; J. R. M. Butler, *Grand Strategy*, Vol. 3, Part 2, p. 622; Maurice Matloff and Edwin M. Snell, *Strategic Planning for Coalition Warfare*, *1941-1942*, pp. 234-235;［美］舍伍德：《罗斯福与霍普金斯——二次大战时期白宫实录》下册，第 180—181 页;［美］福雷斯特·C·波格：《马歇尔传(1939—1942)》，第 307—308 页。

重提"体育家"计划行动的开端。

从美方的记载来看，丘吉尔的判断是正确的。在蒙巴顿走后，马歇尔向罗斯福提交了关于"体育家"计划的最新研究报告。马歇尔反对北非行动，指出行动要冒很大的风险，最主要的是北非作战行动将分散美国军队的力量，最终不可避免地偏离"波利乐"行动计划。[①]

6月11日，丘吉尔在内阁会议上称，他已向苏联外交人民委员莫洛托夫指出，除非有十足的把握，否则1942年发起"痛击"行动是不可能的，内阁接受了丘吉尔的意见，并决定把"围歼"作战计划的行动时间从原来的1943年4月1日推迟至"不早于5月1日"[②]。

**二、丘吉尔二次访美**

6月18日至25日，丘吉尔率领帝国总参谋长阿兰布鲁克上将和伊斯梅中将访问美国，与罗斯福及美军方人士进行会谈（代号"冒险家"，Argonaut），"为1942—1943年的作战行动达成最后的决定"[③]。6月20日，在纽约海德公园与罗斯福的会晤中，丘吉尔将英方的想法书面提交给罗斯福，其中提道：

> 我们正在进行安排，准备在9月初以6个或8个师的兵力在法国北部海岸登陆。不过，英国政府不赞成肯定会引起灾难的军事行动，因为不管俄国人处在何种境地，这对他们都没有帮助，而且会连累法国人，还会严重地推迟1943年的主要战役。我们坚决认为，除非我们将在法国待下去，今年在法国就不可能有实质性的登陆……应当对"体育家"军事行动加以研究。[④]

同时，阿兰布鲁克和伊斯梅在华盛顿参加了英美联合参谋长委员会会议。

---

① Maurice Matloff and Edwin M. Snell, *Strategic Planning for Coalition Warfare*, *1941-1942*, p. 236.

② CAB 65/30，W. M. 73(42)，Confidential Annex，11th June，1942.

③ ［英］温斯顿·丘吉尔：《第二次世界大战回忆录·第4卷·命运的关键》，第1682页。

④ PREM 3/439/20A，Copy of Note Handed by the Prime Minister to the President, on June 20th，1942.

阿兰布鲁克在其日记中记载道:

> 在确定我们在 1942 年和 1943 年的政策上,我们不断取得进展……
> 我认为会谈是成功的,至少我们军方人士对我们应采取的政策达成了一
> 致。但是我们都感到,在面对首相与总统正在海德公园酝酿的计划时,
> 我们可能会面临许多困难。我们担心最糟的事情出现并肯定是这样一种
> 情况,即 1942 年的北非和挪威北部计划会在他们的提议中赫然耸现,而
> 我们确信这些计划是不可能实行的。①

马歇尔在会谈中坚持唯一可行的战略是集中压倒性的优势兵力,力主在
"波利乐"计划基础上再发起攻势。他指出:"除非现在就集中全力做好准备,
否则 1943 年大规模的陆上攻势显然是不可能了,如果我们现在改变计划而开
辟另一个战场,我们可能一事无成。"美国海军作战部长欧内斯特·金则坚决
反对"体育家"计划,联合参谋长委员会英方海军代表利特尔上将也表示英国
海军参谋长庞德和金的观点一样,认为当前大西洋方面的麻烦已经够多了。
最终,英美联合参谋长委员会达成一致意见,任何 1942 年的进攻作战行动只
能以不影响"波利乐"计划为前提,"体育家"计划在目前的形势下不应实行。
阿兰布鲁克和马歇尔都同意,如果 1942 年不能发起跨海行动,应把物资留起
来以供来年使用。②

这里可以看出,英国军方与美国军方一样并不像丘吉尔与罗斯福那样热
心于北非的作战行动。他们出于职业的敏感,不愿意在苏德战场和北非战场
大局未定、大西洋潜艇战正处于高峰的情况下过早作出行动决定,以免遭受
不必要的损失,更愿意采取"等着瞧"的策略,先将大军部署在英国本土,伺
机行动,尤其将苏联能否坚守苏德战线作为判断的关键。

但是,英美战略的最后决定者是丘吉尔和罗斯福。已和罗斯福一同回到

---

① Alex Danchev and Daniel Todman, eds. , *War Diaries*, *1939-1945*: *Field Marshal Lord Alanbrooke*, pp. 267-268.

② J. R. M. Butler, *Grand Strategy*, Vol. 3, Part 2, pp. 626-627; Maurice Matloff and Edwin M. Snell, *Strategic Planning for Coalition Warfare*, *1941-1942*, pp. 238-239;
[美]福雷斯特·C·波格:《马歇尔传(1939—1942)》,第 309 页。

华盛顿的丘吉尔在得知联合参谋长委员会的决定后，"非常的不安"①。在 21
日双方的白宫会谈期间，传来了托卜鲁克失守的消息。被罗斯福召唤至白宫
的马歇尔同意派遣美国第 2 装甲师前往中东，并决定立即拨出 300 辆谢尔曼
式坦克和 100 门 105 毫米自行火炮给中东的英军，预计 8 月末抵达。②

**三、丘吉尔和罗斯福的重要决定**

接下来的会谈丘吉尔与罗斯福作出重要的决定：

1. 关于 1943 年"波利乐"作战行动的计划和准备工作的规模愈大愈
好，要极迅速地全力推进。不过，主要的是美国和英国应当准备在 1942
年采取攻势。

2. 1942 年在法国或低地国家的作战行动如能成功，会比任何其他战
场的作战行动产生更大的战略上与政治上的收获。……如果可能订出健
全而明智的计划，我们应当毫不犹豫地付诸实施。反之，如果经过详尽
的检查表明，即使竭尽全力，胜利也未必可能，我们必须准备另一个
计划。

3. 关于法属北非（"体育家"作战计划）战役的可能性，将要仔细地、
有意识地进行审查，而且各种计划应尽可能早日具体完成。用于"体育
家"作战计划中的军队主要可以从尚未离开美国的参加"波利乐"行动的军
队中物色。在 1942 年秋季和冬季在挪威和伊比利亚半岛的战斗行动的可
能性，也应由联合参谋部仔细加以考虑。

4. 计划"波利乐"行动一事仍集中于伦敦。计划"体育家"作战行动则
集中于华盛顿。③

这个重要决定没有明确是否一定实行"体育家"计划，并以 1942 年"痛击"

---

① Alex Danchev and Daniel Todman, eds., *War Diaries*, *1939-1945*：*Field Marshal Lord Alanbrooke*, p. 268.

② Hastings L. Ismay, *The Memoirs of General Lord Ismay*, p. 255；［美］福雷斯特·
C·波格：《马歇尔传（1939—1942）》，第 313 页。

③ ［英］温斯顿·丘吉尔：《第二次世界大战回忆录·第 4 卷·命运的关键》，第 1687
页；J. R. M. Butler, *Grand Strategy*, Vol. 3, Part 2, pp. 627-628.

计划无法实施为条件，但事实上成为恢复搁置的"体育家"计划的开端。福雷斯特·C·波格指出："在'受骗日'（英国官方的历史学家这样称呼这一天），丘吉尔和罗斯福几句话就使马歇尔和阿兰布鲁克先前精心准备的一切计划成了泡影。"①

这一决定自然不受英美两国军方的欢迎，它不但推翻了联合参谋长委员会刚刚作出的决定，而且它的影响还不限于此。阿兰布鲁克认为："这可能导致美国以欧洲战线为代价在中东建立战线。"②马歇尔则断言，"体育家"计划的采纳不但取消了"痛击"计划，也将导致1943年"围歼"计划的取消。③ 联合参谋长委员会美方主席威廉·李海在其回忆录中对丘吉尔坚决反对"痛击"计划的动机作了分析，他指出："我想这大概就是丘吉尔当时的想法。……他懂得，一旦失败，马歇尔的国家仍是安全的，而英国本土离彼岸不过20英里，完全在德军炮火的射程之内。英国承担不起这种失败的后果。"④美国军史学家乔治·豪认为："英国人反对'痛击'计划不但基于该行动要冒很大的失败风险，而且怀疑是否有足够的资源，尤其是两栖进攻阶段所需的船只和人员。"⑤

因此，可以说丘吉尔二访美国是英国外交和军事战略上的一大胜利，他成功地说服了罗斯福接受他的北非行动方案，使英美联合战略的方向基本按照英方的意图进行，但也应当看到此时丘吉尔虽反对1942年采取"痛击"行动，却并未放弃1943年实施"围歼"行动的念头。

马歇尔后来评论道："我们都试图让总统回到他先前同意的立场上去。但

---

① ［美］福雷斯特·C·波格：《马歇尔传(1939—1942)》，第314页。英国官方史［英］巴特勒的《大战略》一书中使用的是"Day of Dupes"一词。见 J. R. M. Butler, *Grand Strategy*, Vol. 3, Part 2, p. 627.

② Alex Danchev and Daniel Todman, eds., *War Diaries*, 1939-1945: *Field Marshal Lord Alanbrooke*, p. 270. 关于托卜鲁克失守的消息，阿兰布鲁克日记说是下午得到的，丘吉尔的回忆录说是上午，本文采用的是阿兰布鲁克日记中的说法。

③ ［美］福雷斯特·C·波格：《马歇尔传(1939—1942)》，第378页。

④ ［美］威廉·李海：《我在现场》，第115页。

⑤ George F. Howe, *Northwest Africa: Seizing the Initiative in the West*, Washington, D. C.: Office of the Chief of Military History & Department of the Army, 1957, p. 12.

总统还是改变了立场，特别是当丘吉尔完全影响他之后……总统总乐于搞一些小插曲，而丘吉尔每次总是鼓励他这么做。……总统喜好随意行事，加之他又易受影响，特别是受英国人的影响，这是我们所面临的最大难题之一。"①舍伍德则指出："不管是非好歹，丘吉尔的主张总是打中了总统的心意，后者也是关心避免人命牺牲的。"②马特洛夫也认为："整个战争期间，特别是早期的防御阶段，丘吉尔对罗斯福施加了很大的影响，他们的会谈总能打动罗斯福，即使当时罗斯福的观点与其并不一致。"③

## 第三节　双方再次协调战略

### 一、英美战略政策的对立

丘吉尔回国后于 7 月 6 日与三军参谋长达成一致意见："痛击"计划没有成功的希望，而且会妨碍 1943 年的"围歼"计划，"似乎正确的策略是不完全放弃'痛击'行动，但为此所做的准备只是出于能够使我们蒙蔽敌人的目的，然而不能以妨碍'围歼'行动为代价"。至于在挪威登陆的"朱庇特"行动，则视形势发展做进一步可行性研究。④

第二天，内阁同意了丘吉尔与三军参谋长的上述意见，并在实施"体育家"计划上达成了一致意见。⑤ 在 7 月 8 日给罗斯福的信中，丘吉尔指出：

> 英国陆军、海军或空军的负责将领均不准备推荐"痛击"计划为 1942 年可能实行的作战行动。……

---

① [美]福雷斯特·C·波格：《马歇尔传(1939—1942)》，第 310 页。

② [美]舍伍德：《罗斯福与霍普金斯——二次大战时期白宫实录》下册，第 190 页。

③ Maurice Matloff, "Franklin Delano Roosevelt as War Leader", in Harry L. Coles, ed., *Total War and Cold War*: *Problems in Civilian Control of the Military*, Columbus: Ohio State University Press, 1962, p. 50.

④ PREM 3/439/20A, Minutes of a Staff Conference, 6th July, 1942; Chiefs of Staff to Prime Minister, 7th July, 1942.

⑤ CAB 65/31, W. M. 87 (42), Confidential Annex, 7th July, 1942, Appendix 1: Prime Minister's Personal Minute, 5th July, 1942; Appendix 2: Report by the Chiefs of Staff, 7th July, 1942.

……我们可以说1942年并未成熟的、也许会以灾难告终的行动，肯定会妨碍1943年组织良好的、大规模行动的前景。

……我自己确信，法属北非的战役（"体育家"计划）是在1942年使俄国战线获得缓和的最好机会。……这是1942年的真正的第二战场。……①

然而，马歇尔、金等美国军方人士依然反对"体育家"计划。在史汀生的支持下，马歇尔和金共同向罗斯福提交了一份语气严厉的备忘录，指出如果美国不尽全力实施"波利乐"计划，"那么我们的意见很明确，这就是我们应转向太平洋，坚决打击日本。换句话说，除了空军的行动外，对德国采取守势，将所有可行的手段都用于太平洋"。马歇尔后来称："我当时不过是虚张声势，但金的确是当真的。"②已被任命为美国驻欧洲军队总司令的艾森豪威尔在7月5日与丘吉尔会谈后的日记中写道："首相坚决主张今年在非洲西北部行动起来……我向他指出'体操家'行动有几点不利……他却十分自信……我无意说，我认为他全错了，但是我确信像他那样对这两件事的估计是错误的。"③

但是，罗斯福反对向英国人发出"最后通牒"，坚持首先打败日本是错误的，否决了马歇尔和金的建议。他告诉霍普金斯："我不能同意这样一点，如果我们不能在1942年发展'波利乐'行动，我们就得把注意力从德国转向日本。……如果我们不能够在'痛击'行动中发动进攻，我们就应当采取第二个最好的行动——而这不是太平洋。……考虑中的战区就是北非洲和中东。"④

于是，罗斯福决定派马歇尔、金和霍普金斯前往伦敦，征求艾森豪威尔和其他制订计划的美国人的想法，然后与英方达成最后协议，也打算再给马歇尔等人一次机会去尝试劝说英国人同意在1942年实施"痛击"计划。在给这3人伦敦之行的指示中，罗斯福写道：

---

①　PREM 3/470，Former Naval Person to President，8th July，1942；[英]温斯顿·丘吉尔：《第二次世界大战回忆录·第4卷·命运的关键》，第1720—1721页。

②　[美]福雷斯特·C·波格：《马歇尔传(1939—1942)》，第321页。

③　[美]罗伯特·H·费雷尔：《艾森豪威尔日记》，陈子思、左景祥、郑翔里译，陈子思校，新华出版社1987年版，第99页。"体操家"即"体育家"的不同译法。

④　[美]舍伍德：《罗斯福与霍普金斯——二次大战时期白宫实录》下册，第202页。

我们必须就下列两方面的联合作战计划同英国马上取得协议：

(a)1942 年剩下时间里的明确计划。

(b)1943 年的各种试行计划。这当然将要根据 1942 年内发生的情况而随时作更改……

最为重要的是美国的地面部队必须在 1942 年投入对敌作战。

……关于 1942 年，你们必须细心地研究执行"痛击"的可能性。这样的作战行动，今年肯定会把俄国支持住，它可能成为今年解救俄国的转换点。"痛击"的意义极为重大，我们有种种理由要促使它成功。……

如果"痛击"最终肯定是不合适的，我希望你们酌量那个时候的世界形势，决定 1942 年美国军队可以在别的什么地方作战。

我对目前世界形势的看法是：

(a)如果俄国牵制住一大部分德国军队，"围歼"作战行动就可在 1943 年实现，因此"围歼"的计划要马上加以考虑并进行它的准备工作。

……必须尽力守住中东，不管俄国会不会崩溃。我希望你们考虑到失掉中东的后果。……我反对在太平洋为了尽速将日本打败，而由美国发动对它的全力进攻。极端重要的一点是，我们应当充分认识到打败日本并不等于打败了德国；美国如集中全力在今年或 1943 年对付日本，则就会增加德国完全控制欧洲和非洲的可能性。反之，……打败德国就是打败日本，而且可能不发一弹，不损一兵。①

## 二、马歇尔再次访英和"体育家"计划的复活

马歇尔等一行人 7 月 18 日抵达伦敦，首先同已在那里的艾森豪威尔、斯塔克等人进行了磋商，然后于 20 日至 22 日与英方参谋长展开会谈。马歇尔试图说服英方接受经艾森豪威尔等人临时修改的"痛击"计划，即在 1942 年夺

---

① ［美］舍伍德：《罗斯福与霍普金斯——二次大战时期白宫实录》下册，第 203—206 页；［英］温斯顿·丘吉尔：《第二次世界大战回忆录·第 4 卷·命运的关键》，第 1725—1726 页；Maurice Matloff and Edwin M. Snell, *Strategic Planning for Coalition Warfare*, *1941-1942*, pp. 276-278.

取科唐坦半岛作为桥头堡，然后等待 1943 年发动"围歼"作战行动，从而改变了"痛击"行动的应急性质。①

　　然而，"在倾向于北非战场上，此时丘吉尔和他的参谋长们达成了完全的一致"②。会前，英国战时内阁接受了参谋长委员会的建议，反对欧洲大陆作战行动，即使是"打了就跑"式的进攻。③ 贾德干在日记里提道："很明显，我们希望教导美国人明白今年内第二战场在欧洲是不可能的。首相极为热衷于'体育家'计划，我相信总统也赞成，但看上去霍普金斯和马歇尔并不如此。"④

　　7 月 22 日，马歇尔承认英方所指出的"痛击"计划的漏洞大部分是有道理的，他同意在 10 月之前不能实施该行动计划，但他坚持认为，如果年内不实施该行动，盟军在欧洲只能采取守势，从而导致兵力和资源分散，影响 1943 年"围歼"作战计划的发动。⑤ 当天英国内阁讨论了美方的意见后，仍然一致否定在 1942 年采取"痛击"作战行动，而支持实施"体育家"作战计划。⑥ 艾森豪威尔沮丧地称，这一天是"历史上最黑暗的一天"⑦。

　　会谈很快陷入僵局。罗斯福对此并不感到惊讶，为打破僵局，他于 22 日列出 5 个行动计划，命令马歇尔等与英方就其中一个达成一致。这 5 个计划按优先次序是：

　　① CAB 65/31，W. M. 94(42)，22nd July，1942，Annex：B.

　　② PREM 3/429/20A，Prime Minister's Notes for Meeting on July 20，1942；Michael Howard，*Grand Strategy*，Vol. 4：August 1942-September 1943，London：Her Majesty's Stationery Office，1972，p. xxi.

　　③ REM 3/429/20A，Minutes of Meeting of Chiefs of Staff Committee，18th July，1942；Leo J. Meyer，"The Decision to Invade North Africa(Torch)"，in Kent R. Greenfield，ed.，*Command Decision*，p. 182.

　　④ David Dilks，ed.，*The Diaries of Sir Alexander Cadogan*，O. M.，*1938-1945*，p. 463.

　　⑤ J. R. M. Butler，*Grand Strategy*，Vol. 3，Part 2，p. 634；［美］福雷斯特·C. 波格：《马歇尔传(1939—1942)》，第 325—326 页。

　　⑥ CAB 65/31，W. M. 94(42)，Confidential Annex，22nd July，1942.

　　⑦ ［美］福雷斯特·C·波格：《马歇尔传(1939—1942)》，第 328 页。

　　(1)英美针对法属非洲(阿尔及利亚或摩洛哥，或者两者)的作战行动；

　　(2)完全由美国发动的针对法属摩洛哥的作战行动("体育家"计划)；

　　(3)针对挪威北部的联合行动("朱庇特"计划)；

　　(4)增援埃及；

　　(5)增援伊朗。①

　　马歇尔和金经过权衡后倾向于接受"体育家"计划。他们的理由是，如果苏联崩溃或是被严重削弱，那么在1943年发起大陆攻势也难以进行，在这种情况下，盟国军队将处于守势，"体育家"计划是合乎逻辑的选择。另外，马歇尔不愿意将美国军队派往中东地区，霍普金斯在给罗斯福的电文中提道："我相信我们这一边的人最后将倾向于一种扩大的'体育家'作战行动，首先因为我们的军队同英国的军队在埃及混在一起有困难；其次，如果我们到叙利亚去，可能没有什么仗可以打。"②艾森豪威尔在日记中提道："旧的'体操家'行动又重新提出来，考虑用美国陆军来增援中东。在这种进退两难的处境中，看上去二者之间还是'体操家'行动比较好些，因为它比另一行动的交通线要短得多，只相当于1/3的长度，故在实质上要少被动些。"③

　　其实，最重要的原因还是马歇尔等人看到，"体育家"计划是罗斯福和丘吉尔都赞成的作战方案。另外还有一点不容忽视，即对马歇尔来说，"痛击"计划一个致命的弱点就是，它的实施必须由英国人承担。这在马歇尔4月的伦敦之行中已经明确提出："对英国人而言，需要他们在人员牺牲和装备方面作出最大的贡献，自然没有胃口。"④后来马歇尔自己也承认，在1942年发起

①　Maurice Matloff and Edwin M. Snell, *Strategic Planning for Coalition Warfare*, *1941-1942*, p.278；[美]舍伍德：《罗斯福与霍普金斯——二次大战时期白宫实录》下册，第211页。

②　[美]舍伍德：《罗斯福与霍普金斯——二次大战时期白宫实录》下册，第212页。

③　[美]罗伯特·H·费雷尔：《艾森豪威尔日记》，第103页。

④　Leo J. Meyer, "The Decision to Invade North Africa (Torch)", in Kent R. Greenfield, ed., *Command Decision*, p.180.

"痛击"行动无异于自杀。①

### 三、马歇尔的意见保留

7月24日，马歇尔在联合参谋长委员会会议上阐述了美方的立场。他认为，只要在1943年7月1日之前存在发动"围歼"行动的任何可能，就不应减少该项行动的准备工作，但是在此日期之后的1943年里，"围歼"行动的成功机会很小，除非出现德军遭到快速削弱的确切迹象。如果"围歼"计划被迫放弃，"体育家"计划似乎是最佳的替代方案，接受"体育家"计划就意味着在欧洲战场采取防御姿态，对德空袭和封锁除外。同时，出于蒙蔽敌人和应付突发情况的目的，"痛击"计划的准备工作将继续进行，只要不妨碍为实施"围歼"行动而进行的训练工作。如果到了1942年9月15日，苏德战场的形势表明苏联崩溃或抵抗削弱致使"围歼"行动难以成功实行，"体育家"行动将尽快实施并不晚于12月1日。②

从马歇尔的话中可以看出，他给"体育家"计划设置了一个前提条件，即"围歼"计划难以成功实行。按照他的逻辑发展，采纳"体育家"计划就意味着1943年放弃"围歼"进攻计划，而在欧洲采取守势。此外，是否作出实行"体育家"计划的决定要到9月15日再视苏德战场的形势而定。金也宣称："这不存在幻想：一旦接受'体育家'，就如最初想到的，就不可能发动'围歼'行动。"③英国海军参谋长庞德大体赞成马歇尔的观点，帝国总参谋长阿兰布鲁克和空军参谋长波特尔则认为上述2个计划并不相悖，但是接下来的联合备忘录还是接受了美方的观点。

---

① Maurice Matloff, *Strategic Planning for Coalition Warfare*, 1943-1944, Washington, D. C.：Office of the Chief of Military History & Department of the Army, 1959，p. 131.

② Maurice Matloff and Edwin M. Snell, *Strategic Planning for Coalition Warfare*, 1941-1942，p. 280；J. R. M. Butler, *Grand Strategy*, Vol. 3, Part 2, pp. 634-635.

③ Michael Howard，*Grand Strategy*，Vol. 4，p. xxii.

# 第四节　"C. C. S. 94"和"火炬"计划的确定

## 一、"C. C. S. 94"

7 月 24 日，罗斯福在得到霍普金斯要求其表白立场的报告后向伦敦发出电文，"重申他赞成在 1942 年发动北非作战行动，即使（他坦白地承认）这样做必须暂时把'围歼'作为主要目标放弃掉"①。一份以马歇尔观点为主的联合参谋长委员会备忘录（编号"C. C. S. 94"），经英方略微修改后提交丘吉尔和英国内阁。

然而，英国内阁批评"C. C. S. 94"没有明确到底是执行"火炬"（Torch）计划，还是"围歼"计划，并且内容有这样的暗示：如果苏德战线坚守住，"火炬"行动将不再实行。内阁要求修改措辞，但三军参谋长认为不宜对美国人进一步施压，他们竭力使内阁成员相信，英美两国参谋长们都认为"围歼"行动在 1943 年不可能实行，除非形势有变。最终内阁同意不作修改而授权三军参谋长在这份文件上签字。②

英国海军参谋长庞德在给坎宁安的信中指出："我们都十分不喜欢它（'C. C. S. 94'），但我们感到，为了使美国参谋长们在北非登陆上走上我们的思维道路，对他们自认为满意的准确措辞太吹毛求疵是件遗憾的事。"③阿兰布鲁克则认为，美国人已经作出最大让步。④

"C. C. S. 94"文件的内容是：

---

① ［美］舍伍德：《罗斯福与霍普金斯——二次大战时期白宫实录》下册，第 212 页。但是，不清楚是否马歇尔在会议前就已收到总统 24 日的电报。见 Richard W. Steele, *The First Offensive 1942：Roosevelt, Marshall and the Making of American Strategy*, p. 174. 从内容上来看，似乎会前马歇尔没有收到总统的电报，因为备忘录的意思与罗斯福"暂时把'围歼'作为主要目标放弃掉"的指示精神不符。

② CAB 65/31, W. M. 95(42)3, 24th July, 1942. 按丘吉尔的指示，7 月 24 日"体育家"更名为"火炬"，此前打算使用"马希坎"(Mohican)这个代号。

③ Christopher Thorne, *Allies of a Kind：The United States, Britain and the War against Japan, 1941-1945*, p. 136.

④ Alex Danchev and Daniel Todman, eds., *War Diaries, 1939-1945：Field Marshal Lord Alanbrooke*, p. 285.

已作出决定，不再实施预定的"痛击"作战行动：

(a)只要 1943 年 7 月之前仍存在任何成功实施的合理可能性，就不支持考虑不可避免地缩减"围歼"作战行动的准备工作。

(1)为持续加强对德国的空袭强度，盟军的空中力量继续在联合王国集结。

(2)出于迷惑敌人和为任何紧急情况或有利时机做准备的考虑，应继续加紧"痛击"行动的所有准备工作，除非登陆艇的集结或其他细节严重妨碍了针对"围歼"行动所展开的训练，应任命一位特遣部队指挥官，他有权组织部队，指导训练，并提供一项依情况而定的执行计划。这名指挥官要么是指定的最终挺进西北欧行动的最高指挥官，要么应是代表他的其属下的指挥官之一。部队及其支援单位将尽可能地直接置于其指挥之下。

(b)如果英国三军参谋长提议将一个装甲师用船运至中东，那么一个美国加强装甲师(大约 1.9 万人)将使用英国船只予以调派替补。

(c)如果至 9 月 15 日俄国前线的形势表明俄国人的抵抗崩溃或正在削弱，以致使"围歼"行动成功实施看上去不切实际，那么应作出决定在 1942 年 12 月之前最早可能的日期在北非和西北非沿岸发起联合作战行动。

(1)应立即制订这一北非作战行动的联合计划，并确定最近的日期，之后能够及时集结必要的运输船只、海军力量和部队单位，以使最初的登陆行动能够在限定的日期——1942 年 12 月 1 日前实施。

(2)美国承担的非洲作战行动将需要英方在航空母舰、掩护力量和护航舰只方面提供支持。北非行动的地面和空中力量将主要是英军，西北非行动的地面和空中力量将主要是美军。

(3)应立即为整个非洲作战行动任命一位特遣部队指挥官。

(4)可以这样理解，对该行动作出承诺将导致在 1943 年不可能成功实施"围歼"行动，因此除了空中行动和封锁之外，对于欧洲大陆战场，我们肯定接受采取一条防御性的包围行动路线；但是，为最终进入欧洲大陆而进行的组织、计划制订和训练工作应继续下去，以便在德国的军事力量明显削弱以及联合国家在应对其他任务之后可用资源允许的情况下，能够实施该作战行动。

（d）可以这样理解，在联合王国的重型和中型轰炸机力量可根据需要转移至非洲战场。

（e）关于超出北非和西北非行动所需的"波利乐"计划的美国军队，将出于进一步在太平洋加强进攻行动的目的，对目前美国在"波利乐"计划中所承担的义务作出以下调整：

（1）撤出以下空中力量：

3 个重型轰炸机大队；

2 个中型轰炸机大队；

2 个轻型轰炸机大队；

2 个战斗机大队；

2 个侦察机大队；

4 个运输机大队。

（2）可能用船将一个步兵师或海军陆战队师从美国西海岸运送至西南太平洋。

（f）英伦岛屿的安全是联合王国和美国的军事资源首要承担的任务。[1]

## 二、"火炬"计划的确定

7 月 25 日，联合参谋长委员会一致同意，出于政治上的考虑（法国人对英国人抱有很强的敌对情绪），应由一名美国将军负责指挥"火炬"行动，一名英国将军充当副手，指挥部设在伦敦，为避免资源上的竞争，还应负责拟议中的"痛击—围歼"行动。指挥部成立英美联合计划小组，负责"火炬"行动的计划制订。[2]

而这一决定很大程度上是受驻华盛顿参谋使团团长约翰·迪尔的推动。

----

[1]　PREM 3/439/20A，Memorandum by the Combined Chiefs of Staff：Operations in 1942/43，24th July，1942；CAB 65/31，W. M. 95(42)3，24th July，1942，Appendix：A.

[2]　Maurice Matloff and Edwin M. Snell, *Strategic Planning for Coalition Warfare*, *1941-1942*，p. 281；J. R. M. Butler，*Grand Strategy*，Vol. 3，Part 2，p. 636.

他在 7 月 7 日致三军参谋长的信函中不但敦促尽早提名一位美国将领担任"围歼"行动的负责人，而且分析了这样做在政治上的益处："一位美国人担任最高指挥官将缓和这个国家对任何错误或失败的指责，并且在整个行动过程中，能够获得美国民众和政府相比给予一位英国指挥官的更大的支持。一位美国指挥官对于美国所提出的这样或那样的要求，将近似一种命令。无论如何，会有一种敦促去满足他的要求，而如果一位英国人担任指挥官则不存在这种情况。此外，无疑一位美国指挥官将会要求获得更多的美国部队，并且相比一位英国指挥官所敢于去做的，他能够带领这些部队冒更大的风险。最后，我认为，比起过去 3 年来主要专注防卫本土的一些英国人来，美国人的独特思维会有许多的优点……在我看来，马歇尔是唯一博得每个人信任的人选。"①

7 月 25 日，霍普金斯在丘吉尔的鼓动下致电罗斯福，指出会谈倾向于把最后决定"火炬"行动的时间推迟到 9 月 15 日。霍普金斯敦促总统，执行"火炬"行动的日期应不迟于 1942 年 10 月 30 日，"因为俄国的局势极为严重，再拖就危险了"②。丘吉尔还特别叮嘱外交人员，霍普金斯的信函内容不能被马歇尔等美国军事领导人知晓，甚至鉴于英国参谋使团团长约翰·迪尔与马歇尔私交甚好，也不能让迪尔知道；丘吉尔还称，他和总统都不同意美国三军参谋长的意见。③ 罗斯福很快回电称："我的意见是，'体育家'应在不晚于今年 10 月 30 日开始实施，为此应立即着手制订计划。告诉首相，我很高兴已作出了决定。我们将全速前进。"④

马歇尔等一行人 26 日飞离英国。在离开之前，马歇尔告知艾森豪威尔，他将担任盟国远征军总司令，负责"火炬"行动，但需一段时间后再下达正式

---

① PREM 3/492/2, Personal for Chiefs of Staff from Field-Marshal Dill, 7th July, 1942.

② PREM 3/439/13, From Foreign Office to Washington, 25th July, 1942.

③ PREM 3/439/13, From Foreign Office to Washington, 26th July, 1942; From Prime Minister to the Foreign Secretary, 26th July, 1942.

④ PREM 3/439/13, Most secret telegram from President Roosevelt, 25th July, 1942.

的任命，目前应立即着手北非行动的计划制订工作。① 然而，"火炬"行动的具体实施日期尚未最后敲定，而且"C.C.S.94"文件中的含糊性没有得到解决。罗斯福和丘吉尔都有意无视这种含糊性，"像丘吉尔一样，罗斯福把这份文件当成进攻北非的确实决定，忽视这样明白的提议，即只有在俄国抵抗的崩溃导致1943年'围歼'行动不再可能的情况下发起这次进攻……潜在的曲解仍然未决，但是一个一致的军事行动最终走上正轨"②。

此次双方的伦敦军事会谈实际上以"火炬"计划替代了1942年的"痛击"计划，解决了英美之间关于1942年战略行动的一个重要分歧，并且必然会推迟1943年的"围歼"行动。

英帝国总参谋长阿兰布鲁克相信，1942年"火炬"替代"痛击"意味着将"围歼"从1943年推迟到了1944年，或者可能永远。他告诉丘吉尔："过去的一周代表了整个战争的一个转折点，现在我们肩并肩地上路了。"③罗斯福在28日给丘吉尔的回信中也表示："我不禁感到，过去一周是整个战争时代的一个转换点，而且，现在我们已在并肩前进。"④

然而，"C.C.S.94"文件的含糊性使马歇尔和金并不就此承认最终的决定已经作出，他们仍然坚持发动"火炬"行动是以放弃"围歼"行动为前提的。福雷斯特·C·波格指出："尽管美国军种参谋长们清楚1942年有机会实施的只有'火炬'行动计划，但陆军参谋长马歇尔在克拉里奇斯制定的日程安排约定应在9月中旬拿出有关欧洲和非洲的最后决定。马歇尔将军反复强调这一点，以图提醒美国总统和英国首相：他们接受'火炬'行动就意味着不仅要放弃1942年规模较小的进攻欧洲的'铁锤'行动，而且要放弃1943年大规模的回师欧洲大陆的'扫荡'行动。"⑤

---

① ［美］德怀特·D·艾森豪威尔：《艾森豪威尔回忆录》（一），樊迪、静海等译，东方出版社2007年版，第84页。

② Michael Howard，*Grand Strategy*，Vol. 4，p. xxv.

③ Arthur Bryant，*The Turn of the Tide，1939-1943：A Study Based on the Diaries and Autobiographical Notes of Field Marshal the Viscount Alanbrooke*，pp. 429-430.

④ PREM 3/470，For the Prime Minister from the President，28th July，1942；［英］温斯顿·丘吉尔：《第二次世界大战回忆录·第4卷·命运的关键》，第1730页。

⑤ ［美］福雷斯特·C·波格：《马歇尔传（1939—1942）》，第378页。"铁锤"和"扫荡"分别是"痛击"和"围歼"的另一译法。

在 7 月 30 日的联合参谋长委员会会议上，美方主席李海指出，总统和首相已经确定实施"火炬"计划，并"命令加紧准备在法属北非登陆的作战行动"。尽管如此，马歇尔在金的支持下坚持"C. C. S. 94"并没有在"围歼"和"火炬"之间作出最终的决定，李海建议将这个分歧交由总统裁决。① 当晚，在白宫会议上罗斯福以美国武装部队总司令的名义郑重宣布："他已作出决定，'火炬'行动将尽早实施。他认为这一作战行动是我们当前的主要目标，为实施而集中各种手段应优先于其他作战行动，比如'波利乐'。"②

同一天，丘吉尔在迪尔的建议下致电罗斯福，建议任命马歇尔为"围歼"行动的最高指挥官，艾森豪威尔作为其驻伦敦的副手，英方则任命亚历山大将军为特遣部队的指挥官，处于艾森豪威尔的领导之下；艾森豪威尔在为"火炬"行动制订计划的同时，还暂时负责"波利乐"和"痛击"事宜。"火炬"计划确定之后，亚历山大将指挥从英国出发的特遣部队，一名美国指挥官将指挥从美国出发的特遣部队。③ 然而，罗斯福此时主要担心如何向斯大林解释 1942年不会开辟第二战场的问题，故此没有就总指挥人选问题即刻作出决定，直到 8 月 6 日同意任命艾森豪威尔指挥"火炬"行动。④

舍伍德评价道："这是罗斯福不顾他的最高级顾问的异议，完全凭自己的判断作出的极少数有关战争的重要军事决策之一。"⑤美国军史学者乔治·豪指出："他当时没有意识到，就如他后来逐渐认识到的那样，占领法属北非的

① PREM 3/439/13, From Joint Staff Mission to Chiefs of Staff, 30th July, 1942; Maurice Matloff and Edwin M. Snell, *Strategic Planning for Coalition Warfare*, *1941-1942*, pp. 282-283；[美]威廉·李海：《我在现场》，第 116 页。

② George F. Howe, *Northwest Africa*：*Seizing the Initiative in the West*, p. 14；Maurice Matloff and Edwin M. Snell, *Strategic Planning for Coalition Warfare*, *1941-1942*, p. 283.

③ PREM 3/439/11, From Marshal Dill to Prime Minister, 30th July, 1942；PREM 3/470, Former Naval Person to President, 30th July, 1942. 后因人事变动，英国特遣部队的指挥官是肯尼思·安德森少将(Kenneth A. N. Anderson)，美国特遣部队的指挥官是乔治·巴顿少将。

④ PREM 3/439/13, From President for the Former Naval Personal, 6th August, 1942.

⑤ [美]舍伍德：《罗斯福与霍普金斯——二次大战时期白宫实录》下册，第 217 页。

行动将使横渡英吉利海峡直捣德国心脏的进攻行动在 1943 年不可能做到，他作出了赞成包围战略而不是直击要害的战略选择。"①然而，从另一个角度看，"如果说他是受到种种非军事考虑的驱使，那么，他采取的行动在军事上是十分精明的，至少因为它打破了英美两国在战略问题上的一个危险的僵局。这一行动也符合一有机会就使用准备好的部队转入进攻，只要能够因此使敌人遭受严重损失这一军事原则"②。另一位美国军史学者迈耶则指出："从一开始，'火炬'就得到了两国最高政治层面的支持，这是'围歼'和'痛击'从没有享受到的优待。"③

至此，关于是否在 1942 年内发起北非行动不再是争议的焦点，尽管马歇尔"直到 8 月 19 日还告诉他的参谋人员北非行动仍取决于战争的变化"④，但大势已难扭转，接下来英美双方要做的就是决定发起"火炬"行动的时间和具体行动方案了。

## 第五节　作战方案的分歧

### 一、第 1 份作战方案的提出

罗斯福提出"火炬"行动发起时间不迟于 10 月 30 日，但他同意军方作进一步的研究。8 月 2 日，美军方研究后得出的最早行动时间是 11 月 7 日。他们认为，运输艇和登陆艇的准备、作战部队的训练和演习、装备的配备、敌人潜艇的袭扰等因素都决定了"火炬"行动不能匆忙行事，以免重蹈英军在挪威、巴尔干和克里特岛的覆辙。⑤

8 月 4 日，英国参谋长委员会提出的行动时间为 10 月 7 日。⑥ 第二天，

①　George F. Howe，*Northwest Africa：Seizing the Initiative in the West*，p. 14.
②　[美]肯特·格林菲尔德：《第二次世界大战中的美国战略——再思考》，第 20 页。
③　Leo J. Meyer，"The Decision to Invade North Africa（Torch）"，in Kent R. Greenfield，ed.，*Command Decision*，p. 188.
④　[美]福雷斯特·C·波格：《马歇尔传(1939—1942)》，第 379 页。
⑤　Maurice Matloff and Edwin M. Snell，*Strategic Planning for Coalition Warfare*，*1941-1942*，pp. 284-285.
⑥　PREM 3/439/13，From Air Ministry to Britman Washington，4th August，1942.

英方计划人员提出了他们的初步作战设想。他们指出："火炬"行动的目标在于占领控制从突尼斯到卡萨布兰卡的整个法属北非地区，以此作为未来进攻行动的第一步。登陆部队中如果包含有自由法国的部队，只会激起北非维希法国军队的顽强抵抗；西班牙则不可能只身介入，也不可能抵御德军的入侵；德国最初的反应可能只限于空军和海军力量，但到第二周会向突尼斯派遣包括轻型装甲部队在内的地面援军，大批的海上力量则需要 4 周才能抵达。如果盟军迅速占领突尼斯，将使轴心国军队在增援问题上产生犹豫；鉴于陆地交通设施的不便，为迅速占领突尼斯的各重要港口，应在离港口最近的地点登陆，拟动用 1 个军，主要为装甲部队，以及 15 个中队的作战飞机，在 26 天之内，最好在 14 天之内，完成该任务。阿尔及尔和奥兰也应纳入最早登陆的地点名单，由于护航舰只和登陆艇的不足，卡萨布兰卡的登陆行动则居次要的地位，应以地中海登陆行动和尽快占领突尼斯为重；后 3 个地点的登陆行动所需的地面部队为 2 个装甲师和 10 个步兵师，其中包括 1 个师准备在德军占领西班牙的情况下突入西属摩洛哥，空军部队则为 20 个战斗机中队和 10 个轰炸机中队，最初以航空母舰为基地。①

美国计划人员则主张不能放弃在卡萨布兰卡的登陆行动。因为卡萨布兰卡是一条东至突尼斯的铁路线的西部起点，这条铁路虽然破旧，但是在德军南下和直布罗陀海峡不能被盟军所用的情况下，能够提供一条补给线。另外，在卡萨布兰卡登陆，能够对西班牙和摩洛哥的部落民族产生影响，避免维希当局乘机挑起对登陆行动的抵制，从而导致西班牙站在德国一边介入。美国陆军部提醒艾森豪威尔："在美方看来，大西洋沿岸的登陆是重要的，并且应该与地中海沿岸的登陆同时进行。"②

然而，艾森豪威尔更赞成英方的看法，即将全部兵力集中在地中海。他认为：

①　Michael Howard, *Grand Strategy*, Vol. 4, pp. 117-119; Maurice Matloff and Edwin M. Snell, *Strategic Planning for Coalition Warfare*, 1941-1942, p. 287.

②　Maurice Matloff and Edwin M. Snell, *Strategic Planning for Coalition Warfare*, 1941-1942, p. 287.

　　突尼斯城这个战利品是如此之大，以致我们一开始登陆就应尽量选一个位于东面的、像波尼那样的地方。无可否认的是，若不在卡萨布兰卡建立起一个基地而想开进地中海，必然会冒额外的风险。可是我觉得既然我们已经在冒着不小的风险，那么不如孤注一掷，相信卡萨布兰卡在其东路被切断之后会自行陷落，要不就会被从奥兰沿铁路转回过来的纵队攻克。我脑子里也很想避开在卡萨布兰卡登陆必然会碰到的自然条件方面的巨大危险。①

　　艾森豪威尔这里提到的自然条件方面的巨大危险，是指晚秋和冬季非洲西北海岸恶劣的气候和海浪状况，这些将增加登陆行动的难度。②

　　因此，8月9日艾森豪威尔完成的第一份"火炬"作战计划，几乎全部吸纳了英方的看法。这份作战计划提出了波尼（Bône，阿尔及利亚东北部港口安纳巴的旧称）、阿尔及尔、奥兰和卡萨布兰卡4个登陆点，以期尽早占领突尼斯，并在法属摩洛哥能存有一支攻击部队，以控制直布罗陀海峡，如果需要，则快速进入西属摩洛哥。英国部队在美军的协助下在波尼和阿尔及尔登陆，旨在占领突尼斯和阿尔及利亚西部，最终地面部队达6个师。美国部队将在奥兰和卡萨布兰卡登陆，最终以7个师的地面兵力占领法属摩洛哥，并在西属摩洛哥边境集结待命。如果大西洋的海浪不利于卡萨布兰卡的登陆，那么将所有西线的部队调至奥兰。鉴于在卡萨布兰卡登陆的2个美国师要到11月初准备完毕，而单独在地中海沿岸登陆又将冒被德军从直布罗陀切断的风险，因此整个作战行动的时间定在11月5日。③

　　另外，他向马歇尔解释道：由于缺乏有效的空中支持，卡萨布兰卡的登陆行动必须晚于地中海登陆行动一些天，除波尼外，他没有考虑阿尔及尔以

---

　　①　[美]德怀特·D·艾森豪威尔：《艾森豪威尔回忆录》（一），第94页。
　　②　对于摩洛哥、阿尔及利亚和突尼斯的气候、地理、交通等自然状况以及人口、民族、政治经济等人文状况对"火炬"行动可能的影响所作的详细分析，见 George F. Howe, *Northwest Africa：Seizing the Initiative in the West*, pp. 16-25.
　　③　Michael Howard, *Grand Strategy*, Vol. 4, p. 119；Maurice Matloff and Edwin M. Snell, *Strategic Planning for Coalition Warfare*, 1941-1942, p. 287.

东的登陆点，否则行动很容易遭受来自西西里岛和撒丁岛敌机的攻击。①

　　英国三军参谋长对艾森豪威尔的作战计划提出了 2 点不同意见。他们指出"火炬"计划的关键点在于早日占领突尼斯，阻断德军可能对北非的增援，为此速度至关重要，让敌人措手不及，作战行动时间仍应定在 10 月 7 日。其次，他们强调卡萨布兰卡登陆行动的重要性比不上地中海沿岸的登陆行动，为此应推迟甚至取消该登陆行动，而以波尼的登陆行动代之。②

　　而美国三军参谋长也提出了反对意见。他们反对取消卡萨布兰卡的登陆行动，认为光靠直布罗陀海峡作为运输线风险太大，尽管卡萨布兰卡至奥兰的铁路运量有限，但还是一定要占领它；除非派一支强大的军队在摩洛哥登陆，否则西班牙很可能参战或者允许德军过境西班牙包抄盟军的后方。另外，他们反对在波尼登陆，认为这里距离西西里岛和撒丁岛太近，不但难以提供足够的空中掩护，而且会遭受敌军的猛烈空袭。③

　　这样，英美之间新的分歧又产生了。丘吉尔在参谋长们的劝说下直接与罗斯福交涉此事，罗斯福于 8 月 12 日指示马歇尔和金对"火炬"作战计划重新进行论证研究，并提出最好或有必要在 10 月 7 日展开行动，即使届时只有原计划 1/3 的兵力可以使用。④ 在这种情况下，艾森豪威尔只能依照更倾向于英方看法的方向制订作战计划。

## 二、第 2 份作战方案的提出

　　8 月 13 日艾森豪威尔被正式任命为盟国远征军总司令(Commander in

---

　　①　Maurice Matloff and Edwin M. Snell, *Strategic Planning for Coalition Warfare*, *1941-1942*, p. 287.

　　②　Michael Howard, *Grand Strategy*, Vol. 4, pp. 119-121; Maurice Matloff and Edwin M. Snell, *Strategic Planning for Coalition Warfare*, *1941-1942*, p. 287.

　　③　[美]德怀特·D·艾森豪威尔：《艾森豪威尔回忆录》(一)，第 94 页。

　　④　PREM 3/439/13, From Chiefs of Staff for Prime Minister, 7th August, 1942; Former Naval Person to President Roosevelt, 8th August, 1942; From the President to the Former Naval Person, 8th August, 1942; Maurice Matloff and Edwin M. Snell, *Strategic Planning for Coalition Warfare*, *1941-1942*, p. 288. 福雷斯特·C·波格认为，罗斯福之所以如此急于发起进攻，"是总统非常担心他的政治上的反对派会在 11 月控制大选"。他指出马歇尔事后回忆说，总统曾举起双手恳求道："请在大选前实施进攻吧!"见[美]福雷斯特·波格：《第二次世界大战中美国的战争及其战略的形成》，载[德]卡尔·德雷奇斯尔勒等：《第二次世界大战中的政治与战略》，第 106 页。

Chief of the Allies Expeditionary Force），负责"火炬"行动(包括以后"围歼"行动)计划的制订和执行任务。联合参谋长委员会给他下达的指令是：

> 总统和首相一致认为，应在可行的情况下尽早对北非采取联合作战行动，以期在中东盟国军队的协同下完全控制从大西洋至红海的北非地区。
>
> ……实施该作战行动应尽快完成以下初期、中期和最终的目标：
>
> (1)在北部沿岸的奥兰——阿尔及尔——突尼斯地区和西北部沿岸的卡萨布兰卡地区建立稳固和相互支援的立足点，从而迅速获取用于持续和进一步空中、地面和海上作战行动所需的适宜基地。
>
> (2)从所占领的立足点出发，大力迅速地扩大战果，以实现对整个地区，包括法属摩洛哥、阿尔及利亚和突尼斯的完全控制(将有必要准备在西班牙人采取敌对行动的情况下，对西属摩洛哥实施类似的行动)，从而便于对敌人采取有效的空中和地面行动，以及为向东经利比亚对位于西部沙漠(Western Desert)的轴心国军队的后方发起大规模进攻行动创造有利的条件。
>
> (3)彻底消灭目前正在西部沙漠与英军作战的轴心国军队，扩大对地中海地区的轴心国设施的空中和海上作战行动，以确保经地中海交通线的安全，以及为在欧洲大陆对轴心国实施作战行动创造条件。
>
> ……你将决定针对所选定地点发起最初进攻行动的日期。①

8月21日，艾森豪威尔制订出了第2份"火炬"作战计划。该计划将行动日定在10月15日，黎明前同时在奥兰、阿尔及尔和波尼发起登陆行动，即刻目标在于占领这些港口和附近机场。具体行动方案为：

> 奥兰——首先由2个合成团分别在2个登陆点登陆，合计突击力量为4个合成团；该地登陆的总兵力为1个美国师，外加1个合成团(英军

---

① PREM 3/439/12，Part of C. O. S.（42)236th Meeting，Minute 1，14th August，1942，Annex I：Derective to the Commander-in-Chief.

相同建制为混成旅）和大约 1 个团的混成轻型装甲部队，以及辅助部队和空军所需的地面人员。

阿尔及尔——首先由 3 个合成团分别在 3 个登陆点登陆，合计突击力量为 4 个合成团或混成旅。该地登陆的总兵力为 1 个英国师，外加配属英国第 78 步兵师的 1 个美国合成团（来自美国第 34 步兵师）；一名来自盟军司令部的美国高级代表将跟随该部队，负责与愿意合作的法国当局进行接洽。

波尼——首先由 1 个合成团实施登陆，合计突击力量为 1 个美国游骑兵团，其余则为英国部队，大多数部队将在第二日抵达。

美军的任务——在奥兰实施登陆突击，占领奥兰和法属摩洛哥，建立和维持奥兰和卡萨布兰卡之间的交通线，针对西属摩洛哥集结一支攻击力量。

英军的任务——在阿尔及尔和波尼实施登陆突击，占领阿尔及利亚（波尼地区除外）和突尼斯；出于政治上的考虑，所有的突击行动应由美国部队打头阵，为此美军 1 个合成团和 1 个游骑兵团配属英军，分别首先在阿尔及尔和波尼登陆。

其后，在卡萨布兰卡和奥兰各部署 1 个师，在卡萨布兰卡和奥兰之间部署 1 个师维持交通线畅通，在西属摩洛哥的东南边界部署 1 个师，在西属摩洛哥的西南边界部署 3 个师；最终，在北非和西北非的英美军队将达到 13 个师及其辅助部队，其中美国 9 个师。鉴于防御英国本土和其他战场的需要，4 个英国师将在形势稳固后被美国师取代。

空军将为最初的登陆突击行动提供空中掩护和支持，保护基地和交通线，为后续的登陆行动提供支持。在占领控制陆地机场之前，支持奥兰和阿尔及尔登陆的作战飞机将来自航空母舰；从直布罗陀起飞的战斗机将分担从航空母舰起飞的战斗机的任务，在直布罗陀机场无法使用的情况下，紧急备用的战斗机将从英国本土起飞；轰炸机则在获得基地之后从英国本土和美国本土飞抵。

海军将为行动提供防卫，装载登陆的地面部队并提供护航，抵御来自水面和水下的进攻，为登陆提供炮火、防空和扫雷方面的支持，维持海上交通线的安全，保护占领后的各港口。①

　　这份作战计划不但采纳了英方所建议的行动时间，而且按照英方的思路放弃了在卡萨布兰卡的登陆行动。但是，艾森豪威尔认为这个计划只是暂时性的方案，许多方面仍有待完善，例如，行动时间可能过早，特遣部队在奥兰登陆的计划还未完成，空军和海军的配合协调还需研究，作战部队的侧翼过于薄弱，等等。在他看来，在卡萨布兰卡和地中海沿岸同时登陆可以解决侧翼薄弱的问题，两国政府应当削减其他地区的作战任务，给登陆行动提供更多的海军支持，而法属北非当局和西班牙政府的立场至为关键，"这意味着此次远征行动胜利的希望，以目前所估计的行动力量来看，必须取决于北非的政治态度和反应，而不是取决于完全的军事因素"②。

　　艾森豪威尔在日记中记载道：

　　　　这样的解决方案，引起了国内陆军部的严重关切……海港的容量不足以及建造它们需要时间，使我们明白，如果北非的法国武装力量团结一致全力以赴来抵抗我们的登陆，那么，我们向东扫荡以取得整个北非统治权的伟大目标就很少有希望实现。结果，整个战役就不得不完全依靠政治因素来重新予以考虑——也就是说，要依靠我们政治领导是否能正确估计到在北非的法国和西班牙军队对这次登陆的反应。……

　　　　单纯从军事观点来衡量，可以这样说，这次军事行动的策划，应当受到指摘，这是在冒极大的危险。③

### 三、围绕第 2 份作战方案的争论

被马歇尔派往伦敦协助艾森豪威尔的陆军部作战局（Operations Division，

---

　　① PREM 3/439/8，Outline Plan of Operation "Torch"，21th August，1942. 该作战计划还包括 4 个附属文件，分别是空军、海军、东线特遣部队和西线特遣部队的作战计划。

　　② PREM 3/439/8，Operation "Torch"：Letter from Gerneral Eisenhower in Note by L. C. Hollis，22nd August，1942；Memorandum by the Conmmander-in-Chief Allied Expeditionary Force in Note by L. C. Hollis，23rd August，1942.

　　③ ［美］罗伯特·H·费雷尔：《艾森豪威尔日记》，第 106 页。

1942年3月战争计划局改名为作战局)局长托马斯·汉迪少将(Thomas T. Handy)于8月22日向华盛顿提交了一份报告,赞成艾森豪威尔对第2份作战计划缺点的分析,认为其风险太大,尤其侧翼容易遭受威胁。

汉迪提出3种解决方案,最理想的是如艾森豪威尔建议的,加强海军对行动的支持,并在地中海内外同时登陆;其次是将巴顿的特遣部队派往中东,在那里与德国人作战,满足总统关于美军尽快与敌交战的愿望;如果上述两个方案行不通,则应当限制"火炬"行动的作战目标。出于能有更多得到良好训练的美国部队被使用,汉迪主张行动时间应从10月15日改为11月7日。最后他强调:"与其在封锁直布罗陀海峡上冒险,不如在卡萨布兰卡的浪尖上冒险。"艾森豪威尔同意汉迪的报告,但认为如果维希法国和西班牙不采取敌对行动的话,应当继续实施原定的作战计划。①

美国国内的军事计划人员在研究汉迪的报告后,也认为目前英美两国所拥有的资源难以完成联合参谋长委员会给"火炬"行动下达的作战任务。8月25日,美国参谋长联席会议向伦敦建议,限制"火炬"行动的作战目标和规模。新的最终目标是:"及早完成占领从里奥德奥罗地区(Rio de Oro,不包括该地区)至奥兰(包括该地区)的西北非地区,为针对敌人在地中海地区的力量和设施发起行动创造条件"。即刻目标是:"在法属摩洛哥的阿加迪尔(Agidir)—马拉喀什(Marrakech)—卡萨布兰卡—拉巴特(Rabat)—非斯(Fèz)和阿尔及利亚的奥兰—穆斯塔加奈姆(Mostaganem)—穆阿斯凯尔(Mascara)一线,建立相互支援的登陆点;迅速扩大战果以完全控制包括法属摩洛哥、西属摩洛哥(如果形势许可)和阿尔及利亚的西部,为向东扩大有效的空中和地面作战行动创造条件"。②

事实上,英方也认为艾森豪威尔作战计划中的不确定因素太多,不足以

---

① Maurice Matloff and Edwin M. Snell, *Strategic Planning for Coalition Warfare*, *1941-1942*, p. 290.

② PREM 3/439/14, From Joint Staff Mission to Chiefs of Staff, 25th August, 1942. 美方打算,在奥兰以西的登陆行动后,通过地面部队占领上述目标地区。

依照该计划实施北非行动。① 另一方面，除帝国总参谋长阿兰布鲁克之外，英方强烈反对美方修改联合参谋长委员会给"火炬"行动下达的作战指令。他们指出，限制作战目标和规模，即使一开始风险较小，但最终仍要面临同样大的风险，没有任何取胜的希望，实质是将"火炬"行动的目标如"C. C. S. 94"备忘录那样定义——接受"体育家"计划就意味着在欧洲战场采取防御姿态。他们甚至提出："与其发动如此有限的行动，还不如放弃整个行动。"

考虑到美方的立场，经研究后，英国参谋长委员会同意将行动时间改在11月初，并接受在卡萨布兰卡同时进行登陆行动，但提出在菲利普维尔（Philippeville，波尼以西，斯基克达的旧称）进行小规模的登陆，并要求美方提供更多的海军支援。②

驻华盛顿的英国参谋使团26日给国内的电文分析了美方建议的动机：一是华盛顿像金海军上将这样主张"太平洋第一"人士的影响；二是美国人质疑苏军和中东英军的作战能力，万一欧洲战场崩溃，美国可以守住西非摩洛哥以保护美国的海上路线；三是美国人不希望美国军队的第一次大规模作战行动是一场灾难，但不反对以英军为主的"痛击"行动。③

可是，马歇尔回复英方，不可能提供更多的海军支援。美国参谋长联席会议则强调，没有必要在两个问题上冒不必要的风险，即对运输船只和护航舰只长时间地占用和因作战失败在全世界造成严重不利的影响。④

英国参谋长委员会经过内部商议之后，尽管阿兰布鲁克仍有倾向于美方观点的保留意见，但还是于8月27日向美国参谋长联席会议送交了一份表达英方有关"火炬"行动观点的报告。

报告指出：美方限制作战目标和规模的方案将导致德国人控制北非，从

---

① PREM 3/439/8, Operation "Torch" — Outline Plan: Report by the Joint Planning Staff, 23rd August, 1942; Part of C. O. S. （42）245th Meeting, Minute 5, 24th August, 1942.

② Michael Howard, *Grand Strategy*, Vol. 4, pp. 125-126; Maurice Matloff and Edwin M. Snell, *Strategic Planning for Coalition Warfare*, 1941-1942, p. 292; George F. Howe, *Northwest Africa: Seizing the Initiative in the West*, p. 28.

③ PREM 3/439/14, From Joint Staff Mission to Chiefs of Staff, 26th August, 1942.

④ Maurice Matloff and Edwin M. Snell, *Strategic Planning for Coalition Warfare*, 1941-1942, p. 292.

而毁灭打通地中海航线的所有希望；由于卡萨布兰卡地区 5 天之内有 4 天海浪凶险，不适宜登陆行动，所以把盟军一半的资源作为赌注用在如此不确定的地方是不明智的；在首轮登陆行动中，必须拿下阿尔及尔和奥兰，因为它们是重要的海港，前者还是首府；值得冒很大的风险在首轮进攻后的 4 或 5 周内，阻击突尼斯境内的德国人，因此，在波尼和菲利普维尔登陆是可取的，如果在不妨碍其他行动和可行的情况下，卡萨布兰卡的登陆也应该同时进行；如果美方坚持他们对作战行动的限制，那么美国应当提供额外的海军力量，或者是推迟登陆，直到让地中海登陆行动护航的海军力量能够准备就绪，才能按美方的行动方案去做。①

　　第二天，英美联合参谋长委员会在华盛顿讨论了英方的这份报告。在迪尔缺席的情况下，英国海军上将坎宁安(取代了利特尔的位置)代表英方指出，英方的目的是为了减轻德国人对苏德战场的压力，肃清地中海地区的敌人，从而为盟军反攻欧洲大陆提供基地。为打消美方对直布罗陀海峡的担忧，他声称，基于他在地中海指挥作战的经验，只要控制地中海南岸，船只通过直布罗陀海峡不会比通过多佛尔海峡更困难，因此值得将两国所有可利用的资源用于北非作战行动。

　　然而，美方并不为其所动。金海军上将不愿意削减美国在太平洋的海军力量，除非他接到这样的命令；马歇尔则指出，北非作战行动并不能减轻苏联承受的压力，船只存在短缺，而且作战中船只的损失将对其他战场造成不利的影响，他强调北非作战行动一定不能失败。②

　　很大程度上，以马歇尔为代表的美方军事决策者担心，如果按照英方的方案，德军很可能从西班牙南下，从而断绝登陆盟军的后路，所以在西北非的卡萨布兰卡同时登陆是必要的；另一方面，北非行动是美国军队的首次大规模作战行动，只能成功，不能失败，否则"将只能成为人们的笑柄并失去民意"③。而英方决策者更看重迅速占领突尼斯，阻断德意军队对北非的增援，

---

　　① PREM 3/439/14，From Air Ministry to Joint Staff Mission，27th August，1942.

　　② PREM 3/439/14，Combined Chiefs of Staff's 38th Meeting：Supplementary Minutes，28th August，1942；From Joint Staff Mission to Chiefs of Staff，28th August，1942.

　　③ ［美］福雷斯特·C·波格：《马歇尔传(1939—1942)》，第 382 页。

从而确保地中海航线的安全，大大改善中东英国军队的不利处境，最终为反攻欧陆创造条件。

## 第六节　打破僵局

### 一、英美首脑的介入

此时，丘吉尔和罗斯福的介入成为化解僵局的唯一途径。8 月 24 日丘吉尔从莫斯科经埃及返回伦敦后，立即加入到解决北非作战方案的行动当中。

在 26 日给总统的信中，丘吉尔呼吁首先确定作战行动的日期，应指示艾森豪威尔于 10 月 14 日执行"火炬"行动计划，并指出"这次作战行动的基础主要在于政治方面……行动迟缓将使危险和困难倍增，那样一来，无论增加多少作战部队，也无济于事……发动战役的日期如果比我所指出的更为迟缓，那就会大大增加泄露秘密和使敌人先行下手的危险"；他还建议罗斯福：为了减轻司令官们的责任，他俩一同：

> 确定政治上的论据，并由我们自己承担冒险的责任。我认为，作出下列的假定是合理的：(1)由于有了"火炬"作战计划，西班牙不会对英美作战；(2)德军至少还需要 2 个月的时间才能强行通过西班牙，或从西班牙获得供应；(3)北非法军的抵抗，多半是象征性的，可用突然的和大规模的攻击去制服他们，此后，北非法军也许可以在自己的指挥官统率下积极地支援我们；(4)维希政府不会对美英宣战；(5)希特勒将对维希施加极大的压力，但在 10 月份，他没有军队可以用来进驻法国的未被占领区，同时我们又已把他牵制在加来海峡，等等。所有这些论据有可能证明是错误的；在这种情况下，我们就必须等着打一场恶仗了。

最后，丘吉尔强调："我们现在必须拿出坚定的决心和超人的能力来执行这项作战计划。"[①]

---

①　PREM 3/470, Former Naval Person to President, 26th August, 1942；[英]温斯顿·丘吉尔：《第二次世界大战回忆录·第 4 卷·命运的关键》，第 1774—1775 页。

第二天，在同三军参谋长会谈后，丘吉尔就行动的具体问题再次致电罗斯福，表示美方的限制性作战方案使英方"非常为难"。丘吉尔指出：

> 假如我们不在开战的第一天就拿下阿尔及尔和奥兰，那么这次作战的重要意义就要完全丧失……
>
> 我们在阿尔及利亚站稳了脚跟，并使奥兰的交通线畅通之后，即使德军到了突尼斯，我们也能同他们争夺一番。但是如果不从奥兰东进，那就等于把突尼斯和阿尔及利亚都送给敌人。把作战行动限于奥兰和卡萨布兰卡两地，肯定不会使人对于我们的军事力量以及同时广泛展开的攻势获得印象，而我们正想依靠这种印象来对北非法军施加良好的影响。我们都深信，阿尔及尔是整个军事行动的关键……占领阿尔及利亚并向突尼斯和比塞大挺进是进攻意大利必不可少的步骤，而进攻意大利又是促使法军合作的最好机会，也是我们未来战役的主要目标之一。
>
> 我们已一致同意占领奥兰，当然我们也想拿下卡萨布兰卡，但是如果要在阿尔及尔和卡萨布兰卡之间加以选择，阿尔及尔无疑地不可比拟地是更有希望、更有效果的目标。
>
> ……如果在奥兰和阿尔及尔的军事行动获得良好的反应和结果，那么，在卡萨布兰卡附近海面出现的一支军队也许就容易进入该城，因此，一次佯攻行动当然是正确的。不过，卡萨布兰卡是极其困难的攻击点，也是距离地中海内主要目标最远的一处地方。卡萨布兰卡也许很容易地成为我们唯一遭受失败的地点……假若你们因此而愿意以大规模兵力，冒一切危险进攻卡萨布兰卡，美军就必须像现在盟军总司令所计划的那样继续直指奥兰。
>
> 如果照备忘录所建议的那样，对这次作战计划作全盘改变，当然必须更改发动进攻的日期，从而可能使全部机会遭受致命的打击。希特勒在10月份是没有力量向西班牙或法国未占领地区进军的。到了11月，他压迫维希和马德里政府的力量就会一周一周地迅速增大了。
>
> ……由于这种种理由，我急切地请求你重新考虑这份备忘录，并准

许美国盟军总司令完成他所制定的计划；……①

　　可以看到，丘吉尔没有提到在波尼和菲利普维尔的登陆，这是因为英方认为登陆点越多，单个失败的风险越大；另外就是阿兰布鲁克建议，如果要保留阿尔及尔作为登陆点，就需要对美方作出让步，取消阿尔及尔以东的登陆行动。8月29日，丘吉尔与三军参谋长和艾森豪威尔讨论后决定，放弃在波尼和菲利普维尔的登陆行动，研究将登陆行动集中在卡萨布兰卡—奥兰—阿尔及尔以取代奥兰—阿尔及尔—波尼的可行性。② 这样做，无疑是为了缩小英美双方立场的差距。

　　8月31日，罗斯福给丘吉尔发来回电：

　　　　我已仔细考虑了你的关于"火炬"作战计划的电报。我热切希望尽早发动攻击。时间是一个要素，我们正极力加速进行准备工作。

　　　　我深深感到，初攻必须完全由美国地面部队担任，而由英方的海军、运输队和空军支援。我们在执行这次登陆战时应该假定，法军抗拒美军将不如抗拒英军那样激烈……我们登陆以后，如有可能，我需要一个星期的时间来取得法军的不抵抗的保证，以巩固我们双方的阵地。我实在希望我能做到这一点。

　　　　然后你们的部队就可以东进。我充分认识到，你们的登陆必须赶在敌军到达以前。我们相信，德国空军和伞兵部队至少不可能在我军最初袭击以后两星期内大量开到阿尔及尔或突尼斯……讲到登陆地点，我认为我们必须在非洲西北海岸建立稳固和永久的基地，因为我们共同的实力有限，全靠直布罗陀一条交通线是很危险的。

　　　　我因此建议：(1)美军同时在卡萨布兰卡附近和在奥兰附近登陆；(2)他们应在山冈之后建立相互平行的公路和铁路，总长约300多英里……真正的问题似乎在于没有足够的掩护，以及运输的战斗物资不足

---

　　① 　PREM 3/470，Former Naval Person to President，27th August，1942；［英］温斯顿·丘吉尔：《第二次世界大战回忆录·第4卷·命运的关键》，第1776—1777页。

　　② 　PREM 3/439/14，From Air Ministry to Britman Washington，29th August，1942.

以供应两次以上登陆战的需要。我认为，最好要有 3 次登陆；在我们登陆后一星期，再由你们在东面进行第三次登陆……

现已拨给艾森豪威尔供他两次登陆之用的一切船只，当然必须不用于其他方面。因此东面登陆所需的船只，必须利用现在未被"火炬"作战计划征用的船只……

我要强调一点，不论情况如何，我们的登陆行动中必须有一次是在大西洋上进行。

向总司令下达的作战指令中应该规定，攻击应在尽早的实际可行的日期开始。这个日期应该与能使这一登陆行动很有可能获得胜利所必需的准备工作相一致，因此这个日期应当由总司令决定；但决不可迟于 10 月 30 日。我仍然希望在 10 月 14 日发动。①

对于会造成维希法国军队与英军战斗而对美军归顺的局面，丘吉尔和三军参谋长尽管不同意这种判断，但愿意接受英军在背后尽力给予物质上的支持，但对于推迟一周实施阿尔及尔登陆行动，他们却表示反对。

丘吉尔指出："很大数量的军队、大部分的运输任务、至少相同数量的空军以及 2/3 的海军部队，必须由英方承担……只要取得胜利，其他都算不了什么。但是对于缺乏必需的军队，或者不合理地限制军队的调用，就是不能迁就。"②阿兰布鲁克在日记中提道："我们决定，美国人必须在卡萨布兰卡、奥兰和阿尔及尔 3 个地点行动，英国人则紧随其后。"③

9 月 1 日，丘吉尔致电罗斯福指出：

如果你希望由美国人承担这次登陆的全部政治和军事方面的重担，我们是不能提出什么争议的……

① PREM 3/470，From the President to Former Naval Person，31st August，1942；[英]温斯顿·丘吉尔：《第二次世界大战回忆录·第 4 卷·命运的关键》，第 1777 页。
② Michael Howard, *Grand Strategy*，Vol. 4，p. 131；[英]温斯顿·丘吉尔：《第二次世界大战回忆录·第 4 卷·命运的关键》，第 1778 页。
③ Alex Danchev and Daniel Todman, eds.，*War Diaries*，*1939-1945*：*Field Marshal Lord Alanbrooke*，p. 316.

　　然而我希望你已考虑过下列各点：

　　(1)由于英国小型舰艇和飞机事先已在直布罗陀集合了一个时期，英军参加登陆的情况会不会泄露出去？

　　(2)英军在登陆时无论用哪种旗帜，英军参加的情况会不会泄露出去？

　　(3)开始战斗时，是否需要我国飞机对法国飞机、我国舰只对法国炮台作战？

　　(4)假如在黑夜抵达滩头和登陆(这又是突然袭击所不可少的)，那么，怎样才能分辨美军和英军呢？在夜间，猫都是灰色的。

　　(5)我认为登陆的可能性是四比一，但是假如浪涛使我们无法在大西洋海滩登陆，那么怎么办？

　　而且，倘若事与愿违，登陆受到顽强的抵抗，甚至上不了岸，我们在相当的时间内将不能前来接应你们，因为我们的突击船只已被美军征用一空，我们的增援部队乘用的船只只能驶入已被占领的港口。因此，如果失去这样一种政治性的不流血的胜利——我同意你的看法，也认为获得这样的胜利是大有可能的——接着将遭受到关系极为重大的军事失利……

　　这次突然放弃我们迄今为止一直在进行着的作战计划，势必会引起严重的耽搁。艾森豪威尔将军说，10月30日是最早的发动日期。我自己认为，这意思很可能是指11月中旬。停止军运的命令已于昨日发出，以便在必要时重作安排。我担心，以11月代替10月，将造成一系列新的危险，这比我们无论如何必须要遇到的那些危险大得多。

　　最后我要说，不管有多么大的困难，我们认为重要的是，应在占领卡萨布兰卡及奥兰的同时占领阿尔及尔。阿尔及尔是最友好，也是最有希望的地点，那里的政治上的反应对整个北非将是最有决定性的。为了对卡萨布兰卡登陆的可能性有所怀疑而放弃阿尔及尔，我们认为这是一个很严重的决定。假如这使德军不但在突尼斯而且在阿尔及利亚先发制人，那么，在整个地中海地区力量的对比势必是可悲的。

　　……我们深信，最正确的办法是坚决遵守双方同意的在8月14日交给艾森豪威尔将军的指令中所明确规定的总方针。①

为了最直接地表述英方的观点，丘吉尔甚至打算再次前往华盛顿，但在属下的说服下，打消了此念头，"首相看上去情绪低落，疲惫和沮丧"。②

罗斯福在9月3日给丘吉尔的回电指出：

你同意最初的登陆行动全部由美国地面部队担任，并表示愿意合作，我极为感激。不错，英国以海空军支援的方式参加登陆，守军早在登陆之初便会获得消息。可是，我认为这种方式与英军从一开始便在海滩参加登陆所产生的影响不很一样。

……鉴于你希望在攻克卡萨布兰卡和奥兰的同时占领阿尔及尔的迫切愿望，我们特提出下列办法：

(1)在卡萨布兰卡、奥兰和阿尔及尔同时登陆，其突击部队及其后续部队大致情况如下：

(a)卡萨布兰卡(美军)：参加突击的3.4万人，随即在一个港口登陆的后续部队2万人。

(b)奥兰(美军)：参加突击的2.5万人，随即在一个港口登陆的后续部队2万人。

(c)阿尔及尔(美军和英军)：在海滩登陆的美军1万人，1小时内英军接着登陆，目的在于保证登陆的安全，其后续部队由总司令决定。后续部队乘非作战船只在一个港口登陆。

(2)部队。为了以上登陆行动，美方可供给：

(a)从美国本土提供登陆卡萨布兰卡的军队。

(b)从联合王国提供登陆奥兰的军队，并为登陆阿尔及尔的部队提供1万人……

---

①　PREM 3/470，Former Naval Person to President，1st September，1942；[英]温斯顿·丘吉尔：《第二次世界大战回忆录·第4卷·命运的关键》，第1778—1779页。

②　Alex Danchev and Daniel Todman, eds., *War Diaries*, *1939-1945*：*Field Marshal Lord Alanbrooke*，pp. 316-317.

(3)航运。美国可提供下列船只，从 10 月 20 日开始由美国港口开出：

(a)可装运 3.4 万人的战斗运输舰只。

(b)在战斗运输舰只以外，还有装运 5.2 万人的运输船只，连同足够供应这批人员需要的物资在内。除了这批运输船只以外，已在联合王国的，还将有可能装运 1.5 万人的船只和 9 艘货船的美国运输船只可以调用。根据战前协议，这 9 艘货船是原定用于承担从英国运输美军去参加作战的任务的。粗算一下，美国可以提供的运输船只，估计足够运输第一、第二、第三批登陆卡萨布兰卡的军队。

(4)海军。美国在这次登陆战中所能供应的护航和支援的海军力量，不能超过在大西洋的现有力量，以及现在正在进行的准备调去执行任务的所有舰只。

以上为美国可能投入这次登陆作战的地面部队、海军部队和运输船只的全部力量。假如这次登陆按照既定方针执行，即同时在卡萨布兰卡、奥兰和阿尔及尔登陆，则其余所需要的人力物力必须取自英国。我们认为，你们大概需要提供下列力量：

(a)除了现在已在联合王国指定用于"火炬"作战计划的美国运输船只以外，联合王国还需要为在奥兰和阿尔及尔登陆的部队提供一切运输舰只(包括战斗运输舰只)；

(b)阿尔及尔突击部队和后续部队所需要的后备部队；

(c)除了上述美国海军部队以外的登陆战所需要的全部海军部队。

……

……我重申我在 8 月 30 日电报中所表示的意见，即应指示总司令在最早可能的日期执行作战，并由他决定这个日期。我深信，此时绝对必须及早作出决定。我认为，我这里扼要谈到的这个作战计划，是力求符合你的意图制定的。我认为这是一个实际可行的解决办法，它既保留了在阿尔及尔的作战行动，其力量又很充足，在各处都有获胜的希望。

我们最近从北非所得的最有利的情报如下：

在这 3 个战场上都由美国军官指挥的一次美国远征，所遇到非洲法军的抵抗将是微不足道的。另一方面，英国军官在任何战场上指挥的战斗或英军与戴高乐派合作进行的袭击将会遇到坚决的抵抗……

因为有这样的情报，我认为有必要使美国高级官员担负一些同非洲法国的军事和民政当局接触的任务。

你和我在很早以前曾作出决定，由我们应付北非的法军，由你们应付西班牙的局势。①

然而，英国三军参谋长认为英国的船只和登陆艇数量难以达到罗斯福要求的水平，应减少卡萨布兰卡登陆部队的数量，从而节省出所需的运输船只和登陆艇，加上取消波尼和菲利普维尔登陆行动而多出来的部分，以此使阿尔及尔的登陆行动成为可能。阿兰布鲁克提到："我们得出结论，在卡萨布兰卡的登陆必须削减1万至1.2万人，以使阿尔及尔的登陆成为可能。首相和大臣们都表示同意。"②

为解决这一难题，9月3日丘吉尔当即向罗斯福提出该建议，并称"这样的变动会使3处登陆的力量获得平衡，并使所有重要地点的兵力都具有必不可少的强大声势。没有这种变动，阿尔及尔的登陆就没有希望，因为战斗运输舰只和登陆舰艇都很缺乏"③。

为使罗斯福更易于接受他的建议，丘吉尔给霍普金斯写了一封信，打算通过霍普金斯影响总统的决定。④ 但信还未发出，9月4日罗斯福在参谋长联席会议的建议下致电丘吉尔：

我愿意减少在卡萨布兰卡登陆的军队，减少的数字是按照能载运一团战斗队伍的战斗运输舰只计算的。大约为5 000人。由于原来准备用于

---

① PREM 3/470，From the President to Former Naval Person，3rd September，1942；［英］温斯顿·丘吉尔：《第二次世界大战回忆录·第4卷·命运的关键》，第1779—1780页。

② PREM 3/439/14，Record of Chiefs of Staff Committee Conference，3rd September，1942；Alex Danchev and Daniel Todman，eds.，*War Diaries*，*1939-1945*：*Field Marshal Lord Alanbrooke*，p. 317.

③ PREM 3/470，Former Naval Person to President，3rd September，1942；［英］温斯顿·丘吉尔：《第二次世界大战回忆录·第4卷·命运的关键》，第1781页。

④ ［英］温斯顿·丘吉尔：《第二次世界大战回忆录·第4卷·命运的关键》，第1781—1783页。

奥兰的突击部队也已减少了这么多的人数，因此，腾出的全部英美战斗运输舰只可以运送 1 万人左右，供阿尔及尔登陆之用……①

尽管这没有达到英方所预期的数字，但英方决定自己解决还需载运 5 000 人的登陆艇的难题。② 9 月 5 日，罗斯福电告丘吉尔转述了海军上将金有关用于北非行动的美国海军最大的力量组成是：1 艘现代战列舰和 2 艘旧式战列舰，1 艘航空母舰和 2 艘小型的改装航空母舰，共能够搭载 78 架战斗机和 30 架俯冲轰炸机，2 艘具有 8 英寸口径大炮的巡洋舰，3 艘具有 6 英寸口径大炮的巡洋舰，40 艘驱逐舰，6 艘快速扫雷舰，共计 57 艘作战舰只。③ 英国参谋长委员会认为，美国提供上述海军力量基本够用了。④

于是，当天丘吉尔致电罗斯福："我们同意你所建议的军事计划……现在联合提供的海军力量完全可以使我们全速进行这些战役。"⑤

**二、双方分歧的解决**

至此，英美双方在"火炬"行动方案上的主要意见分歧得以解决，所剩下的就是决定开始作战行动的具体时间。阿兰布鲁克得知情况后感慨道："现在'火炬'行动计划又一次处在全力进行之中，大部分困难目前已经克服。"⑥

关于行动发起的时间，罗斯福和丘吉尔虽然都主张在 10 月底，但同意按照作战指令由艾森豪威尔最终决定。9 月 5 日，艾森豪威尔告诉英国三军参谋

---

① PREM 3/470，From the President to Former Naval Person，4th September，1942；［英］温斯顿·丘吉尔：《第二次世界大战回忆录·第 4 卷·命运的关键》，第 1783 页。

② Michael Howard，*Grand Strategy*，Vol. 4，p. 135.

③ PREM 3/470，From the President to Former Naval Person，5th September，1942. 英方提供的最低限度的海军力量是：3 艘主力舰、3 艘攻击作战飞机航空母舰、3 艘辅助作战飞机航空母舰、2 艘 8 英寸口径大炮的巡洋舰、9 艘 6 英寸及以下口径大炮的巡洋舰、2 艘具备防空炮火的巡洋舰、48 艘驱逐舰、4 艘用于防空的舰只、1 艘小型浅水重炮舰、1 艘快速布雷舰、55 艘护航舰、93 艘扫雷舰/船、2 艘补给舰、1 艘登陆指挥舰、36 艘摩托艇。

④ PREM 3/439/14，From L. C. Hollis to Prime Minister，5th September，1942.

⑤ PREM 3/470，Former Naval Person to President，5th September，1942；［英］温斯顿·丘吉尔：《第二次世界大战回忆录·第 4 卷·命运的关键》，第 1783 页。

⑥ Alex Danchev and Daniel Todman，eds.，*War Diaries*，*1939-1945*：*Field Marshal Lord Alanbrooke*，p. 318.

长，10 月 31 日是最早的行动时间。三军参谋长表示接受，他们认为，拥有更多的时间去进行行动准备，一定程度上可以抵消推迟行动的风险。①

然而，9 月 8 日丘吉尔在与艾森豪威尔共进晚餐问及此事时，艾森豪威尔的回答是："11 月 8 日——离今天还有 60 天。"②理由是，用于登陆作战的美国部队的训练和装备需要时间去完善，海军的运输舰和登陆艇，包括临时从苏联运输线路上转移过来的舰只，都需要休整。丘吉尔感到不满，甚至是愤怒，认为"这是一个悲剧……时间是我们现在的主要敌人"。但是，三军参谋长向他指出："推迟的原因主要在于美方，英方爱莫能助。"③

9 月 12 日，丘吉尔在契克斯(Chequers，英国首相在伦敦郊外的别墅)召开英美双方军事人员会议。④ 艾森豪威尔在日记中也提道：会议"主要围绕着在'火炬'行动中开始攻击的日期这一问题进行。首相曾同意以 11 月 4 日为可能行动的最早日期，但现在却考虑到能够适合于我们开始行动的最迟的日期……我向他建议以 11 月 8 日为最理想的日期。"⑤在看到不可能再改变行动的日期后，丘吉尔在 9 月 21 日契克斯的另一次会议上不得不最终正式接受 11 月 8 日为"火炬"行动发起的时间。10 月 8 日，艾森豪威尔制订出最后的"火炬"作战行动方案。⑥ 至此，关于 1942 年的北非作战行动，英美两国达成全面的一致，接下来要做的就是做好各项准备工作，最终点燃"火炬"。

"火炬"行动是英美战时第一次大规模的联合作战行动。对于"火炬"计划最终成形并得以实施这一过程中的沟沟坎坎，托马斯·汉迪这样称："火炬"

---

① PREM 3/439/20A，From L. C. Hollis to Prime Minister，5th September，1942.

② Harry C. Butcher，*My Three Years with Eisenhower*：*The Personal Diary of Captain Harry C. Butcher*，USNR，*Naval Aide to Eisenhower*，*1942 to 1945*，New York：Simon & Schuster，1946，p. 182.

③ PREM 3/439/15，Brrigadier Hollis for C. O. S. Committee，9th September，1942；Michael Howard，*Grand Strategy*，Vol. 4，p. 136.

④ PREM 3/439/15，Minutes of Staff Conference，12th September，1942.

⑤ ［美］罗伯特·H·费雷尔：《艾森豪威尔日记》，第 109 页。

⑥ 主要内容见 Michael Howard，*Grand Strategy*，Vol. 4，pp. 137-138. 更为具体的作战方案细节见 George F. Howe，*Northwest Africa*：*Seizing the Initiative in the West*. ch. 3："Tactical Plans and Political Preparations"，pp. 32-59. 另外，在北非作战行动中，英美两国有关法国维希政权和戴高乐"战斗法国"的政治上的考虑，这里未作专门的阐述。

行动无疑是军事历史上最为复杂的一次作战行动，就是在"霸王"（Overlord）作战行动发动之后，它或许仍然保持着这种地位。① 难怪艾森豪威尔回忆称："在整个战争中，这是上级领导进行干预从而使我们对所提出的作战计划作了部分修改的唯一例子。"② 马歇尔在 1956 年的一番话也很耐人寻味，他说："我们当时没有注意到一个民主国家的领导人必须要让自己的人民满意。人民需要的是行动，所以我们就不能等到一切都完全准备好了后再行动。丘吉尔就总是乐于弄点小插曲，如果我们像他走得那么远，我们就会一事无成。但是现在我终于明白他为什么总是要做点什么了。"③ 军史学者马特洛夫则指出："正如美国军事规划人员学到的那样，在战区现场的兵力有一种产生其自身战略的方式，而政治领导人受到的要他们行动的压力，连同他们的急躁情绪，可能压倒无论怎样正确的军事战略。"④

　　这些话语道出了"火炬"行动政治性与军事性相互交织的复杂程度，这里面不但包含有英美两国军方之间的分歧，还有各自军方内部之间、政治首脑与军方之间的观点差异，甚至还有英美两国政府在与维希法国和戴高乐主义者打交道方面的纠结。这种复杂性，在以后的英美联合军事战略的制订和实施过程当中依然是一个鲜明的特点。

---

①　[美]舍伍德：《罗斯福与霍普金斯——二次大战时期白宫实录》下册，第 255 页。

②　[美]德怀特·D·艾森豪威尔：《艾森豪威尔回忆录》（一），第 95 页。

③　[美]福雷斯特·C·波格：《马歇尔传（1939—1942）》，第 310 页。

④　[美]莫里斯·马特洛夫：《盟国的欧洲战略（1939 年至 1945 年）》，见[美]彼得·帕雷特主编，[美]戈登·A·克雷格、[美]费利克斯·吉尔伯特编：《现代战略的缔造者：从马基雅维利到核时代》，第 670 页。

# 第 十 章

# 欧 洲 战 略

## 第一节　欧洲战场重要性的共识

"先欧后亚"的大战略决定了欧洲战场是第二次世界大战英美成败的关键所在，英美两国自然对欧洲战略予以了最高度的重视。

### 一、英方的战略认识

英国军事学家J·R·M·巴特勒指出，自 1940 年夏天之后，英国的最高决策者就一直在思考在合适的时间重返欧洲大陆，给予德国最后一击的战略问题。① 丘吉尔也在回忆录中提及关于横渡海峡的作战计划："自从 1940 年在挪威和法国沿海一带开展斗争以来，我们一直进行着规模日益扩大的研究工作。"②

然而，鉴于德军力量一时依然强大，丘吉尔和三军参谋长都认为，在德军遭受削弱之前在法国登陆是不现实的，主张采取"间接战略"。1941 年 3、4 月间英军在希腊和 5 月在克里特岛的作战，就是采取在欧洲大陆边缘作战的"间接战略"，但均以失败告终。这促使丘吉尔不愿意在德军未削弱之前在欧

---

① J. R. M. Butler, *Grand Strategy*, Vol. 3, Part 2, p. 565.
② ［英］温斯顿·丘吉尔：《第二次世界大战回忆录·第 5 卷·紧缩包围圈》，张自谋等译，张自谋等校译，南方出版社 2005 年版，第 2088 页。

洲大陆进行冒险,即使是在苏德战争爆发后德军大部东移的情况下。另外,1942 年 8 月 19 日"庆典"(Jubilee)①作战行动的失败,更使丘吉尔坚信,类似"痛击"这样的计划在 1942 年里绝无成功的可能,他主张把矛头指向更间接的北非战场。

但值得特别注意的一点是,在与美方的战略争论中,丘吉尔反对 1942 年实施"痛击"计划,并不代表他也反对 1943 年实施重返欧陆的"围歼"计划,相反,他一直坚持 1943 年在法国海岸发起大陆攻势,② 因为这是他在"阿卡迪亚"会议时提倡的战略步骤。这种立场一直维持到 1943 年 1 月卡萨布兰卡会议召开之前。

一些观点认为,丘吉尔一开始就预谋在南欧而不是法国登陆,试图以此阻断将来苏联对巴尔干的势力扩张。③ 事实却并非如此简单。舍伍德在其著作中指出:"常常有人说,丘吉尔主张攻入欧洲的'柔软的下腹部'的策略,说明他是有远见的——他是出于长远考虑的动机,即拒红军于多瑙河流域和巴尔干半岛之外。但根据参加战略讨论的某些美国权威人士的意见,这种说法未免把丘吉尔的预见说得神乎其神。他可能在 1944 年有这种想法,但 1942 年肯定是没有的。"④无论是有关北非战略的英美交锋,还是接下来关于欧洲战略的争论,都可以证明这一点。

## 二、美方的战略认识

在美国方面,1940 年 11 月海军作战部长斯塔克在"D 计划"中提出,最终的胜利有赖于"最终对轴心国发动地面进攻的能力";除西半球和英国外,埃及、直布罗陀、非洲西北部同样是重要的战略地区,"最后的进攻"可能从这

---

① 一支加拿大部队在英国别动队和少数美国军队的配合下(大约 6 100 人),袭击了法国港口迪埃普(Dieppe),结果加拿大部队 5 000 人中有 18% 阵亡,近 2 000 人被俘。

② PREM 3/470, Former Naval Person to President, 8th July, 1942; Former Naval Person to President, 14th July, 1942; PREM 3/439/20A, Copy of Note Handed by the Prime Minister to the President, on June 20th, 1942; General Ismay for C. O. S. Committee, 23rd July, 1942; PREM 3/439/11, Prime Minister to General Ismay, 2nd August, 1942; PREM 439/12, Part of C. O. S. (42)225th Meeting(Minute 2), 2nd August, 1942.

③ 参见 Mark A. Stoler, *The Politics of the Second Front: American Military Planning and Diplomacy in Coalition Warfare*, 1941-1943,尤其是第 67—68 页。

④ [美]舍伍德:《罗斯福与霍普金斯——二次大战时期白宫实录》下册,第 189 页。

些地区向葡萄牙、西班牙和法国境内发起。1941 年 4 月，美国军方在"D 计划"的基础上完成了"彩虹"计划 5。其中，关于欧洲战略的内容是，德国是轴心国最主要的成员，所以大西洋和欧洲地区应是决定性的战场，美国主要的军事力量将部署在该战场，美军在其他战场的作战行动将服从这一目标(见上文)。

由于具体的作战计划必须是依据具体的形势而定，当时美国军方没有制订在欧洲大陆作战的计划，只是确定了"先欧后亚"或"大西洋第一"的原则。1941 年 8 月，美国陆军部情报局的埃德温·施维恩中校(Edwin E. Schwien)写了一份报告，提出应尽快在法国敦刻尔克附近登陆，在欧洲大陆开辟第二战场，以分散苏德战场上的德军力量，强调这是"民主国家取得最终胜利唯一可能的途径"[1]。然而，美国军方并没有就欧洲大陆作战计划进行认真的研究，尤其是太平洋战争爆发后，美国的注意力一度集中在太平洋战场上，这种状况一直维持到 1942 年 3 月提出"围歼"计划和"痛击"计划。

## 第二节　双方的战略分歧

### 一、英美对"W. W. 1"和"C. C. S. 94"的不同理解

在美国参战后的"阿卡迪亚"会议上，英美两国以联合战略备忘录("W. W. 1"或"ABC—4/C. S. 1")的形式进一步确认了"先欧后亚"的大战略，这个备忘录的以下 2 项内容对以后两国的欧洲战略的发展有着重要影响。

16. 除了俄国前线之外，看上去在 1942 年对德国发起任何大规模的地面攻势是不可能的。但是，我们必须做好准备去利用第 15 段所提到的削弱手段所产生的任何有利机会发起有限规模的地面攻势。

17. 在 1943 年，重返欧洲大陆的道路可能得到扫清，要么横跨地中海，要么通过土耳其进入巴尔干，或者通过在西欧登陆。这样的作战行动将是对德国发起最后进攻的序幕，胜利计划的规模应是为它们能够得

---

① Maurice Matloff and Edwin M. Snell, *Strategic Planning for Coalition Warfare*, *1941-1942*, p. 177.

以实施提供手段。①

但是，就措辞来看，这份联合战略备忘录的意思表达是不确定的。就如英国军事学者格怀尔指出的那样："双方对字面内容的同意并不必然意味着他们也找到了共同的战略。"②英方的理解强调的是："在 1942 年对德国发起任何大规模的地面攻势是不可能的"和"要么横跨地中海，要么通过土耳其进入巴尔干"。美方的理解抓住的是："我们必须做好准备去利用第 15 段所提到的削弱手段所产生的任何有利机会发起有限规模的地面攻势"和"通过在西欧登陆"。所以才会出现，英方反对 1942 年在欧洲大陆实施小规模紧急登陆的"痛击"计划，美方则反对北非作战计划，因为后者分散了为执行 1943 年返回欧洲大陆的"围歼"计划而在英国本土集结的兵力。

如上文所述，在丘吉尔和罗斯福的直接干预下，两国军方暂时搁置了分歧，体现丘吉尔战略立场的"火炬"作战计划最终得到了实施，但这并不代表双方的战略分歧就此消失了。

当时美国军方持有这么一种观点：既然双方同意了"C. C. S. 94"，那么就表明同意修改"W. W. 1"关于"德国第一"的战略原则。因为"C. C. S. 94"明确提道："对该行动作出承诺将导致在 1943 年不可能成功实施'围歼'行动，因此除了空中行动和封锁之外，对于欧洲大陆战场，我们肯定接受采取一条防御性的包围行动路线。"③在美方看来，这意味着一定程度上战略的重点应该转向太平洋。

1942 年 8 月 11 日，英国参谋使团向国内发回电文指出：

美国陆军对"围歼"和"痛击"作战行动事实上的取消感到失望，认为

---

① PREM 3/458/4, Report of the Washington War Conference (military subjects), 20th January, 1941, Annex Ⅰ: American and British Strategy: Memo by the United States and British Chiefs of Staff; Hans-Adolf Jacobsen and Arthur L. Smith, Jr., *World War Ⅱ: Policy and Strategy*, *Selected Documents with Commentary*, pp. 193-195.

② J. M. A. Gwyer, *Grand Strategy*, Vol. 3, Part 1, p. 360.

③ PREM 3/439/20A, Memorandum by the Combined Chiefs of Staff: Operations in 1942/43, 24th July, 1942; CAB 65/31, W. M. 95(42)3, 24th July, 1942, Appendix: A.

在坚持在欧洲首先赢得战争的政策方面，他们未得到支持。空军参谋人员也有同感，而且看到他们集中力量于一个战场的愿望遭受到了藐视。海军将"C. C. S. 94"看作是完全转向太平洋……毫无疑问，在美国计划人员和联合战略委员会的眼中，"W. W. 1"被"C. C. S. 94"所取代了，任何试图用"W. W. 1"来解释"C. C. S. 94"都被看成是英国人耍计谋企图修改最近才达成的一致。对"火炬"行动基本不抱有真实的信心现在是显而易见的，并且根本没有人相信接下来的跨过地中海对德国发起进攻行动的任何可能性。①

驻华盛顿参谋使团团长迪尔向国内汇报称，"C. C. S. 94"号文件给了美国海军一直想要和坚持的东西，即将战略重点放在太平洋地区，该文件被他们当作圣经逐字逐句地引用。迪尔甚至对马歇尔指出："我们的参谋长们把'ABC—4/C. S. 1'号文件当作《圣经》看待，而你们的人，我认为，却把'C. C. S. 94'号文件奉为《圣经》的修订本！"②马歇尔针锋相对地提出了两点反驳意见：一是，"W. W. 1"规定"德国是轴心国当中最重要的成员，因此大西洋和欧洲地区被认为是决定性的战场，只从对付德国的作战行动中抽调最少的必要兵力去保护其他战场的重要利益"，而"C. C. S. 94"决定将重型和中型轰炸机调往北非，以及将 15 个飞行中队撤往远东地区，表明已改变了"W. W. 1"关于"德国第一"和通过战略轰炸削弱德国的规定；二是，"C. C. S. 94"规定对"火炬"行动"作出承诺将导致在 1943 年不可能成功实施'围歼'行动，因此除了空中行动和封锁之外，对于欧洲大陆战场，将采取一条防御性的包围行动路线"，从而改变了"W. W. 1"的战略原则。在马歇尔看来，北非和地中海的进攻行动根本不是针对德国的进攻行动。③

**二、《关于 1944 年 4 月军队部署的战略设想》**

8 月 13 日，联合参谋长委员会通过了联合参谋计划委员会两易其稿制订

---

①　Michael Howard，*Grand Strategy*，Vol. 4，p. 192.

②　Michael Howard，*Grand Strategy*，Vol. 4，p. 192；[美]福雷斯特·C·波格：《马歇尔传(1939—1942)》，第 380 页。

③　Maurice Matloff and Edwin M. Snell，*Strategic Planning for Coalition Warfare*，*1941-1942*，pp. 296-297；Michael Howard，*Grand Strategy*，Vol. 4，p. 193.

的一份名为《关于 1944 年 4 月军队部署的战略设想》(Strategic Hypothesis for Deployment of Forces in April 1944)的文件。该文件指出:

  (i)在欧洲大陆实施大规模作战行动在 1943 年是不可能的,但是,为抓住德国军事力量出现任何明显的削弱所带来的机会,准备工作应继续下去。

  (ii)出于蒙蔽的目的以及为了应对任何可能的有利时机或紧急情况,利用现有兵力及早进攻欧洲大陆的准备工作应继续下去。

  (iii)应继续加强旨在确保海上航路安全和封锁德国的斗争。我们已打通地中海,以至于运输船舶能够在直布罗陀和苏伊士之间航行。

  (iv)大规模且不断加强的对德国的轰炸攻势正在实施之中。

  (v)为支持旨在防止德国和日本军队会师的战略防御,中东和印度洋战场应在交换为之增加的必需军火和资源的情况下,继续以与 1942—1943 年情形近似的比率获得增援和补给。

  (vi)从印度向缅甸发起的作战行动应限于如下必要的行动:保卫印度,打通滇缅公路,以及以其他方式鼓舞中国的抗战。

  (vii)北非在我们的手中,由此的进一步作战行动在实施之中。

  (viii)为了对日本实施进一步的进攻行动,通过重新调整美国对欧洲战场所承担的义务,增加太平洋地区的军事力量。

  (ix)作为进一步空中进攻行动、未来对欧洲大陆实施地面进攻行动以及继续封锁和争夺海上航路的基地,英伦岛屿应继续守住并提供补给。

  (x)对盟国的军火援助,特别是对俄国,继续以 1942 年的比率进行。

  (xi)维护英伦岛屿和南纬 13°以北的西半球地区的安全,被视为英国和美国谋略的主要任务。①

  从内容上看,这一文件与"C. C. S. 94"文件精神一致,体现美方打算在欧洲战场维持守势的情况下将作战重心转移至太平洋战场的意图。它之所以能够通过,是由于英方代表不愿意在英美两国精力集中于"火炬"行动之时与美

---

①  PREM 3/492/3, J. S. M., Washington, to the Chiefs of Staff, 13th August.

方再起冲突，何况它的内容只是一种非约束性的战略设想。英国参谋使团秘书戴克斯谏言，英方现在与美方交涉，只能引发一场关于基本战略的争论，如果没有证据表明美方之举妨碍了"火炬"行动，争论反而会制造摩擦破坏"火炬"行动，如果妨碍了"火炬"行动，最好的选择是由首相和总统去解决此事。① 英国三军参谋长接受了戴克斯的意见，把这个问题留待之后的卡萨布兰卡会议去加以解决。

然而，英国三军参谋长尽管没有与美方进一步争论战略问题，但仍心怀忐忑。他们要求驻华盛顿的参谋使团，应向美方进一步重申德国是最主要的敌人，要求迪尔转告美方，"C. C. S. 94"并未改变原来"W. W. 1"的决定，"ABC—4/C. S. 1 仍然代表了已达成一致的大战略，冠以'1942/43 年的作战行动'标题的 C. C. S. 94 文件，与它实质上是一致的，并未取而代之"②。

三军参谋长还指示英方联合计划人员着手进行论证和制订体现英国战略观点的计划，以备将来说服美方之用，并提出了他们的以下意见：在 1943 年攻入欧洲的机会是渺茫的，因为即使到该年秋季，也只有 24—25 个英美师可用于该作战任务，并且只有在德军士气开始崩溃时，才具有现实可行性。为削弱德军至可实施大陆作战的程度，应采取的 4 种政策手段分别是：加强战略轰炸；加强封锁；获得有限的大陆桥头堡并尽可能地维持下去；以这样的方式利用"火炬"行动的战果，即通过占领撒丁岛、西西里岛或是克里特岛，以及通过迫使轴心国将越来越多的部队用于控制意大利和所有遭到威胁地点的防御上，将整个地中海地区变成德国沉重的负担。这样，可以扫清北非海岸，打通地中海航路，稳固高加索防线，还可以诱使土耳其站在盟国一方参战。③

归纳起来主要是 2 点：1943 年扩大北非作战的成果，跨地中海对意大利作战；对德加强空袭的规模和力度，削弱德国的战争能力。

---

① Alex Danchev, ed. , *Establishing the Anglo-American Alliance*：*The Second World War Diaries of Brigadier Vivian Dykes*, London：Brassey's, 1990, p. 192.

② PREM 3/492/3, The Air Ministry to Britman, Washington, 21st August, 1942; From Chiefs of Staff to J. S. M. , 8th September; From Chiefs of Staff to J. S. M. , 9th October.

③ Michael Howard, *Grand Strategy*, Vol. 4, pp. 197-198.

# 第三节 丘吉尔与军方达成一致

## 一、英军方关于欧洲战略的报告

10月30日，依据参谋长委员会的意见，英国联合计划人员完成了一份体现英方战略思维的报告。

报告的第1部分首先强调战略轰炸的重要性，接着主张以对欧洲西北部的小规模袭扰取代获得桥头堡，并采取较大规模的袭扰摧毁一个或多个德军的潜艇基地。虽然提出应加强对太平洋战场的关注，但仍重申首先打败德国的重要性，并进一步分析了采取"先欧后亚"战略的必要性，认为"在目前这一阶段，分散过多的精力去对付日本，可能导致俄国在西面的崩溃，由此会让德国恢复元气，并且可能使它最终难以被打败"。

第2部分首先强调有必要确保海上和空中航线的安全，应尽快对德国发起攻势，维持苏联和中国的抵抗以及遏制住日本，出于尽可能节省船舶运输的需要，有必要由美国肩负起大部分新产生的重担；其次在不相应地削弱欧洲战场的进攻性军事力量的前提下，应对日采取进攻行动，阻止日本获得更多新基地并使其不能打败中国或进攻苏联、印度、澳大利亚或新西兰，在条件成熟的情况下，尽快在缅甸发起攻势以打通滇缅公路，缓解中国所面临的压力。

第3部分指出，尽管大规模的欧洲大陆攻势不仅仅能够援助苏联，但在削弱德国的工业和经济从而瓦解其军事力量之前，无法成功实施这样的行动。而要实现这样的目标，除了苏联人的地面作战行动以外，大规模的轰炸是主要的利器，再加上最严密的封锁和最大可能地分散敌人军事力量的作战行动。但是，即使德国军事力量开始动摇，德国依然很可能在西欧维持顽强的抵抗，因此必须在欧洲战场组建一支英美部队，在合适的时机重返大陆。

第4部分则指出，对德采取攻势有4种方式——轰炸、封锁、袭扰和颠覆。到1944年4月预计拥有重型轰炸机4 000—6 000架，空中运输能力为每月6万—9万吨；在南大西洋狭窄通道和比斯开湾（Bay of Biscay）实施巡逻；在盟军未登陆的情况下，西欧的爱国组织发起大规模的行动是很难成功的，建议采取持续的破坏行动，但在波兰和巴尔干地区，可以配合1943年苏联战场的战役实施一些更集中的计划。关于两栖作战行动，针对法国，可以实施像在迪埃普那样的小规模别动队袭击，也可以针对重要目标，如德国潜艇基地，采取持续时间更长的袭击。在地中海，"火炬"行动的胜利加上"捷足"(Lightfoot)①行动将使占领撒丁岛和西西里岛成为可能，从而完成打通西部和中部地中海，也将迫使更多的德军被牵制在意大利，同时在土耳其参战的情况下，增添德国在巴尔干的负担，为东地中海的行动创造条件。

最后报告指出："德国可能比其外在迹象所表现出的更接近崩溃"，因此建议："从联合王国重返大陆的准备工作应当得到高度重视，只要不妨碍同时持续进行的轰炸、封锁、全面消耗和在地中海的两栖作战行动。"②出于谨慎的考虑，参谋长委员会暂时没有将报告的内容透露给美方人员。

**二、丘吉尔的不同意见**

然而，丘吉尔对这份报告表示反对，他不认为"火炬"行动排除了在1943年进入西北欧的前景，8月访问莫斯科时，他已经向斯大林作出了1943年在法国采取行动的承诺。在9月22日给罗斯福总统的信中，丘吉尔提道：

> 我从与三军参谋长的会议上获得的印象是，"围歼"行动不但被"火炬"行动延误或影响了，而且作为1943年的作战行动肯定被取消了。这将是对斯大林的又一次巨大打击。迈斯基正在询问有关春季攻势的种种问题……
>
> 如果俄国人的要求十分严肃和迫切，我们可能决定实施"朱庇特"计划，取代通过撒丁、西西里甚至可能是意大利进攻轴心国下腹部的做法。我们应当对可供的选择暂不作决定，因为不但需要参谋人员理论上的研究，而且这样的准备工作不能妨碍我们眼下已达成一致的行动。③

11月9日和18日，丘吉尔分别向三军参谋长指出：

---

① 1942年10月英国第八集团军在阿拉曼的作战计划。

② Michael Howard，*Grand Strategy*，Vol. 4，pp. 203-206.

③ PREM 3/470，Former Naval Person to Predident，22nd September，1942. 迈斯基为苏联驻英国大使。

如果在 1943 年，在"火炬"作战计划和阿拉曼战役胜利结束后，我们只乘胜占领西西里岛和撒丁岛的话，那未免太可惜了。我们已经与美方约定，在 1943 年进行"围歼"作战计划，这是一次最大规模的作战行动。决不能以目前插入"火炬"作战计划一事作为借口，在 1943 年仅仅满足于进攻西西里岛和撒丁岛或一些像迪埃普（它实在不足效法）之类的零星作战，而无所作为。1943 年的作战努力显然应是不断准备进攻欧洲大陆，以便用强大兵力将敌人牵制在法国北部和低地国家，并且断然进攻意大利，如能进攻法国南部则更好，再进行一些不致损失过多船只的军事行动和施加其他形式的压力，以便使土耳其和我们并肩作战，从而使我们能和俄国人一起由陆路攻入巴尔干。

如果用法属北非作为借口，而将强大的兵力按住不动，采取守势，并且称此为"义务"的话，当初还不如不进攻这块地方。当希特勒正在准备在 1943 年对俄国人发动第三次攻势时，难道我们以为俄国人会满足于我们在这年一直按兵不动吗？我们必须力图在 1943 年踏上欧洲大陆与敌人作战，不论这种前景有多么骇人。

……我们还千万不要忘了，我们原来是计划一面进行"围歼"作战计划，一面在中东打下去的……我个人所持的态度是，我依然主张进行"围歼"作战计划，但延至 8 月再进行。除非有人能列出大量的事实和数字，证明这是实际上不可能的，否则我便决不放弃这一主张……我从来没要英美联军在北非按兵不动。北非是块跳板，而不是一张沙发……①

11 月 24 日，三军参谋长在一份备忘录中依然坚持他们的观点，认为目前西北欧拥有强大的防御工事，无准备的进攻无异于自杀，也无助于苏联，当前应扩大轰炸的规模，直到最终攻势准备就绪。丘吉尔对参谋长委员会的观点很不满意，质疑取消 1943 年开辟第二战场的建议。他指出："我们应当制订从海峡或是比斯开湾进攻法国海岸的所有计划，1943 年 7 月应确定为目标日期。从俄国前线的形势判断，看上去希特勒不能够从东线向西线抽调任何

---

① ［英］温斯顿·丘吉尔：《第二次世界大战回忆录·第 4 卷·命运的关键》，第 1848—1849 页。

大规模的部队。目前他还留意着法国的南部海岸。俄国战场的战斗已经改变并且可能从根本上改变了形势。"①帝国总参谋长阿兰布鲁克在 11 月 30 日的日记中提道："参谋长委员会研究了首相最近 1943 年重返大陆的想法，他再一次试图让我们着手制订一项确切行动的计划……他从没有面对现实……他太任性，我觉得筋疲力尽。"②

在 12 月 3 日的国防大臣备忘录中，丘吉尔坚持原有的立场："我们曾答应过俄国人说，我们将在 1943 年开辟第二战场。"如果只在地中海作战，"我认为拿英美的人力物力相比，我们的 1943 年攻势作战计划的规模实在太小了"。由于断言"在 1943 年，德方不可能把大量部队由东战场调至西战场"，以及德国已从西北欧的 40 个师中抽调了 11 个师至法国南部，加上在意大利和巴尔干德国需要处处设防，丘吉尔认为"C.C.S.94"已经过时，因为"C.C.S.94"所设想的苏联遭受严重削弱以至德军可以向西调遣致使"围歼"计划不能实施的情况不会发生。接着他提议："我认为必须重新全面研究整个情况，以便探索使美军和英军能够直接进攻欧洲大陆的办法。……所有类似登陆撒丁岛的军事行动均应在 6 月初结束；'围歼'作战计划所需的一切登陆艇等等应于 6 月底返回英国；在 7 月间进行准备和演习；应以 8 月，或如果届时天气不佳的话，可以 9 月为发动进攻之期。"为此，应在 7 月初在英国集结 15—20 个英国师和美国师，同时在美国集结至少 15 个美国师。③

**三、军方坚持己见**

三军参谋长却坚持不认同丘吉尔的乐观看法，指出人力、船运和登陆艇处于十分紧张的状况，难以满足多个作战行动的需求，届时在本土只能集结 13 个师，至多 17 个师，即使搁置"火炬"行动和放弃所有地中海行动，也难以面对完好无损的德国 40 个师。空军参谋长波特尔向丘吉尔指出，美国军队在英国的集结速度已大大放缓，美方按照"C.C.S.94"的解释，把更多的资源放在了太平洋。阿兰布鲁克则认为，在莫斯科英方并未作出 1943 年开辟第二战

---

①　Michael Howard, *Grand Strategy*, Vol. 4, pp. 209-210.

②　Alex Danchev and Daniel Todman, eds., *War Diaries*, *1939-1945*: *Field Marshal Lord Alanbrooke*, pp. 344-345.

③　Michael Howard, *Grand Strategy*, Vol. 4, pp. 210-211;［英］温斯顿·丘吉尔：《第二次世界大战回忆录·第 4 卷·命运的关键》，第 1854—1855 页。

场的承诺，地中海行动具备分散德军力量的价值，警告首相任何不成熟的举动只能毁了一切。为解决首相与三军参谋长的争议，英国联合计划人员被指定起草一份相关报告，要求作出 2 方面的预测：一是如果取消所有地中海行动，到 1943 年 7 月时在英国最多能集结多少兵力；二是如果盟国 1943 年在地中海采取攻势，届时最多能集结多少兵力。[①]

12 月 16 日联合计划人员拿出了他们的报告，结论支持参谋长们的意见。报告指出：

> 如果取消地中海行动，只能省出 5 个师用于西北欧，然而德国将省出更多的师用于东线和西线。充分有效地利用"火炬"和加强轰炸将迫使德军分散兵力，可以更好地且尽早地减轻俄国的压力，比起现在就准备进攻西北欧来，地中海行动能够为 1943 年夏末重返大陆提供更好的机会。关于军队的集结，1943 年 8 月在英国最多能集结 13 个英国师和 12 个美国师，由于船只的短缺，其中只有 4 个英国师和 2 个美国师能够被作为登陆作战的力量，即使这样，也只有在大规模轰炸、地中海的两栖登陆行动和缅甸的"安纳吉姆"作战行动（Anakim）都预先决定的情况下，才能做到。"围歼"行动原定需要 48 个师，由于德军的防御很可能增强，所以在未来 8 个月里，如此虚弱的攻势是不可能进行的。如果在地中海发起对撒丁岛、科西嘉岛、西西里岛或是意大利的脚趾部的两栖登陆作战，可以鼓舞土耳其并为克里特岛和多德卡尼斯群岛（Dodcanese，克里特岛与土耳其之间）的作战行动提供便利，也可以在英国集结大量的轰炸机，并在缅甸发起"安纳吉姆"行动；虽然如此，仍可以通过规模缩小的"波利乐"行动，夏末在英国集结 21 个师，牵制住法国西北部的德军，并伺机而动。

最后，报告提出："如果我们迫使意大利退出战争，德国人力图用现在的兵力维持他们在俄国的战线，那么，全部战线加起来他们将出现大约 54 个师

---

① Michael Howard, *Grand Strategy*, Vol. 4, pp. 211-212; Alex Danchev and Daniel Todman, eds., *War Diaries, 1939-1945: Field Marshal Lord Alanbrooke*, p. 346.

和 2 200 架战机的短缺。"①

当天，阿兰布鲁克继续强化了三军参谋长的观点。他提出，"波利乐"行动的节奏不但受船运的限制，而且还受限于港口的吞吐能力和铁路的运输能力，以及美国人在英国集结他们大批部队的能力。同样，德国部队的调动也受限于铁路的运输能力，欧洲东西向较为庞大的铁路系统能使敌人轻易地将部队东西调动，但只有 2 条铁路线延伸进意大利，1 条通过南斯拉夫尼什(Nish)的铁路线延伸进希腊，因此，德国人增援地中海会面临特别的困难。为防止登陆，德国在欧洲西北部驻守了大约 40 个师，如果盟国迫使意大利退出战争，可能的话挺进巴尔干，这比到 8 月才能发起"围歼"行动更能减轻苏联的压力，意大利的失败将使德国在巴尔干部署更多的兵力。②

**四、丘吉尔立场的转变**

在三军参谋长的坚持之下，丘吉尔终于被他们的观点所打动，改变了原来的立场。另一个促使丘吉尔立场转变的因素是，希特勒向突尼斯增兵，致使扫清北非敌军需要比预计更长的时间。在回忆录中，丘吉尔提道：

> 事态的发展证明我当时对西北非的战局前途过于乐观，同时也证明了，美方参谋人员认为我们在 7 月间所作的有关"火炬"作战计划的决定，将使我们不可能在 1943 年进行"围歼"作战计划的意见是对的……现在几乎没有任何人怀疑等到 1944 年再进行"围歼"计划的决定是明智的了。我并没有欺骗斯大林，我问心无愧。③

阿兰布鲁克则写道："我担心最坏的结局，然而，会议从一开始就进展顺利，我成功地使他转过弯来。我认为现在他在这个问题上已十分保险，但我仍然要首先说服美国人，接着是斯大林。"④

12 月 29 日，内阁国防委员会通过了联合计划人员的报告，并同意连同一

---

① Michael Howard, *Grand Strategy*, Vol. 4, pp. 212-213.

② Michael Howard, *Grand Strategy*, Vol. 4, p. 213.

③ ［英］温斯顿·丘吉尔：《第二次世界大战回忆录·第 4 卷·命运的关键》，第 1856 页。

④ Alex Danchev and Daniel Todman, eds., *War Diaries*, *1939-1945*: *Field Marshal Lord Alanbrooke*, p. 349.

份三军参谋长签署的名为《1943 年的英美战略》(American-British Strategy in 1943)的报告，一起交给美国参谋长联席会议。这份报告是基于联合计划人员 10 月 30 日和 12 月 16 日战略报告的基础之上，附有 3 个细致阐述的附件，分别是关于"轰炸机攻势"、"地中海行动计划"和"跨海峡作战行动"的详细战略构想。对 1943 年作战行动所作的结论建议是：

(a)挫败 U 型潜艇的威胁依然是我们的对策首要考虑之事。

(b)加强英美对德国和意大利的轰炸攻势。

(c)扩大利用我们在地中海的地位，以期：

(i)将意大利剔除出战争；

(ii)使土耳其参战；

(iii)不给轴心国喘息之机。

(d)维持对俄国的供给。

(e)只在足以遏制太平洋地区大批日军的规模基础上，在该地区发动有限的进攻行动。

(f)只要条件许可，随即发起重开滇缅公路的作战行动。

(g)如果形势带来胜利的良好前景，或者无论如何"痛击"行动削弱了敌人的空军，在上述几点的前提下，最大可能地在联合王国集结兵力，以期在 1943 年 8 月或 9 月重返欧洲大陆。①

至此，在卡萨布兰卡会议之前，英方在关于 1943 年的战略问题上达成了内部的一致。英国军事学家迈克尔·霍华德评价："英国人第一次能够向他们的盟国提供一份有理有据且现实可行的打败德国的计划。它的现实主义完全归因于三军参谋长，但是，是首相本人孜孜不倦的无情干预促成了它的积极、进攻性的锐气。"②这份报告成为卡萨布兰卡会议上英方的战略立场。

---

① PREM 3/492/3, From Air Ministry to Britman, Washington, 30th December, 1942. 值得注意的是，最后一点是在丘吉尔的坚持下加进去的。

② Michael Howard, *Grand Strategy*, Vol. 4, p. 216.

## 第四节　未协调一致的美国战略

### 一、转向太平洋战场的呼声

"火炬"行动占用的资源已使 1943 年在西北欧发起大陆攻势成为不可能，除丘吉尔一时难以接受外，这在英美双方都形成了一致的看法。然而，美方依据"C.C.S.94"打算将战略重点转向太平洋战场，开始减少"波利乐"计划运往英国本土的部队数量，他们认为将大规模军队部署在英国本土，等待那不知何时德军才能遭到削弱的情况出现，是不明智的，应该将力量用在更需要的地方。

尽管海军上将欧内斯特·金认为盟国只有 15% 的力量用于太平洋战场，但据统计，此时美国与日本作战的陆军人数为 46.4 万，超出计划人数 20 万，与德国和意大利作战的陆军人数为 37.8 万，比原计划人数少 5.7 万；大部分海军力量用于对日作战；陆军航空队海外 66 个大队中，约 1/3 在太平洋战场。[①] 这些统计数字说明，美国军方人士并不是危言耸听、说说而已，他们的观点事实上也得到了罗斯福总统的支持。

在"火炬"行动之前，罗斯福提醒参谋长们，应当全力坚守瓜达尔卡纳尔(Guadalcanal)，必须确保西南太平洋和北非战场的空中支持，"即使这意味着要暂缓履行我们在其他方面，尤其是对英国所承担的义务。如果我们不投入全力来对付我们现实的即将发生的冲突，那么我们的长远计划就会被推迟几个月"[②]。然而，也不能据此表明美方要完全偏离"先欧后亚"的大战略，因为美方并未放弃"波利乐"计划，只是 1943 年"围歼"行动难以实施，于是削减了美国军队在英国的集结速度和规模，罗斯福实际仍然强调"我们的长远计划"。

11 月 19 日驻欧洲美军副司令哈特尔少将(Russell P. Hartle)转告英方，他已接到命令，依"波利乐"计划集结的美军人数，由原定的 110 万人减至

---

①　Richard M. Leighton and Robert W. Coakley, *Global Logistics and Strategy*, 1940-1943, p. 662; Maurice Matloff and Edwin M. Snell, *Strategic Planning for Coalition Warfare*, 1941-1942, p. 359. 两书在陆军人数统计上存在差异，本书采用前者。

②　[美]舍伍德:《罗斯福与霍普金斯——二次大战时期白宫实录》下册，第 226—227 页。

42.7万人，任何超出这个数字所带来的物资等方面的需求只能由英方提供，而且租借物资不适用于此。①

**二、英方的不安反应**

丘吉尔对美方减缓"波利乐"计划并向太平洋战场增兵的做法感到不安。也许出于对此的担忧，促使了他一度坚持1943年在西北欧采取行动，像以往一样，他不愿意看到美国的战略重点转移到太平洋战场上去。

他11月24日致电罗斯福质问此事：

> 我方一直在根据"波利乐"计划为110万士兵进行准备，这是我们所接到的第一份提到此目标即将放弃的通知。在此之前，我方并不知道你方已经决定根本放弃"围歼"作战计划，而且，我方一切准备工作都遵照"波利乐"计划在全面进行中。
>
> 我认为，如果决定放弃"围歼"作战计划的话，那将令人不胜惋惜。"火炬"作战计划决不能代替"围歼"作战计划，而且只动用了13个师的兵力，而"围歼"作战计划则原定动用48个师的兵力。我当着艾夫里尔的面同斯大林所说的那番话，固然都是以一个延期进行的"围歼"作战计划为基础的，但是我却从未暗示过我们不应在1943年，甚至在1944年，在欧洲开辟第二战场。
>
> ……只有在满足对船舶的其他迫切需要的条件下，尽快地、不断地在此间建立一支"围歼"大军，我们才算掌握了与敌军主力决一死战和解放欧洲各国的实力。但是尽管我们百般努力，到1943年我们的力量也很可能达不到所要求的水平。然而如果是那样的话，就更有必要保证在1944年达到这个水平。
>
> ……我们继"火炬"作战计划之后在地中海作战，也可能迫使意大利退出战争。德军的士气也可能会普遍低落，因此我们必须做好准备，以

---

① Michael Howard, *Grand Strategy*, Vol. 4, pp. 217-218.

便随时能利用任何出现的机会。①

在 11 月 26 日的回电中，罗斯福对美方放弃"围歼"作战计划之事予以了否认，并指出：

> 我们的研究表明，由于我们发动和继续进行"火炬"作战计划的需要，在目前运往联合王国的部队和物资不能超过哈特尔将军所提出的数目。在我们对北非所提供的兵力和物资尚不足以应付来自西属摩洛哥的可能的反应以前，在突尼斯的战局尚未见分晓时，北非当然享有优先权。我们在西南太平洋所投入的兵力和物资，远远出乎我在数月前的预料。尽管如此，我们还将在我方的船舶运输力及其他力量容许范围内，尽速地继续进行"波利乐"计划。②

另外，在 1943 年英美该采取怎样的战略行动的问题上，罗斯福的观点事实上相比丘吉尔更接近英国三军参谋长的观点。在 11 月 12 日给丘吉尔的一封电文中，他称：

> 接到你们在埃及获得辉煌战果以及我们两国在西非和北非联合登陆的最近消息，至感欢欣。在这种情况下，就应及时考虑一旦地中海南岸的敌军被肃清，并处于我方控制之下时所应采取的下一步行动。最好你和你的参谋长委员会在伦敦，我和我的参谋长联席会议在此间能就这些可能性进行研究，包括进军撒丁岛、西西里岛、意大利、希腊以及巴尔干的其他地区，并争取土耳其方面的帮助，以便通过黑海方面进攻德国

---

① PREM 3/470，Former Naval Person to President，24th November，1942；［英］温斯顿·丘吉尔：《第二次世界大战回忆录·第 4 卷·命运的关键》，第 1851—1852 页。艾夫里尔即罗斯福的特使艾夫里尔·哈里曼。

② REM 3/470，For the Prime Minister from President Roosevelt，26th November，1942；［英］温斯顿·丘吉尔：《第二次世界大战回忆录·第 4 卷·命运的关键》，第 1852—1853 页。

侧翼这一可能性在内。①

### 三、马歇尔对地中海行动方案的反对

美国军方，尤其是马歇尔本人，则质疑 1943 年在地中海行动的战略方案。联合战略评估委员会的恩比克甚至认为，英方战略背后的目的不是出于军事上的考虑，而是出于政治动机，是要维护它的帝国利益。②

在 11 月 25 日的白宫会议上，马歇尔提出反对地中海行动的意见："在决定任何作战行动之前，必须慎重考虑的一个问题是：为使地中海的航运真正畅通到底要付出多大代价。他认为，必须占领西西里、撒丁和克里特才能达到这个目的。他指出，鉴于预期的成果，必须慎重地决定，为这一作战计划而动用大量的空军和海军到底是否值得。"③

在 12 月 10 日的白宫会议上，马歇尔进一步反对在地中海开展作战行动，主张尽快扫清突尼斯的敌军，控制经直布罗陀海峡的航线，然后将大部分部队集结于英国——大概每月 8 500 人，准备跨海峡作战。而在地中海开展作战行动不但后勤上有困难，还会导致资源的浪费。如果德国空军遭到削弱或是德军准备过境西班牙，盟军应在 1943 年 3 月或 4 月针对布雷斯特半岛（Brest，位于法国西北部）或布洛涅（Boulogne，法国北部港口），或同时对两地，实施紧急作战行动。④

这里可以看出，在关于未来战略的观点上，马歇尔和丘吉尔最初有一致的地方。在 12 月 11 日迪尔给丘吉尔的电文中，迪尔指出：马歇尔质疑"火炬"行动之后为实施"硫黄"作战计划（Brimstone，进攻撒丁岛）特别是"哈斯

---

① REM 3/470, For the Prime Minister from President Roosevelt, 12th November, 1942；[英]温斯顿·丘吉尔：《第二次世界大战回忆录·第 4 卷·命运的关键》，第 1837—1838 页。

② Mark A. Stoler, *The Politics of the Second Front*：*American Military Planning and Diplomacy in Coalition Warfare*, 1941-1943, pp. 72-73. 联合战略评估委员会（Joint Strategic Survey Committee, JSSC）1942 年 11 月成立，是参谋长联席会议下设的从事长远战略研究的顾问机构。

③ [美]舍伍德：《罗斯福与霍普金斯——二次大战时期白宫实录》下册，第 271 页。

④ Maurice Matloff and Edwin M. Snell, *Strategic Planning for Coalition Warfare*, 1941-1942, pp. 363-364.

基"作战计划(Husky，进攻西西里岛)所付出的诸多努力是否值得；马歇尔急于将包括空军在内的兵力派往英国，相信能够成功地打击法国境内的德军，迫使德国空军出动交战，从而将数个德国师牵制在法国北部。马歇尔主张，不但要对法国海岸进行袭扰，还要占领并坚守住布雷斯特半岛，并抓住德军被削弱后所出现的任何机会；他还对土耳其在英美的支持下参战充满憧憬。[1]丘吉尔对马歇尔的上述观点表示赞同，并表示希望马歇尔尽早前往英国以商讨"围歼—波利乐"作战计划。[2] 丘吉尔在回忆录中也提道："当我获悉马歇尔将军赞同我的观点时，我至感欣慰。"[3]

在"火炬"作战行动之后下一步战争该如何进行的问题上，一度出现了相比本国军方人士，英美两国政府首脑更认同对方军方人士观点的情形。但是，这种情形不可能持续下去，就如上文所提到的，丘吉尔最终还是改变立场接受了他的三军参谋长的意见，而美方在协调内部的战略立场方面要更迟缓一些。

鉴于军方的反对，罗斯福建议在英国和北非两地同时集结部队，以便两种行动路线都有选择的余地。他指出，即使突尼斯的敌军不能立即被肃清，盟军也正在帮助苏联。如果土耳其被说服参战，通过土耳其方向展开行动是值得考虑的下一步举措。然而，像以往在很多问题上那样，罗斯福对两种行动路线不置可否。[4] 尽管如此，罗斯福事实上还是更赞成地中海行动方案的。

**四、《1943 年基本战略构想》**

12 月 23 日，美国参谋长联席会议向联合参谋长委员会提交了一份名为《1943 年基本战略构想》(Basic Strategic Concept for 1943)的备忘录。

备忘录关于"联合国家的基本战略构想"是这样定义的：

---

① PREM 3/492/3，J. S. M.，Washington，to the War Cabinet Office，11th December，1942.

② PREM 3/492/3，Personal and Secret from Prime Minister to Field-Marshal Dill，11th December，1942.

③ ［英］温斯顿·丘吉尔：《第二次世界大战回忆录·第 4 卷·命运的关键》，第 1855 页。

④ Maurice Matloff and Edwin M. Snell，*Strategic Planning for Coalition Warfare*，*1941-1942*，p. 364.

在大西洋—西欧战场发起直指德国的战略攻势，在其他战场部署与维持既定战略构想不相冲突的最大兵力。在太平洋和缅甸，继续进行进攻和防御作战，以破除日本对那些威胁我们交通线和阵地安全的地区的控制。维持其他战场的战略防御态势。

**根据以上战略构想，美军参谋长们建议的战略目标是：**

(a)西半球和联合王国

维持西半球和联合王国的安全、生产能力和必要的交通线。

(b)西欧

通过以下方式，确保联合国家的主要努力直指德国，而不是它的卫星国：

(1)以最大现实可行的规模，从联合王国、北非以及当可行时从中东，对德国的生产和资源发起综合性的空中攻势，以实现逐步削弱其战争努力的目标；

(2)尽快在联合王国集结充分协调的兵力，以备在1943年对德国发起地面攻势。

(c)北非

将轴心国军队驱逐出北非，之后则：

(1)用足够确保其安全的兵力，包括为应对轴心国或西班牙的举动而维持我们途经直布罗陀海峡航线所需的兵力，巩固和守住该地区；

(2)通过在北非建立大规模的空军设施，以及通过针对德国和针对意大利旨在摧毁后者资源和士气从而将意大利剔除出战争所实施的密集空中行动，来开拓北非作战行动的胜利成果；

(3)将所有剩余的兵力从北非运往联合王国进行部署，以作为1943年进攻西欧所集结兵力的一部分。

(d)俄国

通过提供军火，从中东给予所有现实可行的空中支持，以及通过在1943年在西欧发起直指德国的主要攻势，最大程度地支持俄国。

（e）中东

（1）使土耳其维持一种亲联合国家的中立状态，直到它在物资供应和最小规模的特种部队的支持下，能够确保其领土的完整，并为我们所用；

（2）如果土耳其能够参战，应从其北部海岸的基地发起空中攻势，以援助俄国和阻止德国控制巴尔干的资源和交通设施。

（f）太平洋

发起诸如确保阿拉斯加、夏威夷、新西兰、澳大利亚以及我们通往以上地区交通线的安全所需的进攻和防御行动，维持所罗门群岛—俾斯麦群岛—新几内亚东部这些地区的主动权，以控制这些地区作为进一步进攻行动的基地，使日本陷于高代价的反攻作战行动之中。

（g）远东

在缅甸发起进攻行动，以重新打通援华之路，以此激励中国，并向其提供军火使其继续抗战努力，以及保持对日本本土发起最终攻势所需的为我们所用的基地。①

如果把美国参谋长联席会议的《1943年基本战略构想》与英国参谋长委员会的《1943年的英美战略》相对照，会发现存在战略观点上的差异。美方强调的是"确保联合国家的主要努力直指德国，而不是它的卫星国"，英方则强调"扩大利用我们在地中海的地位，以期将意大利剔除出战争"。虽然美方在备忘录中依然坚持"先欧后亚"的大战略，没有将太平洋战场置于欧洲战场之上，似乎从"C.C.S.94"回到了"W.W.1"，但在英方看来，美方观点是不能认同的。

1943年1月2日，英国三军参谋长向美国参谋长联席会议指出，他们同美方在大多数问题上的看法是一致的，最主要的分歧是："我们主张的政策是，在'火炬'行动之后接着采取进一步行动，同时伴随着尽可能大规模的'波利乐'集结行动，而美国三军参谋长偏好将他们的主要精力投入到'围歼'行动

① PREM 3/492/3, J.S.M., Washington, to the War Cabinet Office, 23rd December, 1942.

当中，同时在地中海除空军之外采取固守的政策。"①

在英方看来，如按美方的主张将主要精力集中在"波利乐"计划并准备发起"围歼"行动，由于运输船只和登陆艇短缺等方面的原因，不但会对其他战场产生负面影响，而且即便如此，在1943年也未必能够具备发起"围歼"作战行动的条件，因此导致英美在1943年难有大的作为，虚度一年时光，而美方借此加强太平洋战场的作战力度，有背离"先欧后亚"战略之嫌；如果在地中海扩大"火炬"行动的成果，不但能使地中海航线畅通，诱使土耳其参战，进一步确保中东的安全和对苏联的军事援助，而且能够首先打败意大利，从而使德国处于被动局面，同时缓解苏德战场上苏军的压力。

概括地说，虽然英美都主张首先打败德国，但英国倾向于在"火炬"后趁热打铁从南欧地中海地区下手（丘吉尔最终接受了军方的这一方案），美国则希望从西欧法国的大西洋沿岸发起反攻。这样，英美军方在1943年作战方向问题上的分歧只能留待双方的首脑去加以解决。

**五、再次首脑会晤的提出**

关于商讨盟国下一步的作战行动，罗斯福总统曾在1942年11月26日提议在把德国人赶出突尼斯之后，立即召开美、英、苏三国的军事会议。② 12月3日，他又告知丘吉尔，希望会议在阿尔及尔以南或喀土穆附近的某地召开。③ 在斯大林以指挥斯大林格勒战役为由拒绝与会之后，12月21日罗斯福致电丘吉尔，建议1943年1月15日左右英美双方在卡萨布兰卡举行军事会谈，丘吉尔欣然同意，并建议会议代号为"象征"（Symbol）。④

---

① Maurice Matloff and Edwin M. Snell, *Strategic Planning for Coalition Warfare*, *1941-1942*, p. 377.

② PREM 3/470, For the Prime Minister from President Roosevelt, 26th November, 1942.

③ PREM 3/420/1, For the Prime Minister from President Roosevelt, 3rd December, 1942.

④ PREM 3/420/1, Premier Stalin to Premier Churchill, 6th December, 1942; Letter for the Prime Minister from President Roosevelt; From the President to the Prime Minister, 21st December, 1942; Former Naval Person to President, 21st December. 12月23日，丘吉尔收到了罗斯福12月14日起草的一封由信使转交的关于军事会谈的信件，为安抚丘吉尔焦急不安的情绪，罗斯福于21日将信件主要内容电告了丘吉尔。

　　为使美方在即将召开的卡萨布兰卡会议上的立场协调一致，1月7日罗斯福在白宫举行会前唯一一次战略协调会。在会上，马歇尔坦率地向罗斯福指出，虽然相对于地中海行动，三军参谋长们更愿意在西北欧展开行动，但美军方在跨英吉利海峡作战的问题上存在意见分歧，尤其是在计划制订者之间。① 在李海的支持下，海军上将金主张根据"C. C. S. 94"在太平洋进一步采取行动；亨利·阿诺德则从空军的角度主张集中力量于德国，在他眼里，英国、北非和地中海都是相互配合的战场。② 而在参谋计划人员内部，一部分人主张在英国集结最大可能的兵力，在1943年或1944年发起跨海登陆作战，另一部分人则坚持1943年跨海作战已是不可能的，为1944年跨海行动而放弃在地中海辛苦得来的优势得不偿失。③

　　就个人观点而言，马歇尔主张在1943年7月之后的某个时间以布雷斯特半岛为目标发起跨海作战行动，认为地中海行动将带来严重的运输船舶和登陆艇的损失，而且登陆行动会遭到来自意大利、法国南部的德国空军的打击和海上潜艇的袭击，并且德国人可能穿过西班牙封锁直布罗陀海峡。相反，在布雷斯特登陆，可能人员损失多于船只损失，但他主张冒这个风险，因为目前船舶资源是第一位的。马歇尔称："说得难听点，'硫黄'行动将造成船只的严重损失，这个结果可能彻底摧毁在最近的将来对敌人进行成功作战的一切机会，反之，我们可以用部队来代替"。在马歇尔看来，下一个作战行动"已经变成非此即彼，看不出有什么别的办法"。

　　罗斯福对马歇尔的结论将信将疑，他搬出之前的观点，建议同时作西北欧和地中海作战行动两手准备，待一两个月后再根据形势作出最终决定。罗斯福问道：目前在北非的80万或90万军队在扫清突尼斯敌军后，只需30万驻守，其余该如何使用？马歇尔意识到总统倾向于地中海行动，他只好指出，西西里岛可能是比撒丁岛更佳的登陆目标，后者离意大利本土和占领下的法

---

　　① Maurice Matloff and Edwin M. Snell, *Strategic Planning for Coalition Warfare*, 1941-1942, p. 379.

　　② Mark A. Stoler, *The Politics of the Second Front: American Military Planning and Diplomacy in Coalition Warfare*, 1941-1943, pp. 70-71.

　　③ Richard M. Leighton and Robert W. Coakley, *Global Logistics and Strategy*, 1940-1943, p. 665.

国更近，在德国轰炸机的作战半径之内，而前者更接近北非。最后，罗斯福尽管警告英国人在会议上会有一个方案并坚持到底，却未能提出美国人应当追求的具体目标，或是要求参谋长联席会议为会议确定一个共同方针。[①]

另外，值得注意的一点是，罗斯福在此次准备会议上提到，在即将召开的军事会议上，他会建议丘吉尔共同向斯大林保证，在直捣柏林之前，美英将一直作战下去，唯一的条件是"无条件投降"。然而，"在总统宣布该主张之前和之后，陆军参谋人员或联合参谋人员都没有研究这个公式对战争进程的影响"。[②]

这样，像以往多次会议一样，美方没有做好充分的准备或是没有协调好立场，就匆匆奔赴卡萨布兰卡会议了。

## 第五节　卡萨布兰卡会议

### 一、欧洲战略方案的确定

卡萨布兰卡会议于 1943 年 1 月 14 日至 24 日举行，英美双方频繁交换意见后于 19 日就 1943 年的军事战略达成原则上的一致，这体现在以下联合参谋长委员会的一份名为《1943 年的战争方式》(Conduct of the War in 1943，文件号"C. C. S. 155/1")的备忘录中。其中，关于欧洲战场的表述是：

> 联合参谋长委员会一致同意提交以下有关 1943 年的战争方式的建议：
>
> 1. 安全
> 打败 U 型潜艇必须依然是联合国家的对策首要考虑之事。
> 2. 援助俄国
> 在船舶运输方面不付出过高代价的情况下，通过向俄国运送所能够

---

①　Maurice Matloff and Edwin M. Snell, *Strategic Planning for Coalition Warfare*, *1941-1942*，p. 379；［美］福雷斯特・C・波格：《马歇尔传(1943—1945)》，第 15—16 页。

②　Maurice Matloff and Edwin M. Snell, *Strategic Planning for Coalition Warfare*, *1941-1942*，pp. 379-380；Ray S. Cline, *Washington Command Post：The Operations Division*，pp. 216-217.

的最大数量的物资补给，使苏军得到必要的支持。

3. 欧洲战场的作战行动

以联合国家对德国能够施加最大军事力量的情况下于 1943 年将其打败为目标，开展欧洲战场的作战行动。

4. 主要的进攻行动路线是：

在地中海

(a)占领西西里岛，旨在：

(i)使地中海航线更加安全；

(ii)分散德国施加在俄国前线的压力；

(iii)强化对意大利的压力。

(b)促成一种形势，能够吸纳土耳其成为一个积极的盟友。

在联合王国

(c)对德国的战争努力实施最大可能的猛烈空袭。

(d)以现有的两栖作战部队发起现实可行的规模有限的进攻行动。

(e)集结尽可能强大的兵力（根据上述 a 和 b，以及下面的第 6 段），持续进行准备，以便在德国人的抵抗一旦被削弱至所需程度时重返欧洲大陆。①

在"C. C. S. 155/1"原则的基础上，1 月 23 日联合参谋长委员会提交了一份名为《象征》(*Symbol*，文件号"C. C. S. 170/2")的报告，制订出具体的作战行动方案，得到了罗斯福和丘吉尔的批准。② 但与"C. C. S. 155/1"一样，"C. C. S. 170/2"没有提到占领西西里岛后是否继续采取行动占领意大利本土。尽管如此，英美 1943 年的欧洲战略行动最终敲定。

**二、英方战略的胜利**

从上述两份文件的内容来看，很明显，这一次又是英国战略主张的胜利。

---

① PREM 3/420/5，Memorandum by the Combined Chiefs of Staff：Conduct of the War in 1943，19th January，1943.

② PREM 3/420/5，Symbol：Final Report to the President and Prime Minister，23rd January，1943.

马歇尔在会议上据理力争，试图坚持在法国西北部采取行动和加强太平洋战场的攻势。然而他本人早已知道，"体育家"计划的采纳不但取消了"痛击"计划，也将导致1943年"围歼"计划的取消。① 在阿兰布鲁克看来，马歇尔"没有一个特定且现实的战略设想，在指导未来战争的政策上，他没有什么倡议"②。也许马歇尔不愿意看到美方如此轻易地附和英方的观点，所以他要作最后的努力。然而，总统和同僚都没有坚定地支持他，就如他1月7日曾向罗斯福坦言的那样，美军方在跨英吉利海峡作战的问题上存在意见的分歧，尤其是在计划制订者之间。

会议期间，艾森豪威尔依据他在"火炬"作战中的经验向马歇尔直言道：反攻欧洲大陆需要比原来设想的更多的部队和登陆艇。③ 这句话直指问题的要害。此外马歇尔知道，罗斯福虽然不直接表态，但心底是支持地中海行动的。这样，在知道坚持西北欧行动不会再有希望的情况下，马歇尔"准备在地中海方面同英国人一起再前进一步，如果他能得到保证那将是最后的一次"④。

于是，马歇尔转而与海军作战部长金一起力争英方同意加强太平洋战场的攻势。在18日的会议上，马歇尔向英方指出，他最担心的是把军队投入地中海进行无休止的战斗，甚至更担心把大量军队套牢在英国等待德军士气可能的崩溃，同时这些军队原可以在太平洋战场得到更好的使用。⑤ 为打消美方的顾虑，丘吉尔直截了当地向美方表示："我们的利益和我们的荣誉同样紧密结合在一起，无须置疑英国议会和人民在德国投降之后倾其全力去打败日本的决心。另外，我敢保证，战时内阁将充分准备就这一点同美国签署一项

---

① ［美］福雷斯特・C・波格：《马歇尔传(1939—1942)》，第378页。

② Alex Danchev and Daniel Todman, eds., *War Diaries, 1939-1945：Field Marshal Lord Alanbrooke*, p. 364.

③ Maurice Matloff, *Strategic Planning for Coalition Warfare, 1943-1944*, p. 24.

④ ［美］福雷斯特・C・波格：《马歇尔传(1943—1945)》，第23页。

⑤ PREM 3/420/3, From Prime Minister to Deputy Prime Minister and War Cabinet, 18th January, 1942；Maurice Matloff, *Strategic Planning for Coalition Warfare, 1943-1944*, p. 22.

正式的条约或协定。"①

　　另外，在"C.C.S.155/1"中，英方不但同意了1943年重开滇缅公路的"安纳吉姆"行动，而且同意在"占领腊包尔之后，在不妨碍'安纳吉姆'作战行动的情况下，如果时间和资源允许，对马绍尔群岛和加罗林群岛实施作战行动"，这如同占领西西里岛后继续进攻意大利本土一样，让一直主张看重太平洋战场的金很满意，而且地中海作战可以打通地中海运输线，不用再绕道好望角，能够节约大量的运输船只和护航舰只，这也非常吸引金。因此，金不再持反对英方的观点了。对于陆军航空队司令阿诺德来说，占领意大利可以为轰炸德国提供理想的空军基地，而且英方主张的对德大规模轰炸也正是他所希望看到的，能够因此壮大他的航空兵并且发挥他们的作用。阿兰布鲁克提道："阿诺德把他的视野限定在空军方面，很少掺和其他事情。"②

　　从以上分析看，马歇尔没有其他选择，尤其他的观点得不到总统的支持，所以只能认同英方的地中海作战方案。他后来解释接受攻打西西里岛的原因是：

　　　　(1)地中海方面有足够的军队进行这个攻击；(2)英国情报部门认为德国空军已遭严重消耗，而这是防止它恢复过来的最好的办法；(3)英国人目前拒绝进行横渡英吉利海峡的作战行动。③

　　英方自然对会议的结果感到非常满意。丘吉尔电告国内："两国及所有专家之间都达成了完全的一致，就如我已说过的那样，最终报告体现的政策代表了我们共同拥有的想法。"④帝国总参谋长阿兰布鲁克在得知美方同意英方

---

①　PREM 3/420/5，From Prime Minister to Deputy Prime Minister and War Cabinet，19th January，1942.

②　Alex Danchev and Daniel Todman，eds.，*War Diaries*，*1939-1945*：*Field Marshal Lord Alanbrooke*，p. 364.

③　[美]福雷斯特·C·波格：《马歇尔传(1943—1945)》，第34页。

④　PREM 3/420/3，From Prime Minister to Deputy Prime Minister，Foreign Secretary and War Cabinet，26th January，1942.

的观点时竟表示："我几乎不能相信我们的好运。"①内阁军事助理秘书雅各布准将(Ian Jacob,伊斯梅的助手)则宣称,他绝没有预见到如此有利于英方观点的结果。②

美国陆军作战司下属的战略与政策小组(Strategy and Policy Group)的负责人魏德迈准将则深感失望,他在 1 月 24 日给上司托马斯·汉迪的信中抱怨:"我们输个精光,现在承担上了仲夏在肚脐眼下面采取行动的义务……我们来了,我们聆听,我们被征服了。"他把英方与会的大量参谋人员比作蝗虫,认为美方缺乏准备,总统应更好地聆听军方的意见。③ 马歇尔也指出:"美国参谋长们意识到了长期以来他们努力与英国参谋长们打交道的一个不利之处,即至少表面上,英方非常有利的是,他们通过一个精巧的而又最紧密团结的秘书处与政府其他部门沟通……因此英国人表现出一个包括所有官员和委员会的团结阵线,我们未能聚集这样的力量。"④

但是,美方也并不是一无所得。为横渡海峡作战而准备的"波利乐"行动依然继续进行,"围歼"行动在 1944 年可望得以实施。马歇尔声明:"接受地中海行动,只是当前形势下的一个权宜举措。"⑤阿兰布鲁克则向美方保证说:"我们一定考虑在 1944 年大规模地重返大陆。"⑥此外,美方获得了英方在打败德国后全力转向太平洋战场的承诺,而且英方一定程度上认可美军在太平洋战场发起有限规模的攻势,"至少美国人成功地使英国人相信,他们决心更积极地竭力推行对日作战"⑦。

卡萨布兰卡会议也促使了美国人注重提高自身军事外交和谈判的艺术,

---

① Alex Danchev and Daniel Todman, eds. , *War Diaries*, *1939-1945*: *Field Marshal Lord Alanbrooke*, p. 361.

② John Grigg, *1943*: *The Victory That Never Was*, London: Eyre Methuen, 1980, p. 71.

③ Albert C. Wedemeyer, *Wedemeyer Reports*! pp. 191-192. "肚脐眼下面"是相对于丘吉尔将进攻意大利称为直击敌人"下腹部"而言的。

④ Ray S. Cline, *Washington Command Post*: *The Operations Division*, p. 106.

⑤ Maurice Matloff, *Strategic Planning for Coalition Warfare*, *1943-1944*, p. 25.

⑥ Michael Howard, *Grand Strategy*, Vol. 4, p. 254.

⑦ Richard M. Leighton and Robert W. Coakley, *Global Logistics and Strategy*, *1940-1943*, p. 668.

"正如历史学家们已指出的那样，英国深思熟虑的准备使美国的建议相形之下显得是外行货色，但它们确实就战略层次上的参谋工作给美国人提供了有用的教益"①。此时，正值美国参战后一年，美国强大的工业生产能力和以此为依托的战争能力还没有充分地表现出来，美军刚刚才在北非战场第一次体验大规模的作战，而英国已作战 3 年，久经沙场的丘吉尔和他的三军参谋长们，无论是在政治外交上、军事谋略上，还是在指挥作战的经验上，可以说暂时略胜美方一等。

# 第六节 "三叉戟"与"四分仪"

经过艰苦的拼杀，北非战役到 1943 年 4 月已胜利在望。在卡萨布兰卡会议上，英美双方决定下一步发起进攻西西里岛的"哈斯基"作战行动。在肃清突尼斯敌军后，乘胜拿下西西里岛在军事上没有多大的困难。此时在英方看来，卡萨布兰卡会议的决定高估了船舶运输的能力，在英国本土的美国部队的人数则低于原先的估计，登陆艇短缺依然是一个瓶颈问题。② 换句话说，在"哈斯基"行动之后回到"围歼"行动上来，条件和时机依然不成熟。最好的选择是，乘胜打败意大利。

## 一、"三叉戟"会议的召开

4 月 29 日，丘吉尔致电罗斯福提出再次召开两国会议，商量"哈斯基"行动之后英美下一步如何行动："据我看，我们现在极需要共同解决的问题中，首先是西西里问题，以及其后如何扩大战果的问题；其次是根据我们的经验和船舶不足的情况，考虑缅甸战役的前途。"③5 月 2 日，罗斯福回电欣然表示

① ［美］威廉森·默里：《帝国的倾覆：1919 至 1945 年的英国战略》，见［美］威廉森·默里、［英］麦格雷戈·诺克斯、［美］阿尔文·伯恩斯坦编：《缔造战略：统治者、国家与战争》，第 452 页。

② Llewellyn Woodward, *British Foreign Policy in the Second World War*, Vol. 2, p. 553.

③ PREM 3/443/5, Former Naval Person to President, 29th March, 1943；［英］温斯顿·丘吉尔：《第二次世界大战回忆录·第 4 卷·命运的关键》，第 1934 页。

同意。①

5月11日，丘吉尔率领军事代表团抵达美国，与美方展开持续14天的代号为"三叉戟"的会议。会前，英方在欧洲战略上已达成一致的意见：力争使美方同意利用"哈斯基"行动的胜利势头进攻意大利本土，意大利的投降不但有利于减轻苏德战场上苏军面临的压力，而且可以在1944年进攻法国西北部的同时从意大利对法国南部发起进攻，还可以重创轴心国的士气，促使土耳其站在盟国一方参战；如果不能完全占领意大利，则矛头向东指向巴尔干半岛，并让美方接受这是进行跨英吉利海峡作战的先决条件。②

然而，这一次美方吸取了卡萨布兰卡会议的教训。会前，为了提高联合计划制订工作的效率，美国军方对联合计划参谋部进行了改组和重构，在其下增设了联合后勤委员会（Joint Logistics Committee）专门负责后勤事务，以及联合战争计划委员会（Joint War Plans Committee）负责大战略之下未来联合作战行动的计划大纲，并进行了人事调整。此外，加强了参谋长联席会议与战区指挥官之间的联系，并扩大了军方与总统和国务院之间的协调联络。③

马歇尔还增加了美方与会军事人员的数量，要求计划人员除重点研究跨英吉利海峡作战方案外，还要准备"哈斯基"行动后所有可能的行动方案，以备会议上使用。但是，马歇尔强调1944年实施跨海峡作战的重大政治意义，警告盟军落在东面苏军的后面会产生严重的政治问题，"会出现最不幸的外交形势，立即会发生接踵而来的局面混乱不堪的可能性"。经过与罗斯福的会议沟通，关于欧洲战略，美方定下的会议立场是：强迫英国人作出承诺，在最早可行的时候跨英吉利海峡对欧洲大陆发起攻击，并在1944年春为该行动做好全面的准备，但作为替代或妥协，在不增加地中海战场的军事投入和不妨碍跨海作战的前提下，也准备讨论西地中海作战问题，但美军坚决不考虑西西里岛以东的地面作战行动。如果英方执意集中扩大地中海作战行动或忽视对日作战的重要性，美方将向他们表明美方不得不转变基本的战略原则，将

---

① PREM 3/443/5, From President to Prime Minister, 2nd May, 1943.

② PREM 3/443/1, Aide Memoire for Use in Opening Conversations with the United States Chiefs of Staff, 8th May, 1943.

③ Ray S. Cline, *Washington Command Post*：*The Operations Division*, pp. 237-242, 290-311, 312-327.

重心转向太平洋战场。①

　　这一次，罗斯福决定："团结他的参谋人员，以寻求英方对早日进行跨海作战的支持。"②但是，也许是出于以往罗斯福的表现，军方对总统的立场坚定性并不完全放心，加上扩大"哈斯基"行动的成果的确有军事上的可取之处，所以美方也准备有条件地讨论西地中海作战问题。

　　双方在会上针锋相对。经过激烈的意见交换之后，双方都作了让步。英方的立场可以概括为：在不放弃 1944 年跨海作战目标的同时，应当尽可能地利用地中海已取得的胜利扩大战果，打败意大利，不给轴心国以喘息的机会；美方的立场为：只要 1944 年跨海作战行动保持神圣不可侵犯，同意在地中海采取进一步的行动。

　　5 月 25 日，英美三军参谋长提交的以下战略报告("C. C. S. 242/6")得到了罗斯福和丘吉尔的批准。报告分为 7 个部分：总体目标；进行战争的总体战略构想；支撑总体战略构想的基本任务；1943—1944 年执行总体战略构想的具体作战行动；获得为满足基本任务和 1943—1944 年执行总体战略构想的具体作战行动所需的资源；其他各方面的结论；其他会谈。以及一个附属文件：利用亚速尔群岛的益处。

　　其中，进行战争的总体战略构想的具体内容为：

　　1. 与俄国及其他盟国合作，早日使欧洲的轴心国无条件投降。

　　2. 与此同时，在与相关的太平洋国家合作的情况下，维持和扩展对日本不间断的压力，旨在不断削弱它的军事力量，获得迫使它最终投降的出发地点。在采取行动之前，将由联合参谋长委员会考虑任何如此的扩展对总体目标产生的影响。

　　3. 在打败欧洲轴心国之后，立即与其他太平洋国家，如果可能与俄国，进行合作，将美国和英国的全部力量用在早日使日本无条件投降之上。

---

①　Maurice Matloff, *Strategic Planning for Coalition Warfare*, 1943-1944, pp. 121-124；［美］福雷斯特·C·波格：《马歇尔传(1943—1945)》，第 237—240 页。

②　Maurice Matloff, *Strategic Planning for Coalition Warfare*, 1943-1944, p. 125.

1943—1944 年执行总体战略构想中关于欧洲战场的具体作战行动包括：(1)打败 U 型潜艇的行动措施。(2)打败欧洲的轴心国，主要为从即日起至 1944 年 4 月 1 日，分 4 阶段通过联合轰炸削弱德国的战斗力；准备 29 个师，另考虑 1 个法国师参与的可能性，拟定于 1944 年 5 月 1 日从英国发起对欧洲大陆的进攻行动，在获得立足点后，从美国或其他战场以每月 3—5 个师的规模继续增兵，同时根据德军的状况，做好紧急跨海作战以及在挪威登陆的计划准备；北非盟军在"哈斯基"行动之后应扩大战果，预计届时需要美英法共 27 个师对意大利作战，力图使意大利退出战争并牵制尽可能多的德军；同时展开从北非轰炸罗马尼亚普洛耶什蒂油田的空袭行动。①

这一妥协的方案，对英美双方来说都是可接受的结果，既满足了美方要求确定跨英吉利海峡作战日期和规模的愿望，又表示要考虑英方在地中海进一步采取作战行动迫使意大利退出战争的要求，整体为英美两国 1944 年的作战行动确立了一个明确的方向。

**二、丘吉尔游说艾森豪威尔**

比起卡萨布兰卡会议来，会前准备充分的美方基本实现了预期的与会目标，对会议的结果更是满意，尽管也不得不考虑在地中海作战行动方面对英方作出让步。

另一方面，在英方看来，"华盛顿达成的决定不是一个令人满意的妥协，因为它们没有制订地中海战役的确切计划"②。会议报告只是同意考虑在意大利的进一步行动，明确提到"各种具体作战行动应批准及之后实施哪一个，将留待联合参谋长委员会决定"。事实上，到了 7 月西西里登陆作战使意大利呈现崩溃之势后，才最终决定对意大利本土发起攻击。丘吉尔进军巴尔干的行动倡议也遭到了美方的拒绝，美方提出要干就让英方自己单独去干。③ 加上报告规定"哈斯基"行动结束之后，要将 4 个美国师和 3 个英国师调往英国本土准备跨海作战，导致丘吉尔在 24 日一度试图推翻双方达成的共同方案，阿

---

① PREM 3/443/4，Trident：Report to the President and Prime Minister of the United State by the Combined Chiefs of Staff，25th May，1943.

② Llewellyn Woodward，*British Foreign Policy in the Second World War*，Vol. 2，p. 465.

③ Michael Howard，*Grand Strategy*，Vol. 4，p. 421.

兰布鲁克在日记中提道：

> 他最初完全赞成我们讨论中的文件，并和罗斯福一起向我们表示祝贺，但 11 个钟头后他打算否决其中的一半内容……在以后的会上，他一直担心我们与美国参谋长们暗中联起手来反对他……这是他把我逼入绝望的时刻。①

经过劝说后，丘吉尔暂时作出了让步。

会后，丘吉尔征得罗斯福的同意，拉上马歇尔前往阿尔及尔(北非盟军司令部所在地)，试图向艾森豪威尔兜售他的未来作战计划，并希望艾森豪威尔能够影响马歇尔改弦易辙。艾森豪威尔在回忆录中提道：

> 丘吉尔先生滔滔不绝地描绘了一幅在西西里攻占后他设想会出现在我们面前的光明前景。……他担心我们会片面地解释我们的任务，以致不管形势好坏，在攻占西西里后突然停步不前。
>
> ……他当时真正关心的是迅速占领意大利南部，就我所知，仅此而已。②

此时，艾森豪威尔正在为夺取西西里岛以后的下一步行动感到左右为难。作为马歇尔的代表他准备立即着手进行跨海峡作战；而作为获胜一方的司令官，他是接受首相的继续进攻意大利的论点的。③

然而，阿兰布鲁克私下向艾森豪威尔表示：

> 他乐于重新考虑渡峡方案，甚至乐于把那个大胆的想法从已被采纳的盟军战略中去掉。

---

① Alex Danchev and Daniel Todman, eds., *War Diaries*, *1939-1945*: *Field Marshal Lord Alanbrooke*, p. 410.

② [美]德怀特·D·艾森豪威尔：《艾森豪威尔回忆录》(一)，第 198 页。

③ [美]福雷斯特·C·波格：《马歇尔传(1943—1945)》，第 279—280 页。

······他说他赞成这样一种策略：用我们的海军和空军封锁德国，摧毁它的工业，但避免在主要战线上进行大规模的地面战。他认为，在一个大战场进行地面战争，对我们极为不利，而且会蒙受毫无意义的巨大损失。除了维持意大利战线外，他不主张开辟更多的战线。①

艾森豪威尔对阿兰布鲁克的提议断然予以了拒绝，并向丘吉尔解释道："他可以利用的机会是有限的，因为参谋长已经给他附加了条件，即他的军队中将有 7 个师要在 11 月份运到英国去。"马歇尔则出言谨慎，对经过意大利本土，既不反对，也不表示赞同，"他宁愿等待，直到攻入西西里以后再作出决定"。这样，丘吉尔的愿望并未实现。当马歇尔回到华盛顿后，他表示："他完全保住了那些在三叉戟会议上取得的成果。"②

**三、美方战略的胜利**

在阿兰布鲁克的日记中或别的材料中，没有提到他企图说服艾森豪威尔放弃"霸王"（"三叉戟"会议后不久，"围歼"改用此名）行动之事，所以并不清楚这仅是他个人的观点，还是丘吉尔指使他去游说艾森豪威尔。英国官方军史作者约翰·埃尔曼提道：

通常认为——尽管证据是与之相反，但看上去仍被广泛相信——英国人出于战略上的或是外交上的原因，或两者都是，要么在丘吉尔的影响之下，要么通过他作他们的发言人，希望 1943 年的下半年在巴尔干向北扩大战役，如果必要以"霸王"作代价。不管后来事情是怎样的，在那时情况并非如此。③

丘吉尔在其回忆录中也辩解称：

① ［美］德怀特·D·艾森豪威尔：《艾森豪威尔回忆录》（一），第 198—199 页。
② PREM 3/443/9，Minutes of Meeting Held on 29th，31st May and 3rd June 1943；［美］福雷斯特·C·波格：《马歇尔传（1943—1945）》，第 267、269、271 页。
③ 埃尔曼还对英国地中海战略的合理性作了大篇幅的解释。见 John Ehrman, *Grand Strategy*，Vol. 5：*August 1943-September 1944*，London：Her Majesty's Stationery Office，1956，pp. 112-115.

　　……在美国，有一种传说，说我曾极力阻扰准备横渡英吉利海峡展开攻势的"霸王"作战计划，同时又说我妄图引诱盟国对巴尔干半岛进行的某种大规模的入侵，或者在地中海东部发动一次大规模的战役，这样实际上等于砍掉"霸王"作战计划。这些荒谬的说法，多半已经在以上的各章中进行了揭露和驳斥……①

　　但是，无论是埃尔曼的评述，还是丘吉尔本人之辞，并没有完全说明真相。丘吉尔在提到"霸王"行动时，总要加上一些前提条件，例如在德黑兰会议时，斯大林问丘吉尔，他和三军参谋长是真的相信"霸王"行动，还是为安抚苏方说说而已。丘吉尔的答复是："他坚定地认为，只要时机到来，此前所说的关于'霸王'行动的条件具备了，不遗余力跨过海峡向德国发起猛攻是我们毫不动摇的义务。"②也许在卡萨布兰卡会议前的一段时间里，丘吉尔是真心想在1943年发起"围歼"（"霸王"）行动，以此防止美军偏离欧洲战场，但如上文所提到的，他很快在三军参谋长们的劝说下转变了立场。到"三叉戟"会议时，丘吉尔及其参谋长们已经是坚定地把从意大利或是从巴尔干进入欧洲大陆视作捷径了。

　　不论"三叉戟"会议以后的英美战略会谈中英方的立场如何，仅从阿兰布鲁克上述所言这一点就能够看出，美方怀疑英方企图以意大利或巴尔干作为进攻欧洲大陆的方向，并打算以牺牲"霸王"行动为代价，这是有真凭实据的。美国军史学者理查德·莱顿指出，从英方充满似是而非的言语中，美方计划人员得出结论：英国人把大规模集结于英伦三岛的英美进攻部队，只是当成一个巨大的迷惑敌人的计划以及德国崩溃后的占领军。③

---

　　①　［英］温斯顿·丘吉尔：《第二次世界大战回忆录·第5卷·紧缩包围圈》，第2256页。

　　②　PREM 3/136/5，Minutes of Second Plenary Meeting，29th November，1943；*FRUS*，*The Conferences at Cairo and Tehran*，*1943*，Washington，D. C.：Government Printing Office of United States，1961，p. 539.

　　③　Richard M. Leighton，"Overlord versus the Mediterranean at the Cairo-Tehran Conferences"，in *Kent R. Greenfield*，*ed.*，*Command Decisions*，pp. 262-263.

由于美方在"三叉戟"会议前作了充分的准备，罗斯福相比以往更加支持他的三军参谋长的立场，"总统带头论证他的军事顾问们提出的主张"，加上"马歇尔在这次会议中不仅总是在总统左右，他实际上成了提出大部分美方主张的现场指挥者"①，因此美方改变了以往双方会谈时的被动局面，实现了"强迫英国人作出承诺，在最早可行的时候跨英吉利海峡对欧洲大陆发起攻击，并在 1944 年春为该行动做好全面的准备"的会前主要目的，是英美战略对话以来的一个重要的转折点，从此美方的战略观点逐渐占据了上风。罗斯福对跨海作战的坚持，"丘吉尔似乎感到出其不意，因为他原以为这次会上仍可以再一次争取到罗斯福同意他的观点"②。

可以说，在这次会议上，美方取得了一次小小的胜利，但也作出了妥协。另外，就如阿兰布鲁克对艾森豪威尔私下的谈话所表明的，要英方完全支持 1944 年发动跨海峡作战，美方仍需要付出大量的努力。

**四、"四分仪"会议的召开**

1943 年 6 月 11 日，盟军在突尼斯与西西里岛之间的潘泰莱里亚岛 (Pantelleria)登陆，俘虏了 1.1 万多名意军，揭开了"哈斯基"作战行动的序幕。然而，以马歇尔为代表的美国军方决策者认为在意大利的作战行动最终目标和规模应是有限的，至少不能损害跨英吉利海峡的"霸王"作战行动；另一方面，丘吉尔和英军方人员则打算占领罗马，打败意大利，并尽可能地向北挺进，或是通过巴尔干北上。此时，丘吉尔设想的"哈斯基"之后的行动，"既非马歇尔将军所认为的消耗战略，也非美国计划制订者所担心的出于'政治'驱动的战略。它们是机会主义的，真正的拿破仑式风格：他相信，如果利用敌人战线的崩溃直捣敌巢，将带来迅速且具有决定性的结果"③。

英美双方的战略立场可以简单概括为：英方认为，没有地中海行动大量牵制德军，跨海作战就不可能成功；美方则认为，地中海行动的规模如果不断扩大，跨海作战则不可能成功。

随着"哈斯基"计划的前期行动进展顺利以及意大利国内形势的变化，一

---

① [美]福雷斯特·C·波格：《马歇尔传(1943—1945)》，第 243 页。
② [美]福雷斯特·C·波格：《马歇尔传(1943—1945)》，第 243 页。
③ Michael Howard, *Grand Strategy*, Vol. 4, p. 564.

定程度上也为了安抚一直要求开辟第二战场而未能如愿的斯大林，丘吉尔认为有必要召开英美苏三国的首脑会议，解决"三叉戟"会议上未定的意大利作战问题。然而，罗斯福已早他一步同斯大林进行了联系。

6月25日，丘吉尔致电罗斯福，称他从哈里曼那里得知总统打算在阿拉斯加同斯大林举行双边会晤，他提醒美苏抛开英国单独会晤给两国友谊和敌人宣传提供口实所造成的后果严重性，建议在斯卡帕湾或别的地方举行英美苏三国首脑和军政高官会议，以商讨未来的军事作战问题和战后安排问题。丘吉尔打算再次向罗斯福和斯大林兜售他的地中海战略。[1] 6月29日，罗斯福答复道：他没有向斯大林提出单独举行双边会晤的建议，这是斯大林的想法，斯大林希望在7月末或8月初举行美苏首脑会晤，但他只能在8月25日左右同斯大林先进行初步的会谈，可以借此了解斯大林在军事战略和战后安排上的真实想法。[2]

事实上，早在1941年12月14日，罗斯福就曾向斯大林表示过两人举行会晤的想法，尽管他承认在那时的形势下这难以实现。[3] 1942年11月21日，罗斯福提出举行美英苏三国首脑会晤的建议;[4] 1943年5月5日，他又重新提出美苏首脑单独会晤的建议，主张在白令海峡举行。[5] 上述会谈建议，最终都因斯大林以军务繁忙不宜离开为由而被婉拒。丘吉尔虽对美苏单独会晤有所不满，但口头上也只能表示赞同。[6]

7月14日，罗斯福电告丘吉尔，他没有收到斯大林确定会晤的进一步消息，即便斯大林不能与会，美英双方也应在9月1日左右举行一次军事参谋会谈。[7] 第二天，丘吉尔在参谋长委员会会议上提出，9月1日召开会议有些晚，时间最好能定在8月中上旬;他强调，"同美国人一道确定'哈斯基'之后

---

① PREM 3/366/1, Former Naval Person to President, 25th June, 1943.

② PREM 3/366/1, From President Roosevelt to the Prime Minister, 29th June, 1943.

③ *FRUS, 1941*, Vol. 4: *The Far East*, p. 752.

④ *FRUS, 1942*, Vol. 3: *Europe*, pp. 662-663.

⑤ *FRUS, 1943*: *The Conferences at Cairo and Tehran*, pp. 3-4.

⑥ PREM 3/366/1, Former Naval Person to President, 29th June, 1943.

⑦ PREM 3/366/1, From President Roosevelt to the Prime Minister, 14th July, 1943.

的下一步行动是极其重要的，在他看来，唯一正确的做法是利用意大利国内出现的极其迅速的崩溃迹象，以占领罗马为即刻目标进攻大陆"。参谋长们支持丘吉尔的想法，他们与丘吉尔一样担心美方在"哈斯基"行动之后会将军事力量调离地中海地区。会议决定，为满足美方的愿望，应接受魁北克作为会议地点，并决定着手进行会前准备工作。①

事实证明英方的这种担心不是无根据的。迪尔告知三军参谋长，马歇尔担心越来越多的兵力投入到南欧战场，认为这是一场赌博，强调正确的做法应该是在 1944 年 5 月从西面发起进攻，同苏联一道打败德国。而美国军方也越来越要求尽早在太平洋发起全面攻势。②

7 月 21 日，罗斯福告知，同意将会议时间定在 8 月 15 日左右，如果斯大林与会，则最好定在 8 月 17 日。③ 但 8 月 8 日，斯大林致电罗斯福指出，由于战争形势需要，"我希望，在如此情况下，您会充分理解目前我不能进行一次长途旅行"④。8 月 10 日，斯大林致电已抵达魁北克的丘吉尔："我同意，举行三国政府首脑会议是绝对需要的……同时我应该告诉你，实在抱歉，在目前苏德战线的形势下，我甚至连一星期也不能离开我的工作岗位和前线。"⑤事实上，对于斯大林像卡萨布兰卡会议时那样难以与会，罗斯福早有预见。⑥ 这样，魁北克会议只在英美两国之间进行。

8 月 14 日，代号"四分仪"的魁北克会议首先在英美两国军方人员之间开始进行，丘吉尔和罗斯福先后在 15 日和 17 日抵达魁北克。会议期间的 19 日和 23 日分别举行了 2 次全体会议，双方继续上演"三叉戟"会议上激烈争论的一幕，而美方做好了比上一次会议更充分的准备，最终于 8 月 23 日就此次会议的以下战略报告达成了一致意见，第二天由丘吉尔和罗斯福予以批准(除有关

① PREM 3/366/1，Minutes of a Staff Conference，15th July，1943.

② PREM 3/366/1，From F. M. Dill to C. O. S.，21st July，1943.

③ PREM 3/366/1，From President Roosevelt to the Prime Minister，16th July，1943.

④ *FRUS*，1943：*The Conferences at Cairo and Tehran*，pp. 17-18.

⑤ PREM 3/402，Premier Stalin to Prime Minister，10th August，1943；［英］温斯顿·丘吉尔：《第二次世界大战回忆录·第 5 卷·紧缩包围圈》，第 2218 页。

⑥ PREM 3/366/1，From President Roosevelt to the Prime Minister，29th June，1943.

从军事角度考虑同西班牙关系的那一部分有待进一步研究之外)。

**五、会议的成果**

相比"三叉戟"会议的报告("C. C. S. 242/6"),此次"四分仪"会议的报告("C. C. S. 319/5")在总体目标和进行战争的总体战略构想两部分没有改动;支撑总体战略构想的基本任务部分增加了关于土耳其站在盟国一方主动或被动参战方面的考虑;执行总体战略构想部分变动较大。主要如下:

在欧洲战场,除继续潜艇战、战略轰炸和考虑占领亚速尔群岛外,重申从法国进入欧洲大陆的"霸王"作战行动开始日期为 1944 年 5 月 1 日,"霸王"行动和地中海作战行动之间的资源分配,以确保前者为主,如果"霸王"行动无法实施,则考虑执行"朱庇特"计划作为替代方案。

在地中海战场,迫使意大利退出战争,盟军尽可能地向北挺进,占领撒丁岛和科西嘉岛,充分利用意大利的空军基地,对德军施加压力以形成有利于实施"霸王"行动的态势,从而使包括自由法国军队在内的盟军最终能够进入法国南部(行动代号"铁砧",Anvil);巴尔干地区的行动只限于向该地区的游击队提供物资供应、小规模的突击队行动以及对战略目标进行空袭;确保地中海航线的安全。[①]

"四分仪"会议取得的成果是在"三叉戟"会议成果基础上的继承和发展,不但正式确定了 1944 年 5 月从法国返回欧洲大陆的"霸王"作战行动,并享有优先地位,而且太平洋和远东战场的行动计划占了相当的比重(见下文),也更加明确具体,并且提到了在德国投降之后 12 个月内打败日本的目标。这些都是最能够体现美方军事战略观点的政策决定。另一方面,英方的主张也得到了一定程度的顾及,如迫使意大利退出战争以及丘吉尔情有独钟的"朱庇特"作战行动等。

总的来说,在战略决策上,美方相对于英方的主导地位在进一步上升。英国学者罗纳德·卢因指出:"在 1943 年秋,事情的发展正改变丘吉尔的角色……他倡导并强加他个人战略思想的日子结束了,美国人的主导地位和俄

---

① PREM 3/366/4,Final Report to the President and Prime Minister by the Combined Chiefs of Staff,24th August,1943.

国人不断增长的信心作为主要因素保持不变，直至战争结束。"①

# 第七节　"六分仪"与"尤里卡"

　　1943 年 9 月 8 日意大利向盟国投降，但德军在罗马以南建立"古斯塔夫防线"(Gustav Line)负隅顽抗，致使英美军队步履艰难地在意大利行进，直到1944 年 5 月才打破这种僵局，于诺曼底登陆前的 6 月 4 日攻克了罗马。为了对付在意大利的 22 个德国师，英美共用了 30 个师。到 1944 年，实际兵力是盟军 167.7 万人，德军 41.1 万人。② 从实际效果来看，英方企图以意大利或巴尔干反攻欧洲大陆的战略是不成功的。英国军事学家利德尔·哈特指出："对意大利攻击战的经过实在是非常令人感到失望。"③另两名英国军史学者格雷厄姆和比德韦尔指出："不是亚历山大吸引了用于抵御西北欧盟军的兵力，反而是凯塞林牵制了亚历山大。"④

　　在英美盟军陷入意大利泥淖期间，10 月 19 日至 30 日，苏、美、英三国在莫斯科举行了外长会议，1943 年 11 月 1 日在莫斯科三大国外长会议上签订了绝密议定书。其中指出：苏联政府获悉英国外交大臣艾登和美国国务卿赫尔及其军事代表的声明，并"表示希望这些声明中所陈述的 1944 年春季进攻法国北部的计划能够按期执行"⑤。但是，这个问题归根结底还是需要通过三国首脑会晤才能作出最后的决定。

## 一、双方会前的准备

　　1943 年 9 月，三国首脑同意举行会晤。由于斯大林一再坚持选在伊朗首都德黑兰召开会议，但罗斯福不太愿意，所以直到 11 月 8 日罗斯福作出妥

---

　　①　Ronald Lewin, *Churchill as Warlord*, London：Batsford，1973，p. 218.

　　②　Dominick Graham and Shelford Bidwell, *Tug of War：The Battle for Italy，1943-1945*，London：Hodder and Stoughton，1986，p. 401.

　　③　［英］利德尔·哈特：《第二次世界大战战史》第 2 卷，钮先钟译，上海人民出版社 2002 年版，第 658 页。

　　④　Dominick Graham and Shelford Bidwell, *Tug of War：The Battle for Italy，1943-1945*，p. 399. 亚历山大和凯塞林分别是盟国和德国在意大利的作战指挥官。

　　⑤　［俄］奥·阿·勒热舍夫斯基编：《斯大林和丘吉尔(1941—1945)》，王仲宣、齐仲、高春兴译，东方出版社 2006 年版，第 435 页。

协，三国首脑会晤才最终定于1943年11月底在德黑兰举行。① 另外，德黑兰会议(代号"尤里卡"，Eureka)之前，英、美、中三国在开罗举行首脑会晤，期间丘吉尔和罗斯福又前往德黑兰参加与斯大林的会晤，之后再返回开罗继续第二阶段的会议。由于中国参加第一阶段的开罗会议(代号"六分仪"，Sextant)，"委员长以日苏尚未宣战，颇疑中苏同席有所不便，曾以此意令宋子文再商罗斯福，但亦不坚持"②。而丘吉尔原打算在开罗会议和德黑兰会议前与罗斯福在摩洛哥的安法(Anfa)举行单独会晤，这个想法遭到了罗斯福的否决，罗斯福不愿意给斯大林造成英美在背后共同对付苏联的印象。③

此时，随着意大利退出战争，苏联人的反攻在不断取得胜利，英方认为，在欧洲形势发生如此重大的变化下，"三叉戟"和"四分仪"会议确定的战略应当进行调整，地中海战略应该更具有弹性，尤其是运输船舶和登陆艇短缺的老问题依然没有得到很好的解决，"霸王"作战行动的日期不应该看作是神圣不可侵犯的。另外，丘吉尔对罗斯福与斯大林背着他而关系日益密切心生不满。在10月23日给罗斯福的信中，丘吉尔称：

> 如果美、英能够在没有俄国军队参战的战场上，把它们准备在1944年进行的大规模作战行动密切地相互配合的话，我们就不必去麻烦俄国人了。而且，要是我们不能就美英在作战中互相配合的问题，取得协议，我认为我们也不必去和斯大林举行会谈，即使会谈能够安排妥当的话。
>
> ······
>
> ······我们根据魁北克会议的决定，已经准备将我们两个精锐师团，即现正在西西里岛的第50师和第51师调回英国。但这样一来，它们就不能参加近在咫尺的意大利战役了，而且在7个月之内都不能参加作战······11月初，我们必须决定将登陆艇从地中海调回来参加"霸王"战役。这样将使地中海作战受到严重的影响。······我们遵守了魁北克会议

① FRUS，1943：*The Conferences at Cairo and Tehran*，pp. 23-71.

② 梁敬锌：《开罗会议》，台北"商务印书馆"1973年版，第45页。

③ PREM 3/471, Former Naval Person to President Roosevelt, 29th October, 1943; President to Prime Minister, 30th October, 1943.

的协议，但我们认为在千变万化的战争环境中，不应当死板地解释这种协议，而应当重新予以考虑。①

另外，11月11日英国参谋长委员会提交了一份名为《"霸王"行动与地中海战场》(Overlord and the Mediterrandean)的备忘录。备忘录指出：

1. 在过去的一段时间里，对我们以及美国三军参谋长而言无疑非常清楚的是，我们之间在有关目前在地中海该如何开展行动，特别是会对未来的"霸王"作战行动产生怎样的影响，存在意见分歧。问题的关键在于，不论地中海战场的发展如何，所谓的"'霸王'行动的神圣性"在多大程度上能保持完好。这一点正使我们未来战略的全景变得模糊不清，必须在"六分仪"会议上予以解决。

2. 首先我们必须指出，自"四分仪"会议作出决定以来，形势已有了很大的发展。俄国战役的胜利超出了所有的期盼或预计，并且他们的胜利步伐还在继续。意大利已经被踢出了这场战争，而土耳其也可能会在新年之前站在我们一方参战。在形势发生如此变化的情况下，我们认为，考虑对"三叉戟"和"四分仪"会议所作出的决定进行调整，如果实际并不偏离，不但完全是站得住脚的，而且是确实必要的。

3. 尽管如此，我们强调，在我们已达成一致的在1944年春末或夏初，或者甚至更早，如果"兰金"(Rankin)行动的条件能够获得的话，对德国人发起跨海峡进攻行动的问题上，我们无论如何都不会畏缩，或是打算推脱。然而，我们必须将在确定日期发起的"霸王"行动视作我们总体战略的轴心，所有其他行动将围绕其展开。事实上，明年春天德国人在法国的力量，在天平的一端，可能使"霸王"行动变得完全不可能，另一方面，会使得"兰金"行动不但现实可行，而且成为必要。因此，设想到某一特定的日期达到一定的力量将消除我们所有的困难，并且导致缩短这场战争持续的时间，完全是种幻想。如果按照字面上的解释，这种

---

① PREM 3/471, Former Naval Person to President Roosevelt, 23rd October, 1943; [英]温斯顿·丘吉尔：《第二次世界大战回忆录·第5卷·紧缩包围圈》，第2237—2238页。

政策将不可避免地在不能对跨海峡作战行动有任何保证的情况下，使其他战场的行动瘫痪。

4. 在德国人陷入目前困境的情况下，在最短的时间内赢得战争最可靠的方式是，在任何我们能够以优势开展行动的地方对他们发起无情且持续的进攻。我们能够对他们如此发起进攻行动的地点数量，主要取决于他们力量被分散的程度。因此，我们的政策是明确的：我们应通过尽可能大范围地威胁他们的重要利益和重要地区，并且坚守住，来使德国人的力量被分散至最大程度，我们应以优势兵力在我们能够这样做的任何地方发起进攻。

5. 如果我们实行上述政策，我们坚定地认为，"霸王"行动(也许以"兰金"行动的方式)将在明年夏天进行。但是，我们不要对任何特定的日期或者进攻以及后续行动中师的任何特定数量附加至关的重要性，尽管后者自然应当具备同上述政策相一致的尽可能多的数量。当然，有一个目标日期对所有可能的工作而言是重要的，但是我们坚决反对让这一日期成为我们的主宰，并阻止我们充分利用所有出现在我们眼前的机会，去执行我们相信是正确的战略。

6. 依据以上观点，我们针对地中海战场的行动提出以下建议：

(i)统一指挥

就如"C.O.S.(W)919"所概述的，地中海战场的统一指挥是一项必要且紧急的措施，应不顾及任何关于该战场所作出的其他决定而加以执行。

(ii)意大利战役

意大利境内的攻势应得到维持和加强，直到我们确保比萨—里米尼(Pisa-Rimini)一线的安全。

(iii)南斯拉夫、希腊和阿尔巴尼亚

我们的政策应是奠定一个稳定的军事基础，并加强我们的措施去支持这些国家的游击队和非正规的部队。如果需要，我们可以在达尔马提亚或阿尔巴尼亚海岸建立有限的桥头堡。

(iv)土耳其

我们应在今年使土耳其参战。

（v）达达尼尔海峡

我们的目标是应尽快打通达达尼尔海峡。

（vi）巴尔干半岛各国

我们应削弱巴尔干国家的抵抗，尽一切可能在这些巴尔干卫星国促发混乱和瓦解的状态。

7. 如果上述措施使一致认为的对实施"霸王"行动必不可少的部队在联合王国集结的日期有必要推迟，那么应当予以接受，因为不论怎样，这并不意味着进攻法国的日期将作同样时长的推迟。

8. 总之，我们的政策是在整个冬季和来年春季尽可能努力地同德国人战斗；与此相一致地在联合王国集结我们的部队；一旦在法国的德军和整个战争形势为我们提供一个良好的胜利前景时，就最终对欧洲大陆发起进攻。①

丘吉尔对这份备忘录表示非常满意。这份备忘录成为他在前往开罗途中所起草的英方会议文件的基础，充分体现了即将召开的开罗—德黑兰会议上英方的战略立场。② 英方表面上仍声称坚决执行"霸王"行动计划，但实质是要将"霸王"行动从属于地中海的作战行动，尽管并非要将它取消。另外，英国三军参谋长依据盟军所拥有的作战资源情况，建议将"霸王"行动的日期推迟6—8周，改在7月1日之前。③ 帝国总参谋长阿兰布鲁克的副手约翰·肯尼迪少将（John Kennedy）在日记中的说法较能代表英方的立场："我们现在正使在即将召开的会议上受到拥护的战略思想具体化。其要点是——继续在意大利发动进攻，增加对巴尔干游击队的大陆供应，通过诱使巴尔干国家摆脱德国人的统治来造成激变，劝告土耳其参战，接受推迟'霸王'行动。"④

---

① PREM 3/344/2, Chiefs of Staff's Aide Memoire on "Overlord and the Mediterranean", 11th November, 1943. "兰金"行动是指，设想在德军力量和士气遭受重大削弱、撤出所占领国家以及德国无条件投降、停止有组织抵抗的情况下，英美军队进攻欧洲大陆的作战计划。

② PREM 3/136/6, Minute by the Prime Minister：Future Operations in the European and Mediterrranean Theatre, 21st November, 1943.

③ John Ehrman, *Grand Strategy*, Vol. 5, p. 114.

④ [美]舍伍德：《罗斯福与霍普金斯——二次大战时期白宫实录》下册，第411页。

与此同时，美方也在紧锣密鼓地进行会前的准备。"他们料定丘吉尔可能会在即将召开的会议上对第二战场提出种种可供选择的办法，而且他那一套争辩和劝说也可能再使罗斯福改变主要目标。他们根据自己的经验认为，首相一面对'霸王'行动在原则上给予热烈而有力的赞同，一面又坚决拒绝把它作为一个既定的事实看待，而且倾向于相信德国的力量可以由于持久战而消耗殆尽"[1]。美国军史学家马特洛夫指出："过去一年的军事外交的经验和国际会议的技巧使他们确信，在与会前有必要进行充分的准备，并且在总统与参谋长联席会议之间应达成进一步的谅解。"对美方来说，"欧洲基本战略的最终摊牌——连同因此对指导对日战争的深远意义，即将到来。'霸王'作战行动代表着进行决战的希望——可能是最后的希望，对跨海行动，他们决心不再接受长期的允诺和长时间的拖延"[2]。

在去开罗的途中，罗斯福与军方人员于11月15日和19日分别举行了2次议题广泛的深入会谈，内容包括：紧急情况下进攻欧洲大陆的"兰金"作战计划、分区占领德国问题、美英军队对德作战的指挥问题、对德和对日作战行动计划、重新武装法国军队、土耳其参战、战后空军基地、未来同苏联的合作等问题。在"霸王"作战行动上，罗斯福给予了军方自美国参战以来最坚决的支持，并意味深长地提道："肯定有一场目标为柏林的竞赛，我们必须尽快让美国师进入柏林。"马歇尔则表示，坚决反对美国在巴尔干和东地中海地区作出承诺，如果英方坚持己见，"我们将调转身来，把我们所有的部队用在太平洋战场"[3]。

但也有观点认为："罗斯福在他自己的参谋长们提出的军事方面的意见和丘吉尔摆在他面前的那种截然相反的论调之间，无所适从。而试图在两者之间作出决定之前，他自然需要听听俄国人和中国人的意见，也许就是因为这个缘故，当然还有国内政治方面的原因，他一直到德黑兰会议之后才宣布由

---

① [美]舍伍德：《罗斯福与霍普金斯——二次大战时期白宫实录》下册，第411页。

② Maurice Matloff, *Strategic Planning for Coalition Warfare*, 1943-1944, pp. 334-335.

③ 两次会议的讨论过程见 Maurice Matloff, *Strategic Planning for Coalition Warfare*, 1943-1944, pp. 338-346.

谁来指挥'霸王'计划。"①

此外，在 10 月下旬莫斯科召开的苏、美、英三国外长会议上，对艾登提出的"霸王"行动因地中海行动很可能会延期，斯大林并未表示担忧，甚至苏方还通知美国(大概还有英国)驻莫斯科的军事代表，表示对地中海攻势的速度不满。② 美国驻莫斯科军事代表迪恩少将(John R. Deane)据此警告国内，比起 6 个月或更长时间后发起的"霸王"行动，苏方更期望地中海行动能直接吸引东线的德军，在即将召开的会议上，苏联人很可能要求在地中海采取进一步行动，包括在巴尔干地区，即使这些会耽搁"霸王"行动。③ 罗斯福和军方都对此感到担心，并做好了相应的心理准备。

概括起来，美方与会的立场是："霸王"行动按期执行，进行缅甸战役和继续太平洋上的作战。这一次，军方感到得到总统比以往更大的支持，内部也更加团结。难怪身为盟军最高司令总参谋长的英国的摩根中将(F. E. Morgan)从华盛顿回国后提出警告，即将召开的会议将是一场硬仗，与之相比，"四分仪"简直就是"儿戏"。④

### 二、第一阶段"六分仪"会议

11 月 22 日至 26 日，开罗会议第一阶段在中、美、英之间召开。首先讨论的是同中国有关的问题(与远东太平洋战场有关的内容见下一章)，英美双方在 11 月 24 日的第二次全体会议才开始讨论欧洲战略问题。

罗斯福首先建议应对欧洲战场的行动，包括地中海战场，作一个初步的研究，"最终的决定将取决于马上要召开的与苏联政府首脑斯大林会谈时的情况"。

---

① 〔美〕威廉·哈代·麦克尼尔：《美国、英国和俄国：它们的合作和冲突(1941—1946 年)》，第 434 页。

② 〔英〕安东尼·艾登：《艾登回忆录——清算》中册，瞿同祖、赵曾玖译，粟旺校，商务印书馆 1976 年版，第 719、722 页；〔美〕威廉·哈代·麦克尼尔：《美国、英国和俄国：它们的合作和冲突(1941—1946 年)》，第 437 页。

③ Richard M. Leighton, "Overlord Versus the Mediterranean at the Cairo-Tehran Conferences", in Kent R. Greenfield ed. , *Command Decisions* , p. 264.

④ Maurice Matloff, *Strategic Planning for Coalition Warfare* , 1943-1944 , p. 335. 在"霸王"行动和地中海行动是分别设立指挥官还是统一指挥及其人选的问题上，英美存在分歧，致使盟军最高司令长官人选在会前一直没有确定下来，于是先作出了对摩根的任命，指示他负责制订"霸王"作战计划。

他称，据所获得的报告显示，斯大林对"霸王"行动最为关注，但也认为在当前与"霸王"行动开始之间的这段时期，可在确保实施前者的情况下，考虑继续在地中海的作战行动。丘吉尔则指出，实施"霸王"行动的时机，"更多地取决于敌人的状态，而不是所确定的我们准备工作的完善程度……'霸王'作战行动仍然是当务之急，但是，这个战役不应当粗暴地否定地中海的任何其他行动；例如，在使用登陆艇方面，应赋予一些灵活性"。丘吉尔主张："1月份占领罗马，2月份占领罗得岛，向南斯拉夫人提供物资供应，解决指挥安排问题，根据同土耳其接洽的结果来打通爱琴海；在上述地中海政策的框架内，加速进行'霸王'作战行动的一切准备工作。"罗斯福并未对此发表直接的看法，最后他和丘吉尔一致建议由联合参谋长委员会去研究相关问题。①

在 26 日的联合参谋长委员会会议上，英国三军参谋长强调因形势变化需要修订原有的战略，表达了 11 月 11 日备忘录中的立场观点。对于英方的观点，美国三军参谋长几乎没有进行争论，暂时性地予以接受，但马歇尔声明："为迎合英国参谋长委员会的观点，美方已走得够远，但是推迟'海盗'作战计划是美方不能接受的。"最后双方同意，"海盗"行动留待丘吉尔和罗斯福去决定。②

英国军史学家埃尔曼指出："德黑兰会议前夕，情况似乎是：如果英国人接受了美国人在东南亚的战略，美国人则有可能接受英国人的欧洲战略(由于俄国人的压力)。"③英方的这种判断无疑是过于乐观，因为英方可能错误地以为斯大林会支持他们在意大利和巴尔干的行动，也没能完全了解这次与会时美方在"霸王"行动上的坚决性。美方之所以暂时接受英方的建议，是想在即将召开的德黑兰会议上明了苏方立场之后，再作出最终的决定。但是，双方也出现了近似剑拔弩张的激烈争论的情形。④ 麦克尼尔指出："英美战略家之

---

　　①　PREM 3/136/5，Minutes of Second Plenary Meeting，Held at Villa Kirk，24th November，1943；*FRUS*，*1943*：*The Conferences at Cairo and Tehran*，pp. 330-334.

　　②　PREM 3/136/5，Minutes of Meeting Held in Conference Room 1，26th November，1943；*FRUS*，*1943*：*The Conferences at Cairo and Tehran*，pp. 363-365. "海盗"行动是指占领孟加拉湾安达曼群岛的作战行动。

　　③　John Ehrman，*Grand Strategy*，Vol. 5，p. 167.

　　④　[美]福雷斯特·C·波格：《马歇尔传(1943—1945)》，第 375—380 页。

间的意见分歧从来没有这样大，讨论没有结果。……会议进展甚微，任何问题都没有达成切实的协议。"①

**三、"尤里卡"会议的军事成果**

11月28日至12月1日，英、美、苏三国首脑及军方代表在德黑兰召开会议，达成以下军事战略方面的结论：

(1)一致同意，应以最大程度提供供给和装备以及突击队行动的方式，支持南斯拉夫的游击队。

(2)一致同意，从军事的角度出发，在年底之前土耳其站在盟国一方参战是最为理想的。

(3)注意到斯大林元帅的以下声明，如果土耳其对德国作战，并且导致保加利亚对土耳其宣战或者对其发起进攻，那么苏联将立即与保加利亚作战。

(4)注意到"霸王"作战行动将在1944年5月期间发起，会同对法国南部发起的作战行动。后一作战行动将在可用登陆艇许可的情况下全力实施。会议进一步注意到斯大林元帅的声明，即苏联军队将同时发起一场攻势，旨在阻止德军从东线向西线的调动。

(5)一致同意，三国的军事参谋人员今后应在欧洲即将展开的作战行动问题上相互保持紧密的联系。特别是，一致同意在相关参谋人员之间应就针对这些作战行动而迷惑和误导敌人协调制订一份掩护计划。②

在德黑兰会议上，丘吉尔要求扩大地中海战场作战行动的提议遭到了罗斯福与斯大林的反对。在军事战略上，美苏之间似乎有更多的一致性。

**四、第二阶段"六分仪"会议**

在弄清斯大林的相关立场后，12月3日至7日，丘吉尔和罗斯福率各自

---

① ［美］威廉·哈代·麦克尼尔：《美国、英国和俄国：它们的合作和冲突（1941—1946年）》，第440、442页。

② PREM, 3/136/10, Military Conclusions of the Teheran Conference, 1st December, 1943；*FRUS, 1943：The Conferences at Cairo and Tehran*, p. 652.

代表团折回开罗继续第二阶段会议。会议主要讨论的是缅甸作战问题，最终在丘吉尔的坚持下，罗斯福决定取消他在第一阶段会议已经答应蒋介石的在缅甸发起的"海盗"作战行动，同时对德黑兰会议所达成的军事结论作了进一步的讨论。相比"四分仪"会议，"六分仪"会议报告主要有以下新的内容：

支撑总体战略构想的基本任务部分增添了：

> 继续切断轴心国的海上交通线；继续对法国和意大利军队给予支持，使他们能够在对轴心国作战方面发挥积极的作用；准备在德国形势一旦允许的情况下，将军队从欧洲战场调往太平洋和远东。

**总体战略构想的具体执行部分增添了：**

> 根据上述"尤里卡"会议所作出的决定，我们就以下欧洲战场的作战行动达成一致意见：
>
> (a)"霸王"和"铁砧"是1944年最重要的作战行动，必须在1944年5月期间加以实施，世界其他任何战场的作战行动都不能危害到这2个行动取得成功。
>
> (b)目前所制订的"霸王"作战计划是建立在一个勉强的基础之上的，应采取一切现实可行的措施加强该计划的力度。
>
> (c)建立在不少于两个师发起进攻基础上的"铁砧"作战行动的研究工作，应尽快得以推进。如果研究表明，需要加强行动的力度，那么将考虑提供额外的资源。
>
> (d)只要爱琴海的作战行动，特别是包括占领罗得岛，不对"霸王"和"铁砧"行动造成危害而相一致，实施它们是可取的。
>
> (e)通过加快建造和改装，尽一切努力为欧洲战场提供额外必要的登陆艇。
>
> 针对法国南部的作战行动：
>
> 我们研究了针对法国南部实施的作战行动。我们指示地中海战区盟军最高司令长官，在征求其参谋长同意的情况下，紧急提交一份作战行动的计划大纲。他也被告知，这一行动将与"霸王"作战行动大致同时进行，

将向他提供攻击行动所需的至少能装载 2 个师的突击船艇。他已接到命令，把届时不能从地中海他所处置的资源里得到满足的需求告诉我们。

意大利的作战行动：

我们一致认为，在意大利的向前挺进应继续至比萨—里米尼一线。我们已通知地中海战区盟军最高司令长官，他可以在 1944 年 1 月 15 日之前将原本返回联合王国的 68 艘坦克登陆艇留在地中海。这将仍然使这些登陆艇能够为"霸王"行动而及时返回联合王国。

地中海战场的指挥：

我们一致同意，统一地中海战区的指挥工作，已向艾森豪威尔将军下达了必要的指示。

对巴尔干各国的支持：

我们已向地中海战区盟军最高司令长官就他应向游击队提供的援助，下达了专门的指示。

土耳其：

对于如果土耳其同意参战可能要其承担的角色，以及我们的义务可能涉及的程度，我们已进行了研究。

与苏联的合作：

我们一致认为，应通过美国和英国驻莫斯科的军事代表团，就与苏联进行必要的工作协调作出安排。我们还一致认为，军事专家应前往莫斯科，同苏联人员协调制订计划。

紧急返回欧洲大陆：

在制订"兰金"计划时，盟军最高司令长官参谋长提出了以下一项建议，即在最高司令长官总的指挥之下，被占领的领土应划分为 2 个区域范围，英国的区域范围包括德国西北部、比利时、卢森堡、荷兰和丹麦，美国的区域范围总体包括德国南部和法国，以及最初处于地中海战场指挥之下的奥地利。盟军最高司令长官参谋长目前正在此基础上进行计划制订工作。

美国三军参谋长现在提议，这些区域范围应作如下调整：

(a)美国的区域范围——荷兰的大部分地区、东至柏林—什切青一线的德国北部地区、丹麦、挪威和瑞典。这一区域的界线如下：从荷兰的南部疆界起，至莱茵河畔的杜塞尔多夫，再向南沿莱茵河东岸至美因茨，接着向东至拜罗伊特，然后向北至莱比锡，再向东北至科特布斯，接着向北至柏林(不包括在内)，最后至什切青(包括在内)。

(b)英国的区域范围——总体上是美国区域范围西部界线以西和以南的领土部分。

我们一致认为，应指示盟军最高司令长官参谋长，对在新划分的占领区域范围的基础上修订其计划的意义进行研究和汇报。

另外，我们一致认为，应命令联合情报委员会不断评估与"兰金"行动相关联的欧洲形势，并在每个月的第一天向联合参谋长委员会就此进行汇报。[①]

至此，英美就"霸王"作战行动达成了一致，旷日持久的在欧洲开辟第二战场的问题最终有了确定的答案。

### 五、斯大林促成第二战场问题的解决

一定程度上，德黑兰会议期间斯大林的立场起到了关键的作用。在 11 月 28 日的三国首脑会谈中，斯大林直言："他们并不认为，意大利是一个适合从那进攻德国本土的地方……在苏方看来，最佳的方法是通过法国北部或西北部，甚至通过法国南部，直插德国的心脏"；"土耳其参战是有帮助的，但法国北部仍然是最佳选择"。斯大林甚至几次强调，土耳其不可能参战，给丘吉尔的巴尔干战略泼了冷水。斯大林主张："最好将'霸王'作战计划作为 1944 年行动的基础"；"在'霸王'行动前 2 个月对法国南部发起进攻，将有助于'霸王'行动的成功"；"俄国的经验表明，一个方向的进攻难以有效的……在法国，这样两个方向的进攻会十分成功"。另外，斯大林表示："一旦最终打败德国，苏联可能向西伯利亚派出足够的增援，我们将能够一同打败日本。"[②]

① PREM 3/136/9, Report to the President and Prime Minister of the Agreed Summary of Conclusions Reached by the Combined Chiefs of Staff at the "Sextant" Conference, 6th December, 1943.

② PREM 3/136/5, Minutes of First Plenary Meeting Held at the Soviet Embassy, Tehran, 28th November, 1943; *FRUS, 1943: The Conferences at Cairo and Tehran*, pp. 487-497.

在第二天举行的三国军事会议上，苏联代表克利门特·伏罗希洛夫元帅（Kliment Y. Voroshilov）强调指出："斯大林元帅和苏联总参谋部赋予'霸王'行动相当的重要性，认为地中海的其他行动只能被看作是辅助性的行动"；"昨天斯大林元帅提议在法国北部和南部同时展开行动，是建立在地中海行动从属于'霸王'行动的想法之上的"。[①]

尽管丘吉尔和阿兰布鲁克在不同场合竭力捍卫英方的战略观点，但斯大林不为所动。苏方坚持"霸王"行动的立场正中美方下怀，同时让丘吉尔和罗斯福都感到有点吃惊。从开罗启程前往德黑兰之前，英美双方都认为斯大林会赞成地中海行动，因为这离苏德战场最近，似乎也最能够给苏联以最大的援助，但结果让英方很失望，美方则喜出望外。莱顿是这样解释苏方的动机的："可能是因为，当时苏联军队正停滞在乌克兰，东南欧大会师不再有带来迅速胜利的希望。"[②]另一位美国军史学者克莱因指出："苏方这一强有力的立场，消除了任何更富雄心的东地中海作战行动存在的可能，为集中力量于'霸王'和'铁砧'行动扫清了道路。"[③]

由于斯大林的坚持，英方不得不接受了美方的欧洲战略。马特洛夫认为："斯大林的立场为英美欧洲战略盖上了拱顶，因而实际上敲定了西方国家的战略。"[④]

俄罗斯学者勒热舍夫斯基在其书中指出："关于实施'霸王战役'决议的通过，标志着几个月以来为'巴尔干式的第二战场'进行周旋的丘吉尔在外交上遭到重大失败。美国总统归根结底还是支持了苏联的观点。"[⑤]显然，这一看法是基于苏方的观点。在美国一方看来，是斯大林支持了美国的观点。这 2

---

① PREM 3/136/5，Minutes of Meeting of Military Experts Held at the Soviet Embassy，Tehran，29th November，*1943*；FRUS，1943：*The Conferences at Cairo and Tehran*，pp. 524-525.

② Richard M. Leighton，"Overlord versus the Mediterranean at the Cairo-Tehran Conferences"，in Kent R. Greenfield，*ed.*，*Command Decisions*，p. 272.

③ Ray S. Cline，*Washington Command Post：The Operations Division*，p. 229.

④ ［美］莫里斯·马特洛夫：《盟国的欧洲战略（1939 年至 1945 年）》，见［美］彼得·帕雷特主编，［美］戈登·A·克雷格、［美］费利克斯·吉尔伯特编：《现代战略的缔造者：从马基雅维利到核时代》，第 672 页。

⑤ ［俄］奥·阿·勒热舍夫斯基编：《斯大林和丘吉尔（1941—1945）》，第 458 页。

种理解都有其道理。更实际的情况应当是，美苏在欧洲战略上存在一致的立场，相互支持了对方。而英方对会议结果是非常失望的，丘吉尔在回忆录中提道：

> 我本来能够说服斯大林，但是罗斯福总统由于受到他的军事顾问的偏见的严重影响，在这场争论中摇摆不定，结果把这些次要的但颇有希望的机会，全部束之高阁了。……我认为，我们没有利用那些在其他方面无法使用的部队，把土耳其拉入战争，并控制爱琴海，是在军事方针上犯了一个错误。对于这个错误，不是用没有采取上述方案也同样获得了胜利所辩解得了的。①

对于丘吉尔"本来能够说服斯大林"的观点，英国历史学家伍德沃德表示怀疑。他指出："因为斯大林了解美国的军事立场，该立场与俄国要求一个在确切时间发起跨海进攻行动的有约束力的承诺是一致的。"②

如果斯大林支持英方的地中海战争方案，美方还会不会坚持"霸王"作战？结论是肯定的，但结局可能大不相同。因为在马歇尔等美国军方人士看来，"霸王"作战行动花费了他们大量的时间和精力，他们不可能让"霸王"行动轻易地遭到否决，在他们的坚持下，"霸王"行动一定会得以实施。然而，没有斯大林的支持，美方一定会屈从于来自英国和苏联两方的压力，从而导致地中海行动被置于"霸王"行动之上。结果，"霸王"行动也许只会以小规模的方式进行，不可能有后来在法国诺曼底那样的大规模登陆作战行动，或者是被进一步推迟。

在德黑兰会议之前，由于不确定斯大林的战略立场，这成为罗斯福和美国军方一直担心的一个问题。在开罗会议第一阶段，美方没有与英方在欧洲战略上过多纠缠，就是企图在明了斯大林立场后，再作出决断。美国陆军作战局局长托马斯·汉迪指出："在我们离开开罗前往德黑兰之时，普遍认为我

---

① ［英］温斯顿·丘吉尔：《第二次世界大战回忆录·第5卷·紧缩包围圈》，第2257页。

② Llewellyn Woodward, *British Foreign Policy in the Second World War*, Vol. 2, p. 601.

们不得不被俄国人的喜好所左右，尤其是在地中海作战行动上。"①如果斯大林支持丘吉尔的观点，即使马歇尔等军方人士顽固坚持"霸王"行动居于地中海行动之上，出于政治上的考虑以及罗斯福以往一贯的行事风格，他非常可能会接受英苏两国的战略立场。马特洛夫指出："几乎和丘吉尔一样，地中海也令罗斯福着迷，美国参谋人员战时花费了大量的努力去赢得他对按期实施跨海作战行动战略的支持。"②

斯大林在德黑兰会议上的立场最终帮助英美结束了长期以来关于欧洲第二战场的战略争论，在汉迪看来，苏方与美方立场的一致，"使这个问题成为定论，为我们赢得了决定性的胜利"③。

---

① Maurice Matloff, *Strategic Planning for Coalition Warfare*, 1943-1944, note 44 of pp. 365-366.

② Maurice Matloff, "Franklin Delano Roosevelt as War Leader", in Harry L. Coles, ed., *Total War and Cold War: Problems in Civilian Control of the Military*, p. 51.

③ Maurice Matloff, *Strategic Planning for Coalition Warfare*, 1943-1944, note 44 of pp. 365-366.

# 第　十　一　章

# 太平洋远东战略

英美两国在太平洋远东战场上的争论贯穿了战时英美联合战略的始终，其激烈程度并不逊于两国在欧洲第二战场问题上的交锋，本书对此已有不少论述。由于美国是因太平洋战争而直接卷入第二次世界大战，导致美国社会存在强烈的要求对日复仇的情绪。在美国军方内部，海军更是一直主张"太平洋第一"的观点。然而，罗斯福总统和以马歇尔为代表的大多数军方决策人士，出于地缘政治的大局和长远的战略考虑，最终还是选择了"大西洋第一"或"先欧后亚"的战略原则。

但这并不代表英美不重视太平洋远东战场，尤其对于美国而言，甚至在1944年6月诺曼底登陆行动之前，美军在太平洋战场的投入与欧洲、北非和中东战场相比，还略占优势。于是，有学者认为，美国在战争期间事实上实行的是"两洋平行"战略，或者说是并非严格意义上的"先欧后亚"战略。[①] 关于这一点，自然是一个值得讨论的问题。然而实际情况是，在英美双方的多次军事战略会谈中，时不时会出现美方提出要将重心转向太平洋远东战场，以此作为对英方施压、迫使其作出让步的一种筹码。

---

① 如熊伟民：《"先欧后亚"，还是两洋平行？——试论美国"先欧后亚"战略原则》，《湖湘论坛》1993年第3期，第89—93页。

# 第一节 中途岛海战前的英美战略合作

太平洋战争爆发前，英国在东南亚，中国在远东大陆，荷兰在印尼群岛，澳大利亚和新西兰在西南太平洋和南太平洋，美国在西太平洋及国际日期变更线至美国西海岸，各自发挥主要作用。战争爆发后，在太平洋远东战场，除中国牵制大部分日本陆军外，能起作用的主要是英国和美国。

## 一、英美作战责任区的划分

在"阿卡迪亚"会议上，英美两国以"W. W. 1"（"ABC—4/C. S. 1"）文件的形式确定了双方今后的战略走向，重申了"先欧后亚"的大战略。关于远东部分是如下规定的：

> 首先，澳大利亚、新西兰和印度的安全必须得到保障，中国的战争努力应得到支持。其次，必须获得最终能够对日本发起攻势的有利条件。因此，我们眼下的目标必须是守住：
>
> (a)夏威夷和阿拉斯加；
>
> (b)新加坡、东印度群岛屏障和菲律宾群岛；
>
> (c)仰光和通往中国的路线；
>
> (d)西伯利亚的沿海省份。
>
> 必须将守住上述地区所需的最少兵力作为共同讨论的一个事项。[1]

为此，1942年1月10日在印尼爪哇匆匆建立起美、英、荷、澳联合司令部（"ABDA"），英国的韦维尔将军任总司令。然而，在日军凌厉的攻势下，马来亚、新加坡、缅甸和菲律宾相继失守，"ABDA"战区遭到分割，美、英、荷、澳联合司令部根本来不及发挥真正的作用，就于3月1日解散。

---

① PREM 3/458/4, Report of the Washington War Conference（military subjects），20th January，1941，Annex I: American and British Strategy: Memo by the United States and British Chiefs of Staff; Hans-Adolf Jacobsen and Arthur L. Smith, Jr., *World War Ⅱ: Policy and Strategy*, *Selected Documents with Commentary*, pp. 193-195.

面对远东支离破碎的战局，明确划分英美两国在太平洋战场的责任成为当务之急。由于英国在欧洲、北非和中东穷于应付，美国在太平洋战场起主导作用将成为必然。2 月 18 日，即新加坡陷落后的第三天，罗斯福致电丘吉尔：

> 据我看来，由于我们的地理位置，美国相对于你们来说能够更好地向右翼提供增援，我认为美国理应承担起立即增援的主要责任，并把澳大利亚作为一个主要的基地来维护和使用……英国最好准备增援缅甸和印度，我认为你们应当承担起这些地区的责任。我们将尽自己可能的方式来援助你们，就如你们在右翼援助我们那样……由于"ABDA"战区的大部分可能失守，频繁的作战行动很快将出现在西面的缅甸地区和东面的 ANZAC，这将导致重新考虑"ABDA"的指挥系统和进行人事变动。①

3 月 7 日，罗斯福在白宫会议上建议将世界划为 3 个战区：太平洋战区、中东和远东战区、欧洲大西洋战区，前两者由美英分别负责，后者由两国共同负责。时任陆军部作战局长的艾森豪威尔对罗斯福的这个想法给出了具体的方案：(1)太平洋战区，包括美洲大陆、中国、澳大利亚、新西兰和日本，但不包括苏门答腊和马来半岛，由美国负责；(2)印度洋和中东战区，包括印度洋和所有与新加坡以西毗连的大陆、中东和近东地区，由英国负责；(3)欧洲和大西洋战区，英美共同负责。艾森豪威尔还建议，在联合参谋长委员会内部，有关大战略和物资分配等问题上，英美在各自负责的战区拥有管辖权。②

3 月 10 日罗斯福致电丘吉尔，比 2 月 18 日更加详细地表达了上述想法。他主张：

在太平洋地区的全部作战的责任由美国承担。美国人将出任该战区最高

---

①　Warren F. Kimball, ed. , *Churchill and Roosevelt：The Complete Correspondence*, Vol. 1, p. 363. 右翼指澳大利亚和新西兰，ANZAC 是指澳大利亚和新西兰东部和东北部的海域。

②　Maurice Matloff and Edwin M. Snell, *Strategic Planning for Coalition Warfare*, *1941-1942*, p. 166.

司令长官，在华盛顿成立由澳大利亚、新西兰、荷属东印度、加拿大和中国代表参加的顾问委员会，在伦敦的太平洋作战委员会应迁至华盛顿，负责相关政治事务，或者至少该委员会职责中有关军事行动的部分应在华盛顿进行工作；澳大利亚、新西兰和中国本土当地的作战指挥由各自负责，包括荷属东印度从日本人手中夺回后亦是如此；"英国在这一区域之内，除了尽可能地从物质方面补充我们的力量之外，就解除了其他的任务"。从新加坡起一直延伸到包括印度和印度洋、波斯湾、红海、利比亚在内的地区，以及地中海地区都将直接由英国负责，但美国应有权使用印度至中国的空中航线；澳大利亚和新西兰向印度、近东提供军队，因此"诸事宜尽可能与这两国政府会同商定"；美国也将继续提供物资援助，但无疑将暂时搁置"体育家"作战计划。大西洋和欧洲地区，则由美英两国共同负责，包括在欧洲大陆开辟一条新的战线，虽然"自然这是指空袭与突击而言"。以上3个战区具体作战行动的战略，依然由联合参谋长委员会协商决定并由双方首脑批准。①

**二、英方对美方主导太平洋战场的反应**

丘吉尔与三军参谋长研究后，3月17日答复罗斯福：

> 从原则上，我们明白美国控制太平洋地区、英国控制印度洋地区的明显优点，实际上也别无他途。然而，我必须向您指明一些基本的问题。
>
> 没有什么可以阻止美英两国海军在从阿拉斯加直至开普敦的地区在共同战略的基础上展开行动……因此，似乎对我们而言，必须从一个单一的立场出发指挥我们的海军，将他们的问题整体看待。这只能由联合参谋长委员会这样的机构来实现，而该委员会将直接根据你和我不断沟通并达成一致的意见去采取行动。所有其他在太平洋和印度洋范围内单独司令部的安排，必须有效地服从这一最高司令部。

---

① PREM 3/470，To Former Naval Person from President，10th March，1942；Warren F. Kimball，ed.，*Churchill and Roosevelt：The Complete Correspondence*，Vol. 1，pp. 398-399；[英]温斯顿·丘吉尔：《第二次世界大战回忆录·第4卷·命运的关键》，第1568—1570页。

丘吉尔表示，在以上原则基础上，他同意罗斯福所提出的安排。另外，他建议澳大利亚、新西兰、荷兰和中国的军事代表有必要驻华盛顿协助美国三军参谋长，同时充当华盛顿太平洋委员会的技术顾问。由于战略问题与政治问题相互交织，丘吉尔主张在伦敦和华盛顿分别设立太平洋委员会，互设代表以便沟通，并对这种安排进行了解释。最后，丘吉尔指出：

> 我们已在太平洋和印度洋两大区域界线的划分问题上达成了一致意见，但自然这一界线是具有弹性的，取决于敌人的动向或是我们可能向我们部队下达的任务。我们不必在任何事情上固执僵化，以致妨碍计划的制订或是部队的调动……总的来说，我认为您的建议，就如我冒昧阐释的，将达到如下双重目的，即：(a)执行和作战行动的完整，(b)为那些利害相关的国家提供一个合理磋商的机会。①

从丘吉尔的电报看，他一方面希望美国人承担起太平洋战场的重任，另一方面又不希望在太平洋战场战略决策问题上失去发言权。对丘吉尔的修正意见，美国参谋长联席会议认为是不妥的，因为这会"使他们的工作受到妨碍，变得复杂……军事上的紧迫性超过了政治上的决定"②。

这种军事上的紧迫性，不但表现在日军咄咄逼人的攻势，还表现在美国陆军和海军部门之间在太平洋地区存在的不信任和种种分歧。曾任陆军参谋长的麦克阿瑟在级别上和资历上远高于海军太平洋舰队司令尼米兹，但海军一直认为太平洋地区是其传统的作战势力范围，不愿意将海军置于陆军的指挥之下。经过马歇尔和金的协商后，3月31日罗斯福同意太平洋地区成立2个事实上独立的战区——西南太平洋战区(SWPA)和太平洋战区(POA)，由麦克阿瑟和尼米兹分别任司令，太平洋战区又分为北中南3个次级战区，尼米兹直接负责前2个，南太平洋战区由隶属于他的1名海军军官负责。

具体的辖区划分是：西南太平洋战区包括澳大利亚、菲律宾、新几内亚、

---

① Warren F. Kimball, ed., *Churchill and Roosevelt: The Complete Correspondence*, Vol. 1, pp. 411-414.

② Louis B. Morton, *Strategy and Command: The First Two Years*, pp. 243-244.

所罗门群岛、俾斯麦群岛和除苏门答腊外的所有荷属东印度；除中南美洲的一些近海外，其余太平洋地区归太平洋战区；北太平洋和中太平洋战区以北纬 42°线作为分界，南太平洋战区则包括从赤道往南，西南太平洋和西经 110°线之间的地区。

1942 年 5 月美日海军展开珊瑚海战役，美军成功阻止了日军攻占新几内亚莫尔兹比港的战略企图。6 月，在中途岛战役中，日本海军损失 4 艘航空母舰、1 艘重型巡洋舰和大约 330 架飞机，并且失去了许多经验老到的飞行员。英国学者克里斯托弗·索恩称："日本海军再也没有取得太平洋的主动权，但即使如此，日本人依然是一个难以对付的敌手。"[1]利德尔·哈特评价："可以很合理地说，中途岛会战实为一个重大的转机，并终于决定了日本最后败亡的命运。"但他也指出："虽然中途岛一战的结果严重地妨碍了日本人在西南太平洋的前进，但却还是不曾完全阻止它。"[2]

## 第二节　双方的战略争论

### 一、美方借转向太平洋施压英方

如前文所述，丘吉尔 6 月的第二次华盛顿之行，使 1942 年实行"痛击"作战行动不再可能。依马歇尔看来，1943 年的"围歼"作战计划也危在旦夕。这使马歇尔等美国军方人士大为光火，提出要将军事力量转移至太平洋战场，但这遭到了罗斯福总统的明确反对。尽管如此，马歇尔等人对 7 月与英方达成的"C. C. S. 94"文件仍有着自己的解释。在美方看来，既然双方同意了"C. C. S. 94"，那么就表明英方同意修改"W. W. 1"关于"德国第一"的战略选择，这意味着战略重点应该转向太平洋。因为"C. C. S. 94"明确提道：

可以这样理解，对该行动作出承诺将导致在 1943 年不可能成功实施"围歼"行动，因此除了空中行动和封锁之外，对于欧洲大陆战场，我们

---

①　Christopher Thorne，*Allies of a Kind*：*The United States*，*Britain and the War against Japan*，*1941-1945*，p. 155.

②　［英］利德尔·哈特：《第二次世界大战战史》第 1 卷，第 493 页。

肯定接受采取一条防御性的包围行动路线。①

事实上，马歇尔一方面希望借此要挟英方继续"围歼"作战行动，并非真正想扭转"先欧后亚"的大战略，但另一方面也确实想加强太平洋战场的进攻态势。因为太平洋战场不但是美国海军念念不忘的地方，也是国内舆论一直关注的焦点。4月，战时新闻处(Office of War Information)向罗斯福汇报："当下公众舆论是，我们的力量应该首先集中于打败日本。"②麦克阿瑟和尼米兹也都希望能乘中途岛的胜利之势扩大战果，以使太平洋的作战行动迅速转守为攻，他们的要求得到了马歇尔和金的支持。

7月2日，参谋长联席会议下达太平洋作战命令：第1阶段任务，由尼米兹指挥对圣克鲁斯岛(Santa Cruz)、图拉吉岛(Tulagi)和附近阵地发起进攻；第2阶段任务，占领所罗门群岛的所剩岛屿以及莱城(Lae)、萨拉马瓦(Salamaua)和新几内亚东北部；第3阶段任务，向腊包尔及其附近地点发起进攻。第2和第3阶段任务均由麦克阿瑟指挥。③ 英国方面也打算利用中途岛战役胜利所带来的形势变化。7月12日，丘吉尔提出收复缅甸的"安纳吉姆"作战计划，但由于"火炬"行动等诸多因素只得推迟。④

由于所获情报表明日军正在瓜达尔卡纳尔岛修建机场，美军遂于8月7日向瓜岛发起进攻，日军则不断投入援军顽强抵抗和反扑，双方进入激烈的拉锯战，致使瓜岛争夺战持续了6个月之久，才于1943年2月7日以日军撤离而结束。同时，麦克阿瑟也于1943年1月21日在巴布亚消灭了日军的据点。这样，美军阻止了日军的南下之势，日军至此没能再前进一步。到1942年12月31日，美国陆军在太平洋总数是34.6万人，相当于部署在英国和北非部队数量的总和(34.7万)，超过了"波利乐"计划人数15万人；美国17个

---

① PREM 3/439/20A, Memorandum by the Combined Chiefs of Staff: Operations in 1942/43, 24th July, 1942; CAB 65/31, W. M. 95(42)3, 24th July, 1942, Appendix: A.

② Christopher Thorne, *Allies of a Kind: The United States, Britain and the War against Japan, 1941-1945*, p. 156.

③ Louis B. Morton, *Strategy and Command: The First Two Years*, Appendix E, pp. 619-620.

④ Michael Howard, *Grand Strategy*, Vol. 4, pp. 85-87.

海外师和 66 个海外空军飞行大队中，有一多半的海外师和大约 1/3 的海外空军大队在太平洋作战。①

## 二、卡萨布兰卡会议的分歧与共识

在英美两国逐渐稳定太平洋战场的局势，并开始筹划组织反攻之时，1943 年 1 月 14 日至 24 日卡萨布兰卡会议召开，太平洋战略作为会议上一个主要的议题得到了讨论。

美方认为，日军目前在太平洋处于防御态势，应当继续对日本施压，保持盟军在太平洋战场刚刚获得的主动权。美国仍然担心日军可能针对太平洋交通线和美国西海岸发起突然袭击，建议将盟国 30% 的资源用在太平洋战场，具体目标是针对以下地区发起有限规模的攻势：所罗门群岛—新几内亚东部—腊包尔；占领阿留申群岛的基斯卡岛和阿加图岛（Agattu）；在占领腊包尔后，继续向吉尔伯特群岛、马绍尔群岛、加罗林群岛（包括特鲁克岛）发起进攻；将新几内亚的占领延伸到荷属新几内亚边境。在东南亚，应当发起占领缅甸的"安纳吉姆"作战行动，继续援助中国的抗战。马歇尔指出这些作战行动无碍于"先欧后亚"的大战略，美国在太平洋已有相当数量的部队，不能无所事事，如果英方反对"安纳吉姆"作战行动，那么"随时都会在太平洋出现一种情况，这种情况将使美国迫不得已从欧洲战场上撤出"。②

针对美方的意见，英方强调，尽早结束战争的方式是集中力量先打败德国，然后再收拾日本，一旦对德国的战事结束，英国会将全部的资源用在太平洋地区，甚至可以以条约的形式确定此承诺。美方的太平洋作战计划，应限制在所罗门群岛—新几内亚—腊包尔的作战行动；在缅甸，英军则收复阿恰布，在钦敦江（Chindwin）河谷建立桥头堡，"安纳吉姆"作战行动和美军其余的行动计划应到 1943 年夏天视情况而定。③

双方交换意见后，于 1 月 19 日就 1943 年的战略达成原则上的一致，其成果即为联合参谋长委员会的备忘录——《1943 年的战争方式》（"C. C. S. 155/

---

① Maurice Matloff and Edwin M. Snell, *Strategic Planning for Coalition Warfare*, *1941-1942*, pp. 359-360.

② Maurice Matloff, *Strategic Planning for Coalition Warfare*, *1943-1944*, pp. 31-36；Louis B. Morton, *Strategy and Command：The First Two Years*, pp. 380-385.

③ Michael Howard, *Grand Strategy*, Vol. 4, pp. 244-250.

1")。其中关于太平洋远东战略的描述是：

......

5. 为了确保这些作战行动和准备工作不受需要分兵去挽救其他战场不利形势的妨碍，应向太平洋和远东战场分派足够的兵力。

6. 太平洋和远东的作战行动

(a)依据所分派的兵力，这些战场的作战行动将继续下去，以维持对日本的压力，保持主动权，达到一打败德国联合国家就对日本发起全面进攻的准备态势。

(b)在联合参谋长委员会看来，这些作战行动必须维持在不会损害联合国家利用任何有利时机在1943年可能决定性打败德国的能力的限度内。

(c)根据上述保留，所制订的计划和准备工作应是：

(i)1943年开始收复缅甸（"安纳吉姆"作战计划）；

(ii)占领腊包尔之后，在不妨碍"安纳吉姆"作战行动的情况下，如果时间和资源允许，对马绍尔群岛和加罗林群岛实施作战行动。①

23日，联合参谋长委员会以"C.C.S.155/1"为基础提交了此次会议的报告——《象征》（"C.C.S.170/2"），得到了丘吉尔和罗斯福的批准。该报告对"C.C.S.155/1"中的太平洋远东作战原则作了如下具体的规定：

......

5. 太平洋和远东战场

(a)太平洋战场的作战行动

以下是根据我们之前报告（"C.C.S.155/1"）的规定打算在太平洋地区实施的作战行动的要点：

(i)尽可能确保阿留申群岛安全的作战行动。

---

① PREM 3/420/5, Memorandum by the Combined Chiefs of Staff: Conduct of the War in 1943, 19th January, 1943.

（ii）在现实可行的情况下，特别是结合目前正在进行的占领腊包尔的行动，由中途岛向特鲁克—关岛进一步挺进。

（iii）沿萨摩亚/贾卢伊特（Jaluit）一线挺进。

（iv）以有限的规模在马来屏障（如帝汶岛）挺进，以反击敌人的力量并分散其兵力。

（v）不打算从腊包尔向特鲁克—关岛一线挺进，除非并直到已有的兵力能够实施该行动并且跟进。

（b）对华援助

（i）即刻的作战行动

在目前正在进行当中的旨在占领阿恰布的行动之后，将从阿萨姆邦实施规模有限的推进，以获得进一步行动的桥头堡；通过使飞机能够在较低海拔飞行，改善空中援华的路线；如果能够得到中国人的配合，应获得额外的机场建设用地，延伸空中预警系统的范围。

（ii）在华的作战行动

为了支持中国人的抗战，为了提供加强对日本人船只运输攻击的手段，以及为了当时机出现时对日本本土发起进攻，打算通过提供额外的运输机加强对华的空中运输，增强目前在华作战的美国空军的力量至后勤限制和其他重要的要求许可的最大程度。我们希望，在空军力量增强的情况下，在春季可以开始实施更为持续的作战行动，并且我们认为这种发展在整体的计划中是非常重要的。

（iii）收复缅甸

我们已经同意，实施"安纳吉姆"进攻行动的暂定日期是 1943 年 11 月 15 日。有必要在 1943 年的 7 月决定是否发起或是推迟该作战行动。

我们已制订了一份关于该作战行动所需兵力的临时明细表，并研究了提供这些兵力的可能性。地面和空军部队能够得到提供，但海军力量方面，攻击舰艇、登陆艇和运输船舶目前难以事先保证，必须取决于 1943 年夏末时的形势。①

---

①　PREM 3/420/5，Symbol：Final Report to the President and Prime Minister，23rd January，1943.

在太平洋问题上，美方使英方承认了有必要在中太平洋战区进行有限的攻势，英方也有条件地承诺发起"安纳吉姆"作战行动。虽然在魏德迈等美国军方人士的眼中，卡萨布兰卡会议是一次完全失败的会议，但不可否认，在太平洋问题上，美方还是取得了一定的胜利。在北非胜局已定的情况下，美方试图以太平洋作战行动作为限制英方地中海行动的筹码，使其早日承诺跨英吉利海峡作战开辟欧洲第二战场，英方则以对日作战必须从属于对德作战的战略原则作为反制，试图限制美方扩大太平洋作战的规模和范围。在"先欧后亚"大战略之下，由于对德作战的欧洲战略的具体方案没有最终确定下来，这就决定了对日作战的太平洋战略方案必然会处在变化不定的状态之中。

为贯彻卡萨布兰卡会议达成的战略共识，1943年3月12日至28日美国军方在华盛顿召开了"太平洋军事会议"，就太平洋战场的下一步作战行动作出具体的安排。3月29日，依据会谈达成的成果，参谋长联席会议向太平洋战场美军各指挥官下达了新的作战命令，取代了1942年7月2日的作战命令。该命令确定新的任务是：在巴布亚的基里维纳岛(Kiriwina)和伍德拉克岛(Woodlark)修建机场；占领莱城、萨拉马瓦、芬什哈芬港(Finschhafen)、马当(Madang)和新英格兰西部；占领所罗门群岛西部，包括布干维尔(Bougainville)南部；最终占领俾斯麦群岛。攻占腊包尔的作战行动由麦克阿瑟指挥，南太平洋战区司令哈尔西攻占所罗门群岛的行动也置于麦克阿瑟指挥之下，但麦克阿瑟要向参谋长联席会议提交他的总的作战计划大纲，除参谋长联席会议特别指定的作战部队外，所有海军力量将归尼米兹将军指挥。[1]

## 第三节　美国战略开始占据主动

为说服美方接受英国关于地中海作战的战略主张，5月11日丘吉尔率军事代表团第三次造访华盛顿("三叉戟"会议)，在印度的韦维尔将军也应邀前来说服美方放弃"安纳吉姆"行动。丘吉尔在回忆录中明确提道：会前他就认为，"安纳吉姆"的全部作战计划不能在1943年和1944年之间的冬季发动，

---

[1] Louis B. Morton, *Strategy and Command*: *The First Two Years*, Appendix K, p. 641.

"似乎已经很明显，不用争论了"①。取而代之的是，丘吉尔提出进攻日军力量较为薄弱的苏门答腊和马来亚的作战方案，对中国的援助主要以空中支援的方式进行即可，无须打通滇缅公路。舍伍德指出："在他看来，缅甸只是英帝国的一个前哨，而不是一个具有战略重要性的地区。……他也不喜欢看到美国人，特别是中国人，分享解放缅甸的荣誉。……按丘吉尔的观点，东南亚最重要的目标在于重建英国在新加坡及中国香港的权力。"②

**一、"三叉戟"会议——美方战略占据主动的转折点**

但是，这一次美方吸取了卡萨布兰卡会议上准备不够充分的教训，针对英方的建议已事先制订了详尽的应对方案。在"三叉戟"会议上，因日军的反应难以预知，美方提出未加时间限制的对日战争的 6 个阶段：

1. 中国人力图改善中国战场的形势，美国人则打通进入西里伯斯海(Celebes Sea)的交通线，英国人在中国和美国的支持下尝试收复缅甸。

2. 美国将担负主要角色，收复菲律宾；英国在马六甲海峡展开作战行动；中国则准备进攻香港。

3. 在中国军队进攻香港期间，将得到进入中国海北部的美军的援助，在马六甲海峡作战的英军也能分散日军的兵力。

4. 英、美、中三国准备以中国为基地对日展开压倒性的空袭。

5. 空袭行动进入高峰阶段。

6. 在其他两国的协助下，以美军为主力进攻日本本土。

接着，美国海军作战部长欧内斯特·金就 1943—1944 年对日作战行动提出具体方案：

1. 在中国境内或以中国为基地展开空中作战行动。

2. 在缅甸采取行动，以增加对中国的物资供应。

3. 将日本人驱逐出阿留申群岛。

4. 占领马绍尔群岛和加罗林群岛。

---

①　[英]温斯顿·丘吉尔：《第二次世界大战回忆录·第 4 卷·命运的关键》，第 1936 页。作为"安纳吉姆"行动的预备行动，英国进攻阿恰布的作战行动失利，加上登陆艇、掩护舰只的短缺，东南亚恶劣的作战环境和雨季的到来，使英方不愿意发起"安纳吉姆"行动。此外，丘吉尔轻视中国抗战的作用也是其中原因之一。

②　[美]舍伍德：《罗斯福与霍普金斯——二次大战时期白宫实录》下册，第 417 页。

5. 占领所罗门群岛、俾斯麦群岛以及尚在日军控制下的新几内亚地区。

6. 针对日军交通线实施作战行动。

金指出，所有的作战行动旨在切断日军的交通线和早日收复菲律宾，而决定性地打败日本舰队和占领马里亚纳群岛是取胜的关键。①

另外，美方坚决主张不能因地中海行动耽误太平洋战场的作战行动，声明太平洋可能出现一种形势，迫使美国更加努力维护它在太平洋上的利益，即使以牺牲欧洲战场为代价。参谋长联席会议达成如下一致意见：如果早日发起对日大规模攻势能够更快地结束整个战争，那么"德国第一"的大战略应当调整。② 面对美方如此坚定的立场，英方同意了美方的上述太平洋作战计划，但在"安纳吉姆"行动上，英方同样寸步不让，双方争论的焦点便集中在"安纳吉姆"作战行动上了。

美方指出，必须使中国能够继续战斗下去，"大量增加空中运输吨位却缺乏有效的地面作战，这将激起日军的强烈反应，在缅甸缺乏进攻性的行动，对中国是致命的"，西南太平洋如新几内亚和瓜达尔卡纳尔的自然环境与东南亚差不多，如果不实施"安纳吉姆"行动，对南太平洋、西南太平洋和中国战场都是不幸的。③ 中国外交部长宋子文则向联合参谋长委员会陈述了中方的意见，重申进行缅甸作战行动的必要性，并要求立即进行大规模的空中援助，他向李海提出："除非立即攻取仰光，否则蒋介石将不参加缅甸战役。"④

而英方认为，尽管在卡萨布兰卡会议上双方一致同意，在条件具备时应在 1943 年 11 月 15 日发起"安纳吉姆"作战行动，但收复缅甸涉及大规模的联合作战及一系列的后续行动，并且只能在雨季到来前较为有限的时期内实施，而日军将从关岛进行增援，因此将导致盟军在缅甸和马来半岛陷入漫长的战

---

① Maurice Matloff，*Strategic Planning for Coalition Warfare*，1943-1944，pp. 137-138.

② Louis B. Morton，*Strategy and Command*：*The First Two Years*，p. 457；Christopher Thorne，*Allies of a Kind*：*The United States*，*Britain and the War against Japan*，1941-1945，p. 289.

③ S. Woodburn Kirby，*The War against Japan*，Vol. 2：*India's Most Dangerous Hour*，London：Her Majesty's Stationery Office，1958，p. 381.

④ ［美］威廉·李海：《我在现场》，第 169 页。

斗之中，同时却未能继续对德国施加压力。英方强调，由于条件不具备，在
当年发起"安纳吉姆"作战行动是不可能的，"在最终打败日本的长远计划决定
之前，从军事角度看，不能假定收复缅甸，无论具有多么值得的政治影响，
尤其对中国和印度，是必须的。'安纳吉姆'作战行动即使在 1943—1944 年取
得成功，在 1945 年年中之前，也难以重新打通滇缅公路"①。

最后，英美双方达成一个妥协的方案：

**打败日本的作战行动**

(a)中缅战场的作战行动

联合参谋长委员会一致同意：

(1)作为阿萨姆—缅甸战场的第一优先事项，集中现有资源，在秋季
之初加强和提高空中援华航线的运力至每月 1 万吨，发展阿萨姆的航空
设施，旨在：

(i)强化对缅甸日军的空中作战行动；

(ii)维持美国在华空军力量的不断增长；

(iii)维持对华空中物资援助。

(2)在 1943 年年底，从阿萨姆经利多(Ledo)和英帕尔(Imphal)向缅
甸发起积极猛烈的地面和空中作战行动，与从云南出发的中国军队同步，
以牵制尽可能多的日军，掩护通往中国的空中航线，且以此作为打通滇
缅公路的一个必要的步骤。

(3)通过两栖作战行动占领阿恰布和兰里，并在可能的情况下扩大
战果。

(4)切断日军通往缅甸的海上交通线。

(5)继续在印度为最终发起类似"安纳吉姆"计划规模的海外行动进行
后勤准备。

(b)太平洋战场的作战行动

联合参谋长委员会已研究了各种行动路线，他们同意进行的作战行

---

① PREM 3/443/1，Adie Memoire for Use in Opening Conversations with the United
States Chiefs of Staff，8th May，1943.

动的目标如下：

(1)在中国及以中国为基地实施空中作战行动。

(2)将日军驱逐出阿留申群岛。

(3)占领马绍尔群岛和加罗林群岛。

(4)占领所罗门群岛、俾斯麦群岛和日军占领的新几内亚地区。

(5)加强针对敌人交通线的作战行动。①

　　尽管没有使英方作出发动"安纳吉姆"行动的确切承诺，但会议最终的报告大多体现了美方在太平洋远东战场的战略观点，如同在欧洲战略上一样，表明"三叉戟"会议对美方来说是一次胜利。李海提道："双方最后达成的协议，比原计划对美国更有利。当然，这还要看我们的盟友在执行这些协议的具体行动。"②英国海战史学者约翰·科斯特洛指出："华盛顿的'三叉戟会议'迫使首相和英国三军参谋长会议第一次认识到美国从今往后将在太平洋战略上发号施令，而且现在也处于左右大西洋战略的地位。在这个联盟中英国已沦为一个小伙伴。"③的确，无论是在欧洲战略上，还是在太平洋战略上，"三叉戟"会议是英美战略发展过程中的一个分水岭，此后，美国的战略构想逐渐占据上风。

　　"三叉戟"会议之后，英美联合计划人员试图就对日战争制订一个长远而全面的作战计划，但是由于一方面欧洲战略的具体实施方案仍然未最终敲定，另一方面双方在缅甸作战行动上分歧仍然较大，致使对日战争全面计划的制订工作一时无法完成。美方计划人员分析，英美在太平洋战略上分歧的实质是"对支持中国继续作战存在不同的评价"④。也就是说，在对日战争中中国的地位与作用问题上，美英存在不同的认识。美方认为中国战场是对日发起最终反攻的重要基地和战场，而英方则认为中国在对日战争中的价值没有美

①　PREM 3/443/4，Trident：Report to the President and Prime Minister of the United State by the Combined Chiefs of Staff，25th May，1943.

②　[美]威廉·李海：《我在现场》，第171页。

③　[英]约翰·科斯特洛：《太平洋战争(1941—1945)》下册，王伟、夏海涛等译，东方出版社1985年版，第62页。

④　Maurice Matloff，*Strategic Planning for Coalition Warfare*，1943-1944，p.205.

方估计的那样大。①

**二、"四分仪"会议——美方主动地位的进一步巩固**

在 8 月 14 日至 24 日于加拿大魁北克举行的"四分仪"会议上，英方把重点放在说服美方接受地中海战略上，不打算讨论太平洋战略，但是美方强调欧洲战场与太平洋战场之间是紧密相连的，英方不得不就此议题展开讨论。结果，英方同意了马歇尔提出的在对德战争结束后 12 个月内打败日本的主张，"显然由于目前的太平洋军事行动不能大量地动用指定用在欧洲建设上的军队，所以英国接受了他的计划纲要"②。另外，英方赞同美方在中太平洋战区和西南太平洋战区两路并进的作战思路，由于在太平洋完全依靠美国的军事力量，实际上英方认可了美方在这些地区具有自由处置权。但在东南亚战场，英方依然缺乏热情。

最后达成的协议是：

长期战略：

一旦欧洲战场形势允许，即开始将兵力转往太平洋和远东战场，应计划在德国投降之后 12 个月内打败日本；目前，利用盟国的空中优势，进一步削弱日军在太平洋和东南亚作战所依赖的空军和海军力量，加强盟军在华空军力量和对华空中援助，派遣轻装的丛林作战部队和如人工港这样的新设施；对日作战的兵力部署和行动应依照总体目标和执行战争的总体战略构想；原则上，远东太平洋战场的部队主要由美国负责指挥，欧洲战场的部队除特殊情况外由英国负责指挥，自治领国家的部队则由相关国家协商解决。

1943—1944 年的特定作战行动：

太平洋地区：占领吉尔伯特群岛、马绍尔群岛（包括威克岛和库赛埃岛）、波纳佩岛、加罗林群岛（特鲁克岛地区）、帕劳群岛、关岛、马里亚纳群岛；占领或使西至韦瓦克的新几内亚东部地区失去进攻能力，包括

---

① 英美对中国价值的不同看法可见 Christopher Thorne, *Allies of a Kind：The United States，Britain and the War against Japan*，1941-1945，pp. 305-315.

② ［美］福雷斯特·C·波格：《马歇尔传(1943—1945)》，第 314 页。

阿德默勒尔蒂群岛和俾斯麦群岛，只需使腊包尔失去进攻能力而非占领，然后沿新几内亚北部海岸向西挺进至鸟头半岛（Vogelkop）；考虑针对幌筵岛和千岛群岛的作战行动。

中缅印战场，1944 年 2 月中发起占领缅甸中北部的作战行动，以改善对华援助的空中路线并建立陆地上的交通线；继续准备在 1944 年春季发动两栖作战，实现"三叉戟"会议所确定的占领阿恰布和兰里的目标；继续以印度为基地的行动准备工作，加强空中援助和在华空军力量，支持中国扩大对日作战。进一步研究以下作战计划：1944 年春苏门答腊北部的作战行动，1944 年 11 月从缅北向南的作战行动，在尽可能早的现实情况下发起的经毛淡棉地区或克拉地峡直指曼谷的作战行动，经马六甲海峡和马来亚占领新加坡的行动；考虑占领阿恰布和兰里是否对上述作战行动的成功具有必要性。

在设想 1944 年打败德国的前提下，研究 1944—1945 年部署所有可用的重型轰炸机和运输机用于东南亚战场和中国战场而拓展通往中国的空中航线的潜力和有限性，同时不能妨碍 1944 年在缅北的战役和占领阿恰布和兰里的战役。

成立独立于印度司令部的东南亚盟军司令部，由英国人任总司令，美国人任副总司令，其作战范围包括缅甸、锡兰、泰国、马来半岛和苏门答腊；作为副总司令，史迪威将指挥缅甸境内的中国军队以及东南亚的所有美国空军和地面部队，同时继续肩负中国战区参谋长的职责。[①]

从"四分仪"会议达成的协议内容看，英美双方只是就 1943—1944 年的近期作战计划达成了一致，没能制订出对日战争长远而全面的计划。美方同意新成立的东南亚盟军司令部由英国人担任总司令，英方则仍然没有承诺在缅甸发起大规模的作战行动，双方同意关于仰光和新加坡的最终决定留待下一次会议再行解决，会谈的结果实际上基本没有超出"三叉戟"会议达成的协议范围。舍伍德指出："关于对日战争：除了设立复杂的和基本上流产的东南亚

---

① PREM 3/366/4, Final Report to the President and Prime Minister by the Combined Chiefs of Staff, 24th August, 1943.

司令部(其本身无可指摘)之外，魁北克会议看来没有取得什么成果，再就无非是列出了大量的个别作战行动计划，而其中绝大多数也从未付诸实现。"①

但就太平洋远东战场占据会议报告的最大篇幅这一点来说，美方从"三叉戟"会议开始显现的相对英方在战略构想方面的主动地位得以巩固和加强。

## 第四节　太平洋远东战略的重大调整

### 一、缅甸作战问题

11 月 22 日至 26 日，第一阶段开罗会议在中、美、英三国之间举行。在 23 日的全体会议上，蒋介石强调中国军队在缅北作战与英军在缅南登陆同时进行的重要性，尤其是防止日军从海上进行增援。丘吉尔只同意在印度洋部署一支舰队，认为"孟加拉湾的海军行动没必要与陆上的战役协同和关联起来，我们在该地区的优势可以确保我们交通线的安全以及对敌人的交通线构成威胁……他难以同意陆地作战行动的成功完全取决于同时海军力量的集结"。

在当天下午的联合参谋长委员会会议上，马歇尔和金都赞成，"如果能避免的话，不应该让蒋介石感到沮丧"。蒙巴顿和坎宁安则对丘吉尔的上述观点进行了辩解。但蒙巴顿称："他将提议在发动缅北地面作战行动之后大约两三天实施'海盗'作战行动。"会议最后决定："为了使该行动与其他要实行的作战行动联系起来考虑，在接下来的会议之前，暂缓对'海盗'行动作出最终决定。"②值得注意的是，蒙巴顿的看法同丘吉尔存在不同之处。舍伍德在其书中提到了这一点，但他认为，蒙巴顿不可能完全摆脱本国政府的控制，而"美国军界的赋予战区司令官以特殊权力和行动自由的分权制，在英国人是无法接受的"③。

在 24 日的联合参谋长委员会会议上，中方代表商震(军事委员会办公厅主任)再次强调了孟加拉湾海军行动和两栖登陆行动与陆上行动同时进行的重

---

① [美]舍伍德：《罗斯福与霍普金斯——二次大战时期白宫实录》下册，第 386 页。

② *FRUS，1943：The Conferences at Cairo and Tehran*，pp. 312-320.

③ [美]舍伍德：《罗斯福与霍普金斯——二次大战时期白宫实录》下册，第 418 页。

要性。英方则企图使中方承诺在缅北展开行动，而自己保持在缅南行动的选择自由。26 日，参谋长委员会作出决定：把中方提出的在 1944 年 3 月进行的两栖登陆行动作为整个世界战场两栖登陆行动中的一部分，在 1 周内予以考虑，如果通过，将为此着手相应的准备工作；一支足够力量的舰队将掩护该作战行动，3 月初将在孟加拉湾集结。① 从这个决定看，事实上仍然未对缅甸的作战行动作出定论。

李海在回忆录中提道："当这些毫无成效的联合参谋长会议于 11 月 26 日下午在开罗结束时，我们对蒋所作的保证，即提供一切必要的援助，以收复缅甸这个问题，仍然悬而未决。"但是他同时提及："先前，总统曾亲自答应中国作为收复缅甸作战行动的一部分，将对有战略意义的安达曼群岛进行一次有效的两栖攻击"；"可以想象，蒋仍然是怀着他的盟友最终会信守诺言的心情离开开罗返回重庆的"。② 李海在这里所提到的保证，即指为了鼓励蒋介石继续抗战，罗斯福在 24 日私下对其保证，他将特别支持"海盗"作战行动，并答应美国将装备 90 个中国师。③ 可没过多少天，罗斯福就收回了他的诺言，在开罗会议第二阶段作出了对中方不利的决定。

**二、《打败日本的总体计划》**

12 月 2 日，除个别之处需做修改之外，联合参谋长委员会原则通过了联合参谋计划人员制订的《打败日本的总体计划》(*Overall Plan for the Defeat of Japan*，"C. C. S. 417")。除 3 个附件之外，该计划文件主要内容为：

　　假定：

　　2. 我们对该问题的研究考虑了以下方面：

　　(a)进攻日本本土岛屿可能是不必要的，可以通过海上和空中封锁以及从逐步向前推进的基地展开的密集空袭来打败日本。然而，本计划必须能够加以扩展以满足进攻日本本土这种情况的需要。

---

①　*FRUS，1943：The Conferences at Cairo and Tehran*，pp. 340-344，430.

②　[美]威廉·李海：《我在现场》，第 210—211 页。

③　[美]福雷斯特·C·波格：《马歇尔传(1943—1945)》，第 380 页；[美]舍伍德：《罗斯福与霍普金斯——二次大战时期白宫实录》下册，第 419 页。

（b）德国可能最早在 1944 年春被打败。

（c）在打败德国之后，苏联可能对日本作战，我们的计划建议，应做好一切可能的准备以利用这种形势的发展。下一步的进展取决于同苏联人进行的参谋会谈。

（d）紧接着"泰山"（Tarzan）作战行动①之后，可能必须在缅甸发起一场全面的战役。

**总体目标：**

3. 获得我们能够从此出发对日实施密集空袭以及采取海上和空中封锁所需的目标地点，如果证明是必要的，则从这些地方出发进攻日本本土。

**总体构想：**

4. 对日作战的主要努力应在太平洋。

**太平洋范围内的作战构想：**

5. 在实施占领日本委任统治岛屿的同时，将继续沿着新几内亚—荷属东印度群岛—菲律宾的中心线挺进。这两方面的作战行动将相互配合。可以部署联合国家的海军为沿着每一条中心线不断发起的作战行动提供支持，并防止敌人的水面舰只干扰这两个地区同时展开的作战行动。对将一个地区的兵力和资源转移至另一个地区作出考虑。当时间和手段的分配存在冲突时，所给予的偏重应基于这样的事实，即目前中太平洋的作战行动提供了一种朝着日本及其重要交通线更快速挺进的前景；及早地获得更接近日本本土的战略空军基地；最重要的是，更可能加快与日本舰队的决战。

目标应是沿着新几内亚—荷属东印度群岛—菲律宾的中心线挺进，并完成占领日本委任统治的岛屿，以在 1945 年春季及时从较远的基地在"福摩萨"—吕宋岛—中国区域发起一场大规模攻势。

**其他地区的作战构想：**

6. 北太平洋、南太平洋、中国和东南亚战场的作战行动，应在配合中太平洋和西南太平洋的主要作战行动的情况下展开。在苏联参与太平

---

① 即对缅北杰沙（Katha）地区的因多（Indaw）所发起的进攻行动。

洋战争的情况下，北太平洋的作战行动可能具有更大的重要性，并可能涉及到兵力较大规模的重新部署。

**作战行动的总体构想：**

7. 作战行动的实施应着眼于：

a. 早日摧毁日本的舰队。

b. 使敌军产生最大程度的消耗。

c. 针对敌人的船舶运输和交通线，实施秘密的空中、潜艇和布雷行动。

d. 使我们能够对日本发起以海岸和航空母舰为基地的空袭行动。

e. 使中国继续抗战。

f. 使作战行动序列保持弹性，并准备利用形势发展所提供的各种可能的捷径。

g. 利用现实可行的情况下最早从欧洲战场调至的兵力。

**1944 年的特别作战行动：**

8. 所计划的 1944 年的作战行动，见《1944 年打败日本的特别作战行动》("C. C. S. 397"，待修订)①中的一览表。这些作战行动是根据总体作战构想计划制订的。简而言之，它们慎重考虑了以下行动：

中太平洋

a. 占领日本委任统治的岛屿，从马里亚纳群岛(关岛、提尼安岛和塞班岛)对日本本土实施超远距离战略轰炸。

西南太平洋

b. 继续沿新几内亚—荷属东印度群岛—菲律宾的中心线挺进。扩大对荷属东印度群岛—菲律宾地区境内目标的空袭。

北太平洋

c. 准备对千岛群岛和日本北部实施超远距离战略轰炸(为苏联可能参战所作准备的讨论见附件Ⅰ)。

---

① 修订版的《1944 年打败日本的特别作战行动》见 PREM 3/136/5, Specific Operations for the Defeat of Japan, 1944. *C. C. S. 397*(Rev), 3rd December, 1943.

东南亚战场

d. 1944 年春季，发起占领缅北的作战行动，旨在改善通往中国的空中航线以及同中国建立陆地上的交通线，大约同时发起两栖作战行动。在可用兵力的限度内，在 1944 年秋季继续开展作战行动，以扩大在缅北已占领的阵地。

e. 如果手段可及，将采取进一步的地面、海上和空中进攻作战行动，包括从航空母舰出发的袭击行动，旨在维持对敌人的压力，迫使其兵力分散，对其空中和海上力量以及船舶运输造成最大程度的现实消耗。

中国战场

f. 从中国成都地区，对日本境内的重要目标实施超远距离的空袭行动。

g. 加强在华的美国空军力量以及中国的陆军和空军力量，以扩大中国境内或从中国出发的地面和空中作战行动。①

**三、丘吉尔迫使美方同意取消"海盗"行动**

但是，丘吉尔在 12 月 4 日的会议上提出："斯大林元帅主动声称，一打败德国，苏联就对日本作战。这为我们提供了比在中国所找到的更为合适的基地，使我们集中力量确保'霸王'行动取得成功变得更加重要。对参谋人员而言，有必要研究这一新情况对于太平洋和东南亚作战行动的影响……东南亚司令部的作战行动已经失去了它们大部分的价值，另一方面，它们的代价已经上升到了令人望而却步的程度……'海盗'行动应留待雨季后决定。"丘吉尔强调，在同蒋介石的会谈中，他已表明不同意实施"海盗"行动，目前英美两国应全力确保"霸王"和"铁砧"作战行动的成功，最好能占领罗得岛，推动土耳其参战。英国三军参谋长也同时表达了类似的立场。②

对此，英国官方史是这样解释的："海盗"作战行动"不得不主要由英国部

---

① PREM 3/136/5，Overall Plan for the Defeat of Japan：Report by the Combine Staff Planners，2nd December，1943.

② PREM 3/136/5，Minutes of Third Planery Meeting，Held at Villa Kirk，4th December，1943.

队实施，舰只和登陆艇分散到印度洋将增加首相实行地中海计划的难度"①。这里的地中海计划即指丘吉尔促使土耳其参战的占领罗得岛的作战计划，并要求将用于"海盗"行动的登陆艇移往地中海行动中使用。

罗斯福和美国三军参谋长对此表示反对，在德黑兰会议上，丘吉尔的地中海作战计划也遭到了斯大林的否定。罗斯福指出："我们有道义为中国那样去做，他不准备放弃两栖作战行动，除非有十分充分和明显的理由。"马歇尔则表示："在放弃或推迟'海盗'作战行动方面的难题并不仅仅是政治上的。如果取消'海盗'行动，委员长将不会让中国军队参与'泰山'作战行动。在缅北将不会有战役行动，这对太平洋的作战行动会造成不利的影响。这将引起中国人的反感；对日本的影响也是不利于我们的，印度支那之间的交通线将处于危险之中。"②

鉴于罗得岛行动无望，丘吉尔以发动"霸王"和"铁砧"作战行动需要大量登陆艇为由，拒绝实施"海盗"行动。另外，在当天的联合参谋长委员会会议上，阿兰布鲁克指出："他担心缅甸会成为一个巨大的黑洞，如果情况如此，将不符合正处于讨论之中的计划所确定的战略原则，即主要努力应放在太平洋上。"③由于在法国西北部开辟第二战场一直是美方坚持的主张，而《1944年打败日本的特别作战行动》也是美方负责制订的，"对日作战的主要努力应在太平洋"是美方的战略主张，针对英方以美方之矛攻美方之盾，美国三军参谋长一时也找不到更好的理由去坚持实施"海盗"作战行动的立场，"为了从职责上支持他们的总司令，他们不得不顽强地支持'海盗'计划，即使他们和英国人都知道这样做会使'霸王'行动在春季无法实施，也可能在1944年内任何时候都无法实施。"④。

然而，罗斯福总统在丘吉尔的强硬坚持之下，最终作出让步。5日晚，

① Llewellyn Woodward, *British Foreign Policy in the Second World War*, Vol. 2, p. 600.

② PREM 3/136/5, Minutes of Third Planery Meeting, Held at Villa Kirk, 4th December, 1943; *FRUS, 1943: The Conferences at Cairo and Tehran*, pp. 675-681.

③ PREM 3/136/5, Minutes of Meeting Held in Conference Room I, 4th December, 1943; *FRUS, 1943: The Conferences at Cairo and Tehran*, pp. 687-688.

④ [美]肯特·格林菲尔德：《第二次世界大战中的美国战略——再思考》，第77页。

罗斯福召开参谋长联席会议，决定同意取消"海盗"行动。①

第二天，罗斯福和霍普金斯联名致电蒋介石称：

> 经与斯大林会谈，我们将参加暮春欧洲大陆的巨大的联合作战行动，这为在 1944 年夏末结束对德战争展示了良好的美景。这些战役迫切需要大量的重型登陆艇，因此无法做到为孟加拉湾的两栖战役和"泰山"行动的同时发动提供足够数量的登陆艇来保证作战的胜利。
>
> 情况是这样的：你可否按目前的计划准备执行"泰山"行动，其中包括应保持对孟加拉湾进行海军控制，以配合航空母舰与突击队的两栖袭击行动和"泰山"计划的同时发动？此外，还可以指望用 B—29 对曼谷港口和铁路进行轰炸。
>
> 如不可行，你是否打算将"泰山"行动推迟到 11 月，以便把巨型的两栖战役包括进去？与此同时，应集中一切空运力量越过驼峰把供应物资运给在中国的空军和地面部队。
>
> 由于看到对德战争早日结束将会使中国和太平洋地区得到莫大好处，这才影响了我的决定。②

这样，罗斯福违背了开罗会议第一阶段他对蒋介石作出的承诺。福雷斯特·C·波格指出："像骡子一样顽固地坚持 4 天之后，罗斯福在 12 月 5 日下午发觉，他推不动首相和他的顾问。也可能他意识到了，他自己的参谋们将高兴地从远东得到额外的登陆舰。"③在这种情况下，马歇尔表示，如果在不影响陆上战役的情况下取消"海盗"行动，"他个人不会感到严重的不安"④。而海军上将欧内斯特·金在战后回忆称，他对违背向中国人所作出的承诺感

---

① FRUS，1943：*The Conferences at Cairo and Tehran*，p. 725.

② PREM 3/136/12, President to Generalissimo, 6th December, 1943；［美］舍伍德：《罗斯福与霍普金斯——二次大战时期白宫实录》下册，第 447—448 页。后者指出的电报发出时间是 12 月 5 日。

③ ［美］福雷斯特·C·波格：《马歇尔传(1943—1945)》，第 391 页。

④ Richard M. Leighton, "Overlord Versus the Mediterranean at the Cairo-Tehran Conferences", in Kent R. Greenfield ed., *Command Decisions*, p. 278.

到不安，这是战争期间总统唯一一次否决联合参谋长的意见。①

　　在 12 月 6 日联合参谋长委员会最终的会议报告中，体现了最新作出的上述战略调整决定。


　　1943—1944 年的特别作战行动：

　　22. 我们对《1944 年打败日本的特别作战行动》("C. C. S. 397")表示同意，除了其中所包含提及的"海盗"行动部分。

　　……

　　东南亚司令部的作战行动：

　　24. 我们一致同意推迟在孟加拉湾的大规模两栖作战行动，直到下次雨季结束之后，并将目前用于"海盗"行动的登陆艇调拨至"铁砧"和"霸王"行动使用。

　　25. 我们决定：

　　(a)做好一切准备实施"泰山"作战行动，在发起该行动的同时，代之以规模小于"海盗"行动计划的海军航空母舰和两栖突击作战行动；对曼谷—缅甸的铁路线和曼谷港口实施空袭，同时维持海军对孟加拉湾的控制。

　　(b)推迟"泰山"作战行动，利用现有运输机将越过"驼峰"援华的空中运输量增加至最大程度，强化措施使 B—29 轰炸机能够对敌人造成重压。

　　26. 在征询委员长和东南亚盟军最高司令的意见之后，联合参谋长委员会将在稍后的时候在上述(a)和(b)方案中作出选择。②


　　12 月 9 日蒋介石致电罗斯福，表示"我愿意接受你的建议"，但同时提出："以 10 亿金美元贷款援助中国……增加中国空军和美国在华航空队的力量，

----

　　① Charles F. Romanus and Riley Sunderland, *Stiwell's Command Problems*, Washington, D. C.：Office of the Chief of Military History & Department of the Army, 1956，p. 71.

　　② PREM 3/136/5，Report to the President and Prime Minister of the Agreed Summary of Conclusions Reached by the Combined Chiefs of Staff at the "Sextant" Conference, 6th December, 1943.

从来年春起，至少双倍已确定的飞机数量，空中运输的总量应当增加；从来年2月起，至少每月2万吨，以使额外增加的飞机能够进行有效的作战行动。"①

开罗会议第二阶段的这一变化，直接影响到了缅甸的作战计划。没有缅甸南部的两栖作战行动，蒋介石则无意从云南挺进缅甸，实际上取消了收复缅甸的"安纳吉姆"作战行动。

**四、相关的评价**

这一变化其实并非毫无预兆。会前的10月18日，美国陆军部作战局就建议，根据形势发展，对日作战的重点应放在太平洋上，而不是亚洲大陆，并且指出，充分利用中国作为轰炸日本的基地成本太高，因为这需要收复整个缅甸，而中国却不是一个有效率的盟国，这与欧洲战争结束后12个月内打败日本的计划不符，因此提议："从中国发起有限的轰炸攻势，确保太平洋上的努力，不在中缅印战区承担进一步的义务。"11月8日，美联合战略评估委员会也提出类似建议。但是，会前美方也作了一项保留，即如果蒋介石军队入缅作战，美国将予以支持和援助。②

然而，蒋介石坚持英军在缅南登陆作为中国军队入缅作战的前提，丘吉尔则竭力反对登陆作战。在蒋介石和丘吉尔之间，罗斯福最终选择了后者，尽管他对前者许下过诺言。罗斯福不想因缅甸作战问题同丘吉尔闹翻，导致刚刚在德黑兰会议上好不容易达成一致的"霸王"行动计划功亏一篑，何况美军方计划人员会前的上述分析和建议，再加上斯大林在德黑兰会议上承诺将对日作战，也发挥着作用。美国学者巴巴拉·W·塔奇曼认为斯大林的上述决定对罗斯福的影响很大，她评价道：

> ……刚刚对蒋介石感到失望的罗斯福欣喜地发现，斯大林是他战后规划中一个更强的角色。……
>
> 不经意间，斯大林使得中国的地位更加降低。……
>
> 12月1日，公开了由英国、中国和美国签署的《开罗宣言》……并承

---

① Charles F. Romanus and Riley Sunderland, *Stilwell's Command Problems*，pp. 74-75.

② Charles F. Romanus and Riley Sunderland, *Stilwell's Command Problems*，pp. 52-55.

诺签字国会坚持作战直到日本无条件投降。中国现在无论是在正式文件上还是在自身利益上都不可能跟日本单独媾和了，因此它要退出战争的威胁的分量也减少了。①

此外，在 12 月 2 日联合参谋长委员会对日作战的总体计划中，确定打败日本的主要方式是轰炸和海空封锁，主要的战争努力放在太平洋上，事实上已决定了中国战场的地位。美国学者麦克尼尔指出："从战争的初期起，美国的太平洋作战计划就规定中国要担当重大的任务。美国人曾认为，他们可以指望经过正规训练和配备的中国军队来击败日本的大部分地面部队。"②

尽管中国首次以大国的身份参加了第一阶段开罗会议，但第二阶段会议所做的战略变动，标志着中国战场在整个反法西斯战争中的战略地位开始下降，也表明美国的太平洋远东战略发生了重大变化，即不再将中国作为对日反攻的主要战场，而是使用中国的港口和空军基地。

究其原因，一是美国确定以轰炸和封锁作为对日作战的主要手段，而新投入使用的"超级空中堡垒"B—29 远程轰炸机正可执行这一任务；二是太平洋上的岛屿争夺战比预想的顺利，莱城、芬什哈芬、新乔治亚、所罗门群岛等先后被攻占，可以尽早获得靠近日本本土的作战基地；三是德黑兰会议上，斯大林提出愿意在打败德国后参加对日作战，这必然大大改变英美对中国战场的依靠；四是英国一直贬低中国的战略价值，丘吉尔以跨英吉利海峡作战需要为要挟打中了美方要害。为此，丘吉尔不无得意地致电副首相艾德礼称："在各个问题上，我们已达成了非常正确的结论。"③

总之，开罗—德黑兰会议不但确定了开辟第二战场，而且确定了打败日本的全面战争计划和 1944 年的作战计划，英美的太平洋远东战略发生了重大变动，对中国的影响则更为重要深远。

---

① ［美］巴巴拉·W·塔奇曼：《史迪威与美国在中国的经验(1911—1945)》，万里新译，新星出版社 2007 年版，第 417 页。

② ［美］威廉·哈代·麦克尼尔：《美国、英国和俄国：它们的合作和冲突(1941—1946 年)》，第 507 页。

③ PREM 3/136/12，Prime Minister to Deputy Prime Minister，6th December，1943.

## 第五节　太平洋远东战略的最终成形

由于开罗会议决定取消孟加拉湾的"海盗"作战行动，并将登陆艇调往大西洋和地中海用于"霸王"和"铁砧"行动，因此，从 1944 年 1 月起，英美都开始重新评估中缅印战区在整个太平洋远东战略中的地位问题。美方担心以上决定会导致盟军在缅甸无所作为，尤其是中方和英方在这种情况下都对缅甸作战缺乏热情，从而使日军能够增援太平洋战场，增添美军在太平洋作战的困难程度。

### 一、缅北攻势

驻华美军司令兼蒋介石参谋长史迪威和东南亚盟军司令蒙巴顿分别派代表团前往华盛顿，试图影响联合参谋长委员会对缅北作战行动将作出的决定。事实上，在两个代表团抵达华盛顿之前，罗斯福和军方决策者已有了结论。史迪威主张缅北作战行动的观点得到了罗斯福和美国三军参谋长的支持，但丘吉尔支持蒙巴顿反对缅北作战行动，主张经马来亚和苏门答腊发起反攻。丘吉尔认为："但是整个缅甸，不论南北，都离日本太远。倘若使我军踏上这条岔道，陷在那里不能自拔，那么我们在远东的胜利中将不能起到应有的作用。相反的，我却希望将日军遏制在缅甸，而采用突破或穿过作为荷属东印度的外围的那些岛屿形成的弧圈，向前进军。"[①]

然而，"罗斯福对这个计划毫无兴趣，认为该计划是迂回的，而且有新殖民主义色彩……史迪威的进攻很受参谋长联席会议的青睐，因为消除密支那的威胁被认为是对超远程（VLR）轰炸至关重要的，而在吕宋—台湾—广州三角区的战役中又需要这个轰炸计划的帮助"[②]。

此时，一支包括 7 艘战列舰的较强大的日本舰队从中太平洋驶往新加坡，3 月 8 日日军在缅北主动发起攻势，目标直指英帕尔并试图切断阿萨姆—孟加

---

① ［英］温斯顿·丘吉尔：《第二次世界大战回忆录·第 5 卷·紧缩包围圈》，第2380 页。

② ［美］巴巴拉·W·塔奇曼：《史迪威与美国在中国的经验（1911—1945）》，第438—439 页。

拉的铁路交通线。面对日军的进攻，英美双方暂时搁置争论，史迪威和蒙巴顿都急忙采取行动阻止日军在缅北的攻势。4 月 14 日，在罗斯福多次停止美援的威胁下，蒋介石最终命令在云南的中国军队赴缅甸参战。

　　就在盟军迫使缅甸日军节节败退的时候，中国战场的地位却因太平洋岛屿争夺战的快速进展而进一步下降。对美国军方的计划人员来说，维持中国继续抗战越来越多的是出于政治和心理影响方面的需要，而非军事战略上的价值，美国军方对占领整个缅甸的热情在不断削减。4 月 19 日美国陆军部作战局局长托马斯·汉迪指出："过去几个月内，打败日本的战略计划已到了这样一个临界点：从印度提供支援而在中国进行大规模陆上战役，现在看来是不需要了，并且从印度发起一次大规模的两栖登陆行动以支持向菲律宾—'福摩萨'—中国海岸线推进，它的必要性和可能性也值得怀疑。"[1]

　　5 月 3 日，参谋长联席会议向史迪威下达新的指示。他的新使命是：肃清缅北敌军和占领密支那，使中缅印战区能够为美军在菲律宾、琉球群岛以及台湾等中国沿海即将展开的作战行动提供空中支援；在不妨碍诸如占领密支那这样更重要的行动的前提下，为菲律宾棉兰老岛的进攻行动提供间接支持。[2] 这样，史迪威的任务不再是配合英军在缅北的作战行动以及帮助中国军队提高战斗力，而是将整个中缅印战区变成美军在太平洋作战的空军支援基地，继续打通滇缅公路是为了这一目的服务，并作为在太平洋作战不利的情况下依旧可以选择的作战方案。

　　巴巴拉·W·塔奇曼认为："实际上，尽管没有明说，但是这已经表明英美在亚洲的努力已经悄悄分开了……直接通过太平洋的穿插和史迪威为了对穿插提供支持在穿过缅甸向中国进攻的先头部队现在已经是既定方针；这将无视大英帝国试图在边缘作战的企图。"她还指出："现在美国的意图是，攻击日本应当是由美国人做的事。特别是海军想把英国排除在外，这部分是因为在利益上有分歧，但主要还是因为有了新式航空母舰的海军不想受到又旧又

---

①　Maurice Matloff, *Strategic Planning for Coalition Warfare*, 1943-1944, p. 440.

②　Charles F. Romanus and Riley Sunderland, *Stiwell's Command Problems*, p. 201.

慢的英国战舰的拖累。"①

　　6 月 3 日，联合参谋长委员会向东南亚盟军总司令蒙巴顿下达正式命令：东南亚战区的任务是利用本战区的资源，发展与中国的空中联系，以支持太平洋上的作战行动，同时加大对敌优势以利用通往中国的陆上交通线。② 这样，中缅印战区在太平洋远东战略中的地位至此最终确定，即成为配合太平洋上作战行动的空军基地。福雷斯特·C·波格指出："麦克阿瑟和尼米兹的部队向菲律宾和马里亚纳群岛的推进，看来是为了获得空军和海军基地，这样必将减弱中国在美国对日最后进攻中的重要地位。"③

　　然而，中国牵制大部分日本陆军的战略作用是不容忽视的。罗斯福总统在 1945 年 1 月 6 日承认："我们也忘不了中国人民在 7 年多的长时间里怎样顶住了日本人的野蛮进攻和在亚洲大陆广大地区牵制住大量的敌军。"④有中国学者指出："这种战略牵制饱含了中国人民以鲜血和生命对'先德后日'战略所付出的沉重代价。可以毫不夸张地说，'先德后日'战略的成功与中国付出的巨大牺牲和代价有不可分割的联系。"⑤可实际的情况是，中国战场在世界反法西斯战争中的地位和作用没有得到应有的承认和重视，中国成为"被遗忘的盟友"⑥。

## 二、"八角形"会议

　　随着 1944 年 6 月 6 日英美盟军在诺曼底登陆，不但在西欧战场，而且在意大利战场、苏德战场和太平洋远东战场，对轴心国的反攻都全面展开。当时，英美都乐观地预计会在 1944 年底结束欧洲战争。在德国失败大局已定的

---

　　① ［美］巴巴拉·W·塔奇曼：《史迪威与美国在中国的经验(1911—1945)》，第 438、456 页。

　　② Maurice Matloff，*Strategic Planning for Coalition Warfare*，1943-1944，pp. 441-442.

　　③ ［美］福雷斯特·C·波格：《第二次世界大战中美国的战争及其战略的形成》，［德］卡尔·德雷奇斯尔勒等：《第二次世界大战中的政治与战略》，第 114 页。

　　④ ［美］富兰克林·德·罗斯福：《罗斯福选集》，第 480 页。

　　⑤ 韩永利：《战时美国大战略与中国抗日战场(1941—1945 年)》，第 333 页。

　　⑥ 牛津大学中国研究中心的印度裔学者拉纳·米特对中国战场受到的不公平对待作了专门的研究阐述，见［英］拉纳·米特：《中国，被遗忘的盟友：西方人眼中的抗日战争全史》，蒋永强、陈逾前、陈心心译，新世界出版社 2014 年版。

情况下，丘吉尔越来越关心起英国战前在远东的属地来。他多次致电罗斯福，要求与美方再次举行军事会谈，以商讨德国问题以及英国如何能更多地参与到太平洋远东战场的作战当中去。他在回忆录中提道：

> 我们究竟能在何时、何地、用何方法打击日本，确保英国在最后胜利时在那边也有其光荣的地位呢？……新加坡必须收复，马来亚必须解放。将近3年来，我们坚持了"首攻德国"的战略。现在是解放亚洲的时候了，所以我才决定我们应当在作战中起充分、对等的作用。……我们必须在战场上收复我们在远东的合法属地，不应该让别人在和平会议的桌上将这些属地交还给我们。①

7月16日，丘吉尔急切地再次致电罗斯福：

> 我们必须很快见面是肯定的，"乔大叔"也参与更好不过……无疑，我们现在应当确定日期，然后开始跟"乔大叔"商谈此事。英王陛下政府打算建议"第二次尤里卡"会议的时间为8月份的最后10天。

丘吉尔首推的会晤地点是苏格兰，但如果认为不适宜，选择卡萨布兰卡、罗马、德黑兰、魁北克或其他罗斯福认为合适的地点都行。② 然而，罗斯福和美国军方对举行会谈的建议并不热心，他们不想让英国人插手一直以美国为主导的在太平洋的作战行动，而且健康欠佳的罗斯福在霍普金斯的建议下不希望背着斯大林同丘吉尔单独会晤，以免造成将苏联排除在外的印象。③ 但出于政治上的考虑，罗斯福最终还是接受了丘吉尔的会谈建议。

7月17日，罗斯福回复称：

---

① ［英］温斯顿·丘吉尔：《第二次世界大战回忆录·第6卷·胜利与悲剧》，张师竹、许崇信等译，许崇信、林纪焘、陈加洛等校译，第2586页。

② PREM 3/472, Prime Minister to President, 16th July, 1944."乔大叔"是斯大林的绰号。

③ ［美］舍伍德：《罗斯福与霍普金斯——二次大战时期白宫实录》下册，第461页。

我完全同意我们 3 人应进行会晤，但如果我们在 9 月 10 日或 11 日进行，对我而言将更加方便……我下一步给乔大叔发一封电报，纯粹作为一种试探。如果他认为他不能与会，那么无论如何你和我应进行会晤。①

在霍普金斯的影响之下，8 月 8 日罗斯福告知丘吉尔不能前往苏格兰，建议把会谈地点定在百慕大。两天后，丘吉尔答复称，由于相关报告预测届时百慕大天气糟糕，他建议把会晤地点改在魁北克。② 11 日，罗斯福对此表示同意：“目前看上去，我应该能够在 9 月 10 日或 11 日抵达魁北克参加与德黑兰会议规模相仿的联合参谋会谈。”③

1944 年 9 月 12 日至 16 日，代号为“八角形”（Octagon）④的第二次魁北克会议召开。“聚集在魁北克的高级人士当中，有一种普遍的看法，即认为德国投降只是几个星期，甚至是几天的事”⑤。

在 13 日的第一次全体会议上，丘吉尔首先回顾了缅甸的作战行动。他认为：“缅甸战役代表了迄今与日军进行的最大规模的地面交战行动。尽管取得了这些胜利，但最不可取的是，缅甸丛林的战斗被无限期地继续下去。”接着，丘吉尔提出建议：

英国主力舰队在美国最高统帅部领导下参加对日的主要作战行动……如果需要，在中太平洋派驻一支英国舰队不会妨碍派出一支分舰队至西南太平洋受麦克阿瑟将军的指挥。当然，无论如何无意去干涉麦克阿瑟的指挥。作为对打败敌人作出的进一步贡献，皇家空军愿意参加

---

①　Warren F. Kimball，ed.，*Churchill and Roosevelt*：*The Complete Correspondence*，Vol. 3，p. 250. 7 月 22 日，罗斯福接到斯大林不能参加三国首脑会晤的电报。

②　Warren F. Kimball，ed.，*Churchill and Roosevelt*：*The Complete Correspondence*，Vol. 3，Preceton，NJ：Princeton University Press，1984，pp. 266-267，270；PREM 3/472，Prime Minister to President，10th July，1944.

③　Warren F. Kimball，ed.，*Churchill and Roosevelt*：*The Complete Correspondence*，Vol. 3，p. 272；PREM 3/472，President to Prime Minister，11th July，1944.

④　英美两方的文件中都没有指出该代号最早是由谁提议的。

⑤　[美]舍伍德：《罗斯福与霍普金斯——二次大战时期白宫实录》下册，第 469 页。

对日本的大轰炸……至于地面部队，在打败德国后，我们大概可以从欧洲战场调派 6 个师到东方，以后也许再增派 6 个师。在缅甸，我们已有 16 个师，也许最终可以抽调它们。

他一直主张越过孟加拉湾向前挺进，以及发起收复新加坡的作战行动，新加坡的失守对英国的威信是一个严重且耻辱性的打击，必须加以雪耻。新加坡在和平谈判桌上重归我们是不能令人满意的，我们应当通过战斗收复它。这些作战行动不会阻碍如果需要时在太平洋部署小规模的英帝国部队与美国部队一同作战。这些想法并非一成不变的。首先，我们应当实施"吸血鬼"(Dracula)作战行动，然后纵观全局。如果能够提供更好的计划，当然不应先行排除。我们的主旨应是使用我们最大数量的兵力尽早去对付最大数量的敌人。

罗斯福表示：

英国舰队之事应立即接受。

……我们的时运已经上升，但是，仍然不太可能预知对德战争的结束时日……东方的作战行动一定程度上取决于欧洲形势的发展。他同意，一旦肃清缅甸的日军，我们就不应继续待在该战场。美方的计划是收复菲律宾，从菲律宾或"福摩萨"以及从在中国获得的桥头堡去占领日本本土。如果部队能够在中国大陆立足，中国将得以拯救。美国的经验是，"迂回"的方式产生了可观的效果。腊包尔就是这种规避躲闪方法的例子，它以较少的生命代价取得了相当的成功。难道不能绕过新加坡去占领以北或以东诸如曼谷这样的地区吗？作为总统，他迄今并未被苏门答腊的作战行动深深吸引。然而，现在该行动开始具有更大的优势。

丘吉尔反对绕开新加坡，他要求在英国舰队参与对日主要作战行动方面获得一个更加确定的承诺，罗斯福表示："他愿意在任何可能的时候和任何可能的地点见到英国舰队。"当丘吉尔询问英国空军是否也应获得类似的承诺时，马歇尔反问英方在扩大东南亚的作战行动时需要大批的空中力量，这与参加对日本的大轰炸有何不同。① 显然，美国军方决策者不会像罗斯福那样爽快地赞成英方参与太平洋的作战行动。而丘吉尔表示愿意将英国舰队用于太平洋对日作战，"这使他自己的军事顾问们有点出乎意料，因为几乎直到前一分钟丘吉尔还说，把英国海军力量用于收复英国在马来亚的属地要好得多。"②

在两国三军参谋长会议上，英帝国总参谋长阿兰布鲁克提出，美方在规划太平洋作战行动时，"应记住还将有某些英方参与的作战行动"；他认为，美国三军参谋长之前的一些看法不符合第一次全体会议上总统的意见。英国海军参谋长坎宁安则表示，英国主力舰队已不需要部署在孟加拉湾，希望舰队能够部署在中太平洋，并提醒罗斯福总统已经答应了英方的请求。

美国海军作战部长金却提出不同的看法："全体会议上没有特别提到在中太平洋的部署，眼下他个人决不会就英国舰队部署在何处作出承诺"；"他不准备接受他难以部署或提供支持的英国舰队，原则上他希望在太平洋接受一支英国舰队，但是，为了政治上的原因撤出美国在太平洋的舰队而部署英国的主力舰队是完全不能接受的。他不记得总统已经同意了此事，他不接受首相表达的观点应被视为对联合参谋长委员会的指令"。对于英国皇家空军的参战问题，美国陆军航空队司令阿诺德表示："目前无法就对日战争中英国空军的帮助问题给出明确的答案，美方能够吸纳英方飞机的数量取决于适宜设施的发展情况。"③由于较少牵涉到陆军的利益，"马歇尔多少远离争论，当他介入时，他更多的像是一个调停者，而不是一个参与者"④。

**三、就太平洋远东战略达成一致**

会议最后，两国参谋长就英方参与太平洋作战达成以下折中协议：

(a)一致同意，英国舰队应加入到太平洋对日的主要作战行动之中。

---

　① PREM 3/329/4, Minutes of Meeting Held at the Citadel, Quebec, 13th September, 1944."吸血鬼"行动是指从海上占领仰光的作战行动。

　② ［美］威廉·哈代·麦克尼尔：《美国、英国和俄国：它们的合作和冲突（1941—1946年）》，第612—613页。

　③ PREM 3/329/4, Minutes of Meeting Held in the Main Conference Room, 13th and 14th September, 1944.

　④ Maurice Matloff, *Strategic Planning for Coalition Warfare*, 1943-1944, p. 514.

（b）注意到，英国三军参谋长作出的保证，这支舰队将是力量相称且供给自担的。

（c）一致同意，英国舰队在太平洋主要作战行动当中的部署方式，将随时依据最新的形势而决定。

（d）注意到，依据上述（a），英国三军参谋长撤回在西南太平洋组建英帝国特遣舰队的替代方案。

（e）出于制订计划的目的，邀请英国空军参谋长提交一份文件，包含在对日主要作战行动中皇家空军准备作出贡献的大概估计。①

关于缅甸作战问题，美方同意英方尽快扫清缅甸日军的建议。按阿兰布鲁克的说法，这需要从欧洲调 6 个师到东南亚参与"吸血鬼"作战行动，但这必须视欧洲战争的发展而定，而该行动还需取决于运输机、运输船舶等后勤保障力量。关于英方提出的德国投降后两年内打败日本的想法，美方表示不能接受，最后双方达成的一致时间是一年半。②

9 月 14 日，联合参谋长委员会讨论并决定了下达给东南亚盟军总司令蒙巴顿的下述作战指令：

1. 你的目标是尽早收复整个缅甸。但是，实现这一目标的作战行动不能危及现有通往中国的空中补给航线的安全，包括在密支那的中转机场，以及打通陆路的交通线。

2. 以下是批准实施的作战行动：

（a）"首都"（Capital）作战行动的各个阶段有必要确保空中航线的安全和获得通往中国的陆路交通线。

（b）"吸血鬼"作战行动。

联合参谋长委员会赋予全力实施"首都"作战行动和在 1945 年雨季之

---

① PREM 3/329/4, Minutes of Meeting Held in the Main Conference Room, 14th September, 1944.

② PREM 3/329/4, Minutes of Meeting Held in the Main Conference Room, 14th and 15th September, 1944.

前实施"吸血鬼"作战行动以最大程度的重要性，后者目标日期是 3 月 15 日。

3. 如果"吸血鬼"作战行动不得不推延至 1945 年雨季之后，在不妨碍准备 1945 年 11 月实施"吸血鬼"作战行动的情况下，你将尽可能地继续扩大"首都"作战行动的战果。①

这个命令实际上复活了被取消的"安纳吉姆"作战行动。此外，美方同意，在德国投降之前不撤出其在欧洲的部队。双方还决定，联合参谋长委员会派出代表在莫斯科建立"联合军事委员会"，与苏联加强大战略方面的沟通与协调。②

与以往双方会谈不同，这次会谈没有直接需要解决的紧急军事问题，政治议题反而得到了更多的关注。会议期间，罗斯福与丘吉尔就战后分区占领德国等政治问题进行了初步商讨，使这次会议成为 1945 年雅尔塔会议和波茨坦会议的先声。

---

① PREM 3/329/4，Directive to Supreme Allied Commander, South-East Asia Command，14th September, 1944. "首都"作战行动是指从缅甸北部向中部的进军。

② PREM 3/329/4，Report to the President and Prime Minister of the Agreed Summary of Conclusions Reached by the Combined Chiefs of Staff at the "Octagon" Conference, 16th September，1944.

# 结　语

自美国立国之后，英国和美国之间的关系基本处于不断竞争的紧张状态，直到 1899—1902 年英布战争期间美国政府给予英国支持，而英国政府投桃报李，承认美国在美洲援用"门罗主义"，以及在美国和加拿大边界问题上作出有利于美国的裁决，默认美国人在纽芬兰海域的捕鱼权，从而在 20 世纪初奠定了英美两国友好关系的基本格局。此后两次世界规模的战争，尤其是后者，使得英美两国的同盟关系进一步加强，形成了所谓的英美"特殊关系"。

不论学术界对英美之间的这种"特殊性"持怎样不同的看法，难以否认的是，英美两国之间不但形成了自近代以来两个主权民族国家之间最为密切的双边关系，而且这种关系是直到今日仍对整个世界格局影响最大的一对双边关系。

1919—1945 年，是英美"特殊关系"的形成时期，也是这两个国家世界霸主角色的转换时期。军事同盟关系的形成与发展是英美"特殊关系"中极其重要的一个内容，这一时期英美两国的军事战略既秉承传统独立发展，又因为时局而相互交织影响。对两国军事战略及其互动进行研究考察，不但能够深入理解英美关系的"特殊性"，而且有助于对 20 世纪国际格局的演变和大国之间的关系的认识。

\*　　\*　　\*　　\*　　\*

纵观两次世界大战之间的英国军事战略，可以发现"威慑"是它的一个重要特点，它与绥靖政策相辅相成。绥靖旨在减少敌对国家，威慑则意在显示英国的不屈意志，吓阻敌国的战争冲动。它包括"经济威慑"和"军事威慑"两个方面。

英国的传统军事战略，是依靠强大的海军对欧洲大陆的敌国进行经济封锁。例如在拿破仑战争时期，英国就对拿破仑的大陆封锁体系展开"反封锁"，禁止中立国与敌视英国的国家进行海上贸易。但在第一次世界大战中，英国派遣大规模的远征军赴大陆作战，这被军史专家利德尔·哈特认为是有悖传统的错误举措。① 因此，由于不想重蹈一战期间残酷阵地战的覆辙，一战后英国社会上下几乎一致反对再履行大陆义务。

此外，从两次世界大战之间英国军方多次年度战略评估中可以发现，英国对未来与德国战争的设想有如下特点，即认为德国受到原料缺乏的严重限制，力求迅速取胜而解决战争问题，英国只要能挺住战争初期的大规模攻势，就能够生存下来并最终依靠整个帝国的资源和强大的海军赢得战争。由于判断德国对于经济压力有着高度的敏感性，所以即使不能阻止德国发动和进行短期的战争，但只要对其进行长期的经济封锁，必然最终打败德国。这种以经济封锁为基础的消耗战战略构想，在第二次世界大战期间英国同美国的多次军事会谈中得到了体现。相对于美国直接与德国进行决战的"直接战略"，它被称之为"间接战略"。

由于英国政府迷信这种依靠经济封锁加消耗最终打败德国的战略，使其更加注重自身的经济财政的稳定，视之为"第四军种"。因此，这种内外结合又相互促进的关系，进一步强化了"经济威慑"战略在两次大战间英国战略中的地位。然而，希特勒早已决心东进，获得生存空间和所需的资源，他并不认为英国的经济压力能够构成巨大的威胁。从历史事实来看，"经济威慑"无论在战前，还是在战时，作用并不像英国决策者所期待的那样大。

"军事威慑"是英国军事战略的另一个方面。除皇家海军实行"一强标准"外，英国空军也采取类似的威慑战略。由于第一次世界大战后的整个英国社会，对下一次战争遭受大规模的空袭始终处于深度的焦虑之中，造成了英国政府对德国发展空军的极度敏感，尤其是张伯伦任首相期间，认为英国与德国轰炸机数量的对等是遏制德国发动侵略战争的重要手段，也是顺应英国民

---

① ［英］利德尔·哈特：《战略论：间接路线战略》，第 482 页。

意的举动。因此，皇家空军较海军和陆军而言，在军备重整中处于优先发展的地位，几乎没有受到多大的财政限制。

对英国来说，"空军威慑"战略不仅构成了国家军事战略的一部分，同时也对内政外交产生了重大的影响。马尔科姆·史密斯指出："轰炸攻击成为30年代国际事务中魔鬼化身的一部分，英国的外交政策和重整军备政策的重要方面，可以用担心遭受空袭来证明它们的合理性。"①时任财政大臣的内维尔·张伯伦认为，要增强外交谈判的筹码，必须先保持威慑的力量和态势。他提道："如果需要时，我们能有一支从比利时轰炸鲁尔的空军，我们将更可能地使德国打消疯狂紧追的念头。"②1936年以后，英国情报机构对德国空军发展作了过高的评估，这就使得张伯伦对德国日益感到恐惧，也就更加不敢冒险，一定程度上，这坚定了他绥靖德国的政策立场。

但实际上，"德国在空军方面的观念与英国并不一样，所以不可能形成威慑"③。因为希特勒更加注重传统的陆军发展，空军在德国仅仅是起着配合陆海军行动的作用的战术性角色。尽管从不列颠之战来看，德国空军确实给英国本土造成了相当大的威胁，英国政府的战略判断似乎是正确的，但作为"空军威慑"战略本身来说，战前没有起到预期的威慑效果。结果是，英国没能威慑住德国，反而被德国所威慑。

总体来看，两次大战之间的英国"威慑战略"是不成功的。它没能威慑住希特勒发动第二次世界大战，相反被自己的战略政策弄得畏首畏尾、精神紧张，越来越失去自信心，捆住了自己的手脚。这促使张伯伦在实行绥靖政策上越走越远，除非政策一百八十度大转弯，决心与德国一战，但战争是当时英国社会上下极力避免的选择，也是张伯伦本人极力避免的结局。因此，不成功的"威慑战略"导致更加的绥靖，更加的绥靖最终导致战争提前到来。

就美国参战前的军事战略而言，最大的一个特点是，缺乏国家政策层面

---

① Malcolm Smith, "The Royal Air Force, Air Power and British Foreign Policy, 1932-1937", *Journal of Contemporary History*, Vol. 12, No. 1(Jan. , 1977), p. 158.

② Robert Self, ed. , *The Neville Chamberlain Diary Letters*, Vol. 4, *Chamberlain to Hilda*, 1 July, 1934, p. 77.

③ J. P. D. Dunbabin, "British Rearmament in the 1930s: A Chronology and Review", *The Historical Journal*, Vol. 18, No. 3(Sep. , 1975), p. 607.

的政治指导，导致军事战略脱离现实。这突出表现在战前美国军方最关注的3个作战计划上——"橙色"计划、"红色"计划和"红—橙"计划。

从1907年6月18日诞生第一个"橙色"计划到1938年2月18日该计划最后修订，其间因国际形势的发展变化、国内政治的需要和陆海军军种之间的斗争等因素，该计划经历了数次的修订，但始终没有改变的一点是建立在美国与日本两国单独进行战争的框架之上。早在1920年恩比克就指出，如果国联成为一个有效的机构，那么美国海军所设计的美日之间的战争计划将是不合时宜的，因为美国要么与国联成员国联合起来的一个同盟为敌，要么会得到一个同盟的支持。① 然而，恩比克的提议没有得到计划制订者的重视。

另一方面，国内自然资源十分短缺的日本严重依赖对外贸易。在美国西太平洋的军事力量遭到削弱之前或者没有其他盟国的支持与配合，日本自然不敢轻易发起对美战争。20世纪30年代，国际法西斯势力开始抬头，并不断加紧相互的勾结。1936年10月和11月，德国与意大利、日本分别签署《柏林—罗马轴心协定》和《反共产国际协定》，次年意大利加入《反共产国际协定》，"柏林—罗马—东京轴心"形成。史蒂文·罗斯指出，即使如此，"在20世纪30年代末，东京不可能冒险进行军事对抗"②。虽然1938年最后一个版本的"橙色"计划首次考虑了在大西洋与英国合作的问题，但没有就此进行深入的研究，只是一个简单的设想，与日本单独作战的框架没有改变。

"红色"计划设想美国与英国单独发生战争，"红—橙"计划设想美国同时与英国、日本进行战争。计划依据是，英国是美国全球贸易方面最大的竞争者，在西半球拥有能够威胁美国的海外属地，英国的海军仍然是世界上最强大的，如果英国和日本联起手来，将对美国造成最严重的威胁。这2个作战计划的研究程度仅次于"橙色"计划，离现实却更加遥远。因为"从政治上说，针对其中任一国家的战争都是不可能的，与英国的冲突在任何时候都简直难以置信"③。

---

① Louis Morton, "War Plan Orange: Evolution of a Strategy", *World Politics*, Vol. 11, No. 2, January 1959, p. 226.

② Steven T. Ross, ed., *American War Plans, 1919-1941*, Vol. 1, p. Ⅻ.

③ Steven T. Ross, ed., *American War Plans, 1919-1941*, Vol. 1, p. Ⅻ.

英国在"一战"后主动放弃海军的"两强标准",承认美国与其同等的海军地位,并且解散了"英日同盟",实际上就是不再把美国当作主要敌人看待,"美国与英国发生冲突的可能性是极其渺茫的,大西洋两边都没有发动战争的感情因素"①。除极少数人外,英国政府的决策者们都十分注意所实行的政策尽量不要和美国利益发生直接的碰撞。1933 年 10 月,英国参谋长委员会在年度国防政策评估报告中明确提道:"当前没必要将国防开销花在针对来自美国、法国和意大利的进攻上。"②1935 年 5 月,首相鲍德温宣称:"在世界任何地方,无论是在欧洲还是在东方,防止战争、保证安全的最大希望在于英帝国和美利坚合众国的紧密合作。"③

可见,"红色"计划和"红—橙"计划比"橙色"计划走得更远。美国学者詹姆斯·勒茨指出,在 1938 年英美两国已经开始海军会谈后,"具有讽刺意味的是,鉴于当前的国际形势,美国先前最能够应用的研究是假想一个红—橙联盟,美国针对英国和日本进行两洋作战"④。直到 1939 年陆海军联合委员会才决定不再进行这 2 个计划的研究。

从军事角度说,军方针对所有可能性进行作战研究和演练是无可厚非的,而且"作为制订具体军事计划技术过程的抽象演练,它们是有价值的,为那些制订者提供了有益的训练"⑤。在"颜色"系列作战计划中,"红—橙"计划是唯一针对一个敌对同盟的作战计划。这个计划"迫使军事计划人员去认真考虑美国不得不在两洋同时作战的问题……证明对那些为第二次世界大战而制订的计划来说,它有着重要的价值"⑥。尽管存在这些值得肯定的方面,但是在战前大部分时间内,美国军方集中精力于这 3 个脱离实际的作战计划,显得缺

---

① Louis Morton, "German First: the Basic Concept of Allied Strategy in World War Ⅱ", in Kent R. Greenfield, ed., *Command Decisions*, p. 13.

② CAB 53/23/5, C. O. S. 310, Imperial Defence Policy: Annual Review for 1933 by the Chiefs of Staff Sub-Committee, 12th October, 1933.

③ [英]爱德华·卡尔:《20 年危机(1919—1939):国际关系研究导论》,第 211 页。

④ James R. Leutze, *Bargaining for Supremacy: Anglo-American Naval Collaboration, 1937-1941*, p. 37.

⑤ Ray S. Cline, *Washington Command Post: The Operations Division*, p. 36.

⑥ Louis Morton, "German First: The Basic Concept of Allied Strategy in World War Ⅱ", in Kent R. Greenfield, ed., *Command Decisions*, p. 13.

乏战略预见性和前瞻性。

造成这一结果的主要原因在于，美国军方缺少来自政府决策层的政治指导。克劳塞维茨说过："作为战争最初动机的政治目的，既成为衡量战争行为应达到何种目标的尺度，又成为衡量应使用多少力量的尺度"。"只要根据国家的各种情况确定了战争应该是怎么样的，确定了战争可以做些什么，就不难找出进行战争的道路了"。① 这就是说，国家政策是军事战略和战争计划的起点。然而，美国参战之前，政府文官和军方之间在这种政策上的联系非常薄弱，军方对国家政策的决策过程影响甚微。

这种现象从美国开国之初就一直延续下来。欧内斯特·梅指出："长年孤立的安全窒息了政治—军事合作的想法。"② 作为军方来讲，他们有着不过问政治的传统。1912 年海军总委员会主席乔治·杜威提出："政策属于内阁，属于最高文职当权者，必须由当权者决定"，他的任务就是在被告知国家政策后去制订计划执行那项政策。陆军总参谋部也持类似的观点："在我们国家，公众舆论判断形势，治国才能制订政策，执行的责任归陆军部和海军部。"③ 1968 年已卸任总统的艾森豪威尔在接受采访时表示："当他们说军人应该作出政治决定时……表现出他们对什么是民主政府的无知，这是拿破仑和希特勒能干出的事。"④ 作为文官层面来说，美国国务院也有其传统，即认为"战争是国际关系的一种失常状态，而不是国际关系中一个正常的阶段，武力属于另一种范畴，是只有外交努力失败后才使用的最后手段"⑤。也就是说，在战争开始之前，军方在国家政策上不应当扮演任何角色。

但是，随着国际形势的发展，军方越来越需要来自政治层面的政策指导，要求国务院更多地参与指导军事战略的制订工作。第一个要求军政双方合作

---

① ［德］克劳塞维茨：《战争论》第 1 册，第 33 页、第 177 页。

② Ernest R. May, "The Development of Political-Military Consultation in the United States", *Political Science Quarterly*, Vol. 70, No. 2(Jun., 1955), p. 162.

③ Louis Morton, "Interservice Co-operation and Political-Military Collaboration", in Harry L. Coles, ed., *Total War and Cold War：Problems in Civilian Control of the Military*, p. 137.

④ Steve Weiss, *Allies in Conflict：Anglo-American Strategic Negotiations*, 1938-44, p. 5.

⑤ Mark A. Stoler, *Allies and Adversaries*, p. 2.

的呼吁，来自时任海军助理部长的富兰克林·罗斯福。1919 年 5 月，富兰克林·罗斯福写信给国务卿，提出海军部、陆军部和国务院分别派出代表组建一个联合的机构，以确定国家的目标，评估所需的成本，从而决定完成目标所需武装力量的性质和规模。然而，这封信沉睡在国务院的档案室里，一直没拆开过。① 同年 10 月，时任联合计划委员会成员的亚内尔（Harry E. Yarnell）提交了一份名为《国家政策与战争计划》的备忘录，建议任命副国务卿为联合委员会成员，国务院各地区司负责人为联合计划委员会成员。但国务卿兰辛（Robert Lansing）要求推迟半年再讨论此事，最后因华盛顿会议召开在即不了了之。② 1921 年，两军种部长联合写信给国务卿休斯（Charles E. Hughes），再次提出国务院参与军事战略制订过程的请求，休斯则以他和副国务卿太忙，无暇参与联合委员会事务为由给予拒绝，但同意出现危机时与军方合作。③

直到 1938 年 4 月，出于对轴心国向南美大陆渗透的担心，在国务卿赫尔的提议下，罗斯福同意建立由陆军参谋长、海军作战部长和副国务卿组成的"常务联络委员会"（Standing Liaison Committee）。然而，即使建立了这样一个委员会，第二次世界大战爆发后，军政合作还是处于低迷的状态。1939 年，联合计划委员会抱怨称："在处理某个特定问题时对国家政策常常一无所知，或对它该做什么全然不晓。"④1940 年初斯塔克指出，尽管与"国务院不断磋商……事情还是事先没个计划，我们经常收不到国务院采取行动的预先通知，而这些行动很可能影响到我们的活动"⑤。欧内斯特·梅对此给出的解释是，军方首脑和国务卿都忙于自己的事务，"政策问题很少提交委员会讨论"，

---

① Ernest R. May, "The Development of Political-Military Consultation in the United States", *Political Science Quarterly*, Vol. 70, No. 2(Jun. , 1955), pp. 167-168.

② Louis Morton, "Interservice Co-operation and Political-Military Collaboration", in Harry L. Coles, ed. , *Total War and Cold War: Problems in Civilian Control of the Military*, pp. 144-146.

③ Ernest R. May, "The Development of Political-Military Consultation in the United States", *Political Science Quarterly*, Vol. 70, No. 2(Jun. , 1955), pp. 168-170.

④ Fred Greene, "The Military View of American National Policy, 1904-1940", *The American Historical Review*, Vol. 66, No. 2, January 1961, p. 357.

⑤ Mark A. Stoler, *Allies and Adversaries*, p. 3.

"联络委员会没能跟上危险时代的步伐"。①

在 1940 年前的几十年间，"由于缺少全面的指导以及没能建立一个正式的合作结构，使得军方计划人员只能借助于自己的资源，去定义国际事务中的国家政策、国家利益和立场"②。此外，当战争迫近的时候，军方还面临人力动员和工业生产向战时转变的问题，这些都不是军方能够单独解决的。因此，"战争计划部分地与国家政策脱离，限制了它们直接的实用价值"③。

\* \* \* \* \*

英美两国军事战略协调与合作的开端，始于 1938 年的"英格索尔—菲利普斯会谈"。此时，两国都尚未处于战争之中。尽管张伯伦对美国作为一个盟国不抱有多大的期望，甚至"希望日本人痛揍一两个美国人"④，罗斯福在孤立主义盛行的国内形势下也需要遮遮掩掩，难以从容迈开两国合作的步伐，但法西斯国家的侵略气焰日益嚣张，迫于此种压力，英美两国开始了秘密的海军参谋会谈。会谈增进了双方的互信。对英方而言，"标志着海军部和汉基对美国海军的野心长期所持的怀疑逐渐打消了"⑤。美国则有史以来第一次在参战之前就与未来的盟国举行了军事参谋会谈，虽没有作出具体的承诺，但它"必然包含了合作的意向"⑥。

随着战争的爆发，英美之间的军事战略合作从单一的海军领域开始朝海陆空领域全面地发展，合作的内容从技术情报的交换逐步发展到了战略层面

---

① Ernest R. May, "The Development of Political-Military Consultation in the United States", *Political Science Quarterly*, Vol. 70, No. 2(Jun. , 1955), pp. 172-173.

② Fred Greene, "The Military View of American National Policy, 1904-1940", *The American Historical Review*, p. 354. 美国参战后，军方得到了罗斯福总统的重视，国务院则被冷落，军方在国家政策制订上开始拥有越来越大的发言权。军政合作的问题，直到战后 1947 年成立"国家安全委员会"(National Security Council)才得到彻底解决。

③ Maurice Matloff, "Franklin Delano Roosevelt as War Leader", in Harry L. Coles, ed. , *Total War and Cold War*: *Problems in Civilian Control of the Military*, p. 47.

④ Robert Self, ed. , *The Neville Chamberlain Diary Letters*, Vol. 4, *Chamberlain to Hilda*, 9 Jan, 1938, p. 296.

⑤ Stephen Roskill, *Hankey*: *Man of Secrets*, Vol. 3, p. 310.

⑥ James R. Leutze, *Bargaining for Supremacy*: *Anglo-American Naval Collaboration*, *1937-1941*, p. 17.

的协作。法国投降后,美国承诺其海军在大西洋护航以减轻英国海军的负担,驱逐舰换基地的协议更是"两国结成反法西斯同盟的关键一步"①,美国实际处于"不宣而战"的战争状态之中。通过《租借法案》,美国加大了对英国等反法西斯国家的物资援助。罗斯福试图通过使美国成为"民主国家兵工厂"的方式来置身战争之外,但是,美国太平洋舰队的存在严重妨碍了日本军国主义掠夺中国和东南亚资源的战争计划。珍珠港事件的爆发使美国国内的孤立主义一夜之间销声匿迹,英美之间的军事战略合作不再需要掩人耳目地进行了。

英美战时的军事战略合作具有 2 个特点:

第一,始终贯穿着英国的"间接战略"和美国的"直接战略"之争。这 2 种战略模式在战争中的实际运用并非泾渭分明、互相对立,而是往往相互交织,不能简单地评判孰是孰非。实际上,英国战略与美国战略一样,也处于依形势不断变化之中,如丘吉尔一度不顾军方反对支持"围歼"计划,同一战略中,军方内部又存在不同的作战方案。而美国也并不是完全反对英方的地中海战略,其同意实施联合轰炸和进攻至比萨—里米尼一线就是很好的证明。

历史不能像在实验室那样重复再现,也就无法证明一种战略取代另一种战略的结果一定更正确或是更糟糕。从实际情况看,比起美国主张的"直接战略"——在 1942—1943 年实施"围歼—痛击"计划,英国的"间接战略"此时将进攻行动的方向选在北非可能更加正确,但是到了 1943—1944 年,美国的"霸王"作战计划则可能比英国的"地中海战略"更加适应形势的发展。因此,可以这样下结论:正是英国的"间接战略"结合美国的"直接战略"赢得了这场战争的胜利。②

第二,两国的战略合作经历了英国战略观点占上风到美国战略观点占上

---

①　徐蓝:《关于 1940 年美英"驱逐舰换基地"协定的历史考察》,《历史研究》2000 年第 4 期,第 97 页。

②　国内学者关于英美两种战略模式的较为深入的分析,可见熊伟民:《战时英美欧洲战略比较研究》,《社会科学战线》1995 年第 4 期;同一作者的《战时美国的欧洲战略》,该书的第 10 章"英美欧洲战略比较研究",第 247—282 页。国外学者可见[英]利德尔·哈特:《战略论:间接路线战略》;Alex Danchev, "Great Britain: the Indirect Strategy", and Mark A. Stoler, "The United States: the Global Strategy", in David Raynolds, Warren F. Kimball and A. Q. Chubarian, eds., *Allies at War*, New York: St. Martin's Press, 1994, pp. 1-21, 55-75.

风的转变。1943年5月召开的"三叉戟"会议，是英美战略发展过程中的一个分水岭。尽管在欧洲战略和太平洋远东战略上，美方接受了英方所提出的一些保留意见，无论在跨海作战还是缅甸作战计划上，双方以后还有一番较量，但是这次会议一改之前英方观点占据主动的态势，美方战略观点开始逐渐引导战局的发展方向。联合参谋长委员会美方主席李海提道："双方最后达成的协议，比原计划对美国更有利。当然，这还要看我们的盟友在执行这些协议的具体行动。"①英国学者科斯特洛指出："华盛顿的'三叉戟会议'迫使首相和英国三军参谋长会议第一次认识到美国从今往后将在太平洋战略上发号施令，而且现在也处于左右大西洋战略的地位。在这个联盟中英国已沦为一个小伙伴。"②

到1944年9月第二次魁北克会议时，无论是在会前的准备程度上，还是会议期间的谈判技巧上，美方都已相当成熟，美国军事战略外交相比以往已经取得了相当大的进步。在与英国的战略对话中，美方的战略观点已占据完全的主导地位。英方提出参与太平洋作战行动的建议，已经多少带有向美方"乞食"的意味了。此时不用美方提出，英方就主动表示要收复全缅，事实上又回到了自己曾经竭力反对的"安纳吉姆"作战计划。第二次魁北克会议成为战时英美军事战略领域最后一次重要的会议。

英美军事战略合作中双方地位的变化，反映出的是两国国力的此消彼长以及两国世界霸主角色的交替。到1944年时，美国经济已彻底完成从和平时期向战时的转变，以强大工业生产能力和丰富资源为后盾的战争机器开始充分发挥作用，不但为本国而且为包括英国在内的盟国提供了战争胜利所需的重要物质基础。

美国在1940年的军火产量不到英国的一半，在1941年的产量约等于英国的2/3，在1942年则是英国的2倍，在1943年为英国的3倍多，在1944年近乎英国的4倍。1941年时，英国已达到自身最大军事生产能力的59％，而美国只达到了11％。③ 1941—1943年美国的军火产量增长了8倍以上，

---

① ［美］威廉·李海：《我在现场》，第171页。

② ［英］约翰·科斯特洛：《太平洋战争（1941—1945）》下册，第62页。

③ H. Duncan Hall, *North American Supply*, p. 421.

1943—1944 年，仅美国一国就已能每天建造 1 艘军舰，每 5 分钟生产 1 架飞机。① 1942 年英国军火的 1/10 来自美国，1943 年至 1944 年里超过了 1/4。② 英国和英联邦国家近一半的坦克、近 1/5 的战斗机、3/5 的运输机以及近 2/5 的登陆艇和舰只都来自美国。③ 美国大约 480 亿美元的物资用于租借援助，其中 2/3 给了英帝国，1/5 以上给了苏联，其余给了其他国家。④

　　战争前期，英国兵力动员早，在欧洲战区人数超过美国。但到 1943 年 9 月，英国的人力动员已经到了极限。英国官方史作者约翰·埃尔曼指出："人口的限制既决定又反映了战争努力的限度，并影响了战略思想。"⑤到 1944 年 7 月 1 日，美军人数共计 1 082.3 万，其中海外军队人数 552.38 万；英军人数共计 392 万，其中海外军队人数 192 万。⑥ 此时，美军的人数在各个主要战场已经是数倍于英军。到 1945 年 5 月和 9 月欧洲战争和太平洋远东战争结束时，美军仅在欧洲和太平洋远东两个战场的人数就分别达到了 3 065 505 和 1 552 303。⑦

　　这些数字说明，随着战争的进行，美国参与战争的程度不断加深，美国在英美军事战略同盟中发挥主导作用也是形势发展的必然。迈克尔·霍华德评价："到一九四四年，美国在盟国中的支配地位已占绝对优势，而且这一形势将继续保持到战后。"⑧克里斯托弗·索恩指出："伦敦和华盛顿之间无论引

---

　　①　［英］保罗·肯尼迪：《大国的兴衰》，第 349—350 页。

　　②　W. K. Hancock and M. M. Gowing, *British War Economy*, p. 373. 关于英美两国战争努力的较详细的比较可见该书第 369—378 页。

　　③　M. M. Postan, *British War Production*, London：Her Majesty's Stationery Office, 1952，p. 247.

　　④　［美］埃利奥特·A·科恩：《幼稚天真的战略：美国(1920 至 1945 年)》，［美］威廉森·默里、［英］麦格雷戈·诺克斯、［美］阿尔文·伯恩斯坦编：《缔造战略：统治者、国家与战争》，第 479 页。

　　⑤　John Ehrman, *Grand Strategy*, Vol. 5, p. 41.

　　⑥　Maurice Matloff, *Strategic Planning for Coalition Warfare*, 1943-1944, Appendix A, pp. 542-543.

　　⑦　Maurice Matloff, *Strategic Planning for Coalition Warfare*, 1943-1944, Appendix E, p. 555.

　　⑧　［英］迈克尔·霍华德：《第二次世界大战中的战略与政治——英国的情况》，［德］卡尔·德雷奇斯尔勒等：《第二次世界大战中的政治与战略》，第 53 页。

发什么争议，英国总体的次要地位越来越阻碍它能够最终采取一个强硬的立场。"①

对于美英在国际事务中的角色轮换，美国的政治家更为清楚，即通过这场战争，美国取代英国领导世界的时代已经到来。在 1943 年 11 月举行的开罗会议上，罗斯福对丘吉尔讲的一番话意味深长："温斯顿，在你们的血液里流淌着 400 年的贪婪本性，你们可能无法理解这样一个国家，它是多么不想获得如果它能够得到的某处土地。世界历史上一个新的时代已经开启，你们应该调整自己去适应它。"②在罗斯福看来，这个新的时代，就是美国领导世界的时代。在 1944 年 10 月 21 日罗斯福在美国外交政策协会发表的关于美国外交政策的讲演中，他的表述更为直截了当："吾国因拥有道义、政治、经济及军事各方面之力量，故自然负有领导国际社会之责任，且随之亦有领导国际社会之机会。吾国为本身之最大利益以及为和平与人道计，对于此种责任，不能畏缩，不应畏缩，且在事实上亦未畏缩。"③在罗斯福准备于 1945 年 4 月 13 日杰斐逊日的讲演稿中，他再次明确地写道："强大的力量要承担重大的责任。……我们作为美国人并不打算拒绝接受自己的责任。"④

＊　＊　＊　＊　＊

值得注意的是，英国和美国之间的霸权角色的交替是通过和平方式实现的，不同于近代民族国家形成以来新旧霸主往往通过武力较量来实现角色转换的特点，避免了"修昔底德陷阱"。英美之间的霸权角色转换前后经历了近一个世纪的时间，而 20 世纪的上半叶正是这种转换加速完成的阶段，也是英美军事战略同盟关系形成和发展的时期。

相比一百年前的第一次工业革命，19 世纪六七十年代开始的第二次工业

①　Christopher Thorne, *Allies of a Kind*：*The United States*，*Britain and the War against Japan*，*1941-1945*，p. 280.

②　David Dilks, ed., *The Diaries of Sir Alexander Cadogan*，*O. M.*，*1938-1945*，p. 578.

③　法学教材编辑部审定：《国际关系史资料选编》下册(1945—1980)，武汉大学出版社 1983 年版，第 67—68 页。

④　[美]富兰克林·德·罗斯福：《罗斯福选集》，第 522 页。由于罗斯福于 4 月 12 日逝世，该讲稿未及时发表。

革命更迅猛地促进了资本主义世界的生产力发展，然而它的中心是在美国，而不是在英国，这预示了自此以后美国的崛起。到 19 世纪末，美国的经济总量超过了英国，奠定了成为世界新霸主的经济基础。在世纪之交，让经济实力逐渐衰落的旧世界霸主英国聊以自慰的是，它还拥有世界上最广阔的殖民帝国，还拥有一支能够维持帝国统治所需的世界上最强大的海军舰队，尽管1902 年缔结的《英日同盟条约》已显示出旧霸主的疲态。此时，英国不但在经济上要面临列强的竞争，而且在海军地位上要应对美国、德国和日本这三个新兴强国的挑战。

好在第一次世界大战期间，美国和日本站在了英国一边，尤其是美国的参战决定性地改变了军事力量的平衡。伯尔尼大学的军事史学者斯蒂格·弗尔斯特(Stig Förster)指出："西线的协约成员国侥幸经受住了总体战的后果，因为最终是美国使它们脱离了困境。"[1]英国最终打败了它最大的对手——德国，但不可避免地付出了巨大的经济代价，美国却由此成为世界最大的债权国，何况美国具备能够同时负担一支庞大海军和一支庞大陆军的国力，这是英国无法企及的。然而，第一次世界大战只是把英国从一个世界性的"超级大国"削弱成了世界大国，它依然拥有相当的世界影响力。英国没有在巴黎和会上支持美国总统伍德罗·威尔逊企图引领世界的蓝图，这不仅仅是国家利益上的分歧，一定程度上也反映出旧的世界霸主面对最可能取代它的国家时的一种自然流露的心态，只是这种趋势是英国难以阻挡的。

在新旧世界霸主的交替过程中，旧霸主的反应和态度往往至关重要，因为它决定了这一过程究竟是生死的对决，还是和平的禅让。面对美国这一挑战其世界霸主地位的后来者，英国没有采取军事斗争、遏制打压等对抗性的手段，而是顺其自然地接受了这一命运的安排。对于英国来说，既然世界霸权地位难以维系，那就不如以最小的代价将权力地位交予一个最有利于自身的国家。相比任何其他国家，美国成为世界新霸主对英国的利益冲击最小。如前文所述，实际自 20 世纪初开始英国已形成了不与美国为敌的战略情感基础，而美国在两次世界大战期间仍保留"红—橙"计划，说明作为潜在的新霸

① Jay Winter, ed., *The Cambridge History of the First World War*, Vol. 2, Cambridge：Cambridge University Press, 2014, p. 136.

主,美国并未放弃以武力博取上位的准备,只是英国决定不与美国为敌,坦然接受美国的崛起,使得美国没有必要采取武力的方式。美国军史学家路易斯·莫顿称:"美国与英国发生冲突的可能性是极其渺茫的,大西洋两边都没有发动战争的感情因素。"①美国历史学家威廉·麦克尼尔也指出:"倘若美国变得同英国敌对,英国便会毫无办法继续对德作战。不过这种可能性可以很有把握地排除掉,因为美国人的感情和民族利益势必使他们站在英国一边。"②

1920年3月,英国政府宣布放弃传统的海军"两强标准",实际上间接承认了英国不再是一个世界性的"超级大国"。因为正是英国海军伴随着英国的霸权崛起,海军实力的变化是大英帝国国力盛衰的风向标,没有一支强大的海军力量,"英国治下的和平"将难以维系下去。在意识到自身国力下降的现实之后,通过1922年2月6日签订的华盛顿《五国海军协定》,英国承认了美国海军与其平起平坐的地位。保罗·肯尼迪称,英国"现在根本无力应对美国,以维持其海洋霸权地位:基于并不稳定的休战的海军平等是所能得到的最好的结果"③。可以说,《五国海军协定》成为美英新旧世界霸主权力交接的开端。

此外,英日同盟的解散,也说明英国最终选择美国作为它最重要的盟友,而日本转而成为"一战"后英国海军的假想敌。除极少数人外,英国政府的决策者们都十分注意所实行的政策尽量不要和美国利益发生直接的碰撞。英国历史学家梅德利科特指出:"英国海军部在本世纪初即已阐明的现实主义观点:大不列颠已在欧洲承担义务,因而不能在大西洋或太平洋事务中与美国进行争吵。"④1933年10月,英国参谋长委员会在年度国防政策评估报告中明确提道:"当前没必要将国防开销花在针对来自美国、法国和意大利的进攻

---

① Louis Morton,"German First:The Basic Concept of Allied Strategy in World War Ⅱ",in Kent R. Greenfield,ed.,*Command Decisions*,p. 13.

② [美]威廉·哈代·麦克尼尔:《美国、英国和俄国:它们的合作和冲突(1941—1946年)》,第 952 页。

③ [英]保罗·肯尼迪:《英国海上主导权的兴衰》,沈志雄译,人民出版社 2014 年版,第 284—285 页。

④ [英]W·N·梅德利科特:《英国现代史(1914—1964)》,第 122 页。

上。"①这些说明，在军事战略心理层面英国已接纳美国接替它的角色。

在文化传统和意识形态层面，英国也更认可美国，特殊的历史纽带使得双方具备共同的文化基础。尽管美国是一个世界性的移民国家，但其主流的文化与英国同为盎格鲁—撒克逊文化，共同的语言也使彼此沟通起来更加顺畅。对于美国人自诩的"天赋使命"和"例外论"，尽管在英国人看来多少是可笑的理想主义，但正如梅德利科特指出的："有人认为，英国人和美国人即使不算亲兄弟，至少也是堂兄弟，毕竟都是盎格鲁—撒克逊人……美国自以为无与伦比，是享有自由和机会、比旧世界的政治标准和卑鄙的野心较为优越的国度，英国人普遍承认这一点。"②无论是君主立宪，还是总统共和，都源于共同的"民主政治"理念。即使英美之间存在意识形态上的分歧，例如在英国的殖民统治问题上，但不存在美国和苏联之间那种天然的、无法调和的意识形态对立。

第二次世界大战大大促进了英美霸主角色的加速转换。相比第一次世界大战，英国在第二次世界大战中更加受益于同美国的盟友关系，甚至如果没有美国的支持和参战，英国最终很可能难以逃脱被征服的命运。自1937年的七七事变之后，英美开始了一系列的军事会谈。这些会谈充分表明，没有美国的牵头或参与，英国已无力单独应付远东的危机。自美西战争之后美国在太平洋地区逐渐增长的势力此时已处于主导地位，以至在1941年底太平洋战争爆发之后，英国正式承认了美国在太平洋战场的主导权，尽管临近战争结束之时，为维护远东的殖民利益，英国不成功地试图更多地参与到这一战场的行动中来。由此，英美在太平洋地区完成了霸权角色的互换。

大西洋地区的霸权转换则始于1940年9月初英美达成的《驱逐舰换基地协定》。正是来自美国的援助，使得英国将最危险的时刻演绎成了"最光辉的时刻"。尽管英国为50艘驱逐舰付出高昂的代价，但丘吉尔认为："每一艘驱逐舰的价值都应该用红宝石来衡量。"③内阁的普遍看法是，尽管从有形资产

---

① CAB 53/23/5，C. O. S. 310，Imperial Defence Policy：Annual Review for 1933 by the Chiefs of Staff Sub-Committee，12th October，1933.

② ［英］W·N·梅德利科特：《英国现代史(1914—1964)》，第121—122页。

③ Warren F. Kimball，ed.，*Churchill and Roosevelt：The Complete Correspondence*，Vol. 1，p. 60.

的观点看，这笔交易的条件是极不利于我们的，但是不能只从作为一种交易的角度来看待这个问题。这可能是建立盎格鲁—撒克逊集团的第一步，而且的确是历史上的决定性时刻。① 而在此后执行"大西洋第一"的共同军事战略中，随着美国军事战略观点逐渐占据上风，英美在大西洋地区的霸权角色转换遂告完成。

而战争期间美国向英国提供的租借物资和服务总计为 270.23 亿美元，包括澳大利亚、新西兰、南非和印度在内总计为 300.73 亿美元，分别占美国所提供的整个租借总数的近 62％和近 69％。② 英国在受益于美国的租借援助的同时，也在经济上日益加深了对美国的依赖，以至于在美国因战争结束而停止租借援助时，英国不得不立即请求美国提供贷款。英国经济上的困境和对美国的依赖还迫使它不得不接受以美国的"怀特计划"为基础构建战后的布雷顿森林体系，而当今的世界经济和国际金融实际依然处于布雷顿森林体系的影响之下。

总的来说，20 世纪上半叶的两次世界大战，尤其是第二次世界大战，使旧的世界霸主英国遭遇到了前所未有的危机和困境，接受新兴霸权国家，美国的援助并与其结成军事战略同盟可能是它生存下去的唯一途径，将世界霸主的位置让与美国是英国必须付出的代价。在军事同盟形成和发展的过程中，英国在心理上也在逐渐适应角色转换所带来的变化，尽管心理上的适应过程直到战后才最终完成。作为新兴的霸权国家，美国也并不是完全漠视英国的观点，甚至对英国作出让步，"在一切关键性的时刻，都能听到英国人的意见，有时英国的意见修改了美国人的决定"③。以这种和平的方式转换世界霸权角色，对英国而言是代价成本最小的，从长远的角度看，也是最有利于英国自身利益的。对美国而言，情况亦是如此。

---

① CAB 65/8，W. M.，227(40)1，14th August，1940.

② R. G. D. Allen，"Mutual Aid between the U. S. and the British Empire，1941-1945"，*Journal of the Royal Statistical Society*，Vol. 109，No. 3(1946)，p. 250.

③ ［美］威廉·哈代·麦克尼尔：《美国、英国和俄国：它们的合作和冲突(1941—1946 年)》，第 954 页。

# 大事年表

**1919 年**

| | |
|---|---|
| 1 月 18 日 | 巴黎和会召开。 |
| 3 月 2 日 | 共产国际一大召开。 |
| 6 月 28 日 | 《凡尔赛条约》签订。 |
| 7 月 10 日 | 美国总统伍德罗·威尔逊将《凡尔赛条约》提交参议院。 |
| 7 月 24 日 | 美国陆海军联合委员会进行重组。 |
| 8 月 15 日 | 英国内阁颁布"10 年规则"。 |
| 9 月 10 日 | 《圣日耳曼条约》签订，奥地利被禁止与德国合并。 |
| 11 月 19 日 | 美国参议院第一次投票拒绝通过《凡尔赛条约》。 |
| 11 月 27 日 | 《纳伊条约》签订。 |
| 12 月 18 日 | 美国陆海军联合委员会提交修订后的"橙色"计划。 |

**1920 年**

| | |
|---|---|
| 1 月 16 日 | 国际联盟第一次全体会议在巴黎召开。 |
| 2 月 24 日 | 德意志民族社会主义工人党在慕尼黑成立。 |
| 3 月 17 日 | 英国海军大臣沃尔特·朗在议会下院宣布，放弃海军传统的"两强标准"。 |
| 3 月 19 日 | 美国参议院第二次投票拒绝通过《凡尔赛条约》。 |
| 4 月 30 日 | 英国政府结束征兵制。 |

| | |
|---|---|
| 6月4日 | 《特里亚农条约》签订。美国国会通过《国防法》。 |
| 6月29日 | 中国加入国际联盟。 |
| 7月3日 | 英国皇家空军在英格兰亨登进行飞行表演。 |
| 8月10日 | 《色佛尔条约》签订。 |
| 8月14日 | 8月14日，捷克斯洛伐克和塞尔维亚—克罗地亚—斯洛文尼亚王国(1929年定名为南斯拉夫王国)签订防御同盟条约，是为"小协约国"前身。 |
| 11月15日 | 国联召开在日内瓦的第一次全体会议。 |
| 12月17日 | 日本接受以国联名义对太平洋岛屿的委任统治。 |

**1921年**

| | |
|---|---|
| 2月19日 | 法国与波兰签订军事同盟条约。 |
| 3月4日 | 沃伦·哈定出任美国第29任总统。 |
| 3月16日 | 英国与苏俄签署贸易协定。 |
| 3月18日 | 苏俄与波兰签订《里加条约》。 |
| 8月25日 | 美国与德国签订和平条约。 |
| 11月7—9日 | "战斗的意大利法西斯"召开第三次代表大会，将该党更名为"国家法西斯党"。 |
| 11月12日 | 华盛顿会议召开。 |
| 11月13日 | 美国、英国、法国和日本签署《四国条约》。 |

**1922年**

| | |
|---|---|
| 2月6日 | 美、英、日、法、意签订《关于限制海军军备条约》，美、英、日、中、法、意、比、荷、葡签订《九国公约》，华盛顿会议闭幕。 |
| 3月15日 | 英国内阁确定空军作为独立的军种。<br>英国帝国国防委员会成立"应对大陆空中威胁小组委员会"。 |
| 3月20日 | 美国海军第一艘航空母舰"兰利号"开始服役。 |
| 8月3日 | 英国内阁批准生产500架飞机的本土防御计划。 |
| 10月23日 | 英国博纳·劳的保守党政府取代劳合·乔治的自由党政府。 |

| | |
|---|---|
| 10 月 27 日 | 3 万名意大利法西斯行动队员分 3 路进军罗马。 |
| 10 月 31 日 | 墨索里尼成为意大利总理。 |
| 11 月 21 日 | 拉姆齐·麦克唐纳当选英国工党领袖。 |
| 11 月 30 日 | 世界第一艘真正意义上的航空母舰日本海军的"凤翔号"下水测试。 |
| 12 月 30 日 | 苏维埃社会主义共和国联盟成立。 |

**1923 年**

| | |
|---|---|
| 1 月 11 日 | 法国和比利时联合出兵占领鲁尔。 |
| 2 月 | 英国空军大臣霍尔建议空军效仿海军实行"一强标准"。 |
| 5 月 22 日 | 斯坦利·鲍德温接替博纳·劳担任英国首相。 |
| 6 月 15 日 | 英国空军部提出以法国为假想敌的"五十二中队计划"。 |
| 8 月 3 日 | 卡尔文·柯立芝出任美国第 30 任总统。 |
| 8 月 13 日 | 古斯塔夫·施特雷泽曼成为德国总理兼外交部长。 |
| 11 月 8 日 | 希特勒发动"啤酒馆暴动"。 |

**1924 年**

| | |
|---|---|
| 1 月 22 日 | 拉姆齐·麦克唐纳组建英国第一届工党政府。 |
| 2 月 1 日 | 英国正式承认苏联。 |
| 3 月 6 日 | 英国政府削减军事预算。 |
| 4 月 9 日 | 协约国赔款委员会提出"道威斯计划"。 |
| 9 月 29 日 | 德国向国联提出军备"权利平等"和归还原殖民地的要求。 |
| 11 月 3 日 | 英国麦克唐纳工党政府下台。 |
| 11 月 4 日 | 斯坦利·鲍德温第二次当选英国首相。 |
| 12 月 20 日 | 希特勒提前出狱。 |

**1925 年**

| | |
|---|---|
| 1 月 20 日 | 苏联与日本建立外交关系。 |
| 4 月 25 日 | 兴登堡当选德国总统。 |
| 4 月 28 日 | 英国回归金本位制。 |

| | |
|---|---|
| 7月1日 | 英国政府设立自治领事务大臣职位。 |
| 7月18日 | 希特勒出版《我的奋斗》。 |
| 8月27日 | 最后一批法军撤出鲁尔。 |
| 10月5日 | 洛迦诺会议召开。 |
| 10月16日 | 《洛迦诺公约》草签。 |
| 12月1日 | 《洛迦诺公约》正式签署。 |

**1926 年**

| | |
|---|---|
| 5月3日 | 英国爆发工人总罢工。 |
| 7月2日 | 美国陆军航空勤务队改称陆军航空兵。 |
| 9月10日 | 德国加入国际联盟。 |
| 9月16日 | 意大利与罗马尼亚签署和平条约。 |
| 11月22日 | 英帝国会议承认英联邦国家在内政外交上拥有自主权。 |
| 12月25日 | 日本裕仁天皇即位。 |

**1927 年**

| | |
|---|---|
| 1月19日 | 英国决定向中国派兵。 |
| 3月5日 | 美国海军陆战队抵达中国。 |
| 3月10日 | 巴伐利亚取消对希特勒演讲的限制。 |
| 4月12日 | 蒋介石发动"四一二"反革命政变。 |
| 5月2日 | 国际经济会议开幕。 |
| 7月19日 | 英国陆军大臣沃辛顿-埃文斯重申削减陆军的本土防御义务，将重点放在海外。 |

**1928 年**

| | |
|---|---|
| 7月5日 | 英国内阁同意每年对"10 年规则"作出评估。 |
| 8月27日 | 15 个国家和地区签署《凯洛格—白里安公约》，到 1933 年共有 63 个国家和地区批准或加入。 |
| 9月27日 | 美国承认中华民国政府。 |
| 10月1日 | 苏联开展第一个五年计划。 |

**1929 年**

| | |
|---|---|
| 2 月 13 日 | 美国《巡洋舰法案》批准建造 19 艘新巡洋舰和 1 艘航空母舰。 |
| 3 月 4 日 | 赫伯特·胡佛就任美国第 31 任总统。 |
| 6 月 5 日 | 麦克唐纳再次组建英国工党政府。 |
| 8 月 31 日 | 协约国赔款委员会通过"杨格计划"。 |
| 9 月 17 日 | 英国开始从德国撤军。 |
| 10 月 29 日 | 华尔街股市崩溃,引发世界性经济大危机。 |

**1930 年**

| | |
|---|---|
| 1 月 20 日 | 海牙会议通过《杨格计划》。 |
| 1 月 21 日—<br>　4 月 22 日 | 伦敦海军会议。 |
| 4 月 22 日 | 美国、英国和日本签署《伦敦海军协定》。 |
| 9 月 14 日 | 纳粹党在德国选举中获得国会 107 个席位。 |
| 11 月 2 日 | 埃塞俄比亚皇帝海尔·塞拉西一世加冕。 |

**1931 年**

| | |
|---|---|
| 1 月 9 日 | 英国"三党裁军委员会"会议决定重新审查"10 年规则"。 |
| 6 月 20 日 | 美国总统胡佛发表"延债宣言"。 |
| 9 月 18 日 | 日本帝国主义发动九一八事变。 |
| 9 月 21 日 | 英国政府放弃金本位制。 |
| 12 月 11 日 | 日本放弃金本位制。 |

**1932 年**

| | |
|---|---|
| 1 月 28 日 | 日军在上海制造一·二八事变。 |
| 2 月 2 日 | 日内瓦裁军会议开幕。 |
| 3 月 1 日 | 伪"满洲国"成立。 |
| 3 月 22 日 | 英国参谋长委员会建议取消"10 年规则"。 |
| 3 月 23 日 | 英国内阁原则上接受取消"10 年规则",但附加限制性条件。 |
| 5 月 5 日 | 中日签署《淞沪停战协定》。 |

| | |
|---|---|
| 6 月 29 日 | 中苏签署互不侵犯条约。 |
| 11 月 27 日 | 苏联与波兰签署互不侵犯条约。 |
| 11 月 29 日 | 苏联与法国签署互不侵犯条约。 |

**1933 年**

| | |
|---|---|
| 1 月 30 日 | 兴登堡任命希特勒为德国总理。 |
| 3 月 4 日 | 富兰克林·罗斯福就任美国第 32 任总统。 |
| 3 月 27 日 | 日本退出国联。 |
| 4 月 19 日 | 美国宣布放弃金本位制。 |
| 10 月 14 日 | 德国退出国联和日内瓦裁军大会。 |
| 11 月 15 日 | 英国政府决定成立"国防需要委员会",标志着"10 年规则"的结束。 |

**1934 年**

| | |
|---|---|
| 2 月 28 日 | 英国国防需要委员会提交第 1 份弥补国防缺陷报告。 |
| 3 月 1 日 | 溥仪即位为伪"满洲国"皇帝。 |
| 3 月 24 日 | 美国国会通过法案宣布菲律宾于 1945 年独立。 |
| 5 月 17 日 | 比利时外交大臣海曼斯要求英国对比利时的安全作出保证。 |
| 6 月 11 日 | 日内瓦裁军会议失败。 |
| 7 月 11 日 | 英国内阁决定不发表关于保证比利时领土完整的声明。 |
| 7 月 18 日 | 英国内阁通过裁军大臣委员会关于空中防御的报告,决定实行"七十五中队计划"(A 计划)。 |
| 7 月 31 日 | 英国内阁通过第 1 份弥补国防缺陷报告。 |
| 8 月 2 日 | 兴登堡去世,当天希特勒成为德国总统,并宣布自己为元首,8 月 19 日公民投票,将总统总理职务合二而一。 |
| 9 月 17 日 | 苏联加入国际联盟(荷兰、瑞士和葡萄牙投反对票)。 |
| 10 月 1 日 | 希特勒违反《凡尔赛条约》,扩大陆军和海军,并创建空军。 |
| 11 月 26 日 | 英国内阁决定实行空军的"B 计划"。 |
| 12 月 29 日 | 日本宣布退出 1922 年《华盛顿海军条约》和 1930 年《伦敦海军条约》。 |

**1935 年**

| | |
|---|---|
| 1 月 7 日 | 法国外长赖伐尔与墨索里尼签署《罗马协定》。 |
| 3 月 15 日 | 希特勒实行普遍义务兵役制，开始重整军备。 |
| 5 月 8 日 | 英国政府决定实行空军"C 计划"。 |
| 6 月 18 日 | 《英德海军协定》签署。 |
| 7 月 24 日 | 英国国防需要委员会提交第 2 份弥补国防缺陷报告。 |
| 8 月 31 日 | 罗斯福签署《中立法》，禁止向交战国出口武器。 |
| 10 月 3 日 | 意大利军队进攻埃塞俄比亚。 |
| 11 月 21 日 | 英国国防需要委员会提交第 3 份弥补国防缺陷报告，提出海军的"DRC"标准。 |
| 12 月 9 日 | 伦敦国际海军会议召开。 |

**1936 年**

| | |
|---|---|
| 2 月 25 日 | 英国政府决定实行空军"F 计划"。 |
| 2 月 26 日 | 日本发生"二二六事件"。 |
| 2 月 29 日 | 罗斯福签署《1936 年中立法》。 |
| 3 月 7 日 | 德军进入莱茵不设防区。 |
| 3 月 25 日 | 伦敦海军会议达成《限制海军军备条约》，日本退出会议，意大利未在条约上签字。 |
| 4 月 15—16 日 | 英、法、比三国军事参谋人员在伦敦举行会谈。 |
| 7 月 4 日 | 国联结束对意大利侵略埃塞俄比亚的制裁。 |
| 7 月 17 日 | 佛朗哥发动叛乱，西班牙内战爆发。 |
| 10 月 25 日 | 德国与意大利签署《柏林—罗马轴心协定》。 |
| 11 月 25 日 | 德国与日本签署《反共产国际协定》。 |
| 12 月 12 日 | 西安事变。 |

**1937 年**

| | |
|---|---|
| 1 月 14 日 | 英国空军部提出空军的"H 计划"。 |
| 2 月 11 日 | 英国帝国国防委员会关于地中海防御的报告获得内阁通过。空军"H 计划"未获通过。 |

| 4 月 29 日 | 英国海军大臣霍尔就新"两强标准"向内阁提交报告。 |
| --- | --- |
| 5 月 28 日 | 内维尔·张伯伦出任英国首相。 |
| 7 月 7 日 | 卢沟桥事变，中国抗战全面爆发。 |
| 8 月 13 日 | "八一三事变"，日军进攻上海。 |
| 10 月 5 日 | 罗斯福总统在芝加哥发表"防疫"演说。 |
| 10 月 27 日 | 英国空军部提出空军"J 计划"，但未获通过。 |
| 11 月 3—24 日 | 《九国公约》签字国会议在布鲁塞尔召开。 |
| 11 月 6 日 | 意大利加入《反共产国际协定》。 |
| 11 月 8 日 | 英国首相张伯伦决定应给予防空绝对优先权。 |
| 12 月 11 日 | 意大利退出国联。 |
| 12 月 12 日 | 日军击沉美国炮艇"帕奈号"并击伤英舰"瓢虫号"和"蜜蜂号"。 |
| 12 月 13 日 | 日军占领南京，制造大屠杀事件。 |
| 12 月 15 日 | 英国国防协调大臣英斯基普提交国防支出报告。 |
| 12 月 16 日 | 英国三军参谋长反对外交大臣艾登关于再次同法国和比利时举行参谋会谈的建议。 |
| 12 月 31 日 | 美国海军战争计划局长英格索尔抵达伦敦。 |

**1938 年**

| 1 月 3—18 日 | 英格索尔与英方海军人员进行参谋会谈。 |
| --- | --- |
| 1 月 21 日 | 英国空军部提出"K 计划"。 |
| 2 月 20 日 | 安东尼·艾登辞去英国外交大臣一职。 |
| 2 月 22 日 | 美国陆海军联合委员会对"橙色"计划作最后一次修订。 |
| 3 月 13 日 | 德国吞并奥地利。 |
| 3 月 14 日 | 英国空军部提出"L 计划"。 |
| 3 月 23 日 | 英国内阁决定承担有限的"大陆义务"。 |
| 4 月 28—29 日 | 法国总理达拉第和外长博内访问伦敦。 |
| 9 月 15 日 | 张伯伦在贝希特斯加登会晤希特勒。 |
| 9 月 23 日 | 张伯伦再次前往哥德斯堡与希特勒会晤。 |
| 9 月 30 日 | 《慕尼黑协定》签署。 |
| 10 月 10 日 | 德国完成对捷克斯洛伐克苏台德地区的吞并。 |

| | |
|---|---|
| 10 月 25 日 | 英国空军部提出"M 计划"。 |
| 11 月 23—25 日 | 英国首相张伯伦和外交大臣哈利法克斯勋爵访问法国。 |
| 12 月 6 日 | 法国与德国签署互不侵犯条约。 |

**1939 年**

| | |
|---|---|
| 2 月 22 日 | 英国内阁勉强地接受了"大陆义务"。 |
| 3 月 15 日 | 德国占领捷克斯洛伐克。 |
| 3 月 28 日 | 西班牙内战结束。 |
| 4 月 6 日 | 英国与波兰签署军事同盟条约。 |
| 4 月 21 日 | 美国陆海军联合计划委员会提交战略报告，第一次针对真实敌人设想全球战争。 |
| 4 月 26 日 | 英国实行义务兵役制。 |
| 4 月 28 日 | 德国宣布废除《英德海军协定》和《德波互不侵犯条约》。 |
| 5 月 11 日 | 美国军方制订出新的战争计划方针，命名为"彩虹"计划。 |
| 5 月 22 日 | 德意签署《钢铁同盟条约》。 |
| 6 月 12—16 日 | 英国海军计划局汉普顿中校抵达华盛顿与美海军人员进行参谋会谈。 |
| 6 月 14 日 | 日军封锁天津英法租界。 |
| 6 月 22—27 日 | 英法新加坡军事会谈。 |
| 7 月 27 日 | 美国军方完成"彩虹"计划 1。 |
| 8 月 23 日 | 苏联与德国签署《苏德互不侵犯条约》。 |
| 9 月 1 日 | 德军入侵波兰，第二次世界大战爆发。 |
| | 乔治·马歇尔出任美国陆军参谋长。 |
| 9 月 3 日 | 英国、法国对德宣战。 |
| 9 月 5 日 | 美国宣布中立。 |
| 9 月 17 日 | 苏联军队进攻波兰。 |
| 9 月 18 日 | 英国海军大臣丘吉尔在内阁会议上提出向美国购买驱逐舰。 |
| 11 月 4 日 | 美国政府允许外国现金自运购买武器。 |
| 12 月 14 日 | 苏联被国际联盟开除。 |

**1940 年**

| | |
|---|---|
| 3 月 13 日 | 苏芬战争结束。 |
| 4 月 9 日 | 德军入侵丹麦和挪威。 |
| 4 月 12 日 | 意大利吞并阿尔巴尼亚。 |
| 5 月 10 日 | 德军进攻荷兰、比利时和卢森堡。 |
| | 丘吉尔出任英国首相。 |
| 5 月中旬 | 美国军方制订出"彩虹"计划 2。 |
| 5 月 31 日 | 美国军方制订出"彩虹"计划 4。 |
| 6 月 10 日 | 挪威投降。 |
| | 意大利对法国宣战。 |
| 6 月 15 日 | 法国投降。 |
| 6 月 28 日 | 美国国会通过《促进国防及其他目的法案》。 |
| 7 月 10 日 | 不列颠之战开始。 |
| 8 月 14 日 | 罗斯福总统批准"彩虹"计划 4。 |
| 8 月 15 日— | |
| 9 月 19 日 | 美国戈姆利军事代表团与英国军方进行广泛的军事会谈。 |
| 9 月 2—3 日 | 英美达成《驱逐舰换基地协定》。 |
| 9 月 22 日 | 日军进攻法属印度支那。 |
| 9 月 27 日 | 德国、意大利和日本缔结轴心同盟条约。 |
| 11 月 12 日 | 美国海军作战部长斯塔克提出"D 计划"。 |
| 11 月 20 日 | 匈牙利、罗马尼亚和斯洛伐克加入轴心同盟。 |

**1941 年**

| | |
|---|---|
| 1 月 29 日— | |
| 3 月 27 日 | 英美军方在华盛顿举行"ABC"参谋会谈,确立"先欧后亚"战略。 |
| 3 月 11 日 | 罗斯福签署《租借法案》。 |
| 4 月 7 日 | 美国军方制订出"彩虹"计划 5。 |
| 4 月 21—27 日 | "ADB"会谈在新加坡举行。 |
| 6 月 19 日 | 罗斯福签署两洋海军扩建法案。 |
| 6 月 21 日 | 美国陆军航空兵更名为陆军航空队。 |

| 6月22日 | 德国、意大利和罗马尼亚对苏联宣战，苏德战争爆发。 |
| --- | --- |
| 7月7日 | 美军登陆冰岛。 |
| 8月1日 | 罗斯福宣布对日本禁售石油等物资。 |
| 8月6日 | 美国陆海军联合委员会取消"彩虹"计划2和3。 |
| 8月9—12日 | 大西洋会议。 |
| 8月14日 | 《大西洋宪章》发表。 |
| 8月25日 | 英军和苏军在伊朗展开联合军事行动。 |
| | 英国三军参谋长提出"ADB—2"。 |
| 8月30日 | 列宁格勒被德军包围。 |
| | 丘吉尔下令开展研制原子弹的"管合金"项目。 |
| 9月11日 | 罗斯福下令美国海军在美国海域对轴心国舰只"见着就打"。 |
| | 美国陆海军联合计划委员会完成"胜利"计划。 |
| 9月23日 | 戴高乐在伦敦组建法国流亡政府。 |
| 9月30日 | 德军进攻莫斯科。 |
| 10月9日 | 罗斯福批准美国开展原子弹研制项目。 |
| 11月5日 | 英军联合参谋人员首次提交北非作战行动方案。 |
| 12月7日 | 日军偷袭珍珠港，太平洋战争爆发。 |
| 12月9日 | 中国对日本、德国和意大利宣战。 |
| 12月11日 | 德国和意大利对美国宣战。 |
| | 日军占领关岛。 |
| 12月22日 | 丘吉尔率军政代表团抵达华盛顿，举行"阿卡迪亚"会谈。 |
| 12月25日 | 日军占领香港。 |
| 12月26日 | 英美两国军方就北非行动达成初步方案。 |

**1942 年**

| 1月1日 | 《联合国家宣言》发表。 |
| --- | --- |
| 1月9日 | 美国设立参谋长联席会议。 |
| 1月10日—<br>3月1日 | 美、英、荷、澳联合司令部（"ABDA"）成立，于当年3月1日解散。 |

| | |
|---|---|
| 1月14日 | "阿卡迪亚"会谈结束。 |
| 2月9日 | 英美联合参谋长委员会召开第一次会议。 |
| 4月8—14日 | 马歇尔与霍普金斯访问英国。 |
| 5月4日 | 美国陆海军联合委员会取消"彩虹"计划1和4。 |
| 6月4—6日 | 中途岛海战,日本海军遭遇失败。 |
| 6月18—25日 | 丘吉尔率军事代表团访问美国,举行"冒险家"会谈,复活了搁置的"体育家"作战计划。 |
| 7月18—26日 | 马歇尔与霍普金斯再访英国,美方接受北非"火炬"作战行动。 |
| 8月13日 | 艾森豪威尔被任命为指挥盟军北非登陆作战行动的最高司令。 |
| 10月23日 | 英军在阿拉曼发起反攻。 |
| 11月8日 | 英美盟军展开北非登陆作战行动。 |

**1943 年**

| | |
|---|---|
| 1月14—24日 | 卡萨布兰卡会议。 |
| 2月2日 | 斯大林格勒战役结束。 |
| 5月11—25日 | 英美"三叉戟"会谈。 |
| 5月13日 | 德意军队在突尼斯向盟军投降,北非战役结束。 |
| 6月10日 | 共产国际宣告解散。 |
| 7月10日 | 英美盟军部队在西西里岛登陆。 |
| 7月24—25日 | 意大利法西斯政权被推翻,墨索里尼被捕。 |
| 8月14—24日 | 第一次魁北克会议。 |
| 9月8日 | 意大利向盟国投降,德军随后占领意大利中北部。 |
| 10月19—30日 | 莫斯科美、英、苏三国外长会议。 |
| 11月22—26日 | 中、美、英三国政府首脑举行开罗会议。 |
| 11月28日—<br>　12月1日 | 苏、美、英三国政府首脑举行德黑兰会议。 |
| 12月3—7日 | 开罗会议第二阶段会议,中国战场地位下降。 |

**1944 年**

| | |
|---|---|
| 1月27日 | 列宁格勒解围。 |

| | |
|---|---|
| 2 月 3 日 | 美军占领马绍尔群岛。 |
| 4 月 14 日 | 艾森豪威尔被任命为盟国远征军最高司令。 |
| 6 月 6 日 | 盟军在诺曼底登陆，欧洲第二战场开辟。 |
| 6 月 15 日 | 美军在塞班岛登陆。 |
| 8 月 25 日 | 巴黎解放。 |
| 9 月 12—16 日 | 第二次魁北克会议。 |
| 10 月 4 日 | 英军在希腊登陆。 |
| 10 月 9—19 日 | 丘吉尔前往莫斯科与斯大林会谈。 |
| 10 月 19 日 | 美军重返菲律宾。 |
| 11 月 29 日 | 阿尔巴尼亚获得解放。 |

**1945 年**

| | |
|---|---|
| 1 月 17 日 | 华沙获得解放。 |
| 2 月 4—11 日 | 雅尔塔会议。 |
| 4 月 1 日 | 美军开始进攻冲绳岛。 |
| 4 月 12 日 | 美国总统罗斯福逝世。 |
| 4 月 16 日 | 苏军开始进攻柏林。 |
| 4 月 30 日 | 希特勒自杀。 |
| 5 月 8 日 | 德国签署无条件投降书。 |
| 7 月 16 日 | 美国研制成功世界上第一颗原子弹。 |
| 7 月 17 日—<br>　8 月 2 日 | 波茨坦会议。 |
| 8 月 6 日 | 美国在日本广岛投放原子弹。 |
| 8 月 8 日 | 苏联对日宣战。 |
| 8 月 9 日 | 美国在日本长崎投放原子弹。 |
| 8 月 15 日 | 日本宣布无条件投降。 |
| 9 月 2 日 | 日本签署无条件投降书。 |

# 参考文献

## 一、政府档案文件

1. 英国

BDFA：*British Documents on Foreign Affairs：Reports and Papers from the Foreign Office Confidential Print.*

Part Ⅱ：From the First to the Second World War, Series F：Europe, 1919-1939, Vol. 23：France, Jan. 1937-Jan. 1940, edited by Anthony Adamthwaite, General editors：Kenneth Bourne and D. Cameron, Maryland：University Publications of America, 1993.

Part Ⅱ：From the First to the Second World War, Series F：Europe, 1919-1939, Vol. 30：Belgium and Luxemburg, July 1931-December 1939, edited by Anthony Adamthwaite, General editors：Kenneth Bourne and D. Cameron, Maryland：University Publications of America, 1993.

Part Ⅲ：From 1940 through 1945, Series C：North America, Vol. 1：North America Jan. 1940-Dec. 1941, edited by Richard D. G. Crockatt, General editors：Paul Preston and Michael Partridge, Maryland：University Publications of America, 1999.

CAB 23：Minutes and Conclusions of the War Cabinet and Cabinet, 1916-1939.

CAB 24：Memoranda of the War Cabinet and Cabinet，1915-1939.

CAB 53：Minutes and Memoranda of the Chiefs of Staff Sub-Committee of the Committee of Imperial Defence，1923-1939.

CAB 63：Papers of Lord Hankey，1908-1944.

CAB 65：Minutes and Conclusions of the War Cabinet and Cabinet，1939-1945.

CAB 66：Memoranda of the War Cabinet and Cabinet，1939-1945.

DBFP：Documents on British Foreign Policy，1919-1939.

Second Series，Vol. 21，edited by W. N. Medlicott and Douglas Dakin，assisted by Gillian Bennett，London：H. M. S. O. ，1984.

Third Series，Vol. 3，edited by E. L. Woodward and Rohan Butler，assisted by Margaret Lambert，London：H. M. S. O. ，1950.

FO 371：Correspondence of the Foreign Office's Political Department，1906-1966.

Hansard：Commons and Lords' Debates Records of the Parliament of United Kingdom.

PREM 3：Papers Concerning Defence and Operational Subjects，1940-1945，Winston Churchill.

2. 美国

FRUS：*Papers Relating to the Foreign Relations of the United States / Foreign Relations of the United States：Diplomatic Papers.*

*Japan：1934-1941*，2vols，Washington，D. C. ：USGPO，1943.

*1937*，Vol. 4：*The Far East*，Washington，D. C. ：USGPO，1954.

*1940*，Vol. 3：*The British Commonwealth*，*the Soviet Union*，*the Near East and Africa*，Washington，D. C. ：USGPO，1958.

*1941*，Vol. 2：*Europe*，Washington，D. C. ：USGPO，1959.

*1941*，Vol. 4：*The Far East*，Washington，D. C. ：USGPO，1956.

*1942*，Vol. 3：*Europe*，Washington，D. C. ：USGPO，1961.

*1943：The Conference at Cairo and Tehran*，Washington，D. C. ：USGPO，1961.

Joint Board of the Army and Navy Records，JB325，Ser. 634，Marshall Research Library and Archives，Lexington，Virginia.

Pearl Harbor Attack：*Hearings before the Joint Committee on the Investigation of the Pearl Harbor Attack*，79th Congress，1st and 2nd Session，pursuant to S. Con. Res. 27，edited by Congress of the United States，Washington，D. C.：United States Government Printing Office，1946.

Ross，Steven T.，ed.，*American War Plans*，*1919-1941*，5vols，New York：Garland Publishing，Inc.，1992.

Strategic Plans Division of U. S. Navy Records，Box. 117，122，Naval Historical Center-Washington Navy Yard S. E.，Washington，D. C.

War Plans Divisions of U. S. War Department Records，WPD-4175，4402，Marshall Research Library and Archives，Lexington，Virginia.

3. 德国

DGFP：*Documents on German Foreign Policy*，*1918-1945*.

　　Series C，Vol. 2，3，edited by Paul R. Sweet，Washington，D. C.：USGPO，1959.

　　Series C，Vol. 4，edited by Paul R. Sweet，London，HMSO，1962.

4. 其他

Jacobsen，Hans-Adolf and Arthur L. Smith，Jr.，eds.，*World War II：Policy and Strategy*，*Selected Documents with Commentary*，California：Clio Press，1979.

李巨廉、王斯德主编：《第二次世界大战起源历史文件资料集(1937.7—1938.8)》，华东师范大学出版社 1985 年版。

齐世荣主编：《世界通史资料选辑·现代部分》第 1 分册，商务印书馆 1998 年第 2 版。

"中华民国外交关系研究会"编：《中国外交史资料丛编(四)：卢沟桥事变前后的中日外交关系》，台北 1964 年版。

二、条约和协定

MacMurray，John V. A.，ed.，*Treaties and Agreements with and*

*Concerning China*，*1894-1919*，Vol. 1：*Manchu Period*，*1894-1911*，New York：Oxford University Press，1921.

世界知识出版社编：《国际条约集(1917—1923)》，世界知识出版社 1961 年版。

世界知识出版社编：《国际条约集(1924—1933)》，世界知识出版社 1961 年版。

世界知识出版社编：《国际条约集(1934—1944)》，世界知识出版社 1961 年版。

### 三、报刊

*Army and Navy Register*，Washington，D. C.，July 25，1903.

*New York Times*，12 October，1938.

*Washington Post*，5 October，1938.

### 四、个人文件、信件、日记和回忆录

Arnold，Henry H.，*Global Mission*，New York：Harper & Brothers，1949.

Berle，Beatrice B. and Travis B. Jacobs，eds.，*Navigating the Rapids 1918-1971：From the Papers of Adolf A. Berle*，New York：Harcourt Brace Jovanovich，Inc.，1973.

Blum，John M.，ed.，*From the Morgenthau Diaries*，Vol. 1：*Years of Crisis*，*1928-1938*，Boston：Houghton Mifflin，1959.

Butcher，Harry C.，*My Three Years with Eisenhower：The Personal Diary of Captain Harry C. Butcher*，USNR，*Naval Aide to Eisenhower*，1942 *to* 1945，New York：Simon & Schuster，1946.

Coox，Alvin，*Years of the Tiger*，Philadelphia：Orient/West，Inc.，1964.

Danchev，Alex and Daniel Todman，eds.，*War Diaries*，*1939-1945：Field Marshal Lord Alanbrooke*，London：Weidenfeld & Nicolson，2001.

Dilks，David，ed.，*The Diaries of Sir Alexander Cadogan*，*1938-*

*1945*, New York: G. P. Putnam's Sons, 1972.

Fergusson, Bernard, ed., *The Business of War: The War Narrative of Major-General Sir John Kennedy*, New York: William Morrow and Company, 1958.

Hooker, Nancy H., ed., *The Moffat Papers: Selections from the Diplomatic Journals of Jay Pierrepont Moffat*, *1919-1943*, Cambridge, MA: Harvard University Press, 1956.

Hull, Cordell, *The Memoirs of Cordell Hull*, Vol. 1, New York: Macmillan, 1948.

Ickes, Harold L., *The Secret Diary of Harold L. Ickes*, Vol. 2, Vol. 3, New York: Simon and Schuster, 1954.

Ismay, Hastings L., *The Memoirs of General Lord Ismay*, New York: The Viking Press, 1960.

Kimball, Warren F., ed., *Churchill and Roosevelt: The Complete Correspondence*. Vol. 1, Vol. 3, Princeton, NJ: Princeton University Press, 1984.

Loewenheim, Francis L., *et al.*, eds., *Roosevelt and Churchill: Their Secret Wartime Correspondence*, New York: Da Capo Press, Inc., 1990.

Rosenman, Samuel I., ed., *The Public Papers and Addresses of Franklin D. Roosevelt*. Vol. 6, Vol. 9, New York: Macmillan, 1941.

Self, Robert, ed., *The Neville Chamberlain Diary Letters*, Vol. 4: *The Downing Street Years*, *1934-1940*, Aldershot: Ashgate Publishing Limited, 2005.

Stimson, Henry L., *The Henry L. Stimson Diaries*, New Haven: Yale University Library, 1973.

Stimson, Henry L. and McGeorge Bundy, *On Active Service in Peace and War*, New York: Harper & Brothers, 1947.

Wedemeyer, Albert C., *Wedemeyer Reports*! New York: Henry Holt & Company, 1958.

Welles, Sumner, *Seven Decisions That Shapes History*, New York: Harper & Brothers, 1950.

Williamson, Philip and Edward Baldwin, eds., *Baldwin Papers: A Conservative Statesman*, *1908-1947*, Cambridge: Cambridge University Press, 2004.

Wood, Edward F. L. (Lord Halifax), *Fullness of Days*, New York: Dodd, Mead & Company, 1957.

［英］艾登，安东尼：《艾登回忆录——面对独裁者》下卷，武雄、毓文、曼罗等译，陈尧光校，商务印书馆 1977 年版。

［英］艾登，安东尼：《艾登回忆录——清算》中册，瞿同祖、赵曾玖译，粟旺校，商务印书馆 1976 年版。

［美］艾森豪威尔，德怀特·D：《艾森豪威尔回忆录》(一)，樊迪、静海等译，东方出版社 2007 年版。

［美］费雷尔，罗伯特·H：《艾森豪威尔日记》，陈子思、左景祥、郑翔里译，陈子思校，新华出版社 1987 年版。

［美］格鲁，约瑟夫·C：《使日十年(1932—1942)》，蒋相泽译，商务印书馆 1983 年版。

［俄］勒热舍夫斯基，奥·阿编：《斯大林和丘吉尔(1941—1945)》，王仲宣、齐仲、高春兴译，东方出版社 2006 年版。

［美］李海，威廉：《我在现场》，马登阁、石雷、张若玲译，华夏出版社 1988 年版。

［美］罗斯福，富兰克林·德：《罗斯福选集》，关在汉编译，商务印书馆 1982 年版。

［美］罗斯福，伊利奥：《罗斯福见闻秘录》，李嘉译，新群出版社 1950 年版。

［英］麦克劳德，伊恩：《张伯伦传》，西安外语学院英语系译，商务印书馆 1990 年版。

［英］丘吉尔，温斯顿：《第二次世界大战回忆录·第 1 卷·风云紧急》，吴泽炎、万良炯、沈大靖译，杜汝辑、张自谋校译，南方出版社 2005 年版。

［英］丘吉尔，温斯顿：《第二次世界大战回忆录·第 2 卷·最光辉的时

刻》，李平沤等译，李平沤等校译，南方出版社 2005 年版。

[英]丘吉尔，温斯顿：《第二次世界大战回忆录·第 3 卷·伟大的同盟》，韦凡译，白景泉、谢德风校译，南方出版社 2005 年版。

[英]丘吉尔，温斯顿：《第二次世界大战回忆录·第 4 卷·命运的关键》，冯刚等译，许逸凡等校译，南方出版社 2005 年版。

[英]丘吉尔，温斯顿：《第二次世界大战回忆录·第 5 卷·紧缩包围圈》，张自谋等译，张自谋等校译，南方出版社 2005 年版。

[英]丘吉尔，温斯顿：《第二次世界大战回忆录·第 6 卷·胜利与悲剧》，张师竹、许崇信等译，许崇信、林纪焘、陈加洛等校译，南方出版社 2005 年版。

顾维钧：《顾维钧回忆录》第 2 分册，中国社会科学院近代史研究所译，中华书局 1985 年版。

## 五、传记

Boyle, Andrew, *Trenchard: Man of Vision*, London: Collins, 1962.

Feiling, Keith, *The Life of Neville Chamberlain*, London: Macmillan, 1946.

Gilbert, Martin, *Winston S. Churchill*, Vol. 1, Boston: Houghton Mlifflin Co., 1984.

Lash, Joseph. P., *Roosevelt and Competitive: The Partnership that Saved the West*, London: Andre Deutsh, 1977.

Lewin, Ronald, *Churchill as Warlord*, London: Batsford, 1973.

Pogue, Forrest C., *George C. Marshall*, Vol. 1, New York: Viking, 1963.

Roskill, Stephen, *Hankey: Man of Secrets*, Vol. 2, London: Collins, 1972. Vol. 3, London: Collins, 1974.

Wheeler-Bennett, John, *King George* Ⅵ, New York: St. Martin's Press, 1965.

[美]波格，福雷斯特·C：《马歇尔传（1939—1942）》，黄友义、丛国玲、郝伟等译，世界知识出版社 1992 年版。

〔美〕波格，福雷斯特·C：《马歇尔传(1943—1945)》，魏翠萍、高玉、潘长发等译，世界知识出版社 1992 年版。

〔美〕波特，E·B：《尼米兹》，蒋恺、施家鼐、伍文雄译，解放军出版社 2005 年版。

〔英〕布洛克，艾伦：《大独裁者希特勒〔暴政研究〕》上册，朱立人、黄鹂、黄佩全译，朱立人校，北京出版社 1986 年版。

〔美〕德斯特，卡罗：《我时刻准备着——艾森豪威尔传》，张贺译，南海出版公司 2005 年版。

〔美〕克雷，埃德：《陆军五星上将乔治·C·马歇尔：军人和国务活动家》，王启明译，军事谊文出版社 2004 年版。

〔美〕舍伍德：《罗斯福与霍普金斯——二次大战时期白宫实录》(上、下册)，福建师范大学外语系编译室译，商务印书馆 1980 年版。

## 六、官方史

1. 英国

Collier, Basil, *The Defense of the United Kingdom*, London：HMSO, 1957.

*Grand Strategy*.

　　Vol. 1：Rearmament Policy, by N. H. Gibbs, London：HMSO, 1976.

　　Vol. 2：September 1939-June 1941, by J. R. M. Butler, London：HMSO, 1957.

　　Vol. 3：June 1941-August 1942, Part 1, by J. M. A. Gwyer；Part 2, by J. R. M. Butler, London：HMSO, 1964.

　　Vol. 4：August 1942-September 1943, by Michael Howard, London：HMSO, 1972.

　　Vol. 5：August 1943-September 1944, by John Ehrman, London：HMSO, 1956.

Hall, H. Duncan, *North American Supply*, London：HMSO, 1955.

Hancock, W. K. and M. M. Gowing, *British War Economy*, London：HMSO, 1949.

Kirby, S. Woodburn, *The War against Japan.*

　Vol. 1: *The Loss of Singapore*, London: HMSO, 1957.

　Vol. 2: *India's Most Dangerous Hour*, London: HMSO, 1958.

Roskill, Stephen, *The War at Sea.* Vol. 1: *The Defensive*, HMSO, 1954.

Webster, Charles and Noble Frankland, *Strategic Air Offensive against Germany*, Vol. 1: *Preparation*, London: HMSO, 1961.

Woodward, Llewellyn, *British Foreign Policy in the Second World War.*

　Vol. 1, London: HMSO, 1970.

　Vol. 2, London: HMSO, 1971.

2. 美国

Cline, Ray S. , *Washington Command Post: The Operations Division*, Washington, D. C. : Office of the Chief of Military History & Department of the Army, 1951.

Conn, Stetson and Byron Fairchild, *The Framework of Hemisphere Defense*, Washington, D. C. : Office of the Chief of Military History of United States Army, 1960.

Greenfield, Kent R. , ed. , *Command Decisions*, Washington, D. C: Center of Military History of United States Army, 1987.

Howe, George F. , *Northwest Africa: Seizing the Initiative in the West*, Washington, D. C. : Office of the Chief of Military History & Department of the Army, 1957.

Kirkpatrick, Charles E. , *An Unknown Future and A Doubtful Present: Writing the Victory Plan of 1941*, Washington, D. C. : Center of Military History of United States Army, 1992.

Kittredge, Tracy B. , *United States-British Naval Cooperation*, *1939-1942*, Series 2, Part: A, Naval Historical Center-Washington Navy Yard S. E. , Washington, D. C.

Leighton, Richard M. and Robert W. Coakley, *Global Logistics and Strategy*, *1940-1943*, Washington D. C. : Office of the Chief of Military

History of Department of the Army, 1955.

Matloff, Maurice, ed, *American Military History*, Washington, D. C. : Office of the Chief of Military History, 1973.

Matloff, Maurice and Edwin M. Snell, *Strategic Planning for Coalition Warfare*, *1941-1942*, Washington D. C. : Office of The Chief of Military History of Department of The Army, 1953.

Matloff, Maurice, *Strategic Planning for Coalition Warfare*, *1943-1944*, Washington, D. C. : Office of the Chief of Military History & Department of the Army, 1959.

Morison, Samuel E. , *History of United States Naval Operations in World War II*, Vol. 1: *The Battle of the Atlantic*, *September* 1939-May 1943, Boston: Little, Brown & Company, 1957.

Morton, Louis B. , *Strategy and Command: The First Two Years*, Washington, D. C. : Office of the Chief of Military History Department of the Army, 1962.

Romanus, Charles F. and Riley Sunderland, *Stiwell's Command Problems*, Washington, D. C. : Office of the Chief of Military History & Department of the Army, 1956.

Watson, Mark S. , *Chief of Staff: Prewar Plans and Preparations*, Washington, D. C. : Historical Division of Department of the Army, 1950.

## 七、个人专著或编著

Baylis, John, *Anglo-American Defence Relations*, *1939-1980: The Special Relationship*, London: Macmillan Press, 1981.

Bond, Brian, *British Military Policy between the Two World Wars*, Oxford: Clarendon Press, 1980.

Bond, Brian, *Liddell Hart: A Study of His Military Thought*, New Jersey: Rutgers University Press, 1977.

Borg, Dorothy, *The United States and the Far Eastern Crisis of 1933-1938*, Cambridge, MA: Harvard University Press, 1964.

Bryant, Arthur, *The Turn of the Tide*, *1939-1943*: *A Study Based on the Diaries and Autobiographical Notes of Field Marshal the Viscount Alanbrooke*, London: Collins, 1957.

Cashman, Sean D., *America, Roosevelt and W W II*, New York: New York University Press, 1989.

Clayton, Anthony, *The British Empire as a Superpower*, *1919-1939*, London: Macmillan, 1986.

Clifford, Nicholas R., *Retreat from China*: *British Policy in the Far East*, *1937-1941*, Worcester: University of Washington Press, 1967.

Cole, Wayne S., *America First*: *The Battle against Intervention*, 1940-1941, Madison: The University of Wisconsin Press, 1953.

Cregory, Ross, *America 1941*: *A Nation at the Crossroads*, New York: Free Press, 1989.

Davis, Kenneth S., *FDR Into the Storm*, *1937-1940*: *A History*, New York: Random House, 1993.

Dennett, Tyler, *Roosevelt and the Russo-Japanese War*: *A Critical study of American Policy in the Eastern Asia in 1902-05*, *Based Primarily upon the Private Papers of Theodore Roosevelt*, New York: Doubleday, Page & Company, 1925.

Divine, Robert A., *Roosevelt and World War II*, Baltimore: Johns Hopkins University Press, 1969.

Divine, Robert A., *The Illusion of Neutrality*, Chicago: University of Chicago Press, 1962.

Ferrell, Robert H., *American Diplomacy*: *A History*, New York: Norton, 1975.

Ferris, John R., *The Evolution of British Strategic Policy*, *1919-26*, London: Macmillan, 1989.

Gole, Henry G., *The Road to Rainbow*: *Army Planning for Global War*, *1934-1940*, Annapolis, Maryland: Naval Institute Press, 2003.

Goodhart, Philip, *Fifty Ships That Saved the World*, New York:

Doubleday & Co. , 1965.

Graham, Dominick and Shelford Bidwell, *Tug of War*: *The Battle for Italy*, *1943-1945*, London: Hodder and Stoughton, 1986.

Grigg, John, 1943: *The Victory that Never Was*, London: Eyre Methuen, 1980.

Haggie, Paul, *Britannia at Bay*: *The Defence of the British Empire against Japan*, *1931-1941*, Oxford: Clarendon Press, 1981.

Herzog, James H. , *Closing the Open Door*: *American-Japanese Diplomatic Negotiations 1936-1941*, Annapolis, Maryland: Naval Institute Press, 1973.

Howard, Michael, *The Continental Commitment*: *The Dilemma of British Defence Policy in the era of the Two World Wars*, New York: The Ashfield Press, 1989.

Iriye, Akira, *Across the Pacific*: *An Inner History of American-East Asian Relations*, New York: Harcourt, Brace & World, Inc. , 1967.

Kennedy, Greg, *Anglo-American Strategic Relations and the Far East*, *1933-1939*: *Imperial Crossroads*, London: Frank Cass Publishers, 2002.

Kittredge, Tracy B. , United States-British Naval Cooperation, 1939-1942, Mircofilm, NRSII-226, Naval Historical Center-Washington Navy Yard S. E. , Washington, D. C.

Langer, William L. and S. E. Gleason, *The World Crisis and American Foreign Policy*, Vol. 2: *The Undeclared War*, *1940-1941*, New York: Harper & Brothers Publisher, 1953.

Lebourgeois, Julien J. , *The United States Naval War College*, New York: Newcomen Society in North Amercia, 1975.

Lee, Bradford A. , *Britain and Sino-Japanese War*, *1937-1939*, California: Stanford University Press, 1973.

Leutze, James R. , *Bargaining for Supremacy*: *Anglo-American Naval Collaboration*, *1937-1941*, Chapel Hill: The University of North Carolina Press, 1977.

Lowe, Peter, *Great Britain and the Origins of the Pacific War: A Study of British Policy in East Asia, 1937-1941*, Oxford: Clarendon Press, 1977.

Marder, Arthur J. , *Old Friends, New Enemies: The Royal Navy and the Imperial Japanese Navy*, Vol. 1: *Strategic Illusions, 1936-1941*, Oxford: Clarendon Press, 1981.

Megargee, Geoffrey P. , *The Army Before Last: British Military Policy, 1919-1939 and Its Relevance for the U. S. Army Today*, Santa Monica: Rand, 2000.

Miller, Edward S. , *War Plan Orange: The U. S. Strategy to defeat Japan, 1897-1945*, Annapolis, Maryland: Naval Institute Press, 1991.

Morison, Samuel E. , *The Rising Sun in the Pacific, 1931-April 1942*, Boston: Little, Brown & Co. , 1953.

Mowat, C. L. , *Britain Between the Wars, 1918-1940*, London: Methuen, 1955.

Murfett, Malcolm H. , *Fool-Proof Relations: The Search for Anglo-American Naval Cooperation During the Chamberlain Years, 1937-1940*, Singapore: Singapore University Press, 1984.

Murray, Williamson, *Luftwaffe*, South Carolina: The Nautical & Aviation Publishing Co. of America, 1985.

Nester, W. R. , *Power across the Pacific: A Diplomatic History of American Relations with Japan*, Basingstoke, Hampshire: Macmillan, 1996.

Neumann, William L. , *Making the Peace, 1941-1945: The Diplomacy of the Wartime Conferences*, Washington, D. C. : Foundation for Foreign Affairs, 1950.

Nicholas, Herbert, *Britain and The United States of America*, Chicago: University of Chicago Press, 1975.

Nimmo, W. F. , *Stars and Stripes across the Pacific: The United States, Japan, and the Asia/Pacific Region, 1895-1945*, Westport, Connecticut: Praeger Publishers, 2001.

O'Brien，Phillips P.，*British and American Naval Power：Politics and Policy，1900-1936*，Westport，Connecticut：Praeger Publishers，1998.

Ovendale，Ritchie，*Appeasement and the English Speaking World：Britian，the United States，the Dominions，and the Policy of Appeasement，1937-1939*，Cardiff：University of Wales Press，1975.

Pelz，Stephen. E.，*Race to Pearl Harbor：The Failure of the Second London Naval Conference and the Onset of World War Ⅱ*，Cambridge，MA：Harvard University Press，1974.

Philpott，Ian M.，*The Royal Air Force：An Encyclopedia of the Inter-war Years*，Vol. 2：*Re-armament 1930 to 1939*，South Yorkshire：Pen & Sword Books Ltd.，2008.

Rauch，Basil，*Roosevelt：From Munich to Pearl Harbor：A Study in the Creation of a Foreign Policy*，New York：Barnes & Noble，1950.

Reynolds，David，*Lord Lothian and Anglo-American Relations，1939-1940*，Philadelphia：Transsactions of the American Philosophical Society，1983.

Reynolds，David，*The Creation of the Anglo-American Alliance，1937-1941：A Study in Competitive Co-operation*，London：Europa Publications Limited，1981.

Roskill，Stephen，*Naval Policy between the Wars*，Vol. 2，London：Collins，1976.

Ross，Steven T.，*American War Plans，1890-1939*，London：Frank Cass，2002.

Shai，Aron，*Origins of the War in the East：Britain，China and Japan 1937-39*，London：Croom Helm，1976.

Sinnott，Colin，*The RAF and Aircraft Design，1923-1939：Air Staff Operational Requirements*，London：Frank Cass，2001.

Smith，Malcolm，*British Air Strategy between the Wars*，Oxford：Oxford University Press，1984.

Steele，Richard W.，*The First Offensive* 1942：*Roosevelt，Marshall and the Making of American Strategy*，Bloomington：Indiana University Press，1973.

Stiehm，Judith H.，*The U. S. Army War College：Military Education in a Democracy*，Philadelphia：Temple University Press，2002.

Stoler，Mark A.，*Allies and Adversaries：The Joint Chiefs of Staff, the Grand Alliance，and U. S. Strategy in World War II*，Chapel Hill：The University of North Carolina Press，2000.

Stoler，Mark A.，*The Politics of the Second Front：American Military Planning and Diplomacy in Coalition Warfare，1941-1943*，London：Greenwood Press，1977.

Taylor，A. J. P.，*English History，1914-1945*，Oxford：Oxford University Press，1992.

Thorne，Christopher，*Allies of a Kind：The United States，Britain and the War against Japan，1941-1945*，New York：Oxford University Press，1978.

Utley，Jonathan G.，*Going to War with Japan，1937-1941*，Knoxville：University of Tennessee Press，1985.

Watt，D. C.，*How War Came：The Immediate Origins of the Second World War，1938-1939*，New York：Pantheon Books，1989.

Weiss，Steve，*Allies in Conflict：Anglo-American Strategic Negotiations，1938-44*，London：Macmilian Press，1996.

Wilson，Theodore A.，*The First Summit：Roosevelt and Churchill at Placentia Bay*，1941，Lawrence，Kansas：University Press of Kansas，1991.

Winter，Jay，ed.，*The Cambridge History of the First World War*，Vol. 2，Cambridge：Cambridge University Press，2014.

[德]埃尔德曼，卡尔·迪特利希：《德意志史·第4卷·世界大战时期（1914—1950）》上册，高年生等译，商务印书馆1986年版。

[美]奥夫纳，阿诺德·A：《美国的绥靖政策：1933—1938年美国的外交政策与德国》，陈思民、余昌楷译，丁钟华校，商务印书馆1987年版。

[美]达莱克，罗伯特：《罗斯福与美国对外政策（1932—1945）》上册，伊

伟、丁耀林、张震久等译,白自然校,商务印书馆 1984 年版。

[美]达莱克,罗伯特:《罗斯福与美国对外政策(1932—1945)》下册,陈启迪、王伟明、马宁等译,白自然、马清槐校,商务印书馆 1984 年版。

[美]菲斯,赫伯特:《通向珍珠港之路——美日战争的来临》,周颖如、李家善译,商务印书馆 1983 年版。

[美]格林菲尔德,肯特:《第二次世界大战中的美国战略——再思考》,陈月娥译,解放军出版社 1985 年版。

[英]哈特,利德尔:《第二次世界大战战史》第 2 卷,钮先钟译,上海人民出版社 2002 年版。

[英]哈特,利德尔:《战略论:间接路线战略》,中国人民解放军军事科学院译,战士出版社 1981 年版。

[英]惠勒-贝内特,约翰:《慕尼黑——悲剧的序幕》,林书武、沈芜清、金宜久等译,北京出版社 1978 年版。

[英]卡尔,爱德华:《20 年危机(1919—1939):国际关系研究导论》,秦亚青译,世界知识出版社 2005 年版。

[英]科斯特洛,约翰:《太平洋战争(1941—1945)》(上、下册),王伟、夏海涛等译,东方出版社 1985 年版。

[德]克劳塞维茨:《战争论》第 1 册,中国人民解放军军事科学院译,商务印书馆 2004 年版。

[英]肯尼迪,保罗:《大国的兴衰》,陈景彪、王保存、王章辉译,国际文化出版公司 2006 年版。

[英]肯尼迪,保罗:《英国海上主导权的兴衰》,沈志雄译,人民出版社 2014 年版。

[苏联]库尼娜:《1917—1920 年间美国争夺世界霸权计划的失败》,汪淑钧、夏书章译,世界知识出版社 1957 年版。

[美]兰格,威廉,主编:《世界史编年手册·现代部分》,高望之、罗荣渠、张广达等译,高望之校,生活·读书·新知三联书店 1978 年版。

[美]林克,阿瑟、威廉·卡顿:《一九〇〇年以来的美国史》,刘绪贻、李存训、李世洞译,中国社会科学出版社 1983 年版。

[美]洛克藤堡,威廉·爱:《罗斯福与新政(1932—1940 年)》,朱鸿恩、

刘绪贻译，商务印书馆 1993 年版。

[美]马士、宓亨利：《远东国际关系史》下册，姚曾廙等译，商务印书馆 1975 年版。

[美]麦克尼尔，威廉·哈代：《美国、英国和俄国：它们的合作和冲突（1941—1946 年）》，叶佐译，上海译文出版社 2007 年版。

[英]麦克唐纳，C·A：《美国、英国与绥靖（1936—1939）》，何抗生、周兴宝、张毅君译，中国对外翻译出版公司 1986 年版。

[美]曼彻斯特，威廉：《光荣与梦想——1932—1972 年美国实录》第 1 册，广州外国语学院美英问题研究室翻译组译，商务印书馆 1978 年版。

[英]梅德利科特，W·N：《英国现代史（1914—1964）》，张毓文、刘礼生、宁静译，商务印书馆 1990 年版。

[英]米德尔马斯，基恩：《绥靖战略》，复旦大学国际政治系译，上海译文出版社 1978 年版。

[美]米勒，内森：《美国海军史》，卢如春译，海洋出版社 1985 年版。

[美]米利特，阿伦、彼得·马斯洛斯金：《美国军事史》，军事科学院外国军事研究部译，军事科学出版社 1989 年版。

[英]米特，拉纳：《中国，被遗忘的盟友：西方人眼中的抗日战争全史》，蒋永强、陈逾前、陈心心译，新世界出版社 2014 年版。

[苏联]纳罗奇尼茨基、古贝尔、斯拉德科夫斯基、布尔林加斯：《远东国际关系史》第 1 册，北京外国语学院俄语系首届工农兵学员译，商务印书馆 1976 年版。

[美]帕特森，托马斯，等：《美国外交政策》（下），李庆余译，中国社会科学出版社 1989 年版。

[美]沙伊贝，H·N、H·G·瓦特、H·U·福克纳：《近百年美国经济史》，彭松建、熊必俊、周维译，唐璞校，中国社会科学出版社 1983 年版。

[美]塔奇曼，巴巴拉·W：《史迪威与美国在中国的经验（1911—1945）》，万里新译，新星出版社 2007 年版。

[英]泰勒，A·J·P：《争夺欧洲霸权的斗争（1848—1918）》，沈苏儒译，商务印书馆 1987 年版。

[英]托因比，阿诺德、维罗尼卡·M·托因比合编：《国际事务概览

(1939—1946 年)：轴心国的初期胜利》(下)，许步曾、周国卿、万紫等译，上海译文出版社 1983 年版。

[日]外山三郎：《日本海军史》，龚建国、方希和译，解放军出版社 1988 年版。

[美]夏伊勒，威廉：《第三帝国的兴亡——纳粹德国史》，董乐山、李耐西、陈廷祐等译，董乐山校，世界知识出版社 1979 年版。

陈效卫：《美国联盟战略研究》，国防大学出版社 2002 年版。

方连庆主编：《现代国际关系史(1917—1945)》，北京大学出版社 1990 年版。

韩永利：《战时美国大战略与中国抗日战场(1941—1945 年)》，武汉大学出版社 2003 年版。

梁敬錞：《开罗会议》，台北"商务印书馆"1973 年版。

钮先钟：《第二次世界大战的回顾与省思》，广西师范大学出版社 2003 年版。

萧石忠主编：《美国著名军校》，人民出版社 2004 年版。

熊伟民：《战时美国的欧洲战略》，湖南教育出版社 1997 年版。

徐蓝：《英国与中日战争(1931—1941)》，北京师范学院出版社 1991 年版，首都师范大学出版社 2010 年再版。

徐世澄主编：《美国和拉丁美洲关系史》，社会科学文献出版社 1995 年版。

许嘉：《美国战略思维研究》，军事科学出版社 2003 年版。

余志森主编：《美国通史》第 4 卷，人民出版社 2002 年版。

赵文亮：《二战研究在中国》，武汉大学出版社 2006 年版。

## 八、论文集

Alexander, Martin S. and W. J. Philpott, eds., *Anglo-French Defence Relations between the Wars*, New York: Palgrave Macmillan Ltd., 2002.

Coles, Harry L., ed., *Total War and Cold War: Problems in Civilian Control of the Military*, Columbus: Ohio State University Press, 1962.

Kimball，Warren F.，ed.，*Franklin D. Roosevelt and the World Crisis*，*1937-1945*，Lexington，MA：D. C. Heath & Co.，1973.

Lane，Ann and Howard Temperley，eds.，*The Rise and Fall of the Grand Alliance*，*1941-45*，London：Macmillan Press，1995.

Mckercher，B. J. C. and Roch Legault，eds.，*Military Planning and the Origins of the Second World War in Europe*，Westport，Connecticut：Praeger Publisher，2001.

Millett，Allan R. and W. Murray，eds.，*Military Effectiveness*，Vol. 2，Boston：Allen & Unwin，1990.

O'Brien，Phillips P.，ed.，*The Anglo-Japanese Alliance*，*1902-1922*，London and New York：Routledge Curzon，2004.

Raynolds，David，Warren F. Kimball，and A. Q. Chubarian，eds.，*Allies at War*，New York：St. Martin's Press，1994.

［德］德雷奇斯尔勒，卡尔，等：《第二次世界大战中的政治与战略》，军事科学院外国军事研究部译，军事科学出版社 1983 年版。

［美］默里，威廉森、［英］麦格雷戈·诺克斯、［美］阿尔文·伯恩斯坦编：《缔造战略：统治者、国家与战争》，时殷弘等译，世界知识出版社 2004 年版。

［美］帕雷特，彼得，主编，［美］戈登·A·克雷格、［美］费利克斯·吉尔伯特编：《现代战略的缔造者：从马基雅维利到核时代》，时殷弘等译，世界知识出版社 2006 年版。

华东师范大学历史系第二次世界大战史研究室编：《第二次世界大战起源研究论集》，华东师范大学出版社 1986 年版。

军事科学院军事历史研究部世界军事历史研究室编：《三十年代主要国家的战略与军备》，军事科学出版社 1990 年版。

齐世荣主编：《绥靖政策研究》，首都师范大学出版社 1998 年版。

张海麟主编：《第二次世界大战中的军事学术》，国防大学出版社 1989 年版。

中国第二次世界大战史研究会编：《第二次世界大战史论文集》(2)，国防大学出版社 1986 年版。

中美关系史丛书编辑委员会主编：《中美关系史论文集》(1)，重庆出版社 1985 年版。

中美关系史丛书编辑委员会主编：《中美关系史论文集》(2)，重庆出版社 1988 年版。

## 九、学位论文

McLaughlin，John J.，*General Albert Coady Wedemeyer*，*1897-1989*：*Soldier*，*Scholar*，*Statesman*，Dissertation for Doctoral Degree，Drew University，2008.

## 十、论文集论文

Bond，Brian and Williamson Murray，"The British Armed Force，1918—39"，in Allan R. Millett and W. Murray，eds.，*Military Effectiveness*. Vol. 2，Boston：Allen & Unwin，1990.

Cox，Sebastian，"British Military Planning and the Origins of the Second World War"，in B. J. C. Mckercher and Roch Legault，eds.，*Military Planning and the Origins of the Second World War in Europe*，Westport，Connecticut：Praeger Publisher，2001.

Danchev，Alex，"Great Britain：the Indirect Strategy"，in David Raynolds，Warren F. Kimball and A. Q. Chubarian，eds.，*Allies at War*，New York：St. Martin's Press，1994.

Dickinson，Frederick R.，"Japan debates the Anglo-Japanese Alliance：*The second revision of* 1911"，in Phillips P. O'Brien，ed.，*The Anglo-Japanese Alliance*，*1902-1922*，London and New York：Routledge Curzon，2004.

Imlay，Talbot，"The Making of the Anglo-French Alliance，1938-39"，in Martin S. Alexander and W. J. Philpott，eds.，*Anglo-French Defence Relations between the Wars*，New York：Palgrave Macmillan Ltd.，2002.

Iriye，Akira，"One World War-The Requirements of Global Security"，in Warren F. Kimball，ed.，*Franklin D. Roosevelt and the World Crisis*，

*1937-1945*，Lexington，MA：D. C. Heath & Co. ，1973.

Kimball，Warren F. ，"Anglo-American War Aims，1941-43，'The First Review'：*Eden's Mission to Washington*"，in Ann Lane and Howard Temperley，ed. ，*The Rise and Fall of the Grand Alliance*，1941-45，London：Macmillan Press，1995.

Leighton，Richard M. ，"Overlord Versus the Mediterranean at the Cairo-Tehran Conferences"，in Kent R. Greenfield ed. ，*Command Decisions*，Washington，D. C. ：Center of Military History of United States Army，1987.

Matloff，Maurice，"Franklin Delano Roosevelt as War Leader"，in Harry L. Coles，ed. ，*Total War and Cold War：Problems in Civilian Control of the Military*，Columbus：Ohio State University Press，1962.

Meyer，Leo J. ，"The Decision to Invade North Africa（Torch）"，in Kent R. Greenfield，ed. ，*Command Decision*，Washington，D. C. ：Center of Military History of United States Army，1987.

Morton，Louis，"German First：The Basic Concept of Allied Strategy in World War Ⅱ "，in Kent R. Greenfield，ed. ，*Command Decisions*，Washington，D. C：Center of Military History of United States Army，1987.

Ross，Steven，"American War Plans"，in B. J. C. Mckercher and Roch Legault，eds. ，*Military Planning and the Origins of the Second World War in Europe*. Westport，Connecticut：Praeger Publisher，2001.

Stoler，Mark A. ，"The United States：The Global Strategy"，in David Raynolds，Warren F. Kimball and A. Q. Chubarian，eds. ，*Allies at War*，New York：St. Martin's Press，1994.

［英］邦德，布赖恩和马丁·亚历山大：《利德尔·哈特和戴高乐：有限义务与机动防御》，见［英］彼得·帕雷特主编，［美］戈登·A·克雷格、［美］费利克斯·吉尔伯特编：《现代战略的缔造者：从马基雅维利到核时代》，时殷弘等译，世界知识出版社 2006 年版。

［美］波格，福雷斯特：《第二次世界大战中美国的战争及其战略的形成》，见［德］卡尔·德雷奇斯尔勒等：《第二次世界大战中的政治与战略》，军事科

学院外国军事研究部译，军事科学出版社 1983 年版。

　　[英]霍华德，迈克尔：《第二次世界大战中的战略与政治——英国的情况》，见[德]卡尔·德雷奇斯尔勒等：《第二次世界大战中的政治与战略》，军事科学院外国军事研究部译，军事科学出版社 1983 年版。

　　[美]科恩，埃利奥特·A：《幼稚天真的战略：美国(1920 至 1945 年)》，见[美]威廉森·默里、[英]麦格雷戈·诺克斯、[美]阿尔文·伯恩斯坦编：《缔造战略：统治者、国家与战争》，时殷弘等译，世界知识出版社 2004 年版。

　　[美]马特洛夫，莫里斯：《盟国的欧洲战略(1939 年至 1945 年)》，见[英]彼得·帕雷特主编，[美]戈登·A·克雷格、[美]费利克斯·吉尔伯特编：《现代战略的缔造者：从马基雅维利到核时代》，时殷弘等译，世界知识出版社 2006 年版。

　　[美]麦基萨克，戴维：《来自蓝天中央的声音：空权理论家》，见[英]彼得·帕雷特主编，[美]戈登·A·克雷格、[美]费利克斯·吉尔伯特编：《现代战略的缔造者：从马基雅维利到核时代》，时殷弘等译，世界知识出版社 2006 年版。

　　[美]默里，威廉森：《帝国的倾覆：1919 至 1945 年的英国战略》，见[美]威廉森·默里、[英]麦格雷戈·诺克斯、[美]阿尔文·伯恩斯坦编：《缔造战略：统治者、国家与战争》，时殷弘等译，世界知识出版社 2004 年版。

　　倪培华：《论二次大战前英国的军备政策》，见华东师范大学历史系第二次世界大战史研究室编：《第二次世界大战起源研究论集》，华东师范大学出版社 1986 年版。

　　齐世荣：《30 年代英国的重整军备与绥靖外交》，见齐世荣主编：《绥靖政策研究》，首都师范大学出版社 1998 年版。

　　孙利辉：《浅谈两次世界大战之间的美国陆军建设》，见军事科学院军事历史研究部世界军事历史研究室编：《三十年代主要国家的战略与军备》，军事科学出版社 1990 年版。

　　王建朗：《试析 1942—1944 年间美国对华军事战略的演变》，见中美关系史丛书编辑委员会主编：《中美关系史论文集》(2)，重庆出版社 1988 年版。

　　王斯德、李巨廉：《论太平洋战争前美国远东战略及其演变》，见中美关系史丛书编辑委员会主编：《中美关系史论文集》(1)，重庆出版社 1985 年版。

王天成：《战前美国的战略理论与国防建设》，见军事科学院军事历史研究部世界军事历史研究室编：《三十年代主要国家的战略与军备》，军事科学出版社 1990 年版。

魏楚雄：《试论两次大战间美国的军事战略和军备政策》，见华东师范大学历史系第二次世界大战史研究室编：《第二次世界大战起源研究论集》，华东师范大学出版社 1986 年版。

吴春秋：《第二次世界大战期间美国的"先欧后亚"大战略方针》，见中国第二次世界大战史研究会编：《第二次世界大战史论文集》(2)，国防大学出版社 1986 年版。

吴歆文：《论太平洋战争中的美国海军战略》，见张海麟主编：《第二次世界大战中的军事学术》，国防大学出版社 1989 年版。

于江欣：《二次大战前英国国防政策对陆军建设的影响》，见军事科学院军事历史研究部世界军事历史研究室编：《三十年代主要国家的战略与军备》，军事科学出版社 1990 年版。

周以光：《法国在莱茵兰事件中采取的退让政策及其经济背景》，见齐世荣主编：《绥靖政策研究》，首都师范大学出版社 1998 年版。

### 十一、期刊论文

Allen, R. G. D., "Mutual Aid between the U. S. and the British Empire, 1941-45", *Journal of the Royal Statistical Society*, Vol. 109, No. 3(1946).

Bialer, Uri, "The British Chiefs of Staff and the 'Limited Liability' Formula of 1938, A Note", *Military Affairs*, Vol. 42, No. 2 (Apr., 1978).

Briggs, Herbert W., "Neglected Aspects of the Destroyer Deal", *The American Journal of International Law*. Vol. 34, 1940.

Dunbabin, J. P. D., "British Rearmament in the 1930s: A Chronology and Review", *The Historical Journal*, Vol. 18, No. 3(Sep., 1975).

Esthus, Raymond A., "President Roosevelt's Commitment to Britain to

Intervene in a Pacific War", *The Mississippi Valley Historical Review*, Vol. 50, June 1963.

Gallagher, Thomas F. , "Cardwellian Mysteries: The Fate of the British Army Regulation Bill, 1871", *The Historical Journal*, Vol. 18, No. 2(Jun. , 1975).

Greene, Fred, "The Military View of American National Policy, 1904-1940", *The American Historical Review*, Vol. 66, No. 2, January 1961.

Haight Jr. , John McVickar, "Franklin D. Roosevelt and a Naval Quarantine of Japan", *Pacific Historical Review*, Vol. 40, No. 2, May 1971.

Jennings, William Ivor, "British Organization for Rearmament", *Political Science Quarterly*, Vol. 53, No. 4(Dec. , 1938).

MacDonald, J. Ramsay, "The London Naval Conference, 1930", *Journal of the Royal Institute of International Affairs*, Vol. 9, No. 4 (Jul. , 1930).

May, Ernest R. , "The Development of Political-Military Consultation in the United States", *Political Science Quarterly*, Vol. 70, No. 2 ( Jun. , 1955).

Meilinger, Phillip S. , "Trenchard and 'Morale Bombing': The Evolution of Royal Air Force Doctrine Before World War II", *The Joural of Military History*, Vol. 60, No. 2(Apr. , 1996).

Morton, Louis, "War Plan Orange: Evolution of a Strategy", *World Politics*, Vol. 11, No. 2, January 1959.

Overy, R. J. , "German Air Force 1933 to 1939", *The Historical Journal*, Vol. 27, No. 2(Jun. , 1984).

Overy, R. J. , "The German Pre-War Aircraft Production Plans: November 1936-April 1939", *The English Historical Review*, Vol. 90, No. 357(Oct. , 1975).

Peden, George. C. , "The Burden of Imperial Defence and the Continental Commitment Reconsidered", *The Historical Journal*, Vol. 27,

No. 2(Jun，1984).

Pratt，Lawrence，"The Anglo-American Naval Conversations on the Far East of January，1938"，*International Affairs*，Vol. 47，No. 4，October 1971.

Smith，Malcolm，"The Royal Air Force，Air Power and British Foreign Policy，1932-1937"，*Journal of Contemporary History*，Vol. 12，No. 1 (Jan.，1977).

Tucker，Albert V.，"Army and Society in England，1870-1900：A Reassessment of the Cardwell Reforms"，*The Journal of British Studies*，Vol. 12，No. 2(May，1963).

Wark，Wesley K.，"British Intelligence on the German Air Force and Aircraft Industry，1933-1939"，*The Historical Journal*，Vol. 25，No. 3 (Sept.，1982).

白长江：《第二次世界大战中美国全球战略的指导原则》，《军事史林》1989 年第 1 期。

曹胜强：《英美为何一再拖延开辟"第二战场"》，《军事历史》1993 年第 6 期。

顾春兴、魏岳江：《珍珠港事件前美国陆军建设的主要问题》，《军事历史研究》1994 年第 4 期。

李积顺：《盟军最高统帅部对"霸王"行动的抉择和分歧》，《武汉大学学报》2005 年第 4 期。

陶文钊：《中国战场、缅甸战役与盟军战略的转变》，《抗日战争研究》1991 年第 2 期。

王建辉：《论美国"大西洋第一战略"的确立》，《武汉大学学报》1985 年第 4 期。

王彰辉：《英国在三十年代的重整军备》，《世界史研究动态》1979 年第 8 期。

夏子、亦庄：《二次大战美英联军作战战略指导的争论探源》，《军事历史研究》1995 年第 3 期。

熊伟民：《论罗斯福与马歇尔在欧洲战略上的分歧》，《武汉大学学报》

1990 年第 5 期。

熊伟民：《"先欧后亚"，还是两洋平行？——试论美国"先欧后亚"战略原则》，《湖湘论坛》1993 年第 3 期。

熊伟民：《战时英美欧洲战略比较研究》，《社会科学战线》1995 年第 4 期。

徐蓝：《从"橙色"计划到"彩虹"计划——太平洋战争前美国的战略演变》，《历史研究》1996 年第 6 期。

徐蓝：《关于 1940 年美英"驱逐舰换基地"协定的历史考察》，《历史研究》2000 年第 4 期。

徐蓝：《评 1939 年汉普顿的华盛顿之行》，《首都师范大学学报》1995 年第 4 期。

严兴平：《浅析太平洋战争美军战略的失误》，《西安政治学院学报》1993 年第 1 期。

于江欣：《三十年代香港在英国远东战略中的地位与作用》，《军事历史》1998 年第 4 期。

翟文奇：《第二次世界大战前英国军备建设概要》，《青海师范大学学报》1996 年第 4 期。

张继平、日木：《英美在开辟欧洲第二战场问题上的争论(1941 年末—1942 年)》，《世界历史》1985 年第 8 期。

张晓林：《马汉军事理论对第二次世界大战中美国海上战略的影响》，《军事历史研究》1988 年第 4 期。

赵一平：《论丘吉尔的联盟战略思想》，《中国军事科学》2001 年第 1 期。

# 索　引

## M

"M计划" 17，91，97，98，100，587

# 后 记

　　呈现在读者面前的这本专著是由徐蓝和耿志共同完成的。它的基础，是徐蓝于 1995 年承担的国家社科基金"八五"规划的年度项目《走向同盟——1937—1942 年的美英关系》。该项目于 1998 年经审核准予结项（当时结项不分等级）。其中的一些研究成果，已经反映在 1992—2001 年陆续发表的 8 篇学术论文中，其中 1 篇《从"橙色"计划到"彩虹"计划——太平洋战争前美国的战略演变》（《历史研究》1996 年第 6 期）曾于 1998 年获得北京市第五届哲学社会科学研究优秀成果二等奖。以后，耿志将研究视线向前延伸到 1919 年，向后延伸到 1945 年，对相关问题继续进行研究并发表了一些重要论文，使研究的主题与内容更为深入和完整。

　　本书写作的大致分工如下：绪论、第一编、第二编、结束语：由徐蓝、耿志完成；第三编：由耿志完成。

　　值此书稿付梓之际，我们对支持、帮助、鼓励和关心本书写作的所有专家、同行和朋友表示最诚挚的感谢！真诚希望读者对书中的不足之处予以批评指正。

作　者

2019 年 2 月

**图书在版编目(CIP)数据**

英美军事战略同盟关系的形成与发展：1919—1945/徐蓝，耿志著. —北京：北京师范大学出版社，2019.5
（国家哲学社会科学成果文库）
ISBN 978-7-303-24656-4

Ⅰ. ①英… Ⅱ. ①徐… ②耿… Ⅲ. ①军事战略—军事同盟—研究—英国、美国—1919—1945 Ⅳ. ①E561.0②E712.0

中国版本图书馆 CIP 数据核字(2019)第 079077 号

营 销 中 心 电 话　010-58805072　58807651
北师大出版社高等教育与学术著作分社　http://xueda.bnup.com

YINGMEI JUNSHI ZHANLÜE TONGMENG GUANXI DE
XINGCHENG YU FAZHAN (1919—1945)

出版发行：北京师范大学出版社　www.bnup.com
　　　　　北京市海淀区新街口外大街 19 号
　　　　　邮政编码：100875
印　　刷：北京盛通印刷股份有限公司
经　　销：全国新华书店
开　　本：787mm×1092mm　1/16
印　　张：40.75
插　　页：3
字　　数：675 千字
版　　次：2019 年 5 月第 1 版
印　　次：2019 年 5 月第 1 次印刷
定　　价：198.00 元

策划编辑：刘东明　　　　　　责任编辑：刘东明　赵翠琴
美术编辑：王齐云　　　　　　装帧设计：王齐云
责任校对：段立超　丁念兹　　责任印制：马　洁